本丛书出版得到以下研究机构经费资助：

嘉应学院客家研究院

梅州市客家研究院

广东省客家文化研究基地—嘉应学院客家研究院

广东省非物质文化遗产研究基地—嘉应学院客家研究院

理论粤军 · 广东地方特色文化研究基地—客家文化研究基地

广东省粤台客家文化传承与发展协同创新中心—嘉应学院客家研究院

广东省普通高校人文社会科学省市共建重点研究基地—嘉应学院客家研究院

客家学研究丛书

闽西客家的民俗信仰生活

钟晋兰 著

暨南大学出版社
JINAN UNIVERSITY PRESS

中国·广州

图书在版编目（CIP）数据

闽西客家的民俗信仰生活/钟晋兰著．—广州：暨南大学出版社，2015.1
（客家学研究丛书）
ISBN 978－7－5668－1121－9

Ⅰ.①闽…　Ⅱ.①钟…　Ⅲ.①客家人—风俗习惯—研究—福建省 ②客家人—信仰—民间文化—研究—福建省　Ⅳ.①K892.311　②B933

中国版本图书馆 CIP 数据核字（2015）第 006413 号

出版发行：暨南大学出版社

地　址：中国广州暨南大学
电　话：总编室（8620）85221601
　　　　营销部（8620）85225284　85228291　85228292（邮购）
传　真：（8620）85221583（办公室）　85223774（营销部）
邮　编：510630
网　址：http：//www.jnupress.com　http：//press.jnu.edu.cn
排　版：广州市天河星辰文化发展部照排中心
印　刷：佛山市浩文彩色印刷有限公司
开　本：787mm×960mm　1/16
印　张：29.75
字　数：533 千
版　次：2015 年 1 月第 1 版
印　次：2015 年 1 月第 1 次
定　价：65.00 元

总　序

客家文化以其语言、民俗、音乐、建筑等方面的独特性，尤其是客家人在海内外社会经济发展中的突出贡献，引起了历史学、人类学、民俗学和语言学等诸多学科领域内学者的关注。而随着西方人文学科理论和研究方法在20世纪初传入我国，客家历史与文化研究也逐渐进入科学规范的研究行列，并相继出现了一批具有开创性的研究成果。1933年，罗香林《客家研究导论》的出版，标志着客家研究进入了现代学术研究的范畴。20世纪80年代以来，著作、论文等研究成果的推陈出新，也在呼吁学界能够设立专门的学科并规范客家研究的科学范式。

作为国内较早成立的专门从事客家研究的机构，嘉应学院客家研究院用二十五载的岁月，换来了客家研究成果在数量上空前的增长，率先成为客家学研究的重要阵地，也引起了国内外学术界的高度关注。但若从质的维度来看，当前的客家研究还面临一系列有待思考及解决的问题：客家学研究的主题有哪些？哪些有意义，哪些纯粹是臆测？这些主题产生的背景是什么？它们是如何通过社会与历史的双重作用，而产生某些政治、经济乃至文化权力的诉求与争议的？当代客家研究如何紧密结合地方社会发展的需要，又如何与国内外其他学科对话与交流？诸如此类的疑惑，需要从理论探索、田野实践和学科交叉等层面努力，以理论对话和案例实证作为手段，真正实现跨区域和多学科的协同创新。

一、触前沿：客家学研究的理论探索

当前的客家学研究主要分布在人文社会科学的诸多学科范围之内，所以开展卓有成效的客家研究自然需要敢于接触不同学科领域的学术理论。比如，社会学科先后出现过福柯的权力理论、布尔迪厄的实践理论、吉登斯的结构化理论、鲍曼的风险社会理论、哈贝马斯的沟通行动理论、卢曼的系统理论、科尔曼的理性选择理论和亚历山大的文化社会学理论。① 社

① Pierre Demeulenaere, *Analytical Sociology and Social Mechanisms*, Cambridge: Cambridge University Press, 2011.

会科学研究经常需要涉及的热点议题，在客家研究中同样不可回避，比如社会资本、新阶层、互联网、公共领域、情感与身体、时间与空间、社会转型和世界主义。[①] 再比如，社会学关于移民研究的推拉理论、人类学对族群研究的认同与边界理论以及社会转型与文化变迁的机制，都可以具体应用到客家研究上，并形成理论对话而提升客家研究的高度。在研究方法上，人文社会科学提倡的建模、机制与话语分析、文化与理论自觉等前沿手段，[②] 都可以遵循"拿来主义"的原则为客家研究所用。

可以说，客家研究要上升为独具特色的独立学科，首先要解决的便是理论对话和科学研究的范式问题。客家学作为一门融会了众多社会人文学科的综合性学科，既不是客家史，也不是客家地区政治、经济、文化等内容的汇编或整合，而是一门以民族学基础理论为基础，又比民族学具有更多独特特征、丰富内容的学科。[③] 不可否认的是，客家研究具有自身独特的学术传统，但要形成自身的理论构架和研究方法，若离开历史学、文献学、考古学、人类学、语言学、社会学、民俗学等诸多学科理论的支撑，显然就是痴人说梦。要在这方面取得成绩，则非要长期冷静、刻苦、踏实、认真潜心研究不可。如若神不守舍、心动意摇，就会跑调走板、贻笑大方。在不少人汲汲于功名、切切于利益、念念于职位的当今，专注于客家研究的我们似乎有些另类。不过，不管是学者应有的社会良知与独立人格，还是人文学科秉持的历史责任与独立思考的精神，都激励我们坚持实事求是的原则，在触碰前沿理论上不断探索，以积累学科发展所需的坚实理论。

要做到这一点，就得潜下心来大量阅读国内外学术名著，了解前沿理论的学术进路和迁移运用，使客家研究能够进入国际学术研究对话的行列。

二、接地气：客家研究的田野工作

学科发展需要理论的建设与支撑，更离不开学科研究对象的深入和扩

---

① Jonathan H. Turner (ed.), *Handbook of Sociological Theory*, Kluwer Academic Publishers, 2011.

② James Jaccard and Jacob Jacoby, *Theory Construction and Model-Building Skills*, New York: Guilford Press, 2010.

③ 吴泽:《建立客家学刍议》, 载吴泽主编:《客家学研究》(第二辑), 上海: 上海人民出版社, 1990 年。

展，而进入客家人生活的区域开展田野工作，借助从书斋到田野再回到书斋的螺旋式上升的研究路径，客家研究才能做到“既仰望星空又能接地气”，才能厚积薄发。

人类学推崇的田野工作要求研究者通过田野方法收集经验材料的主体，客观描述所发现的任何事情并分析发现结果。① 田野工作的目标要界定并收集到自己足以真正控制严格的经验材料，所以需要充分发挥参与观察、深度访谈和问卷调查的手段。从学科建设和学科发展的角度，客家族群的分布和文化多元特征，决定了客家研究对田野调查的依赖性。这就要求研究者深入客家乡村聚落，采用参与观察、个别访谈、开座谈会、问卷调查等方法调查客家民俗节庆、方言、歌谣等，收集有关客家地区民间历史与文化丰富性及多样性的资料。

而在客家文献资料采集方面，田野工作的精神同样适用。一方面，文献资料可以增加研究者对客家文化的理解，而且还可以对研究者的学术敏感和问题意识产生积极影响；另一方面，田野工作既增加了文献资料的来源，又能提供给研究者重要的历史感和文化体验，也使得文献的解读可以更加符合地方社会的历史与现实。譬如，到图书馆、档案馆等公藏机构及民间广泛收集对客家文化、客家音乐、客家方言等有所记载的正史、地方志、文集、族谱及已有的研究成果等。田野调查需要入村进户，因此从具有深厚文化传统的客家古村落入手，无疑可以取得事半功倍的效果。

在客家地区开展田野调查，需要点面结合才能形成质量上乘的多点民族志。20 世纪 90 年代，法国人类学家劳格文与广东嘉应大学（2000 年改名为嘉应学院）、韶关大学（2000 年改名为韶关学院）、福建省社会科学院、赣南师范学院、赣州市博物馆等单位合作，开展“客家传统社会”的系列研究。他在长达十多年的时间里，辗转于粤东、闽西、赣南、粤北等地，深入乡镇村落，从事客家文化的田野调查。到 2006 年，这些田野调查的成果汇集出版了总计 30 余册的“客家传统社会”丛书，不仅集中地描述客家地区传统民俗与经济，还具体地描述了传统宗族社会的形成、发展和具体运作及其社会影响。

2013 年以来，嘉应学院客家研究院选择了多个历史悠久、文化底蕴深厚的古村落，以研究项目的形式开展田野作业，要求研究人员采用参与观

① ［挪］托马斯·许兰德·埃里克森著，周云水、吴攀龙、陈靖云译：《什么是人类学》，北京：北京大学出版社，2013 年，第 65 ~ 67 页。

察、深度访谈、文献追踪等方法，对村落居民的源流、宗族、民间信仰、习俗等民间社会与文化的形成与变迁进行深入的分析和研究，形成对乡村聚落历史文化发展与变迁的总体认识。在对客家地区文化进行个案分析与研究的基础上，再进行跨区域、跨族群的文化比较研究，揭示客家文化的区域特征，进而梳理客家社会变迁和文化发展过程。

闽粤赣是客家聚居的核心区域，很多风俗习惯都能够找到相似的元素。就每年的元宵习俗而言，江西赣州宁都有添丁炮、石城有灯彩，而到了广东的兴宁和和平县，这一习俗则演变为“响丁”，花灯也成了寄托客家民众淳朴愿望的符号。所以，要弄清楚相似的客家习俗背后有何不同的行动逻辑，就必须用跨区域的视角来分析。这一源自田野的事例足以表明田野调查对客家学研究的重要性。

无论是主张客家学学科建设应包括客家历史学、客家方言学、客家家族文化、客家文艺、客家风俗礼仪文化、客家食疗文化、客家宗教文化、华侨文化等，[①] 还是认为客家学的学科体系要由客家学导论、客家民系学、客家历史学、客家方言学、客家文化人类学、客家民俗学、客家民间文学、客家学研究发展史等八个科目为基础来构建，[②] 客家研究都无法回避研究对象的固有特征——客家人的迁徙流动而导致的文化离散性，所以在田野调查时更强调追踪研究和村落回访。[③] 只有夯实田野工作的存量，文献资料的采集才可能溢出其增量的效益。

三、求创新：客家研究的学科交叉

学问的创新本不是一件易事，需要独上高楼，不怕衣带渐宽，耐得孤独寂寞，一往无前地上下求索。客家研究更是如此，研究者需要甘居边缘、乐于淡泊、自守宁静的治学态度——默默地做自己感兴趣的学问，与两三同好商量旧学、切磋疑义、增益新知。

客家研究要创新，就需要综合历史学、人类学、语言学、音乐学、社会学等学科理论和方法，对客家民俗、客家方言、客家音乐等进行综合分析和研究，以学科交叉合作的研究方式，形成对客家族群全面的、客观的

---

① 张应斌：《21 世纪的客家研究——关于客家学的理论建构》，《嘉应大学学报》1996 年第 4 期。

② 凌双匡：《建立客家学的构想》，《客家大观园》1994 年创刊号。

③ ［美］科塔克著，周云水译：《文化人类学——欣赏文化差异》，北京：中国人民大学出版社，2012 年，第 457 ~ 459 页。

总体认识。

客家族群作为中华民族共同体的一个重要支系，在其形成和发展过程中融合多个山区民族的文化，形成独具特色的文化体系。建立客家学学科，科学地揭示客家族群的个性和特殊性，可以加深和丰富对中华民族的认识。用客家人独特的历史、民俗、方言、音乐等本土素材，形成客家学体系并进一步建构客家学学科，将有助于促进中国人文社会科学本土化的发展，从而为中国人文社会科学的发展和繁荣作出应有的贡献。客家人遍布海内外 80 多个国家和地区，客家华侨华人 1 000 余万，每年召开一次世界性的客属恳亲大会，在全世界华人中具有重要影响。粤东梅州是全国四大侨乡之一，历史遗存颇多，文化积淀深厚，华侨成为影响客家社会历史和文化发展的重要因素。建立客家学学科，将进一步拓宽华侨华人研究领域，有助于华侨华人与侨乡研究的深入发展。

在当前客家学研究成果积淀日益丰厚、客家研究日益受到社会各界重视的情况下，总结以往研究成果，形成客家学学科理论和方法，构建客家学学科体系，成为目前客家学界非常紧迫而又十分重要的任务。

嘉应学院客家研究院敢啃硬骨头，在总结以往研究成果的基础上，完成目前学科建设条件已初步具备的客家文化学、客家语言文字学、客家音乐学等的论证和编纂，初步建构客家学体系的分支学科。具体而言，客家文化学探讨客家文化的历史、现状和未来并揭示其发生、发展规律，分析客家族群的物质文化、制度文化和精神文化的产生、发展过程及其特征。客家语言文字学探讨客家方言的语音、词汇、语法、文字等的特征，展示客家语言文字的具体内容及其社会意义。客家音乐学探讨客家山歌、汉剧、舞蹈等的发生、发展及其特征，揭示客家音乐的具体内容和社会意义。

客家族群是汉民族的一个支系，研究时既要注意到汉文化、中华文化的普遍性，又要注意到客家文化的独特性，体现客家文化多元一体的属性。客家学研究的对象，决定客家学是一门融合历史学、民俗学、方言学、音乐学、社会学等众多社会人文学科的综合性学科。如何形成跨学科的客家学研究理论与方法，是客家研究必须突破的重要问题。唯有明确客家学研究的基本概念、理论和方法，通过广泛的田野调查和深入的个案研究，广泛收集关于客家文化、客家方言、客家音乐等各种资料，从多角度进行学科交叉合作的分析和研究，才能实现创新和发展。

嘉应学院地处海内外最大的客家人聚居地，具有开展客家学研究得天独厚的地缘优势。1989年，嘉应学院的前身嘉应大学率先在全国建立了专门性的校级客家研究机构——客家研究所。2006年4月，以客家研究所为基础，组建了嘉应学院客家研究院、梅州市客家研究院。因研究成果突出、社会影响大，2006年11月，客家研究院被广东省社会科学界联合会评为“广东省客家文化研究基地”；2007年6月，被广东省教育厅评为“广东省普通高校人文社会科学省市共建重点研究基地”。之后其又被广东省委宣传部、广东省社会科学院评为“广东地方特色文化研究基地——客家文化研究基地”，被广东省文化厅评为“广东省非物质文化遗产研究基地”，被广东省教育厅评为“广东省粤台客家文化传承与发展协同创新中心”；还经国家民政部门批准，在国家一级学会“中国人类学民族学研究会”下成立了“客家学专业委员会”。

2009年8月，在昆明召开的第16届国际人类学大会上，客家研究院成功组织“解读客家历史与文化：文化人类学的视野”专题研讨会，初步奠定了客家研究国际化的基础。2012年12月，客家研究院召开了“客家文化多样性与客家学理论体系建构国际学术研究会”，基本确立了客家学学科建设的基本途径和主要方法。另外，1990年以来，嘉应学院客家研究院坚持每年出版两期《客家研究辑刊》（现已出版45期），不仅刊载具有理论对话和新视角的论文，也为未经雕琢的田野报告提供发表和交流的平台。自1994年以来，客家研究院承担国家社会科学基金项目2项，广东省哲学社会科学规划项目等20余项，出版《客家源流探奥》①等著作50余部，其中邱国锋等的著作《兴宁市总体发展战略规划研究》② 获广东省哲学社会科学优秀成果一等奖，肖文评的专著《白堠乡的故事——地域史脉络下的乡村建构》③ 获广东省哲学社会科学优秀成果二等奖，房学嘉的专著《粤东客家生态与民俗研究》④ 获广东省哲学社会科学优秀成果三等奖。深厚的研究成果积淀，为客家学学科建设奠定了坚实的理论基础。经过几代人的不懈努力，嘉应学院的客家研究已经具备了在国际学术圈交流的能力，这离不开多学科理论对话的实践和田野调查经验的积累。

客家学研究丛书的出版，既是客家研究在前述立足田野与理论对话

---

① 房学嘉：《客家源流探奥》，广州：广东高等教育出版社，1994年。

② 邱国锋等：《兴宁市总体发展战略规划研究》，广州：广东教育出版社，2010年。

③ 肖文评：《白堠乡的故事——地域史脉络下的乡村建构》，北京：生活·读书·新知三联书店，2011年。

④ 房学嘉：《粤东客家生态与民俗研究》，广州：华南理工大学出版社，2009年。

“俯仰之间”兼顾理论与实践的继续前行，也是嘉应学院客家学研究朝着国际化目标迈出的坚实步伐。“星星之火，可以燎原”，这套丛书包括学术研究专著、田调报告、教材、译著、资料整理等，体现了客家学学科建设的不同学术旨趣和理论关怀。古人云，“不积跬步，无以至千里；不积小流，无以成江海”，我们愿意从点滴做起。希望丛书的出版，能引起国内外客家学界对客家学学科体系建设的关注，促进客家学研究的科学化发展。

嘉应学院校长兼客家研究院院长　邱国锋教授、博士

于 2014 年 8 月 30 日

目 录
Contents

绪　论

近30年来，客家研究成为学术研究的热点。被认为是“客家祖地”的闽西①地区一直是客家学术界关注的重点。近年来虽然出版了不少关于闽西社会历史文化的研究成果，但在闽西客家乡村社会文化中，尤其是在传统民众日常生活方面中仍有很多基础性的研究工作尚待充实。基于这种研究状况，笔者近十多年来一直在闽西乡村作田野调查，收集到大量的民间文献与口述资料，结合官方史志撰写了不少民族志。本书就是在这些民族志的基础上修改而成的。

本书考察的地点主要在闽西长汀、上杭、宁化、将乐4县。从建置沿革来看，长汀、上杭、宁化在传统社会中属汀州府管辖。将乐在唐宋时属建州、剑州、南剑州，元代属邵武路、延平路，明清时均属延平府，民国时属建安道、延建省等。现在，长汀与上杭属龙岩市管辖，将乐与宁化属三明市管辖。从地理位置来看，长汀位于闽西，是传统的汀州府府城所在地，也是客家母亲河——汀江源头所在地之一，因而被称为“客家首府”。上杭位于闽西南，在汀江的下游，闽西与粤东的交界处。宁化从所处的水域来看，是汀江、闽江与赣江的源头之一，因众多客家人的族谱均提到迁自该地，所以被逐渐建构成“客家祖地”。将乐虽属闽西北地区，位于闽江上游，为非纯客家县，但无论是笔者的调查还是三明的一些介绍均显示，该县生活着不少客家人，是三明客家的主要分布地之一。甚至有地方上的学者认为，将乐是纯客家县。②

---

① 狭义上的闽西是指历史上汀州府所辖的长汀、宁化、清流、明溪、连城、上杭、永定、武平八个县。广义上的闽西还包括将乐、泰宁、建宁、沙县、永安、梅列、三元、新罗、漳平、崇安、光泽、邵武、顺昌、南靖、平和、诏安等闽西北、闽西南的县、区（闽西客家联谊会编：《美丽闽西：客家生态与环境建设》，福州：海峡文艺出版社，2014年，第15页）。

② 张恩庭：《石壁客家文萃》，宁化石壁客家宗亲联谊会、宁化县客家研究会印，2009年，第11页。

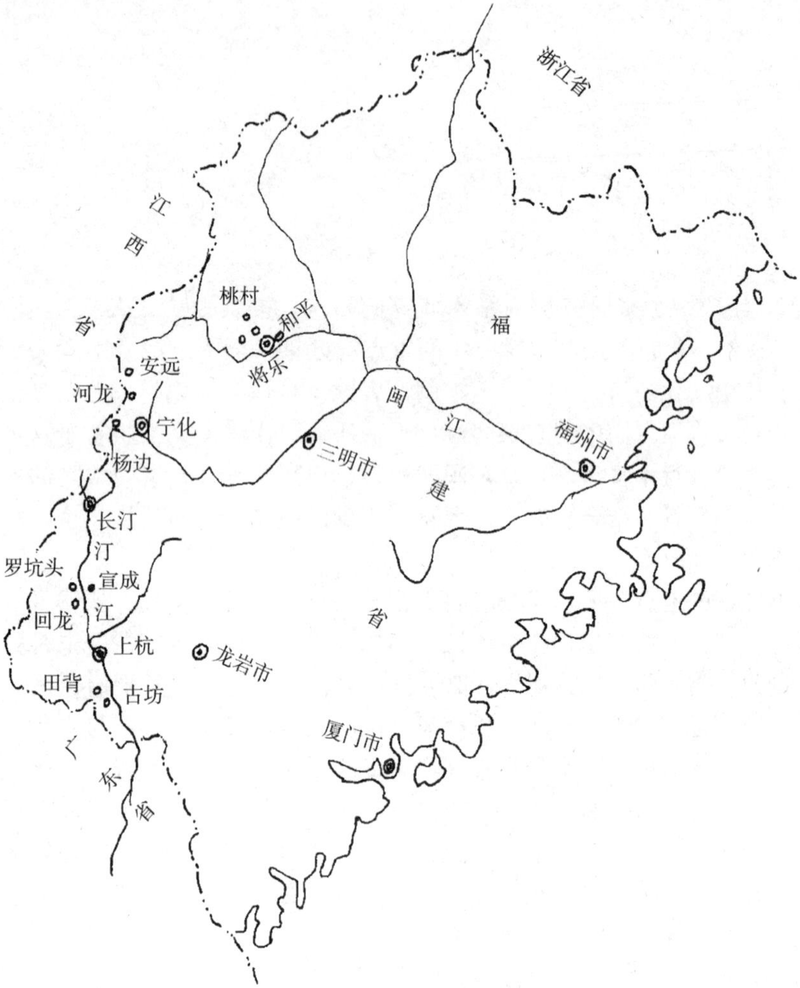

本书各田野调查点的地理位置示意图

闽西在古代是少数民族的聚居地之一。《太平寰宇记》引《牛肃纪闻》说:(汀州)“山深林木秀茂……地多瘴疠,山都木客丛萃其中。”① 汀州府治所,为“七闽穷处也,蕞尔一城,孑然于蛮风蛋雨中”、“造治之初,凡砍大树千余,树皆山都所居。天远地荒,又足妖怪,獉狉如是,几疑非

① (宋)乐史撰:《太平寰宇记》,卷一〇二,《江西东道14(汀州)》,北京:中华书局,1985年。

人所居”[1]。可见，汀州在尚未得到开发之前，是“山都木客”、“峒蛮”、“蛮僚”等少数民族先民的居住地。他们居于深山莽林之中，多树居，与汉族接触极少，是宋代被称为“畲”的少数民族先民的一部分。[2] 唐宋以来，大量的北方汉人南迁移入闽西，与少数民族先民杂居一起，“唐时初置汀州，徙内地民居之，而本土之苗，仍杂处其间，今汀人呼曰畲客”[3]。尽管中央政府在唐代已设置汀州，但由于当地生态及政府行政控制能力有限等方面的影响，包括汀州在内的赣闽粤边一直号称难治，起义不断。“宋代汀、赣人民反抗封建官府的斗争风起云涌、此起彼伏，进入南宋后其斗争更是频繁而激烈，大大小小的乱事未曾断绝，几乎与南宋政权相始终。”[4] 据刘永华教授的研究，“明代的情况也没有多少改善，自明正统至崇祯218年中，包括汀州在内的赣东南、闽西北以及一部分粤东的毗邻地区，几乎每隔二年零八个月即有一次叛乱”。光绪《长汀县志》列举的历史上产生过重要影响的盗寇中，就有江寇、虔寇、广寇、峒寇、畲寇和盐寇等。曾在福建当过地方官的朱熹就抱怨汀州“路远多寇”。[5] 历史上频繁的起义、“寇乱”对闽粤赣边的族群融合与变化，对当地社会的经济方式与民俗文化均产生了重大的影响，例如，谢重光教授在对宋代赣闽粤边的研究中指出：

这种长期的、大规模的、波及赣闽粤边特别是汀、赣二州城乡每一个角落的反抗斗争的冲击和锻炼，使得闽粤赣边特别是汀、赣二州的经济和文化面貌都发生了深刻的变化，在习俗、方言和社会文化心理方面形成了更多共同点。而官府将这些乱事压平之后，一般的做法是将本有户籍、因造反而脱籍的百姓重新纳入户籍，又将本无户籍的化外之民纳为版籍民，同时加强教化工作。其措施推动了“贼”向“民”的转化、民众习俗从“野”向“文”的转化，推动了汀、赣社会各阶层在社会心理和人文性格

① （清）杨澜编纂：《临汀汇考》，卷一，《建置》，木刻本。

② 蒋炳钊：《畲族史稿》，厦门：厦门大学出版社，1988年。

③ （清）杨澜编纂：《临汀汇考》，卷三，木刻本。

④ 谢重光：《宋代湘赣闽粤边区的社会变迁与民族新格局》，《宁德师范学院学报》（哲学社会科学版）2012年第2期，第16页。

⑤ 刘永华：《道教传统、士大夫文化与地方社会：宋明以来闽西四保邹公崇拜研究》，《历史研究》2007年第3期，第82页。

方面的整合，因而促进了客家民系的形成。①

随着汀州的设立、学校等文教设施的建立与改善、汉人的不断迁入，汉文化对当地的影响逐渐加深。汉人与当地少数民族经过长期的共同生产和生活，两者的生产方式、饮食、语言、民俗、信仰等渐趋融合，最终形成一个新的民系——客家。如今，闽西与赣南、粤东一起被称为“客家大本营”。

二

汉人迁入闽西之初，面临严峻的自然与社会环境的双重挑战。一方面，山多田少、森林茂密、土地贫瘠，维持生存的土地资源十分有限；另一方面，此地生活着大量“耕山而食”、“刀耕火种”、生产方式迥异的土著居民，大量涌入的汉人必然在土地、水源等方面与土著发生矛盾。在这种境况下，单靠个人或家庭的力量很难在此地立足，因此，汉人选择了血缘家族聚居的方式。有学者指出：“在社会调控无法将自己的逻辑秩序实施于社会时，自然发生的共同体，唯一能成为秩序依据的就是以生物学为基础的血缘关系，血缘关系在社会控制不及或脆弱的地方便外化为一种社会秩序。”② 汉人迁入赣闽粤边区后，选择聚族而居有利于他们利用血缘宗族的凝聚力，团结互助，战胜恶劣的自然生态环境与抵御异族的侵犯，实现自保，求得生存。

孔永松、李小平教授曾对客家人的宗族制作过深入的研究，指出：

> 客家人到达赣闽粤边区定居地后，面对着的是十分严峻的自然和社会环境。客家人为了争得生存空间，获得生产资料——土地，以及防御未开化的土著居民的袭击，必须举族占用土地，举族居住在一个自然村，加强军事化，形成以血缘为纽带、以地缘为依托、有高度凝聚力的客家人社会的宗族制。③

他们进而指出，大家族、小家庭制是客家人宗族制的显著特点，它既有

---

① 谢重光：《宋代湘赣闽粤边区的社会变迁与民族新格局》，《宁德师范学院学报》（哲学社会科学版）2012 年第 2 期，第 16 页。

② 孔永松、李小平：《客家宗族社会》，福州：福建教育出版社，1995 年，第 14 页。

③ 孔永松、李小平：《客家宗族社会》，福州：福建教育出版社，1995 年，第 17 页。

利于宗族的巩固、在社会上的立足，又有利于发挥小家庭各自经营的积极性。

本书调查的 8 乡 21 村中的几十个姓氏，在开基村落的繁衍时间长短悬殊极大，最长的是宁化杨边的杨姓，唐末就从延平迁到杨边，据载已繁衍了 64 代；最短的只有 5 代。历史较短的宗族大多是客家人因谋生需要到外地做工或耕田而发生的区域内部的迁移。这些姓氏，大多选择了家族或宗族聚居的方式。在此把调查的 21 个村中的主要姓氏的迁移概况与繁衍代数列成表，如下所示：

表 1　本书调查的主要宗族的迁移历史与繁衍概况

姓氏	居住地	开基祖	开基时间	迁出地	迁移原因	繁衍代数
杨	宁化杨边村	胜二郎	唐末	延平	躲黄巢之乱	64
伊	宁化河龙	文敏	唐代 875 年	河南	避“文景之乱”	36
李	宁化安远村	高绍公	明代	建宁	到安远做生意	15
周	宁化安远村	瑞公	明代	本县灵峰山	到安远放鸭子	15
吴	长汀罗坑头村	福珂	明初	长汀畲心村	因祖坟风水被张姓破坏	25
吴	长汀寨背村	祖养	明初	本乡畲心村	风水被本村张姓破坏	24
张	长汀下畲村	紫和	不详	上杭通贤	不详	23
杨	长汀下畲村	得斌	1379 年	连城庙前	到宣成放鸭子，认为此地不错，且家中不和	21
池	长汀溪源村	福成	不详	连城莒溪	不详	21
范	长汀泮溪村	不详	不详	武平中堡	社会动荡	18
钟 1	长汀中畲村	泉山公	1574 年	上杭南阳	因南阳地僻山穷	17
阙	长汀泮溪村	子明	不详	上杭太拔	不详	14
曹	长汀蓝田村	祖茂	不详	上杭通贤	到蓝田种蓝	11
张	长汀畲心村	荣福	南宋	上杭	到宣成放鸭子，认为畲心宜居	不详

（续上表）

姓氏	居住地	开基祖	开基时间	迁出地	迁移原因	繁衍代数
钟2	长汀中畲村	念一郎	不详	上杭南阳	因南阳地僻山穷，谋食艰难	不详
刘	上杭田背村	十郎、十一郎	1315年	江西瑞金塘背	避赣州蔡五九之乱	28
赖	上杭古坊村	不详	不详	永定	不详	28
林	上杭回龙村	百十郎	1366年	长汀	祖先杀死县官遭官祸	26
钟	上杭古坊村	千七郎	1386年	长汀	不详	25
张	上杭古坊村	德生	1381年	宁化石壁	不详	24
石	上杭回龙村	不详	不详	本县官庄	不详	17
陈	将乐山门村	显昌	不详	本县龙池都	不详	34
钟	将乐桃村	不详	清代	本县黄潭乡	到桃村种田	14
江	将乐山门村	连太	不详	不详	入赘	10
李	将乐和平村	玉芳	清代	长汀涂坑	受本族大房人欺压	9
袁	将乐和平村	天亮、天富	清代	长汀南坑	人多地少，谋生艰难	8
赖	将乐和平村	不详	清代	长汀濯田	因将乐人少田多，资源丰富	7
曹	将乐和平村	不详	清代	长汀	不详	7
范	将乐桃村	不详	清代	本县黄潭乡	到桃村种田	7
廖	将乐洋坊村	根详	清代	本县黄潭乡	到洋坊种田	6
杨	将乐洋坊村	根根	清代	本县黄潭乡	弟兄多，不好谋生	6
蓝	将乐和平村	松生	清代	将乐安仁	安仁太偏僻，随妻迁入和平村	5
谢	将乐和平村	庆楚五兄弟	清代	长汀上地坪	不详	5
陈	将乐和平村	不详	清代	长汀濯田	因将乐谋生容易	5

注：表中的宁化河龙伊氏的记载明显有误，一是迁移原因，历史上没有“文景之乱”，只有文景之治；二是其迁移时间如果是875年，以25年为一代计，那么，繁衍到现在应该有45代以上，不可能是36代。

上述姓氏，从迁出地来看，只有上杭田背的刘氏与宁化河龙的伊氏迁自外省，分别来自江西与河南。其他有23个宗族或房支的开基祖迁自本省外县，8个是本县内部迁移，另有1例不详。从迁移原因来看，在元朝以前迁移、历史久远的宗族都是因为战乱迁移，如田背刘氏为避赣州蔡五九之乱；杨边杨氏为避唐代黄巢之乱；而河龙伊姓则为避唐代“文景之乱”①。明清时期在闽西、闽西北地区内部迁移的大多是因为谋生需要，或出外造纸，或出外种田，或出外种蓝，或到外面放鸭子等，但也有少数是因为遭官祸、风水被破坏或受本族大房人的欺负等外迁的。

从繁衍代数来看，十代以下的有10个，十至二十代的有9个，二十至三十代的有10个，三十代以上的只有3个。杨彦杰先生在闽西的调查研究中发现，闽西客家宗族绝大部分都已繁衍了二十多代，最多的达三十代，少的也有十七代。繁衍了三十代的宗族大多是南宋末年或宋末元初迁来开基的。二十八代以下的大多数宗族是在元朝才迁入开基的，尤其是第二十五至二十八代者。在闽西，元朝是许多宗族迁移开基的重要时段。② 而笔者调查的许多宗族或房支在村中开基的历史都是在二十代以下，二十代以下的占55.9%，如表2所示：

表2　本书各调查点主要姓氏繁衍代数统计

繁衍代数	5~9	10~14	15~19	20~24	25~29	30~40	40以上	不详
姓氏数目	10	4	5	5	5	2	1	2
占百分比	29.4%	11.8%	14.7%	14.7%	14.7%	5.9%	2.9%	5.9%

这个数字似乎表明笔者调查的闽西宗族与杨彦杰先生的研究有很大不同。事实并非如此。因为这些二十代以下，尤其是十五代以下的姓氏在其居住的村落大多未形成宗族，只是一个房支。它们在明清时期由于谋生的需要迁到外地开基后，与迁出地保持着密切关系。如这些房支仍然会回迁出地参与祭祖活动，并且与迁出地的族人一起修谱，它们在居住地大多没有祠堂，只有香火厅，因此，只能算是该姓外迁的一个房支。如果将他们

① 我国历史上汉代有文景之治，汉景帝时有“七国之乱”，唐代并无“文景之乱”，但伊姓开基河龙的时间不太可能是汉代。因此族谱中记载的一些宗族历史并不完全可信，有些只是族人的一种记忆。

② 杨彦杰：《闽西客家宗族社会研究》，香港：国际客家学会、海外华人研究社、法国远东学院，1996年，第4页。

的历史往上溯，到迁出地的族谱上查找他们的繁衍代数，从迁出地的开基祖开始计算的话，也许与杨彦杰先生的研究就会比较一致了。

美国社会学家 W. 古德曾对中国的宗族进行研究，认为：“行之有效的血统群是一种形式上的组织，其限定范围是一个市镇或一个村庄。这样的宗族可能在一个地区定居十到二十代，而同一老祖宗传下的其他分支则可能统治着附近的地区、乡村或市镇的一部分。”① 在闽西与闽西北的宗族组织分布与生活的空间恰如古德所述，但定居的代数则差别较大。无论是杨彦杰、刘大可教授还是笔者研究的宗族，二十多代、三十多代的宗族在一个地区定居的现象非常普遍。②

刘大可教授曾对武北宗族的发展历程作了细致的观察与分析，认为可以分为四个阶段：隐而不显、形成和兴起、扩张以及结成网络。武北宗族的形成时间基本上是在明代，又以中后期占多数。③ 在笔者调查的宗族中，由于战乱迁到闽西，或者迁到居住地后以耕地为生计的宗族与武北的宗族发展历程相一致。值得注意的是，不同的宗族，隐而不显的时间长短差别很大，如杨边杨氏，因避黄巢之乱迁到杨边，在第二十代以前，胜二郎与仍郎两房的男丁数合计均不超过十个，两房都多代只有一个男丁，甚至连续五代为单传，宗族的隐而不显时间很长。中畲钟姓念一郎房约经历了十一代；下畲的杨姓大约为十代；罗坑头吴氏为十代；畲心张姓约九代；而田背刘氏，这个阶段大约经历了六代的时间。刘氏第六代出现贡生，从第七代始，人口增长速度加快了。第九代开始建造大型堂屋，并且读书人大大增多，明万历年间就出现两名举人，十一代至二十代，共出现八名举人。也就是在这个时期，村中出现大量的大型堂屋，建有多所祠堂以及供族中子弟学习的私塾。而安远李氏，这个阶段经历的时间更短。由于李姓上祖是到安远做生意而开基此地，故这种移民有别于因人口、土地的压力或战争导致的移民，开基之始就有较好的经济基础。据谱载，大俊开基安远不过数十载，就“家口日繁，惧无以给饔飧，遂服贾楚豫间，贩往必获大利，如是者十余年家日昌炽，与兄爱吾硕伯翁始析产另炊……”、“公开

① W. 古德：《中国的宗族》，载《家庭》第 7 章，北京：社会科学文献出版社，1987 年，第 163 页。

② 杨彦杰：《闽西客家宗族社会研究》，香港：国际客家学会、海外华人研究社、法国远东学院，1996 年，第 5 页；刘大可：《中心与边缘：客家民众的生活世界》，北京：社会科学文献出版社，2012 年。

③ 刘大可：《闽西武北的村落文化》，香港：国际客家学会、海外华人资料研究中心、法国远东学院，2002 年，第 23 页。

基安远司，创置李家围□楼下香火堂并门首鱼池外学堂”①。李氏第二代就分家析产，盖了楼房、香火堂与学堂，家境的厚实由此可见。其后嗣得益于安远有利的地理条件，勤劳节俭，农、商、医并举，宗族很快就发展壮大起来。

二

人口较多、实力较强的宗族在发展过程中往往非常注重宗族组织建设，以加强宗族的凝聚力，具体表现在：

建立祠堂与大型堂屋。如田背刘氏历史上曾在村中建有总祠与分祠14座。在上杭城中建有刘氏两大房共有的“思敬堂”与二房所有的十一郎公祠。此外，与迁到长汀、武平的宗叔一起在汀州郡城与福建省城中建有祠堂，长汀城中的称为“三邑祠”，又名汀州试馆；福州城中的称为“三山试馆”，既是三地宗叔共祀祖宗之地，又是族中子弟应试备考的住所。从第九代至第十八代，刘氏共建有大型堂屋32栋，大多为乾隆、嘉庆年间刘氏宗族经济鼎盛之时所建。回龙林姓在历史上也建过多所祠堂。宁化安远李氏、河龙伊氏、上杭古坊钟氏、长汀罗坑头吴氏、中畲钟氏、畲心张氏等均建有祠堂。

编修族谱，并成定制。如田背刘氏在明嘉靖年间首次修谱，到乾隆年间第三次修谱时，修谱之规已相当规范、详尽。选有专事修谱的“司谱者”两人，并规定了其职责，制定了对未尽到职责的“司谱者”的处罚之法，同时规定了族谱“三十年重修”并且“永行此规”。

宁化杨边杨氏、安远李氏、河龙伊氏与谢氏在历史上曾多次修谱，有的修了十余次，详见表3：

表3 宁化杨、河龙伊、河龙谢、安远李氏修谱次数与修谱时间表

修谱次数	杨边杨氏		河龙伊氏	河龙谢氏	安远李氏
	胜二郎房	仍郎房			
一修	宋元祐五年（1090）	永乐四年（1406）	建文三年（1401）	洪武元年（1368）	淳化二年（991）

① 安远李氏：《陇西李氏八修族谱》，卷首，《李公杰吾大翁行传》，民国六年（1917）修，第18页。

（续上表）

修谱次数	杨边杨氏		河龙伊氏	河龙谢氏	安远李氏
	胜二郎房	仍郎房			
二修	顺治十六年（1659）	万历三十六年（1608）	宣德十年（1435）	弘治壬戌（1502）	雍正元年（1723）
三修	康熙五十三年（1714）	康熙三十六年（1697）	万历八年（1580）	万历辛丑（1601）	乾隆三十八年（1773）
四修	乾隆二年（1737）	乾隆二年（1737）	崇祯六年（1633）	康熙丁卯（1687）	嘉庆十六年（1811）
五修	乾隆四十二年（1777）		顺治年间	雍正己酉（1729）	道光十九年（1839）
六修	嘉庆十年（1805）		雍正元年（1723）	乾隆甲戌（1754）	同治四年（1865）
七修	道光五年（1825）		乾隆二十五年（1760）	乾隆壬寅（1782）	光绪十六年（1890）
八修	道光二十五年（1845）		嘉庆二十四年（1819）	道光丙戌（1826）	民国六年（1917）
九修	同治十年（1871）		道光二十七年（1847）	同治己巳（1869）	
十修	光绪十三年（1887）		光绪三十四年（1908）	民国三十一年（1942）	
十一修	民国五年（1916）		民国十二年（1923）	1992 年	
十二修	民国三十四年（1945）		民国三十四年（1945）		
十三修	1990 年		1990 年		

从表 3 可看出，在明代以前，所列各姓的修谱时间均未成定制，两次修谱时间大多间隔比较长，最长的安远李氏有 700 多年。到清代以后，修谱时间大大缩短，大多相隔数十年就会重修，这不仅反映宗族经济实力的提高，也反映了宗族对保存本族世系繁衍历史、加强宗族凝聚力的重视。

制定族规或家规等。据谱载，安远李氏制定了 12 条家规，告诫族人该如何治家，包括“重伦理以规家”、“重名分以范家”、“豫豢养以兴家”、“严游手以全家”、“敦忍让以和家”、“教诗礼以传家”、“务勤俭以兴家”、“端好恶以齐家”、“肃闺门以宜家”、“谨嫁娶以成家”、“息争讼以保家”、“积阴德以名家”。杨边杨氏一族也设立了不少家规，作为族人立身行事的准则，内容涉及族人生活的各个层面。这些家规共有25条，包括“乐奉公、肃祭仪、结祠宇、经题请、护坟荫、崇祀田、戒嚼杀、孝父母、友兄弟、嗣书香、谨婚姻、守丧礼、正名份、重斯文、尚勤俭、慎择术、安常业、肃闺门、和乡邻、禁窃盗、忠孝廉、立族长、珍谱牒、禁齐匪、慎规避”[①]。而河龙伊氏一族则定下了“敦孝弟、睦宗党、隆学校、褒贞节、剪奸淫、除盗贼、惩赌博、戒荡游、严侵葬、究私卖”共10条规训，其中有的规训还对违反者作出了处罚规定。

广置族产，设立学田（又称儒资田）与祭产（其中祭田又称为蒸尝田）。闽西宗族的族产根据不同用途大体可分成三大类：供平常家庭生活开支所用的“家产”；供本房或族中读书人用于应考或奖励仕子的“学田”；供本房或族人春秋祭祀祖先开支所需的“祭产”，其中田产称为“祭田”。这些产业既有住房、店铺、私塾及房基、店基等房产，还包括田、山、鱼塘、菜园等。在一些宗族中，这三类不同的族产大致遵循“三三制”的比例来配备，分家析产时，也会按一定比例进行分配。如田背村刘氏宗族的田产收入分配主要遵循“三三制”的原则，“三三制”是指用于生活开支、祭祀祖先所用的公尝、办私塾并奖励族中科举入仕弟子的儒资，这三项大约各占田租收入的三成，另外一成作为其他用度。

宗族的祭田与学田大多分布在本乡，一般请本族人耕种。如安远李氏的祭田大多分布在本乡各村，但也有少数在邻县。从安远李氏一族来看，祭田的辐射范围大多不超过30里，并且多数在10里的范围内。祭田的分布除了与距离相关，还可能与宗族的经营范围与墓地分布等有关，尤其是分布较远的祭田。如安远李氏分布较远的祭田是在灵峰山与营上，其中灵峰山距离安远20里，营上距离安远20里。单族人国友公的祭田在灵峰山的就有130石，李氏在灵峰山有设庄，其祭田是庄田的一部分。灵峰山不仅有国友公之墓，而且还有许多李氏上祖的坟墓。营上则是个有墟市的村落，是李氏上祖开店做生意的地方。李氏一族在营上建有粮仓，在张坊连垅坑也建有粮仓。张坊有李氏第二代大俊之墓，谱载，杰吾夫妇墓在招得里五都腾坊小水坑。此外，张坊还有安远李氏第一代高绍公之妻张氏太婆

① 杨边杨氏：《杨氏重修族谱》，卷首，《家规引》，1990年。

之墓，第四代李泰明之墓等。可见，远距离的祭田较多之地正好是有李氏上祖墓地的地方。

有意思的是，宗族族产的分布又与族人的通婚地有关联，经济圈与通婚圈有很大一部分是重合的。如田背刘氏中许多经贸易发家创成大业者均在外县、乡置有尝田，如二极公置有永定洪山庄，刘氏十四世孟昭公“贸易齐楚”后归乡置有庐丰庄田，名为“谦益庄”。九世双溪公“壮年勤贾，再创大业”后置了长汀庄。据笔者调查，刘氏历史上与王、温、蓝三姓频繁通婚和村中富贾在上述地方购置田庄有关。从中可看出，刘氏宗族通过婚姻与不同姓氏的联系与交往是随着本族的经济发展向外延伸的。

一个宗族的族产多寡直接关系到族人的日常生活、读书入仕、春秋祭祀、社会声望以及在地方事务中的话语权。以安远李氏为例，相对于安远的其他宗姓，李氏宗族的族产是比较丰厚的，宗族也比较兴旺。李氏人口虽然不多，但根据族谱的记载，他们通过积极捐钱建庙、修路、筑桥等方式参与地方公益事业；与司主①一起倡导捉匪，修筑朝天寨保卫当地民众；组织每年的张公庙会、拜万佛等地方重要的民俗活动，在地方事务中发挥着重要作用。安远李氏宗族如果没有一定的经济实力，没有相对丰裕的族产来支撑，是很难掌控地方事务话语权的。

实力雄厚的宗族往往建有多所私塾，如上杭田背的刘氏，从八世到十七世建有 9 所私塾，其中规模最大的为十一郎公支各房共有的宏文馆，有上下厅、3 个天井、4 个小天井，为三堂出水。后堂有楼房，左右各有一排楼房，名为穿心走马楼。宏文馆共有 4 个正大厅、12 个小厅、8 个大房间、14 个小房间。这些私塾对族人的教育起了重要作用，在传统社会中，族中科举入仕的弟子非常多，从六世到二十二世，刘氏共出现生员 276 人、贡生 28 人、监生 434 人、举人 12 人。

依托族中购置的祭产，闽西与闽西北的宗族大多会举行春秋祭祖活动。据安远李氏报告人说，在传统社会中，李氏每年有清明与秋分两次祭祖。其中清明主要是扫墓，由于李氏上祖的祭产很多，祭祀所需的鞭炮、纸钱、蜡烛及三牲等祭品均由祭产开支。为了鼓励族中男子都参加祭墓，每次祭墓时都给参与者发钱。清明祭远祖与近祖的墓通常需 4 天。祭扫房以上的祖墓分成五路走：第一路祭陈坊太子庙对面山上与洋田的祖墓，第二路祭扫里坑的祖墓，第三路祭扫岩泉的祖墓，第四路祭扫后溪的祖墓，第五路祭扫建宁均口的祖墓。

---

① 在传统时代，安远是安远司所在地。

宗族的祭祀活动不仅包括墓祭，还包括祠祭。如刘氏田背村中的多数祠堂每年有两祭。春祭在清明后五天，当地人称为“祭红谱”。祭祠堂时，添新丁的家庭要把新丁名字、出生时辰报给司谱者，以便其及时修正族谱，还得为祠堂添一方桌与两条长板凳。此外还得准备冬瓜线与酒给族人品尝。秋祭是在八月十四，村民称其为“祭蓝谱”，有去世者或有为祖先作二次葬的家庭得报明葬者的姓名，死之时辰，葬地的地处、山形等。

村落的祠堂在日常可能遍地尘垢，杂物堆陈，但一旦到祭祖之时，则收拾得干净整洁，祖神牌位前灯火通明、香烛旺盛，祠中人潮涌动、人声喧嚣，祠外鞭炮声声、热闹异常。山坡上的墓地同样也是如此，在日常是寂静荒凉、杂草丛生的，但到了族人祭扫墓地之日，则呈现出另一番景象。

三

本书的10个调查点主要涵盖长汀、上杭、宁化与将乐4县8乡（镇）的21个村落。在这些村落中，人口数量最多的是上杭县回龙村，有4 000多人；2 000～3 000人的有罗坑头、畲心与安远3个村；田背、杨边、和平、红石、龙角、古坊、长桥、中畲、下畲、蓝田、下伊共11个村的人口为1 000～2 000人；其余寨背、泮溪、溪源、山门、洋坊、桃村6个村落的人口不到1 000人。人口在1 000人以下的村落，不少都因地理位置偏远，从原来的一个大村中分离出来，如山门、洋坊在1990年以前为桃村的两个自然村；泮溪、溪源与蓝田原属蓝溪村。

在村落的姓氏构成上，学界有不同的分类方法。如按厦门大学郑振满教授与复旦大学王沪宁教授等的分类方法，分成单姓村、主姓村与杂姓村3种类型。[①] 按北京大学王铭铭教授的分类方法，则分成纯姓村、强单主姓村、单主姓村、双主姓村、复主姓村、杂姓村。[②] 结合这两种方法对上述的21个村进行分类，纯姓村只有畲心1个。杂姓村有和平、山门、洋坊、桃村4个。主姓村有14个，又可分为单主姓村、双主姓村。单主姓村有田背、罗坑头、回龙、红石、安远、下伊、长桥、中畲、寨背9个，其中田背、中畲、回龙、罗坑头等为强单主姓村；双主姓村有杨边、古坊、下畲、泮溪、溪源5个。复主姓村有蓝田、龙角2个。各类型的村落占调查

① 郑振满：《明清福建家族组织与社会变迁》，长沙：湖南教育出版社，1992年，第151～153页。

② 王铭铭：《村落姓氏与权力——威海资料偶得》，《民俗研究》1991年第1期，第15页。

村落的百分比详见表4：

表4　本书调查的村落姓氏构成类型

类型	数量	占调查村落的百分比
单姓村	1	4.8%
单主姓村	9	42.9%
双主姓村	5	23.8%
复主姓村	2	9.5%
杂姓村	4	19.0%

从表4数据可以看出，21个村中，单姓村与主姓村共有15个，约占71.5%，多姓村（复主姓村与杂姓村）有6个，约占28.5%。从中可见，在闽西、闽西北的村落社会中，同族共居的现象远比多族杂居一村的现象普遍。尽管本书调查的村庄数量不多，但这抽样调查的结果还是可以跟学界目前的研究作一对比。笔者研究的区域，单姓村与主姓村的数目远比多姓村多，这个结果与王铭铭教授在威海、刘大可教授在闽西武平县北部的研究结果比较接近。

笔者研究的结果可以说是刘大可教授将武北与威海的资料进行比较后，对弗里德曼的“核心—边陲”理论的印证。即在传统中国社会中，离中央集权较远的“边陲地区”更多地存在家族村落，而接近中央集权核心地带的区域家族村落则较少。其原因是在中国的核心区域，社会组织深受中央权力机构的控制，所以民间对家族组织的需要较少，从而家族村落也较少；而中国东南地区的村落，远离中央集权的控制，社会组织需要自主地安排，因而家族才得以大幅度发展。[①] 这些单姓村与主姓村大多在明代以前形成，并且村民主要以种田为主。笔者研究的闽西、闽西北村落与威海、武北村落的对比情况如表5所示：

① Maurice Freedman, *Chinese Lineage and Society*: *Fukien and Kwangtung*, London: Athlone Press, 1966, p. 168. 转引自刘大可：《中心与边缘：客家民众的生活世界》，北京：社会科学文献出版社，2012年，第26页。

表 5 本书的研究与威海、武北村落类型的比较

村落类型	威海	武北	闽西、闽西北
单姓村占百分比	33	74. 2	4. 8
主姓村占百分比	31	20. 6	66. 7
多姓村占百分比	27	5. 2	9. 5
杂姓村占百分比	9	0	19
总数	100	100	100

表中资料来源：王铭铭：《村落姓氏与权力——威海资料偶得》，《民俗研究》1991 年第 1 期，第 15 页；刘大可：《中心与边缘：客家民众的生活世界》，北京：社会科学文献出版社，2012 年，第 26 页。

但在笔者研究的田野地点，又与武北有所不同，即复主姓村、杂姓村所占的比例要比武北的高，占总数的 28. 5%，远远高于武北的 5. 2%。其中和平村位于将乐城郊，是个由长汀客家移民组成的村落，村中 26 个姓中，历史最长、人口最多的是李姓，才繁衍到第九代，其他姓氏以第五至第七代居多，因此，它是个清中后期才形成的村庄。由于村子位于金溪边，常发大水，故被将乐本地人放弃。长汀移民迁到此地时，有的在纸厂做工，有的揽零碎活，有的开荒种甘蔗制糖。清末时发展成一个种蔗制糖区，鼎盛时期年产红糖 6 万多斤，直到 20 世纪 70 年代仍有生产。山门、洋坊与桃村原属同一村，共有 29 个姓，大多姓氏的历史只有两到六代，人口只有数十人，很多姓氏因为种桐、种菇、做工、入赘等居住此地。而拥有 8 个姓氏的上杭县龙角村也是清代中期以后随着回龙渡口商品经济的繁荣才出现的村落，村民大多以挑担、当船工等为生。也就是说，本书调查的复主姓村与杂姓村的大多村落历史较短，在清代中期以后才形成，且开基村中的许多先民并不是靠种田为生。

四

墟市是观察一个地域社会历史文化的重要视角。因为以往的史学家大多以府、州、县以上的历史为研究对象，比较注重对重大事件与精英人物的研究，忽视了更为广泛的民间社会与普通百姓的日常生活。而人类学家的个案研究则大多在村落中进行，通过对一个小地方的分析来反映一个大社会。乡镇墟市刚好介于两者之间而被许多学者忽略了，因此，对乡镇墟市进行研究就显得尤其有必要。

1. 闽西墟市发展的历史概况

据文献记载，闽西墟市的发展在宋代时已达到一定的水平。南宋开庆

元年（1259）所修的《临汀志》载汀州府各县墟市数量如下：长汀县有市三墟七，宁化县有市一墟五，清流县有市一墟六，连城县有市一墟二，上杭县有市墟各一，武平县有市一墟二。[①] 其中以汀州府北部的长汀、清流、连城三县的墟市数较多。

刘永华教授把闽西墟市的发展划分为三个重要时期：明代中叶、清代中叶、晚清至民国时期，并对每一时期的墟市状况作了详细分析。[②] 他认为南宋以来闽西墟市的发展，尤其是明中叶以来的发展，与该区乡村经济的商业化密切相关。首先是经济作物的大量种植。这些经济作物包括烟草、蓝靛、杉木、油茶等。其中以烟草与蓝靛最为突出。汀州在清代种烟最盛之时，面积为耕地总数的百分之三四十，所产烟丝行销全国。汀人种蓝靛的也很多，主要集中在浙南一带种植，据说获利颇丰。其次是手工业的发展，其中最为有名的是造纸业的发展。闽西各县都有造纸业，据说清中叶上杭从事此业的在万户以上，光是所用水碓，就在五百处以上。汀人在外开设会馆的商人中，数纸商最为活跃。最后是商人集团的出现。在明清时期的福建商人中，汀州商人占有一席之地，如永定烟商、上杭靛商、长汀四保书商、连城木商以及各县纸商。这些商人集团的活跃程度，在上杭蓝靛商人身上体现无遗。据说他们一度控制全国的蓝靛贸易，因此，江西、浙江、广东及上海、佛山、汉口等处，除了省郡总会馆（即福建会馆与汀州会馆）之外，又专门建立上杭会馆。[③]

刘永华教授的分析是很有见地的。此外，汀州墟市的发展与宋时汀江航运的开通、全国市场经济发展的带动也有密切关系。这可以从张鸿祥先生对长汀经济与汀江的关系的叙述中看出来：

汀江源于长汀县和宁化县境内，它贯穿长汀县流经武平、上杭、永定再入广东境内与梅江汇合成韩江后出海。宋代以前汀江航运没有得到充分的开发利用，自宋绍定五年（1232）开通了汀州至广东潮州的水路运盐路线以后，汀江航运在长汀的商业贸易史上具有划时代的意义，使汀江成为福建西南部地区与广东潮汕地区商贸的水路大动脉，使长汀成为闽、粤、

---

① （宋）胡太初修，赵与沐纂：《临汀志》，福州：福建人民出版社，1990 年，第 13 ~ 15 页。

② 刘永华：《墟市、宗族与地方政治——以明代至民国时期闽西四保为中心》，《中国社会科学》2004 年第 6 期，第 187 ~ 188 页。

③ 刘永华：《墟市、宗族与地方政治——以明代至民国时期闽西四保为中心》，《中国社会科学》2004 年第 6 期，第 188 ~ 189 页。

赣边界的物资集散重镇。江西南部及汀州属辖各县的土特产、土纸、竹木、米豆、苎棉等，大都通过长汀中转航运至广东潮汕、佛广及香港和东南亚国家，广东的食盐、布匹、百货航运至长汀城中转至赣南及汀州各县。因而周边府、县、镇的商人纷纷在长汀设立商行经商贸易。①

汀江航运的开通，大大方便了货物的流通，使地僻一隅、交通落后的汀州府打开了大门，成为闽西、赣南、粤东市场体系的一部分，并逐渐进入了全国市场体系。这一体系的贯通，不仅大大丰富了闽西市场上的货物，而且在全国小商品经济发展的带动下，汀州墟市发展也加快了步伐。

2. 闽西墟市的分布

闽西墟市的分布特征主要是沿汀江及支流的树枝状分布；在一些没有大溪、大河的山地则是沿山脉或交通线的带状型分布；在闽西与江西、广东相邻的省界或闽西各县的县界周围则表现为沿（交界）线型分布。

闽西墟市的总体特征是树枝状分布。以长汀县为例，在长汀县，汀江流域及两大支流濯田河与南山河流域包括新桥镇（古代称新桥市）、大同镇、城关镇、策田镇、河田镇（古代称河田市）、三洲乡、南山乡、水口乡、濯田镇、羊牯乡10个乡镇，它穿过了全县七块盆地中的六块，包括城关盆地、河田盆地、三洲盆地、濯田盆地、南山盆地、新桥盆地。此流域中的新桥墟、策田墟、河田墟、三洲墟、水口墟、南安墟（濯田南安村）、濯田墟、王屋墟（濯田升平村）、羊牯墟、南山墟等以及县城水东桥码头、策田码头、赤岭码头（在河田赤岭）、三洲码头、水口码头、濯田码头、羊牯码头成为汀江流域经济带最主要的经济活动场所。② 由此可看出，汀江及其支流是树干与树枝，而乡镇墟市与码头则是树上的叶子。

闽西墟市的带状型分布主要形成于山脉的走向，是山间盆地的狭长地形所致。通常这种盆地中没有大的可通航的河流。如刘永华教授对连城四堡（原作“四保”）的研究发现：

民国时期的四保境内共有赖家墟、长校墟、雾阁公平墟、草坪墟、上保公平墟、双泉墟、龙光墟、彭坊墟、南桥街墟等九个墟场，另外历史上还存在过一个在每年重阳节前后才进行贸易的转水会。这十个墟市从平面

① 张鸿祥：《长汀概述》，杨彦杰主编：《长汀县的宗族、经济与民俗》，香港：国际客家学会、海外华人资料研究中心、法国远东学院，2002年，第10页。

② 张鸿祥：《长汀概述》，杨彦杰主编：《长汀县的宗族、经济与民俗》，香港：国际客家学会、海外华人资料研究中心、法国远东学院，2002年，第10页。

分布上看，与施坚雅的六边形模式不同。施氏认为排除地理因素的影响，在经济理性的驱动下，市场会自然发展成正六边形，亦即每个市场的服务区域是个正六边形，而分布在每个中级集市周围的标准集市，也构成正六边形。但是，在实际情况中，这种标准六边形的理想状态很难实现。在四保，墟市主要呈带状分布。上述的十个墟市中，有九个是位于连城至清流、宁化一线的官道上的。这种分布模式的主要原因，在于四保的山脉走向基本上是南北走向的。四保的东部是高山，当地俗称“东嶂”，西部的山虽然较低而零碎，但对经济活动也构成重要的障碍，四保的主要聚落，多数就分布在东山、西山之间的狭长地带。因此，四保墟市的分布，自然也表现为带状。①

在闽西与江西、广东交界的地方往往形成比较大型的边界墟市。如武平县岩前墟，逢农历初三、初五为墟。该墟位于武平至广东的交通要道上，是闽西的西南大门。历史上上杭、武平的农副产品大部分通过岩前运往广东省的梅县、蕉岭，有商店300余间，棚顶市场500平方米，在交易货物中，尤以米、鲜猪肉、盐、布匹、土纸为大宗。② 永定县的峰市墟，位于永定通往广东大埔县的交通要道上，每逢初三、初八为墟，是该县的商业大镇。由食盐起家，发展到木材、纸、米、豆、烟等大宗商品贸易。民国时期有商店300余间，其中有盐行、纸行、米行、烟行、银行、邮电局、电报局等。在此地经商的商人不仅有来自本省各县的，还有广东、云南、贵州、江西、四川等省的。③ 类似的两省交界地的重要墟市很多，如宁化县的安远、禾口、泉上墟，长汀县的古城墟，武平的下坝、中山墟等，这些墟市呈现出沿两省交界线分布的特征。

3. 闽西墟市的类型

墟市的类型，不同学者的分类方法也有所不同。有的学者把它分成大集与小集，如龚关根据集市交易规模的大小、交易时间的长短分为大集与小集。④ 王庆成认为大集商品较丰富、贸易较繁盛、市场圈较大、赴集人

---

① 刘永华：《墟市、宗族与地方政治——以明代至民国时期闽西四保为中心》，《中国社会科学》2004年第6期，第190～191页。

② 马先富：《客家祖地经济史论》，福州：福建教育出版社，2000年，第138页。

③ 马先富：《客家祖地经济史论》，福州：福建教育出版社，2000年，第133～134页。

④ 龚关：《近代华北集市的发展》，《近代史研究》2001年第1期，第161～162页。

数较多、交易时间较长，小集则反之。[1] 杨庆堃通过对山东邹平的考察，提出集市有基本集与辅助集之分，基本集不能充分供应其活动范围中人口的一切需要，必须由邻近各集帮助完成其功能，辅助集则可成为自给自足的独立单位。他又提出可以把乡村市场分成一等集、二等集、三等集，在活动的范围上各有等差，一等集最大，二等集次之，三等集最小，像是最基本细胞层层包围；在功能上，每种都供给附近村庄的日常消费等功能，但除此之外，一等集包含着大量的发行买卖，供应从二、三等集来的小贩。因发行的活动，故范围扩大到很远，二等集也有发行买卖，但只卖给三等集的小贩，数量亦较少，三等集则完全是为着供应几种简单的日常消费品。[2]

也有学者根据墟市的经济功能对墟市进行分类。如谢庐明根据赣南墟市因交易物品、交易对象显示的经济功能的不同，把墟市分为三类：第一类是以满足农民一般性的需求为主的生活资料和农业生产资料墟市，赣南的大多数墟市均属此类；第二类是庙会，赣南的不少方志与族谱都有祭神、祈福、演剧与商人设市贸易的记载；第三类是商品集散市场，既具有满足农民日用所需的经济功能，又具有贩运贸易集散商品的经济功能。[3]

闽西的墟市也一样，从不同的角度去考量，可以对此作不同的分类。若以墟市的规模大小、交易商品种类的多少等来划分，可把清末民国时期的闽西墟市分为大型、中型、小型三类。划分主要依据以下几个方面：从墟场所设的商店看，大型墟市拥有 50 家以上；中型墟市在 30～50 家；小型墟市在 30 家以下。从墟市的街道来看，大型墟市至少有三条街道，中型一般为两条，小型为一条。从墟场的行业分布看，大型墟场设有米豆行、猪行、鸡鸭行、竹木器行、菜行等多种行业，中型的只有其中的一两种，而小型的多半不设。从墟市的乡脚来看，到大型墟场赶墟的村落一般不少于 20 个，中型在 10～20 个，小型在 10 个以下。从墟市的功能看，大型墟市具有满足当地民众的生产生活需要与商品集散地的功能，而小型的一般只能满足当地百姓的生活需要。从墟市的商品交易量来看，大型墟市的交易额大，小型的交易额小。但这种划分并不是绝对的，比如，安远的乡脚

① 王庆成：《晚清华北的集市和集市圈》，《近代史研究》2004 年第 4 期，第 19 页。

② 庄泽宣等：《集的研究》，《中山文化教育馆季刊》；王庆成：《晚清华北的集市和集市圈》，《近代史研究》2004 年第 4 期，第 21～22 页。

③ 谢庐明：《赣南的农村墟市与近代社会变迁》，《中国社会经济史研究》2001 年第 1 期，第 48～49 页。

只有16个，但其他方面均满足一个大型墟市的条件，因而可以把它归为大型墟市一类。

若以墟市设立的缘起与地理特征等来划分，则可以把闽西墟市分为农业型、渡口码头型、驿站型、两省交界地型、军事型等。农业型如长汀童坊墟、涂坊墟、宣成墟、宁化河龙墟、凤山墟等。墟场的规模不是很大，墟场周边乡村的民众以耕种田地、饲养家禽为生。墟场上交易的物品也以生活用品与农产品为主。渡口码头型一般航运发达，是比较重要的商品集散地，如长汀县水口墟、濯田墟、策田墟、新桥墟，上杭县回龙墟、官庄墟、南蛇渡墟，永定峰市墟等。驿站型墟市位于旧时的官马大道上，交通较为便利，是旧时的驿站发展起来的，如长汀的馆前墟、古城墟是由驿站发展成的墟市，安乐墟也是由驿铺发展而成。两省交界地型墟市，如上文提到的宁化县安远、禾口、泉上墟，长汀县的古城墟，武平的下坝、中山墟等。军事型墟市如武平县中山墟。中山镇地处赣闽粤三省交界处，为古汀州之门户，闽粤边区要塞，因此不少朝代都在此屯兵。据《武平县志》所载，早在明洪武年间就在当时的中山设立了武平千户所。[①] 中山墟正是在明朝所城的基础上发展而来的。

4. 闽西墟市的时间结构

定期性是墟市的一个显著特点，每月在固定的日期开墟进行交易活动。但是各地墟期的分布有一条不成文的规定，即相邻各墟市的墟期是错开的，以避免冲突，因此又称为“插花墟”。这对行商十分有利，他们可以一天赶一墟。在清末民国的闽西，大多乡镇墟市的墟期都是每旬两墟，但也有少数墟期并非如此，其中以连城县的乡镇墟市最为明显，据载，该县在清道光年间（1821—1850）在四堡、姑田、北团、朋口、新泉、莒溪设墟场集市交易。后来逐步增设湖峰、文亨、罗坊、宣和、芷溪、庙前等墟场集市交易，墟期有十天三墟、十天二墟、七天一墟、九天一墟不等。[②]

另外，在闽西还有大量的庙会集市，大多为一年一次。在闽西各县中，数清流县的庙会集市最多。据载，清流全县有40余所庵堂寺庙，大部分有庙会会期，在庙会期间设有商品交易活动。其中乡镇的庙会有嵩溪九月二十五的五通庙会，林畲三月十五日的越公元帅会，嵩口五月十二日的龙舟会，四堡的重阳会，长校龙峰寺元月十九日和二月初二的李公会、八月一日的弥陀会，围埔正月初十的三官大帝会，温家山元月初六的左佛公

---

① 郭义山、张龙泉主编：《闽西掌故》，福州：福建人民出版社，2002年，第193~194页。

② 马先富：《客家祖地经济史论》，福州：福建教育出版社，2000年，第135页。

会，里田五月二十五日的五谷仙会，灵地七月初七的乞巧会，庵龙四月初八龙峰寺的弥陀会等。有的庙会集市交易额极大，吸引了来自许多不同省份的商人。如宁化县湖村乡店上山的张（巡）公庙会则变成了耕牛交易会，交易额一般数百头或上千头，最多时有五六千头，赴会的来自粤、赣、浙、湘等省。[①]

那么，在闽西与闽西北，其宗族、村落、墟市、族群的民俗与信仰呈现出何种面貌？本书通过笔者在宁化、长汀、上杭、将乐的10个田野地点长达10年的调查，利用家谱、族谱、碑刻、村志以及口头传说等第一手资料，结合官方史志、户籍本、文史资料以及前人的研究成果对此作一具体的描述与分析。

---

① 马先富：《客家祖地经济史论》，福州：福建教育出版社，2000年，第136～137页。

第一章　闽西客家宗族与民俗信仰

第一节　宁化杨边杨氏宗族的经济与信仰习俗

杨边是宁化县石壁镇所辖的一个行政村。石壁位于宁化县的西部，距宁化县城约45华里。它在客家的历史上十分出名，据闽西、粤东许多客家人的族谱记载，其迁出地大多写着迁自宁化石壁。20世纪末，随着学者们对客家研究的深入，很多学者对石壁在客家历史上的地位进行了探讨，对石壁的重要性作了多方面的论述，它被认为是“客家南迁的中转站”、“客家人的祖地”、“客家的源头”、“客家摇篮”等。那么，石壁的宗族发展与民俗信仰呈现出何种面貌？在此以石壁杨边村的杨氏宗族为考察对象作一分析。

一、杨边的概况

杨边距离石壁镇政府大约4华里，距石壁村约2华里。它南接小吴村，西临石壁村，北连桃金村，东部则与立新村接壤。立新村是石壁镇政府所在地。村中有一条溪流称为“石壁溪”，依次穿过村子的西部与南部，在杨边与石壁、小吴村之间缓缓流过。村落四周的地势平坦开阔，分布着大片的农田、菜地，偶有低矮的丘陵散见其间。杨边村聚落分布见图1－1。

在杨边与石壁之间的客家祖地入口旁有座维藩桥。据说维藩桥原称“维滩桥”，古时杨氏族人为纪念始祖发自山东的滩州而起名为“维滩”。民国时石壁出了个叫张延环的秀才，他说，“山东只有藩州，没有滩州”，就把此桥的名字改为“维藩桥”。杨氏当时族中没有文人，认为他文化程度高，只好默许。

杨边村古时属宁化“龙上下里”所辖，曾被称为“杨坊田上”、“杨家边”等。在明朝崇祯年间，它属桂林村管辖。崇祯《宁化县志》载曰：“龙上下里，其田多瘠旱，其民惟（唯）耕，其俗近侈未醇，其村名二十有四：桂林村、石壁坑、禾口乡、小吴乡、石壁上市村、过屋乡、江头村、礤头洋俱大坑村，蓝口塘背村、田背谷畲村、孙坑罗家村、王坊黎坑、桥头村、吴陂头、村头乡、强风村、大朱坊、小朱坊、方园村、陂坑、禾礤村、大杨坊、小杨坊、竹园里村。”① 从中可知，有桂林之名，却无杨边之名。清朝，杨边村被称为“杨坊田”。康熙《宁化县志》曰：“（龙上下里）为村者二十有七，曰禾口；曰石壁；曰石壁坑；曰桂林；曰小吴……曰杨坊田。”② 到民国时，才开始称为“杨边村”，属禾口乡管辖。③

据报告人说，杨边村自古姓氏不多，主要住着杨、张、吴三姓。张、吴两姓都是迟于杨姓到杨边村居住的姓氏。在20世纪50年代以前，吴姓主要住在吴家屋，杨姓分布在老杨边上屋、下屋（即杨坊田上）。50年代以后，吴姓迁到了岭下，杨姓的居住地扩展到了新杨边、早寨里、岭下等地。而张姓自古以来一直住在“桂下”④。由于桂下在20世纪50年代以前为单独的一个村，至50年代末期才与杨边村合为一个行政村，与杨姓的关系又一直比较疏远，故本文不述张氏的发展。杨边村的现有人口为1 300多人，其中杨姓600多人，张姓近600人，吴姓100多人。

杨边村民主要靠种水稻、烤烟、蔬菜，养猪、鸡、鸭与外出打工为生。中老年人在家务农，从事种植业；年轻人则外出赚钱。村民的人均耕地为0.7亩，人均收入为1 600多元。

村民在传统社会中主要靠种地与贩卖、饲养小鸭为生，据说这是上祖传下来的谋生方式。由于刚贩来的小鸭都是即将要出壳的鸭蛋，村民算好了时间，到墟上售卖时，正好刚出壳，而外村人不明就里，都说杨边村的是“孵小鸭”、“养鸭苗”的。据说，杨氏的鸭苗在当地小有名气，鸭苗生意做到了三明等地。杨氏族人的生活相对富裕，外村人都认为杨边是个好地方，把它称为“银窝里”。

---

① （明）《宁化县志》，卷二，《里图志》。

② （清）《宁化县志》，卷一，《疆界志》。

③ 刘善群：《宁化县志》，卷一，《建置》，福州：福建人民出版社，1992年，第66页。

④ 旧称“桂林”，今称“虎龙”，民众俗称为“桂下”。

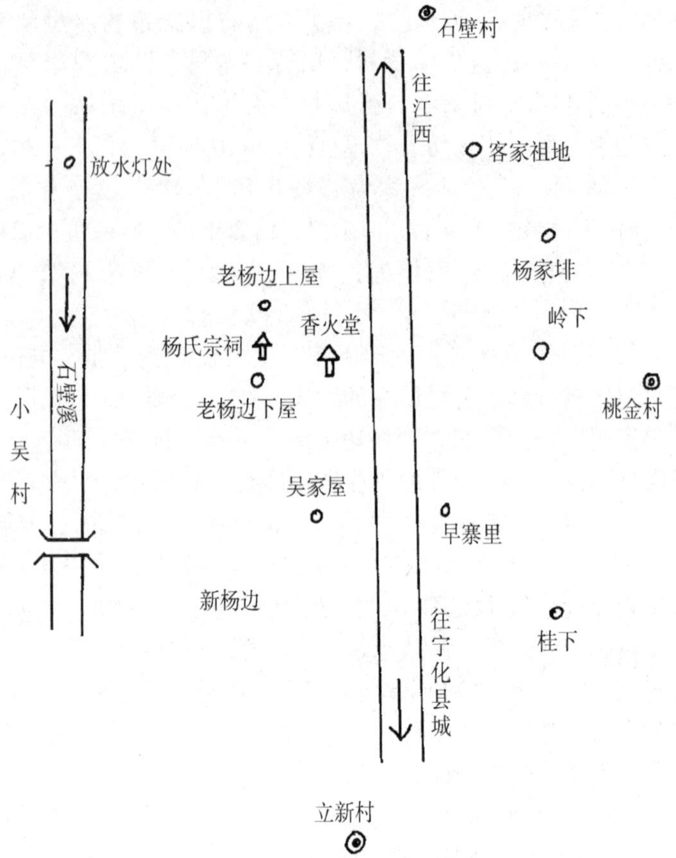

图 1-1　杨边村聚落分布图

二、杨氏的宗族发展与通婚圈

在传统社会中，杨边住着杨、吴两姓。杨姓的历史十分久远，唐朝末年就迁到了此地居住。而吴姓的历史与之相比则要短得多，元末才到杨边居住。

据说，吴姓上祖迁到此地时只是帮杨姓看管山场。由于杨姓较早迁到此地，所以拥有田地、山场的数目比其他姓氏多，但由于杨姓的人口繁衍速度极慢，人口一直不多，其他姓氏迁到此地后，人口则迅速增多，逐渐占领了周围的山林与土地。杨姓的范围在逐渐地减小，这可以从杨氏谱中所存的各种契约反映出来。

杨氏谱载："吴姓于正统年间寄居本村山场荒塅，并无寸土。万历年间吴星蓝之祖死，无坟安厝，赁去对面岭下空望二穴，每穴方圆一丈二尺，乞与祖葬，又乞注门前坑山一块，赁字载明，毋得混争界址。”[①] 由此可知，吴氏到杨边村开基的时间是在明朝正统年间（1436—1449），在杨边已有500多年的历史。

谱载，杨姓的始祖为“杨杼公”，原为“姬”姓，周宣少子尚父，公元前1073年，被幽王封为杨侯，建立杨国。此后，以邑为姓，杨杼公成为杨姓的始祖。[②]

从杨杼公为一世算起，至第七十三世是用蕃公。杨边杨氏尊用蕃公为一世祖。用蕃公生子二：长胜二郎，次仍郎。胜二郎于“五代间仕（任）延平刺史，经官籍居延平。因黄巢乱‘四野兵燹，游宁阳之西，见其山川水秀，上有玉屏耸翠，下有七星过墩，遂揭家卜居宁阳之杨家，后裔复迁于杨坊田上’”[③]。由此可知，杨姓在唐末黄巢起义时就迁到了石壁，在宁化已有近1100年的历史。

杨姓初到石壁之时，住在石壁村张姓下祠边的杨家排上。后来因张姓迁到了石壁，人口繁衍很快，不久就远远超过了杨姓。杨姓在宗族势力日益壮大的张氏一族旁住着，不时由于姓氏之间的矛盾而感到不痛快。此时，杨氏族中有一家人的母猪丢失了，找了好几天才在一块茅草丛生之地找到。母猪在草丛中产下了一窝小猪，无论主人用什么方法赶它，这只母猪都不愿挪开半步。尽管当时的杨坊田看上去一片荒凉，杨姓还是认为这是一块风水宝地。随即人口不多的杨姓迁到了杨坊田。

胜二郎兄弟迁到杨家排后，人口发展一直很慢。根据杨氏胜二郎、仍郎房的世系图，对其前十代的男丁数目进行统计。胜二郎房第一代至第十代的男丁数依次为1、1、1、2、3、3、3、2、2、5；仍郎房的依次为1、1、1、2、2、2、2、1、2、1，两房的男丁数都很少，人口发展十分缓慢。尤其是仍郎房前十代的男丁数每代都只有1个或2个。即使是在第十代以后，两房的人口发展依然不快。根据谱中的世系图，对两房第十一代至第二十代的男丁数进行统计，胜二郎房第十一代至第二十代的男丁数依次为5、3、4、3、3、3、6、5、3、3；仍郎房的则为1、1、2、1、1、1、1、1、2、3。仍郎房出现了五代单传的局面，人口发展之慢，由此可见一斑。如今，胜二郎房发展到了第六十二代，仍郎房发展到了第六十四代。

在杨姓一族的历史上，人口发展一直不快，不断有族人外迁。如胜二郎第三十二代行一郎迁到了广东大埔西河新北塘，大一郎则在大埔百侯开

① 杨边杨氏：《杨氏重修族谱》，卷十三，《巢郎公遗下山场土名》，1990年。

② 杨立利、杨立金：《杨氏族谱》，1997年油印本，第1～5页。

③ 杨边杨氏：《杨氏重修族谱》，卷首，《杨家边重修族谱旧序》，1990年。

基。仍郎房第十三代绵郎由杨家排徙居浦城；第十九代萃郎迁居将乐，为宋朝著名理学家杨时之父；第二十五代郁郎迁居杭州；第三十二代重二郎迁居江西宁都；第三十九代七二郎任汀州教谕迁居长汀县；第四十代四六郎迁居宁化会同里；第四十三代怀二郎迁居永定；第四十五代方郎的后裔迁居宁化济村乡、淮土乡，江西石城沿沙等地；第五十一代有裔孙迁往沙县、永安、福州、南平，以后又有裔孙迁到四川，乃至出国到马来西亚等地。历代宗族子弟的不断迁移是杨氏人口发展缓慢的重要原因。如今，杨氏后裔广泛分布在福建、江西、广东、马来西亚、新加坡、泰国等地。

杨边杨氏分成两大房派：胜二郎公房派与仍郎公房派。据谱载，胜二郎公房派又分成两小房：富达公房与富贤公房，他们的后嗣都住在杨边。仍郎公房派则分成五小房：成玉公房，居住在宁化县淮土乡；德达公房，分布在江西沿沙及宁化济村、淮土两乡；德清公房，居住在本县济村乡留地村；德蕃公房，居住在江西石城；德尚公房，居住在宁化县城。因此，现在居住在杨边的是胜二郎公房派下的两小房。上述的各房派有一起修谱与祭宁化开基祖的习惯。

杨氏一族虽然人口不多，但历史上进行了多次的修谱活动，对杨氏一族的繁衍、迁移、修祠、修谱、坟墓分布、居住地分布、与周围姓氏的关系等均留下了比较详细的资料。在清朝乾隆末期以前，胜二郎公与仍郎公两大房派分开修谱。胜二郎公房派的谱首修于宋元祐五年（1090），二修于清顺治十六年（1659），三修于康熙五十三年（1714），四修于乾隆二年（1737）；仍郎公房派的谱则首修于明永乐四年（1406），二修于明朝万历三十六年（1608），三修于清康熙三十六年（1697），四修于乾隆二年（1737）。两支房派在乾隆四十二年（1777）第五次修谱时一起合修，至20世纪90年代的第十三次修谱均是合修本。族谱六修于嘉庆十年（1805），七修于道光五年（1825），八修于道光二十五年（1845），九修于同治十年（1871），十修于光绪十三年（1887），十一修于民国五年（1916），十二修于民国三十四年（1945），十三修于1990年。[①] 1990年的合修谱共有13本，包括宁化石壁镇杨边村、济村乡留地村、淮土乡楼背村、江西石城沿沙村（旧称桃溪）4个村的杨氏，合计人口2 000多人。如此频繁的修谱活动反映出杨氏一族有强烈的宗族认同感与向心力。

杨氏在杨边建有祠堂，作为族人祭祖与聚会的场所。最初祭供一世祖用蕃公的只是一间小房子，今称之为“香火堂”，位于老杨边富达公与富

① 历次修谱的时间见于杨边杨氏：《杨氏重修族谱》，卷首，1990年合修本。

贤公祠堂的中间。据说这个香火堂建于唐朝，其外观简陋、陈旧，规模极小，给人一种古朴之感。在乾隆年间，才合族修建规模较大的用蕃公祠。谱载："吾家之谱修于乾隆丙辰，迄今四十一年于兹矣。岁忆丑春，聚族合食之饮，议欲举修谱事。吾思君子营宫室先立寝堂。吾祖用蕃公未建祠寝，虑精魄无依，欲修谱不如先立祠。盖祠寝之设，上之可安先灵，下之可以聚子孙。况吾族瓜绵椒衍，散处各乡者甚多，以祠会驻则凡百族事易于举行。族众皆榆（愉）吾言而喜动于色，歙有鼎建之意，爰偕族众会议，遂鸠工庇材而祠工告成焉。"①

族谱中的《建造始祖用蕃公祠堂碑记》一文，对乾隆年间修建始祖用蕃公祠堂的过程、经费，祠堂的坐落、规模等进行了详细的记载，载曰："予始祖用蕃公生子二：长胜二郎，次仍郎公，为宁石鼻祖，迁居杨家堆，封其墓道于杨坊田上，积岁非百计矣。宁石之为杨氏半出公裔，乏祀田。于雍正壬子，先辈谋为蒸尝醵资，计息历数十年，祀事雅称丰洁，春露、秋霜年再会食，两房裔孙聚首于墓道间者，方千百其群。然以房自为祠久，虚族会之所，非所以敦本一也。林林子姓每深露处之忧，于是合议停祭，拓其蒸尝之资，□为建祠之需。所贮不下千金，计度支之出，尤堪祠用。老成等辈询谋佥同，因不辞微劳相形度势，十秀于杨坊田上，以定基焉。枕东华古嶂，面太平奇峰，水环一带之清，山来四顾之秀，况复密迩祖茔，可不作望风致祭，殷遥孙子当无烦。指日焚香，久符吉卜，默合人谋。一时英俊同声称善，以田欢欣助不计所值者有人，以田为基、以钞资用而进牌附食者有人，总经其事者有人，分任其劳者有人，皆效能之，恐枚枚者日方。乾隆已丑初秋望一日之吉落成，以桂月下浣入日进主于阳月望前。七月良利，瞻其寝堂挺然而岳峙也，拜其灵寝焕然而色辉也，穆乎其堂而相望也，整以饬广乎其廊而历级也！安以详，可以大报本之恩，可以殚追远之情，可以聚子姓而式燕，可以拉众族而明伦，春秋可以观礼往来，可以告庶几乎！"② 由此可知，用蕃公祠建于"乾隆已丑年"，即1769年。在用蕃公祠建造之前，杨氏两房均在各自的祠堂，即富达公祠与富贤公祠中祭祖。用蕃公祠建成后，迁居各地的杨氏宗叔亦会派人回杨边祭祖。因此，修建用蕃公祠与合修族谱一样，起到了加强族人的联系、增强宗族凝聚力的功效。

杨氏一族不仅建有祠堂，而且还购置学田。据县志记载，宁化县在嘉

---

① 杨边杨氏：《杨氏重修族谱》，卷二，《谱序·杨氏重修族谱序》，1990年。

② 杨边杨氏：《杨氏重修族谱》，卷首，《建造始祖用蕃公祠堂碑记》，1990年。

靖年间始设学田，“若宁化初无是，嘉靖间，长令潘公时宣念欲赡多士而未有籍，会有废寺田200余亩。公遂欣然申请，以充学田，抚、按、督咸报可。宁之有学田，则自嘉靖二十九年（1550）潘公时宣始也”①。杨边杨氏的学田则始设于乾隆初年，族谱中的《学田记》载曰：“乾隆四年（1739）先严致远、翰亭公蒙学宪赵取入黉宫游泮之日，合房老幼喜议抽拨学田。以室产之厚薄抽拨学田之多寡。先严弃世而小子接焉。但思此租虽系士子膏火之赀，然纳粟奏名之贡监生亦宜少分。分祖太之余惠，定议抽拨之内生员七分，贡监三分，永为定例，倘未得生员俱归贡监收纳。盖学租原是培养人才，纵蒸尝有缺，此学租终不可变易，即或暂时俱未得其人承收，亦必佥人经理拓大之，以绵久远。”② 由此可知，杨氏族人的学田设于乾隆四年（1739），当时所设的定例是生员七分，贡监三分。

在杨氏一族中，一些经济实力较强的小房设有蒸尝祭本房祖先，并设有学田以奖励学人。据族谱所载，胜二郎公房第四十代朝楼公与第五十七代端根公均设有学田与尝田。其中朝楼公的学田与尝田较多，记载得比较详细，在此把朝楼公的尝田与学田整理成表1-1，以作说明。

表1-1　朝楼公尝田、学田统计表

房别	内容	地处	租谷（石）	备注
朝楼公	尝田	主门前水口里	3	
朝楼公	尝田	门前脚下	12	
朝楼公	尝田	茶山湾	8	
朝楼公	尝田	新屋下屋墈下	5	
朝楼公	尝田	大园里	1	与端朴共买
小计		5处	29	
朝楼公	学田	祠堂门口	6	
朝楼公	学田	沙塘下	6	
朝楼公	学田	新迳塍脚下	6	
朝楼公	学田	社公门口前桥子头	1	
小计		4处	19	

注：表中资料来自《杨氏重修族谱》，卷十三，《契卷》，1990年。

① （清）《宁化县志》，卷六，《学田记》，1990年。
② 杨边杨氏：《杨氏重修族谱》，卷二，《学田记》，1990年。

由表1－1可知，朝楼公的尝田共有5处，合租谷29石；学田有4处，合租谷19石。

杨氏一族设立了不少家规，作为族人立身行事的准则。这些家规共有25条，内容涉及族人生活的各个层面。包括“乐奉公、肃祭仪、结祠宇、经题请、护坟荫、崇祀田、戒嚼杀、孝父母、友兄弟、嗣书香、谨婚姻、守丧礼、正名份、重斯文、尚勤俭、慎择术、安常业、肃闺门、和乡邻、禁窃盗、忠孝廉、立族长、珍谱牒、禁齐匪、慎规避”①。这些家规对族人如何对待父母、兄弟、邻居、婚姻、祖先及相关的祠堂、祀田、谱牒、丧葬、祭祀仪式等作了严格的规范，教育族人要勤俭持家、安居乐业、耕读传家、长幼有序、禁盗禁匪，对族人的生活产生极大的影响。有的家规涉及的内容至今还影响着村民的生活。如“立族长”一项中提到，族长的担任者为“制事衡平砥直，不愧为四民标准者”。在宗族内部“人众事繁，百凡举动不能遍遵议论，必须折衷，族长以昭画一茅”，因此，族长在宗族事务中具有相当大的权力。② 为了预防族长一人势单力孤，无力处理宗族的事务，又规定“各房选取一二公正仗义者辅助之”，这样就能让族长“言无不当，行无不善”，使族长成为族人中的最高领袖。③ 直到现在，杨氏宗族中仍然存在着事实上的族长，当地人称为“祠党公”或“祠堂公”。据报告人说，祠堂公比村支书或村主任更具号召力。这些家规，在传统社会中可能比朝廷政府的法律条文更具有约束力。

杨氏一族的频繁修谱、建造祠堂、设立尝产、订立家规均说明该族宗族组织的完备，宗族观念的浓厚与宗族约束力的强大。

据说，杨氏一族的人在传统社会中，习文的不多，读书走上仕途的几乎没有，但练武的不少。清朝时出了不少身手不凡的子弟，如朝字辈中的“朝滚”力气很大，他用的一把刀重达300斤；而朝秀则有“软工夫”，点穴的功夫很了得。所以每逢杨边村与外村人发生矛盾导致械斗之时，只要有他俩在场，对方的人就会不战而逃。村民最为津津乐道的是“杨总兵”，村中有许多关于他的传说。他的事迹在族谱与县志中均有所记载。杨总兵名“秀登俊”。谱中的《云骑尉登俊先生传》曰：

登俊，字千人，号霁林，同里人亦同学谊也。幼入吾门肄业，赏见责性敦厚，桑梓必恭，朝夕诵读，同堂数载未之或离心甚慕之。忆乾隆四十

① 杨边杨氏：《杨氏重修族谱》，卷首，《家规引》，1990年。
② 杨边杨氏：《杨氏重修族谱》，卷首，《家规引·立族长》，1990年。
③ 杨边杨氏：《杨氏重修族谱》，卷首，《家规引·立族长》，1990年。

九年（1784）十二月，令叔连彪先生原任台湾协标左营守府进剿台匪，降之无嗣……将令兄登魁，字杰三，立继承连彪之祧……登魁尚未完婚暴病瘁于京都。于嘉庆庚申命霁林再承连彪先生之祧……①

因此，登俊是连彪的过继子。杨氏祠中祖宗牌位的第二层有“清公太登魁公……清祖太武显将军登俊公”之牌位。②

登俊之父名荣周。谱载荣周“字思谦，原籍宁化。祖父寄籍长汀……至于十七思归故里……继娶阴恭人，生子登魁，字杰三……其堂弟名连彪，由升台湾北路左营守府，进剿台匪阵亡。无嗣，先生以登魁为之继，奉例优邮，钦赐云骑尉，世职世袭。罔替魁习学期满，蒙闽浙督宪魁保题送部，带领引见，奉旨拨回本省即以守备补用，钦此。先生领郎青年偕其人都讵。登魁暴病卒于京邸，尚未完婚。先生哀苦劳瘁，备极艰辛，续娶何恭人，□知独处归西。复娶邹恭人，生子登吉、登春俱夭，惟存登俊，字千人；登宝，字上珍，尚幼。业儒奉命，登俊接袭云骑尉世袭，从此仕路显扬得逢”③。由此可知，登俊过继给连彪后，亦承袭了他的“云骑尉”封号，而他的父亲则因秀登俊的事迹而突出。连林则徐也为之写传，传中曰：“简命驻节粤东时，阳江总镇杨君登俊以其先大人青松行略丐于余，为之传。余按略，公杨姓，讳荣周，字思谦，号青松，以子贵诰封武显将军……族有山被豪强所占者，内参不避权势，不辞劳瘁，与之争讼，而山故得以保全，迄今族人德之。”④ 由此可知，登俊之父因子贵被当朝诰封为“武显将军”。而杨氏祠中的祖宗牌位则写有“清祖太武显将军登俊公”，不知是否族人弄错。由林则徐给登俊之父立传之事可以证明村民传说杨总兵与之同朝为官应该是事实。

县志中对秀登俊的事迹亦有比较详细的记载，不妨摘录如下：

秀登俊，姓杨，良荣周之子。出继堂叔良荣选为嗣。良荣选为台湾北路诸罗守府，剿匪阵亡，赐世袭云骑尉。无子，周先以子秀登魁承袭云骑尉，以守备用。旋在京病故。又无子，周复以子秀登俊继。秀登俊从袭云骑尉始，后历任烽火门铜山营等守备、南澳左营、福建水师提标前营等游击、台湾安平中营府摄左营都口事、安平协镇、准补福建厦门担标中军参

① 杨边杨氏：《杨氏重修族谱》，卷二，《云骑尉登俊先生传》，1990 年。
② 杨边杨氏：《杨氏重修族谱》，卷一，《用蕃公祠牌位》，1990 年。
③ 杨边杨氏：《杨氏重修族谱》，卷二，《思谦先生传》，1990 年。
④ 杨边杨氏：《杨氏重修族谱》，卷二，《青松公传》，1990 年。

将、福宁府印务、广东顺德协镇、阳江总镇府印务、福建金门总镇，调任镇守海坛，统辖闽安协镇。其游击南澳左营时，海盗甚炽，商旅被害无算，乃亲自率兵痛剿，剿而抚之，庶盗弭商安，威镇南陲。其为参将时，又能出奇制胜，削平台湾张炳之乱。凡在职守，均以弭贼保民，为心并无自私自利之见，有古将风。①

从中可知，秀登俊辗转镇守东南沿海一带，剿匪平叛，去盗除贼，护国佑民，留下许多动人的事迹。秀登俊的事迹在他的一些朋友写给他的赠别诗中亦可体现。如谢孝廉的赠别诗曰："衣锦还乡兆已先，金门节钺报莺迁。捧来诏诰梅关外，扫尽挽抢粤海边。千载功名垂竹帛，一朝图画上凌烟。□轺随处风光好，目极潮阳路几千。风城七稔仰威名，士座无谨静不惊，马氏分茅同画界，亚夫细□别屯营，久钦捕法如神变，难行官声似水清……"② 唐孝廉的赠别诗则曰："……仰斗心摇牧马边，鹅鸡旧军驯水阵，□犹新队熄烽烟，福星到处贪狼伏，父老讴思不计千，龙严妇孺遍知名，鸡犬家家静不惊。洁矢玉壶如善吏，威宣宝伞更屯营。一心捧日诚逾赤，两袖携风去亦清，是处□碑堪朗诵，恩波谁与测沧瀛。偻船路转曲旋螺，节驻金门又苦何……七年谈笑凤城中，儒将居然见古风，无敌武堪绳乃祖，有兵胸孰继明公……"③ 这两首赠别诗均描述了秀登俊驻守在沿海一带屯兵扫匪的事迹，还叙述了他带兵如神，为官清廉，深受百姓的爱戴，因此他的名字几乎家喻户晓。

村中亦流传着不少有关杨总兵的传说。

传说之一：

据说杨总兵在入驻台湾的军营后，起初只是一个伙头兵。有一天，所在的部队已挺向前方迎击敌人，只留下了后勤兵。不料，敌军却从后方包抄过来，大船装载着大炮枪支向杨总兵所在的营地开来。杨总兵来不及去报告前方的部队，眼看只身一人，根本无抵抗之力，不知如何是好。他急中生智，把几大垛柴火点燃起来，同时把灰与土装进包中，堆在粮食的前面。敌军眼见前方尽是熊熊的大火，不敢贸然行军，就在远方胡乱打了一

① 《宁化县志》，卷十四，《列传》。此外，秀登俊的事迹在1992年版的《宁化县志》卷三十五中亦有记载。

② 杨边杨氏：《杨氏重修族谱》，卷二，《谢孝廉贻穀先生赠别》，1990年。

③ 杨边杨氏：《杨氏重修族谱》，卷二，《唐孝廉文廷先生赠别》，1990年。

通大炮，却依然一个兵将也看不见。敌军担心中了对方的埋伏，于是草草收兵。上级知道后，追问立功者，周围的老兵们都谎称是自己所行。上级知道已到前方作战的老兵们根本不可能赶回后方退敌，就想出一计策，改口说退敌者误了部队的大事，要把“肇事者”斩首示众。深知军营规则的老兵们知道绝不可能，依然不改口。到最后的关头，即将“开斩”之时，杨总兵站出来详说了事情的经过。于是杨总兵立功受了褒奖，由伙头兵升为军营中的一名将领。后来，杨总兵在作战中屡建奇功，抵御了外侵。外患解除后，他解甲归田，皇帝封他为总兵，并赐给他许多宝物。他回宁化后在淮土盖了七栋大房子。据说担心死后埋葬会有人掘墓，他特地做了九副棺材，其中八副埋的都是金银财宝。

传说之二：

据说杨总兵与林则徐同朝为官，立下了许多不朽功勋。在杨总兵年迈告老还乡时，当朝皇上赐了他16车的金银财宝及其他物品。他把金银都运回杨边建设老家，但杨边村的人十分胆小，害怕杨边会成为杨总兵一家的天下，都不敢接待总兵的手下。总兵的手下只好用此钱分别在县城以及离杨边20里路的淮土乡为他建了大房子。以后杨总兵的后代也住在县城中。县城的大房子在土改时被没收，后被拆掉。

从第一则传说可知，村民把秀登俊与其继父连彪先生的事迹混淆了，因为秀登俊是在其继父阵亡后，承袭其云骑尉一职，因而根本不可能“起初只是一个伙头兵”，而其继父连彪才是从一个军营中的小兵开始他的军队生涯的。

杨边杨氏读书入仕者很少，但迁居外乡的用蕃公后裔却有不少在当地是“名门望族”。如迁居将乐的第十九代萃郎之子杨时是宋朝著名的理学家；迁居广东百侯的第三十二代大一郎的后嗣“自明迄今人文尉起，科甲蝉联，有科夺七冠之荣，同科九秀十秀之盛”①。

杨边杨氏虽然人口不多，为官者亦很少，但由婚入姓氏所构成的通婚圈却不小。为便于叙述，在此先把杨氏在杨边的第一代至第六十二代的主要婚入姓氏及与之通婚的次数整理成表1－2，再作分析。

---

① 杨立利、杨立金：《杨氏族谱》，1997年油印本，第2页。

表 1-2　杨氏主要婚入姓氏与通婚次数统计表

（单位：例）

世序	姓氏																			
	雷	陈	张	黄	廖	丘	李	伊	罗	谢	吴	徐	巫	王	郑	伍	温	刘	孙	曾
一世	1	1																		
二世	1																			
三世			1																	
四世				1																
五世					1		1													
六世			1	1																
七世		1	1	1																
八世					1	1														
九世				1				1	1				1						1	
十世	1																			
十一世									1						1	1				
十二世			1							1			1	1						
十三世			1								1					1				
十四世		2							1											
十五世						1					1		1							
十六世			1								1							1		
十七世		1	2				1		1									1		
十八世			1						1				1							
十九世	2											1		1						
二十世			1			1			1							1				
二十一世			1				1								1					
二十二世											2							1		
二十三世				1																
二十四世			3			1														
二十五世																				1
二十六世			2				1	1										1		
二十七世	1										1					1			1	
二十八世			2															1		

（续上表）

世序	姓氏																			
	雷	陈	张	黄	廖	丘	李	伊	罗	谢	吴	徐	巫	王	郑	伍	温	刘	孙	曾
二十九世			2										1							1
三十世			1				1		1					1						
三十一世	1					1							1	1				1	1	1
三十二世			1	2																
三十三世					1								1						1	
三十四世						1									1		1			
三十五世				1			1		1									2		
三十六世				1	1												1			
三十七世						1										1		1		1
三十八世			1				1						1							
三十九世			1	2														1		1
四十世			2					1	1											
四十一世			2							1			1					1		
四十二世			4	1			1				1									
四十三世			4	3					2											
四十四世			4	1		1	1						1							1
四十五世			8					1			3					1		1		1
四十六世	1	1	8		1	2		1			1									
四十七世			1		1		2				2									
四十八世			3	2						1				1	1					
四十九世			5			1					1							1		
五十世		2	17	2							6	2	2				1	1		
五十一世	2	2	22	6			2	1		2	2	1	1			1	1	2	2	2
五十二世		2	32	3		2	1	1	2		4	3	1					1		2
五十三世	3	2	37	8	1	3	3		1		2		2		2		1	1		4
五十四世	1	3	43	4	2	1	4	2	3	2	4	2	2			2	1	2	1	1
五十五世	1	2	64	3	2	1	5		3	3	10	2	4	2	3	2	2	1	1	2
五十六世	1	4	61	5	2	4	6		3	3	7		2	2	2		1	3		2

（续上表）

世序	姓氏																			
	雷	陈	张	黄	廖	丘	李	伊	罗	谢	吴	徐	巫	王	郑	伍	温	刘	孙	曾
五十七世		7	69	2	1	6	5		1	2	5	5	1	2			2	4	2	2
五十八世		1	91	5	2	3		1	1	2	9	5	3	3	1	1	2	2	1	4
五十九世		2	92	3	2		1		2	1	11	2	2	1		2			1	1
六十世		2	68	3	1		1		3	1	6			1				1		1
六十一世			38		1		1				5			1		2			2	
六十二世			3															2		
合计	16	35	702	62	20	31	40	10	30	19	85	23	30	17	12	16	13	33	14	28

注 1：表中数据根据《杨氏重修族谱》中的世系图统计所得。

注 2：表中对杨氏婚入姓氏的统计大致截至 20 世纪 40 年代末。

注 3：表中只列出了与杨姓通婚次数在 10 次以上的姓氏，其他少于 10 次的姓氏与杨姓的通婚次数如下：阴姓为 9 次；马、孔、范三个姓为 8 次；冯、林、朱、官、赖五个姓为 7 次；周姓为 6 次；黎、许、何、俞四个姓为 5 次；彭、沈、赵、余、姜、汤、胡七个姓为 4 次；丁、安、蓝、龚、叶、潘、杜、袁、蔡、熊、金十一个姓为 3 次；易、毛、章、田、梅、钱、萧、江、夏、郭、唐、傅、阮、戴十四个姓为 2 次；宋、宁、饶、方、尤、高、侯、池、练、程、苏、吕、桃、羊、前、蒋、施、乐、洪、钟、汪二十一个姓为 1 次。

从上表可知，杨氏在第五十世以前，各代娶入的女子数均只有数例，说明此前的人口数量一直不多，由此可以证实前文所述的杨氏在相当长的一段时期内，人口发展的速度十分缓慢。第五十世以后，杨氏娶入的女子数量大大增加，每代都在数十例甚至在百例以上。由此可知，此时的人口发展速度大大加快。杨氏的人口经过五十代的发展才进入人口繁衍相对较快的时期，所跨的时间之长与其他宗族相比是十分罕见的。

统计数据显示，杨氏从第一世至第六十二世娶入的女子数共有 1 440 个，婚入姓氏高达 87 个姓，这样的通婚圈是比较大的。

杨氏从张姓宗族中娶入的女子数量最多，高达 702 例。从第三世开始，就开始了与张姓通婚的历史，一直持续到现在。杨氏在与张姓通婚的历史中，有两个阶段与张姓的通婚中断的时间较长，一个是在第八世至第十一世之间，此四代人中无人娶张姓女子为妻。另一个是在第三十三世至第三十七世之间，此五代人中亦无人娶入张氏女。究其原因，前一个较长的中断期可能是因为杨氏的人口发展十分慢，族中仅有的几人均从其他姓氏中娶妻。而在第二个中断期中，除了第一个原因外，是不是还有其他方面的原因，尚需进一步的调查与考证。而在第三十八世以后，杨氏与张氏的通婚一直持续不断。在第四十世以后，杨氏从张氏中娶入的女子数逐渐增多，尤其是在第五十世以后，几乎每代都在数十例以上，有的甚至有近百例。

与杨氏通婚例次居第二位的是吴姓，通婚次数达85次。上文曾述，杨边的吴氏是在明朝前期的正统年间到杨边开基的，远远迟于杨氏。而在杨氏与吴氏通婚的历史上，在第十世至第二十七世间共有6例，很可能不是与本村的吴氏，而是外村的吴氏。在第四十五世以后，杨吴两姓的通婚几乎未中断过。与杨氏通婚例次居第三位的是黄姓，通婚例次为62次。居第四位的是李姓，达40例。居第五位的是陈姓，达35例。杨氏从廖、丘、罗、徐、巫、刘、曾七姓中娶入的女子数量也比较多，均在20次或以上，35次以下。而与雷、伊、谢、王、郑、伍、温、孙八姓的通婚次数也较多，均在10次或以上，20次以下。其余67姓与杨氏通婚的次数均在10次以下。

与杨氏通婚较多的姓氏，其居住地大多与杨边的距离在15里的范围之内，很多姓氏都是居住在相邻的村落。如与杨氏通婚次数最多的张姓，主要分布在立新村、小吴村、杨边村的桂下自然村，前两者是杨边的邻村，立新村与杨边相距4里，小吴村与杨边相距1里，仅隔着一条小溪。与杨氏通婚例次高达85次的吴氏，主要分布地是在杨边与官坑，官坑距杨边大约15里。与杨氏通婚例次高居第三位的黄姓也是居住在杨边的邻村——立新村。其他与杨氏通婚次数较多的姓氏，大多居住在距杨边15里路以内的村落，详见表1-3：

表1-3　杨氏主要婚入姓氏居住地分布一览表

姓氏	例数	居住地分布	属乡	距离杨边（里）
雷	16	刘村、溪背	石壁乡	16、7
温	13	红旗	石壁乡	6
陈	35	陈家、立新、溪背	石壁乡	15、4、7
刘	33	官坑、红旗、立新	石壁乡	15、6、4
张	702	立新、小吴、杨边桂下自然村	石壁乡	4、1、2
黄	62	立新	石壁乡	4
孙	14	立新	石壁乡	4
廖	20	立新、拱桥	石壁乡	4、8
曾	28	大路	石壁乡	10
丘	31	陈家	石壁乡	15

（续上表）

姓氏	例数	居住地分布	属乡	距离杨边（里）
李	40	红旗、立新、三坑	石壁乡	6、4、4
伊	10	立新	石壁乡	4
罗	30	立新、刘坑	石壁乡	4、16
谢	19	溪背、南田、江家	石壁乡	7、12、5
吴	85	官坑、杨边	石壁乡	15、本村
徐	23	小吴、红旗	石壁乡	1、6
巫	30	大路、立新	石壁乡	10、4
王	17	立新	石壁乡	4
郑	12	均不详		
伍	16	立新	石壁乡	4

杨氏与周围姓氏的关系除了友好的通婚与下文所述的经济交往外，也有一些不协调的音符。跟传统社会中一些地方的姓氏关系一样，存在为争土地、山林、水源等而引起的矛盾。杨姓与石壁上下两祠的张姓之间的关系就是如此。报告人说起了这么一个故事：

清朝时，杨边某家杨氏的女儿嫁到了张氏下祠。做母亲的很疼爱女儿，担心青黄不接之时女儿会没菜配饭，就随手拿了家中的一张经纸，包了一些浆豆与霉豆腐给她。不料，因为母亲目不识丁，误把家中的一张地契拿来当包装纸用了。此地契上所写的地位于石壁村口的道路旁。做女婿的看到这张地契之后，竟一声不吭，把它藏在家中。有一年，张姓扛菩萨时从此地经过，踩了杨姓的不少蔬菜。他们凭着村中人口众多，不仅不道歉，还说这块地是张姓的。于是两姓发生争执，上祠张姓保持了中立的态度。杨边村的杨氏族人合族帮本姓械斗，还通知了江西瑞金、广东大埔等地的宗亲。各地宗亲纷纷派人到杨边援助，在械斗中张姓失利，后来案情上申到府中，汀州府的知府到石壁考察后，就以村口亭子边的公路为界，路的里边为张姓的地盘，路以外为杨姓的。

历史上杨张两姓因争土地而发生的矛盾有多次，据说直到清末民国初还发生过。这在族谱上亦有记载。旧时石壁杨边一带比较高的地都是杨姓的，而较低的地则是张姓的。张姓常借筑坝作水口之名，或把高地刨成低地，或在杨姓的地上种树，侵占杨姓的土地。当时，杨姓只有四五十户，而张姓有数百户。但杨姓不甘心土地被占，常合族与张姓械斗，终因人数悬殊，在争斗中失利。因此，张姓仗着人多，且族中有当官的，仍旧筑他的坝，种他的树。因此曾有一段时间，杨张两姓断绝往来，互不通婚。

三、杨氏一族的契约

在杨氏漫长的历史发展过程中，留下了许多记载着杨氏一族买卖、租赁、交换物产的契约。契约涉及的物产包括田地、山场、坟地、房屋、地基、菜园等。这些契约，从订立的姓氏来看，以杨氏为一方，另一方既有外姓，也有本族本房的嗣孙，还有寺庙中的僧人。从订立的时间来看，大致是在明清时期，尤其是在清朝订立的最为常见。在此不妨对这些契约作一整理与叙述，以便于人们了解传统社会中一个宗族的契约所涵盖的主要内容，或许由此可知一个宗族在明清时期与他族的经济关系，以及当时的土地、房产交易方式及价格等内容。

1. 杨氏与其他姓氏的契约内容（详见表1－4）

包括杨姓与张、吴、熊、廖等姓订立的契约，另有3张契约未写明姓氏，但从契约中对买方杨氏的称呼来看，可以判断应该是外姓，因为杨氏的前面一般加了“杨坊田上”几字，而记载杨氏与本族或本房的买卖关系时，一般会在契约中写明卖给“本房某某”、“本族某某”等。这些契约涉及杨氏从上述姓氏手中买到的田、山，尚未葬人的坟地与坟山等，另有两张契约的内容记载了杨氏与张、吴两姓把田对换，换田的原因是张、吴两姓的田都在秧地下，而杨氏要在此地建祠堂。值得一提的是，杨姓为换对方的田，付出了比对方面积大得多的田。虽然在契约中未明确载明两姓田亩的具体面积，但可以从其田的租谷数量反映出来。从表1－4下的注可知，杨氏与张氏换田时，杨氏田的田租为“租米四桶正”，张氏的田为“租米一桶正”，杨田的租米数是张田的4倍。

表1－4　杨氏与其他姓氏的契约内容一览表

序号	卖方（或换方）	买方（或换方）	买卖产业	交易产业地处	卖（或换）产业原因	数量	所用价银	交易时间
1	荣镒	杨氏	田	杨氏祠堂前	见表下注1		九百文	嘉庆十年（1805）
2	张翰卿嗣孙	杨氏	换田	秧地下与塘背坑	见表下注2		将两田对换	乾隆三十四年(1769)

（续上表）

序号	卖方（或换方）	买方（或换方）	买卖产业	交易产业地处	卖（或换）产业原因	数量	所用价银	交易时间
3	吴宅	杨氏	换田	秧地下与大园里	见表下注3		将两田对换	乾隆四十年（1775）
4	遇寿	杨氏朝郎	山	社背岭	不详	不详，但四至载明	六两银子	永乐二年（1404）
5	僧茂	杨氏富达、富贤	山	枣树下	无钱急用	四至载明	八两银子	弘治五年（1492）
6	熊来根兄弟	杨氏	空望	熊宅下岩火路背	无钱使用	一穴	二两四钱	康熙三十七年（1698）
7	桂下张仕汉兄弟	杨氏富贤、文德	田①	桂下塅高堪下	无钱使用	四坵	十两银子	光绪十一年（1885）
8	禾坑窑廖正吉	杨忠在	坟山	不详	无钱使用	不详，但四至载明	十两	乾隆五十一年（1786）

注1：因杨氏用蕃公祠前的水圳少一节，将田卖给杨姓用于作水圳。

注2：因杨氏建祠堂，将杨坊田秧地下原载“租米四桶正”的田与张姓塘背坑载“租米一桶正”的三坵土田对换。

注3：吴姓之田位于秧地下，为“有主田”。原载张姓“租米三桶一斗正”，内有一桶系杨氏祠路径上纳，又一斗七升系吴姓上纳。除二纳，杨姓实纳租米三斗三升正。

2. 杨氏与僧人的契约内容（详见表1-5）

主要记载了杨氏与石壁福隆庵的僧人租借坟地之事。福隆庵具体所指已不可考。清朝顺治与乾隆年间，福隆庵的僧人因无坟地葬师父向杨边杨氏借坟安葬。福隆庵地处石壁，而石壁张氏是本地的巨姓大族，庵中僧人为何不向张姓借坟地，反而向邻村弱小的杨氏一族租借？其原因尚需作进一步的调查。

① 此田被抽为学租田。

表 1－5　杨氏与僧人的契约内容一览表

序号	卖方	买方	买卖物	地处	交易原因	数量或面积	用价	交易时间
1	胜二郎公嗣孙	福隆庵僧	空望	茜坑里	福隆庵僧无地葬师父	横直一丈二尺	表下注 1	顺治年间（1644—1661）
2	胜二郎公嗣孙	福隆庵僧宽湖	与上同	茜坑里	福隆庵僧无地葬师父，在原坟内加棺	与上同	表下注 2	乾隆十七年（1752）
3	胜二郎公嗣孙	福隆庵僧以庄	与上同	茜坑里	福隆庵僧无地葬师父，在原坟内加二棺	与上同	不详	乾隆四十年（1775）

注 1：谱上仅载，“蹄礼酒席俱明”。

注 2：谱上载曰，“蹄礼暨酒席银五两正”，“笔礼银一两正”。

3. 杨氏族内的契约内容（详见表 1－6）

从表中可知，其更多地记载了本族子弟买卖物产的情况。包括买卖田、坟、地基、屋基、房屋、牛栏、寮基、菜园、池塘等。买卖的时间大致分成三个时期：一是在嘉庆年间，仅一例，杨门张氏因儿子死去，无银葬儿，只好把房屋与菜园卖了；二是在乾隆年间，乾隆二十年至乾隆四十二年间，共有八桩买卖地契，其中有六桩是胜二郎后嗣卖祖宗的尝产；三是在道光年间，共有三张地契。在客家宗族中，祖宗的尝产本是各房的共有财产，如果不是出于万般无奈，祖宗的产业是不会轻易出卖的。细读族谱后发现，胜二郎嗣孙大量出卖本房尝产是因为与周围的姓氏闹纠纷，官司一直打到了汀州府，耗尽了族人的财物，只好把祖宗的产业卖了。

表 1－6　杨氏族内的契约内容一览表

序号	卖方	买方	交易产业	地处	买卖原因	数量或面积	所用价银	交易时间
1	正日		田		无钱使用	见表下注 1	十二两	乾隆三十四年（1769）
2	胜二郎嗣孙	本族忠在	地基	门首	无钱使用	仅载基界	十两	乾隆四十年（1775）

（续上表）

序号	卖方	买方	交易产业	地处	买卖原因	数量或面积	所用价银	交易时间
3	胜二郎嗣孙	本族荣达兄弟	屋基	后龙下塅	无钱急用	横阔五丈二尺	十两	乾隆四十三年（1778）
4	正可	本族佑文、忠在	空穴	煮粥岭	无钱使用	一穴	二十两	乾隆四十二年（1777）
5	胜二郎嗣孙	本族忠在	地基及旁边樟树	屋背后龙上柞	未载	仅载基界	八两	乾隆四十一年（1776）
6	胜二郎嗣孙	本族忠在	地基	屋背	未载	未载	五千一百文	乾隆二十年（1755）
7	胜二郎嗣孙	荣宏（金宏）	地基	后龙上块	无钱急用	仅载基界	十两零七钱	乾隆四十年（1775）
8	胜二郎嗣孙	荣崇	屋基	后龙上塅	要钱使用	四至载明	二千二百文	乾隆二十年（1755）
9	忠三	巢郎公嗣孙	牛栏房屋	香火堂门首	此屋有碍祖堂	一所	二千五百文	乾隆四十二年（1777）
10	杨门张氏	胜二郎嗣孙	屋及菜园	上园	男忠功身故，无钱急用	屋一植	二两	嘉庆二十一年（1816）
11	朝兴	本族富贤公名下	寮基	石街头上	无钱使用	一块	二千文	道光四年（1824）
12	登禄兄弟	本房登璇兄弟	田	牛皮形	无钱使用	一坵	十五两	道光二年（1822）
13	荣璠	本房登璇	田、塘	摇下	无钱使用	田一坵、塘一口	四十九两	道光二年（1822）

注1：所卖田包括土田一坵，原载租米一斗；皮田一坵，载租米一斗。

4. 杨氏与其他姓氏的租赁产业状况（详见表1－7）

从表中可知，杨氏谱中的契约除了杨氏与族内或族外人的买卖、交换产业的内容，还记载了杨氏与其他姓氏的租赁产业的状况。

表1－7　外姓人向杨氏租田内容一览表

序号	出借者	借耕（管）者	内容	地处	数量	租价	时间
1	胜二郎嗣孙	张良宋叔侄	坟山	茜坑里	一片	年纳山租八百文	乾隆六年（1741）
2	胜二郎嗣孙	张成梳	田	西望寺石墩桥下	三坵	年纳田谷铜钱二千八百文	道光四年（1824）
3	杨坊田杨氏	禾口伍大跳	田	渡头庵园内	二坵	纳时谷二十六桶	道光五年（1825）

注1：表中第2项的租谷钱得在每年冬十一月交清。

值得注意的是，租山管理与租田耕种有较大的不同。由于山上的收益主要靠杉、松木及油茶、梧桐等经济林木，而树木的生长期相当长，至少得经过好几年，甚至长达10年，所以山的租期一般较长，承租者也相对固定。而田地的收益至少每年一季，杨边地处亚热带，且土地平坦开阔，每年可种2~3季。因此，田地的租赁时间可长可短，较有弹性。此外，对山的租赁，双方必须遵循的约定也比较多。在此不妨摘录乾隆六年（1741）杨氏与石壁张姓之间订立的一张租赁坟山的契约，以作说明：

立承召批山帖人金窝里张良宋、明伍、明帆叔侄，今来承批到杨坊田上杨胜二郎公太位下嗣孙边有坟山一处，坐落地名茜坑里坟山一片……四至界限分明。今承召之后任凭批山人栽蓄茶、桐、松、杉等木管业，山主不得砍斫等情。当□日三面言定，递年上纳山租铜钱八百文正，其山租至八月初四日一足交清，不得迟延。如有少欠，任凭山主起山砍伐，今恐无凭，立承召批帖为照……

一批定山主开坟左右前后伐丈余，管山人不敢阻挡异说；

一批管山人不得于山内开侵佔滋事；

一批定承召各立一纸，各执一纸为照；

一批定当日议定十年一换，

一批定酒礼铜钱二百文①

据族谱载，乾隆六年（1741）订立契约之后，分别在嘉庆十年（1805）、嘉庆二十年（1815）、道光二年（1822）、道光八年（1828）续

① 杨边杨氏：《杨氏重修族谱》，卷十三，《张良宋叔侄批管茜坑里山字》，1990年。

订了契约。

在上述的各种契约中，契约的订立必须有三方，以买卖田产为例，得有卖田者、买田者、中间人三方同时在场，订契时得在契约后面同时署上三方人的姓名并画押或按手印。大多数的契约除了买卖的费用，还得交纳其他花费，如酒席银、中礼银、笔礼银、书号银等。中礼银是支付给中间人的，中间人在商品的买卖关系中通常称为“牙人”。笔礼银是支付给书写契约之人的。

杨氏在杨边经过数十代人的积累，置下了不少产业，据族谱载，仅巢郎公一人位下就留下了大量的山场土地。谱载巢郎公的山场位于如下几个地方：

一处后龙山。

一处常树坑、岸岭窝与张宅毗连。

一处苦珠排、五家岭、众家坑吴宅山为界。

一处杨家崇、东瓜坪、大杨坑、竹箩坑细坑与黄宅毗连、茜坑里张宅山为界。

一处塔塘里、麻地窠、塘背坑、坳下坑、煮粥岭、石下排张姓屋场为界。

一处社背岭与张姓吴姓山为界。

一处塘背老虎眼精坑、赤砂岭、细窝里、大窝里、杉树排、对面岭、大坑里。

一处家坪、小墩上、羊角墩、石结墓背、湖西瓜坪、岭下墩、庵前坪、古七星墩、大窝里、井边墩、溪边社公墩。

……

以上山冈田园地嘶原系祖宗遗下产业，须宜世承，勿失，切不可视为不毛之土而私相授。先年曾赁数穴与外姓，亦前人不慎重故也。自后寸土不许赁出外姓，恐失风水生争端，如敢盗卖私赁等情，合房子孙攻（公）论责罚，恃强经官处治。[①]

由此可知巢郎公的山场分布极广。对这些山场土地，族中规定，既不许租赁给外姓，更不许出卖。倘若有盗卖、私自出租的，轻则由房中子孙“公论责罚”，重则送官处治。

---

① 杨边杨氏：《杨氏重修族谱》，卷十三，《巢郎公遗下山场》，1990年。

四、杨边的经济

在传统社会中，杨氏族人大多数靠挑担、做生意维持生活。做生意的大多做鸭苗生意，少数在禾口墟或其他地方摆摊卖日用品或其他杂货。另一部分人以耕田为生，农闲时则砍柴、捡粪便卖钱以贴补家用。捡粪便只捡猪狗粪，它是传统社会农田中的主要肥料。有些族人既做生意又耕地，没时间捡粪，只好出钱买。当时的100斤粪可以换10斤大米，而100斤柴火可以卖5～6角钱。

挑鸭苗、孵小鸭的时间一般得在每年二至八月，于春社日至秋社日之间。因为秋社之后天气较冷，气温太低，出壳的鸭苗会冻死。所谓的挑鸭苗，实际上并不是挑小鸭，而是挑快要出壳的鸭蛋。若进货的主家货源充足，则可以根据自己的需要，根据出售的时间选取出壳时间或长或短的鸭蛋，一般选一周左右出壳的，刚好在挑到家后，随即挑到县城或周围的各个墟场上卖。但有时去的时间不巧，碰上主家的货源种类不足，只剩出壳时间较长的鸭蛋时，也只得挑回家中，放置几天，等鸭苗出壳后再挑去卖。若只有快要出壳的鸭蛋，路上就要马不停蹄地赶路。若人在路上，小鸭已出壳，此时只好沿路逢墟而卖，直至回到家。

村民挑鸭苗，有的本钱少，只是做小本生意，挑与卖都由自己担任，算是小商贩。有的本钱较多，可以请3～5人帮忙挑，支付脚钱；自己不挑，只管出售鸭苗。也有的一点本钱都没有，这种人有的纯粹当挑夫，替大老板挑，买鸭苗的钱由老板支付，吃住均由老板出钱，只赚点挑工钱而已，一个来回可得工钱7～8角钱；也有的向别人借高利贷，做小本生意。借钱款的利息为每100元月息20元，到期未还者利上加利，一般加利二成。借款得拿田或屋作抵押，无法偿还之时，只得用屋或田相抵。向亲人与朋友借钱则无息。借款的数额、时间、利息、抵押物等内容一并在借款单上写明。也有借谷子的，每100斤年利息为100斤，一般以田作抵押，到期不还者把田折算一部分还债。借钱款的时间相对较长，有借一年以上，甚至三年到五年的。借谷子的只要风调雨顺，田里每年就都有收获，因而时间较短。据说在宁化与石城交界处常有土匪出没，挑鸭苗的为安全起见，多半7～8人组成一个团体，很少单独行走。有时运气不好，借钱作本金去贩鸭，却在归途被抢，无法还债只好把家中的田、地抵押掉。

挑鸭苗的地点都在江西。因为江西粮食多，养的鸡鸭也多。一般到江西宁都、兴国、于都、瑞金、石城等地去挑。常走的有石城、会昌、瑞金、宁都等地，所需时间如下：

杨边至石城：共40多里，来回一天半左右。

杨边至瑞金：经过石城龙岗到达瑞金。杨边至龙岗约60里，龙岗到瑞金约120里，共180里，来回需5天。

杨边至会昌：也是经过石城龙岗，并经过瑞金壬田乡，再到会昌。全程200多里路，来回需6天。

杨边至宁都：经过石城小别乡达宁都县城。杨边到小别乡约60里路，小别乡到宁都近120里路，全程约180里。来回约需5天。

杨边到兴国与于都全程均有200多里路，去这两个地方挑鸭苗者要少得多。

出售鸭苗的地点除了在宁化县城以及杨边周围的淮土、石壁、禾口、济村等墟场，还经常到外县出售，这些县市包括三明、尤溪、将乐、顺昌、永安、明溪、连城、长汀城等地。尤其是明溪、三明、将乐、清流等地最常去。售卖鸭苗的路线有如下几条：

杨边到明溪：依次经过宁化湖村乡店上或下阜、泉上乡、明溪盖洋乡画桥，再到达明溪。一般住在店上（或下阜）、画桥。杨边到店上有80多里，到下阜有90里，店上到画桥约有80里，画桥到明溪县城有30多里。若鸭苗卖得快，来回只需5~6天。若卖得不快，只好在明溪县城附近的村庄卖，或者回家时沿路卖。

杨边到清流：此条线路一般不到清流县城，只到清流的一些乡镇。经过清流的茜北坑到清流的其他乡镇。杨边到茜北坑80多里。来回的时间视在清流茜北坑附近的乡村逗留、买卖的时间而定。

杨边到永安：经过清流的茜北坑、嵩口，到达永安。此条线路有时卖得快，在嵩口卖完就可回家了。有时卖得慢，只好到了嵩口后，再沿村庄一直卖到永安。

杨边到三明：依次经过宁化泉上、明溪、沙溪、辛口、荆西到三明。杨边到泉上110多里，泉上到沙溪100多里，沙溪到辛口约50里，辛口到荆西为10里。此路线来回大约需要6天。

杨边到长汀：依次经过宁化方田乡、宁化曹坊坪上到达长汀。杨边到方田约20里，方田到曹坊约40里，曹坊到长汀有120里。来回大约需5天。

杨氏族人把鸭苗挑回后，偶尔有卖不掉的，只好把它们留在家中饲养。刚出壳的鸭苗还很弱小，在开始喂养的前10天，要在鸭笼里垫上一层厚厚的稻草，每天用此鸭笼把鸭子挑到水田中。10天之后，才能由人赶着，让小鸭走到田里。尚未抽穗的稻田或水田是饲养鸭子的好地方，鸭子最喜欢吃稻田里的虫子。但若水稻长穗出谷子了则不可再放鸭子进田里，因为鸭子会吃谷子。饲养70~80天后，小鸭即长成可宰杀出卖的大鸭。因生计艰难，多数家庭都是把它们挑到集市上卖，用于自己吃的极少。

除了贩卖小鸭，有的杨氏族人专门以挑担为生。在传统社会中，宁化的盐、布匹、百货类大多从长汀用肩挑至宁化。由于清流的溪流滩险水急，船运很容易出人命，因而很少用水运。物资的流通极少走清流、三明等路线。挑担者一般选长汀这条路，去长汀之时挑米、豆、茶油、小鸭、粉皮等当地的土特产及部分中转物资。这些物产挑到长汀后，改为水运，运到上杭，再到广东潮汕一带。返程时挑盐、布匹、百货。此外，杨氏族中挑纸的也不少。挑纸的都是到济村、治平、水茜乡去挑，一般挑到宁化，县城里有大老板专门收购。

也有做其他生意的。如20世纪40年代，族中有个叫杨立栋的，在禾口市场上开了家布店，禾口墟期是逢农历初四、初九。此外，他常到淮土墟摆摊，淮土墟期是逢农历初三、初八，距离杨边20里。据说杨立栋最初也是挑担做小生意的，开始时只是个小货郎，挑着女子用的针线、头梳、饰品及其他小百货走村串巷。后来禾口有家布行的老板叫他专门到江西丰城、宁都一带挑布。老板见他为人忠厚老实，就把布赊给他，让他在墟天去附近的各个墟场摆摊卖布。如此积累了好些年，杨立栋才在禾口墟上盖房子，开了一间卖布的商店。

五、杨边的信仰习俗

杨氏族人信神、拜神的风气十分浓厚。信仰的神明佛、道均有。每年的神明活动既有跨村落的朝菩萨，也有全村举行的庙会与醮会，还有私家进行的念佛与拜佛活动。

与杨氏族人关系密切的庵庙主要有两座：一为渡头庵，二为香火堂。位于村落水口处的社公坛也是村民经常烧香祭拜的一个场所。

1. 渡头庵

杨氏谱中保存了多张上祖与禾口渡头庵的契约。渡头庵位于石壁镇立新村南部的溪岸上，红军桥旁。据《宁化方志通讯》载："红军桥初名渡头桥，始建于明崇祯年间。原未建成桥之时，往来行人涉水而渡。离桥30多米处，原有尼庵一座，名渡头庵，庵主募造渡船一只，济渡行人，庵故名。"①

---

① 宁化县志编纂委员会：《禾口红军桥溯源》，《宁化方志通讯》1985年第3期，第46~47页。

渡头庵又名西望寺。民国《宁化县志》载曰："西望寺，在禾口溪南通济桥头，张姓募建，咸丰八年（1858）寇毁。"① 这则记载对杨氏与渡头庵的关系只字未提，而且内容很不完整。据村民说，族人捐有八担谷田给渡头庵。族谱中有不少杨氏上祖对渡头庵所作善行的记载。谱载，杨氏第四十代巢郎公是渡头庵的"檀越施主"，巢郎公助"庵左园里土田一坵"、"庵右坝里，小土名溜里土田大小三坵，田二处，共载民米七升一合一抄四撮"，又助"左边茅一块"、"园里鱼塘一口"、"庵背荒山一块"②。此外，巢郎公还与"桂林乡施主张寿佩、寿环、天风，禾口张智清、张宗富，小吴张志隆、张黄荛"等一起捐助了庵内器物，包括"食谷五十担，豆子二十桶一斗、麻油一阔中罐共二十管、茶油二十管、钟一口、鼓一面、锅头三口、大铁香炉一个、青瓦香炉一个、赤色香炉一个、锄头三张、马踏耙三张、大柜一乘、小柜一乘、板仓一座、米柜一乘、牛栏一栋、猪栏一栋、茶壶一把、酒壶二把共重五斤半、大扁米篁一个、石碓臼二个、牛犁二张、风车一乘、黄牛三条、豆腐磨一副、水桶一担、铁箍脚盆一个、大小圆桶篁三个、天香炉一只、篾箍脚盆一只、土仓一只、报晓鸡一只、鸡母鸡子十只、秤一把、长短凳七条、菜篮一只、小缸三只、长斋桌四张、禾水篁三只、大小罐钵二只、饭食小桌六桌"③。捐助的物品丰富而具体，包括农具、生活用品、食物、寺庙用具等。另外，据住在渡头庵边的村民说，该庵的捐建者主要是离这5里路外的杨边村民。从杨姓的族谱记载与口传资料显示，杨姓是渡头庵的主要创建者，可见县志的记载并不完整，甚至失实。

上述的族谱记载见于万历七年（1579）十二月杨氏与渡头庵的僧人所立的合同。据乾隆五十二年（1787）所续的合同载，渡头庵的僧人在万历年间就议定"递年租饭以请杨宅合乡，自屡历无虚"，但因"连年饥馑，僧十分窘迫，难以措办"，而"哀恳檀越约定五十三年（1788）冬办席贰日补旧数"④。从渡头庵的僧人每年都办一日的宴席延请杨氏全族人可看出，杨氏与渡头庵关系密切。此外，族谱中还记录了崇祯二年（1629）、顺治十年（1653）、康熙五十二年（1713）、雍正元年（1723）、嘉庆元年（1796）庵中僧人与杨氏续订的承接庵内各项财产的合同。尤其是在乾隆

① 《宁化县志》，卷四，《名胜志》。

② 杨边杨氏：《杨氏重修族谱》，卷十三，《契卷·僧立合同字》，1990 年。

③ 杨边杨氏：《杨氏重修族谱》，卷十三，《契卷·巢郎公助渡头庵常产》，1990 年。

④ 杨立利、杨立金：《杨氏族谱》，1997 年油印本，第 2 页。

二十七年（1762）渡头庵的庙宇被焚毁后，于“乾隆三十年（1765）起造一新，巢郎公位下子孙又助银五两正[①]”[②]。杨氏一族捐助渡头庵的历史直到光绪年间因庵被火烧毁，僧人离庵散至四方才结束。此后，渡头庵再没重建过。

据居住在庵边的村民说，渡头庵里供奉的是丘、王、郭三仙。杨边的杨氏族人则说，宁化东华山上的三仙祠中供奉的三仙神像若是毁坏或被偷之后，都是由与杨边杨氏同宗的济村杨氏出资重塑。渡头庵的三仙与东华山的三仙是否有分香的关系，尚不敢贸然下结论，但也不能完全排除这种可能性。无论如何，杨边杨氏与供奉三仙的渡头庵长达数百年之久的密切关系正说明了三仙在杨姓上祖的神明信仰中占有重要的位置。

2. 香火堂及相关的神明活动

香火堂位于村中的老杨边。它至今在杨氏族人的民俗活动中占有重要地位。香火堂坐南朝北，门口有一池塘，左边是老杨边上屋，右边是老杨边下屋。香火堂的主神坛上供着老佛、观音与二佛，右边的小神坛上供着土地神。据说香火堂中起初只供着老佛与二佛，观音后来才受供于此。关于老佛、二佛与观音，村中流传着一个故事：

一天，老佛与二佛相携出游，路遇群众动工建造洛阳桥。才建成九十九个墩，钱就用完了。大慈大悲的观音为了募钱变成一美貌女子。她站在路中央说：“谁要是能把金子扔到我身上，我就嫁给他做老婆。”路上大凡有钱的行人无不上前一试。令人奇怪的是，不论行人怎么扔，金子都够不着她，以致无人能如愿。老佛与二佛见了，想：这有何难！随手把金子一抛就抛到了观音身上。观音很吃惊，抬起头一看，才知道同是仙道中人。老佛与二佛只好对观音说：“既然同是仙家，不能做夫妻，那就与我们平起平坐吧。”于是观音与老佛、二佛一同返回杨边，在香火堂中共享杨氏族人的香火。

这则传说解释了观音与老佛、二佛一起受供于香火堂中的原因，也说明杨氏信奉的老佛与二佛的法术极高，可以与观音相对抗。

对于老佛与二佛的具体所指，杨氏族人众说纷纭。有的说是胜二郎与仍郎两兄弟，排在左边靠近大房香火堂的是胜二郎，右边靠近二房香火堂

---

① 对杨氏族人的捐款数目，谱中另有一处载为“五十两”，孰是孰非，已难以考证。

② 杨立利、杨立金：《杨氏族谱》，1997年油印本，第2页。

的是仍郎公。有的说老佛与二佛是用蕃公夫妻，左边的是用蕃公，右边的是用蕃公之妻。在杨氏族人的记忆之中，新中国成立前，二佛塑像的头上扎有髻子，为妇人之相貌。也有的说，老佛与二佛是来自东华山上三仙祠的两位大仙，因为杨氏素来有供奉三仙的传统。东华山上的这两位仙人托梦给杨姓的族长：他们看中了老杨边的风水宝地，要杨姓把他们祖宗的神位移开，改供三仙。于是杨姓遵嘱把仙人的神像供奉在香火堂内。这传说显然有不少破绽，因为报告人根本无法解释三仙为何成了两位，以及“仙”又如何成了“佛”。当然这或许并不重要，重要的只是神明的庇护功能。事实上，据前人研究，老佛与二佛分别指的是定光古佛与伏虎禅师。[①]

老佛与二佛是杨边的保护神，庇护的范围很广。村民在盖房子之前，都要到香火堂中，通过跌筶的形式请示老佛与二佛，以此判断动工日期是否吉利。若为阳筶则表示吉利，获得了佛的首肯，反则反之。在建房动工之日，还要拿供品去祭供，以求佛的保佑。村民要结婚之时，要把所选的对象以及结婚日期等告知老佛与二佛，征求他们的意见。有的村民连出门办事都要去烧香保平安，更不用说那些希望孩子考上大学或想发财的村民了。此外，正月初五庙中有念经保孩子们平安成长的习俗，由村里经常念经的“念佛婆婆”烧香念经。凡在当年正月初五之前生了男孩的家庭，都会提前买好三尺长的红布，一丈二尺长的红带子，两对头花；准备水果、饼干等食物，把它们糅杂在一起，一一扎成小包。同时用一个小小的红袋子把一个光洋或铜钱包好。正月初五，母子俩带上一壶酒及其他准备好的物品，给每位念佛婆婆一杯酒、一袋水果，同时把红布、红带子及红钱包挂在老佛与二佛身上。然后烧香拜佛，以示感谢。

一年之中，香火堂除了正月初五的念经，还有两次比较大型的神明活动，一为正月初六的“接菩萨”；二为九月十三日的“会期”，为祝贺老佛与二佛的生日而举行。这两次活动的组织者都是村中“为首的”，即香首。村中有本“值班表”，把所有的杨氏家庭编成班次，每 5 ~ 6 户为 1 班。“为首的”按所排的顺序轮流，一年由一个班当“为首的”。倘若父死，则此户的户名改成其子之名，由儿子继承。倘若有刚分家的则要等待一段时间，达到 5 户后才能编成新的一班。若有搬迁外地的家庭，由刚分家尚未编班的补充，因而班次相对固定。新中国成立前有十多个班，如今已有 23 个。写有值班表的红本子放在当年“为首的”家中。

---

① 邓光昌、黄瑞仪、张国玉：《宁化县民间信仰老佛、二佛、吉祥大佛调查》，杨彦杰主编：《闽西北的民俗宗教与社会》，香港：国际客家学会、海外华人资料研究中心、法国远东学院、岭南大学族群与海外华人经济研究部，2000 年，第 218 页。

（1）正月初六接菩萨。杨边正月初六接菩萨不必请斋公，抬菩萨、举旗帜等的帮手都是自愿的，没有报酬。所需的经费只要用于放铳的硝药钱即可。这笔钱由头年正月初六至当年正月初五生了男丁的家庭支付。参加者为杨、吴两姓。20 世纪 50 年代后，吴姓不再参与。而桂下的张姓从未参加。

参加接菩萨的村民从正月初五开始吃斋。村中尚未结婚的小伙子们凡是愿意参加扛菩萨的，都得在初五晚上沐浴，禁吃荤，以示虔诚。初六早上，这些小伙子们都到香火堂中跌筶，筛选出 6 个人。这 6 个人分别负责扛老佛、二佛与观音的轿子。

正月初六凌晨，“为首的”把老佛、二佛与观音的神像移到神龛下面的供桌上，称为菩萨下位。然后装一盆清水，用毛巾给各位神明洗脸。给神像洗完脸后，村民们开始烧香。一些需要祈愿的村民都把装有钱的小红包挂到佛的脖子上或者手上，同时向佛诉说自己的愿望。待中午佛被扛回香火堂后再取下小红包。

早饭后，扛菩萨的队伍开始游境。三声铳后，队伍步出香火堂。走在最前面的是放神铳者，共有 5 人，其中 3 人分别扛着一支铳，2 人负责装硝药。排在第二位的是旗帜队，共有 8 面旗，均由小孩扛着；排在第三的是扛神的队伍，依次是扛老佛的轿子、长房的古事队、扛二佛的轿子、二房的古事队。游村的路线依次按香火堂—新杨边—早寨里—吴家屋—岭下—香火堂的顺序行进。村民按照就近原则，分别在新杨边、早寨里、岭下三个点接菩萨。扛菩萨的队伍除了在这三个地方停下让村民烧香祭拜菩萨之外，其他地方都不能停。

在传统社会中，由于杨、吴两姓都集中住在老杨边，因而当时的迎神路线依次经过香火堂、老杨边上屋、老杨边下屋、吴家屋，再回到香火堂。村民迎接菩萨的地点限于上屋与下屋两地，每处各停半个小时。村民一大早就在家门口摆上供品，点上香烛，等候游神队伍的到来。扛菩萨的队伍一到家门口，村民们就放起鞭炮，燃烛点香，向菩萨祭拜祈求。由于接连不断地放鞭炮，整个村庄都笼罩在烟雾之中。

游神队伍在返回香火堂的路上，在距香火堂约 100 米远的地方，扛老佛轿与二佛轿的人就开始使劲跑，希望能比另一座轿先一步进入香火堂内，村民们则在路的两旁放鞭炮助兴。村民们把老佛轿与二佛轿抢先进入香火堂称为“争进宫”或“抢先”。先进入香火堂的轿夫们迅速把轿中的佛像扛下来，传递给站在神龛上给佛像安座的人。在村民的观念中，老佛代表着杨氏长房，二佛代表着杨氏二房。若老佛抢先一步进入香火堂中安座，则预示着长房的人口会繁衍得更快，长房能够人财两旺；反之则是二房会比长房兴旺发达。据说几乎每一年都是老佛先进去入座，因而长房的人口一直较多。有一年，由于长房的人在游境前绑菩萨时不小心把红绸布打成了死结，虽然抢先进了香火堂，但是解不开结，于是二房的人趁机先把二佛递给神龛上的接佛者。可惜接佛的是长房的裔孙，他不愿接，一边对二房的扛菩萨者说等等，一边催促长房的扛菩萨者动作麻利点，仍是把老佛先接上去安座以后才接二佛。

给佛像安好座后，接菩萨仪式宣告结束。在传统社会中，村民们为表示庆贺，还有每家每户均备一壶酒、三道菜到香火堂中一起聚餐的习惯。

杨边村正月初六的会期与宁化其他村庄在传统社会中的会期相比，有一定的差别。县志载曰："正月，较大的村庄都有会期，以便于集中招待亲友，届时常有迎神、演戏、唱曲等娱乐活动，以飨来客……其活动大同小异，上午信士烧香，下午菩萨出游。今已废止。"① 从中可知区别有二：其一为杨边村的会期没有演戏与唱曲等娱乐活动；其二是杨边村的菩萨出游是在正日上午，信士烧香则在正日的前一天或正日凌晨，且前一天烧香的大多是刚生孩子的母亲。

（2）九月十三日的"会期"。据说九月十三日是老佛与二佛的生日，村中的张、吴两姓也是参与者。组织者仍是"为首的"。经费则由"为首的"在八月份到村中的各家各户"捐写"（筹集），届时把捐钱者的名字写在红榜上，贴在香火堂中。村民把出钱者称为"做头的"，"做头的"在会期中不用干活，只是出钱消灾而已。而"为首的"负责会期中的所有事务，包括预请8个斋公，会期日率家人在庙中做杂事等。到了九月十六日会期结束后，"为首的"要对会期的各项开支进行算账，若所收费用不够，再由村民们分摊。

九月十二日晚上12点过后，村民们带上斋果到香火堂中烧香，俗称为"点早香"。村民认为朝拜老佛与二佛，去得越早表示心越诚。凌晨时"为首的"把出钱者的名单贴在香火堂上，然后与斋公一起把十样斋菜献给老佛与二佛，称为"供样"，并在香火堂前树一根幡竹。十三日中午为"上午供"，向老佛与二佛献上十碗斋菜与"十宝"。上供时，斋公们在一旁念经，由5个"为首的"端菜与珠宝。十三日晚上，由8个斋公"坐台"，以压村中邪气，保佑村民的平安。然后在香火堂前的池塘边设一张桌子，

① 刘善群：《宁化县志》，卷三十二，《民俗》，福州：福建人民出版社，1992年，第802页。

摆上斋菜、斋饭、碗筷等，给孤魂野鬼施食。最后把饭菜倒掉，桌子推翻，把幡竹推向池塘边。

十四日一整天都由斋公们在香火堂念经。那些曾经许过愿且已如愿的村民，或者是家中有喜事的都会带上果饼到香火堂，或还愿，或谢恩。仪式结束后，把一半果饼留在香火堂，一半带回家中给家人吃，保家人平安。

十五日下午4点多，由斋公端香烛与水灯，“为首的”端盛表文的表盘，一起到村南的石壁溪边放水灯，让水灯把村中的邪气带走，待返回香火堂后再把表文烧掉。

十六日早上，每家派一个代表到香火堂中吃饭。“为首的”计算收支，然后公布费用的使用情况，并把记载“为首的”顺序的红本子移到下一任“为首的”家中，会期就此结束。

3. 祭社公

社公也是杨边的一个重要神明，它的功能主要是保佑耕牛、六畜的平安。除了每月初一与十五日较多村民去烧香外，在一些特殊的时日里，村民也有祭社公的习俗。如逢年过节、村民过逢“十”的生日以及村民宰杀家养的猪时，都会去祭拜社公。每逢过节之时，家中杀了鸡或宰了鸭的村民都会把煮熟的鸡、鸭依次拿到杨氏宗祠、香火堂与社公坛前祭祖与祭神。据说在过年时，每家每户杀鸡都得让家中的男主人把鸡拎到社公坛前割，去毛煮熟之后把整只鸡拿回社公坛前点烛燃香祭社公。大年初一，各户的男子还得带上豆腐、粉干、红枣、猪肉、香烛等物到社公坛前上香放鞭炮，给社公福主拜年。村民无论男女，过逢“十”的生日，家中都要杀公鸡，弄干净后要把公鸡端到社公坛前祭拜。若有村民买了耕牛，回村后得把牵牛的绳子挂到社公坛前的树枝上，让社公保佑耕牛。

村民家中杀猪时，要把猪头与猪尾巴割下来祭供社公，感谢社公的保佑。在杀猪之日的凌晨时分，尚未宰猪之时，家人得到社公坛前拿一块砖头，把它放在厅中的桌子上，把它当作神明一样，烧香祭供一番，才能开始杀猪。杀猪时，得在厅堂的地板上摊一些毛边纸，把猪血洒在草纸上，家中的老婆婆或主妇则在一旁祈祷说：“社公福主，保佑我家的猪央央大!”猪杀死后，要割下猪头与猪尾巴，再把它们煮熟。然后把煮熟的猪头、猪尾巴及社公坛前拿来的那块砖头一起送回社公坛，祭拜社公。返家后把打有花的毛边纸分成几叠，一叠放在自家的猪圈上，一叠放在邻居家的猪圈上，据说这样可以保佑猪不生瘟病。

春社日杨边有祭社公之俗。“为首的”由村中的老者充任，由他负责到村民家中收钱。凡是家中养有猪与牛的村民均需按猪与牛的头数摊钱。在传统社会中，一般每头猪交 2 毛钱，每头牛的钱是猪的两倍。此钱一部分用于买蜡烛、鞭炮、线香及猪的“大花”等物，一部分用于办饭席，倘若钱不够，由去吃席者平均分摊。由“为首的”提前跟本地的屠夫商量好，买其猪血祭社公，猪肉仍归屠夫出售。届时只要把猪牵到社公坛前宰杀即可。此俗一直沿袭到现在，只是每头猪、牛所收的钱较以前多而已，每头猪得交 5 毛钱，而每头牛得出 1 元钱。

4. 朝华

据杨边村民说，宁化人把抬菩萨（包括抬菩萨的神位）叫“会期”。会期分为春会与冬会两种，春会主要是抬菩萨游村驱邪；冬会则以拜佛求平安为主。朝华是当地朝拜神明的一种主要形式，在宁化县西南一带的乡村中最常见。朝华的时间一般为半个月至一个月，但也有长达半年，短至三五天的。朝华时间的长短取决于朝华的地点，远则长，近则短。朝华的地点大致有如下几个：福州鼓山涌泉寺、西禅寺等地；长汀朝斗岩、平原山等 5 座寺庙；江西的 5 座寺庙；本地的一些寺庙。据说杨氏一族所朝的本地寺庙包括东华山、升仙台、狮子峰、双桂峰、龙华峰、园墩山等。其中东华山在邓坊村，距杨边村 20 里；升仙台位于桃金村，距离杨边村 15 里；狮子峰位于官坑村，距杨边村 10 里；双桂峰位于三坑村旁，距杨边村 25 里；龙华峰位于淮土与江西的交界处，距离杨边村 39 里；园墩山位于禾口，距杨边村 5 里。

在传统社会中，由于石壁与禾口各为一乡，因而朝华的村落分成两片，石壁与桃金、沙溪等村为一片；杨边则与小吴、禾口（包括今立新村与红旗村）、陂下、溪北与大路村为一片。杨氏所在的一片主要到江西“朝大华”，这“大华”指的是一个神明的名称，或是神明所驻的山峰，或是数种神明的合称，笔者曾历经数年调查，仍未查清楚。朝大华时所挑的神位牌的名称为“大华祖师”，又有村民称“大华菩萨”，据笔者 2012 年 9 月在淮上调查朝大华习俗时对当地先天教道士的访谈与翻阅其科仪本所知，大华祖师应该指的是邱、王、郭三仙。

到江西朝大华要到宁都、吉安、南丰三县的 5 座山峰去朝神。这 5 座山峰包括吉安的中华山与大华山、南丰的金峰山、宁都的赤明寨山，另一座山也是在宁都，但山的名称不详。到这 5 座山朝大华，来回大约需要半个月。

朝大华的时间一般选在八月份，具体日期要查阅通书后才能决定，出村的第一天必须是吉日。每个村落都有一个“做头的”。“做头的”负责向村民“写钱”。据说当地人都十分信奉神佛，讲究佛缘，凡是涉及寺庙修路、雕菩萨像、朝神抬神“写钱”，民众几乎没有一个会不愿意出钱。村民认为这些钱“明中去，暗中来”，为神佛之事出钱“有功德”，菩萨会保佑他们把钱赚回来。倘若村中人口众多，则会按不同的房派来选取“做头的”，各个“做头的”只需负责本房的即可。每个“做头的”都必须在朝华的前几天开始禁荤，并在出发前一天晚上沐浴净身。在整个朝华期间，所有参加朝华的村落都得禁荤。

朝华的队伍总共有数百人。每个村落都有一个小队伍，包括“做头的”、道士或和尚、吹唢呐的、古事队、旗帜队等。每个村落都会请一个会念经的道士或和尚、一个吹唢呐的，再由村中一些会吹拉弹唱的人自愿组成一个古事队，前往朝华。每个“做头的”都挑着担子，一头为一神龛，这神龛的样子像座小屋，里面立有一神位牌，上面写着“大华祖师神位”；一头放着香炉、线香、鞭炮等物。在朝华的路上，香炉中的香火一刻也不能断。每村的旗帜都有十多面，上面写着“国泰民安”或“风调雨顺”。

到江西朝大华，得经过小吴的过合金井与朝栋岩，再到吉安的大华山与中华山，然后到南丰的金峰山，最后到宁都的两座山。朝华队伍到了大华山，在吉时吹起唢呐、敲起锣鼓，道士或和尚向神明念疏章，念完一个疏章后把疏章烧掉。参加朝华村落的村民在家中根据队伍出村的时间计算他们大致在什么时间到哪一座山，在此时间摆上香炉烧香祈求神明的保佑。待朝大华的队伍回村后，“做头的”会把香炉中的大米煮熟后给家人吃，据说可以防病去灾。

5. 念经与念佛

杨边村中50岁以上的人，不分男女几乎都会念经。清晨，家中主妇起床后的第一件事就是烧香祭家中诸神。每月的初一与十五日，老年妇女多半会到香火堂中烧香。倘若遇到农闲之时，老年妇女则三五成群，相邀到周围的寺庙去朝菩萨。村中一些经济比较宽裕的家庭，每年都会请6～10个斋公到家中念经。这些家庭大多是做生意的，或者是从事开车及其他比较危险的工作的。念经的目的是驱邪保平安。有的家庭念3天，有的念7天；也有的念10天。念7天及7天以下的称为“念千经”；念10天的称为“念万经”。

此外，村中的每个老人，不分男女，均要经历一次念佛。念佛与念经的不同之处主要在于：念经必须请几个斋公，必须支付工钱；而念佛只是请一个斋公或斋妈，同时请周围的一些会念经的老人到家中拜佛念经，前者得付报酬，后者不必。

在二三月份或九至十二月份的农闲时分，老年妇女常不定期地聚在一起帮人念佛。在杨边及石壁等地，每个男子在其一生中都得请人到家中念一次佛，其目的在于保佑平安清吉、财源广进。念佛的日子由主妇到菩萨前跌筶选定，若是跌到阳筶即表示此日吉利；若是阴筶则表示今年不吉利，得下一年再选日子。届时请一个斋公及十个以上村中的念佛婆婆到家中帮忙念佛。这些念佛婆婆不需付工钱，只供其吃饭即可。念佛期间，全家都得吃斋。出嫁的女儿得送一对蒲团、一套衣服，若父母均健在的得送两双鞋，若一方已亡则送一双。此外还得与其他亲戚一样送年糕、饼干、蜡烛、香火等物品以示庆贺。这些年糕与饼干，一半送给念佛的老婆婆和斋公，一半带回家中。

6. 接珠[①]

在杨边，大多数村民在其有生之年都要举行“接珠”仪式，接珠就是从道士的手中接过佛珠，是当地乡民进入佛门的仪式。接珠之后，接珠者就可以进入念家佛的队伍，与其他接过珠的念佛婆婆与念佛公公一起念佛了。接珠的日子由算命先生推算决定。据说若未接珠，对死者本人及其后裔都不利。所以在杨边，不管本人愿意与否，都会举行接珠仪式。

在举行接珠仪式之前，要请裁缝做一套衣裳。做衣裳的日子得选吉日，不可随意。接珠者死时必须穿这套衣服。

准备衣服的同时，得请算命先生测定接珠的吉日。日子定下之后，家中的主妇得到菩萨面前跌筶，若跌的是阳筶，表示菩萨已同意此日是其接珠的最佳日子；若跌的是阴筶，则要等到第二年再选取日子，直到在菩萨面前跌到阳筶，得到佛的恩准为止。

日子选好后，家人根据家中的经济情况请几个斋公。斋公的数目最少也得有 2 个，多的有十多个。除了斋公，还得请周围的念佛婆婆，一般请

---

① 有关宁化的接珠与念佛，笔者近年有更深入的调查与研究，详见拙作《“接珠”“回佛”与妇女生活——以福建省宁化县石壁镇为中心的初步探讨》，谭伟伦主编：《中国地方宗教仪式论集》（“宗教与中国社会研究丛书”第 14 辑），香港：香港中文大学出版社，2011 年；《客家妇女的“点佛”仪式：以宁化县淮土乡孙坑村的调查为例》，《民族宗教研究》2012 年第 2 辑。

12 或 13 个。这念佛婆婆必须是丈夫健在、儿女双全、有福气、会念经的老年妇女。行接珠礼时，念佛的人数、开始念佛的时间都有严格规定，念佛婆婆得在预定的时间之前赶到接珠者家中。以后若再念佛，人数与时间都没有严格要求。请斋公与念佛婆婆的同时，家人还得准备好斋菜、纸、蜡烛、鞭炮等物品。

接珠者的亲戚朋友都会送些贺礼。已经出嫁的女儿得送一对蒲团，年糕、饼子、银手镯，给接珠者可以戴在食指上的写有“佛”字的银戒指，两个念佛袋，一块扣在对襟衣上的寿巾，此外还有供接珠者在世时穿的衣服与鞋子。亲戚们都送小饼干、面条与粉干，朋友与本房的兄弟等人则送粉干或面条。所有亲朋送的食物都是收一半。

接珠后的一年要进行“还佛”。要像接珠时一样请斋公与村中所有行过接珠礼的人。一般都是请女的接珠者，男的接珠者，即念佛公公一般不替他人念经。被请者得在还佛前沐浴吃斋。倘若被请的念佛婆婆家中有事脱不开身，也可以不到主人家中，但得每天早上与上午各为此接珠者念一趟经。村民所指的一趟经为“三千佛”，用手中的佛珠计算，每念到一百时为一趟，十趟为一千，所以三千佛就是念三十趟经。每念两趟，念佛婆婆都会用红纸剪两朵莲花，一朵莲花代表一趟经。然后把这两朵莲花送到接珠者家中，称为“寄佛”。让主家知道她已为其念了经。主家收到莲花后，得在家门口把它烧了。在还佛结束后，主家得送斋果给为他念经的念佛婆婆。

据说，人只有念过佛，死后到阎罗王那边报到时才不会被打。

7. 蓄胡须

杨边村中的男子若不念佛，为避免死后遭罪，还可蓄长胡须，表示长寿。蓄胡须的仪式与行接珠礼的仪式大同小异。开始蓄胡须的时间同样也得请算命先生测定，家中也得为其做好寿衣，在所选的吉日里请客庆贺。不同的是送礼者送荤，家中也吃荤，而接珠者的礼物都是素的，家中也是吃斋。蓄胡须者的出嫁女儿得送公鸡、猪肉、鞋子与衣服等物品，亲戚朋友多半送红包庆贺，有钱的人家会请很多客人。蓄胡须者当天得吃一个鸡腿。

举行过蓄胡须仪式后不必再举行其他的仪式，只是以后再也不能剪或剃胡须了。村民认为，没留胡须又没接珠念佛的人死后是半寿，属短命者，俗称“斧头佬”。在下葬之前得用斧头在棺材上敲三下，让死者的舌头吐出来。

第二节　上杭田背刘氏宗族的繁衍发展与神明信仰①

一、田背的地理环境

田背是上杭县中都镇管辖的一个行政村。中都位于上杭县南端，地处福建上杭、永定、武平与广东蕉岭四个客家县的交界处。这一独特的地理环境给素有上杭“鱼米之乡”之称的中都发展经济提供了许多有利的条件。以农历初二、初七为墟期的集市吸引了来自上述各地的商贩们，这些集市不仅使物产得以集散，而且促进了当地的文化发展与经济交流，不同的文化、风俗在这里积淀、创新。田背古老的宗族文化十分繁荣，是一个可以透视其文化的窗口。

田背与中都墟场相邻，村民居住区离镇政府 2 里。它东与由安、饶坊村相邻，南与罗溪、蛟腾村交界，西接武平县象洞乡，北与陈和村相连，方圆近 15 平方公里。自古交通十分便利，清朝时，村中就有五条大路：“一由鸭神下十二排双髻岌可往武平地界山子贝象洞至江西；一由放排上井子湖分水凹可往上都及县城至汀州；一由张角塘可往庵子背油顺乡等处；一由庄头坪凹背可往本都罗溪堡及下都至广东；一由水口可往兴寨岗集场及本都下都胜运里，以故行人络绎不绝。”② 这五条大道开启了田背这一客家山村的大门，外界的新鲜事物不断从山门外涌了进来，使保存得较为完好的传统文化进一步得到发展，文化日趋繁荣。1967 年，上杭至中都的公路竣工后，公共汽车从村中穿过，结束了村民徒步穿越万水千山的历史，也加快了田背发展经济的步伐。

田背的经济以农业为主，山林面积有 15 035 亩，村庄与耕地面积有 4 406亩。“土改”前，土地主要集中在各房族的公尝、会季，这些尝会的田多数以租种的方式分给本宗族子弟、会员，租息为收成的 10% 至 20% 。倘若租给外族人或非会员种，租息视田的肥瘦而定，一般在 20% 至 50% ，产量低的山田租息较低，产量高的、位于居住区边缘的肥田租息可高达 50% 。由于当时的耕作技术较为低下，多采取人株疏植之法，以猪牛粪、

---

① 笔者在田背调查期间，得到该村干部刘致龙老先生的许多帮助，他不仅把家中珍藏的有关田背的历史资料、《刘氏族谱》等借给我参考，还为我介绍了许多田背的风土人情，讲述了田背的不少传说故事，在此深表感谢！

② 刘致龙、刘科芬等：《刘氏家谱》，《里居志》，第 16 页。

人肥、草木灰为肥料，病虫灾害皆以为是天意，天旱无雨、洪涝灾害皆求神拜佛，一切迷信上天的安排，年年如此，因而产量较低。“土改”后，土地分到了每家每户手中。田背走上了以农林为主、多元化发展经济的道路，村民的生活蒸蒸日上；耕作技术也得到了提高，农业逐渐摆脱了靠天吃饭的局面，年年获得丰收，全村粮食年总产量有200多万公斤，可创产值100多万元。林业以松脂生产为主，松脂总产量可达90万斤，创收60多万元。经济作物以烤烟、油菜、花生、黄豆为主。村办企业有鱼苗繁殖场、碾米厂、砖瓦厂、纸炮厂等。

村内有一条源于武平苋塘的大溪，为中都溪的上游。它从田背庵脚里流至水口段均穿村而过，将全村分为南北两个部分。沿溪筑有10条水圳，用于引水灌溉农田，溪上架有大小桥梁20座，与村中各条要道一起，把一个个独立分散的自然村联结成一个井然有序的村落。

据报告人说，古时田背山清水秀，小桥流水，风景十分秀丽。它以文化特别发达享誉一乡，村中出了不少文人雅士，古建筑较多，保存的对联、诗歌、逸事也比较多。曾有人以诗赞曰：“邑南田背有名乡，甲近中都著上杭；挂壁紫衣豪富享，楼开黄榜焕文章；大夫第对云峰寨，都督门临水鸭塘；乙间光天禄阁，明经惟爱读书堂。”①

二、田背的姓氏源流

田背是个姓氏较为单纯的村落，主要以刘姓为主，此外有傅、丘、朱等姓。人口近2 000人，刘姓有1 750人，约总人口的90%；傅姓有60人；丘姓有15人；朱姓只有5人。据报告人说，田背古时多姓杂居，布坑原名傅坑，为傅姓居住地；大井面上又名罗屋背头，有罗姓居住；白果山有白姓居住，今天仍有屋基痕迹；鸭神下右弯角处又名何屋前，有何姓居住。此外还有马巷里与许坊的地名，是否有过马姓与许姓居住已无从考证。田背村落示意图见图1－2。

谱载，刘氏原籍江西瑞金塘背，始祖为江阴通判公刘一郎的曾孙。“元延祐二年八月，因赣贼蔡五九为寇，蹂躏地方，仝（同）妣郭娘携仆张四郎避难至上杭田背，遂家焉。”② 关于田背刘氏的来源是否属实，其子孙们亦不能肯定。据说刘氏旧谱在这段文字前用的是“相传”两字，这两字使其后裔为辨别起源的真伪费尽了心机。乾隆前期，十一郎公后裔、举

① 上杭县中都乡田背村志编纂组编：《田背村志》，1990年手刻印本，第190页。
② 刘致龙、刘科芬等：《刘氏家谱》，首卷，第3页。

人斐章公曾不远千里、长途跋涉到江西考证。在江西塘背查访始祖所属的里居世系，极目望去，但见塘背尽是田塘、山林、坟墓，极少住民，且无刘姓。后来听说邻村洋溪有刘氏，便到邻村查问。洋溪刘氏以谱出示，谱中记载洋溪刘氏世居塘背，后来移居洋溪，并未提及十郎、十一郎昆仲外迁。斐章公带着疑问去查阅瑞金县志，也没有江阴通判公刘某的记载。至于"赣贼蔡五九为寇"一事，汀郡志载蔡某曾在宁化为寇，攻打沙县等处，未载其在赣作乱。斐章公便认为，从元至首修谱时已历200多年，200多年风云之变幻，城郭之兴废，人民之聚散，祠宇之倾颓，里居之变迁，皆不可胜数，因而，刘氏的起源及记载皆失实，为流离迁徙、彼此互传之误。于是，斐章公在续修谱时，倡议把田背刘氏的前三代始祖：通判公、四一郎公、二郎公从祠堂与族谱中一概删去不记，只从田背开基祖刘十一郎公记起，同时在族谱上写了《刘氏源流考》详述此事。

斐章公此举一出，在田背的刘氏两支（十郎公与十一郎公）嗣孙中掀起了滔天巨浪。两支后裔的文人为此争论不休。十郎公后裔认为本支旧谱详载："通判公，永丰县人，因功敕封为光禄大夫，临终敕葬，以生铁封闭其坟，永志不朽，故云'铁墓志'。"（其子）四一郎移居赣州水木洞，复移居瑞金塘背，后因元仁宗延祐二年赣州贼蔡五九作乱，从瑞金一路掳掠至汀州，攻陷宁化县，元大将军张驴统兵征巢瑞金，大遭祸乱，民不聊生，故十郎公、十一郎公兄弟相依各携妻子避难，沿山涉水至上杭田背，以定厥居。[①] 此来历斑斑可考，指责斐章公因所见异辞而疑旧谱所载失实。数十年后，十一郎公后裔亦认为斐章公此举不妥，始祖前三代删去之后，一世祖十一郎公不知所出，令裔孙们深为不安。后来，大猷深恐今日若"苛且相从"，不为之辨别，后人将会随波逐流，于是作了《续源流考辨》，曰：

书道政事，故孔子删书，断自唐虞，其删之宜也。斐章公读书，稽古而修谱，亦仿此意，以老谱首载瑞金之来脉，无坟墓可考，至塘背瑞金询及始祖之所出里居世系，茫无头绪，遂将十一郎公以上概从删削，使数百年前之事，实悬而无着，致使后人不知始祖之所出，可乎？当日遭乱离迁播，而谓他人曾离乱，独能安居故土，不无播迁者可幸免乎？以数百年后之人问答及于数百年前之事，沧桑屡变，所见异人，所闻异辞，而欲符其事实也，得乎？姑不具论即始祖到乡开基后，考诸庶人，祭于寝之义，追

① 刘致龙、刘科芬等：《刘氏家谱》，首卷，第1页。

念所生，有不家祀其三代者乎？为后代者，世世相承，耳濡目染，口传指书，萦结于胸中，述历代之言论，殆有献也。谱已载来脉，是有文也，文献可证。①

此文出后，持续近百年的有关刘氏源出的争论才得以结束。刘氏两支再次统一了认识，共祭始祖前三代通判公、四一郎公、二郎公。

二郎公之子十郎公、十一郎公昆仲到田背开基后，二房嗣裔先是四处杂住，并无固定区域，屡更播衍。后逐渐形成了十郎公裔居跳石以上，十一郎公裔居跳石以下的局面。跳石在今码头上，道光年间被水冲废，现以“码头上”代替了“跳石”一称。今十郎公后裔居住在“码头上”以上的上寨、庵脚里、中寨、坑子尾等处；十一郎公后裔则住在“码头上”以下的中心屋、背坑、布坑、樟树下、土楼里、程树下、桥下、赤岭下等处（参见图 1－2 的田背村落示意图）。十郎公繁衍到第二十六代，约 300 人；十一郎公繁衍到第二十八代，有 1 400 多人。

傅姓源出清河郡，尊百一郎为一世祖。百一郎由本县太拔曾坑移居白砂半山里袁屋背后，与陆姓同住一村，发展到第十代后，十世长兄祖样移居中都田背凹头，次祖正留居白砂。傅姓到田背开基后，十一世至十五世皆不详，以后各代均有记载，历代人口不多，他们自称已发展到第二十七世，人口 60 多人。实际上，从开基田背的十世祖祖样算起，傅氏才繁衍到第十七代，显然迟于刘氏到田背开基的时间。

朱姓何时迁居田背，现繁衍至第几代，源出何方，均无从可考。据报告人说，朱氏比刘氏先到田背，今中心屋原名朱家巷，曾是朱氏的世代居地，刘氏谱载，1820 年朱姓有 30 户，1876 年朱氏有 20 户。而今只有一户 5 人，住于连塘背，祖祠则建在浒坊塘坎上。

丘氏有 15 人，源出河南郡，开基者为丘正新。丘氏原籍广东五华县横坡联长乡板子岗村，正新为当地丘氏第二十一代。其 1931 年因宗族斗争参加赤卫队，避难到松源宝坑居住，娶妻生子后徙居松源墟，以理发为业。1940 年到中都市场租店理发，1957 年才迁到田背坑子尾租屋住，仍以理发为业。以后，他的子孙就在田背建屋分田定居下来。

村中四姓人口悬殊，刘氏宗族尽管人多，因推崇恭敬、礼让、忠孝、仁义，较少恃强欺弱，加上其他三姓人口稀少，即使偶有不快亦忍气吞声。多年来，众姓和平相处，没发生大的矛盾。

---

① 刘致龙、刘科芬等：《刘氏家谱》，首卷，第 14 页。

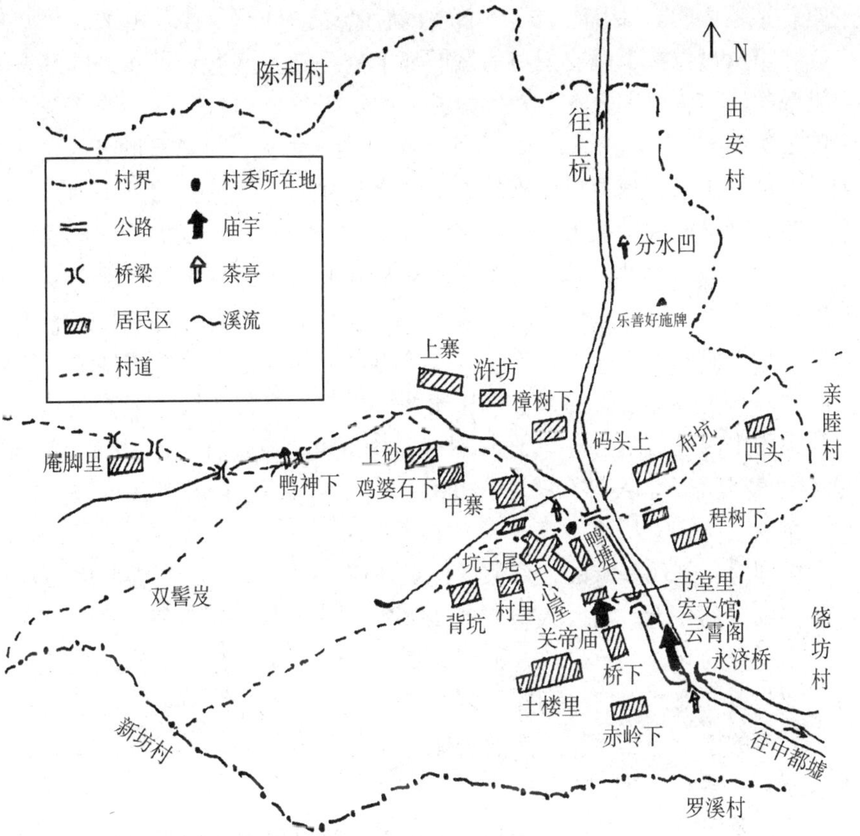

图 1－2　田背村落示意图

三、刘氏宗族的发展与繁盛

刘氏十郎、十一郎公兄弟在元延祐二年（1315）到田背开基，离开了兵荒马乱之地，在这相对安定宁静的山乡定居下来，生产、生活趋向稳定，人口逐渐得到发展。起初，两支人口的发展都很缓慢，且在第二、三世时外迁较多。十郎公生两子：十四郎与百五郎，其中十四郎迁至本乡胜运里蓝家渡，百五郎留在田背。百五郎生三子：长子小四郎迁居本乡竹山下，三子小六郎早殇，次子小五郎留居田背。小五郎生有三子：万六郎、万八郎、万九郎。长子万六郎止。因而田背十郎公支的后裔都是万八郎、万九郎繁衍开来的。十一郎公生有五子：念二郎、念四郎、念五郎、三五郎、三六郎。其中念二郎与念四郎不详；念五郎移居本乡下都；三五郎移居广东嘉应州；三六郎留居田背。三六郎生有两个儿子：长子四大郎至下代止，次子四七郎延续下来，因而，今十一郎支的后代都是从四七郎繁衍开的。

在第六世以前，两支人口的发展都十分缓慢。据笔者对族谱世系表中男丁数的统计，十郎公支前六代的男丁数分别为1、2、3、3、4、7个，十一郎公支的为1、5、2、3、2、5个，可谓寥寥无几。从第七世起，人口的增长速度加快了，第七世两支的男丁数分别为14、13个，第八世为31、26个，第九世又分别增加为52、43个，到第十世，十郎公支的男丁数增加了77个，十一郎公支则增加了92个，发展愈来愈快。由此可看出，在前七代，两支的人丁数相差无几。在第八、九世，十郎公支的男丁数略胜于十一郎公支，而到了第十世，十一郎公支的人丁发展速度明显超过了十郎公支。此后，十一郎公支的人口增长速度一直比十郎公支快。据谱载，十一郎公支第十四世孟昭公有3子32孙，第十五世衡庵公有3子10孙32曾孙80玄孙103元孙，人口发展之快由此可见。清光绪年间，刘氏人口曾达千户，至少有5 000人。

民国时，刘氏一族的人口数量出于外迁、国民党捉壮丁等原因而日趋下降。发展到今天，刘氏人口数才1 750人，其中十一郎公支有1 400多人，主要分为兴甫、海、清、淮四大房；十郎公支约有300人，主要分为万八郎与万九郎两大房。两支人口发展的差异是十分明显的。

人口的繁衍必然会使原有的居住空间变得狭窄难容，于是，族中不少人从原有的居住区搬到周边区域。相传，十郎公与十一郎公避难到田背时，原肇基于跳石上游的旧寨背，并在寨背立有靖成侯王神位。发展到第五世时，因某日母猪闯出猪圈，到赤岭下产了一窝猪仔，十郎、十一郎后裔便认为跳石以下的部分风水很好，到那里居住必会人丁兴旺。于是，兄弟们商议迁居，以跳石边的横堤为界，十郎公支住堤以上，称为上屋乡或上村；十一郎公支住堤以下，称为下屋乡或下村。这以后，果然人口增长的速度加快了许多。从上文可知，第六世后，两支的人口不断增多。族人的居住区不断随人口的播衍而拓宽。十郎公支万八郎到坑子尾顶上开基，万九郎住在左宗祠右侧，八世仲二郎迁居庵脚里，九世双溪、廉溪即仲二郎的次子、三子又迁回坑子尾。十一郎公支兴甫房七世广义、广亨迁到上屋。六世继宗建成中心祠两侧，其子孙多住里面，十一世元昌住右边，元锦住左边，元富住前面，元嵩住马角里，元盛住清祠旁。九世竹乾住鸭塘下，竹园住竹园头。在明崇祯、清顺治年间，社会动荡不安，民变多乱，殃及百姓，村民们倡议筑寨居住，免受劫难。十郎公支沛如公筑中心寨（中寨），本如公筑湔安寨（上寨），并迁到寨内。十四世后世事趋向稳定，部分后裔又迁回原处。十一郎公支十三世惟质公筑康宁寨（下寨），在今樟树下，后裔皆迁到寨内，住了四五十年，后来由于人丁兴旺，寨内不能容纳，加上政局稳定，又分居到各处。淮公十四世圣昭迁书堂里，孟昭迁土楼里（原庄头坪）。海房十五世迁布坑，十六世秀嘉迁背坑，秀文迁上寨，十七世任伦迁到上砂，于是打破了几百年来十郎公支住上村、十一郎公支住下村的状况。十一郎公后裔的居住区拓展到了上村的十郎公支居住区，居住区的面积比十郎公支宽阔得多，这与其人口数量大大超过十郎公支是一致的。

在十郎、十一郎到田背开基的早期，两支的发展差别不大，随着人口的繁衍，发展差距逐渐拉大了。十一郎公支不仅人口大大超过了十郎公支，科举入仕人士也远远超过了十郎公支，经济、文化均比十郎公支繁荣。根据十郎公支、十一郎公支中的科举人物统计表可知，十一郎公支早在第六世时就有了读书人，他是六世祖执宗，为贡生。十郎公支在第九世时才开始有读书人，为生员，贡生则到第十四世才开始出现。十一郎公支在第十一世时就有了两名举人，而十郎公支直到第十七世才出现。在科举人物的数量方面，十一郎公支无论监生、生员，还是贡生、举人，都比十郎公支多。从第六世到第二十二世，十一郎公支有生员 158 人、贡生 23 人、监生 426 人、举人 8 人，而十郎公支有生员 42 人、贡生 6 人、监生 97 人、举人 4 人。另外，统计中尚未列出九品、从九品、礼部儒士等职员数，该项数目，十郎公支共有 27 人，而十一郎公支共有 249 人，两支的数量差距是比较大的。刘氏十郎公支、十一郎公支中的科举人物情况见表 1－8。

表 1－8 刘氏十郎公支、十一郎公支中的科举人物统计表

世代	项目							
	十郎公支				十一郎公支			
	举人	贡生	生员	监生	举人	贡生	生员	监生
六						1		
七								
八								
九			3					
十			2					
十一			4		2	3		
十二			2			3		1
十三			4			5		1

（续上表）

世代	项目							
	十郎公支				十一郎公支			
	举人	贡生	生员	监生	举人	贡生	生员	监生
十四		2	5	2		1		5
十五		1	6	12		2		19
十六		1	6	23		3		49
十七	2		4	24	1	1		69
十八	1		4	15	2			75
十九		1	2	11	2	3		71
二十	1	1		8		1		49
二十一				2	1			53
二十二								28
二十三								6
合　计	4	6	42	97	8	23	158	426

注：十一郎公支生员一项族谱中按年号统计：明成化年间1人，嘉庆年间24人，隆庆年间1人，万历年间26人，天启年间3人，崇祯年间11人，顺治年间4人，康熙年间19人，雍正年间5人，乾隆年间19人，嘉庆年间7人，道光年间15人，咸丰年间7人，同治年间9人，光绪年间6人，1人不详，共158人。

从十郎公支、十一郎公支中的科举人物统计表可看出，刘氏最早在第六世时出现读书人。第九世以后，读书人逐渐增多，主要以生员为主。第十一世时，开始出现较高层次的读书人，有了举人，贡生的数量也增加了。不久，出现了监生，并且数量愈来愈多。刘氏两支都是在第十六世到第二十一世时，监生的数目比较多，而且举人亦多数出现在这时。这说明早期族人可能因家庭较为贫困，靠自身的努力才成为读书人。随着刘氏财产的增多，经济得到发展，族中出现了以捐纳方式获得贡生的人士，并且随着经济的发展，监生占的比例愈来愈高，尤其在第十六世到第二十一世期间，比例居高不下。由此可知，第十六到第二十一世时，大约是在清康熙、乾隆年间，可能是刘氏经济最繁荣昌盛之时。

在刘氏宗族发展的进程中，不仅十郎、十一郎两支发展不平衡，就是同一支的各房之间，发展亦是不平衡。从举人一项便可看出。刘氏共有12名举人，他们分别是：

铤，字允章，号镇峰，明万历十年中；
斐章，号南园，嘉庆庚午科中；
鸣鸾，字秉和，道光辛巳科中；
锡龄，字乾钧，号鹤臬，同治九年中；
则敬，字煜常，号丹铭，同治十二年中；
烨，字于昭，明万历十三年中；
天信，字秀千，乾隆丙子科中；
麟，字义源，嘉庆三年戊午科中；
振唐，字树仪，乾隆庚辰科中；
冠唐，字树屏，乾隆戊子科中；
日磐，字新元，嘉庆年间科中；
义文，字书明，同治庚午科中。

在这12名举人中，前8名是十一郎公支的，后4名是十郎公支的。十一郎公支的8名中，铤、烨、天信、麟4人都属于海房，分别为第十一世、第十一世、第十六世、第十七世；斐章、鸣鸾、锡龄、则敬都属于淮房，分别为第十七世、第十八世、第十八世、第二十一世；兴甫房与清房都没有举人。十郎公支的4名举人都是万八郎房的，振唐、冠唐为两兄弟，同为第十七世，日磐为第十八世，义文为第二十世；万九郎房则没有举人。

从十郎公支、十一郎公支中的科举人物统计表可知，刘氏从十四世起，科举人物增多，在十八世左右走向顶峰。刘氏子孙繁衍的速度大约为26年一代。以此计算，第十四世时，为刘氏一世祖到田背后364年，一世祖是1315年到此地开基的，因而十四祖大约生活在1679年，为清康熙年间。以同样方法计算，可知十八世生活在1783年，为清乾隆后期。由此可知，刘氏宗族大约是在康熙年间，科举人物增多；约在乾隆年间，族中科举人物最多，达到顶峰。

这与整个社会大环境显然有着密切关系。在明末清初，社会动荡不安，全国各地起义迭起，战争不断，百姓处于水深火热之中。在这种环境下，能够糊口、保住身家性命已属不易，还谈何发展生产，创造财富去求学入仕？田背村的老建筑明显反映出这一点，在社会动荡之时，百业不兴，田背几乎没有大型建筑出现；在太平盛世之年，百业俱兴，大型建筑多数建在此时。

清康熙之前，刘氏几乎没有大型建筑，唯有清顺治年间筑有三寨，印着深深的时代烙印。三寨为游安寨、中心寨、康宁寨。游安寨坐落在莫斜岌下，1656 年为十郎公支十四世本如公创建，周长有 500 米；中心寨坐落在南山脚下，1660 年为十郎公支十四世沛如公创建，周长有 700 米；康宁寨则为十一郎公支十三世惟质公倡建，周长约 1 300 米。这三寨都有东、南、西、北四扇门，有两扇通取水道，另两扇通一大一小两条交通要道。寨的周围砌有三至四丈高的厚石坎、石墙，康宁寨还砌有两层石坎，为一易守难攻之地。据说，当时民变蜂起，殃及无辜，百姓朝夕不保。为保护族人，本如、沛如、惟质公倡议筑寨自保，得到众人的拥护，没花多长时间，就筑起了坚固的三寨，族人住进寨后，遭到了茅砾峰义军赖丫婆的攻击，由于力量悬殊，不久，三寨便被包围。贼欲让寨内缺粮断水，不攻自破。围困了一段时间，寨内果然粮水用尽。危急之时，相传十一郎公支十四世孟昭公之妻张氏献计用尿浸湿衣裳晾到高处，贼看到晒的一件件衣物滴着“水”，误以为寨中有水源，难以击破，便撤围而去，使族人免遭一场劫洗之灾。到了康熙之时，政局稳定，族人相继从寨中迁出，分散到各地居住。由于这时刘氏出外贸易者多，经济得到较大发展，村中逐渐建起许多大型房屋。十郎、十一郎房所建的大型堂屋情况如表 1－9 所示：

表 1－9　十郎、十一郎房所建大型堂屋统计表

地处	坐向	几栋出水	横屋左右	厅堂匾名	几代建筑	建筑人	所属支系
中心屋	坐南朝北	3			九	竹乾	十一郎/淮
中心屋	坐南朝北	3	2.0	文魁、书香	十八	云瑶	十一郎/海
坑子尾	坐西朝南	3	1.1		十五	仁山	十郎/万八郎
坑子尾	坐南朝北	3	2.2	致和堂	十五	子任	十一郎/兴甫
中寨	坐南朝北	3	1.0		十五	亦章	十郎/万八郎
中寨	坐东朝西	3	2.2		十四	沛如	十郎/万八郎
上砂	坐南朝北	4	2.2	云程发轫	十七	任伦	十一郎/海
上砂	坐北朝南	3	1.1	文魁、耕心堂	十八	新元	十郎/万八郎
上砂	坐北朝南	3	1.1	中议大夫	十六	秀文	十一郎/海
樟树下	坐北朝南	3	2.1	亚元、才信者良佐	十六	秀宝	十一郎/海
樟树下	坐北朝南	5	1.1	大夫弟	十七	文爵	十一郎/海
程树下	坐北朝南	3		经魁	十六	秀千	十一郎/海
程树下	坐东朝西	3		郎官弟	十六	子佩	十一郎/淮

（续上表）

地处	坐向	几栋出水	横屋左右	厅堂匾名	几代建筑	建筑人	所属支系
程树下	坐东朝西	3		奉直大夫	十六	子宏	十一郎/淮
程树下	坐东北朝西南	3	1.1	奉直大夫	十五	萝阁	十一郎/淮
布坑	坐东北朝西南	3	1.1	登仕郎	十五	安伯	十一郎/清
布坑	坐东北朝西南	4	0.1		十五	尚友	十一郎/清
布坑	坐东北朝西南	4	1.0		十五	不详	不详
布坑	坐东北朝西南	3	1.1	瑞应重熙	十五	尚宗	十一郎/海
桥下	坐北朝南	3	4.5	大夫弟、务宝堂	十五	子任	十一郎/兴甫
土楼里	坐南朝北	3	4.3	孝子之门、文魁、经魁	十四	孟昭	十一郎/淮
土楼里	坐南朝北	3	0.1	立本堂	十七	振京	十一郎/淮
书堂里	坐西朝南	3	2.2	守愚堂	十六	子和	十一郎/淮
背坑	坐南朝北	5	0.1	正训堂	十七	绳曾	十一郎/淮
背坑	坐南朝北	4	1.1		十八	希奎	十一郎/清
背坑	坐南朝北	4	1.0	五代同堂	十八	承赞	十一郎/清
背坑	坐南朝北	3	1.1	黎光堂	十六	子符	十一郎/淮
背坑	坐南朝北	3	1.2	孝子	十七	希尧	十一郎/淮
背坑	坐南朝北	2	1.2		十六	秀加	十一郎/海
村里	坐南朝北	3	1.1		十七	正山	十一郎/海
村里	坐南朝北	2	0.2	亚元	十六	秀源	十一郎/清
村里	坐南朝北	2	0.2		十六	优士	十一郎/清

注：表中资料与数据来源于《田背村志》第143～145页的“乾隆嘉庆年间大型堂屋的建筑”以及笔者的访谈资料。

表1－9统计的32栋大型堂屋中，从建筑者及其代数看，除1栋为九世祖竹乾所建，1栋不详外，其余30栋全是由十四世至十八世族裔建成的。其中十四世2栋，十五世9栋，十六世10栋，十七世6栋，十八世4栋。十四至十八世正是康乾盛世。村中大型堂屋的建造几乎都集中在此时，反映出刘氏一族此时走向鼎盛，经济、科举全面繁荣。从表中建筑者所属的支系看，十郎公支有4栋，全部属于万八郎房，万九郎房没有；十

一郎公支有27栋，其中淮房10栋，海房9栋，清房6栋，兴甫房2栋，这与前文对举人一项的分析是基本一致的。十郎公万八郎房举人多，本支大型建筑全被其囊括；十一郎公支举人全属于海房、淮房，这两支的经济也就比较发达，大型堂屋建得较多，清房与兴甫房没有出举人，大型堂屋所占比例则小。

在上述的大型房屋中，属十四世孟昭公所建的土楼规模最为宏伟。据载，当时祖龙山脚下绕大背头各房均建有祖祠，唯细背头脚下的庄头坪“右拍手空缺”，都是良田。为利全村风水，族人商议，庄头坪的田地都集中卖给一人做大屋，主屋必须是土楼。由于孟昭公到齐楚一带行商后“不私一文”，所创的财产除用于立尝田、儒资田、建祖祠外，其余全部与兄弟们均分，“孝友可风”，因此土地全卖给了孟昭公。孟昭公花了十年的时间建成土楼，主楼名谦益楼，共三层，高四丈五尺，有大小厅十二个，住房三十六间，每层楼中均有走道，可以贯通全楼。外墙设有冲角、石炮眼、枪眼，内置土炮、团枪等。天井中挖有一口大井，若有外侵，盗寇则难以近前，防护设施比较严密。主楼前建有上下堂平房，中间有大小厅各一，左右建有厢房四间。厅堂前建有孝子牌坊，上面刻着“孝子之门”四个大字。牌坊前有一口半月池，可供积水、养鱼、洗衣、防火用。大门前有广阔的停车、马坪地，土楼两边有二进横屋，前一进为平房，用作厨房用，后一进为四扇三间的楼房。据说土楼属于田螺形，因而四周的环屋建有水圳保持长流水。土楼的房屋虽大，但孟昭公子孙的播衍很快，有三子三十二孙，四代后就容纳不下了。因孟昭公的裔孙斐章、鸣鸾、则敬都是举人，邑中有人作诗赞曰：“土楼高耸坐南边，三层楼屋土墙坚；孝子牌坊厅前立，举人秀士又贡生；五代联芳荫祖德，读书继美后裔贤，事业繁荣人昌盛，孝友传家莫忘先。”①

在刘氏宗族发展的强盛时期，即康乾之时，族人在湖、广、蜀、赣、浙经商的很多，获利颇丰，每年都挑回大量的银圆，购买田庄，兴建堂屋。上述的大型房屋及其他建筑多是在此时兴建的。村中还有“九墩十八湖”的传说。当时，刘氏有许多出外贸易经商者，若族人到外省本族人开的店铺或家中，能够说明自己的世系或“九墩十八湖”所指，主人便会盛情相待，即使向其借一大笔钱，也会欣然同意。关于“九墩十八湖”具体指什么，今人已说不出。有人说九墩指的是永济桥起到游坊桥石砌的九个破水墩，有的说是指三个寨及高头乾、栏干地等。关于十八湖，有的说是鸭塘下的

① 上杭县中都乡田背村志编纂组编：《田背村志》，1990年手刻印本，第190页。

十八块田，有的说是各处的冲积湖，也有的说是指田的坐落。由于年代久远，“九墩十八湖”的具体所指已无从可考。

四、刘氏强化宗族组织的举措

随着刘氏宗族的发展，科举日兴，经济日益繁荣，宗族的发展进入强盛时期。与此同时，刘氏通过修族谱、建祠堂、建私塾、设立蒸尝田祭祖与奖励读书人等举措，增强了宗族的凝聚力，使宗族组织得到强化、宗族进一步得到发展，逐渐从当日的人少力单之族发展为该乡的望族。

刘氏在元末到田背开基后，经过两个多世纪的发展，不仅人口大增，科举人物也逐渐增加，在明万历年间出了两名举人，宗族的社会地位得到了提高。也就是在这一时期，刘氏有了修谱之举。十一郎公支的首次修谱是在明嘉靖四十年（1561），为十一世中和公修的手抄本族谱。谱载，“越清明三日，合族子弟悉与祭于宗祠之堂”，中和以谱示“齿之最高者”与“合族伯叔兄弟”，“齿之最高者”（殷、齐二翁）叹道：“是书也，将以叙祖明宗，分昭别穆，百世代远，舍此无以寻源究本，此诚仁人孝子之所用心者，我辈尝窃有志焉，而末之逮也，今子为之……”[①] 由此可知，中和公所修的谱为十一郎公支第一本。中和之后，有史可考的是十七世举人斐章公在嘉庆二十五年（1820）组织的第一次樟木版族谱，由莆、琨两人总修。这次修谱有 101 名十一郎后裔捐了款，共捐 987 银圆；同治甲戌年（1874）云阁总修时有 37 人捐了 1 087 银圆；民国辛酉年（1921）由二十代裔孙大猷、则藩等总修时，77 人共捐 675 银圆，这三次续修谱都是樟木版本。在首修的嘉靖四十年（1561）至修第一次樟木版谱的嘉庆二十五年（1820）的 259 年间，是否修过手抄本族谱，谱未记载。笔者以为应该不少于一次，因为这期间，十一郎公支已是文风蔚起。

十郎公支的首次修谱是在万历五年（1577），据其《三修谱序》言“我始祖太十郎公昆仲开基于兹土之根由，观前人之文已详明矣。于族之作在万历五年间，自始居来苏二百余岁之久矣，其支系之传一十余代之远矣”[②] 可知。这次修谱是由十一世贡生希文公完成的。《二修谱序》为十五世临川公所作，作于康熙五十九年（1720）；《三修谱序》为十七世中伦公所作，作于乾隆十七年（1752）；道光四年（1824）十八世兴国公又续修；光绪二年（1876）二十代裔孙和薰公再次续修谱。十郎公支的历代修谱都

① 刘致龙、刘科芬等：《刘氏家谱》，首卷，第 5 页。
② 刘致龙、刘科芬等：《刘氏家谱》，首卷，《十郎公部分》，第 2 页。

不太完整，如首修时“所载录自三世至九世之列宗考妣计一百四十二棺失其葬处，而配妣二十四失其姓氏”，第二次修时“至康熙庚子百有数年而竟未得修续者；以至列宗考妣之失者更胜于前”，至第五次修谱时，和薰公说：“吾族刘氏自始祖十郎公由江右迁居闽杭田背乡，迄今二十有二代，旧有谱而未付梓，然考其情，谱之修也，有三难，非深悉原委，详考靡遗不能；非会同一族协力捐助不能，是以祠坟图式、里居、传记、墓志、耆老、节孝皆多缺略，此不能无待后辈之补入者也。兹幸公蒸尝及诸伯叔兄弟捐助白金，强命和邀一族为之，增传记，加图式，亦可以称大观矣。”从第五次所修的谱较为完整可知，以前所修的谱是缺陷较多的。

尽管十郎公各代的谱修得并不完整，但是在第三次修谱时，即乾隆之时就形成了较为规范的修谱之规。《三修谱序》中言：

然今日由前而观则知前人不行勤修，至有失缺之误。垂后而传，则不知后人修于何代，录于何时。倘后人不体今情，而今人莫能究其后事，不若今之立法，则后人可效……今逢祭祠堂日，呈于众叔伯公议，择司谱者两人，其辛劳之资，老规矩给胙肉，每年春祭日司谱者捧谱安于神台，以享祭仪。祭仪毕至前厅，司谱者执笔，族中叔伯有娶妻媳者会其自报，某氏有生子者报某名，倘有仝（同）前人之名字，令其另取名字。葬坟者或其祖妣或父母报以某处山形，一一报明详记草□。清静时再行订于谱。倘司谱者不行录，或错字样，两谱不相仝（同），即系误工徇私之人，查出罚酒肉，每家一名至饮。谱议三十年重修，族众遵议，永行此规……①

从中可知，到乾隆时，修谱之规已相当规范、详尽。选有专事修谱的“司谱者”两人，并规定了其职责，制定了对未尽到职责的“司谱者”的处罚之法，同时规定了族谱“三十年重修”并且“永行此规”。

十郎、十一郎同时到田背开基，但令人奇怪的是，直到1990年，两支刘氏后裔才相商把两部族谱合修成一部。在过去的漫漫岁月中，一直是各修其谱、各行其是。笔者曾向报告人探究此事，却未果，他们对十郎、十一郎公支历史上是否存在过大矛盾已没有任何印象，也没有任何传说。十郎、十一郎公支的族谱合修本共8本，对历代的修谱序言、传记、图式等均有保留，因而，仍可从中看出刘氏两支古时的发展概况。

刘氏在田背村内建有14座祠堂，其中十郎公支有3座：左宗祠、洪祥

① 刘致龙、刘科芬等：《刘氏家谱》，首卷，《十郎公部分》，第4~5页。

公祠、百五郎公祠；十一郎公支有 11 座：刘氏宗祠、报公祠、广义公祠、海公中心祠、兴甫公祠、淮公祠、良公祠、元镇公祠、元盛公祠、成宗公祠、宗海公祠，其中，刘氏宗祠为十一郎公后裔们各房共有。在上述的 11 座祠堂中，2 座属淮房，4 座属于兴甫房，1 座属于海房，2 座属于清房；而宗海公祠，村民称为“江西佬”房，据说是已迁到江西的刘氏宗叔的祠堂，已废弃多时。刘氏十郎、十一郎公支所建祠堂统计如表 1－10 所示：

表 1－10　刘氏十郎、十一郎公支所建祠堂统计表

祠　堂	所属支系	地　处	创建人	何时建	规　模
刘氏宗祠	十一郎/各房共有	兴市岗上	不详	1813 年	二厅六间
报公祠	十一郎/淮	武庙右侧	惟质公	1700 年	二厅
左宗祠	十郎/万八郎	坑子尾	龙谷公	1600 年	五厅五间
广义公祠	十一郎/兴甫	中心屋	不详	不详	二厅
海公中心祠	十一郎/海	中心屋	不详	不详	三厅
兴甫公祠	十一郎/兴甫	中心屋	不详	不详	三厅
淮公祠	十一郎/淮	下村	不祥	1675 年	五厅五间
良公祠	十一郎/清	下村	不详	不详	二厅
元镇公祠	十一郎/兴甫	赤岭下	不详	1691 年	二厅三间
元盛公祠	十一郎/清	下村	不详	1674 年	一厅二间
成宗公祠	十一郎/兴甫	布坑	不详	不详	一厅二间
宗海公祠	十一郎/不详	背坑	不详	不详	一厅二间
洪祥公祠	十郎/不详	高头乾	不详	不详	已废
百五郎公祠	十郎/万九郎	中寨	不详	不详	一厅二间

据十郎公支谱《宗祠记》言：“余族自明以前，虽有十一郎公共祀，嘉庆辛酉省郡试馆奉祀之祖亦与长（汀）、武（平）各邑宗祖共祀，皆非十郎公一脉之总祠，唯康熙辛酉，在本乡村里建立者，刚遄祀十郎公一脉总祠，其余中心寨、高头乾建造二祠堪与家均，嫌有忌，又未立主。兹只将总祠绘图于后……”由此可知，十郎公支的三座祠堂，事实上只用了一座，其余两座均未立主。在明以前，十郎公支是与十一郎公支合祭祖的，后来不知为何，两支在田背村各祭其祖，各扫其墓。到了康熙年间，惟质公与孟昭公倡议两支刘氏宗叔在上杭城建“思敬堂”，为十郎公、十一郎公两支共有。由于十一郎公支经济状况极佳，在杭城又另建有十一郎公

祠。此外，田背刘氏与迁到长汀、武平的宗叔一起在汀州郡城与福建省城建有祠堂。长汀城中的称为“三邑祠”，又名“汀州试馆”，福州城中的称为“三山试馆”。相传，十一郎公支十七世振京公在福州贸易赚了很多钱，买了栋大官人家的房子，位于今吉庇路段。振京公欲为族人在榕城设一落脚点。50 岁才中举的斐章公想起自己读书应试之艰辛，就向振京公建议改为试馆，以方便族中子弟应试。可屋主认为房子卖得太便宜，吃了亏，不愿搬走，还把其官人的灵柩放于厅中。刘氏遂推举在广东为官的武举人振唐公与文举人斐章公为代表前去说服。斐章公在前一天包了个大红包给妇人，告知她第二天将去拜访。第二天，振唐公在其家厅堂中故意踱起了官步，拜访完后又给了她一个红包运灵柩，妇人既得钱，又见刘氏中有官人不可欺，很快就搬走了。于是，振唐公联合长汀、武平、上杭三地的宗叔共建了三山试馆，仍有余钱，后又在长汀建成三邑祠。从前文可知，这两者都是三地宗叔共有，也是三地宗叔共祀祖宗之地。

祭汀州三邑祠与榕城三山试馆时，参加的都是捐钱建祠、为其祖宗立配享者。据报告人说，正厅配享的出钱多，一年祭一次；而后厅配享的出钱较少，数年一次。同一祖宗的后代按房轮流去祭祖，未出钱者则不得参加。祭杭城的思敬堂时，由各房人派代表参加，每年两祭。其祭祖的状况已无人能忆，唯留下一则春秋两祭的祭文，从中可看出当时祭祠堂的肃穆氛围。祭文曰：

维我始祖，本系陶唐。数传至汉，氏族昭彰。彭城今绪，中垒文章。由晋迨宋，蔓衍弥长。名人杰士，后先相望。枝繁叶茂，散处四方。谱传江右，源流独详。瑞金塘背，实为梓桑。时当元祐，播迁上杭。卜宅田背，嗣分二房。子孙播衍，盛比墨庄。建祠于邑，位应中央。群昭群穆，垒配一堂。追思祖德，万古馨香。共伸爱敬，崇设蒸尝。岁序流易，春露秋霜。吉日维戊，礼典煌煌。衣冠是谨，牲牲是将。伏祈昭格，筵几生光。佑启我后，俾炽俾昌。①

刘氏田背村中的多数祠堂每年有两祭。春祭在清明后五天，当地人称为“祭红谱”。祭祠堂时，添新丁的家庭要把新丁名字、出生时辰报给司谱者，以便其及时修正族谱，当祖父的得为祠堂添一方桌，当父亲的则得添两条长板凳。该家还得准备两斤冬瓜线、两壶酒给族人品尝，并给本房

---

① 上杭县中都乡田背村志编纂组编：《田背村志》，1990 年手刻印本，第 196 页。

每个60岁以上的长者送半斤冬瓜线。秋祭是在农历八月十四日，村民称为“祭蓝谱”。有逝者或有为祖先作二次葬者得报明葬者的姓名，逝之时辰，葬地的位置、山形等。

为促进族中子弟求学入仕，刘氏宗族中设有几所私塾，教育子孙们读书进取。从十郎、十一郎公支所建学堂统计表知，从八世到十七世，田背建有9所私塾，其中6所为十一郎公支所建，3所为十郎公支建。十一郎公支的，有3所属于淮房，2所属于海房，清房与兴甫房无，另一所为十一郎公支各房共有。十郎公支的私塾，2所属于万九郎房，1所属于万八郎房。在这9所私塾中，有2所不知何时建，八世、十三世、十四世、十七世时各建成1所，十五世时建了3所。其中规模最大的为十一郎公支各房共有的宏文馆，有上下厅、3个天井、4个小天井，为三堂出水。后堂有楼房，左右各有一直楼房，名为穿心走马楼。宏文馆共有4个正大厅，12个小厅，8个大房间，14个小房间。宏文馆是从当时出外贸易的商人挑回的大量银圆中抽出厘头作为资金建成的。据说十一郎公支贸易获利的商人很多，不出三年，资金就抽够了。不久就兴建成宏文馆。这些私塾，无疑对刘氏宗族的发展起了重要作用（参见表1－11）。

表1－11　十郎、十一郎公支所建学堂统计表

学　堂	地　处	创建者	何代建	所属支系
龙冈学校	大背头	淮公后代	不详	十一郎/淮
柳齐学校	程树下	元昌公	八世	十一郎/海
耕经别馆	细背头	子最公	十五世	十一郎/淮
书堂	圳背	子符公	十五世	十一郎/淮
学堂	莫斜	上慧公	十四世	十郎/万九郎
学堂	坑子尾	不详	不详	十郎/万九郎
学堂	庐竹坑	质庵公	十三世	十一郎/海
宏文馆	熊家口	肖松公	十五世	十一郎/各房共有
兰芳书屋	左宗祠旁	荣芳公	十七世	十郎/万八郎

在刘氏宗族的发展进程中，尝田的设置、管理与分配是宗族生活中的重要内容。当时，刘氏的田产收入用途主要遵循“三三制”的原则，分家析产时，主要也是按此原则分配。“三三制”是指用于生活用度、祭祀祖

先所用的公尝与办私塾并奖励族中子弟考上秀才、举人等的儒资，这三项大约各占田租收入的三成，另外一成作为其他用度。后两项的田产分别称为公尝、儒资，村中的大部分田地都称为尝田。

十郎与十一郎公两支都设有尝田，·十郎公尝由万九郎双溪、谦溪、丹溪房轮流掌管，收租谷地点在坑子尾兰芳书屋，具体数目不详。十郎公支的双溪、廉溪、丹溪、益、朴、简、养均置有尝田，其中廉、丹房较多。十一郎公支的尝田租谷可收近200斛。十一郎支支第二、三、五、六世均无尝田。四世祖义贤公有尝田46处，共177秤2分9厘，可收早冬租谷277斛1斗2合5勺。兴甫、海、清、淮各房以及元昌、元锦、元富、一扩、二极、孟昭、振于公等均置有尝田。其中二极公、孟昭公较多，二极公置有永定洪山庄，孟昭公置有本县庐丰庄田。

为了进一步了解传统时代刘氏宗族的尝田设置、管理与分家时的财产分配状况，有必要把朝辅公家分家时的田产处置情况在此一叙。朝辅公名君，为十郎公支十五世祖，娶妻熊氏，生有二子。朝辅公“年未四十而中道崩殂”，当时，其长子敦远年仅15岁，次子敷远仅8岁。朝辅公死后，财产掌握在熊氏手中。十几年后，敷远不幸夭亡，留下妻子与女儿。熊氏已年近60，精力衰退，敦远担心有欺寡女之嫌，不敢独自料理家事。于是，乾隆四十年（1775），熊氏把财产分作两份给两个儿子，一为乾字号；一为坤字号。现存有《朝辅公分阄本》载其事。

朝辅公的祖父遗业及父母续置田产共有380多秤，在兄弟分家时，作出如下分配：“内摘出五十七秤半，租谷八十八斛二斗二升为乾字，一阄；又摘出六十五秤，租谷八十斛六斗五升半为坤字，一阄，均匀凭阄拈受。又抽出九十四秤为余夫妇蒸尝，余归世后，二房轮流收租，以供祭祀之需。又抽出七十五秤七分半为儒资，以励后人之力学，今则属余管业，日后照本额分收。又余未分田七十九秤内拨以昭长房功名摘□田七秤，又家子抽长塘子□田二秤，黄沙田六秤，又拨以嫡孙田四秤，又拨以嫡曾孙三秤，又拨以两房娶媳妇田各五秤。除拨外，另将未分田四十七秤，租收一百四十四斛半零□斗九升属余管业，供余往来酬□日夕费用。□□□□之资，俟百年诸事毕后，许汝两房子孙搭配均匀，分而受之，念之哉。尔□男妇各宜克勤克俭，勿负前人创业艰难之意，以慰尔祖尔父在天之灵。”① 从中可知，蒸尝田为朝辅公夫妇所设置，共有94秤，由于朝辅公已归世，而其妻熊氏尚在世，此田由熊氏掌管。熊氏归世后，由二房轮流收租谷，

① 田背刘氏：《朝辅公分阄本》，1776年，第2~4页。

租谷用于祭祀所需的各项开支。分家后，儒资田仍然掌握在熊氏手中，熊氏归世后，该田由二房均分。熊氏除掌握了蒸尝田与儒资田外，还掌握了未分田 79 秤中的 47 秤，可收租谷 144 斛多，此笔收入仅是供她往来应酬人情及日常开支用。熊氏在其夫死后，成为家族中最年长者，掌握了家族中最重要的田产权。这说明，清朝田背这一客家聚落的家长制仍然根深蒂固；与此同时，熊氏掌管一家财产也说明“出嫁从夫，夫死从子”等传统时代对女子的束缚是因地因人而异的。此外，在 79 秤未分田中，抽出田 4 秤给嫡孙，3 秤给嫡曾孙，还各拨给两房娶媳妇田 5 秤，生孙子可享受奖田的殊荣，孙女则无，说明重男轻女思想的浓厚。

根据《朝辅公分阄本》所载的田产分配，乾字号分得的田产主要有三项，一一统计制成“朝辅公乾字号所分田产统计表”。从表中可知，乾字号分到的三项田产是：一为用作生活用度的田有 8 处，共 57 秤 5 分，可收早租谷 57 斛、冬租谷 32 斛 2 斗 2 升 5 合；二为蒸尝田，有 14 处，共 94 秤，可收早租谷 109 斛 3 斗 1 升、冬租谷 74 斛 4 斗 6 升；三为儒资田，有 11 处，共 75 秤 7 分 5 厘，可收早租谷 84 斛 9 升、冬租谷 52 斛 9 升。事实上，从前文可知，蒸尝田与儒资田为乾字号和坤字号两房共同所有，分家后，仍掌握在其母熊氏手中（见表 1 – 12）。

表 1 – 12　朝辅公乾字号所分田产统计表

项　目	地　处	田　税	早租谷	冬租谷
田岸	井子湖	10 秤	9 斛	9 斛
田岸	羊子丘	15 秤	15 斛	7 斛 1 斗 5 升
田岸	大塘面上	2 秤	2 斛	1 斛
田岸	井面上石井下	2 秤 5 分	2 斛 5 斗	1 斛 7 升 5 合
田岸	祭下舡坑里、大片里	9 秤	9 斛	4 斛
田岸	盐水湖庵背	5 秤	5 斛	2 斛 5 斗
田岸	六十地背	8 秤	8 斛	4 斛
田岸	东衙神田	6 秤	6 斛	3 斛
小　计	8 处	57 秤 5 分	57 斛	32 斛 2 斗 2 升 5 合
蒸尝田	高头乾	5 秤	6 斛 5 升	6 斛 2 升 5 合
蒸尝田	下砂	10 秤	16 斛	14 斛
蒸尝田	圆墩子岗	3 秤 5 分	4 斛 2 升	2 斛 1 斗 6 升 5 合
蒸尝田	长岭下岗背	5 秤	5 斛	2 斛 1 斗 6 升

（续上表）

项　目	地　处	田　税	早租谷	冬租谷
蒸尝田	碓背	1 秤 5 分	1 斛 2 斗	1 斛 5 斗 6 升
蒸尝田	长岭下	16 秤	18 斛	14 斛
蒸尝田	河原坑伯公岭下	10 秤	12 斛	6 斛
蒸尝田	浒坊段田	3 秤	3 斛	1 斛 5 斗
蒸尝田	穆畲朱家祖堂门前	5 秤	5 斛	2 斛 5 斗
蒸尝田	河原坑鱼子湖	20 秤	23 斛	12 斛
蒸尝田	河原坑石头丘	1 秤	1 斛	5 斗
蒸尝田	高枧坑	5 秤	5 斛 5 斗	3 斛 2 升 5 合
蒸尝田	河原坑寨脚下	3 秤	3 斛	1 斛
蒸尝田	河原坑塘召里	6 秤	6 斛 4 升	6 斛 2 升 5 合
小　计	14 处	94 秤	109 斛 3 斗 1 升	74 斛 4 斗 6 升
儒资田	下桥子头	4 秤	5 斛 5 升	3 斛 5 斗 2 升
儒资田	王地乾坑	5 秤	4 斛 5 斗	2 斛 2 斗
儒资田	大神下	10 秤	11 斛	8 斛 7 升 5 合
儒资田	塘子坑	7 秤	8 斛 5 斗	5 斛 2 斗 5 合
儒资田	下桥子头	2 秤 2 分 5 厘	3 斛 5 斗 6 升	2 斛 1 斗 3 升 5 合
儒资田	长岭下黄坑里	13 秤	14 斛 2 升	7 斛 5 斗
儒资田	猴孙扼	3 秤	3 斛	1 斛 5 斗
儒资田	乌丘塘	8 秤	9 斛 2 斗 3 升	6 斛 1 斗 7 升
儒资田	高头乾塘	2 秤 5 分	1 斛 5 斗	2 斛 2 升 5 合
儒资田	张坊山下隔子里	6 秤	6 斛	3 斛
儒资田	小鱼塘	15 秤	15 斛 2 斗 3 升	8 斛 2 斗 6 升
小　计	11 处	75 秤 7 分 5 厘	84 斛 9 升	52 斛 9 升
总　计	33 处	227 秤 2 分 5 厘	250 斛 4 斗	159 斛 2 斗 7 升 5 合

在《朝辅公分阄本》中记载了熊氏的一段话："儒资之设，原为勉励后裔读书点油灯之费，凡嗣孙能立志上进者赠其笔、墨、纸、砚，县府及乡会试盘费之用，□□□例衣巾之资也。所议规条开载于后：不论文武童生，应县试给盘费三百文，府试六百文，省试八百文。议补禀生者，初年内摘花红钱一千文。恩授岁副者，初年内摘花红钱二千文，以后不得与生

员均分。其进京考授，内摘早冬干谷十斛为赠费之意。举人者，除给生童盘费之外，赠其尽收二年，以后不得与生员均分。生若会试，将儒资内摘出早冬干谷十斛为路费之资。进士者，除给生童盘费之外，赠其尽收三年，以后不得与生员均分。□员应科试者，内摘给盘费一千文。恩授岁副生监应部试者，给盘费钱一千六百文。"[①] 这段话说明了儒资的用途，并详细规定了家族对不同级别的读书人的奖励，反映出刘氏对教育的重视。同时表明，到乾隆年间，刘氏宗族的宗族组织已相当完善。

五、墟市与婚姻网络

据民国《上杭县志》记载："宫前，有集场，今废。"由此可见，在民国以前，中都的墟市设在宫前街。宫前在离田背6里远的宫前自然村，隶属于亲睦村，地处中都溪旁边。在中都到上杭的公路未开通之前，宫前街是整个中都人沿中都溪从汀江航道向外的必经之路，所以会在此处设贸易点。宫前街废后，墟市便迁到今镇政府所在地，饶坊村、瑞香村与田背村的交界处，以农历逢初二、初七为墟期。当时，建此墟的田地有相当一部分是田背刘氏的。田背与墟市距离的缩短使刘氏经商人数增加，经济得到进一步的发展。

除中都墟外，周围的几个墟场也是田背人经常往来的贸易地点。如离田背12里的下都墟，墟期为农历每旬逢初一、初六；离田背10里的军营墟，墟期为农历逢初三、初八；距田背30里的庐丰墟，墟期为农历逢初四、初九；距田背25里的武平县象洞墟与离田背40里的永定县洪山墟，墟期均为农历逢初五、初十；距田背60里的广东蕉岭县松源墟，墟期则为农历逢初三、初六、初九。它们的墟期互相错开，为经商者前往贸易提供了有利条件。并且各墟距离田背均在60里范围内，商人们可以在一天内往返。

刘氏一族中经商者不少，尤其在清康熙之时，到外省去行商的人数最多，有的还创下大业。如上文提到的十三世惟质公、十四世孟昭公等。当然，更多的则是在中都、庐丰、象洞、洪山、松源等墟上开店铺，卖些锅、碗、铁、煤油等生活必需品；或卖油、盐、醋、味精、酒及糖果等副食品；或从事服务业，卖米粉、蒸糕、包子等小食品，碰到大主顾，也为他们炒菜热酒。这些开设店铺的商人往往住在店中，有的不管是否逢墟期都有营业，遇到生意好时，还会请一两个人帮忙；也有的商贩缺乏资金开

① 田背刘氏：《朝辅公分阄本》，1776年，第31～32页。

店，靠平日挑担走村过户叫卖，墟日挑到墟上摆个小摊，以养家糊口；有的村民只是偶尔把自家种的农作物或养的家禽拿到墟上去卖，卖点小钱换些日用品，这种人把赶墟看作散心，在田里劳作久了，到墟上热闹热闹。若遇到亲友，可谈谈心，他们也只是赴本地的墟市。

上文曾述，田背处于独特的地理位置上，从中都到上杭县城、武平象洞的南北、东西两条大道在村中心交叉成十字路口。北可到杭城以远，南可到中都墟、下都墟、广东等地，西到苋塘、象洞等地。由于地处交通要道，来往的商人、旅客特别多，这一十字路口便逐渐成了“码头街”。在刘氏第五、六世时，它还只是十郎、十一郎昆仲的分居地点，西北向水源的上屋乡为十郎公支居住，东南为十一郎公支居住的下屋乡。到了明万历年间，刘氏后裔将原旧寨背靖戍侯王神位迁到这里，称为龟蛇相会，四时享祭。各种会期均在神坛前举行，码头上成为村民活动的中心。随着清朝商品经济的发展，商旅人数增多，刘氏各房便商议分地，在此建了几间店面，经营副食、小吃及生活用品等，并建了凉亭，设了茶会，供行人歇息之用。民国期间，还做油烛、豆腐等加工业，以及修钟表、饮食等服务业。这既方便了行人，又增加了宗族的收入，同时也增加了宗族对外交流的机会。

刘氏除了通过墟市与码头街对外交往外，还有一张很大的通婚网络。与不同姓氏的宗族通婚，进一步加强了对外联系。据对刘氏一至二十世娶入姓氏的统计，刘氏娶入的女子姓氏有125个姓，共5 886例，这样的通婚圈是十分广阔的（见表1－13）。

根据统计，刘氏经常通婚的姓氏是梁、赖、丘、朱、蓝、黄、吴、张、何、钟、温、李、郑、饶、邓、陈、叶、余、曾、罗、周、林、薛、王、郭、杨、谢、曹28姓，通婚例次均在50例以上。通婚例次在50例以下，10例以上的有杜、傅、庐、廖、马、池、包、徐、魏、江、练、丁、雷、袁、冯、邹、康、胡、萧、吕、高、彭、石23姓。通婚例次不到10例的有聂、乔、典、许、艾、章、严、古、骆、韩、江、钱、蔡、龚、孔、涂、华、宫、莫、姚、蒙、汤、霄、熊、潘、沈、游、阙、夏、凌、汪、伍、巫、侯、将、户、戴、任、甘、庄、陆、孙、毛、卜、童、倪、葛、董、段、田、詹51姓。另外，舒、秦、岳、元、万、程、谭、金、方、荣、贺、融、巴、赵、广、孟、洛、简、贾、申、庞、苗、柳23姓只有一例。少于10例的姓氏大多数不在本乡，而在附近的象洞、松源、洪山、庐丰等地。据笔者统计，这些少于10例的姓氏几乎都是在十二世以后才陆续出现，并在十六、十七、十八世出现得最多，这显然与刘氏宗族的发展、繁荣有着密切关系。刘氏从十二世起，科举人物逐渐增多，宗族逐渐走上强盛之路，十六、十七、十八世正是刘氏宗族的鼎盛阶段，科举入仕人数最多，宗族中出外贸易行商的人数也相应增多，许多罕见姓氏的女子应该就是此时由刘氏出外做官、经商的男子娶回的。

表 1－13　刘氏主要通婚姓氏例次统计表

（单位：例次）

世代	姓氏													
	梁	赖	丘	朱	蓝	黄	吴	张	何	钟	温	李	郑	饶
一	1													
二		1												
三			1											
四		1		1	1									
五				2		1	1			1				
六	1	1	2	3	1			2	1					
七	2	2		3	2			2	1			3	3	2
八	1	2	7	6	1	1	1	5	6	2		3	3	2
九		6	13	7	1		2	9	16	11	3	7	3	
十		2	35	3		1		5	34	14	3	17	7	2
十一	2	8	51	10	1	2	4	8	20	18	5	13	9	2
十二	1	4	47	4	4	9	2	19	12	11	5	14	13	2
十三	9	6	43	7	6	8	1	20	12	14	13	32	11	2
十四	5	11	53	9	18	13	4	18	41	17	6	17	14	12
十五	6	9	70	9	19	16	8	25	54	26	12	30	13	8
十六	3	17	128	20	15	19	5	23	61	52	10	43	16	9
十七	8	25	187	30	24	22	19	24	70	62	9	57	20	2
十八	10	21	248	34	38	21	16	52	81	62	17	81	27	10
十九	5	21	323	17	49	15	11	44	83	70	10	76	15	13
二十	2	12	274	15	36	14	10	46	83	40	13	52	18	2
合计	56	149	1 482	180	216	142	84	302	575	400	106	445	172	68

（续上表）

世代	姓氏													
	邓	陈	叶	余	曾	罗	周	林	薛	王	郭	杨	谢	曹
一											1			
二														
三														
四														
五					1									
六						1						1		
七	1	2			1	1				1			2	
八	1	3	3	1	1			1						
九	5	3	2		1			1						
十	1	3	5	1		5	2	7	2	1	3	1		
十一	6	6	3	1	2	9		1	2		3	3	2	
十二	7	14	3	1	3	9	4	2	1	2	6	3	1	1
十三	10	11	15	2	4	10	6	11	3	2	18	7	2	1
十四	8	11	4	2	5	7	9	12		2	21	2	5	1
十五	12	16	7	14	6	12	4	6	2	8	17	5	3	3
十六	15	21	6	12	3	14	9	11	3	6	19	4	1	3
十七	18	33	10	16	7	21	14	11	7	14	21	12	11	6
十八	36	19	11	33	14	19	12	28	12	17	29	10	10	9
十九	33	24	12	22	12	16	12	24	15	14	40	8	15	12
二十	40	29	7	16	13	16	13	18	4	17	26	4	5	19
合计	193	195	88	121	73	140	85	133	51	84	204	60	57	55

分析表 1－13 中与刘氏通婚较频繁的 28 个姓可发现，在八世以前，刘氏的通婚例次较少，尤其是在五世前。从九世开始通婚例次逐渐增多，从十二世起，增加速度加快，在十六、十七、十八世通婚例次最多。这与刘氏宗族发展的进程、人口的变化是基本一致的，宗族越是在强盛阶段，人口发展愈快，通婚例次也就越多。

这 28 个姓，多数是分布在田背村附近的大姓。从表 1－13 可看出，与刘氏通婚例次最多的是丘姓，高达 1 482 例。丘氏是中都第一大姓，也是距离田背最近的姓氏，与田背相邻的亲睦、饶坊、由安、陈和及相距不远的睦林、前丰、复兴、都康村都是丘氏的居住地。此外，下都乡距离田背15至40里不等的吉安、黄坑、豪坑等村也有丘姓的分布。与刘氏通婚例次居第二位的是何姓，有575例。何姓也是中都的大姓之一，主要分布在罗溪与蛟腾，前者与田背相邻，后者离田背亦不过4至7里。居第三位的是李姓，与刘氏通婚例次达445例。李姓主要分布在上都军联、富坊与下都新寨村，前两者离田背不超过15里，后者离田背约25里。与刘氏通婚例次居第四、第五位的依次是钟、张姓，分别为400例与302例。钟姓分布在附近的古坊、前丰、瑞香、陈和村，其中，陈和与田背相邻，古坊、瑞香、前丰亦不过离田背5到7里。张姓则分布在古坊、都康与下都乡保安、向阳村。后两者距田背约45里。上述五姓都是旧时中都的大姓。与刘氏通婚例次达50例以上的其余各姓几乎也都分布在田背周围的50里范围内（参见表1-14）。这种距离，在交通十分落后的封建社会中，靠步行是可以一天往返的。

表1-14　刘氏主要通婚姓氏的居住分布表

姓氏	居住地分布	所辖乡镇	距离田背（里）
梁	长池	中都	10
赖	古坊、都康村、五丰村大黄坊	中都、下都	6~12、40
丘	亲睦、睦林、饶坊、前丰、陈和、复兴、都康、黄坑、豪坑、吉安	中都、下都	2~12、15~40
朱	陈和	中都	邻村
蓝	仙村蓝屋、复兴	中都	10~12
黄	新坊	中都	8
吴	古坊	中都	6
张	古坊、都康、向阳、保安	中都、下都	6~10、45
何	蛟腾、罗溪	中都	邻村、4~7
钟	古坊、前丰、瑞香、陈和	中都	邻村、5~7
温	古坊	中都	7
李	军联、富坊、新寨	上都、下都	15、25
郑	新坊、黄店、砂睦	中都、下都	6~10、30
饶	饶坊、黄店	中都	邻村、7
邓	仙村	中都	10
陈	罗溪、复溪、新寨	中都、下都	2~5、18
叶	古坊、都康	中都	6~10

（续上表）

姓氏	居住地分布	所辖乡镇	距离田背（里）
余	朱堡	官庄乡	100
曾	新寨	下都	18
罗	罗溪、五丰	中都、下都	邻村、25
周	五丰村黄山	下都	25
林	新坊	中都	8
薛	豪坑、新寨	下都	18～30
王	陈和	中都	邻村
郭	永联	中都	15
杨	军联	中都	25
谢	永联	中都	15
曹	蛟腾、永联	中都	邻村、40

结合田背刘氏的通婚姓氏表与姓氏居住地分布，不难发现，影响刘氏通婚圈的最大因素是距离。与刘氏联姻例次较多的姓氏几乎都是分布在田背周围。该姓氏的宗族越大，人口愈多，且距田背愈近，刘氏与之通婚的例次也就愈多。在人口相差不远的两个宗族中，无疑，离田背愈近的宗族，刘氏从中娶入的女子就愈多。同时，交通条件也是影响这个宗族通婚的因素之一，比如余姓，若以距离算，其居住地离田背有100多里，一般不可能与刘氏频频通婚，但因它地处汀江边上，当时汀江的航运业较发达，坐船沿汀江顺流而下，到中都所花的时间并不长，这种便利的交通条件把刘、余两宗族联系在一起。

此外，经济也是影响通婚的因素之一。上述28姓中，王、温两姓都是中都附近罕见的姓氏。据笔者2013年对古坊村五显宫内碑刻的整理，古坊村清朝时就有温姓的存在，但至多数户而已，不可能与刘氏通婚例次高达106例。在陈和村有王姓，但人数亦很少。查中都以外的姓后得知，在广东松源有为数不少的王姓，温姓则在上杭半境、蓝溪、永定等地有。古时，乡与乡之间有山间小路相通，以这种距离算，上述地点有的距离田背不超过60里。再查阅刘氏族谱得知，该宗族中许多经贸易发家创成大业者均在外县、乡置有尝田，如二极公置有永定洪山庄，刘氏十四世孟昭公“贸易齐楚”后归乡置有庐丰庄田，名为“谦益庄”。九世双溪公“壮年勤贾，再创大业”后置了长汀庄，刘氏与王、温两姓通婚例次多的原因显然与村中富贾在上述地方购置田庄有关。此外，蓝姓亦与之类似。蓝姓在中都仙村蓝屋与复兴村均有分布，但人数均不多，不可能与刘氏通婚例次多达216例。孟昭公置庄田的所在地庐丰则是蓝姓畲族的聚居地，庐丰乡与中都相邻。从中可看出，刘氏宗族通过婚姻与不同姓氏的宗族联系与交往是随着宗族的对外发展向外延伸的。

刘氏通过墟市贸易及与不同姓氏联姻，形成刘氏的经济和通婚圈。这两者往往结合在一起，刘氏的经济圈扩展到哪儿，其通婚圈也扩展到那里。刘氏与王、温、蓝姓的通婚可明显看出这一点。另外，刘氏十二世后与许多当地罕见的姓氏联姻，有相当部分是刘氏族中子弟到外地贸易的结果。

六、村邻关系

田背的东、南、西、北方向，依次与由安、亲睦、饶坊、罗溪、新坊、象洞、陈和村相邻。由安、亲睦、饶坊主要是丘姓的居住地，罗溪住有陈、何姓，新坊主要是郑姓居住地，陈和则住有王、朱、丘、钟等姓。刘氏与居住在这些村落中的各个姓氏之间的频繁通婚说明了田背与上述村落的村邻关系较好。但是历史上也存在过一些矛盾，这种摩擦主要是因争土地、水源等引起的。今天，以往的争斗已经消逝无踪，唯有从村志记载与老人们茶余饭后的谈资中还能了解到历史上陈旧的此页。

据1990年修的《田背村志》记载："清同治三年（1864），在上都大屋场因扫墓停轿歇马地争执纠纷，引起械斗，造成流血事件，诉成官府，致十一郎公蒸尝田卖尽，后经县典史马云翔调处，得以和解，并刻有石碑立于井湖亭中，以志其事。"[①]大屋场是本镇永联村的一个自然村，位于汀江河畔，住着李氏宗族，距离田背约30里，十一郎公支一世祖十一郎公就葬在此地。每年春天，十一郎公的裔孙都要浩浩荡荡地前去祭祖。上坟时，得穿过大屋场李氏居住地的小巷，刘氏的轿、马等行当就放在其居住地旁。因为年年如此，该地就约定而成了刘氏的轿马地。某年春天，大屋场李氏"出痘"者特别多，出痘者忌吹风受凉，只能静静待在房子里，而刘氏祭祖时震天的鞭炮声接连不断，十分喧闹，常吸引众多村民前去观看。族中老人便出面跟刘氏相商，希望刘氏今年不要放鞭炮。刘氏中的年轻人认为本族祭一世祖，年年鞭炮不断，今年也不能例外，于是，依旧放个没完。李氏很气愤，故意在刘氏要经过的巷子两边晾晒了许多妇人穿的

① 上杭县中都乡田背村志编纂组：《田背村志》，1990年手刻印本，第18页。

衣服。在当地人的观念中，妇女的衣物，尤其是内衣是不能轻易晾到外面的，见者会晦气。刘氏族人见了很生气，边在巷子里走，边把鞭炮放得更密集，还踩坏了路旁的一些东西，两姓的矛盾由此引起。第二年，李氏知道刘氏又要来祭祖了，就故意在刘氏放轿马的秧田里泼了许多粪便，给秧苗施肥，弄得臭气熏天，还对刘氏说，歇马的地方属于李氏，刘氏要放轿马须征得李氏的同意。刘氏认为祖宗世世代代沿袭下来都是在此地放轿马，没什么可说的，两姓因此大打出手，造成一起恶性流血事件。这次械斗十分严重，两族无法私了，只好通过官府解决，庞大的诉讼费用使得刘氏宗族不堪重负，最后把置买的十一郎公蒸尝田也卖光了。以当时村民的观念，卖祖宗的田、屋产业是十分不孝的行为，若非不得已是不会卖的。后经过官府的处理，两族得以和好，对后来的交往也未形成大的障碍。但是，刘氏宗族的经济状况却因此受到了影响，这对当时经济正走向下坡路的刘氏宗族而言，无疑是一“重创”。

《田背村志》还载：“民国十一年（1922）正月，因与饶坊争中都墟上刘十一郎总祠后面的架子地租事件，引起刘、丘两姓纠纷，请武平小兰、桃地、松山下；长汀坪头；永定洪山、石杰、看龙坪；梅县松源桥背以及下都禾石迳等刘姓梓叔驻村准备参加械斗，后经县知事马一尘调处和解。但各公尝共花去费用值稻谷三百担（折重近 4 万斤）。”①

据报告人回忆，这一事件的经过是这样的：民国十一年，中都集场从宫前街迁到今镇政府所在地。位于集市中的中都医院后面的一片地是用于十一郎后裔的山林地开辟的，集市旁住的饶坊村丘氏有不少人在此地竖起柱子，架起木架，逢墟日摆摊做生意。有刘氏族人因此向丘氏收地租，起初，丘氏以其非保长不给，经不起刘氏反复磨缠便把租钱付了。事后，保长等人又去收租钱，丘氏坚持已付，不能再给，保长等人坚持要其再交，并把责任推到丘氏身上，笑其傻帽儿，不看清对象就付钱，导致部分丘氏心中不悦。不久，田背刘氏十一郎公后裔中有户人家做百岁冥寿请酒。酒过三巡，客人们微有醉意，谈峰渐起，又论起此事，越说越气，几个好事的年轻人就带着酒意冲到墟上把丘氏的柱子与木架拆掉了。丘氏中便有人传言刘氏做好了准备要械斗，要求族人共同联合起来操练。田背刘氏知道后，深恐丘氏人多势众，本族会在争斗中败北，就把武平、永定、长汀、梅县等地的刘氏梓叔请来驻于村中准备协助械斗。为招待众多远道而来的梓叔，村中家家客人住满，以致人人忙碌不停。男子们磨刀操棍习练，女

① 上杭县中都乡田背村志编纂组编：《田背村志》，1990 年手刻印本，第 19 页。

子们酿酒舂米做菜招待来客，气氛十分紧张。巨大的开支再一次逼迫十一郎公后裔卖蒸尝田。此次纠纷后来虽得到县知事的调解，但各公尝花去费用颇多，值稻谷 4 万斤，使十一郎公支的蒸尝田消失殆尽。而且在丘、刘两姓的关系中留下阴影，两姓差点发誓不通婚。

到了 1951 年冬，饶坊村丘氏未与田背村协商，擅自将村头拦水的黄土陂往上移到田背水口宫后，并修筑石陂，还将村周围作为田背村屏障的十余株古松砍掉，又引起了纠纷。经中共来苏区委书记吴赠美、区公所副所长吴云调停，将石陂移到永济桥以下的溪面建筑，水口宫以下的溪堤及永济桥的安全得到了保障。1969 年的春天，饶坊村干部再一次未经协商将黄土陂移至水口宫后加高水位，使田背刘氏气愤不已，准备狠狠加以惩罚。这惊动了县革命委员会，革命委员会为两族进行调解，让两村干部立了约，签下字据，遂两姓相安。

七、神明信仰

田背是个典型的信仰多神的村落，村里安有佛、道教的多座神明，村中大的庙宇有两座，一为水口的云霄阁；一为村中的武庙。民国时，村中还兴起了天主教。当时，上杭县天主教一姓邓的传教士到了田背，在桥下建了座传教的礼拜堂。村民们四季燃香不断，不仅拜佛、道教神明，就连村中各处的土地神，溪边的水神，山岭上的山神也要敬香。有的甚至在自己的田地旁安了皿伯公之神位，祈保田地丰收。

云霄阁是田背的古建筑之一，首次建于明朝嘉靖年间，当时用泥墙筑了两层，因地处田背的水口，俗称水口宫。到了乾隆年间，由于刘氏经济十分繁荣，在原来泥墙的基础上又用人圆木建了几层，成为今日下两层为泥墙、上五层为木质结构的塔状建筑，又名“罗星塔”。由于年湮日久，云霄阁曾修过几次，有史可证的有“道光三年（1823）三修”[乐捐碑立于道光四年（1824）]、1964 年四修、1984—1988 年五修（碑立于 1991 年）。1985 年，它被列为县级文物保护单位。

云霄阁内有大小殿厅 9 个，房间 6 间。前面是一大片稻田，后面为古老的石拱桥——永济桥。左边溪水淙淙，（上）杭（中）都公路从右边绕过，周围十几棵古木郁郁葱葱，晨烟暮霭常常萦绕其间。更为奇妙的是，从四周看云霄阁呈典型的“斜塔”状，因而，稍有文化的人都称其“小比萨斜塔”。据说，由于庙内众神灵验，昔日善男信女不断，香火不熄。登上最顶层，可以通过窗户饱览四周景色，村中全貌尽收眼底。村中有人以诗赞曰：“田背罗星八角宫，千年古迹夺天工。三春佳气舒清景，四面阳光可通风。善男信女多求福，骚客行人玩寺中。清凉避暑云霄阁，别一洞天乐无穷。”

云霄阁外一侧有围墙，东西各安有一门，塔内不仅安有众多的神明，还珍藏有许多古人作的对联。阁门前写着：“佛地有尘风自扫，禅门无锁月自关。”进二门可看到屏柱上一联：“黄鹤归来，带得松花香丈室；白云飞去，放开明月照禅心。”第一层前厅安有李夫人、陈夫人、林夫人三座神像与陈海青像。后厅为一大殿，殿柱上有“慈悲为怀，损人利己莫为；积德行善，好事不妨多行”一联。殿堂上安有两列神像，前一列为三仙师，即黄十三郎、黄七郎、幸八郎像。黄七郎左手端着敕令牌，右手拿着牛鞭；幸八郎左手端着一茶杯状物，右手持宝剑；黄十三郎则左手举着牛角，右手拿一小捆鞭炮状物。后一列则安有两座财神像，左边一座面貌清秀，戴着官帽，右手拿着宝珠，为古代文官貌；右边一座骑着虎，右手拿元宝，左手挥剑高过头顶，大眼睛，浓黑的短须，为古代武将貌，这两座神像下端均刻着“财神”二字。殿堂的左方为一小神坛，写着“大法师神像位”，此大法师为何许人，村民们都说不出。一层的左偏殿立有五谷大仙像，身上披着绿叶状裙，左手拿一牌子，正面写“雨顺”二字，反面写“风调”二字，右手拿着一枝长长的谷穗。一层右偏殿为一招待来客的厅堂。云霄阁第二层为观音堂，立有观音、招娣哥哥（即吉祥哥哥）及其他神像，旁边立有一面大鼓。神像两侧写有一副对联，右联为“观音堂前银灯盏盏，映照慈悲佛面”，左联为“云霄阁内钟鼓阵阵，伴随木鱼经岚”。神像后面的屏风柱子上又书一联：“清源山，紫金山，不如此处神灵救灾更快；禅林寺，义合寺，总是共个菩萨求福在诚。”第三层为祖师殿，安有北帝祖师神像，端坐着，长胡须，手按膝上，左脚踏蛇，右脚踩在龟上，身上则盖着长至膝盖的红布。殿堂的屏风柱子上刻着“佛是佛，本无言，信者信，疑者疑，从心所欲；善天堂，恶地狱，修者修，省者省，任君自由”。第四层为天后殿，屏风上画有天后像。第五层画有魁星的神像，魁星踩在龟上，右手高高举笔于头顶，左手端砚，右眼大，左眼小。旁边放一拆毁的屏风，屏风上画有魁星像，像的两侧书一联：“文光直射斗牛虚，魁星珠笔万卷书。”云霄阁的第六、七层为塔尖，未设殿堂。

云霄阁是田背的水口宫，刘氏最初在此建宫的目的是要保住全村的好风水不外流，庇佑全村风调雨顺、五谷丰登，人民安居乐业，宫中的各个神明都是作为村落的保护神而升殿进堂的。由于该宫地理位置独特，刚好坐落在中都到上杭的大路旁，加上它外观别致，相传所求的签也十分灵验，所以信徒日增，香火日盛。宫内的数块碑刻也反映了这种变化。根据道光四年（1824）所立的重修罗星宫乐捐碑、道光十年（1830）的信女捐助碑、1991年的雕佛乐捐碑、1998年重修云霄阁乐捐碑四块碑刻的记载，把乐捐姓氏与乐捐数目整理成下表，以表明这种变化。

表1-15　云霄阁捐款姓氏与数目统计表

碑刻名称	立碑时间	捐款姓氏	捐款人数（人）	捐款数目
重修罗星宫乐捐碑	道光四年	刘	97	567银圆
信女捐助碑	道光十年	丘、何、黄、张、陈、罗、赖	42	42银圆
云霄阁雕佛乐捐碑	1991	刘、丘、陈、张、郭、何、邓、蓝、游、赖、朱、李、曾、丁、钟、尚、石、潘、薛、郑、傅、吴	106	1 098元
重修云霄阁乐捐碑	1998	刘、邓、丘、陈、张、郭、何、蓝、游、赖、朱、李、曾、丁、钟、尚、石、潘、薛、郑、傅、吴、温、王、叶、冯、池、罗、饶、梁、谢、黄、彭、汤、范	622	1 192元

在道光四年（1824）的捐款中，捐助姓氏只有刘姓，97人捐了567银圆。道光十年（1830）的捐款人几乎都是女子，以“×××之媳×氏”的方式刻写于碑上，碑上的姓名都是其丈夫的，女子只载有姓氏，表中所列的姓乃按其丈夫的姓统计，从表中不难发现，这些姓氏都是刘氏与之经常通婚的姓氏，因而捐款的女子可能都是刘氏的姻亲们。这反映出云霄阁信仰圈的一种变化，由单一的刘氏宗族向其平常联系较多且地缘较近的亲戚扩散。到新中国成立后，其祭祀圈又扩大了许多。1991年的捐款中，有刘、丘、陈、张、郭、何、邓、蓝、游、赖、朱、李、曾、丁、钟、尚、石、潘、薛、郑、傅、吴共22个姓，106人捐了1 098元。从碑刻中可看出，信仰的范围已扩大到罗溪、蛟腾、古坊、新坊、瑞香、古睦、饶坊、亲睦、丰坑、陈和10村以及下都的新寨、五丰两村，成了全乡共同祭拜的宫庙，而且有少数外乡的信奉者。到了1998年，参捐的姓氏又多了温、王、叶、冯、池、罗、饶、梁、谢、黄、彭、汤、范13个姓，共35个姓，捐款人数增到622人，扩散的范围更大了。

武庙建在报功祠旁，又称关帝庙。据说，族人认为溪水直出，缺乏保障，“天事不足”，应以“人事补之”。1676年，十郎公支十一世刘吉初捐田2秤，十三世刘和一捐田10秤，在溪口筑了一横堤，并建成一庙。该庙建筑为上下二厅堂及一左厢房，庙内墙壁用朱砂、粉红及白色纸浆灰粉刷，外墙则用朱砂、粉红纸浆灰刷之。庙内供奉有关圣帝君和关平、周仓两将。村民认为关云长与刘备、张飞“桃园三结义”，对义兄刘备精忠不渝，辅助刘备建功立业，讨魏伐吴，身经百战，立下了不朽功勋，在此处建武庙奉关帝，不仅可以保佑刘氏子孙，有利于全村风水，而且可以教育后人学习他的忠义精神。

关帝庙的大门上书“浩气溢乾坤，忠心昭日月”，里面的对联与壁画大致反映了关帝与刘氏的渊源以及村民供奉关帝的原因。踏进大门，下厅柱上写着“三人三姓三兄弟，一龙一虎一圣贤”。墙上画着1米多高，3到4米长的“桃园三结义”、“关云长义释曹操”的画。上厅厅堂中立有三对大柱子，分别写着“讨魏伐吴，赤手空拳创千秋事业；佑汉扶刘，丹心振万古纲常”、“云霄阁魁星照耀，宏文馆文昌教化，百代英才长辈出；祖龙山虎踞龙盘，关帝庙圣君显赫，□□□□□□□”、“华容道释曹，屯山约三事，封金挂印，义气永流芳；温酒枭华雄，五关斩六将，宰颜诛丑，英名飘千古”。厅内的关帝像1米多高，手托长髯，眉清目秀，坐于太师椅上。左边周仓手拿金印，右边关平手持大刀。塑像后边的屏风两侧写着“德参天地，名垂千古；功同日月，普照乾坤”、“帝君灵感享百代馨香，关圣佑民为一乡保障”。厅堂左侧又设有一小小的土地神坛。上下厅堂之间的墙上有一个1米多高的酒葫芦，可供烧纸用。

从上面的各副对联可看出，关帝是作为田背村落的保护神而受供的，其祭祀的范围当时仅限于田背刘氏。发展到现代，人们慕于关帝忠勇之名，其祭祀圈不知何时，已由一村扩展到周围的村落。根据笔者对1994年重修关帝庙乐捐碑的统计，这次乐捐姓氏有19个，包括刘、余、张、朱、丘、郭、陈、邓、池、钟、曾、王、傅、叶、梁、何、温、李、赖，共捐4 382元。虽然除刘氏外，其余各姓捐款的人次与数额都不多，但可以反映出关帝的祭祀圈已由原来的田背村扩大到了周围的村落。

田背村除了上述两座庙宇祭供神明外，村中还立有不少神坛：

1. 三将公王坛

设在樟树下。相传以往在上寨、桥下、长岭下水口也设有三将公王坛。三将公王指的是唐朝的张巡、许远、雷万春三位将军。当年，他们奉旨平息叛乱，戍守淮阳，发誓与城池共存亡。人们感其赤胆忠心，便把他们奉为福主。上寨、桥下、长岭下水口的三将公王坛很久以前就废弃了，樟树下的也在 20 世纪 70 年代因建桥废去。

2. 靖戍侯王坛

祭的是唐朝的张巡。原设在十郎公、十一郎公昆仲初到田背开基时的居住地——旧寨背。17 世纪初，后裔迁到码头上居住时把神坛也迁到了码头上。20 世纪 50 年代因建水坝毁掉。今天所见的神坛是 1995 年重建的，仍立在原码头上的神坛位置。这次重建，村民共捐了 2 154.5 元，竖了一块大石碑，上面用大红漆书“靖戍侯王”，碑外侧用水泥、红砖筑了座两米多高的平顶小屋，屋内的墙壁上用大理石刻了此次重修神坛的乐捐芳名。

3. 义祭坛

村中建有两座义祭坛，一座在田背到中都墟的路上，云霄阁附近，建于 1855 年。另一座设在猴逊隔，建于 1858 年，为十九世紫云公所倡建。当时，太平军失败后，残部逃到闽西，在当地作乱被剿，以致尸骨遍野。村民们认为这些鬼魂无所归依，必然会到处骚扰，为防村中被闹得鸡犬不宁，村民们出资葬了这些无主尸体，并筑坛祭之。

4. 石阿弥陀佛与八仙潭、打蛇潭

相传在明末清初，大山里左山脚下，即现庵脚里建有一座庵，至今村中仍流传一句话：“大山脚下有座庵，山顶可看黄寿山。”庵下面有一大潭，3 米多深，周长 20 多米。庵中饮水、洗涤全赖此潭。庵里住有八个和尚。一天傍晚，有个和尚到潭中挑水，看见水中有八个金灿灿的茶壶，惊呼起来，急忙丢掉桶下水去捞茶壶。叫声惊动了其他和尚，他们争先恐后地跑出庵，你争我夺，八个和尚全掉进水中淹死了。此潭遂被称为“八仙潭”。后来，村民们发现这一带常有僧鬼出现，闹得沸沸扬扬，以致村民不敢出入。为了镇鬼，村民遂立阿弥陀佛石块于潭边的路侧。据说此后果然得到安宁。

村中另一块石阿弥陀佛竖在打蛇潭边，双髻岌下面的路侧。据说该潭水很深，清道光年间，有三个女子不知为何伤心事，一时想不通，同时跳潭身亡。村民深恐女鬼作乱，就在双髻岌脚下的路旁立了一块石阿弥陀佛。

5. 鸭子神坛

鸭子神坛祭的并不是鸭子神，而是十一郎公支六世祖继宗的母亲朱万娘。也有部分人说是继宗的五个媳妇，人称五婆太。笔者认为，五婆太应当是朱万娘，婆太是客家人对女祖先的称呼，此处五应为“五世”之意。

关于鸭子神的由来，还得从继宗的父亲说起。

四世祖义贤公，即继宗的祖父生有两个儿子：兴甫与受甫。兴甫继承父志，兢兢业业，膝下有四个儿子；受甫却不务正业，娶妻朱万娘，生一子名继宗。由于受甫整天游手好闲，只顾吃喝嫖赌，很快便把家财花了个一干二净，还把妻子卖到象洞给别人做妻子，自己则到才溪入了赘。受甫的儿子跟着母亲在象洞渐渐长大，稍知人事，一天跟着族中子弟去祭祖，却被人讥笑是野种，参与祭别人的祖宗，简直是多管闲事，有的人还不准他去。继宗回到家后就问母亲个中缘故，朱万娘便告知他的生父和出生地。继宗欲辞母亲归田背，临行前，母亲见家中无物可送，就捉了两只生蛋的母鸭给他。继宗拎了两只鸭，走到田背与中都的交界处，今称为“鸭子垄里”的地方，累了，坐到路旁休息。一不小心，两只鸭子从鸭笼里飞了出来，顺山沿溪而下，继宗越赶，它们游得越快，一晃随水流进荆棘丛中，不见了。继宗没法，只好空着手继续朝前走，走到可以看见田背的地方，即鸭神下，听见母鸭的叫声，抬头看见大溪里有两只鸭子边游边叫，近前辨认，正是自己走失的鸭子，就捉起来带到田背。其伯父兴甫公因继宗无家无产，就让他居住在自己家中，平时帮忙干些杂活。当时，兴甫公的家业较大，请了地理先生在家住下看风水、选坟地。地理先生看继宗天天早起晚睡，十分勤快，且为人极有礼貌，逐渐喜欢上了这个少年。得空时，他趁着没人在旁就教继宗，终有一天，兄弟成人后要分家，若兴甫公问他要什么，可说：自己只要一块安家落脚的地方，要兴甫公家关马的小破屋即可。于是，日后分家时，继宗果然分得此屋，住进了马棚。兴甫的四个儿子相继成了家，继宗眼见自己仍孑然一身，屋里空荡无物，就想到外面去赚钱。他随着族人到了永定峰市，在一家店铺当伙计。不久，适逢战争爆发，店主们纷纷携家逃走，留下伙计看家与店。继宗闲着无聊，就与铁匠铺的徒弟一起玩，整日无所事事，看到铁匠铺里官兵撤走时来不及带走的一堆铁器，十分好奇，就把它们全砸开了，里面居然全是金子。两人把金子平分后，继宗回到田背，娶了赖、何、梁、林、丘五个媳妇，买田置屋创下家业。祭祖宗时，继宗因父母的尸骸均不在田背，向才溪、象洞两地要，都被拒绝，继宗便打了两块银牌合葬在一起。继宗死后亦葬在该地。每逢清明后三天，后代祭五世考妣与继宗时，古事队要在鸭神下鼓乐齐鸣迎接继宗母亲朱万娘，把它迎到码头上，奏半小时乐，让她共享祭仪。这仪式一直持续到了1950年。1804年，村民在鸭神下路侧建了鸭子神坛。村中贤老因祭继宗无尝会，又从纪念母亲的角度组成了慈荫会。

田背大型的神明会有三项：一为正月的祈神活动；二为七月二十四的

靖成侯王生日；三为醮会。这三项都是田背全村村民共有的神明会，有专门的资金——公王尝资助。据村民回忆，公王尝可收租谷250斛。当时公王尝的尝田一般租给本村人耕种，租息为10%～20%，以15%计，公王尝的尝田可收谷1 667斛，当地人以1秤田收2斛谷计，因而公王尝的尝田约有833秤，这个数目是相当大的。公王尝的租谷主要用于上述三项活动以及修缮云霄阁与武庙，倘若有余，则会在青黄不接或灾荒之时以低息贷给穷苦人家。掌管公王尝并组织上述活动的是公王尝理事会。总理与理事的选举由村中各房推举代表参加，在代表中选举产生。由于公王尝尝田多，分布在全村各个地方，且三项活动十分盛大，事情头绪繁多，没文化、没地位的人根本无法应付，所以在报告人的记忆中，总理与理事多是十郎、十一郎公后裔。朱、傅两姓由于人少，且无较高层次的读书人，只是参与，不敢理事，以致公王尝一直由十郎、十一郎公两支轮流管。到清末民国初，总理、副理则由捐款的多少决定。

正月祈神是全村人为过上平安、丰收的年景，组织起来向村中众神祈祷的群众性活动。祈神的日子与时辰，由公王尝总理在年前寄到漳州日馆拣好，后来有时在杭城崇福堂拣，并在码头上张榜公布，告知全村村民。祈神那天，凡是外人，包括已出嫁的女儿、入赘或卖到他乡的儿子都不准在家中住宿，以防好运被带出村。敬神的茶必须是从井子湖舀回的清泉水煮后泡的浓茶。祈神那天，各户家长凌晨起床净面后，在统一的时间里燃放鞭炮，点烛敬香，恭迎众神到家中厅堂升座，然后带上准备好的鸡，到码头上的村落福主——靖成侯王座前敬香、割鸡，并把鸡血洒滴在摊开的数张草纸上，称为“割花”，以备祈神之后祭拜祖坟墓用。这祈神的鸡，只能用雄鸡或阉鸡，而不能用鸡媛，更不能用鸭、兔等动物代替，公王尝理事还请了鼓事队，在村民烧香跪拜时，为其奏乐。节奏明快的乐曲声，来来往往的村民，加上黎明前村民各自所带的用以照明的油灯，把整个村庄映衬得十分热闹。鸡割完后，随即带回家中，迅速地去毛煮熟，备齐三牲、茶酒等物，到靖成侯王前祭拜，称为“回熟”。倘若年初一未到水口云霄阁敬神的家庭，还得带上祭供物品到水口祭拜五谷神、观音、三夫人等神明。

农历七月二十四日是靖成侯王的生日，公王尝总理会提前请好木偶戏与鼓事队，在七月二十二到二十四日的3天时间里，吹吹打打，热热闹闹地为福主做寿。届时，家家户户住满来客，观看木偶戏，戏台边还云集了四方蜂拥而至的小商贩，喧闹异常。

田背的醮会有小醮与大醮之分，三年为一小醮，只请本地道士或斋公念念经。五年为一大醮，规模很大，耗资也极多。由于打大醮花费极大，1940 年民国政府予以明令禁止，以后再没组织过。

打醮时间都在秋收之后，醮场设在码头上直至鸭塘下的田段里。打醮之前，必须到上杭预请法术高明的道士，并搭好戏台与鼓手台。打大醮时，一般请有对台戏班与对台鼓手队，相互竞争，以夺第一，因而得搭两个台。仅搭台的木料就要 20 方以上。同时，还得请几个折纸工，折个一人多高的山大人放在醮场门口，把以篾为框架、用纸糊表面的四大金刚、十八罗汉等神像安放在醮场内。场中央供奉着打醮时所扛的神明。田背历次打醮，扛的都是从田背 8 华里外的本乡罗迳角里（属睦林村）的雷坛寺迎来的北帝祖师。

打醮时间持续 7 天，第一天到雷坛寺迎神。迎神队伍排得像长龙一样，前面是鼓手队，肃静、回避牌与十八般武器排成两队紧跟其后，十分肃穆，后面紧跟着凉伞、掌扇、神轿与铜器、锡器。村里的孩子扮成各种各样的人物跟在后面，有的扮成杨宗保，有的饰成岳飞，有的扮成状元郎。1940 年打醮时，从城里共租了 36 匹马，每匹租金 10 元。队伍后面还跟有舞狮队。迎神时，“三支连”神铳与高升炮轰隆隆地响。锣鼓敲着刘氏特有的二十四下的头锣，表示前汉十二帝，后汉十二帝，震天动地，声势极大。北帝祖师迎到醮场内安置好后，村民们开始了三天的烧香祈愿，道士则在一旁日夜念经、祈祷。

第四天，要把菩萨抬到村中各个小自然村施恩，具体次序已无人能忆。家家户户摆好茶、果、香烛等十色礼品，手持香迎神，在每个自然村，扛神队伍都要停下，让菩萨接受村民的顶礼膜拜。第五天为超度亡魂，烧衣施食。道士在鸭塘下的田里念经，招来各方鬼魂施给他们食物，烧给他们无数的孤衣冥钱，让他们在阴间安居，以免到人间作乱，影响人们的生产生活。第六天，村里放水灯驱邪。把纸做的七盏灯放在溪流之中，让其随水流而下，道士边追灯边念咒语，舞狮队也在后面紧紧追赶，两岸观众兴致盎然，聚得人山人海。第七天，送北帝祖师回雷坛寺，返回田背后便杀猪宰羊大开斋，各个尝会均有饮福，晚上醮会便告完成。打醮的目的在于通过斋戒迎神、超度鬼魂、驱邪逐鬼，祈保风调雨顺、五谷丰登，人们四季祥和、无病无难。

围绕着村中的打醮活动，醮场旁边的戏台上昼夜不分地进行演出，两个戏班，两队鼓手，为争第一，你弹我唱，互不相让，演奏得十分起劲，给醮事增添了许多趣味。醮场上的繁闹给生意人提供了极好的赚钱机会。醮会期间，村中众人忙忙碌碌，为招待四方亲友，一刻不得空闲。

除上述几项村民共同参与的大型神明会外，田背平时还有许多较小规模的祭神活动。如各个神明的生日都有许多村民前往烧香、祭拜，为其庆寿。此外，以祭神为内容的各个尝会的会期，也是村民烧香拜神祈福的日子。

八、尝　会

田背有许多以祭祖、祭神、助学及用于村中桥梁、道路、茶亭等公益事业为内容的尝会。这些尝会，村民们均按自愿集会的方式组成。会员入会时一般统一交会费，用于购田、置产业或放贷，所得的租息除去各项支出，剩余的作为利息发给会员。有的尝会会员入会时交不等的会费，分红时按入股的多少来分。会员入会后围绕该神明的寿诞或其他日子安排聚餐，当地人称为“饮福”。交会费多的家庭可以有一名以上的人去参加饮福。

据报告人回忆，田背以祭祖为内容的尝会有慈荫会、义贤会、祠堂会。以祭神为内容的尝会有新夫人会、文魁会、北帝祖师会、关圣帝君会、天后二十四会、荣华会、予庆会、新财神会、义祀会、福主会、天后圣母会、五谷神会、老夫人会、旧寨背公王会、三将公王会及百子会。此外还有文会、茶会、路会、桥会等（参见表1－16）。

表1－16　田背的尝会统计表

类别	会名	所祭者	祭祀时间	参加者
祭祖	慈荫会	十一郎公支五婆太	清明后三日	会友
祭祖	义贤会	四世祖义贤公	不详	会友
祭祖	祠堂会	不详	不详	不详
祭神	新夫人会	林、李、陈三夫人	正月十六	会友
祭神	文魁会	魁星	二月初二	会友
祭神	北帝祖师会	北帝祖师	三月初三	会友
祭神	关圣帝君会	关帝	五月十三	会友
祭神	天后二十四会	天后娘娘	三月二十三、八月二十	全村妇女
祭神	荣华会	不详	正月二十、五月二十、八月二十、十月二十	全村妇女
祭神	予庆会	不详	正月十六、三月初四	会友
祭神	新财神会	财神	不详	会友

（续上表）

类别	会名	所祭者	祭祀时间	参加者
祭神	义祀会	義冢	七月十五	全村民众
祭神	福主会	靖成侯王	七月二十四	全村民众
祭神	天后圣母会	天后娘娘	九月初九	全村妇女
祭神	五谷神会	五谷神	十月十三	会友
祭神	老夫人会	林、李、陈三夫人	十月十六	会友
祭神	旧寨背公王会	三将公王	不详	会友
祭神	三将公王会	三将公王	不详	会友
祭神	百子会	天后娘娘	不详	会友
其他	文会	文昌帝君	不详	会友
其他	茶会、路会	无	不详	会友

以上各会中，较为隆重的是予庆会，多处置有尝田。但具体事项已不可考。福主会也很隆重，会期在靖成侯王生日那天，即农历七月二十四日。每年福主过生日，都会请戏班与鼓事队助兴。据村志记载，乾隆十九年（1754），福主会捐有182.9两银子，买了可收30多斛租谷的田，供福主过生日演戏用。①

百子会是各种会中有较多文字记载、有史可据的、规模较大的一个尝会。据云霄阁中立于嘉庆四年（1799）的“天后圣母田碑”载：

夫水口之东造罗星，名曰“云霄阁”。功整三年，费计千金。远邀巧匠，成于癸未之年。装圣母金身像，座立顶龛，灵威显赫，为众庶所瞻仰而申敬也。即于乾隆二十八年起议，每名敛钱壹佰文，陆续按利贰分收凑，称为通乡“百子会”。止于乾隆三十三年，总计叁佰伍拾肆名。托□神庇佑，展息如意，前后得置水田。其春秋二祭行于起会之年，新正演戏额于□四十四年，计租息可供二祭之用，永远遵行世德。另其会名、祭规详载老册。田秤、租粮镌碑便览……

从中可知，百子会每股集钱100文，开始于乾隆二十八年（1763），止于乾隆三十三年（1768），6年的时间内共办了354股。百子会的会名及

① 上杭县中都乡田背村志编纂组编：《田背村志》，1990年手刻印本，第236页。

祭规详细记载在老册上。由于年代久远，老册早已遗失，其祭规如何不得而知。结合该碑刻后文可知，由于“展息如意”，前后买了两块水田，一块在上都丹田坑；一块在蛟腾贵田，共计田税17秤。从百子会起会之年始，村中有了在春、秋两季祭供天后之举，这春、秋两祭的时间可能就是表1-16中所列的天后二十四会的会期三月二十三与八月二十，百子会所收的租息主要用于春秋两祭、正月的祈神演戏以及天后的诞日做寿办祭品。

文会是十郎、十一郎公两支共有的奖励读书人的尝会，为十五世肖松公所倡建。乾隆十九年（1754），在肖松、亩球、君禄、秀林、仁山、绍草等的发动下，兴起众人捐银助文会的美举。这次乐捐共有23人参加，捐银347两8钱两，田48.5秤35.5分，可收租谷70.5斛23升。到了咸丰九年（1859），刘氏又继扩了文会，称为“乎元文社”，参捐者42人，其中秀嘉、任伦、玉山、美元4人各捐银20两。此外，肖松公、正山公各有6会，任伦、文爵、文瑶、秀宏、秀嘉各有4会，美元有3会，其他29人各有1会，以上众会的收入全部用于奖励学子。

民国时又创“清平社”奖励读书人。这些会对奖励族中子弟读书入仕起了极其重要的作用。

村中还有一些用于公益事业的桥会、路会、茶会等尝会，多半由村中财力雄厚者捐款或倡议设成。如被称为“杭南首富”的十五世子任公曾捐巨款在水口建成石拱桥，称为“永济桥”，为村中最古老的石拱桥，至今仍在中都到上杭的交通线上起着重要作用，“村中道路，桥梁一旦有损，无不出资及时修复”，以后又创文会与桥会、路会。子任公之子诏亭捐资修张滩至鹅颈里的石砌路，长达20华里。村中茶亭共有4座，分别设在码头上溪的右边、井子湖分水凹、鸭神下神坛边、兴市岗上。码头上与分水凹边的这两座是在1819年建成茶会的；兴市岗上的为民国三年（1914）所建；鸭神下的称为“怀远亭”，由1861年万八郎公后裔捐田、银所建，但在光绪庚子年（1900）才建成茶会。这些茶会建起后，便在亭中供应茶水，方便来往的客商。今天，坐车从分水凹边经过时，还可看到路边放有凉茶，给路人解渴。

村中的各种尝会多数由男子参与组成，但也有的会是完全由女子组成的，如天后二十四会、天后圣母会与荣华会。荣华会一年四季都有会期，分别在农历正月二十、五月二十、八月二十与十月二十日。据村中老婆婆回忆，妇女所集的会，参加者以老年妇人为主，会在云霄阁内举办，会期内，妇女们聚在一起做佛事。其会不如男子的隆重，筵席也不那么丰盛。通常是妇女们把米、面、茶、果、蔬菜等带到云霄阁内，在念经之余，做些客家人喜欢吃的糕点，煮些挂面，敬敬神，聊聊天，一起吃顿饭。有的还会带上幼小的孙辈一块去凑热闹。

此外，正月二十日，当地人认为是百花生日的那一天，田背妇女们有走“七堡”的习俗，即一天内去祭七个庵庙的神明，又称“走庵场”。七个庵场是指古基坑的高宪庵（建于明嘉靖年间）、中都义合寺（建于唐代）、古坊的五显宫、罗溪的龙源宫、罗迳的雷坛寺（均建于明代），以及瑞香的观音宫和田背的云霄阁。这天，云霄阁前妇女云集、香火旺盛。大清早，村中男子就得帮忙提水到宫内，作防火用。

云霄阁内立有一块碑刻，反映了妇女参与佛事的情况。该碑立于道光十年（1830），记载的是众信女捐钱装三天元君金身神像，以及捐钱用作三天元君座前点灯燃香之资两件事，并把后一次捐钱者列于碑上。42 名捐钱者，有 7 名为男性，其余 35 名为女性，包括丘姓的媳妇 18 名，何姓的媳妇 11 名，张姓的 3 名，黄、罗、陈的各 1 名，她们分别捐 1 元。从上文知，这几姓都是刘氏的主要联姻姓氏，尤其与刘氏通婚例次多的丘姓媳妇在捐钱中人次最多。上述各捐钱姓氏的妻子也许是刘氏平时联系较多的姻亲。这块乐捐碑为何未刻刘氏本宗族媳妇姓氏及乐捐数？是她们未参与捐款？显然不可能。水口宫本是田背刘氏的庙宇，且田背的妇女一向喜欢求神拜佛，积阴德，这种大事不可能置之不顾。碑刻前文所载的“装三天元君金身龛等佛边陆拾叁圆伍分”，应该就是刘氏的媳妇们所捐，至于为何不上碑刻就不得而知了。但从中至少可反映出，田背的神明信仰，女子是参与了相当一部分的，尤其是天后二十四会、天后圣母会，完全是由女子组成，形成了有固定会期与活动场所的尝会。

村中诸会都可以作为家族的一种产业，分家析产时，搭配均匀，分到子孙手中继承下去。如民国十年（1921）的《守愚堂分阄本》中记载，其分家时，把伟轩公、霁楼公、敬齐公三公留下的会业分成了 5 份，除 1 份给公王尝外，其余 4 份分别分给利字号、元字号、亨字号、贞字号，具体分配如下：

——伟轩公遗下北帝会一名，三月初三饮福，分元字号；

——伟轩公遗下文魁会一名，二月初二饮福，归本尝；

——伟轩公遗下予庆会一名，胙归本尝，正月饮福归元字号，六月饮福归利字号；

——伟轩公遗下敦睦尝一名，每年春饮福分元字号，三月饮福分亨字号，九月初九饮福分贞字号；

——伟轩公遗下慈荫会一名，清明后三日饮福，分利字号；

——伟轩公遗下淮祠秋祭会一名，分利字号；

——伟轩公遗下元常会一名，分元字号；
——伟轩公遗下元常会一名，分亨字号；
——伟轩公遗下元常会一名，归本尝；
——霁楼公遗下元常会一名，分利字号；
——霁楼公遗下元常会一名，分贞字号；
——霁楼公遗下五谷神会一名，归本尝；
——霁楼公遗下淮祠秋祭老会一名，分贞字号；
——霁楼公遗下旧寨背公王会一名，分贞字号；
——霁楼公遗下义祀会一名，归本尝；
——霁楼公遗下关圣帝君会一名，五月十三日饮福；
——伟轩公遗下义冢会一名，归本尝；
——敬齐公遗下二三世新会一名，归本尝；
——敬齐公遗下四班会一名，归本尝；
——敬齐公遗下淮祠十八会一名，分元字号；
——敬齐公遗下淮祠十八会一名，分亨字号；
——敬齐公遗下淮祠十八会一名，分利字号；
——敬齐公遗下淮祠十八会一名，分贞字号；
——敬齐公遗下三将公王会一名，分利字号；
——敬齐公遗下新财神会一名，分贞字号；
——敬齐公遗下九十六会一名，归本尝，阳年七月二十四饮福，阴年分胙；
——敬齐公遗下淮祠秋祭新会一名，阴年八月十四饮福，分元字号；
——敬齐公遗下淮祠秋祭新会一名，阳年八月十四饮福，分亨字号；
——敬齐公遗下淮祠秋祭新会一名，阴年八月十四饮福，分利字号；
——霁楼公遗下中都文馆新配尝一名，逢己亥年饮福，归本尝；
——霁楼公遗下老夫人会一名，十月十六饮福，分元字号；
——敬齐公遗下新夫人会一名，正月十六饮福，归本尝；
——敬齐公遗下天后二十四会一名，三月二十三饮福，分元字号；八月二十饮福，分亨字号；
——敬齐公遗下天后圣母会一名，三月二十三饮福，九月初九饮福，妇人饮福归本尝；
——敬齐公遗下北帝祖师会一名，分亨字号；
——敬齐公遗下新财神会一名，七月初七日饮福，□□□□。

据上文统计，三公留下的会业，共计元常会5名，淮祠十八会4名，淮祠秋祭新会3名，北帝祖师会、义会、新财神会各2名，文魁会、予庆会、敦睦尝、慈荫会、淮祠秋祭会、五谷神会、淮祠秋祭老会、旧寨背公王会、关圣帝君会、二三世新会、四班会、三将公王会、九十六会、中都文馆新配尝、老夫人会、新夫人会、天后二十四会、天后圣母会各一名，共36名。这些会业的饮福，有的一年数次，有的一年一次，有的数年一次。三公留下的会业中，有关祭祖宗祠堂——淮祠的会与元常会最多，前者8名，后者5名。元常会是因何而发起的尝会，文献无载，村民也已记不清。

综上所述，田背刘氏在民俗、信仰、文教、建筑等方面的丰富内容表明，刘氏是个宗族文化比较发达、势力比较强大的宗族。历史上曾数次修谱，并修村志，把宗族的发展过程与地方历史文化有效记载下来。从田背刘氏宗族的发展与繁荣过程中，我们可以管窥闽西客家的区域开发与民俗、文化的历史发展过程。

附：

云霄阁内的碑文

一、天后圣母田碑

新正起神演戏三九会记办祭田碑记

夫水口之东造罗星，名曰“云霄阁”。功整三年，费计千金，远邀巧匠，成于癸未之年。装圣母金身像，座立顶龛，灵威显赫，为众庶所瞻仰而申敬也。即于乾隆二十八年起议，每名敛钱壹佰文，陆续按利贰分收凑，称为通乡“百子会”。止于乾隆三十三年，总计叁佰伍拾肆名。托□神庇佑，展息如意，前后得置水田。其春秋二祭行于起会之年，新正演戏额于□四十四年。计租息可供二祭之用，永远遵行世德。另其会名、祭规详载老册。田秤、租粮镌碑便览：

一买上都丹田坑田税拾秤，早租拾斛正，冬租伍斛正，用去价银捌拾肆两正，原载民米陆升，其米在福文户内；

一买蛟腾贵田田税七秤，早租陆斛半，冬租伍斛正，用去价银玖拾两。原载民米伍升陆合，其米在肃源户内。此田与武庙田相共。

总理：秀清

协理：用口、子佩、天规

嘉庆四年孟夏月吉旦

二、乐助文会碑

今将乐助文会银两、田税名次开后；

尚友助银捌拾两，系上都祭面上冶水坑田税玖秤伍分，民米柒升陆合，早冬租拾陆斛正。

二极公助伍拾两，系荷树塘田税陆秤半，民米伍升贰合，早冬租拾斛正。

十郎公助银肆拾两，系本乡荷鱼塘口坑屋田税捌秤，民米肆升，早冬租捌斛。

洪成公助银叁拾叁两肆钱，系瑞坑田税肆秤，民米叁升贰合，早冬租陆斛贰升正。

仲二郎公助银贰拾柒两伍钱，系上都流坑塘田税肆秤，民米贰升捌合，早冬租伍斛半正。

尚贤公助银拾伍两，系本村长坑里田税壹秤捌分半，民米壹升伍合，早冬租叁斛正。

□阁助银拾伍两，系蛟塘凹下田税叁秤，民米壹升伍合，早冬租叁斛正。

大哉公助银拾壹两肆钱，系□凹田税壹秤贰分，民米壹升壹合，早冬租贰斛捌升正。

文宗公助银拾两，系本乡石骨前田税壹秤叁分，民米壹升，早冬租贰斛正。

京百公助银拾两，系本乡梅山下□□田税壹秤叁分，民米壹升，早冬租贰斛正。

尚宗公助银拾两，系长塘奈下田税贰秤，民米壹升，早冬租贰斛正。

街崇公助银柒两伍钱，系□□□下田税壹秤，民米捌合，早冬租壹斛半正。

□成公助银伍两，系□畲田税壹秤，民米伍合，早冬租壹斛正。

□兆色助银伍两，系本村尚山田税柒分，民米伍合，早冬租壹斛正。

启光公助银伍两，系本村牛栏场田税柒分，民米伍合，早冬租壹斛正。

舜五公助银贰两正，岳抽公助银叁两正，子任公助银叁两正，□公助银叁两正，亦□公助银壹两伍钱正，鹞年助银叁两正。

子任公又助银柒两伍钱正，系本村长坑里田税壹秤，民米捌合，早冬租壹斛半正。

绍原公助本都新坊黄屋下坑中田税伍秤正，原载民米肆升，早干租叁斛又伍升，冬干租贰斛又捌升。

乾隆十九年甲戌仲秋月立

三、乐助碑

今将重修罗星宫捐助芳名开列后：

文会课捐助番银壹佰叁拾圆；报公祠捐助番银陆拾圆；

立三公、兼三公各捐助番银伍拾圆；

尚友公捐助宫门首过道田税陆分，又捐助番银陆圆；

文爵公捐助银肆拾圆，又助宫门首田税叁分；

子符公捐助番银贰拾圆；子宏公捐助番银拾伍圆；

秀嘉公捐助番银拾贰圆；希三公、日衍公、季明公各捐助番银拾圆；

菜亭公、企曾公各捐助番银捌圆；王慧公、秀宏公、正山公各捐助番银陆圆；

培英公、子占公、孚贞公各捐助番银伍圆；绳曾公、任伦公各捐助番银肆圆；

培英公、百获庄、凤章公、美元公、子元公、绍文公、任绅公、希奎公各捐助番银叁圆；

秀清公、子佩公、秀文公、志生公、元资公、皇宠公、岐凤公、乐荣公、立元公、怀珍公、华玑公各捐助番银贰圆；

俊上公、皇玉公、达上公、日上公、君所公、伟贤公、子恭公、敏若公、口弼公、绍汉公、瑞龄公、联德公、万庆公、肇盈公、长福公、汉上公、朝辅公、学书公、子和公、子宽公、子户公、子余公、桓一公、秋龄公、敦远公、振林公、希乾公、希宏公、甫远公、肇旺公、子振公、子文公、子敏公、秀显公、鸣凤公、起舞公、用秋公、思宏公、华元公、廷长公、金瑞公、学周公、志良公、联开公、秀元公、元亮公、鹏万公、俊豢公、俊能公、俊德公、中礼公、克光公、华玉公、崇口公、华堂公、春荣公、钟亮公各捐助番银壹圆；

春芳助石角贰仟陆佰斛；

劝捐首事：联德、文澜、天香、昌庆、孚庆、汝明、有乾、兴国、华皆、钦远

总理：恢曾、银钱
总办：文春、秉清
道光四年夏月立

四、信女捐助碑[①]

众信女捐助装：

装二天元君金身龛等佛边陆拾叁圆伍分，又将众信女敬奉三天元君座前香灯芳名开列于后：

丘攀桂妻季氏、丘始熙妻薛氏、丘始谊妻童氏、丘始珍妻张氏、丘应过妻刘氏、黄亮大妻丘氏、何启学妻刘氏、何殿才妻郭氏、何载万妻钟氏、何利仁妻丘氏、何守仁妻饶氏、何林香妻丘氏、何葵香妻丘氏、何命行妻郑氏、何命扬妻蓝氏、丘猷达妻赖氏、丘能达妻赖氏、丘伟达妻饶氏、丘廉达妻钟氏、丘应芳妻刘氏、丘时伟妻刘氏、陈胜华妻李氏、丘新喜母刘氏、张福桂妻丘氏、张宗桂妻薛氏、丘东汉妻钟氏、何永昌妻丘氏、张敬孚妻陈氏、丘建屏、何平如妻刘氏、丘秉元妻包氏、丘乾辉母罗氏、罗毓基妻刘氏、丘友尔妻何氏、赖顺祥、赖顺豫、赖叶华、赖慕志、丘文远妻刘氏、丘晋阶、丘尉芳、丘作林妻刘氏各捐银壹圆。

劝捐缘首：刘象文母陈氏

道光十年岁次庚寅仲秋月吉旦立

① 碑刻名称为笔者添加。

第二章　闽西客家村落与民俗信仰

第一节　杭北回龙三村的经济与民俗信仰[①]

回龙是上杭县官庄畲族乡所辖的一个区域。官庄位于上杭县的西北部，北与长汀县交界，西与武平县接壤，东部和南部分别与本县的通贤、才溪、珊瑚三个乡镇毗邻。全乡区域面积127平方公里，其中耕地面积17 200多亩，山林面积140 000多亩。由于与邻县、乡均有高山相隔，导致交通较为不便。官庄现有人口2.8万人，以蓝、林两姓为主。其中蓝姓约1.1万人，占全乡总人口的39.3%，主要分布在该乡南半部。林姓5 500余人，占总人口的19.6%，聚居于该乡北半部。[②] 以蓝、林两姓为主的畲族与周围的客家人一样使用客家话交流，风俗习惯也已趋同，难分彼此。

回龙村在官庄乡的北部，离官庄乡政府所在地有10多里路。新中国成立前为官庄区回龙乡，包括濯坑、蕉坑、圆坑、朱堡、龙角、龙牌、红石、回龙几个村落。新中国成立后曾一度改为镇的建制。在20世纪五六十年代，它与官庄、才溪一起同属才溪区。与官庄合为一乡后，由于回龙渡口所在地离官庄有10多里路，因此乡人习惯上把上述村落合称为回龙片。本节叙述的回龙三村指的是回龙、红石、龙角三个行政村。

一、三村的历史与地理概况

回龙三村处在一个大山谷中、汀江两岸的冲积扇上。三村的北部是寨子崇，东部是擂槌岭和寨背山，南部是南山，西南为高斜崇，从西部绵延到西北的山脉为龙华山。龙华山的最高峰，即龙山顶的海拔有1 000多米，为上杭县境内的高山之一。客家母亲河——汀江从长汀蜿蜒而来，初为自

---

① 笔者在回龙的田野调查中，得到该村林国祥老先生与蓝秋琴女士的许多帮助，在此深表感谢！

② 该段各数据由上杭县官庄乡政府提供。

西向东，至支流南京溪入口处转为自西北向东南，在三村的聚落中间流淌而过。河的东岸，擂槌岭与寨背山下是红石村；河的西岸，龙华山脚下的是回龙村；河的北岸，寨子崇下的则为龙角村。图 2－1 为回龙三村聚落与庙宇分布图。

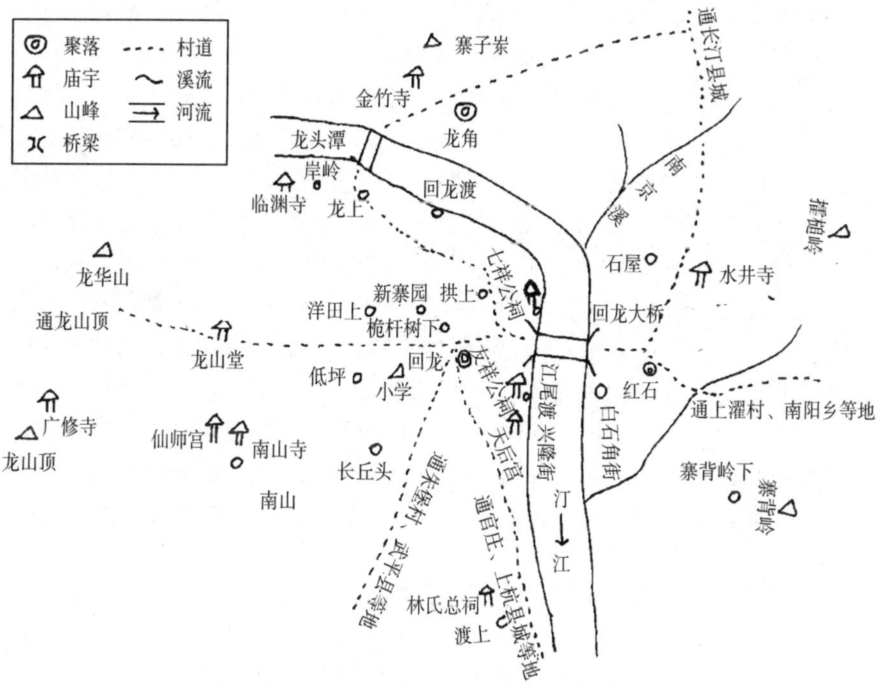

图 2－1　回龙三村聚落与庙宇分布图

相传，龙华山北端入汀江口边的龙头潭中驻有龙。汀江从龙头潭流出至排子角上，因渡上有一条支流汇入，江水往上溯至回龙村渡口边，因而，自古人们便称回龙村为“龙上”。后来有一天，为长汀、上杭、武平等地百姓普遍信仰的定光古佛出外云游，收集了许多大石头从回龙村经过（乡民传说这些大石头是定光古佛从各处收集的好风水），恰遇一孕妇在汀江边洗衣裳，定光古佛便问她：“这个村子叫什么名字？”孕妇答曰：“龙上。”定光古佛又问：“是龙上还是龙下？”孕妇曰：“龙上。”定光古佛仍不罢休，再次问：“究竟是龙上还是龙下？”孕妇怒曰：“我说龙上你说龙下，什么龙下！”于是定光古佛便没在此地驻留，而把那些石头赶到了武平岩前，在那长驻下来。此后，“龙上”之名改成了“龙下”，并一直沿用至今。今天老人们还会叹息说：“回龙人没福气，留不住好风水。”龙角村则因地处龙头潭边、三村的西北角而得名。红石村的原名为“白石角”，缘于白石角街旁的渡口处，即今回龙大桥边上有一块白色的大石头，形名“水牛吃 Se”，相传是头水牛精所变。到了解放战争初期，回龙驻扎了许多红军，他们认为“白”字太扎眼，容易与国民党联系起来，于是就把“白石角”改为“红石村”。

在回龙大桥未修建之前，主要靠渡船把汀江两岸的村民连接起来。据乾隆《上杭县志》载：“三村有两个渡口：回龙渡，县北回龙乡；江尾渡，县北回龙下。”[①] 回龙渡在回龙滩上，于回龙村北部与龙角村之间。江尾渡则在回龙大桥南边 50 米，于回龙村与红石村之间。江尾渡始于何时已无从可考，相传是一个在此地做药材生意的江西人出钱买了一块地与一片竹山，从而他把地里所收的租谷给摆渡者，竹林中的竹子则给船家提供竹篙。据该县志对回龙滩的记载：“回龙滩：在县北自长汀入县界，两岸崎岖，泽底皆盘石嵯岈，蹴浪甚急。明嘉靖三十年（1551），知府陈洪范召匠凿开顽石并两岸率道，公舟上下仍艰于行。”[②] 由此可知，在明朝时，回龙渡可能就已存在。据报告人说，回龙渡是在明弘治三年（1490）建渡。江尾渡原先只有一条渡船，“道光七年（1827）贡生林国宝，生员饶典倡捐赠置一只，并建亭渡侧，合置田谷七十余秤”[③]。这以后江尾渡就有了两条渡船。而回龙渡则有田禾税 360 秤，拥有的渡船数应该比江尾渡多。

自古以来，此渡就有“回龙两渡过不用钱”的美称，前些年渡口仍存有石碑记载此事。据说，回龙渡开渡之前曾受仙人指点：开渡之日有龙击鼓时即可开渡，此刻开渡将大吉大利。开渡当日午时正刻，天空中突然出现一只老鹰，衔了一条小蛇向渡口飞来，飞到渡口的上空时，蛇突然从鹰嘴中脱落掉下，正好掉在鼓上，铿锵有力。据说，几百年来，不论水势多大，均可过往，因而有“太平渡”之称。乡民认为这归功于开渡时间选得好，是仙人庇佑的结果。

村中道路纵横交错。其中有一条县际公路，往北可通向长汀宣成，直达长汀县城；往南可通向官庄、才溪、珊瑚，直达上杭县城，这条县际公路对沟通长汀与上杭，加强两县的物资交流与民众交往起了重要作用。从红石村往东可通向本乡上濯、下濯、蕉坑村，直至本县南阳乡、通贤乡。西南方的山路可通往朱堡，至武平县桃地等。往西也有一条山路，沿龙华

① （清）《上杭县志》，卷一，《区域志》。

② （清）《上杭县志》，卷一，《区域志》。

③ 范书声：《上杭县志》，卷九，《交通志》，福州：福建人民出版社，1993 年，第 295 页。

山盘旋而上，可达长汀县羊牯乡。村落中，各个居民点星罗棋布于群山怀抱之中，自然村之间有众多阡陌相通。

村中道路除了陆路，还有水路。汀江自古就是一条重要的航道，上连汀州府，下达上杭县城，往南沿汀江、韩江直达潮州、汕头。汀江两岸出产的山珍，源源不断地运往潮汕。而当地百姓吃的盐及其他本地缺乏的物品，也源源不断地从外地运来。汀江航道与上述的县际公路一起，在三村民众与外地的交流上起了重要作用。在公共汽车尚未通达回龙前，水运远比陆运重要得多，因为靠步行到远地毕竟比坐船要费时、费力得多。何况因为回龙大桥尚未修建，人、货到此，均要"下马下车"，故改坐渡船到汀江彼岸，给客商带来极大的不便。新中国成立后，随着公共汽车的使用，陆路变得日益重要，尤其是1994年164米长、8米宽的回龙大桥建成后，村中有了几辆私营中巴，每天都开往上杭县城及长汀好几趟，再加上许多村民都有了摩托车，航运的地位日益式微，随后逐渐退出了历史舞台。

由于三村群山环抱，只有汀江与数条道路跟外界联系，汀江在山谷之间流淌，而道路均在山间或较矮的山上，因而，从村中向四周望便可发现，这些路与汀江出口所在地宛如一口大铁锅边上的大缺口。村民中流传着"回龙四大缺，有官会死 Pie（意为死掉）"的说法。"四大缺"指的是龙口缺（即龙头潭所在地）、凹上缺（位于回龙村至朱堡的路口，高斜崇边）、畲心缺（在回龙至龙牌村通往长汀宣成的路口，南京溪边上）、上马石缺（位于三村南边的汀江水口，岸上是回龙到官庄的公路）。村民们自信回龙是龙的驻地，风水极好，但是因有了这四大缺口，好风水都流走了。当地有几个村民还向笔者提及一个古老的传说：

古时，有一政府官员微服私访，从回龙经过。到了回龙村的村口，即今上马石边，他向北一望，赶快从马上翻身而下。官员看到回龙的好风水，认为此地必然有大官。然而当他牵马步行数步时，仔细看看四周，在看到回龙的"四大缺"后，连称"可惜，可惜"，转而跃上马，往北飞驰而去。因而，村口路旁边的石头，至今人们仍称为"上马石"。

到了清朝，该地出了名风水先生林明顺，他勘察当地后建议村民在回龙四周的山上，即北边的寨子崇、东边的寨脊崇、西南的高斜崇以及渡上的山峰上各筑一个大土堆，人称"文峰"，以守住好风水。这以后，回龙逐渐有一些读书人走上仕途，但都是小官而已。

江尾渡口两岸的道路，在新中国成立前是两条繁华的商业街。红石村的称为“白石角街”，回龙村的称为“兴隆街”。因回龙村处在汀、杭、武交界处，汀江从村中穿过，得天独厚的地理位置使这里逐渐形成一个商业重镇，民国之前是上杭一个有名的草纸集散地，比今乡政府所在地——官庄要繁华热闹得多。老人们说，1949 年前的地图，只有回龙之名，找不到官庄的地名。回龙以前曾设墟市，人称“白石角墟”，墟期为逢农历初二、初七，1949 年以后一度改为逢初五、初十。后来随着回龙村作为草纸集散地的地位丧失，加上乡政府改设在官庄，墟市便被取消。至今，江尾渡口仍有两条鹅卵石铺就的古道，从古道两旁林立的断瓦残垣，以及陈旧的祠堂、寺庙隐约可见往昔的繁荣。

四周的高山阻碍了三村与周围其他村落的交流，使三村处于一个较为封闭的自然环境中。但从村中穿过的汀江航道、县际公路以及通向外村的崎岖山路，又使三村居民可以借之走向群山之外，去了解外部的世界。渡口曾经繁荣的墟市给村民生活带来了很大的影响，使三村在这相对封闭的地域按自身规律发展的同时，不可避免地受到了许多外来文化与习俗的影响。

三村所处地区属丘陵山区，年平均气温在 20℃ ~22℃，无霜期为 285 天，年平均降雨量有 1 600 ~1 900 毫米，属亚热带气候。这种气候非常适宜水稻生长。三村的平地土质多为沙质土。农田可种春、夏两季稻，冬季可种小麦。在上杭的其他地方，粮食作物以水稻为主。回龙村所在的官庄乡由于海拔较高，山多树少，而且新中国成立前水源缺乏，因此当地的农作物、村民的饮食结构均与其他地方有较大不同。此外，官庄乡流传有“官庄，官庄，树少山光，三日不下雨，没水泡茶汤”和“界牌头，拉尿洗锅头”的口头禅。缺水之严重，由此可见一斑。三村的用水状况毫不例外。

新中国成立前，三村取饮用水较困难，除少数村民因住山脚下或山腰可引山中泉水外，大多数村民都是取汀江水饮用。他们在汀江边的沙滩上掘个坑，坑中放置有竹篾编成的筐，以澄清江水作为饮用水。一旦遇到降雨较多、汀江发起大水之时，饮水就成为一大难题。因为回龙村自古水资源匮乏，回龙村林氏八世祖中，有个叫景致的伯公，便长年累月在龙山的水口上开圳引水。他开了一条长达 20 多里的龙上渠圳，从长汀羊牯乡引来水，解决了部分村民的饮水问题，但仍不能满足全村村民用水的需要。景致公开发这条圳花了多长时间，史料并无记载。然而老人们记得很清楚的是，景致公为凿此圳，家财用尽，终生未娶。

新中国成立后，政府极为重视回龙村的饮水问题，组织人员在村中挖了数口井，基本上解决了村民的饮水难题。当时村中的公用水井数量少，井很深，水位低。家家户户只得备一个切去顶部的篮球，用长绳子拴牢，再把篮球放到井中提取水。一桶水得舀 3～5 次，极为费劲。有时去晚了，舀起来的都是浑浊的水，用水仍然不便。20 世纪 80 年代，随着村民生活水平的日益提高，不少家庭为免挑水之苦，独自在家门口挖井，使用了压水泵，通过手的提压就可以把水引出地面。有的村民则用小塑料管从山洞中引来泉水。如红石村由于水井堂有一个矿泉眼，房子比泉眼水位低的家庭都用塑料管把水引到家中。1999 年 3 月，回龙村一林氏采用集资的方法，借用户的钱建了"自来水厂"，在龙山堂筑了两个大水塔，铺了许多水管，从而把水引到用户家中。向用户借的钱则逐月从水费中扣除，直到扣完为止。如今，回龙村几乎家家户户都用上了自来水。

回龙村用于农田灌溉的水也十分缺乏，村民种地基本上是靠天吃饭。他们只能在春季选部分田地种水稻，因为春季雨水较为充沛，夏季收获后再种上地瓜，而山上的坡地及无水灌溉的田地也只好全种上地瓜。村民把春季种下、夏季收获的地瓜称为"老藤番薯"，夏种秋收的则称为"新藤番薯"。据老人们回忆，在年景较好、不发生灾害之时，一般人家一年辛苦所种的粮食也只够支撑 4 个月的生活，且这粮食中有一半以上是地瓜。由于地瓜容易坏，村民会使用好几种保存地瓜的方法：一是把地瓜洗净后切成片，放在石头上面或竹箕上面晒干，然后装进塑料袋中，扎紧袋口，这种地瓜干最易保存；二是把干净的地瓜切成像掰开的橘子一样，一瓣瓣的，放在锅中煮熟，然后再晒干；三是把干净的地瓜放进缸中，用盐水腌浸，人称腌地瓜。那时村民的饮食结构中，除早上的稀饭有少量米外，其余两顿均是煮地瓜。老人们形容以前的稀饭是"煮粥见屋梁"，足见米粒少得可怜。大米一般留作招待客人。客人来后，主人煮些米饭放进锅中，置于盛煮地瓜的饭甑之上。盛饭时，主人多半不让客人去盛，以免让客人看见锅中的饭不多而不敢吃，或笑主人家寒碜。一直到新中国成立后，居民的饮食结构仍无多大改观。一位 30 多岁的村民告诉笔者，20 世纪 70 年代末 80 年代初，在她刚嫁到回龙村不久时，大家天天吃的仍是煮地瓜，只有少数当天要干重活的人才能吃上一碗干米饭。由于缺粮严重，平时用瓜菜代粮便是常事。只有生活较宽裕的人家才能用积蓄买粮食。

到了 20 世纪 80 年代，政府在龙角村靠近汀江边的地方，即在龙头潭下十多米处建了一水轮泵厂，把汀江水引到渠中，灌溉农田，使水田面积增加了许多，农作物产量有所提高，但仍不能完全满足所需，地瓜在村民的生活中仍占有一定的比重。村民除种植水稻、番薯外，还种植马铃薯、玉米、木薯、蕉芋等作为杂粮，有的还种上油菜、花生等油料作物。村民种的蔬菜瓜果多满足于自需，用作商品出售的很少。

据官庄乡土管站的统计数字，回龙村总面积为 14 261.7 亩，其中林地 9 633.6亩，居民点 534.8 亩，水域 899.9 亩，耕地 2 334.8 亩，人均耕地为 0.56 亩；红石村总面积3 598亩，其中林地 1 132.9 亩，居民点 154.2 亩，水域 378.4 亩，耕地 509.4 亩，人均耕地 0.52 亩；龙角村总面积 3 126亩，其中林地 1 355 亩，居民点 112.7 亩，水域 231 亩，耕地 630.4 亩，人均耕地为 0.62 亩。① 三村的人均耕地均比较少。三村中，回龙村的粮食亩产量最高，有 316 公斤；其次为龙角村，306 公斤；红石村的最低，为 286 公斤，低于官庄乡的粮食平均亩产量 294 公斤。② 回龙村人均有粮 344 公斤，龙角村人均有粮 379 公斤，红石村人均有粮 297 公斤，与整个官庄乡人均有粮 340 公斤相比，回龙村与龙角村略高，红石村则差了一截。由于各村均有许多年轻人外出打工，加上粮食产量有所提高，村民的粮食现在基本够吃。

尽管生活改善了，粮食够吃了，但是，人们的饮食结构与饮食习惯并不是一朝一夕就能改变的。在回龙人今天的生活中，虽不再像以前一样天天吃地瓜等杂粮，而代之以白米饭，但村民种的地瓜、木薯、蕉芋等杂粮的数量仍然比其他乡镇多。七八月份“老藤番薯”收获后，地瓜配稀饭便是村民最常吃的早餐。当地人的正餐饭桌上经常可见到一种叫“粉皮”的主食，像薄薄的面片，只不过颜色是黑色而已。粉皮吃起来滑溜爽口，但在没有好配料的情况下，多吃几次便会腻。粉皮是用薯粉（番薯粉、木薯粉、蕉芋粉均可）加少量米粉调成稀糊状后，薄薄地涂在锡盘上蒸熟，切成片晒干而成。回龙人在招待客人与置办酒席时，米粉、面条等很常见，甚至会煮咸稀饭招待客人，在稀饭中加些肉、大豆、豆腐、姜、葱或其他蔬菜。笔者曾于 1998 年正月在当地打古佛醮时，参加过一户村民的酒席，当时来客包括祖、父、孙辈的亲戚朋友，共有 6 桌，每桌的 8 道菜中，有一道是面条，一道是米粉，一道是芋子粄，粮食类占了 3/8。另外，在非年节来客时，做带子粄招待来客算是比较体面的事。带子粄其厚如面片，是用大米磨成米浆后，舀在簸箕上蒸熟，然后分成数块，捆成圆筒长条形，里面包少许春菜或浆豆、菜干，外面涂上一层猪油、酱、豆香制成，

① 数据由官庄乡土管站林锦寿先生提供。

② 《官庄乡统计年鉴》，1998 年。

又称“簸箕粄”。主人蒸了带子粄后只要再煮一碗汤、一道菜招待客人即可。

在燃料方面，20 世纪 70 年代末以前，村民烧的都是山上的柴与草。通常人们认为柴是树木的枝或干，不包括鲁草与树叶。但官庄与回龙一带却有不少人把鲁草与松针当作柴，把去上山割鲁草叫作砍柴，这大概是以往几乎无树可砍之故。三村人口稠密，四周的山却光秃秃的，人们只好越过村周围的山，到邻村所辖的山林中偷割柴草，以致常跟邻村村民发生争吵。回龙村的村民告诉笔者，直到 20 世纪 70 年代末，他们烧的仍是柴草。高斜岽与龙华山上的柴草被割得光光的，甚至连杂树根也被挖起当柴烧。后来，村民只得翻过 1 000 多米高的龙山顶，到长汀羊牯乡的山中去偷割柴草。为了缩小目标，降低被羊牯人发现的可能性，村民结伴登上龙山顶后，都是分散开单独行动。他们把挑柴的竹竿放在本村的山场里，只身带着一根绳子、一把廉刀，悄悄进入邻村的山场，把柴草一小捆一小捆地抱回本村山场上，然后再捆成两大捆挑回家。即便这样，他们还是经常会被羊牯乡人发现。遇到较有同情心者，看到他们慌忙解释说自己是第一次来时，便会把他们放了，柴草也让他们带走，至多警告一声：下次别再偷。遇到脾气坏的，会连声大骂，割断绳子，缴掉廉刀，砍断竹竿，让其空着手，带着一肚子火气回家。所以，当时割柴草是件极苦的差事。在粮食困难的日子里，上午要去割柴草的人，在吃早饭时都有一碗家里人特备的干饭，以填饱些肚子、添些力气。到了 20 世纪 70 年代末，煤随货车走进了山乡，村民开始打煤灶，做煤球烧，以代替柴草。煤逐渐在回龙村推广，光秃秃的山逐渐变得葱绿起来。到了 20 世纪 90 年代初，液化灶与液化气的到来使村民多了一种可供选择的燃料，如今烧柴草的只是屈指可数的特困户。用水与柴火问题的解决，使几乎包揽了一切家务活与大部分农活的妇女们从繁重的劳动中解脱出来。若在非农忙时进入回龙农家，经常可以看到年轻的妇女们大白天三三两两围坐在一起聊天。

二、回龙的林氏宗族及其村落关系

回龙的姓氏很多，三村共有 22 个姓氏，总人口 6 192 人。回龙村有 922 户，人口 4 159 人，其中林姓有 863 户，3 852 人；蓝姓 12 户，65 人；王姓 10 户，45 人；石姓 7 户，32 人；周姓 7 户，37 人；丁姓 6 户，26 人；黄姓 4 户，16 人；吴姓 3 户，22 人；刘姓 2 户，11 人；温姓 2 户，10 人；李姓 1 户，18 人；其余胡、杨、曹、卢、连姓各 1 户，人口均不到 10 人。红石村有 202 户，967 人，其中林姓有 130 户，588 人；石姓 47 户，

246 人；周姓 12 户，64 人；黄姓 4 户，14 人；池姓 5 户，31 人；廖姓 3 户，20 人；蓝姓 1 户，4 人。龙角村有 223 户，1 066 人，其中王姓有 90 户，432 人；赖姓有 34 户，161 人；朱姓有 26 户，145 人；刘姓有 35 户，160 人；曹姓 15 户，63 人；张姓 14 户，69 人；官姓 8 户，32 人；林姓 1 户，4 人。[①] 三村中，回龙村有 16 个姓氏，红石村有 7 个姓氏，龙角村有 8 个姓氏。三村总人口 6 192 人中，林姓有 4 444 人，占总人口的 72%。

三村中，除林氏有不完整的手写族谱存世，现存于县图书馆外，其余各姓均无。但不少姓氏仍然能说出本宗族的来源，如石姓自称来自武平中堡，先迁到官庄新丰石子岗上，五世时搬到回龙村，今已在回龙村繁衍了 17 代。廖氏原住于长汀南山下，因在回龙经营纸业，生意愈做愈大，后在回龙定居下来。蓝姓中既有来自官庄的，也有来自蓝溪的。丁姓始祖则因清朝时期到回龙造船而居住在此地。其他人数不多的小姓大多都是从长汀、武平等相邻的地方搬到此处的。据说张、杨、官等姓是回龙比较古老的家族，比林姓先到此地。在林姓到回龙时，当地还住有童姓，他们在村子南边建了南山寺，并在南山寺建了童姓祠堂。但他们现在已不存在，是搬迁他乡还是消亡此地已不可考。

据报告人说，林氏来自长汀河田，祖籍河南，入汀始祖为元目公。当时河田住有许多林姓，有“河田林半街”之说。相传，林氏的祖坟是海螺形，如生龙开口，能够昼开夜合。该地知县精于堪舆，见坟上有裂开之痕，就教唆他人用砻糠烧马屎破坏其祖坟风水。林氏气愤之至，杀死了知县，遭到官祸，子孙只得四处潜逃到汀、杭、武、连、宁、清等客家地区。回龙的开基祖百十郎公于元至正二十六年（1366）迁到回龙。也有老者说：“林氏祖宗杀死知县之因是当时河田大旱，几年不雨，知县呈明上司，想开一条大圳，深广一丈余，从汀江中引水到河田。这条大圳从林氏的海螺形祖坟背后经过，破坏了祖坟的风水，林氏忍无可忍，杀了县官。”这两种说法大体相似，都是因祖坟被破坏、遭官祸引起后代的迁播。百十郎公挑着担，走到龙下南山时扁担断了，于是在此地定居下来。后来娶了张氏与阙氏，生了两个儿子——七祥公与友祥公。至今已 600 多年，七祥公一支繁衍到了第二十三代，友祥公一支则到第二十六代。

林氏两支即七祥公支与友祥公支自在回龙肇基始，人口发展一直很不平衡。七祥公支发展比较快。由于回龙林氏上祖没修过族谱，也可能曾修

---

① 本段数据分别根据官庄乡计生办的《回龙村户籍本》、《龙角村户籍本》、《红石村户籍本》统计所得。

过但没保存下来，因而对其家族发展的概况很难作详尽的分析。所幸林氏有两本手写本族谱，从中可看出其历史发展脉络。从三世起，林氏家族中开始有人向外迁移。友祥公支三世子季公迁到了四川，四世佛宝公迁到了红石村冷水坑，福清公裔迁到了朱子坑、圆坑等地，六世广富公迁到了官庄坝，八世惟敬公迁到了上濯村。七祥公支四世福泰公部分后裔迁到了朱子坑、蕉坑，五世祖聪公有后裔迁往清流。在回龙村，随着林氏人口的不断增多，后裔从原居住地向外扩展。如友祥公支四世九公肇基新寨园；六世琪公移龙山堂，后裔失传；八世惟信公移居拱上。这以后，林氏后裔中不断有人向外村迁移。十一世权公迁下濯村，梓公迁龙牌村上屋，标公迁龙牌村下屋；十二世可风公也迁到下濯村，九公后裔迁到武平，惟信公后裔迁到长汀官成。发展到现在，林氏后裔有居江西、四川省的，有迁本省长汀、武平、清流的，有在上杭城关、官庄坝、蕉坑、朱堡、龙牌的。在回龙渡口三村，友祥公裔主要居住在回龙村拱上、新寨园、桅杆树下、低坪、长丘头、洋田上、白墓背，龙角村站背岭下，红石村冷水坑、岗上。七祥公裔则住在回龙村拱上、岸岭、新寨园，红石村岗上、寨背岭下等地。包括迁居到外地的林氏裔孙在内，约有一万人。

关于林氏在当地的兴起，村中广为流传着“乌鸦落洋与林将军”的故事：

龙角村宫背的田坎边有一座坟墓，乃林氏始祖百十郎公墓，庚山甲向，中丙申寅分金，俗称“乌鸦落洋”，原为张氏的苎头地。相传林氏在河田遭官祸后，百十郎公流落到龙角村张家当佣工，替张氏放牛。张家小有财产，家中只有一个生着怪病的丑女。当时张家请了一风水先生在家住下看风水。百十郎公对风水先生极好，每天都会拿两个蛋给他吃。风水先生吃了几次后感到不对劲，劝百十郎公不要再去偷捡人家的鸡蛋。百十郎公便把风水先生带到一块种了不少苎叶的地边，并告诉他，鸡蛋乃从苎丛中所捡。风水先生看后认为该地风水极好，就教百十郎公向张家求婚，要娶他家那生病的丑女，并要求苎头地给他作百年后的葬地。张家正为女儿发愁，于是满口答应了百十郎公的求婚。百十郎公临死前，要求把他的骨头葬在苎头地，并告诉子孙：风水先生曾交代，葬下百日后方可开启。可是到了第九十九天，子孙们急不可待，就提前把它打开了。打开后，看见了三只乌鸦，两只尚未睁开眼，一只飞了起来，飞向汀江对岸，但飞到河中央便落水而死了。

年深日久，林氏在回龙逐渐发展。到十一世时，有个后裔叫林国旺，幼年家贫，在舅母家放牛。一天，他看见山上有个白马窖，便拨开草丛钻了进去，居然拾到了一小袋白银。贪心的舅母眼见这么多财物，就把它全部据为己有。他气愤极了，回家而去。随后外出学了三年武功。返乡后即去舅母家讨还白银，舅母坚决不给。他气愤之下失手将舅母打死。倘若外逃，舅母家诉之官府，必然殃及家中老母。林国旺对母亲很孝顺，担心母亲受苦，就去投案自首，后被关进了大牢。不久，有贼军侵犯上杭，把上杭城团团包围起来。围困多日，官兵仍无法退敌。县官在一筹莫展中听说林国旺精通武艺，就命令他戴罪立功。他吃了1斗米的饭、1缸酒、10斤肉，力气倍增。趁着星夜，他到城南南岗敌营中打起退军鼓，令敌军慌忙撤退，官军趁机追杀，贼军大败。由此，他被皇上封为护国将军，时年为嘉庆三年（1798）。知县担心林氏发达之后会危及自己，就提前把他给杀了，即使此时将军封号已下达。林氏族人认为这都是提前开启祖坟的结果。本来，林氏中可出三名大官，但因时辰未到便开启，使两只小乌鸦尚未睁开眼。一只乌鸦虽已能飞，却只飞到江心便死了，因而“林将军”终未成为将军。

这则传闻破绽之处不少，但当中仍不乏有价值之处。从中可知，林氏到回龙开基时，张氏确已在此生活了，并且可证实，林氏的发展与张氏有密切关系。前文曾述，林氏开基祖百十郎公娶妻有二：张氏与阙氏。发展到后来，原先的宗族慢慢没落，林氏逐渐崛起，成为当地最大的宗族，后裔居住地广泛分布在回龙片的各个村落。

林氏老者普遍认为，因为葬骨头时提前一天打开了骨头缸，这使乌鸦未及长成而死，加上回龙风水的“四大缺”，所以林氏宗族难以在仕途上有大发展。在村民的记忆中，几百年来，居住在回龙的林氏通过读书入仕的较少，村中较高层次的读书人是贡生。同治《上杭县志》关于龙江堂的记载中有“嘉庆二十三年（1818）贡生林国宝复捐资给香灯”这么一句话。谱载林氏最高官为八品，谱云：“十三世宗杨公，恩赐八品，其子愈桥公为奉政大夫，也是诰赠的。”① 宗杨公在当地算是“高官”，所以在回龙村较有威信，财产也较多。他在拱上建了一座宗胜堂，有上、中、下三栋，并且在上湖有50亩竹山林场。林氏族谱后还有一张上杭县人民政府1952年发的土地房产所有证为证据。林氏中比较多人从商，所以有钱的人

① 《济南郡回龙林氏族谱》，回龙林氏后裔1988年集整，上杭县图书馆1996年复印本。

相对较多，村中较有身份的“监生”便是由这些有钱人捐的。同治年间，友祥公支有个叫林拔英的监生，在桅杆树下建了一大型堂屋，有三进，两边各有三个天井与数间横屋、小厅堂。大厅正中央挂了一“乌衣胜选”的匾额，左侧刻着两竖小字，曰“监生林拔英，男来芹、来有，孙文耀同立；同治十二年（1873）岁次癸酉仲夏月吉旦”。因而，林氏族人公认桅杆树下的人有钱也有声望，日子过得很好。

在回龙村居住的林氏后裔建有几座比较大型的祠堂。移居到回龙其他村落的林氏由于人数较少，经济也较落后，因而祠堂较少，规模也较小。回龙片林氏的宗祠在南山，称“敦睦堂”。友祥公一支的总祠在兴隆街天后宫北 10 多米，称为“光裕堂”。这两座祠堂均不知建于何时。七祥公一支的总祠在今回龙大桥北侧，建于 20 世纪 40 年代。族谱载，于回龙兴隆上街有店铺一间，坐西向东，于 40 年代被七祥公裔孙林利珍、林凤章等强换建七祥公祠，换来白石角中码头上福泰公堂店最下一间（中码头坎上），新中国成立后充入乡财，废于 1992 年建大桥时。[①] 另外，友祥公支惟信公后裔在拱上建了惟信公祠，十五世祖在桅杆树下建有崇德堂，祭的是四世德宗公。这些祠堂除了敦睦堂毁于 1964 年外，其余仍然存在。

另据谱载，林氏散居汀、杭、武各县共 73 乡的后裔在福州建有林氏总祠，“同治十二年癸酉岁（1873）”入的香火。这 73 乡具体所指已无从考查，但大致范围可从族谱的章程中反映出。章程中说明 73 乡分成了四股，分别为天、地、元、黄四字号。天字号为“武邑（武平）鲜水乡，三廪、直迳、龙溪、武平所、横地等乡及武平城”[②]；地字号为“杭邑回龙等乡，百十郎公裔，并长（汀）辖张屋铺、百丈”[③]；元、黄字号为“武邑袁田、汤坊、上济洞、袁畲上村、袁畲下村、凹上、白泥田、罗助三乡、湖沛、右楼背、罗城、塘夏、留善田、鸦鹊塘、车子前、塘头、连塘迳、远坑、社背、谷敷、三田、田背、田坑、寨头园、彭背、乐畲、渡上等乡及悦洋壹家、冷水壹房、龙坑壹家，合共二股”[④]。地字号中，未把回龙林氏分布

① 《济南郡回龙林氏族谱》，回龙林氏后裔 1988 年集整，上杭县图书馆 1996 年复印本。

② 《济南郡回龙林氏族谱》，回龙林氏后裔 1988 年集整，上杭县图书馆 1996 年复印本。

③ 《济南郡回龙林氏族谱》，回龙林氏后裔 1988 年集整，上杭县图书馆 1996 年复印本。

④ 《济南郡回龙林氏族谱》，回龙林氏后裔 1988 年集整，上杭县图书馆 1996 年复印本。

的范围列出，他们分布在官庄、红石、龙角、回龙、龙牌、上濯、蕉坑、圆坑等村。从这四个字号所指可以大体得知73乡的范围。

林氏总祠中，祖宗入牌位有900多个，其中回龙林氏有260个，占总数的29%。林氏在福州的总祠又称“福州试馆”，顾名思义，是为族中子弟应试所建，并作商旅往来住宿。这个试馆有极其详尽的规章。规章共有27条，规定了试馆的用途、守馆人的职责、住馆人的禁规、文武科的祭仪、对祠堂的修理以及对违规者的处罚等。现兹试馆的部分章程录于下：

试馆原为安奉先人及乡试往来驻足要地。堂阶间房（房间）须洒扫洁净。守馆人及租公馆者，俱不得以闲什污秽等物堆积厅堂廊庑。凡挑担扛轿游散什人等，不得在此留宿。其中大厅及魁星楼内，不许开铺，以昭敬洁。

馆内居住人等，不得开赌、耍牌、掷骰及宿娼、酗酒一切不正之事。如违，定行逐出送究。经理不得徇情。

守馆人须公择异姓诚实之人。居住本馆人，不得俱住。

租公馆及租店者，逢大科年，俱要场前撤去，以便乡试人住。若住家就读，不论何时，断不许租，以免葛藤，照承伶口，重罚守馆之人。

馆内所住之人，倘有破坏墙壁、毁坏物件、遗失等项，居住人应该赔补。其物件亦不得借出外人，如违，唯守馆人员是责。

馆内有厨房安置炉灶，不得贪便在房间内、檐前设灶安炉。一则谨防火烛，一则防污墙壁。

外来客初到馆时，守馆人务要跟问来历，茶烟侍奉。其公馆店租，必须先偿后住，免致拖欠。

每年租钱，四股公举总理查收，如有闲人混收者，公罚。

门楼厅、中央厅、后楼下厅、魁星楼厅、厨房厅、井厕俱为公共，四股不得阄分。其门楼左右店面，四长间，各式（贰）节约共拾式（贰）铺，俱未阄分。倘若四股人多间少，除守馆人住外，亦照四股均分开铺。

门楼左右店面四间，每年只许出租叁间，要留一间为守馆人，并股内人平时来往居住。倘四股内有不正之徒，亦不许在此居住，如敢强占，从重公罚。

凡大科前式（贰）年租钱，同大科时算清。除每年香烛致祭，及大科致祭所用，并文武乡试，每人赔祭仪叁佰文外，留贰拾千存偿（尝）。若间有长钱，照四股均分。既分股后，任从各股照文武乡试人均分。倘贡监到省，不应乡试者，只许致祭一同饮福，不得合租。

间房铺位，既今四股阄分，立定字号，凡各股乡试者。自当照阄住居，不得相争，亦（不）得一人占二人铺位。但其本股居住，若有余剩，资任以各股居住，不许言租。除四股人居住仍有剩余外，方可另租旁族。其租钱文场时归文场，武场时归武场。不论何股，俱各照本科人数均分。

大科之年，各乡无分宗叔及各姓亲友，在本馆居住者，公议每人租钱贰仟文，如二人共铺者，每人租钱壹仟伍佰文。场前付清，致祭时要请他一同饮福。

本馆裔孙不得借之名扶帮亲友与无分共铺等项。如有扶帮与本馆共铺，或假冒分租，及借本乡各股题捐混住者，查出即□所帮之人，租钱加倍还清，仍从重公罚。

每科文科时，场前致祭，额定税猪羊钱壹仟文，油灯、银低、草线壹千文，鼓吹、喜炮、定帛钱壹仟文。外回乡试人数，每人贴祭仪钱叁佰文，定要仪牲丰富，不得从省草率，以昭诚敬，亦须与席，方得津贴。

每科武科时，场前加祭，如欲用猪羊、鼓吹亦照文场致祭津贴。不用无贴。外照武场乡试人数，每人贴牲仪等物钱叁佰文。定要办席饮福，若不办席，不得津贴。

此馆系为乡试而设，文武一体居住。但厅中与各大井，不许武力抢。即钉靶等项，亦须仔细，免致损坏。

四股内有候补人员在馆内居住，逢乡试时，四股人多，候补者定要撤去，为乡试人员住，候补者不得异言；若人少够住，听从其便。

日后若要修整，必须守馆人通知四股经理，不论何时毁坏，公议合修，不得私行修理，以杜借吞。

馆内各公名牌及偿（尝）业等项永不许另退他人，如违，不唯出退者通众公罚，即求退者，亦将名撤去，仍行公罚。

馆中租钱，守馆人应付票，交总理人收执。要见票即付，以杜无票混伶。①

规章中还注明73乡的林氏分成的天、地、元、黄四个字号各自分得的房间、铺位，并写明了各字号所捐花边的数量。天字号捐了954银圆，地字号捐了976银圆，元、黄两股合捐了1 873银圆，共3 803银圆。其中回龙林氏即百十郎公裔捐了930银圆。福州试馆详尽、细致的章程同时说明

① 《济南郡回龙林氏族谱》，回龙林氏后裔1988年集整，上杭县图书馆1996年复印本。

回龙林氏在同治年间的宗族组织已相当完善。

林氏到回龙后，与其他姓氏的关系如何，因缺乏文献记载，很难考证其详细状况。作为一个后到此地的宗族，要在此地立足与发展，与其他姓氏产生矛盾、争斗是不可避免的。一报告人曾告诉笔者林氏与龙角村王氏之间的矛盾。两姓纠纷源于风水之争。林氏在龙山北端靠近汀江处建了一座临渊亭，原为石砌的2米多高的小屋，后来升高改为临渊寺，里面供着观音。据说该寺为虎形，而龙角村村庄呈龙形，形成龙虎争斗之势。寺庙上开的两个圆形窗眼（虎眼）正对着龙角村的村民居住区，而村里的猪、狗、鸡、鸭等家畜、家禽常常无端死去或丢失。村民们认为是对面的“老虎”天天虎视眈眈，把他们的牲畜给吃掉了。于是有人趁着黑夜，悄悄把寺里的和尚杀掉了。该和尚葬于回龙到羊牯的路上，故称“和尚地”。这也由此导致了林氏与王氏间的争斗，两姓发誓自此不通婚。后来林氏中出了两兄弟，为人很蛮横，当地人暗地里称他们为地头蛇。两兄弟均看中了王氏中的美貌女子，于是把王姓女子硬娶回林氏家族中，同时把临渊寺的窗位升高了，使窗眼不再正对着龙角村，两姓这才恢复通婚。但两姓之间仍有暗中争斗之事。相传王氏原为林氏祖宗所养，后来虽人口逐渐得到发展，但处处不如林氏，遂感到很压抑。

龙头潭水电站有一个码头，从龙下村伸向龙角村。码头的尾端与龙角村大约只有5米的距离。当地人说这个码头是龙舌。王氏在新中国成立后有一裔孙当了回龙公社的书记。由于有着对林氏长久以来的积怨，书记派人偷偷把码头掘掉了，意为割龙舌，以破坏林氏居住地的风水。林氏碍于王氏有官撑腰，不敢声张。当时林氏因饮用水十分紧张，向县政府申请了3 000元，用于修水渠引水。但正逢王氏当书记，他把这笔资金隐瞒不拨，移作他用。这大概也是因林王两姓历史上的矛盾导致的。

林氏处在一个商贸重镇上，因而在与其他宗族的矛盾中，不仅有风水、水源之争，还有由商贸方面引起的纠纷，如林氏与廖氏之间的争端。一廖氏来自长汀，他在回龙开了家纸行，招牌为“五辉洪记”，它与一周氏所开的“美辉”纸行是当地最好的招牌，在潮汕一带都拥有好声誉。林氏一家纸商开的“余茂行”慕于其名、其盛，便打着“洪辉五记”的招牌做生意，发了大财。廖氏不满于林氏打着与自己相近的招牌行商，欲诉之官府，但后来考虑到自己是外地人，要立足此地，得罪了当地人必然会有许多麻烦，于是只好作罢。由于林氏在回龙占了人口的绝大多数，因而历史上与其他小姓氏发生矛盾时，小姓多半是忍气吞声，息事宁人。

三、回龙的土纸经营

回龙江尾渡口曾是个繁荣的墟市，称为白石角墟。白石角墟何时开设，遍查同治、乾隆、民国《上杭县志》均未果。但白石角墟的繁荣与衰落以及回龙商业重镇的形成与消失显然与纸业有密不可分的关系。可以说，正是纸业的兴亡导致了具有便利交通条件的回龙商贸地位的荣衰。

土纸是上杭县传统的大宗出口商品，“主要品种有节色纸、东路纸、回龙纸、无包纸、茶地纸、黄纸、调河纸、朱王纸、中包纸、蛟香纸、鸭妈纸、白帘纸、黄帘纸、宽边纸和谷皮纸等”①。其中回龙纸在各种纸中久负盛名，产量最大。民国《上杭县志》载：“回龙纸，产额最多，大河、回龙、官庄一带盛产此纸，而西门外上迳、濑溪、太平山上□等地亦多出产，惟其中来自武间小澜、桃地等处及长汀属回者亦不少，非全数属杭产也。”② 从中可知，回龙白石角墟收购的回龙纸不仅有回龙、官庄生产的，还有来自武平、长汀的。由于纸业繁荣，经营纸的商家很多。据 1993 年《上杭县志》载，纸商早在明末清初经营纸时就开始使用了商标，民国二十四年（1935），上杭从事纸业的 12 个商号都使用了自己的商标，以利于跟其他商家竞争。这 12 个商号中，1 个经营卫生纸，2 个经营包装纸，9 个经营迷信纸。“德和隆”店是上杭最大的纸店，12 个商号中有 5 个商标所有权属德和隆。该店的“九义隆”、“信义隆”土纸享有盛名。③ 清乾隆初年，上杭始有土纸出口到汕头。咸丰十一年（1861）运往汕头的土纸有四分之一销往海外。民国期间，仍以土纸为大宗出口商品。④ 直到 1927 年，由于日军侵占汕头，使得出口受阻，大批纸槽因此停业。

又据《上杭县志》载，清代，造纸业是农村的主要副业，土纸作坊 700 余处，全部分布在水源充足的深山幽谷之中。土纸成为大宗物产，产品远销东南亚各国，年收入不下百万银圆。民国十六年（1927）有土纸槽户 8 000 家，从业者 4 万人，产量 9 200 吨，是土纸制造的鼎盛时期。抗日战争爆发后，海运不通，加之国民党对革命根据地的摧残，纸业衰落。到 1938 年，槽户仅剩 690 家，从业者 2 850 人，产量亦下降到 2 800 吨，为民国十六年的 30% 。新中国成立后，土纸业得到恢复。1950 年，纸槽增加

① 范书声：《上杭县志》，福州：福建人民出版社，1993 年，第 382 页。

② 丘复总纂：《上杭县志》，民国二十七年（1938）修，上杭县地方志编纂委员会 2004 年点校本。

③ 范书声：《上杭县志》，福州：福建人民出版社，1993 年，第 427 页。

④ 范书声：《上杭县志》，福州：福建人民出版社，1993 年，第 363 页。

到1 500 处，从业者10 800 人，比1949 年增长1.17 倍；产量3 971 吨，增长41.8%。[①] 从中可以看出上杭县土纸业发展的概况。

回龙的槽户有几家，从事纸业的人数有多少，并无具体的统计数。据民国时期经营纸行的纸商石德煊先生回忆，回龙以前有十多家经营草纸的商店。周围的蕉坑、濯坑村及南阳乡、长汀羊牯乡、宣成乡都产纸。纸商向上述地方购纸，多数以一年为期跟产纸的“槽家”订约，把其一年产的纸都订购了。个别槽家不愿与纸商订约，视各纸行出价的高低而定，把纸售给出价最高的纸行。濯坑、蕉坑村与南阳、宣成、小澜的纸，一般都是用肩挑到回龙。羊牯的槽家，则在墟日把纸挑到墟上，回龙的纸商会派人到墟上收购。回龙离羊牯约有10 里水路，经汀江航道到羊牯，因是逆流，需1 个多小时，回程只需半小时。纸商与雇员一般走路到羊牯，收购好纸后，在羊牯租“墟船”载人与货一起返回回龙。大的纸行因收购量大，通常有4 名员工，包括管账、收纸者各1 名，包装者2 名，收到的纸也较多，可以一店租一船甚至几条船运纸。小店则才1～2 人，老板通常身兼数职，收购的纸可能不满一船，常几家合请一船返回。载纸的船一般由两个人撑，纸商得发给他们普通船工两倍的钱。槽家生产的纸，一般是每42 张叠成1 把，25 把扎成一捆。纸商把纸分成几个等级后，把相同等级的纸两捆扎成一捆，盖上“回龙产”的印章，通过上杭运往潮州、汕头一带。其中一部分用于当地的宗教活动；一部分出洋，运到东南亚一带作工业原料。回龙的纸商中，既有本地人，也有外地人。其中，回龙两家最大的纸行——“协和茂”和“廖洪记”都是外地人经营的。前者老板为本县蓝溪乡的蓝氏，后者为长汀县南山人。由于回龙的纸口碑极好，同样的纸，在回龙收购要比在官庄收购每捆多2 角钱，因此吸引了许多外地的槽家。武平的一些槽家经朱堡挑到回龙，长汀宣成、羊牯的槽家南下到回龙，东边的南阳乡的槽家也慕名把纸挑到此地，使回龙这一草纸集散地的地位愈显重要。

回龙纸业的繁荣带动了白石角墟的商业发展。白石角的墟场主要以两条街为主，即回龙村的兴隆街与红石村的白石角街。老人们回忆，两条街上各有数十家商店，有粮店、布店、药铺、副食品、百货店与专门收集草纸的纸行等。每逢墟日，这里云集了官庄、通贤、南阳以及长汀宣成、羊牯，武平小澜、桃地等地的人。汀、杭、武三县人或坐船或走路到这里聚散，物资在这里交流。白石角街上以前有三个码头专供水路集散货物，两

---

① 范书声：《上杭县志》，福州：福建人民出版社，1993 年，第247 页。

个码头在回龙大桥南边，一个在桥的北边。北边的码头称为上码头，南边两个依次称为中码头、下码头。水位较浅时，船只在下码头靠岸上下货，水位中等时在中码头，发大水时在上码头。一到墟天，回龙滩前停泊的船只黑压压一片，从中可看出其商业的繁荣。

民国《上杭县志》载："本邑出产以纸为大宗，每年运售潮梅各属及漳州者，旧时价值不下百余万，然皆粗纸。制造原料专用竹篾，配以树叶、谷皮或稻草等物……其用途为包裹及焚烧。今神已破，焚烧之用少，洋纸充斥，包裹之用亦少，所宜亟为改良，以免为外货抢夺也。"① 从中可知，民国时因破除神权，使用于焚烧的迷信纸消费量极少，大量洋纸进入国内，又使包裹纸需求量大大减少。抗日战争爆发后，由于交通受阻，出口几乎停止，而本地所需的纸毕竟数量有限，大批纸槽被迫停产。解放战争时期，纸业再度衰弱。纸业的没落与汽车运输的使用使回龙商业重镇的地位大大下降。新中国成立后，公路修建，运输多使用汽车，再加上汀江航道险滩重重，河运的效用日益式微。随后官庄与回龙合为一乡，乡政府设在官庄村，墟场也改设在官庄村，回龙的商业地位随之消失。但是它带来与遗存的影响仍然随处可见。

商业繁荣给回龙人带来许多赚钱谋生的机会。有钱的家庭开设店铺，回龙人口较多的姓氏如林、石、王等均有人开店铺。上文提到回龙林氏友祥公支某房的族谱中载："于回龙兴隆上街有店铺一间，坐西向东……"民国初年出生的林清辉与石德煊等老先生便是在民国时开纸行的。也有的家庭买船当船老板，专门跑运输，上至汀州，下至杭城，甚至走向潮汕。回龙比较大型的老堂屋的建造者除少数为官吏外，多数是通过经商或跑运输赚钱的人。家境一般或贫穷的家庭与开店买船无缘，但他们有的是力气，靠为店主、船老板当帮工，或在码头当搬运工，或当挑夫，帮助商人集散货物，赚些小钱，养家糊口。以前缺粮严重的回龙人就是得益于这个渡口的繁荣，才摆脱了到外地漂泊或饿死家中的命运。

由于渡口的商贸繁荣，许多外地人被吸引到回龙定居，如上文提到的，丁姓因在回龙专营造船而定居下来，廖姓始祖因在回龙开纸行而定居此地。据说龙角村的许多小姓则是在此地撑船后娶妻生子定居下来的。三村居住的姓氏多达22姓，不能不说是商贸繁荣带来的结果。商旅的云集使回龙这块并不宽阔的山间盆地上居住了四方来客。居民点上房屋密集，户

---

① 丘复总纂：《上杭县志》，民国二十七年（1938）修，上杭县地方志编纂委员会2004年点校本。

与户之间仅隔一小巷。渡口商贸的繁荣带来的远远不止这些，还有更深层次的文化上的变化，如风俗习惯、宗教信仰及价值观等。

今天的回龙，因人口众多，离官庄墟有十多里路远，加之大桥的修建沟通了两岸，把长汀、上杭连接在一起，商旅往来者不少。为方便本地村民与过往旅客，新建的大街上开了许多店铺，有服装店、杂货店、副食品店、小吃店、水果店、药店，还有小生意人摆的豆腐摊、水果摊、肉摊等，另外各个小自然村也开设了不少杂货店。虽然墟市取消了，但是店铺仍然很多，因而墟场的迁移并未给回龙人带来太大的不便。以前可以靠着回龙的商业繁荣或开店或打工赚钱，现在虽然今非昔比，但沿海与城市的繁荣却给回龙人带来更多的机会。村中的青壮年男子不论文化水平高或低，多数都到外面赚钱去了。在家的多数是妇女和老弱病残者。妇女们在家耕田、种菜、带孩子、赡养老人，男子们在外赚钱，只在农忙时期或年节偶尔回家。

四、回龙的寺庙与神坛

回龙地处商业繁荣的渡口，民间信仰的内容丰富多彩。周围的寺庙很多，村民信仰多种神佛，有释迦牟尼、阿弥陀佛、药师佛、观音、弥勒佛、天王、关帝、天后、三仙师等。渡口还有一座基督教堂。村中建了福主公王、把界公王等神坛。此外，村中还存在不少自然崇拜现象。

（一）回龙的寺庙

1. 龙山寺

龙山寺坐落在龙华山东麓，在距回龙村约 2 公里的半山腰上。上山的道路弯弯曲曲，沿山而上可见整个山谷布满了大大小小的石头，石间清泉涌泻。寺左角有新老仙师岩，岩下有一水潭深不见底。该寺原名“龙山堂”，为明万历年间由八世祖林景进创建。《上杭县志》载：“龙山堂：县北平安里回龙乡之西，明万历年间林景进倡议助建，祀古佛诸像。林姓合施出田谷四十余秤，招僧住持。乾隆年间僧常云有道行。嘉庆二十三年贡生林国宝复捐资给香灯。”① 庙中主要供的是定光古佛。相传由于佛的灵验，乾隆年间有个叫圆通的和尚修成得道高僧。据报告人说，昔日龙山堂香火鼎盛，四乡来朝拜的善男信女络绎不绝。在“文化大革命”期间，庙被摧毁，以后曾几度重建。1996 年，林梦概、林国祥、林毕先等人倡议筹

① （清）《上杭县志》，卷二。

组龙山寺旅游区，聘普向师为住持僧，向回龙村及邻近的村落募捐，并得到了旅台人士林鸣罔、蓝锡广、林坤德、林培德等人的资助，重建了大雄宝殿，成今日龙山寺之貌。

龙山寺寺门朝西，大雄宝殿坐西南朝东北向，殿内的主神坛上中间供着释迦牟尼，右侧为西方极乐世界的阿弥陀佛，左侧为东方净琉璃世界的药师佛，左右两侧的神坛上供着十八罗汉。走进大雄宝殿，正下方立有一神坛，写着“施田檀樾法器林公同男景秀、景进功德神主”。大雄宝殿两边各有两间横屋，供住持、尼姑居住以及接待来客用。自此，龙山寺由原来主要供定光古佛的龙山堂转变成一座佛教寺庙。

2. 水井寺

水井寺位于回龙大桥的东北，红石村境内，离大桥约 1 公里，具体创建时间已无从可考。据庙内石碑记载，清乾隆年间曾重建，嘉庆年间也曾重修。省里考古专家测后认为该寺有 300 余年的历史。水井寺得名于寺右侧的一眼清泉，此泉寒冬时热气腾腾，暑夏冰凉甘甜，长年累月潺流不息。据说该泉含有多种矿物质，行人路过，无不喝上几口。

水井寺门口的茶亭内、偏殿内及地底下留存着一些碑刻，其中有的残缺不全，只存一些碎片；有的石碑完整，但碑文或被粉刷，或被刮削，或受风化，以致字迹成片不能辨识。但这些不完整的碑记仍能为早期水井寺的历史提供不少珍贵的线索与资料。

现存的碑记中，有四块内容相对丰富与完整，其中两块是乾隆十五年（1750）的《重建水井堂碑》；一块是嘉庆二十一年（1816）的《惠溢梅林碑》；另一块是写有“□□三十七年”的《修筑茶亭乐捐碑》。在清代的年号中，只有康熙与乾隆皇帝当朝时有三十七年，康熙三十七年为 1698 年，乾隆三十七年为 1772 年，推测应该是乾隆三十七年所立。而笔者早期作田野调查时看到的一块放在寺外、嘉庆十五年（1810）所立的《捐奉油灯碑记》，当时仅部分抄录，并对各姓捐款数目作了统计，后来再去跟踪调查，欲抄全碑文时却不知所向。另有三块分别是（道光）□十八年的《重建乐助碑》、嘉庆十一年的《重建水井堂碑记》以及应该是清代所立但不知名称的碑记，它们有的仅存碑文的一角，有的仅能读出个别字迹，利用价值不大。

乾隆十五年（1750）的《重建水井堂碑》是该寺现存较早且记载较完整的一块碑记，立于该寺左侧殿厢房的墙上。现对该碑所载各姓的捐款人数与捐款数目进行统计，列出表 2 - 1：

表 2-1　乾隆十五年《重建水井堂碑》各姓的捐款人数与捐款数目

姓氏	捐钱人数	捐钱数目	捐钱数不详者	姓氏	捐钱人数	捐钱数目	捐钱数不详者
周	17	>18 两 7 分	3	陆	1	4 钱 4 分	
林	49	>27 两 2 分	12	罗	3	6 钱	
李	10	9 两 9 钱 3 分		曹	9	>7 钱 8 分	3
张	39	>6 两 7 钱 6 分	15	陈	1	3 钱	
谢	1	3 两		赖	8	>7 钱 9 分	1
饶	3	3 两 3 钱 5 分		郭	1	2 钱	
钟	8	>2 两 4 钱	4	黄	6	9 钱 5 分	
池	6	2 两 3 钱		卓	1	2 钱	
许	5	>2 两 2 钱	1	王	9	9 钱 2 分	
杨	2	1 两 1 钱		邱	5	5 钱 8 分	
吴	1	1 两		范	1	1 钱 2 分	
沈	1	1 两		官	1	1 钱	
戴	1	5 钱		朱	1	1 钱	
巫	4	8 钱		刘	3	2 钱 3 分	
蓝	2	5 钱 9 分		邹	3	15 分	
总计	149	>80 两 2 分	35	总计	53	>6 两 4 钱 6 分	4

注：另有 47 名姓名不详者捐银 6 两 3 钱 9 分，31 名姓名不详者捐钱数目亦不详，未列入表中。因此，共有 280 人参与了捐钱。

从表 2-1 可知，乾隆十五年（1750）重建水井堂的捐款中，共有 280 人参与了捐钱，其中 70 人捐款数目不详，其余 210 人共捐了 92 两 8 钱 7 分。尽管在这块碑记中不少姓名与捐钱数目的字迹看不清，但仍能反映乾隆年间水井堂信仰圈的大致面貌。参与捐钱的姓氏包括周、林、李、张、谢、饶、钟、池、许、杨、吴、沈、戴、巫、蓝、陆、罗、曹、陈、赖、郭、黄、卓、王、邱、范、官、朱、刘、邹 30 姓。这 30 姓中，有不少都是回龙、红石、龙角三村现在没有的姓氏，如饶、卓、邱、范、巫、戴、罗、陈、邹、钟等姓。这些三村没有的姓氏，有的居住在邻乡，如钟姓的居住地在与回龙相邻的官庄及长汀县宣成乡均有分布，范姓居住在宣成乡泮溪村，陈姓居住在宣成乡泮溪、溪源、长桥村，邹姓的居住地在与回龙相邻的长汀县羊牯乡等。这些外乡的姓氏无论捐钱人数还是捐钱数目均不多，如卓、范、戴、陈、陆等姓捐钱者只有1人，其中可能有在当地开店或做工者。在捐钱者中，捐钱人数与捐钱数目最多的是林姓。捐钱数目居第二、第三的分别是周姓与李姓。而捐钱人数居第二的是张姓。从碑文可见，乾隆年间水井堂的信众以回龙三村为主，但信仰圈已扩展到邻近的乡镇。

（道光）□十八年的《重建乐助碑》、嘉庆二十一年（1816）的《惠溢梅林碑》与□□（可能为乾隆）三十七年立的《修筑茶亭乐捐碑》三次捐谷或捐钱的姓氏及参捐人数见表2－2：

表2－2　水井堂三通碑记中各姓的捐谷、捐钱状况统计表

（乾隆）《修筑茶亭乐捐碑》		嘉庆《惠溢梅林碑》		（道光）《重建乐助碑》	
参捐姓氏	捐谷人数	参捐姓氏	捐钱人数	参捐姓氏	捐钱人数
刘	1	江	4	周	2
林	10	李	2	林	34
江	1	石	1	刘	3
熊	1	林	6	李	1
姓氏不详	7	赖	2	张	1
		邹	1	姓氏不详	119
		陈	2		
		邱	1		
		钟	1		
		姓氏不详	5		

在《修筑茶亭乐捐碑》中，最值得关注的是，不仅有一林姓施捐了水井堂门口茶亭的地基田，而且在能辨别姓氏的13名捐谷者中，林姓有10人，其余熊、刘、江各1人，另有7人姓氏无法辨识。在（道光）《重建乐助碑》中，能辨别姓氏的41位捐钱者中，有34位是林姓，其中20人捐了7 400文，而其他姓氏仅几百文。虽然还有119名捐款数额很小的捐款者姓氏与捐款数看不清而未作统计，但从已有的统计可以看出，林姓在这次捐施活动中占主导地位。在嘉庆《惠溢梅林碑》中，同样是林姓的捐钱者最多。历次捐钱、捐谷林姓均占主导地位，这与该姓在回龙三村各姓中，人数最多、经济实力最强是分不开的。

据乾隆十五年（1750）的《重建水井堂碑》载：

思回龙乡有一古庵，名曰“水井堂”。钱（前）塑四大祖师尊神，朔望之朝拜继勤，琉璃之香灯不绝。奈□年久远，栋宇倾颓。予等思欲建造，每憾独力难成，窃常□挚易举，慕收重修，鸠工告竣，捐资土木清消，更兼下元焰口。除使费之外，谨将众姓乐助铭刻石碑，以志不朽。

从中可知，水井堂在乾隆时就被称为“古庵”，因此它的历史应该可以再往上溯一段时间。寺内供奉有四大祖师，但碑记中并未载明这四大祖师所指。根据笔者的调查，与回龙相距不远的宣成乡信奉定光、观音、伏虎三大祖师与田公祖师，并且每年正月十六有近乎全乡民众抬祖师游村的习俗，水井堂中的四大祖师是否指的就是宣成乡民信奉的四位祖师，这只是笔者的猜测，已难以考证。从碑文还可知道，水井寺中有下元放焰火等法事活动。

在嘉庆《惠溢梅林碑》中，主要记述了众信士捐钱购买田地、买仓所以及在水井寺的茶亭与回龙天后宫设茶缸以方便商旅与民众之事。根据此碑所载“内供大士诸佛”可知，水井堂供奉着观音大士及其他佛像。由于碑上文字有许多看不清，我们无法知道所买田产的具体状况。

值得注意的是，除了信众个人参与捐施外，还有一些商号参与捐钱、捐谷，如嘉庆二十一年（1816）的《惠溢梅林碑》中，有参成店捐助钱两千文；在（乾隆）年间《修筑茶亭乐捐碑》中，协和茂捐谷五石，协兴号捐谷数目无法辨识，另有鸿□曹、□□周与金□林也有可能是商号名称，但捐谷数量不详。据村中老人所述，其中的协和茂是当地最大的纸行之一。协和茂在乾隆年间的捐谷表明，协和茂纸行不仅规模大，而且历史悠久。另有一块残缺的《重建水井堂碑记》的最后写有“嘉庆拾壹年仲冬月广和馆助钱伍拾□”的字样，但这广和馆具体的历史与经营范围已无从可考。以上碑文的记载说明当地有不少商号参与了水井堂修建或重建等活动。

嘉庆十五年（1810）所立的《捐奉油灯碑记》载：“……神休著水井堂，乡福主也。地侧通衢，右侧清泉湍涌，不盈不涌。可临□而不可□污焉。圣光达□□，于斯内供大士诸佛之坛，为一方庇。去岁踊跃□者□□以奏□□□□而竟，终涂口成居□□□□于□□□□□，但朝夕□设义举，捐助厘息得□田以□□，每岁复以陆石□课外，捐谷肆石伍升，余谷壹石零柒升，值神诞日备庆□。俾同□者得日饮福于斯以谢□焉。”从中可看出，水井堂是乡福主所在地，里面供的是观音大士诸佛。嘉庆十四年（1809）曾踊跃捐款，但因碑中字迹模糊不辨，不知用于何事。嘉庆十五年再次捐款，在该寺门口买了一块田，租谷用于寺中点灯所用。捐款者在每年的圣诞日可到寺中饮福。从碑文后面的捐款姓氏与数目来看，石姓5名，共捐了37.7元；钟姓3名，捐了25.1元；吴姓1名，捐了6元；王姓1名，捐了4元；李姓1名，捐了11.8元；江姓2名，其中1名捐了11.8元，另1名与1陈姓一起合捐51.3元。结合上文可知，除石、吴、李三姓是今三村存在的姓氏外，钟、陈等都是与回龙三村相邻的一些乡镇的姓氏。

今日所见的水井寺是1993年由林寻进、石德发等倡导重建的，为众佛云集一堂的综合性庙宇。寺中比较大的神佛像都是在1996年11月1日开光升宝的。据说，当时莲池法会持续了三天三夜，相邻各县、乡的僧友和善男信女有数千人前来庆贺。

一进水井寺门，首先映入眼帘的是前殿笑呵呵的弥勒佛，他的背后是韦驮天像，两侧分别立着广目、多闻、增长、护国四大天王。大雄宝殿的主神坛上供着释迦牟尼和左右胁侍文殊、普贤菩萨，左边是药师佛和两胁侍日光、月光菩萨；右边是阿弥陀佛与左右协侍观音、大势至两菩萨。右侧还有历代祖师神牌位与财神像。右边的小神坛上供着土地公公，左边小神坛上供着千手观音。大殿的左右两侧分别立着九罗汉。大雄宝殿与前殿之间有一天井相隔。水井寺的左偏殿为古佛殿，供奉着大小相同的13座定光古佛。它们是回龙周围的一些姓氏放到寺中供奉的。其中，拱上林氏，桅杆树下，新寨园林氏，龙角朱、刘、赖姓，龙角罗屋、曹屋等5个小区域分别塑有大古佛与小古佛各一尊，界牌头林氏塑有大古佛、小古佛、五古佛各一尊。除回龙村外，回龙片的各个村庄打醮时都到此殿接古佛。

3. 金竹寺

金竹寺在寨子岽的山谷中，从龙角村到该寺约有4里路。金竹寺为龙角村一王姓男子所创建，他在寨子岽上砍柴时发现山谷极其幽静，旁边有一股清澈的山泉，认为这是个建寺庙的好地方，于是在泉水旁辟了块菜地。后来，其年老的侄女有一天在睡梦中见有仙人向她招手，仙人托她在寨子岽上帮其建寺庙。于是她不顾年老体衰，四处募捐，终于在1992年建成此寺。

该寺一进大门便是弥勒佛与韦驮天像。主殿上供着释迦牟尼、阿弥陀佛、药师佛、观音菩萨像与吉祥童子。左侧小神坛供着地藏王。右偏殿是古佛堂，供着定光古佛和两个神牌位。一个神牌写着“显应石仙祖师香座位”，另一个写着“唐敕封紫金光禄大夫曾文遄、杨钧松、廖金糟三位仙师神位”。1998年，人们又在该寺往上10米处建了石仙祖师坛。

4. 天后宫

天后宫位于回龙渡口边，兴隆街侧。其大门朝东，用长石条做成。宫顶塑有双龙蟠立、双凤角尾。据报告人说，天后宫在乾隆季年由林郁华等倡建。咸丰七年（1857）毁于寇，后经林忠仁等倡导重修。天后宫分为上下厅，左右厢房。上厅供着天后像，左右分别立着一个持印神和一个持剑神，人们称他们为千里眼与顺风耳。右侧有一小神坛，供着土地神。宫中的墙壁上绘有古人出仕的图像。宫门前有三级石阶梯，下面有二十三级石阶通向河边，据说隐含了天后生辰的含义。宫的旁边有一块平地，人称“戏台坪”。

由于天后名林默娘，所以回龙林氏裔均尊称她为“姑婆太太”。尤其是向她祈愿时，一般都默念姑婆太太，极少称其为天后或妈祖娘娘。

5. 仙师宫

仙师宫位于回龙村南山，供着三仙师和五谷神。成于何时已不可考，在破“四旧”时被毁。今所见的仙师宫是1991年林寿如倡建的，宫内有块捐献碑，碑上刻的103个捐款者均是林氏。

6. 南山寺

南山寺坐落在回龙村南山，今仙师宫东侧30米左右。村民称其为“伽兰庙”。据称，南山寺建于清乾隆中期，最初由童姓人倡建。寺内有如来诸佛，左右廊塑有十八罗汉、二十四诸天像。寺中香火极盛，有数十个和尚。据称，南山寺在道光二十六年（1846）被大水冲毁，随后得到修复。在咸丰六年（1856）又被毁，即又修竣。它是整个回龙片人的寺庙。

南山寺外十几米远处有一出米石，相传是定光古佛所赐。有一天定光古佛云游至回龙，见南山寺中和尚、香客很多，以至于粮食紧张，即发善心，将拐杖上挂的仙石摘下，置于路侧。仙石一着地就变成了一丈多高、数人合围宽的出米石，石上有小孔。定光古佛嘱咐寺内住持每日某时可在出米孔取米，人多时出的米多，人少时出的米亦少。如此过了一些年，后来有任住持，身染赌博恶习，为还赌债，一时起了贪心，暗暗将石上的出米孔凿大，以后便粒米不出了。村民们说，出米石在出米时期还可预示航程的吉凶。若石孔没出米，当日可能会有沉船之事发生。是以此时，船家均不敢出门航行。

7. 临渊寺

临渊寺位于龙头潭边的龙山上，四周均是石头，树木极少，首建于何时已不可考。据守寺7年的林姓老人说，屋内大梁上刻着“光绪三年重修”几字，林氏记忆中还有两次修葺。该寺可能建于清中期。临渊寺原名临渊亭，内供观音。今天所见的众神全是这位老者亲手所雕。中间供释迦牟尼、药师佛与阿弥陀佛，前面是观音与吉祥童子，右边是两座古佛，左边供着地藏王。

8. 关帝庙

关帝庙在回龙村，汀江岸上，距天后宫只有数十米。祭供的是关帝，何时始建已无从可考。据说毁于破“四旧”时，如今已被村民辟为菜地。

9. 广修寺

该寺位于龙华山顶，于回龙与长汀羊牯乡的交界处。现属羊牯乡管辖，但离广修寺最近的却是回龙人，回龙人视其为本地的寺庙。从龙山寺开始爬山，得花近1小时的路程才能到达广修寺。中途有段路陡若石壁，笔者上去时，简直是手足并用。下山时，但觉双膝发软，两眼盯着双足，根本不敢往山下看，只怕一不小心从悬崖峭壁上滚下去。因为路途较远且很艰险，回龙人认为去广修寺拜佛说明信徒心诚，必然会更加灵验。

广修寺原名“龙华寺”，大概由于地处龙华山顶之故。《上杭县志》载：“龙华寺：县北平安里龙山为汀、杭、永（应为武）三县交界之镇，周八十余里高数百丈，又有龙山古刹、二仙岩，一祀观音大士，一祀黄、幸三仙。又有瀑布水、龙头潭、仙桥、冲天烛、天门、金鸡大人石诸名胜。此为县北，发龙祖山散结村落甚多，惟回龙乡为最。”① 从中可知，广修寺在汀、杭、武三县交界处，但因为回龙就在龙华山脚下，所以回龙人一直把其当作本地人的寺庙。从县志对广修寺的记载可知，该寺早期供的是观音大士与黄、幸三仙师，而不是现在的众多佛像。

广修寺门口的空地上立有一块乾隆元年（1736）的《福田永种》碑。这块碑记为我们了解广修寺的历史提供了更加详细的资料。碑文载曰：

> 龙华建创始于康熙四年，□□□□，鼎创数十年来，虽钟鼓既设，香灯未□，□诸佛御前尚缺长明公一座，则佛光未免时明时晦，断□□□□。
>
> 雍正十三年，师徒仰叩十方檀那，随心乐施，即将募化银两，在于本山升科界内，仍余荒埔，土名□□田数秤，为历年耕作，永远以供琉璃油灯之资。

可见广修寺的前身龙华寺创建于康熙四年（1665）。创建之后，由于资金有限，寺内所供神佛座前没有长明灯，因此雍正十三年（1735），寺内的住持到周围募化银两，用民众乐施的银钱买了一块地耕种，收获的谷物用来作为点长明灯的油资。在此把碑中所载捐款者的姓氏、所在村落、捐款人数与捐款数量列表2－3如下：

① （清）《上杭县志》，卷二。

表2-3　广修寺《福田永种》碑捐款姓氏状况表

姓氏	捐款人次/捐款数目（两）	所在村落	隶属	姓氏	捐款人次/捐款数目（两）	所在村落	隶属
林	3/4	回龙	上杭县	余	1/不详	坪头	长汀县
饶	4/3.5	在城里	上杭县	丘	2/不详	坪头	长汀县
林	11/不详	嫩坑迳	上杭县	蓝	13/>4.3	拔头	长汀县
曹	5/>2.5	大坑头	长汀县	曹	1/0.5	官畲	长汀县
赖	1/0.5	塘坑	长汀县	周	1/0.3	周家地	长汀县
蓝	2/1	笙竹畲	长汀县	黄	1/1	流芳	武平县
李	1/不详	刘祖坑	长汀县	刘	1/0.5	流芳	武平县
刘	2/不详	坪头	长汀县	李	2/1		江西南昌

注：由于碑文中有些捐款数字不清楚，因此个别姓氏的捐款数目用“不详”表示，另有的姓氏的捐款数字能辨别，有的不能，故在其捐款数目前用“>”表示，因为统计的是其中能看清的那部分。

从表2-3可知，雍正十三年（1735）参加乐捐的姓氏有林、饶、曹、赖、蓝、李、刘、余、丘、周、黄11姓。这11姓大多是分布在龙华寺附近，长汀、上杭、武平交界处的一些村落，只有南昌的李文彬父子是外省的。据调查与考证，嫩坑迳为今上杭县旧县镇迳美村，流芳村为今武平县湘店乡三和村。碑文中长汀县宣成里管辖的大坑头、塘坑等8个村落全部为今长汀县羊牯乡管辖，明清时期的长汀宣成里范围包括现在的好几个乡镇，如宣成乡、羊牯乡、濯田镇水口、三洲等地。①

据邹文清先生对家乡历史的考查，此寺为其上祖与村中范姓祖先开创，如今寺内仍然供奉着这两位开创者的神位：

雪辉公联袂同村范公某，披荆斩棘，于龙华绝顶，建创伽蓝，使之高接云天，下连碧江，雄居于汀、杭、武三县交界之巅，为十方百姓广布法音、永种福缘！至今寺内仍立开山施主雪辉公及范公某的神位。②

① 邹文清：《抚碑慰乡思——读龙华寺〈福田永种〉碑》，载清澈湖的博客http：//blog. sina. com. cn/u/2759308874。

② 邹文清：《抚碑慰乡思——读龙华寺〈福田永种〉碑》，载清澈湖的博客http：//blog. sina. com. cn/u/2759308874。

可见龙华寺是由长汀羊牯乡的邹姓与范姓上祖创建的，寺的大门朝向羊牯的方向。前述碑记中的捐款姓氏也大多来自长汀县羊牯乡，因此，广修寺早期的历史显然与长汀羊牯乡的关系更为密切。

今天所见的广修寺较为宏伟，与上述几座寺庙相比，是规模最大、建筑最华丽的一座寺庙。寺周围是果树、竹林、菜地、池塘，寺的建筑包括前殿与大雄宝殿，之间相隔一高一低两块坪地，左边依次是旧殿、钟楼、功德堂，右边则依次为供定光古佛的旧殿、鼓楼、报恩堂。前殿供着弥勒佛与天王，大雄宝殿中间供着释迦牟尼、药师佛、阿弥陀佛。左侧坛上供着观音，右侧供着地藏王。

上述的几座寺庙，从建寺时间上看，除金竹寺建于20世纪90年代，龙山堂建于明万历年间外，其余几乎都建在清朝，且多数是在清朝中期。这大概是清朝商品经济带动的结果，或者确切地说，是回龙渡口纸业集转繁荣所带来的。从寺庙所供的神明看，除天后宫供的是天后，仙师宫供的是三大仙师与五谷神，关帝庙供的是关帝外，龙山堂过去供的是古佛，广修寺过去供的是观音与三仙师，水井堂过去供的主要是观音，临渊寺过去也只供观音，而现在这几个寺供的主神都是释迦牟尼、药师佛、阿弥陀佛，另外还有地藏王、观音、弥勒佛、韦驮天、四大天王、十八罗汉、定光古佛等。据说这几个寺庙神像的布局与古老的南山寺相似。事实上，这种布局都是近几年才改成这样的。这不仅是回龙人“忆古”的结果，也是回龙人“思今”的杰作。比较官庄乡其他地方的寺庙可以发现，位于官庄墟南部十里许有座东峰寺，又称“仙人岩”。仙人岩中的大雄宝殿的神像排列顺序与其他寺庙的相同。仙人岩是上杭有名的佛教寺庙之一，游玩与烧香拜佛的人很多，功德箱中的捐款也比较多，从而给寺庙带来很高的收益。回龙上述几座寺庙的布局类似于仙人岩，可能是参考仙人岩的结果。众所周知，释迦牟尼、药师佛、阿弥陀佛以及地藏王、观音、十八罗汉都是各地佛教寺庙中共同祭供的神祇。回龙人雕这些神像的目的是使这几座回龙的寺庙成为正规的寺庙，把回龙建成类似仙人岩的旅游区，争取成为上杭的一个旅游点，以带来经济效益。村中的老人告诉笔者，为筹建旅游区，他们曾忙乎了好几年，向各地的林氏宗亲发函，请他们捐钱资助回龙修扩寺庙与雕神像等。

从寺庙的层次来看，金竹寺是龙角村王氏所建，为一宗族性的庙宇，拥有的信徒很少；临渊寺与已废的关帝庙以及林氏在南山新建的仙师宫也是宗族性的宫庙；而天后宫、水井寺与古老的南山寺则是跨宗族的庙宇。水井寺嘉庆十五年（1810）的《捐奉油灯碑记》中所载的15个捐款者包含了7个姓氏。1996年重修并雕佛的捐献名单中包括了林、石、曹、蓝、饶、池、周、罗、李、刘、梁、钟、丁、赖、谢、余、王、廖、官、杨、朱、陈、吴、黄、张、卢、蔡共27个姓氏。姓氏范围已越出回龙渡口三村，但仍在回龙片的范围内。天后宫虽然是林氏所倡建，但因地处回龙渡口边的兴隆街上，且天后具有护航保商的功能，因此信仰者除了回龙的村民外，还包括渡口的商人、船家与过往的商旅。每年正月初九举行的由船主们出钱打的“船头醮”，八月中旬在天后宫举行的盛大庙会，以及妈祖生日庙会，均由各商店共同参与，这说明天后宫是个跨宗族的庙宇。它不仅与水井堂一样为回龙各村群众信仰，而且因天后特殊的庇佑功能，信徒还包括了回龙的众多商人和船家。广修寺地处回龙与长汀羊牯乡的边界上，信仰者包括回龙与长汀羊牯乡的民众，是一个信仰圈跨县域的寺庙。

（二）回龙的神坛

回龙不仅寺庙多，村中建的神坛也很多，几乎每个自然村都有。安奉有杨太伯公神坛、石固石猛公王坛、把界公王神坛、福主公王神坛、三将公王坛、石仙、上古公王神坛。现把这些公王坛的所在地、所属行政村、信仰范围、外观等列成表2-4：

表2-4 回龙三村各神坛概况表

神坛名称	所在地	所属村落	外观	信仰范围	备注
杨太伯公神坛	回龙大桥西南	回龙	水泥铸成	桅杆树下、新寨园林姓	
上石公王神坛	松毛寨下	回龙	石块、水泥铸成	李、陆、林姓	写有“上石福主里社大官神位”
石仙	洋田上	回龙	一块披红布的石头	洋田上林姓	
石固石猛公王坛	水轮泵厂旁边	龙角	水泥铸成	王屋王姓	
石固石猛公王坛	岸岭	回龙	水泥铸成	岸岭林姓	对联为“主佑万民水陆通，福德千秋灵感显”

（续上表）

神坛名称	所在地	所属村落	外观	信仰范围	备注
把界公王神坛	店晨岗	龙角	方正的石头与水泥	龙角刘、赖、官等姓	
把界公王神坛	回龙大桥东侧	红石	不详	红石石姓	已废
把界公王神坛	水轮泵厂旁边	龙角	水泥铸成	王屋王姓	
把界公王神坛	朱屋小溪边	龙角	数块小石头垒成	朱屋朱姓	
福主公王神坛	洋田上	回龙	水泥铸成	洋田上林姓	
福主公王神坛	回龙大桥东南	红石	水泥铸成	红石林姓	对联为“公王坛前保平安，福主坛前求清吉”
福主公王神坛	青头下	回龙	水泥铸成	回龙村众姓	
三将公王坛	店晨岗	龙角	石块垒成	龙角官、赖、刘等姓	对联为“万民男妇求永惠，千秋香火祈降福”

这些神坛，有的是单独安设的，如杨太伯公神坛、上石公王神坛、红石的福主公王神坛、青头下的福主公王神坛、朱屋的把界公王神坛与岸岭的石固石猛公王坛均独处一隅。也有的是两个神坛并列建在一起，如店晨岗的三将公王坛与把界公王神坛并排在一起，都是坐南朝北，正对着回龙至长汀的路口；洋田上的福主公王神坛与石仙、王屋的石固石猛公王坛与把界公王神坛均并排建在一起。这些神坛几乎都设于所在小自然村的路口，通常是几条路的交叉点上，据说不仅可以保护土地不被侵占、好风水不致流失，而且可以保佑村民清吉平安，防邪气入侵。

以往，村民们凡事都要问过村中公王后才能决定怎么处理。据说连乞丐行乞，也得在村口拜问公王后才能进村。村民们娶媳妇或嫁女儿时，均会在婚礼前到坛前向公王奉报，并且在成亲那天，挑着众多物品的迎（送）亲队伍要在村口把食物一一排开，祭供公王之后才能进出村庄。村民在宰杀家畜、家禽时，不论年节都要拿到神坛前祭供后才能煮给家人吃，至今仍有不少年老的村民保留此习。当地人有句口头禅：“公王不开口，老虎不吃狗；公王不点头，老虎不吃牛。”连老虎吃牲畜也要征得公王的同意，足见其神威。

除了信奉上述各尊神佛和公王，回龙还存在不少自然崇拜的现象：

1. 土地崇拜

以前村民在耕种的田地旁会安“田伯公”的牌位，下种时烧香祈保禾苗丰收，反映出当地人对土地的崇拜。

2. 水崇拜

水井寺的旁边有一泉眼，流出的是矿泉水。据寺内碑刻介绍，其“水质极佳，含多种矿物质，用以冲洗疮疤，更是神效，故被誉为‘仙水’”。从上杭县城、龙岩市来的客人经常会带上桶，装满水运回去喝。附近的数十家村民则用长长的塑料管子把水引到家中。泉眼的旁边有一个神坛，人称“水姑坛”，坛前有盏灯经年不熄，常有村民到坛前烧香。

3. 石头崇拜

有些村民会在房子的门牌上竖“泰山石敢当”，以镇房屋的邪气。另外，回龙至今流传着许多关于石头的传说：

（1）龙头潭的传说。龙山的北端绵延至汀江入口处有一块大石头，中间又吐出长尖石，形似龙头，人称“龙头石”。汀江流到此处形成一深潭，据说在未建水电站前，这潭很深，水呈墨绿色，至今老人们仍然记得潭边有碑，碑文曰：“此潭深不可测。”因而村民认为深潭中驻有龙，加之旁边又有龙头石，便把潭称为“龙头潭”。潭的左边有燕子石耸立于山峰，山下有蛇形石；潭的另一边有蛤蟆石，与蛇形石形成隔河相逐状。村民认为这几块石头是经仙人点化的石头。

（2）龙女面石的传说。离龙头潭数百步的下游中有几块石头，围成了一圈，形似美女面容，相传为龙女面石。以前每遇大旱之年，村中的士绅便会率领村民，用一块块草皮把石头贴起来，以封住龙女的口，使龙女不能喘气。然后摆出三牲、酒、菜等物，向龙女面石祭拜、祈祷，再拜天地祈雨。即刻便会乌云翻滚，电闪雷鸣，落下大雨，使久旱的禾苗得救。村民们认为这是封住龙女的嘴后，龙头潭中的龙显威的结果，所以几百年来村民都把龙女面石当成至宝。

（3）水牛精作怪与镇龙石的传说。相传龙头山住着仙人，至今山中藏有仙人的天书和宝剑。有一年，仙人的坐骑——水牛私自到人间干了许多坏事，仙人一气之下，把这水牛精打入了龙山堂左边新仙师岩下一口深潭中，以示惩罚。回龙的群众每年都用纸做成铁链，在潭前烧化到潭中，意为锁住水牛精，以防它再次作乱。某一年，因为烧的纸链有一段没烧化，所以没镇住水牛精，导致水牛精在深潭中一个翻腾。这一翻腾弄得山崩地裂，龙华山东半部大片大片的山石纷纷滚落下来，以致龙山堂前的整个山谷石头林立。其中有一块是仙人用于镇住龙头潭中巨龙的镇龙石，这块镇龙石一直滚到了十多里外的官庄坝。官庄坝的蓝氏如获至宝，把它供奉在镇龙庵中，称为“石头菩萨”。据说这个石头菩萨具有祈雨的功能，官庄坝的群众一遇干旱就要把石头菩萨抬出来，先绕着汀江河走一圈，然后抬到村中接受村民的膜拜，通过打醮向它祈雨。若醮会后仍不下雨，就会把它抬到炎炎烈日下暴晒，乃至敲打；或者把它推入河中让河水浸泡，以此求雨。

此外，上文还提到了南山寺边出米石的传说；金竹寺中供有“显应石仙祖师座位”，旁边又建了石仙祖师坛，受到村民的膜拜。

上述的几则传说与石仙祖师坛的设立均表明回龙人对石头的崇拜比较普遍。第一则传说中出现龙头石、燕子岩、蛇形石、蛤蟆石，把对石头的崇拜与动物联系在一起，并赋予其灵性，认为是仙人的点化石。第二则传说中对龙女面石的崇拜几乎到了神明的程度，可以通过它祈雨降福。第三则传说中，龙山堂的镇龙石成了官庄坝的石头菩萨，备受村民的膜拜。而南山寺边出米石的传说中则把石头与定光古佛的仙石等同，具有奇特的功效，可以出米，可以预示航行的祸福。金竹寺到了90年代还兴建石仙祖师的神牌与神坛，这从另一个侧面反映了回龙民众石头崇拜心理的根深蒂固。

此外，在回龙人的信仰中，还有以阴阳两极与八卦图来镇房屋之“煞”气的习俗。桅杆树下一座一百年前建的大型堂屋中，其大厅的后墙上有一个石头做成的窗户，这块石头的造型便是中间为阴阳两极图，两极外是八卦图。无独有偶，细坝子里一栋新建的小洋楼则在正门与后门的门上都画了一副这种图。据楼房主人说：“这是祖传下来的镇‘煞’防邪的好方法，可以保佑家人平安顺利。”

五、回龙的醮会

由于回龙田地少，水资源不足，因此粮食产量低，村民收获的粮食不能解决温饱。但回龙繁荣的商贸给村民提供了许多赚钱的机会，部分农民转而成为商人、帮工或半商半农、半工半农，以养家糊口。因此，回龙存在明显不同的社会分工：农业经济中的务农者与商业经济中的商人与帮工。回龙的醮会可以划分为围绕农业、商业举行的两种醮会。区分的标准是打醮的目的、地点、信仰的神以及主要参与者与出资者的身份。前者打醮的目的在于保护村民的平安，所祈的神明是定光古佛、五谷神、三仙师等，参与者与出资者主要都是村中民众，打醮的地点是在村落中，并以房族为单位进行。后者建醮的目的在于保护店主、船家们商旅平安、财源广进，醮会是在兴隆街上的天后宫中进行，参加者与出资者主要是当地的店主、船家与帮工。

1. 船头醮

这个醮会几乎完全由船主及其帮工组成，出资者为拥有船只的船老板，俗称“船家”或“船夫”。醮会在正月初九进行，大概因为“九”在当地是一吉祥数字，并且此时正是船主们过完春节，即将开始新一年的航程之时。按当地人的习惯，春节正月初七之前不能开工做事，否则便不吉利。天后是航海领域的最高保护神，从沿海地区传入闽西山区后，与商贸紧密结合起来，成为商贸与航运的保护神。汀江航道险滩重重，单是上杭至永定峰市这段航道就有 21 个急滩，船工稍不留意便容易出事，非死即伤，弄得船翻货沉，损失惨重，因而船主们希望通过醮会祈愿妈祖保佑他们一年航行顺利、财源滚滚。而船工们自然也希望航行平安、身体健康，这样才能挣到工钱。

正月初九，回龙的船只全部集中在天后宫下面的汀江中，船头对着天后宫，船主及船工们在天后面前烧香、叩头，祈求天后保航护货，然后在船前大鸣鞭炮。下午与晚上在戏台坪前上演戏剧，以示庆贺，村民们均云集在戏台前观看。天后宫中还会大办酒席，出资举办醮会的船主们都有机会前去饮福。

2. 商人醮

商人醮实质是由回龙兴隆街与白石角街上的店主们出资举行的庙会，回龙人把它称为“商人醮”。庙会在天后宫前进行。组织者一般是信仰天后能保佑商贸顺利，并且经济实力比较雄厚、有相当号召力的老板。时间在八月份的某日。庙会时间的长短主要取决于店主们出资的多少，短则七八天，最长可达一个月。庙会的主要内容是祭拜天后，同时通过长时间的上演戏剧吸引四方商旅，促进物资交流与商贸发展。醮会期间的下午和晚上都在天后宫前的戏台坪里上演戏剧，由数个戏班轮流演出。戏班多数来自潮汕或漳州一带，他们住在天后宫旁的友祥公总祠内。村民们对庙会的具体内容已记不太清楚，但对戏台坪上天天上演戏剧、热闹非凡的景象却记忆犹新。因而，他们都把八月的庙会称为“做大戏”。

3. 古佛醮

古佛醮是回龙村民们组织的最大规模的醮会。一年有两次：正月的叫“平安醮”，目的在于祈保村民一年平安顺利、五谷丰登、六畜兴旺，并驱除邪气，保佑村内清静祥和；十一月的叫“谢恩醮”，意为感谢定光古佛的恩德，给予了他们平安丰收的一年。

古佛是村民对定光古佛的简称。定光古佛俗姓郑，名自严，福建泉州同安县人。11 岁时，他恳求出家，后来又到武平县，驻于南安岩中。82 岁时圆寂，后被赐封为“定光圆应普慈通圣大师”，俗称“定光古佛”。

在民间的传说中，定光古佛的法力无边，是百姓的庇护神。他可以祈雨救旱、驯服野兽、活泉止水、治河护航、赐嗣送子，甚至可以避免战祸。由于定光古佛可以满足山区农耕社会的种种需求，如风调雨顺、水源充足、劳力充足、无祸无灾等，因此人们对定光古佛的崇拜盛行于山区。在上杭、武平、长汀等地的定光古佛信徒众多，在官庄、回龙几乎无村不祭。一位报告人告诉笔者，由于祭供古佛的村落太多，在打醮时，古佛忙得不可开交。但古佛不愿看到村民为争佛而大打出手，于是便想出了一个好办法：把山上的五个藤包捏制成他的化身，让他们分别到各地保乡佑民，接受苍生的祭供。群众把他们分别称为大古佛、二古佛、三古佛、四古佛、小古佛。庇佑回龙与长汀宣成、羊牯的是大古佛与小古佛。

回龙的古佛醮经历了一个复杂的变化过程。据报告人说，回龙人最初与周围官庄、长汀宣成、羊牯交界地带的村民一样，都得到武平梁野山迎请古佛。回龙在正月初八、初九打醮，这两天是回龙最古老的打醮日，人称“古日子”。定光古佛有了五个化身之后，各地才分开，各择吉日打醮。回龙林氏把时间定在正月二十三、二十四日两天。然而随着林氏人口的不断增多，他们逐渐向红石、朱堡、蕉坑、上濯、下濯等地迁移。两天的打醮时间已经不够用，因此除红石、回龙两村林氏合在一起外，其余各村自择时日。过了一些年，七祥公与友祥公两支在共同的生产生活中发生了许多摩擦，友祥公支便有人发牢骚说：“我们这房也有祠堂，为何醮场却年年设在七祥公支祠堂中，每次都是替大房人打醮。”两房后来便分开打醮，七祥公支的醮场仍设在老屋下的福孙公总祠中，日期在正月二十二、二十三日两天，打醮的路线为醮场—李陆—下新屋下—长丘头—梦泉家—汉阳厅—庄背石下厅—牌楼下—松毛寨下—上坪—学祺屋—石子家—天山屋下—红石岗上—红石圳下（冷水坑）—醮场；友祥公支的醮场设在惟信公厅中，日期在正月二十四、二十五日，其路线大致为惟信公厅—拱上—新寨园—梳杆树下—渡上—红石村寨背岭下—醮场。后来，七祥公支中不知何故发生矛盾，致使新寨园人从中分离出来，打醮日期改为古日子即正月初八、初九。而友祥公支在一次打醮中，李陆与低坪林氏中各有 1 人作代表在醮事中“走天王”，李陆的人屡撞低坪的人，由此导致低坪两小房林氏中作为代表参加“走天王”的那一房跟李陆人发生吵架事件，该房的人便不愿再与李陆人合在一起打醮。于是他们烧香拜问古佛，经过古佛恩准，把打醮改在正月初六、初七进行，而另一小房仍然在正月二十三、二十四日与大家一起打醮。又过了一些时候，桅杆树下的人因不堪忍受打醮时众多客人在家吃住的沉重负担，便选在正月十四、十五日与树人村蓝氏同日打醮，因为当时林氏与官庄树人村蓝氏联姻的甚多。但是，到了正月二十四、二十五，客人不知缘故照旧来作客，林氏不便解释，怕丢面子，同时又不好提出回到友祥公支中去打醮，于是便把时间改在正月二十四、二十五日两天。这样便形成了今天回龙林氏分散在正月初六、初七、初八、初九、二十二、二十三、二十四、二十五日打醮的局面。

报告人告诉笔者，林氏的古佛醮一般都不让周围的小姓氏参加，然而最初是否这样已不可考。红石村一位石姓报告人告诉笔者，以往林氏打醮时，众姓都是在林氏扛着古佛游境从其房屋旁边经过时，偷偷地在家中厅堂设香案拜古佛的。众姓虽然不参与打醮，但是亲戚朋友到家中作客的数量并不少于林氏。后来，石氏与其他各姓也选在林氏打醮日的前后举行醮会，如龙角朱、刘、赖姓在正月二十四、二十五日，龙角罗屋、曹屋在正月二十三、二十四、二十五日，龙角王屋在正月二十二、二十三日。但是他们打醮却不游境，不像林氏那样大张旗鼓，有鼓手队、旗帜队等，以至于红石村的林氏笑石姓："林屋打醮，石屋帮腔。"这些小姓打醮时到水井堂扛古佛，而林氏打醮时扛的大、小古佛都来自龙山寺中。打醮时，他们不再到梁野山中去"分香火"，但迎香案仍写着"梁野山大德定光古佛座位"的神牌。

各房醮会的组织者都是房中有威信、有号召力的人，并且是古佛的忠实信仰者。资金的来源主要有两种：一为每家每户摊派，人多的房打醮时才收0.5元/人，人少的房则1～2元不等；二为个人自愿捐款。资金主要用于支付道士、吹弹手、戏班人员的工资，以及购买醮场、戏台上用的灯泡、插座等小物件，支付伙食费等。一般在醮会前几天，醮会的理事要预请道士、戏班，并在醮场前搭好演木偶戏的戏台。戏班人员与道士住在醮场附近的家庭中，轮流在村民家中吃饭，有的房还把东家的户主名写上榜，在醮场中张贴，如李陆的醮场上贴着：

元月二十二、二十三、二十四、二十五日新年建醮饭餐安排如下：
二十二日：中餐永梅负责，晚餐荣扬负责；
二十三日：早餐金扬负责，中餐春卫负责，晚餐先珍负责；
二十四日：早餐旭春负责，中餐旭树负责，晚餐城扬负责；
二十五日：早餐兰珍负责。

戏班在正月二十二日便会到来，二十三日建醮，二十四日游境，同时上演木偶戏，一直到二十四日晚，因而饭餐安排至二十五日早上。

醮会主要有起头坛、发表、早朝、午朝、游境、放水灯、秉烛、送神等程序。下面以李陆林氏为例叙述。

正月二十二日，理事便派人到龙山堂把定光古佛迎请到醮场中。二十三日一大早，道士把定光古佛扛到流水边，放在预先设置的干净桌上，用粗糙的谷糠蘸清水把古佛身上的金漆刮掉，再重新给他涂上一层金漆，意为给古佛“穿新衣”。然后取清水打湿毛巾，用湿毛巾在古佛面前作给古佛洗脸状，若恰逢新开光的古佛，则必须在穿衣之前入“六脏”，即把金银财宝、珍珠玛瑙等从古佛像背上的四方洞内塞进肚中。然后由总理燃香、道士主持，把古佛扛回醮台的供桌上，称为“古佛安座”。此时，乐声大作，铜锣、鼓、钹、铮、二胡、六角弦、扬琴等吹拉弹唱，各显其能。在乐声中，福首燃香跪拜，道士延请古佛“升殿”。白天任由村民燃烛点香祭拜古佛，晚上则由鼓手队弹奏，道士念经做法事，人称“做头坛”，即为起醮。

二十四日早上，打醮开始，首先是起幡竹，早上到山上砍一棵挺拔的毛竹，尾部留一定数量的枝叶，插在醮台旁边。当地人有“幡竹头下驻阴魂”之说，把幡竹插在醮台边，底下放些带子粄、斋饭、豆腐，燃蜡点香之后就可镇住孤魂野鬼、邪恶之神，以防他们混进醮场，干扰打醮。然后道士、鼓手队等走到香案前，由香首燃香，道士请神，口念：“燃香拜请，天地神明，拜请梁野山定光古佛，汀州府府城，上杭县县城，上至坑原，下至水口，通乡福主，一切尊神。今日官庄乡回龙村李陆全体信士，为正月二十三、二十四日建平安醮，敬请神明到醮坛。坛中排有一切信礼、斋酥、果供，一切奉上，请各位神明共同赏领。”请完神后，道士、鼓手队等转到醮台“上表”。表用鲜黄色的纸书写，故又称“黄表”，以示尊贵。表包括表头、表中、表尾三部分，均用竖体字书写。表头、表尾均有固定格式，表中则为捐钱物的人名。表头的一般格式为：

伏以

佛恩广大，能降人间之福

今即奏为

圣德汪洋、万物以通

大中国福建上杭县官庄乡回龙李陆村林宅立坛皈依奉道

迎佛保安上表，佑富、衹财、迎祥，虔诚

香首：林镜扬、旭煌、连棠

福首：林金扬、朝杵、春卫、承梅、福块、城扬、吴珍、先才、先珍、带书、旭春、师扬、旭煌、荣书、石裕昌、六扬

将各家鸿名开列于后（略）

表中部分为各家的名字，表尾的大致内容为“（前接表中人名）即自诚心拜于大德定光，合乡福主、神祇位下，醮延海合，同降临坛主盟，收举（集）下情言，念生逢盛世，安分良民，天地之包容，赖圣兹之灵佑，信士等虔诚备香灯、花果等物拜谢。佛恩有感，赐福无疆。更祈保合家男女清吉、老少平安、男增百福、女纳千祥、财源广进、生意兴隆、禾苗丰稔、五谷丰登、坐船乘车、水陆平安、上逢吉庆、下逢贵人、人才兴旺、家畜平安、百事亨通”。上表前，由道士将众信士名字列入表中。上表时，先由香首在道士的引导下，向古佛三叩头：一叩首祈愿古佛保佑通乡人口平安；二叩首祈愿古佛保佑通乡禾苗大熟；三叩首祈愿古佛保佑六畜康宁。然后香首半跪在神坛中央，双手托起表盒，道士接表念表文，向诸神申达。此外，表还有集体名单与个人名单之分，两者的表头表尾并无差别，区别在于表中的姓名是合众的还是几个人的。个人名单至少两人同表，并且只有捐款数额超过一定数量才可以单独列上表。

起幡竹与发表都必须在早饭前完成。早饭后，由福首陪香，一道士敲木鱼，一道士念经，在神坛前做法事，为村中众姓的平安康裕而祈祷，俗称“做早朝”。早朝结束后，由村中居民自由祭拜古佛，到11点左右，醮会理事把准备好的坛香、油灯、塑料花、水果、茶、宝珠、铜钱、水等10样物品端给古佛前的道士，道士再把它放到供桌上，称为“上供”。供奉古佛的10样物品全奉上后，转为做午朝，仪式与做早朝相同。

午饭后，村民们组成浩浩荡荡的游境队伍，把古佛请离醮台，扛到各地去巡游。队伍一般按下列顺序排列：放鞭炮者，举旗帜者，道士，端香案神牌者，古佛，鼓手队，总理、副理及自愿参与游境的村民。队伍步出醮场，两面铜锣敲了起来，意为给古佛鸣锣开道。在古佛巡游的路上，则改为放“高升炮”，偶尔敲几声铜鼓。在每一祭拜古佛处，村民早早就把香炉、水果、油豆腐、糕点等斋品放在案上，等候古佛的到来。古佛到后，该处居民燃起一串串长长的鞭炮。在鞭炮声中，鼓手队坐在一旁弹唱，古佛被安置在供桌上。祭供古佛时，先由福首陪香，一道士敲木鱼，一道士则在古佛前念经，为该处各户村民祈福消灾。祈福结束后，该处各户守候一旁，等着放鞭炮的小孩们便迫不及待地把各自的鞭炮点燃，同时

放神铳三支连，“轰、轰、轰”的炮声震耳欲聋。在硝烟弥漫中，各户善男信女争先恐后地焚香点烛，对着古佛叩拜，嘴里念念有词，为家人祈愿。鼓手队则在一边吹拉弹唱，为祭拜古佛推波助澜。若遇村民家中有特别的灾祸或不顺心之事，需祈求古佛帮助消灾避凶的，则需事先告知道士，由该户代表陪香，道士跪着诵经，并向古佛阐明事由，代该户祈福。祈福完成后，户主还得特备红包送给道士及鼓手队。该处大鞭炮放完后，出游的古佛队伍便动身到另一个祭拜古佛点。

以往古佛在每个祭拜点的停留时间取决于该点居民燃放鞭炮时间的长短，鞭炮放的时间越长，古佛停留的时间也越长，反之则短。村民们普遍认为，把古佛留住的时间越长，古佛就越灵验。加之某些村民为了摆排场显阔气，通常会燃放很多鞭炮。由于家与家之间，房与房之间互相攀比，谁也不甘落后，因此鞭炮总是没完没了，以致古佛迟迟不能起座离开，把古佛巡游全村的时间拖得很长。为此，建醮理事会不得不限定每处的迎佛祈愿时间，以控制这种现象。现在，游佛队伍一般在每处停留 5 ~ 15 分钟，常常是不待鞭炮放完便离开了。

古佛巡游完各家各户后，村民们便尾随游佛队伍一起到汀江河边放水灯。在此之前，水灯需先派人送到河边，并设好香案。当地人认为，孤鬼恶神多是河头坝尾自尽之人，这种鬼神多驻在河边，因而放水灯旨在避邪纳福。古佛安坐桌上后，由福首在旁烧香，等道士念完经才能开始放水灯。村民用长长的竹竿把燃着的水灯推到河中央，水灯随水流流得越远，村民们就越欢喜，因为流远的水灯意味着邪气已被带走。若水灯不随水流去，甚至往河上回旋，村民们便会认为是不祥，有孤魂野鬼徘徊不去。出现这种情况时，得重新在古佛前祈愿，重放水灯。游境队伍回归醮台后，鼓手队敲起鼓，奏起乐曲，将古佛复位升座，并再次燃香叩拜古佛，游境便宣告结束。

晚饭后，鼓手队奏唱《十二月好人》、《拜首》等曲子。几曲之后鼓手队稍稍歇息，道士在古佛前焚香秉烛祭拜，然后演示“走天王”，为村民消灾解厄。接着进行完醮送天神，包括倒幡竹与送天神。倒幡竹时，由福首、道士到醮坛外面“砍”幡竹，将幡竹拔起，以手作拿刀砍伐样，把幡竹“砍”为两截。道士则念：“醮事已完成，一切孤魂野鬼享受金银财宝，红花血食，受领后远走别方。”福首在幡竹边燃起鞭炮，烧起草纸，将孤魂野鬼送掉。“红花”指的是人们在杀猪或宰牲畜时，将血喷洒在草纸上，成为斑斑点点的红色血花。倒完幡竹，福首、道士等回到醮台下送神。道士在香烟袅袅中念着：“众位神祇，今日醮事已完成。奉送诸神返天庭，有庵（者）归庵，有坛（者）归坛，各归原位。”旁边福首等搬动古佛，意为古佛起身。醮台外面张贴的红榜、古佛前的黄表等悉数烧掉，醮事宣告完成，古佛被送回龙山寺。

围绕村中的平安清醮，醮台旁边临时搭了个戏台，供上演木偶戏之用，一般演2～3天。醮会期间，家家户户人来人往，主人忙着迎古佛与招待四方亲戚，客人赶着看木偶戏与古佛醮，乐曲阵阵，鞭炮声声，人群欢腾，宁静的山村显现出一片繁闹的景象。但是打醮也给原本并不富裕的一些村民带来很大的经济负担。尤其在新中国成立前，各房各家互相攀比，摆排场，往往不惜巨款买鞭炮，看哪个房放鞭炮的时间最长。各家还得自备香烛、鞭炮、祭品等。最大的费用则是招待客人，醮会期间，几乎家中所有的亲戚都会赶来看热闹，许多穷苦人家为了不至于在诸多亲戚前丢面子，不惜借钱借粮来招待他们，以至于村民说：“打一次醮，过一场劫。”打大醮是过大劫，打小醮是过小劫。

如今打醮的程序比以前简化了许多，如给古佛“穿衣”、倒幡、放水灯等，有的房打醮时便忽略了这些程序，并且游境的路线也不再固定不变。以前一般都是各小房集结在一块儿，共同在本房的厅堂中设香案迎古佛，而今只要肯出钱，并给道士、鼓手队等红包，某家便可以单独设案迎古佛，随意了许多。从上文李陆张贴的红榜榜文福首名单中出现“石裕昌”之名还可看出，历史上林氏打醮时把众小姓排斥在外的严格的宗族界限已被打破。

4. 保禾醮

保禾醮是在五月份稻谷快要出穗时，村民们为祈愿风调雨顺、禾苗能够获得好收成而举行的醮会。醮场设在松毛寨上。届时，村民们会敲锣打鼓把三仙师与五谷真仙从仙师宫抬出，扛到村周围的田地中游巡后再抬回宫中。回龙三村的保禾醮也像打古佛醮那样分散进行，而不是同村的各个宗族联合起来打醮。

六、回龙与古坊村信仰习俗的比较

（一）回龙与古坊村的信仰习俗的区别

回龙的信仰习俗与同在上杭县的中都镇古坊村的信仰习俗相比，具有如下几个明显的特点：

（1）信仰的形式复杂多样，涉及基督、佛、道教及自然崇拜等。回龙三村有大大小小的寺庙九座，里面供奉着释迦牟尼、阿弥陀佛、药师佛、文殊菩萨、普贤菩萨、日光菩萨、月光菩萨、观音菩萨、大势至菩萨、十八罗汉、四大天王、韦驮、弥勒佛、定光古佛、三仙师等。古坊村范围内的寺庙有四座，即天后宫、五显宫、仙师宫、观音厅，祭供天后、三仙师、地藏王、五显公王、五谷神、观音与十八罗汉等。因为古坊村是整个中都水入汀江的水口，所以其中的天后宫与观音厅都属中都人所有。属于古坊村的是主要供五显公王的五显宫以及供三仙师的仙师宫，规模与回龙的寺庙不能比拟，所供的神明也少得多。从村中的神坛看，回龙三村今天仍存在十二座神坛，即把界公王、石固石猛公王、三将公王、杨太伯公、石仙祖师、福主公王、上石公王等。古坊村曾有四座神坛，即转水角神坛、斗古亭神坛、神下神坛、伯公坛，其中两座祭供的是狩猎公王，另外两座分别供斗古公王与伯公。然而今天还存在的只有一座，即供狩猎公王的转水角神坛。在其他信仰中，回龙有土地、水、石头崇拜，以及用于镇邪的阴阳八卦图，其中石头崇拜的地位十分突出；而古坊村则有石头与树崇拜，其中树崇拜的地位比较突出。此外，回龙村古时有备三牲向龙女面石祈雨的习俗，而古坊村无此俗。

（2）回龙信仰的信众，有比较明显的两大群体，即由商人、店主、船家、帮工组成的商贸群和由村中以耕田为业的各宗族组成的农民群体。前者以天后为庇护神，组织有正月初九的船头醮与八月的庙会；后者以定光古佛为庇护神，以房族为单位组织有正月的平安清醮与十一月份的谢恩醮。另外，三仙师与五谷神也是回龙村村民信奉的农业神，以保佑他们五谷丰登、风调雨顺。古坊村村民只有以农民为主组成的信仰群体，以五显公王为他们的守护神，一年中围绕五显公王有正月的扛公王醮会、春夏秋三季的季福会、六月的开光会以及九月的暖寿会等。

（3）在村民举行的醮会的组织上，回龙三村占人口绝大多数的林氏村民几乎把其他的各小姓排除在外；众小姓只能或单独或联合举行小规模的醮会，其中有很多小姓根本不举行、不参与。在势力强大的林氏宗族内部，又分成若干房的醮会，这些醮会没有自古流传的固定不变的路线，在迎古佛时也无固定的设香案点，只要愿意多出些钱，便可一家设一个香案迎古佛，就整个醮会而言，比较自由与散漫。而在古坊村，占人口大多数的钟、张两姓则与其他江、赖、邱、吴等小姓联合起来打醮。全村村民按地域与自愿相结合的原则分成四个甲，每甲至少包括两姓，每甲都有自己的公田与纲会。打醮时，公王游境的路线是固定的。为迎接公王所设的香案一般都是设在祠堂或厅堂前，不同房族的人都在本房的迎神点上祭拜公王，不允许单家独户设案接公王。整个醮会过程组织较严密，有条不紊，把村中不同的宗族紧密结合起来，起到了进一步加强宗族之间的团结协作关系的作用。

（二）造成回龙与古坊村信仰习俗差异的原因

造成两地信仰习俗差异的原因是回龙与古坊村所处的环境相异，受到不同的族群、不同的文化丛的影响：

（1）在自然条件方面，两地有明显的差别。古坊村所在的中都乡自古以来是上杭的“鱼米之乡”，山林葱郁、水源充足、田地肥沃，人均拥有的土地也比较多，粮食产量比较高。古坊村民若非遇上灾荒之年，缺粮的程度便不会太严重。加上林木丰富、柴火充足，村民采集燃料十分容易。而回龙三村地少山光、人均田地少，加上缺水严重，粮食生产“靠天而定”，若有足够的雨水，便可能有较好的收成；若无，则使原本缺粮的情况更加严重。加之村民的燃料很缺乏，生活较为艰苦，这种差别便造成两地饮食习惯、信仰习俗的差别。由于古坊村周围树木多、石头少，所以村民的树崇拜比石头崇拜普遍，对狩猎神的信仰占了一定的地位。而回龙周围的山上，树少石多，所以石头崇拜更普遍，村中无狩猎神信仰。

（2）两地人文环境有着明显不同。古坊村离墟市较远，民国以前的墟市“宫前街”与古坊村隔着一座小山，有2~3里路，现在的中都墟则离古坊村有5~6里路。古坊村虽是整个中都的“水口”，但离中都的货物集散地——汀江边上的新丰滩有好几里山路，受到墟市的影响较小。村中从事商贸的村民很少，几乎是个完全化的农业村落。而回龙的墟市就在村落中，过去是个有名的草纸集散地。墟市的渡口非常热闹，云集此地的船只、商人特别多，其影响不仅有来自陆路的，也有水路的；既有商业方面的，又有农业方面的，受墟市的影响深远。因此，回龙不仅信仰的形式多种多样，信仰的神明众多，而且醮会中还出现了商、农之分。此外，经济的冲击使宗族的力量削弱，宗族的联系纽带变松，宗族之间产生利益冲突的导火线相应增多，因而宗族与宗族之间关系不紧密，同一宗族内部也比较涣散，全村没有统一的醮会，甚至林氏宗族也没有联合起来打醮。

（3）两地的宗族、族群有较大的差别。在古坊村，有汉族与畲族两个群体，且钟姓畲族占了人口的大多数。在村落的信仰习俗中，其他姓氏明显受到经济、文化、人口均占优势的钟姓宗族的影响，村民信仰的主要神明——五显公王相传是钟氏的祖宗，祭供五显公王的五显宫最初也只是钟姓的一个宗族性的庵庙。村中狩猎公王的地位相对突出，可以说也是受到畲族的影响。畲族是闽西的土著，历史上经济生活较原始，耕作方式为刀耕火种，狩猎与采集在经济生活中占相当大的比重，因此崇拜狩猎神。由于古坊村各姓比例相差不像回龙那么大，宗族比较固定，经济形式又单一，可以引起宗族之间产生矛盾的因素较少，因此宗族之间的利益冲突也较少，关系比较团结友好。各个小姓氏与钟氏联合一起祭拜五显公王，五显公王成为全村共同祭拜的神祇。回龙的各个姓氏所属的族系主要是客家人，畲族占的数量很少。在这些客家人中，姓氏很复杂，有二十多个姓，除了林氏占人口的绝大多数外，其余大部分姓氏都只有几户、十几户而已。并且，这些小姓许多都是清朝中后期随着回龙渡口的繁荣搬迁到此地的，是后来的移民，因而在村落的公共事务中没有什么发言权，甚至被排除在外。各个小姓的强烈的自我保护意识使他们在各自的小自然村中设立了公王坛，以达到受庇护的目的，他们甚至还联合起来，组织了有别于占人口多数的林氏大宗族的醮会。

（4）两地所在的文化圈不同。古坊村大致处在广东蕉岭县、福建上杭、武平三县交界处，文化、习俗无不受三县文化互动所影响。古坊村信仰的五显公王据说来源于武平象洞钟氏，临近的广东蕉岭松源乡也建有比较大型的五显公王庙。回龙则处于汀、杭、武三县交界处，在文化上与武平桃溪、长汀宣成、羊牯等地相互影响，在这一区域中对定光古佛的信仰十分普遍，因而在回龙的神明信仰中定光古佛的地位十分突出，两地所处文化圈的差异导致了主要信仰神明的不同。

附：

一、水井堂的碑文

1. 重建水井堂碑

壹□□新，固显诸佛灵威，神宇鼎建，亦昭众姓善愿。思回龙乡有一古庵，名曰：“水井堂”。钱（前）塑四大祖师尊神，朔望之朝拜继勤，琉璃之香灯不绝，奈□年久远，栋宇倾颓。予等思欲建造，每憾独力难成，窃常□拏易举，募收重修，鸠工告竣，捐资土木清消，更兼下元焰口。除使费之外，谨将众姓乐助铭刻石碑，以志不朽。

缘首：

周文焕助银捌两、林世洪助银陆两、李斐贞助银陆两、林俞琼助银伍两、林□璧助银叁两、张日达助银叁两、周文炳助银叁两、谢文万助银叁两、饶天信助银贰两贰钱、周文锦助银贰两、林健其助银贰两、李斐昌助银贰两。

信士：

林云通壹两伍钱、钟应斐壹两叁钱、林洪上壹两叁钱、池彩霖壹两叁钱、周文耀助银壹两、周文□助银壹两、张友颜助银壹两、许遇春助银壹两、杨广周助银壹两、吴宽山助银壹两、林增其助银壹两、林学辉助银壹两。

林愈远、佳文兄弟及沈壬威各助银壹两，戴其旺、巫胜良、钟维文、钟茂鹏、许天培、许铭□、张日□、张友□、周□□、周北□、林熏其、林涟其、李田□各助银伍钱。

周达经、周文鹤、周士□、蓝□□、林□□、陆□□、罗□□、曹□昌、李□□、□□□各助银肆钱肆分正。

戴连略、林良□、林愈榆、林孟□、林纪□、林□□、□旭玉、陈□□、池应□、赖玉成、周超□、李斐□、□□□、□□□各助银叁钱。

许□□、郭□□、黄仲□、□□□、□□□、□□□、□□□、□□□、□□□、□□□、□□□、□□□、□□九、□□九、□绍福、□松远、□□通、□洪启、□友春、□□桂、李凤□、李凤□、池昌□、池□通、饶□□、卓□□、曹□□、王□□、□□□、□□□、林□□各助银贰钱。

邱□元、林洪玉、林木□、林□□、□世□、□子光、□伸□、周□□、周春□、周□□、池君旺、池□□、蓝□如、饶仲□、黄求□、黄□□、黄□□、黄□□、黄□□各助银壹钱伍分。

王文□、王□□、林廷其、林绍□、邱立同、邱本良、赖文斌、赖启英、张上开、张文程、张□□各助银壹钱肆分。

张上仓、张□万、张日通、张□通、张□□、张濯王、张□□、林□□、林□□、林□□、林□□、林□□、林□□、林□□、林□□、林正瑟、林俞□、范□□、李□□、李盛□各助银壹钱贰分。

巫□□、巫利□、巫□□、官上文、杨永□、钟□文、曹启文、朱九□、刘□进、王准□、赖□注、曹□□、□□□、□□□、□□□、□□□、□□□各助银壹钱。

□尚□、□缘□、刘建昌、邱建□、□兆英、□兴监、王元三、王□□、罗□□、罗□□各助银捌分。

□□□、□九□、□□□、王□□、王□□、□□□、□□主、曹□文、邱□□、王□□各助银柒分。

林□□、林□□、林□百、□□□、□□□、□□□、□□□、□□□、赖□□、张□□、张会□、张集□、张□□、张□□、张启元、张景远、张景□、张景□、张文□、赖□□、赖光仪、□□□、□□□、邹王□、邹琳□、□□正、□□□、□祖□、□□成、李□文、刘□□、曹辉□各助银伍分。

林天□、林□□、林永□、林□□、林森春、林□□、林达贤、林日昭、林天□、林达□、林□兴、林其□、钟乔□、钟□□、钟□玉、钟周玉、张□□、张荣光、张□光、张琳光、张□元、张元□、□□升、□□天、□□□、□□□、□□□、□□□、□□□、□□□、□□□、□□□、

□□□、□□□、□□□、□□□、□□□、□□□、□□□、周□□、周□□、周□□、曹□□、□□□、□□□、张□□、张玉□、张玉□、张□□、张□□、张□浩、曹朝清、曹任山、□木桂、□连日、许翠春、□□□、□□□、□□□、□上□、□□文、□□□、□□□、□□□、□□□、□□□、张□□、张□□、张明□、赖良□各助银（因碑文模糊，看不清捐助银钱的具体数字）。

大清乾隆十五年岁次戊辰孟冬月吉旦　众缘首仝立

2. 重建乐助碑

□□将重建乐助□□、姓名□□：

周□□、林维□、鸣□、□□、□□、文明、□□、□□、□□、□□、□□、□□，以上各助伍佰文。

林□桐、刘□道、□□、兆□、□□□、李凤鸣、□□□、□□□、□□□、□□□、□□□、□□□、□□□，以上各助叁佰文。

□□□、□□□、林□□、□□、□□、□□、□□、□□、□□、□□、□□□、周□□、张佐□，从上各助贰佰文。

林□春、□□、才□、上□、念通、念福、□春、□□、□□、杨春、□□、□□、□□、□□、□□□、□□□、□□□、□□□、□□□、□□、□□、盛□、□文、绍四、贤九、俊文、□文、□□、□□、□□、□□、□□（以下四排碑文姓名，约有90人无法辨识，捐助金额不详）。

大清□□（字迹模糊，有点像“道光”两字）□十八年孟春月吉日
重建水井堂□□□□□□□□□等仝立

3. 修筑茶亭乐捐碑

建筑茶亭题捐芳名列后：

林启□施捐水井堂门首茶亭基田。

协和茂捐谷伍石正，刘□臣捐谷叁石正，□□□捐谷贰石正，□□□捐谷壹石正，□□□捐谷□□□，□□□捐谷□□□，□□□捐谷□□□，□□□捐谷□□□。

协兴号，林乔□、宝堂、□金、水德庚、天金、万福、熊十石、林梦熊、翰章、翰□、□□、鸿□曹、□□周、金□林、□□□、江□□，以上各捐谷（捐谷数无法辨识）。

□□三十七年□□□□□

4. 重建水井堂碑记

（此碑仅存不到半块，且裂成数片，字迹非常模糊，仅能依稀辨认有林、石、王、蓝等姓，其中林姓最多，还有一僧人参与捐款。碑的最后写有“嘉庆拾壹年仲冬月广和馆助钱伍拾□”之字）

5. 惠溢梅林碑

□□□□□□□□□□□□□□□□□□□□□□□□□□□李君□茶缸之说，大□不□其□□□八□□同□□□久目□常途行□□□□右□□□往者咸□□□□□□□□□□□□□□人□□捐抽□息两年，□□□□田□设矼于途次，水井庵每日给□□□□□以给□□□□□□□□□□□□□不□□□□□□□□□□□□□□□□□□□因问序于余。余曰：“是举也，其旨至善，其惠□□□□□□□□□□□□□□□□□□□□□□□□□□□百□人莫不憩息于斯，内供大士诸佛，天□□□□□念今□□□□□□□□□□□□□□□□□□□□□□□□此□之昭昭不□者，余虽不文，不避语无伦次，□□□□□而右为之记。且以勒□□□□□□□□□□□□□□□□□□□年愚弟经□饶□典顿首拜□。”

乐捐厘息：

江隘懋捐助钱□仟□佰文、李成□捐助钱□仟贰佰文、石□玉捐助钱□仟伍佰文、林昌文捐助钱□仟捌佰文、钟立英捐助钱□仟柒佰文、江□□捐助钱□仟伍佰文、江□万捐助钱□仟柒佰文、□□□捐助钱捌仟□佰文、林□□捐助钱□陆仟捌佰文、林□□捐助钱伍仟捌佰文、林□□捐助钱伍仟柒佰文、赖□□捐助钱肆仟叁佰文、林□□捐助钱肆仟叁佰文、邹□□捐助钱肆仟叁佰文、李朝芬捐助钱贰仟柒佰文、陈逢茂捐助钱贰仟柒佰文、邱□波捐助钱贰仟贰佰文、陈东□捐助钱贰仟贰佰文、林峻□捐助钱壹仟玖佰文、□□□捐助钱□仟□佰文、参成店捐助钱贰仟文、赖□学捐助钱□佰文、江发□捐助钱肆佰文、□□□捐助钱柒佰文、□□□捐助钱□佰文、□□□捐助钱□佰文。

计开条业：

——本庵内入□□□茶，每年给□□□□□□□□□正。又：天后宫内设茶缸一□□□□□□□；

——塘坊开□□□□□□□□□□，每年给工资谷贰石正；

——仓所有□□□□□□，每年秋收纳□□□□□□收；

——契买近□田□□，新田一□□□□□□□□□□□□□□□□正；

——契买城□万□□自□田□□□□□□□□□□□□□。

董理□□□、□□□、石伯□
嘉庆贰拾壹年丙子岁□□月

二、广修寺的碑文

福田永种

尝思佛性大觉，既假晨钟暮鼓，撞破尘缘，佛光普照，更凭朝香夜灯，灼见俗障。

龙华建创始于康熙四年，□□□□，鼎创数十年来，虽钟鼓既设，香灯未□，□诸佛御前尚缺长明公一座，则佛光未免时明时晦，断□□□□。

雍正十三年，师徒仰叩十方檀那，随心乐施，即将募化银两，在于本山升科界内，仍余荒埔，土名□□田数秤，为历年耕作，永远以供琉璃油灯之资。迄今田工告竣，琉璃建立，谨书其事，爰勒诸石，庶几□□□□佛前，三生福缘永种于施家云尔！

谨将乐助姓名开列于后：

上杭县：

平安里回龙信士林云通助银叁两，林玉九、林才文各助银伍钱；

在城里饶霖瞻同男心李（学）助银壹两伍钱，饶露瞻、饶天信各助银壹两；

嫩坑迳信士林生享、生蔚、生文、生发、生□、生彩、生琳、生□、以荣、以通、□□□□钱。

长汀县：

宣成里十五都大坑头信士曹祚□壹两，德□、建昌、祚联各助银伍钱，□祚□□□；

塘坑信士赖仕□、筀竹畲信士蓝佩山、□山各助银伍钱；

刘祖坑信士李□梅、□塘信士□□、坪头信士刘毓上、任学，丘可玉、可明、余门李妙珍□□□□；

拔头信士蓝应台、应九、应恩、应有、应德，信女梁妙□各助银伍钱，其□、其□各□□□□，蓝其先、其光、其礼、其耀、应立、应远各助银叁钱；

官畲信士曹振汉助钱伍钱；

周家地源其助钱叁钱。

武平：

大湘停里流芳信士黄集成助银壹两，信女刘德俊助银伍钱。

江西南昌县：

信士李文彬同男心远助银壹两。

主持比丘流光募缘，徒传任，孙心卫，曾孙明□、□□

乾隆元年正月望九日起点，勒石永远，扬名万古！

第二节　将乐县和平村的宗族与民间信仰①

将乐县地处武夷山脉东面，位于闽江支流金溪的中下游。县所辖的区域属闽江水系，与客家人聚居的汀江水系被武夷山脉一条东南走向的支脉所阻隔。历史上，客家先民在闽、粤、赣边定居形成客家民系，并逐渐把该地开拓成为客家人的大本营。后来由于人口的发展，该地的人口压力越来越大。迫于生计，不少客家人向周边甚至更远的地方迁徙、扩散。将乐县由于群山绵延，林丰田沃，资源丰富，加上地广人稀，因此成为吸纳客家移民的重要区域，尤其是金溪的南岸与城关附近，客家人分布广泛。据政府工作人员估计，在将乐城关的人口构成中，客家人约占四分之一；而在将乐全县的人口比例中，客家人所占比例不低于十分之一。将乐县有不少客家人分布较为集中的区域，如县南的高唐、白莲、龙栖山等地。位于县城东郊的和平村就是一个较为典型的客家移民村落，今天还保留着一些客家人的特征与文化习俗。

一、和平村的历史与地理概况

和平村是古镛镇所辖的一个行政村，位于将乐县城东郊 5 里处。和平村所在地在宋朝时属龙池团，位于龙池边上。明代属龙池都，据《将乐县志》载："龙池在县东龙池都，唐大历中真人廖藏祖廖太岁尝二水交流渊深莫测，指为龙居其中，名之曰：'龙池。'后因以名都。"② 这二水指的是

---

① 本节为笔者与将乐县林业局的曹豹文先生合作的成果。按劳格文教授对课题的安排与设计，和平村原本由曹豹文先生负责，但他忙于林业局的事务无暇完成，因此改由笔者进行调查与研究。非常感谢曹豹文先生把笔者引介到和平村，并把他撰写的一份 3 000 字的文稿提供给笔者参考。

② （明）李昭行：《将乐县志》，《地理志・城池》。

和平村东部的金溪与南部的龙池溪。在乾隆三十一年（1766）的建制中，和平村属“城东北隅遵道坊”，当时并无和平村的地名。在民国二十四年（1935）的建制中，其为“第一区域厢保蔗厂保”，蔗厂即和平村有据可考的第一个村名。在民国二十八年（1939）、民国三十年（1941）的建制中，其均为“第一区古镛镇龙池保”。1950 年，其改名为和平村，并沿用至今。

和平村所在地的最早开发与唐时廖前有关。据《将乐县志》记载：

廖前，字腾启，咸亨五年（674），以父晶隆平侯熏擢真州判官，寻升南剑路刺史，时县治省入邵武县。郡寇大作，前临保障，寇息民安。奉敕以总督平章加封二千石，永牧兹土。于是教树畜，竖宇舍，拨街渠，建学宫，分四郊团、里、社。东郊外有两湖池，其四畔坦而广，草木蕃蔽，日影少临，龙蛇虎豹多居焉。命砍伐焚烧。驱而远之，汲湖池水开垦田园，为新开龙池团。优巡属乡子校黄潭、蛟湖、万安、光明、三溪、桃源等团及顺昌白石坑寺等处安插居民，分里布种，积谷二十余万石，盖三大廒于龙池团，又建龙池桥。仪凤三年（678），赤地千里，发所蓄谷，民赖获苏。垂拱四年（688），人民乐业，笙歌载道，乃奏复为将乐县。所赈名不征偿，苍稟空虚，邑人德之。清苍廒基址，更立大施禅寺，以志不朽。后为每岁迎春之所。又助垦龙池田团，大充公业。由是子性源流，世居龙池之莲花山下，缝掖簪缨，累世不绝云。①

从这则对廖前事迹的记载可知，和平村所在的龙池团在开垦之前，虽然土地平坦开阔，但林木繁盛，日影少临，有许多毒蛇、老虎、豹子等凶猛动物在林间出没，是一个非常原始的地方。龙池团设立后，这块地域才得以开发。后来设立了三大粮仓，储蓄了很多粮食，人民从而安然度过了仪凤三年（678）的旱灾。百姓为了纪念廖前的功德，在粮仓的基础上，建了大施禅寺。这大施禅寺正处在和平村南边的田地中，老人们仍依稀记得该址上曾有倒塌的墙垣与屋基，旁边曾建有一廖姓大地主的祠堂。由此可见，和平村的所在地是廖前建龙池团时开发的。

上则记载提到的龙池桥，为将乐有史以来最古老的桥梁，在和平村南边，曾在古代将乐交通史上起着不可取代的作用。它“位于城郊东门段，

① （清）李永锡：《将乐县志》，卷八，《名达志》。

唐垂拱四年（688）廖芸主建。① 明成化二十一年（1485），该桥被洪水冲走，明弘治二年（1489）白皓重建。弘治六年（1493），洪水复发，墩倾桥去，白皓又行营建。此后，几经兴毁。清康熙二十五年（1686），该桥再次被洪水冲走。民国时期，复建为木梁桥。1984 年，重建为跨径 6 米的石台木面行人便道桥”②。在将乐到顺昌的公路未开通之前，该桥处在将乐往东方向最重要的对外通道上。据《将乐县志》载：“县城通往邻县的通道有 6 条，其中 2 条是驿道。”③ 这两条驿道中，有一条就是指将乐到顺昌的驿道。它东出县门，经过龙池桥，沿着和平村旁、金溪岸上鹅卵石铺就的弯弯古道，穿过古佛堂，依次到达积善村、三涧渡村，然后经常口、下高唐，直通顺昌，可达南平。1628 年，著名地理学家徐霞客第三次入闽，从南平步行到将乐寻访玉华洞，走的就是这条驿道。由于龙池桥地处交通要道，却处在两水交汇处，因而，历史上曾多次被洪水冲毁，冲毁后又速在原处重建。

和平村所在地的开发当是在唐代。唐以来，在这里生息的是将乐人。由于和平村的地势低洼，而龙池溪与金溪在村子南边交汇，因此经常为水患所害。正是历史上的频繁水灾，使原来居住在和平村的将乐人屡遭打击之后，彻底对这块土地丧失了信心，他们纷纷从该村迁出。于是，原来的房舍逐渐颓废了，农田逐渐荒芜了，曾有过的农事繁忙渐趋沉寂，终成一片无人敢住的荒滩。直至后来迁入的长汀客家人把这片荒滩拓垦为一宜居村落。

和平村现被称为“客家村”，村子里居住的几乎都是客家人，他们大多在清中期以后才到此地。据报告人说，明末清初的几场大水把这块地方全淹了，原住这儿的将乐人不敢再住，于是迁到了别处。而他们的祖先从汀州初到将乐时，无处可住，就在这块被将乐人遗弃的土地上搭茅棚安居下来。最初只有一两户，后来到将乐的客家人听说和平村所在地有客家人居住，于是跟随到此作伴，逐渐把这块土地开发成一个有相当浓厚客家味的村落。因此，和平村这一客家村落的形成与所在地的自然环境有着密切关系。

和平村的东面是扫把形山，金溪从扫把形山与和平村之间自南向北流

---

① 前文对廖前的记载中曾提到龙池桥为廖前所建，但此处又说为廖芸所建，何者正确尚未考证。

② 郑大余等：《将乐县志》，卷十，《交通志》，北京：方志出版社，1998 年。

③ 郑大余等：《将乐县志》，卷十，《交通志》，北京：方志出版社，1998 年。

淌而去；东南方是临水南的石灰石厂；南边是由洼地开垦而成的大片农田，龙池溪从农田中穿过，自西北向东南汇入金溪；西南方接将乐县城；村子的西面是新华街，沿街建有电子厂、木材制品厂、纤维板厂、胶合板厂、绒毛浆厂；西北面为将乐城北的第一个山口——石门岭；正北方则是石门岭延伸下来的虎头岩、尼姑子崇、仙人岭，这几座山岭连成一片，山下有一条从石门岭流下来的小溪汇入金溪。

村北的虎头岩，山势不高，略显陡峭。村民把此山称作“虎形”，为全村的风水宝地。虎头岩东边的山脚下建有该村的福主公王庙——阳公庙。1964 年，林业部门在该山脚下临金溪边上建木材堆头，同时修一条简易公路。为了不占用农田，他们设计从虎头岩山拦腰劈山开山路，然而却遭到村民的坚决反对。村民宁可牺牲农田，也不愿触动此山的一草一木，担心动了龙脉、破坏风水会给他们带来不利。于是，这条公路就从山下小溪南岸的农田中穿过。

金溪流过和平村居民点之后，进入一段峡谷，两岸高山耸立。溪的东岸曾建有县造纸厂与冰冻厂，如今已经废弃。西岸的高山称为“莒峡山”，因山下建有供奉定光古佛的古佛堂，故俗称“古佛堂山”。古佛堂庙依山傍水而建，山下筑有鹅卵石铺就、通往顺昌的古驿道。沿着这条古驿道往山上走，20 多分钟就能到达“古佛堂塔”。该塔有 7 层，因地处古佛堂边而得名。据塔下一块 1986 年立的碑刻所载：“古佛堂塔建于明朝。塔高十五尺，外砖石结构，内木架旋梯，四周雕刻花卉图案，檐下有砖雕外拱。”然而因年久失修，如今塔内的木架旋梯已毁坏，游人再也不能登塔俯视四周风景。古佛堂山又称“仙人岭”，这个名字源于一个美丽的传说：

相传水南的叶下坑，过去出了一个金拳头仙。水南的乡绅们常去他住的庵里。有一年春节期间，金拳头仙请乡绅们去庵里吃午饭，桌上摆着一大盘河卵石，锅里煮着一锅婴儿（其实是何首乌根，形状极像婴儿）。大家一看，天哪！这东西怎么能吃？乡绅们个个缩头缩脑，你推说：“我吃饱了。”他推说：“我肚子不好，不敢吃东西。”只有一个姓廖的士绅胆子较大，很是好奇，于是硬吞了一个石子，吃了一个“婴孩”下去。其他人不吃，金拳头仙也不勉强，就罢宴送客回去。

那姓廖的绅士吃了金拳头仙的东西，不久也成了仙，大家都叫他“廖仙人”。他经常点着灯笼，骑着木马到苏州去看戏，当天就能赶回。廖仙人的母亲听说苏州的戏很好看，也跟着去。谁知在苏州看完戏之后，廖母不肯回家，认为苏州地方好玩、戏好看，要再玩几天。廖仙人没法子，只好依了母亲的意愿。因他自己当天要赶回去，所以临走时，他把胭脂涂在母亲的脸上，把香粉涂在母亲的手上，对母亲说："不许你坐船坐轿，要钱时刷下胭脂与香粉，足够当盘缠，只是你千万不能洗脸洗手。"母亲一一答应，廖仙人就骑着木马先回家了。

廖母在苏州又玩了几天，方才启程回家。她按儿子所嘱，刷胭脂、香粉卖钱以应付各种开销，而那胭脂、香粉竟无论紧刷慢刷都刷不完。五天后，她回到了延平府。廖母知道这时已快到家，因一路都有熟人，她见自己几天没有洗脸和手，蓬头垢面的，且浑身发痒，就想："像这样见了熟人多难为情，不如擦洗干净，打扮一番。要是没了盘费，路上向熟人借也不难。"于是，她把胭脂、香粉洗了，梳洗打扮了一番。当然，她把盘缠也洗掉了，使得吃、住都断了来源。她只好向熟人借钱，不料熟人见她一个老人孤孤单单出门，就都以为她破产当乞丐了，于是谁也不愿借钱给她。廖母没有办法，只得一路讨饭，风餐露宿，以继续回家的路。

那廖仙人在家等了十多天还没看见母亲回来，知道母亲出事了，心里十分焦急，懊悔当时把她一人留在苏州，自己先回家。他天天到古佛堂山的山顶上，跪在路边等候母亲归来。久而久之，那路上的石头被他的膝盖与脚趾头跪出了四个深深的窟窿。这石窟窿至今还在古佛堂上面的路旁，人称"仙人脚印"。至于廖母最终是否回来，人们都不知道。这以后，人们就称古佛堂山为"仙人岭"。

和平村的房屋分布十分集中。在1994年以前，村民几乎都住在今村委所在地。1994年，一场大水把靠近金溪边的房屋全冲垮了，部分居民就在原居住地的西北、靠近石门岭的地方建新房，形成"和平新村"。老的居住区内房屋很密集，巷道不规则地穿插其间，外村人很容易迷路。由于村民最初的居住地是各姓分开的，因而有曹屋、谢屋、袁屋、上李屋、下李屋等地名。后来各姓的房屋交错建在一起，于是有茶头下、大坪里、大路上、樟树下、茉莉小区、和平新村、圳头上等各姓杂居的居住区（和平村示意图见图2-2）。聚落区的南、西、北面均是农田、菜地。

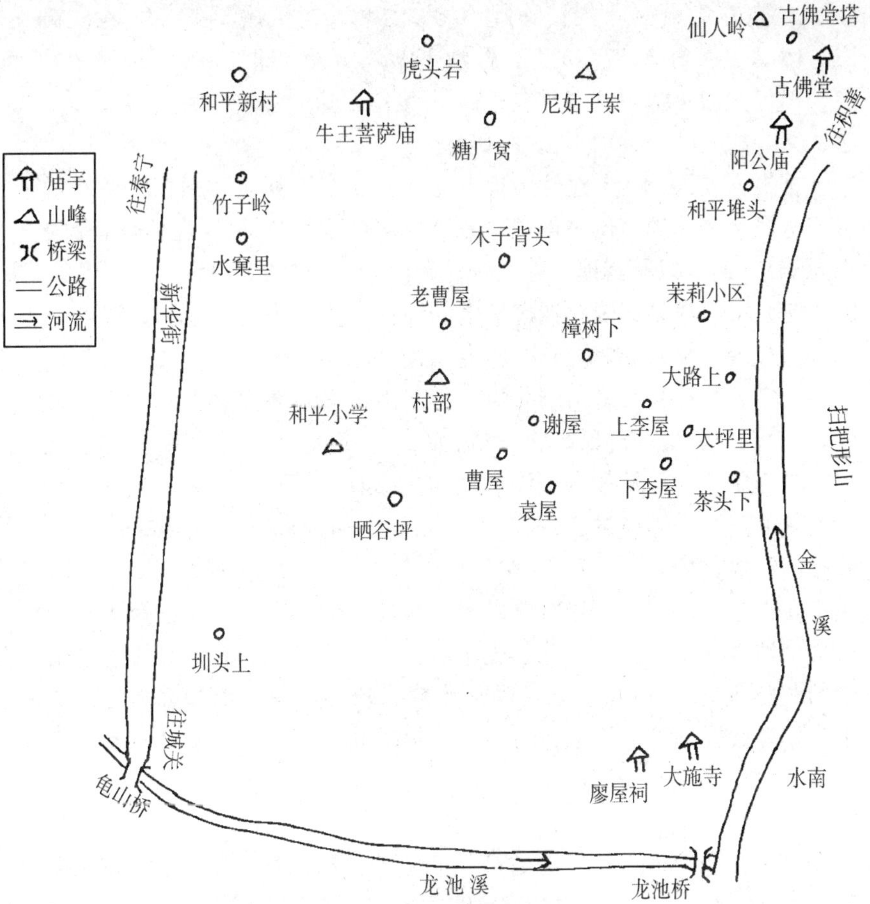

图 2－2　和平村示意图

新中国成立前，和平村的交通就比较方便。因地处金溪边上，村民可坐船沿金溪通往外地。如今村子东边仍旧可看到一个旧码头，码头上还有几艘废弃的破船。村民以前主要靠船只运输农产品、日常用品，只有少量用肩挑。上文曾述，和平村沿金溪边的鹅卵石道是将乐通往顺昌的驿道，因而和平村步行到将乐县城或顺昌县均很便利。将乐到顺昌的公路开通后，这条路清静了许多。

二、和平村的宗族

和平村共有 26 姓，193 户，1 048 人。人口最多的是李姓，有 77 户，401 人；其次是曹姓，有 17 户，94 人；再次为蓝姓，有 16 户，87 人。其余有王姓 8 户，39 人；钟姓 8 户，51 人；赖姓 10 户，46 人；谢姓 11 户，

58人；袁姓9户，38人；陈姓10户，61人；林姓2户，11人；黄姓3户，15人；戴姓3户，15人；张姓2户，14人；邱姓2户，13人；吴姓2户，13人；曾姓5户，16人；徐姓3户，17人；聂、罗、蔡、余、廖、涂、梁、胡、叶等姓均不超过10人。

据报告人说，在上述姓氏到来之前，有个别其他客家姓氏在村中居住过。村民从上代的口述中得知，最早居住在这里的是曹姓（与今天的曹姓不同支）、谢姓以及其他小姓。曹、谢两姓均居住在今曹屋、谢屋。其中，由于曹姓来得最早，因此拥有最多的田地，人丁也比较兴旺，逐渐成为村中势力最大的宗族。曹姓有一代生了九个儿子一个女儿，九个儿子自小就为人蛮横；女儿长大后招了女婿，其女婿也靠着曹家的人多财旺，仗势欺人。因此，村民称曹家的九子一婿为“十老虎”、“十大霸”。“十老虎”在村中为所欲为，见什么拿什么，凡村民有点好吃的，无不吃上几口。连晚上煮的点心也不放过，叫着：“先给你大伯公来一碗。”起初，村民们均敢怒不敢言，后来，实在忍不住了，众小姓就聚在一起商议如何对付曹氏。有人建议请个地理先生看风水，治曹姓的风水。于是，众小姓偷偷地请了个地理先生到村中，地理先生看后，告诉他们：“只要把竹子山下曹姓的龙脉斩断就行了。”于是，谢姓趁着到竹子山下挖粪坑之际，悄悄埋了一排瓷碗在地下，把曹姓的龙脉拦腰斩断。这以后，曹姓家中连续死了13个男丁，曹姓很快就消亡了。其他小姓有的断根，有的迁出，不知所往。

如今，李姓是和平村历史最长的宗族，已发展到第九代，401人。李姓来自长汀涂坊扬坑，尊玉芳公为一世祖。据报告人说，玉芳公的父亲在长汀扬坑李姓宗族中属小房，受大房人欺负得很厉害。于是玉芳公与其兄长清芳、殿芳一起，把李姓太婆的骨头捡起来装在瓮中，放在箩筐里与其他行李一起挑在肩上，日行夜宿，走了6天6夜才到将乐。他们起初住在积善村的廖屋祠中，租廖姓的田种，搬到和平村之后才把祖先的骨头捡出并一起带到和平村下葬。该墓碑立于乾隆年间，所以李姓应该在乾隆年间到和平村开基。乾隆年间距现在约250年，与李姓发展到第九代相符。李姓后裔分成三大房，多数居住在上李屋与下李屋。

袁姓祖先来自长汀南坑，尊福寿公为一世祖，谱载：“（福寿）公生于宁化会同里一都，土名社背。于皇元抵长汀，因游左厢南坑，喜其山川秀丽，卜居于此焉。洪武十四年（1381）占籍左厢里五团五甲，为一世始祖也。”[①] 据袁姓报告人说，袁姓在南坑发展到十七世之后，因南坑人多地少，挣食艰难，十七世有光公的次子天亮与四子天富便迁到将乐和平村。其族谱《袁氏合族本》仍以福寿公为一世祖，谱中只录到了二十一世，据称尚有四世未录于谱上。因而从十八世天亮与天富算起，袁姓在和平村已繁衍8代，约有200年的历史。

据76岁的赖信林先生说，赖姓来自长汀濯田，一世祖名字不详。当时，赖姓太婆的娘家嫂子在将乐做工，认为将乐资源丰富，人少田多，就介绍赖姓太婆太公到这里谋生。其太公在将乐积善以教书为生，太婆则在积善的一茶行帮人洗衣服。后来他们听说和平村有汀州人，就搬到和平村居住下来。今赖姓已发展到第七代，10户，46人。赖信林的父亲姓林，因其祖母未生儿子，故招赘到和平村。赖信林为长子，从母亲姓赖；他的弟弟则从父亲姓林，因而赖、林两姓实质同宗。

曹姓中有一支在和平村发展到了第七代，因没有留下族谱，一世祖的名字已不可考。不过，曹姓废旧的老屋厅堂中立有一块祖碑，这块祖碑的上半部分十九世、二十世的名字是用黑色或红色墨水写上去的，与祖碑上的十六世、十七世的名字的字体显然不同，且因日子久了，兼风吹雨淋，字迹已模糊不清。从这块祖碑可看出，这支曹姓是十六世时从长汀迁出的。祖碑上所写的十九世祖林福是78岁的曹来生先生的父亲，曹来生家有子孙三代，因而这支曹姓发展到了第二十二代，在和平村发展了7代。据曹来生先生回忆，曹姓一个老祖宗的墓碑上写有“嘉庆年间立”字样，因此这支曹姓应该早于嘉庆年间来到和平村。嘉庆年间距现在约200年，200年间繁衍7代人，也是可信的。

另一支曹姓与蓝、陈、谢三姓均在和平村发展到第五代，因而与到和平村的时间相去不远。与上文所述的曹姓不同，这支曹姓的祖宗来自长汀涂坊乡元坑村。据曹姓报告人说，其祖先远生公曾在上杭为县令，并死在上杭。当时，远生公之子太郎公尚年幼，随母扶柩回归，在宁化会同里吴家窠葬下了父亲，然后置办田宅作为居住地，命名为曹坊。太郎公生一子六郎公，六郎公又生八子：十一郎、十二郎、十三郎、十四郎、十五郎、十六郎、十七郎、十八郎。其中十七郎迁到长汀东街金花坊曹家巷，十七郎的曾孙二十郎又从曹家巷迁到长汀涂坊元坑村。和平村的这支曹氏尊二十郎公为一世祖。然而笔者对这一来源颇为怀疑，根据杨彦杰先生的研究，连城曹坊的开基祖称伯三郎，他前往该地开基后，共生有四子：长千

---

① 长邑（长汀）嗣裔：《袁氏合族本》，年代不详。

一郎、次千二郎、三千三郎、四千四郎。其中长千一郎的后代永宁因造坟墓问题与兄长永宗发生矛盾，打死了人，才跑到长汀元坑开基。因而，元坑曹姓来自连城曹坊，而不是曹家巷。其一世祖应为永宁，而不是二十郎公。可能是因为年代较远又缺乏文字记载，因此才会发生口传之误。和平村曹姓开基祖二十郎公究竟是元坑第几代，尚未考证。至于曹氏何时迁到和平村，据曹姓报告人说，大约在光绪年间，因为葬在和平村的曹氏祖宗墓碑上写有“光绪二十年”几字。查曹氏族谱，以二十郎公为一世算，第十六世、十七世仍葬在元坑大背头，十八世以后才出现将乐的地名，因而迁到和平村的可能是十八世。今曹姓在和平村已繁衍到了第二十三世，约有5代人的历史。

据蓝姓报告人说，蓝姓祖地在长汀牛栏祖，其中有一房人搬到了上杭县中都乡复兴村长岭下。到二十二世时，飞鹏公从长岭下迁到了将乐安仁，在安仁发展到了第七代，在二十八世时松生公娶了和平村一谢姓女子为妻。其妻嫌安仁太偏僻，住不习惯，遂动员丈夫一起搬到和平村居住。蓝姓如今在和平村繁衍了5代，即三十二世。蓝姓存有简写的《和平村蓝氏族谱》，乃1996年到长汀、上杭查祖宗源流时复印编成的。

谢姓来自长汀上地坪仓楼下，长汀的一世祖名字不详。据报告人说，十三世时庆楚、庆荣、庆森、庆良、庆林五兄弟一起从长汀迁到了将乐和平村居住。后来五兄弟不知因何事吵架，导致其中一个会做木匠的赌气而走，并发誓说：“未能赚到钱，到死也不回和平村。”如今谢姓在和平村只剩两房，发展到十八世，其余已绝嗣。谢永林老先生家后面有一即将倒塌的谢氏厅堂，为谢氏最初到和平村时的居住地。厅堂上的祖碑可以证实报告人所说的谢氏十三世时庆楚五兄弟迁到和平村是真实的。另据谢永林老先生说，其父崇贵公，生于光绪二十年，为十五世祖。谢姓是十三世时搬到和平村的，所以迁来时间大约在道光年间。

陈姓来自长汀濯田，一世祖名字不详。据报告人说，其上祖在搬到和平村之前，已在濯田娶了妻，生了女儿，只是后来妻子先逝。濯田人多田少，度日艰难，其上祖就一头挑着妻子的骨灰，一头挑着年幼的女儿，到了将乐和平村。因在将乐生活比较容易，他就将其兄长介绍到曹家当女婿，自己也续了弦。今陈姓在和平村已繁衍到第五代，61人。

和平村的客家姓氏多数来自长汀。除上述的李、曹、袁、谢、赖、蓝、陈七姓外，邱姓来自长汀县三洲乡邱坊村，钟姓来自长汀县濯田乡钟屋，戴姓来自长汀县三洲乡对坊村，王姓来自长汀濯田乡禾山村，黄姓则来自广东潮阳。而村中的林、张、蔡、胡、吴、曾、梁等姓氏都是因其祖上到和平村入赘，所生的孩子除长子一定要从母姓外，其余均可从父姓而出现的。这几个因入赘而在村中立足的姓氏，多数才繁衍3代。其中，张姓来自浙江庆元，胡姓来自浙江文成，梁姓来自河南新野。

除了上述来自长汀的，以及到他们家入赘的姓氏外，和平村中还存在少数非客家人。他们都是新中国成立后因工作或在城中打工而居住在和平村的。这些非客家人包括聂、余、廖、涂、徐姓，被称为“寄户”。此外，村中还有一些特殊的住户，他们是和平村客家人在祖籍地的亲戚或朋友，是返回长汀的和平村人向他们介绍了将乐的生活状况后，被吸引到和平村生活的。他们以贩菜、做豆腐、当屠户等为生，户口仍然在长汀。所以，在和平村居住的人并不止1 048人。

这些客家姓氏，到和平村的历史均不长。多数姓氏因长汀田少人多，资源缺乏，谋生不易而迁到将乐。后来听说和平村住有客家人，才陆续搬到和平村寻找乡音。初到此地时，他们均是搭茅棚居住。他们有的在纸厂做工，有的开荒种地，有的揽零碎活干，谋生的手段是多种多样的。后来，随着荒地的开垦，多数村民才在这里以种地为生。

早期的和平村虽处于洼地，却因缺乏系统的水利设施，故而绝大部分是旱地，不能种水稻，只能种其他作物。多数村民以种土蔗为主，兼种一些芝麻、豆子、花生、地瓜等旱作物。种植的甘蔗就地制成赤糖。制糖时，数家蔗农联合互助，一般需要制糖师1人，帮糖师1人，另需烧柴、放蔗、管牛工4人，砍蔗工10人。每家都出些劳动力，牛力另外折价计算。制糖的工艺较简单，首先是榨取蔗汁，把蔗茎纳入两个石碾之间，用两头牛拖拽石碾转动，压出蔗汁。然后用竹管把蔗汁导入木楻，把蔗汁放入锅中煎煮，酌量添加一些石灰。待糖煮熟后，将糖浆分别置于糖坪上，让它慢慢冷却，冷却以后做成圆饼状，就成了红糖。由于煎煮技术的差异，质量好的红糖可以做成圆饼状，质地松软，色味俱佳；质量差的会形成坚硬的块状，呈黑褐色，味道甜中带苦，食用时必须用斧头砍碎，故俗称“斧头糖”。据说这种土法制糖出糖量一般为3.3%，如今蔗糖的出糖率至少有10%，足见当时制糖技术的落后。

据说，由于清末民初和平村有6个作坊式的土蔗加工厂，鼎盛时期，年产红糖65 000斤，因此，其地名为“榨糖厂”。“据民国政府农业改进处统计资料，1943—1944年本县年产红糖30吨。本县红糖皆为民间蔗农自制。1940 年，高唐、常口、积善、和平、祖教、黄潭等地共有榨糖厂 15 处。”① 可见，和平村是当时主要的红糖生产地之一，直至 70 年代仍有生产。红糖是当地群众喜用的一种食品，特别是妇女坐月子时，与老姜、红酒一起熬成姜酒，用于驱风寒。“新中国成立前，闽北交通不便，运输困难，闽南蔗糖运销本地较少，且价格昂贵，本地产红糖除供应本地城乡居民外，还运销邻近的泰宁、明溪等县。”② 由于红糖的销路比较广，多年来，和平村的居民均以种蔗、制糖为生，吃、穿、用的各种生活用品均要用卖糖的钱购买。据报告人说，因当时商品经济不发达，有时红糖销售不好，居民就到城中以物换物，用糖换取生活用品。万安等地的商人则用大米、粉干等粮食到和平村换糖。种蔗、制糖成为和平村历史上的特色经济。

1958 年，人民公社化以后，和平村开始兴修水利，大部分旱地变成了水田。在“以粮为纲”的指导思想下，蔗糖以及其他经济作物均被当作“资本主义尾巴”割掉。土蔗生产量日益萎缩，这一传统经济很快消失了。

三、和平村的通婚网络

由于和平村各姓历史都不长，人口也不多，即使个别姓氏有简单的族谱，也很难反映出通婚的状况。况且有的族谱对通婚情况的记载本来就残缺不全，因而笔者只得从和平村的户籍本中寻求村人的通婚状况。

根据和平村的户籍本，把和平村娶入女子的姓氏与例数按 70 岁以上（1928 年以前出生）、55 ~ 70 岁（1943—1928 年出生）、40 ~ 55 岁（1958—1943 年出生）、25 ~ 40 岁（1973—1958 年出生）四个年龄分段列成表 2 - 5。假设男子结婚的时间为 22 岁，那么，70 岁以上者结婚的时间是 1950 年以前，大致为新中国成立前；40 ~ 70 岁者的结婚时间为 1950—1980 年，大致为新中国成立后到改革开放前，25 ~ 40 岁者的结婚时间为 1980 年以后，大致为改革开放期间。

（注：和平村娶入女子的年龄以当年笔者考察的时间为准）

---

① 宋元海：《将乐甘蔗栽培史略》，《将乐文史资料》（第七辑），1989 年，第 46 ~ 47 页。

② 宋元海：《将乐甘蔗栽培史略》，《将乐文史资料》（第七辑），1989 年，第 46 ~ 47 页。

表 2-5　和平村村民各年龄段娶入女子姓氏、例数统计表

（单位：例）

姓氏	年龄				总计
	70 岁以上	55～70 岁	40～55 岁	25～40 岁	
李	3	5	9	12	29
陈	1	5	8	12	26
黄	4	3	3	7	17
杨	3	5	2	2	12
邱	2	1	4	3	10
王	3	2		2	7
潘	3	1	2	1	7
罗	2		1	4	7
袁	1		4	2	7
汤		1	1	3	5
廖	2	3	1	1	7
蓝		1	4	2	7
张		1	1	5	7
吴	7		1	1	9
周	3			1	4
吕	1		1		2
萧	1	3	2	5	11
胡	1				1
卞	1				1
杜			1		1
熊		3			3
伍		2	1		3
邓		2			2
谢		2	2	1	5
赖		2		1	3
余		2	1	1	4
钟		1	1		2
施		1	2		3

（续上表）

姓氏	年龄				总计
	70岁以上	55~70岁	40~55岁	25~40岁	
鲁		1			1
高		1			1
林		1		1	2
梁		1		1	2
聂		1	1		2
徐			1	3	4
古			1		1
龚			1		1
沈			1		1
翁			1		1
沙			1		1
游			1		1
祝			1	1	2
郭			1		1
赵			1	2	3
曹			1		1
范			1		1
倪				2	2
阙				2	2
冯				2	2
曾				2	2
叶				1	1
柳				1	1
郑				1	1
许				1	1
夏				1	1
刘				1	1
客家人所占比例	28.9%	27.5%	36.9%	22.7%	
外省人所占比例	0	3.9%	10.8%	17%	
例数总计	38	51	65	88	242

从表 2－5 可看出，70 岁以上者通婚例数是 38 例，涉及 16 个姓；55～70岁者通婚的例数为 51 例，包括 25 个姓；40～55 岁者的通婚例数为 65 例，涉及 34 个姓；25～40 岁者的通婚例数有 88 例，包括 34 个姓。四个年龄档次的联姻姓氏分别为 16、25、34、34 个。这可以看出两个增幅：一是 55～70 岁者比 70 岁以上者的通婚姓氏有明显增加，从 16 个增加到 25 个，反映出新中国成立后和平村人的联姻姓氏增多，范围更广；二是 40～55岁者比 55～70 岁者的通婚姓氏也明显增加，从 25 个增加到 34 个。

从表 2－5 还可知道，和平村人与之通婚例数最多的是李氏，达 29 例；陈氏居第二，有 26 例；黄氏居第三，有 17 例。参阅表 2－5 得知，和平村人娶入的李、陈、黄姓分布较广，来自长汀县、将乐城关、和平村的均有。杨、邱、王、潘、罗、袁、汤、廖、蓝、张、吴、萧、谢 13 个姓也是与和平村人通婚相对较多的姓氏，几乎每个年龄档都有。而其他 39 个姓与和平村人通婚的较少，均在 5 例以下。

通过对和平村通婚姓氏的统计，从中可以发现一个现象：和平村人的许多通婚对象是客家人，而且多数来自祖籍地——长汀。表 2－5 只列出了四个档次中娶入客家人所占通婚例数的比例，其他情况并没有得到反映。根据和平村户籍本上对众姓的记载：70 岁以上者娶入的客家女子例数为 11 例，其中 6 个女子的出生地是长汀，5 个女子的出生地为本村，所娶长汀籍客家女子的比例为 6/38，即 15.8%；55～70 岁者娶入的客家女子数为 14 例，其中来自长汀的女子有 6 个，本村的有 7 个，1 个来自高唐乡（籍贯亦为长汀），从长汀娶入的女子与该年龄段娶入女子的例数的比例为 7/51，占 13.7%；40～55 岁者娶入的 24 个客家女子中，6 个来自长汀，18 个来自本村，长汀女子所占的比例为 6/65，即 9.2%；25～40 岁者娶入的客家女子有 20 例，其中 2 个来自长汀濯田，1 个来自上杭南阳，1 个来自广东兴宁，1 个来自广东大埔，另外 15 个为本村女子，长汀女子占的比例为 2/88，即 2.3%。四个年龄分段中，长汀女子所占的比例分别为 15.8%、13.7%、9.2%、2.3%，各个分段的比例在逐渐下降。从表 2－5 可知，四个年龄分段娶入的客家女子占该年龄分段娶入女子的比例分别为 28.9%、27.5%、36.9%、22.7%，客家女子所占的比例是相当大的。在和平村各个年龄分段娶入的女子中，客家人所占的比例居高不下，并且每个年龄档都有一定数量的长汀人，这些长汀女子都是从和平村人的祖籍地中娶入的。这反映了和平村的各个客家宗族，尽管已从长汀迁出，有的迁出时间长达 300 年，有的仅几十年，但不论其历史长短，不论是在新中国成立前还是成立后，他们一直与祖籍地保持着紧密联系。另外，从长汀娶入的女子所占的比例为15.8%、13.7%、9.2%、2.3%，从这个逐渐下降的趋势中又可以看出，尽管和平村人至今还念念不忘“老家人”，但对老家的牵恋、与老家人的关系仍是随着岁月的流逝在一天天松散，老家观念与上代相比淡薄了许多。

和平村的通婚范围在逐渐扩大，在这个扩大过程中反映出一些社会现象。表2-5中倒数第二栏列出了各个年龄档娶入的外省女子占该年龄段娶入女子数的比例：70岁以上者占的比例为0；55~70岁者占3.9%；40~55岁者占10.8%；25~40岁者占17%，呈逐渐上升的趋势。70岁以上者，即新中国成立前结婚的通婚姓氏最少，通婚圈最窄，且没有从外省娶入女子的。55~70岁者通婚姓氏增加了，且开始有了与外省联姻的现象，这个年龄档有2人从外省娶入女子，1个娶自湖北，另1个娶自江西。这反映出新中国成立前地域之间联系较少，农民被禁锢于自己的土地上。新中国成立后，结束了动荡不安的局面，交通条件得到很大改善，农村的地域封闭性被大大打破，地域间的联系逐渐加强，人与人之间的交往逐渐增多。40~55岁者娶入外省女子的比例为10.8%，娶入了7个外省女子，1个来自浙江，6个来自四川。25~40岁者娶入外省女子所占的比例为17%，娶入的15个外省女子中，1个来自浙江，2个来自广东，12个来自四川。40~55岁与25~40岁两个年龄段所娶的外省女子中，有一个明显的特点，即娶入的外省女子主要来自四川，前者占该年龄段娶入女子数的9.2%，后者占13.6%；前者占该年龄段娶入外省女子数的85.7%，后者占80%。究其原因，主要是四川人口过度密集，很多到外省打工。将乐县城乃至和平村办的煤矿中有许多是四川人，这些四川人看到在这里谋生较容易，就把自己亲朋好友中的年轻女子介绍到这里落户。据报告人说，另外一种与四川女子联姻的方式是通过专门的介绍人，只要支付一定数额的介绍费即可。据说，由于四川农村比较贫穷落后，那里的女子都愿意嫁到沿海。按照该地的风俗，女方嫁女时必须支付相当数量的嫁妆，所以外地人到四川娶妻时，只要声明不要嫁妆，那么不给聘金也可以娶回四川女子。初嫁到和平村的四川女子见这里的生活确实比较富裕，又希望多些同乡到来以解思乡之苦，于是就把自己的亲朋好友或乡人介绍到这里来，所以，和平村娶入的外省女子多数是四川的。

表2-5中，和平村人娶入的女子例数为242例，通婚姓氏高达55个。按照户籍本上所写，这些女子的籍贯不一，外省的来自四川、浙江、广东、湖北、江西；本省外县的来自长汀、顺昌、建宁、沙县、南平、福州、上杭；本县的则来自解放村、玉华村、光明村、南口乡、水南乡、余

坊、胜利村、万全村、桃村、永平村、山门村、梅花村、张公村、积善村、高汉村、高唐乡、黄潭镇、城关、将乐以及本村。这些地名是相当混乱的，如籍贯为本县的，有的记载到村，有的则记载到乡（镇），有的地名只写了“将乐”。照户籍本上对籍贯的记载，把和平村中娶入较多女子的籍贯、所属乡镇、与和平村的距离以及娶入女子的姓氏、例数等列成表2－6：

表2－6　和平村主要联姻地、姓氏、例数统计表

联姻地	所属乡镇	距和平村	联姻人姓氏	例数
解放村	城关	相邻	吕、黄、王、潘、陈、邓、施、邱、罗	19
胜利村	城关	相邻	施、廖、高、赖、余、袁	8
水南乡	水南镇	相邻	邱、萧、王、伍、祝、汤、余、张	17
玉华村	城关	10里	黄、邓、李	9
光明村	光明乡	30里	杨、周、萧、潘、谢	11
城关	城关	相邻	潘、余、李、陈、阙	7
将乐			吴、廖、杜、谢、汤、张、陈、梁、聂、潘、萧、魏、杨、沈、袁、郭、曹、黄、罗、蓝	29
长汀	外县	不详	罗、胡、王、吴、曹、谢、李、陈、黄、赖、邱、饶、吕	20
四川	外省	不详	何、王、古、杨、赵、罗、张、周、郑、柳、冯、曾、陈、夏	12
本村	城关	0	王、袁、卞、李、蓝、钟、罗、邱、徐、黄、陈、聂、谢、吴、曹、林、梁、杨、赖	67
总计				199

从表2－6可知，和平村娶入女子数最多的地方是本村，高达67例；其次为包括解放村、胜利村、玉华村、城关等地在内的城关区，四栏合计共43例，这些地方均与和平村相邻。户籍本中所载籍贯为将乐的高达29例，但这“将乐”所指非常笼统，包括整个县，究竟是指县城还是其他乡镇无法断定。与和平村相邻的水南乡以前是一个农场，如今改为镇，和平

村从中娶入的女子数达17例。另外，村民从祖籍地长汀娶入的女子数高达20例，从四川娶入的女子数则为12例。总之，表2-6可以说明影响和平村人联姻的主要因素有三个：第一是距离因素，娶入女子数较多的是本村、所在的城关区以及相邻的水南镇等地；第二为对祖籍地的牵恋；第三个因素是东西部的经济发展差异。

四、和平村的民间信仰

和平村中有三座寺庙：牛王菩萨庙、阳公庙、古佛堂。村民信奉牛王菩萨、阳公、定光古佛、将佑菩萨、观音菩萨、五爷古佛、五谷真仙等。据说村中的定光古佛是将乐县唯一的一尊，而阳公则几乎每村都有。

1. 牛王菩萨庙

牛王菩萨庙位于村西北部，在虎头岩的山脚下，县城通往石门岭的大道右侧，距新村约100米。庙前面有一条小溪自西向东汇入金溪。据报告人说，新中国成立前几年，一个萧姓牧童在放牛时“起童”（精神异常，口中念念有词），被村民认为有神灵附身。于是，村民在其“起童”处摆上了几块大石为记，后来用泥巴捏了三座菩萨安放于此，并用篱笆将其四周围了起来，由放牛的家庭轮流烧香。20世纪80年代，村民又用树雕了菩萨安放在阳公庙中。1994年，牛王菩萨像与其他菩萨像一起被偷。相传是仙游人所为，因仙游人有不少以雕菩萨为业，但缺雕菩萨的木头，于是就在夜间开车到处去偷无人看管的菩萨。牛王菩萨像被偷后，村民重塑了一尊，仍放在阳公庙中。1995年，村民重建了牛王菩萨庙，庙坐北朝南，约有4米高，面积10平方米左右。牛王菩萨长着长长的黑胡须，双手按在腰间的皮带上，左、右两小童的相貌类似其他寺庙中的千里眼与顺风耳。

牛王菩萨庙的兴建显然与村民的观念有关。村民认为，放牛小孩“起童”是牛王菩萨显灵，附于他身上之故，它可以保佑村中众耕牛的平安。新中国成立前，因种蔗、制蔗的需要，村中饲养了80多头牛。这些牛是村民的主要财产之一，但和平村四周山高林密，水牛经常走失。牛王菩萨像塑起来后，养牛的家庭一旦水牛走失，就到菩萨面前去祈求保佑，据说烧过香后，水牛很快就能找到。村民们还认为牛王菩萨可以治水。在将乐发大水的时候，牛王菩萨庙前的小溪下泄的洪水，经过庙前时受牛王之治后就不会冲毁和平村的田地了。此外，牛王菩萨还可保佑村民的平安。

村民对牛王菩萨一直没有专门的祭拜时间，也没有人守庙，只由村民们随时去拜。和平新村建成后，由于庙距新村很近，就由新村的几十户村民轮流去烧香，使庙中香火不断。村委驻地的其他村民则很少去烧香。

2. 阳公庙

和平村与当地其他村落一样，在村前“水口”建有小庙供奉阳公菩萨。该庙位于村子的东北部，在虎头岩山脚下，和平村通往积善村的道路左侧，距林业局简易运材公路桥几十米。相传，阳公庙供奉的是一文一武两状元，旁边的两座小神像是其小童。据村民说，阳公庙可以把住水口，保护全村的好风水，并保佑村中人畜平安，多出人才。

3. 古佛堂

古佛堂位于村子东北部，和平村到积善村的道路上方。古佛堂所在地以前只有一个小亭子，相传为唐朝时当地的一个财主所建。一天，财主从外地做生意回家，路过亭下面的道路时，正遇上金溪发大水。水越涨越高，无路可走的他只好退到高地上。一直到第二天，大水退下后，财主才得以安全回家。财主到家后，派人在他等候水退的地方建了一个小亭子，专供路人休息。后来，有人把小亭子扩大了许多，并取名曰“继善亭”。据《将乐县志》载：“古佛堂——莒峡之下，古佛名像，原廖姓建亭于此。乾隆二十八年（1763）毁，明年张思元鼎建砖亭。”[①] 又曰“继善亭——旧名古佛堂路亭，在龙池、积善二都界上。二十八年毁，邑氏张思元重建砖亭”。知县李永锡记曰：“耆民张其涵者，曾建三涧浮桥一道，并桥西路亭一座，都司熊即颜乐善以善之。兹古佛堂路亭，旧为登涉者歇息之所，葵未岁为风飚所圮，涵子思元鸠工更新，缭以砖瓦，坚筑永固，以明年甲申夏落成。余嘉其志，为书‘继善’，以颜其栌。夫孝者善继人志，思元慕父之善，步父之武，以成此亭。将思元之后不又有继善之子若乎？则余正有厚望焉。”[②] 结合村民的传说与县志所载可推断，古佛堂所在的小亭应该是唐时开发龙池都的廖姓所建。乾隆二十八年（1763）毁于风，张思元重建了砖亭，知县李永锡命名为“继善亭”。

定光古佛何时供于继善亭内？据 1998 年《将乐县志》载：“古佛堂塔——位于古镛镇和平村莒峡山。据传唐时在此建有古佛堂，塔建于堂后，故名。该塔为七成六角塔，属明代建筑……”[③] 由此看来，古佛堂似乎建在唐代，唐代就开始祭供定光古佛。但笔者认为这不符合史实，因为定光古佛是长汀、上杭、武平等地普遍信仰的神祇；和平村是长汀移民的聚居村，据村民所说，古佛堂中的定光古佛又是将乐县唯一的一尊，由此或许可推断，应该是在长汀人迁到和平村之后，继善亭才开始供奉定光古

---

① （清）李永锡：《将乐县志》，卷四，《寺观志 · 堂》。

② （清）李永锡：《将乐县志》，卷四，《寺观志 · 堂》。

③ 郑大余：《将乐县志》，卷三十，《文物志》，北京：方志出版社，1998 年。

佛。或许，引文中的“据传”两字正说明了县志修纂者对传说未加考证地加以引用。

今天所建的古佛堂，在原有继善亭的规模上扩建了许多建筑。由于地形狭窄，整个佛堂的布局以原来的古道为中轴呈条状分布。穿过路边的山门，沿水泥路（也是昔日的古道）往山上走，依次经过五谷真仙庙、厨房、古佛堂（继善亭）、餐厅、卧室、观音厅。五谷真仙庙中供奉着五谷真仙、五爷老佛、地藏王；观音厅中供有三宝的画像及观音塑像。这两个庙的规模均比较小，宽不到几平方米。古佛堂的主要殿堂是继善亭，里面供着定光古佛与将佑菩萨。定光古佛貌似古时的白面书生，而将佑菩萨则左手拿着一条蛇，为一武将貌。关于定光古佛与将佑菩萨，当地流传着这么一则故事：

很久以前，有个勤劳敦厚的长工，名叫定光，给一家富人干零活。富人名叫将佑，长年在外做生意，拥有不少家产。将佑心肠很好，常施善心，平常待定光也不错。可将佑的老婆却厉害极了，对定光十分刻薄。只要东家不在，她就给定光吃没有油盐的菜，并且一天只给吃两餐。每天鸡叫三遍，他就被叫下地干活，且得一直干到天黑才能回家。定光就这样在将佑家做了几年长工。

一天晚上，定光在睡梦中见到一个仙人对他说：“你已修炼几年，倘若不食荤，会放生，以茶洗身便能成仙。”说完，仙人飘忽而逝，定光醒后，回想梦中仙人之言，却茫然不知所措。第二天，东家婆叫定光去洗瓮。定光一把把瓮抓在手中，居然将瓮从里朝外像翻布袋一样翻了过来，三下两下就把瓮洗干净了，然后坐在一旁斗蛐蛐。东家婆见了破口大骂：“你这懒猪，叫你洗瓮却躲在这里玩……”定光说：“我早洗完了。”说完将瓮口一提拉，瓮又翻了过来。东家婆惊讶得瞪直了眼，就叫定光去砍柴。

定光到了山上，一斧就砍下了一大片柴。他用一条绳子一绑，那一堆柴变成了小小的一捆。他把柴提在手上，轻悠悠地回到了东家家中。东家婆见定光只砍了一小把柴，气得双手往腰间一叉，虎着脸骂了起来。定光把柴火一解开，一下子散成了一大堆。东家婆躲闪不及，被压在了柴堆下大叫：“救命！”

此时，东家将佑正好回到家中，见此情景，一边搬动柴火，一边问出了啥事。定光将事因告诉了他，然后移动了一根柴，东家婆就被拖了出来。东家见老婆缓过一口气来，就对她说：“做人不能太刻薄。要多行善积德，善有善报，恶有恶报。”东家婆根本听不进去，嘴里依然骂个不休。

将佑安顿好家后，买了一块肉与几条活鱼回来要与定光共饮。定光想起了梦中仙人所言，就对东家说，他不吃肉，并要买下东家的鱼，然后把鱼放了。此外，他还找东家买了几斤茶叶。定光把活鱼放入河中，又把茶叶放入锅中煮沸。之后他在茶水中洗了个澡，竟从水盆里慢慢升腾到了空中。将佑一见，赶紧跪在地上，请求定光将自己带上。定光于是要他到水盆中洗澡，将佑洗完澡后也升到空中。东家婆一见，也急着到水盆里洗澡，然而慌乱间把水盆给打翻了，水流到了河中。她急忙问定光该怎么办，定光说：“你到河中洗澡吧。”东家婆于是躺到河中，却变成了一条泥蛇。

定光从地上升入空中后，突然发现半山上有个亭子，亭子紧挨着峭壁，周围绿树环绕，山脚清水潺潺，景色十分秀美。他想，若要择一居所，这可是个好地方。转而又想，我不能无故冒出，得让他们知道我显灵，把我请进亭子中住下。于是带着将佑，他们变作一大一小两尊菩萨沉入河底。

有一天，一个渔夫到河里撒网打鱼，连撒三网都是沉重无比，谁知拉上来的却是两尊慈眉善目的菩萨。渔夫心中很是纳闷，决定把它们带回村中供奉起来。他背着两尊菩萨上了岸，走过半山的亭子时，坐下来休息。然而等他再次背菩萨时，却怎么也背不动了。他朝菩萨拜了几拜，回家后把这桩奇事告诉了村民。村民都说这是仙人下凡来庇佑人民，于是纷纷带上香，前往膜拜。

东家婆变作泥蛇后，剧毒无比，碰草草枯，咬人人死。村里人心惶惶，大家就去亭子里求菩萨保佑，除去毒蛇。于是定光派将佑去抓泥蛇，挤去它牙上的毒。此后，泥蛇就不再有毒了。定光后来为村民做了许多好事，村民过上了太平日子，因而取名为“和平村”。

和平村一年有五次比较大型的迎神、祈神活动，包括两次庙会与三次醮会。两次庙会是正月初六的古佛生日与二月十九日的观音生日。庙会期间，古佛堂的众僧尼在庙中念经，村民及四方信士会到庙中烧香拜佛。由于庙会只在庙中举行，神明不游村，活动较简单，因而“头家”只需请帮手到庙中打糍粑、做擂茶、煮斋饭菜招待四方香客即可。三次醮会是正月十五日公王醮、五月二十五日的五谷真仙醮与九月初六至初八的古佛醮。

村中的各次庙会、醮会的“头家”均是在每年九月初九，即在一年的各场醮会与庙会活动结束之后产生。每次祈神或游神活动的头家都有5名，包括香首1人、醮首1人、福首3人，组成5人领导小组。其中香首要在和尚念经时，跪在一旁陪香，醮首与福首相当于总理、副理。由于一年有五次活动，所以在九月初九要选出25名“做头家”的。九月初九早上，由组织九月初六至初八“古佛醮”的头家在村中吹口哨，通知大家到古佛堂吃早饭。每家派出一个代表参加。早饭后，大伙“抽勾”选出25名“做头家”的。各场醮会、庙会的5人领导小组再视本次活动所需，请帮手若干人。庙会所需帮手较少，每名头家请5人即可；醮会所需帮手较多，要请较多帮手。尤其是九月上旬的“古佛醮”规模最大，所需的帮手最多，每个头家要请10多个帮手，并且要在九月初一请帮手吃“定头饭”，届时帮手若有急事不能参加，得自己找人去代替。当头家的一般是本村人，但也有外村人来参加“抽勾”的，比如龙池村每年都有人到庙中“抽勾”争着做头家。由于打醮不需要头家出经费，来“抽勾”的外村人只要信奉古佛，有一定的组织能力即可，并且不受捐香钱的数量限制。若外村人抽到做头家，则多数在和平村找帮手。以往的每年九月初九，家家户户都很自觉地派代表到庙中“抽勾”，但这些年去的人越来越少。因而，村中老者决定，以后取消九月初九早饭后的“抽勾”，改在九月初七扛古佛游村时，让每家每户迎古佛进家门时“抽勾”，一可避免浪费，二可预防愿意当头家的人数不够。

新中国成立前，组织这些神明活动的经费均来源于古佛堂的山场、田地出租所得的租金。新中国成立后一度停止了敬神、迎神活动，山场、田地也收归集体所有。1985年恢复醮事活动后，经费由村民分摊。到了90年代初，到庙中烧香的人越来越多，尤其是庙会、醮会时香客给的功德钱很多，多时有两三万元，少时也有几千元。这不仅可供一年的神明活动开支，而且还有盈余。村民利用盈余在村委所在地盖了一栋百平方米的大楼，一楼用于开设店面，二、三楼用作老年活动中心。

新中国成立前，村中打醮时大多要到万安请道士与鼓手队。村中置有“十殿阎君”图，每逢打醮，道士都会把十殿图挂在醮场，向村民宣传因果报应之理。新中国成立后，因政府破除封建迷信，打醮一度停止，一直到1985年才恢复。1985年打醮时，村中请了泰宁的和尚，念了7天7夜的经，惊动了整个将乐。从此，和平村打醮时大多请和尚到醮场。

和平村的历次庙会、醮会中，数九月初六至初八的“古佛醮”规模最大，所费人力、物力也最多。三天醮会期间，和平村本村及城关附近的居民络绎不绝地前来进香、拜佛。古佛堂全天供应素菜、擂茶、糍粑，来一批，吃一批。每个香客到此烧香均会捐功德钱，醮会则会安排5人专门负责登记香客的姓名及捐钱的数目，并分一包由橘子、饼干、糖组成的斋果以及一袋甜糍粑，其数量视捐钱的多少而定。香客回家后，把斋果、糍粑分给家人吃，共沐佛恩，以保平安。此外，有的香客还会带上水果、馒头及山货等作为供奉之物。据不完全统计，古佛堂平均每天接待的香客近1 000人，其用于做饭的大米要400 斤，用于做糍粑的糯米要 1 000 多斤，用于做擂茶的芝麻近100 斤，其余香菇、红菇、豆腐、包菜等素菜必须由两人专门采购，及时供应，各种花费要 1 万多元。

醮前，头家要预请鼓手队。到了九月初五，鼓手队就到古佛堂集中。头家请的帮手也开始在古佛堂忙碌起来，清洗素菜、准备柴火、清理场地等。小伙子们则开始马不停蹄地揞糍粑，以备第二天众多的香客食用和带回家。他们要一直揞到半夜方可停止，否则第二天将供不应求。

打古佛醮的目的在于“祈保大众吉祥，民安物阜，时泰年丰”。据榜文上所述“今月是日洒洁坛场，修设千佛洪忏摩，宣扬圣殿顶礼洪名三旦三夕，启集良因，允祈请泰。谨以是日恭奉玉容，澄心作观。香献牛首，花散优云。灯传鼻祖之光，水酌曹溪之味。祇园之果献金盘，随心拈取赵洲茶。捧玉杯，信手采来。课讽迦陀之真诠，宣演弥陀之海会。跪念八八诸供，施食蒙普济饿渴。一一真诠法事，句句迦陀消愚朦……”可知醮会有做洁坛、请千佛、上大供、施食等程序。

九月初六晚上，和尚要在古佛堂中“做洁坛”、念经、清扫醮场，为打醮作准备。到了九月初七早上 5 点，要在山门前竖好松光，堆好“松火”。松光是用一根木柴劈开后，插进许多干松香，做成一柱状，立在古佛堂山门前的水泥路边。松火则由松香与松树屑堆成。点火时，先把松香点燃，再把松树屑盖上形成一火堆。松光与松火均是为施食时延引孤魂所准备的。堆好松火后，还得在初八晚上“坐台”的法坛旁边竖一根长长的幡竹。这根毛竹有两丈多高，尾巴留有几节的竹枝代表一年有十二个月，若闰年则要留十三节。据报告人说，树幡竹的目的是使空中过往的众神留下来受香火。此外，幡竹旁边还竖着一棵小松树，村民称之为“松林”。松林用于留驻孤魂野鬼。诸事具备后，由和尚念经，派出使者把九封表文（代表九个山头）送到菩萨手中，请各方菩萨来保护醮场。然后念奏章（称为“出符”），让一切孤鬼恶神、邪恶之毒气在醮场安静下来，共同修行，使人客平安。念完符章后，和尚、尼姑在醮场念经，叩拜三世佛（人称“三千诸佛”），并为众佛神安座（请“南无道场教主释迦文佛、南无琉璃教主药师如来、南无陀弥教主自在王如来、南无圆通教主观世音菩萨、南无龙华教主弥勒菩萨、南无定光古佛金莲座下、南无十方无尽三宝忏摩会上各宝金莲座下”到醮场中享用供品，并把五谷真仙庙的五爷老佛请到醮场安座），向他们祈福，为村民消灾。

初七中午12点多，开始扛古佛游境。扛古佛的队伍从古佛堂出发，扛到和平村中。家家户户均在厅堂中设供桌，摆上斋果、馒头等供品迎接古佛。到村中游境的是五爷老佛中的三老佛，而定光古佛与其他四尊老佛均留在醮场。游境的队伍按照下列顺序排列：鼓手队、香灯、定光古佛香座牌、三老佛。三老佛由村民端在胸前。队伍按照古佛堂—茉莉小区—樟树下—上李屋—大路上—茶头下—下李屋—袁屋—曹屋—谢屋—木子背头—老曹屋—水窠里—竹子岭—脚盆丘（和平新村）—和平堆头—古佛堂的路线行进。扛古佛的队伍每到一户，都要把古佛香座与三爷老佛放在供桌上，在户主叩拜祈愿结束，放完一串鞭炮后，队伍动身到下一户。一般要在傍晚6时左右，扛古佛的队伍才能回到古佛堂中。据报告人说，新中国成立前，古佛游境比现在要热闹得多，有旗帜队在前引路，家家户户争着放鞭炮，相互比哪家的鞭炮放的时间长。扛古佛的队伍要待每一户鞭炮放完后才能离开，导致古佛游境延至凌晨才能回到古佛堂中。

初七晚上与初八上午任由香客烧香祈福。初八上午11点半，要在醮场中上大供。上大供由香首、庙中和尚、受戒尼以及在家居士等参加。他们把一盘盘的供品呈到供桌上，供佛享用。供品不仅有平常打小醮“做午朝”时所供的“十宝”，即香、花、灯、涂（水）、果、茶、食、宝、珠、衣；还有“十斋”，即青菜、四季豆、豆腐条、扁豆、红菇、金针菜、银耳、木耳、油豆腐、菜干；另外还供银圆、百元大钞、金银手镯、金戒指、手机等物。村民把它们分别盛在盘子中，放在门口的桌子上备用。上大供由庙中和尚主持。众人向佛三拜后，尼姑与在家居士在一旁念经。每上一道供品，主持与两尼姑都要端着盛有一盘供品的大盘子在供桌前转几圈，再呈到两旁的福首上，由跪在古佛前的香首奉献到古佛前。而端着空盘子的尼姑再交叉走路，一边转圈一边走回放供品的桌子旁边去取供品。主持则唱“十大供赞本”，如上花时唱“石轮展处草生茅，点出浮沤散玉花，缀罢清风生玉液，休言老赵好煎茶”，上果时唱“新鲜果实装金盆，四海神仙举目观，双凤含来亲献佛，野猿有意同心攀”。每上一道供品，就念一段经，直至供品上完。

初八下午，由和尚主持“绕忏”，即送神。和尚代表众生向佛忏悔过后，边念经边绕着醮一圈圈地走。据和尚说，这表示法会已完成，对各方神明表示衷心感谢，同时送众佛回原地。

绕忏过后，众人准备晚上的“坐台”，把定光古佛、地藏王、观音大士请到台上的供桌上坐，前面供六碗斋菜、一盘珠宝、一金龙法器与两碟米，米上放小铜铃。村民们认为只有古佛、地藏、观音三者同时坐台才可镇鬼邪。松林下面驻阴魂野鬼的地方也要备一桌食物，包括一大盆饭、一盘汤、十二碗素菜，周围放十个碗、十双筷子。放食物的桌子上有一架蒙了长幅红布的木梯通往台上。据报告人说，这是通往天堂的桥梁。晚上6点多，庙中主持与七个僧尼到松林边站着上香、念经，同时点燃山门口的松光与松火，把各方的孤魂野鬼延引到施桌旁领享美食。火点燃后，主持与僧尼转到坐台上，请定光古佛、观音、地藏王驱邪镇鬼，保一方的安宁。然后，当主持的和尚戴上唐僧帽，坐下来念经，超度孤魂。念完经后，即给各孤魂野鬼施食，并烧给他们冥钱。而后推掉幡竹、松林，把饭、菜悉数倒扣在地上，把桌子一并推翻掉，众鬼回归原地，倒幡竹的时间一般在晚上11点左右，倒幡后整场醮事即告终。

与九月初六至初八的“古佛醮”相比，正月十五的迎公王与五月二十五日的“五谷真仙醮”规模则要小得多，参加者都是本村的群众。正月十五是迎阳公庙的阳公，村民把阳公当作福主公王。正月十四下午，头家、鼓手队一起到阳公庙把文、武两尊阳公迎回村，放在香首家中。若香首家的厅不够宽敞，便放在醮首家中。“公王醮”不请道士，正月十四下午与十五上午由村民自由到醮场烧香祈福。十五日下午1点开始公王游村。公王坐在四人抬的大轿中，前面是香首引路，后面是乐队跟随，还有不少小孩拿着灯笼跟随在队伍后凑热闹。游境的路线从放阳公的头家开始，沿路一家家地迎公王，直到凌晨1点多。游境结束后，径直把阳公抬回庙中。由于每年做头家的人几乎都不一样，所以阳公游境没有固定的路线。村内各家各户均在正厅或门前设香案，扛阳公的队伍一到，户主就点灯焚香迎接阳公菩萨。做头家的要发给各户一袋饼，而各户在迎接阳公进家时要拿一个红包给公王。游村结束后，鼓手队、扛桥者每人可分到两袋饼，跟在后面迎灯凑热闹的小孩每人也可分到一袋饼。村民通过打公王醮，向公王祈保村中人丁平安、六畜兴旺。

新中国成立前，“五谷真仙醮”比现在隆重得多，要到万安请道士到醮场，但道士不参加游村。做头家的要提前五天吃斋，且五月二十二日要派人到清流县林畲村“取火”。据报告人说，林畲村是五谷真仙的发源地，该地的五谷真仙庵建在村里塅中的一块巨石上，每年四五月份，到了打保禾醮的时节，就有很多村落的人到那里赶香火。取火时，必须带一盏有玻璃罩的马灯，以及一个“菩萨厨”。厨的里面贴“五谷真仙座位”，并放有香炉、蜡烛灯。取火队伍的前面是旗幡引路，接着为乐队，然后是持菩萨厨者。旗幡的中间写“南无神农帝主五谷真仙香位”，两边写“五谷登丰”、“田禾大熟”。旗幡下面分成五道开叉，每叉的下端挂有一个风铃。到林畲村后，庙中的和尚会帮助念经，点燃一根大香，让取火队带回。取火队为此要付些钱给和尚，在村民的记忆中，新中国成立前要付一元。往返林畲村要花近三天时间，途中要住旅店。一路上，必须保持香火不断。香火取回后，把古佛堂中的五谷真仙迎来，一起放在头家的家中。五月二十五日下午五谷真仙游境，队伍的顺序是举灯笼者、举旗幡者、抬五谷真仙者、鼓手队。队伍从头家的家中出发，在村周围的田地中游一圈，先沿着村中的水圳走，再沿着金溪回到古佛堂中（因水圳与金溪边的路是村中大片农田的主要道路）。在五谷真仙游村的过程中，旗幡下面的五道分叉常会自动交织成穗样，下面的风铃叮当作响。村民认为，若旗幡结成了穗状，该年的庄稼就能获得好收成，否则便是不吉利。打完醮后，旗幡与五谷真仙一起被送到五谷仙庙中，以备来年用。

村民通过打五谷真仙醮，祈望风调雨顺，五谷丰登。新中国成立后曾一度停止打醮。1985 年村中恢复打醮后，因路途遥远，村民不再到林畲村赶香火了，只需把古佛堂的五谷真仙迎到村中游境即可。

第三章　闽西客家乡镇墟市与民俗信仰

第一节　宁化县河龙乡的宗族、墟市与伊公信仰①

一、河龙乡概况

河龙乡位于宁化县北部，距县城30多公里。它西邻江西省石城县，东与本县水茜乡接壤，南与本县中沙乡相接，北邻本县安远乡。河龙地处武夷山麓，地势呈南北走向，东西窄，南北长，全乡总面积64.25平方公里。

河龙辖8个行政村，约50个自然村。（详见图3－1）耕地面积约占总面积的30%，共有13 800多亩，主要种植稻谷。全乡居住着伊、张、黄、李、毛、杨、谢、刘、伍、温、曾、赖、姜、陈、熊、邱等姓氏的人。其中伊姓人口最多，约2 600人；张姓约1 000人；黄姓约800人；李姓、毛姓、杨姓各600人；谢姓、刘姓各500人；伍姓约300人；温姓、曾姓各200人；其余姓氏均在200人以下。总人口有8 200多。河龙乡的聚落分布如图3－1所示：

① 本节为笔者与当地伊启烈、谢云吐两位退休老先生的合作成果。其中河龙的宗族、水南古庙与附录的碑文整理由笔者完成；河龙乡概况与墟市部分由伊启烈先生整理；伊公庙会部分由伊启烈、谢云吐先生完成。在此，特别感谢伊启烈、谢云吐先生以及相关报告人，他们虽年事已高，但对收集与整理当地民俗历史资料的热心令人感动与敬佩！

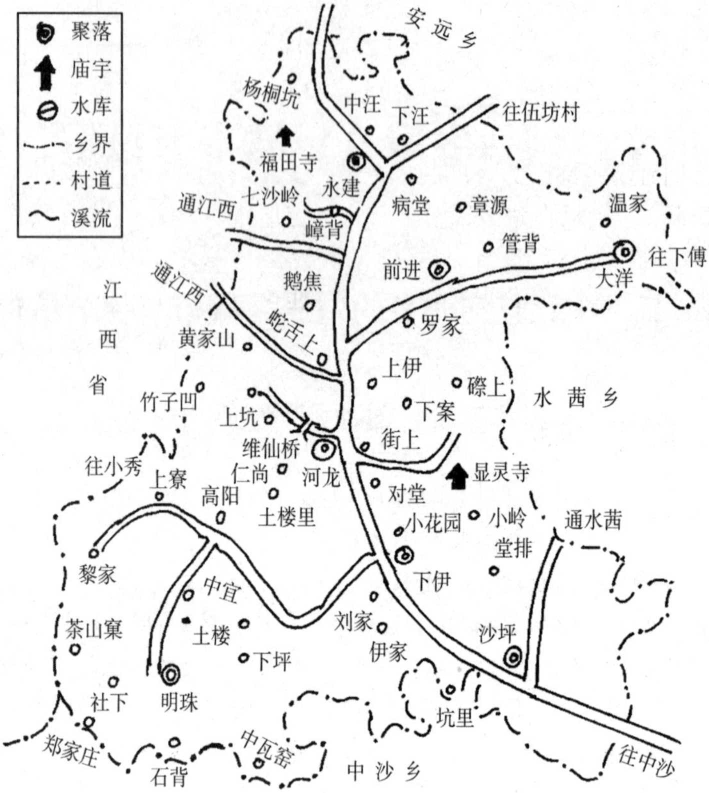

图 3－1　河龙乡聚落分布图

二、河龙的宗族

伊、张、谢等都是河龙历史较为悠久，且人口相对较多的宗族。由于伊姓的族谱很完整，并且人口最多，因此，先对张、谢两姓宗族作一简单介绍，再对伊姓宗族的来源、发展状况作详细叙述。

1. 张姓

河龙张姓迁自禾口桂林（今属石壁杨边村），据说迁到此地的是第十二世。谱载子道公“宋季率长男本达公、次男本良公、三男本德公迁居永丰之武曲围上，卜期开基建宅”。在围上建有官九公祠，官九公是迁居禾口桂林的开基祖。河龙张姓主要居住在仁尚村。

2. 谢姓

谢姓在明洪武三十一年（1398）写的族谱序中曰：“谢族发源于周宣王封申伯于谢，陈留其郡也。自公蕃衍于唐季十六郎任藩邸长史者，因乾符之乱入闽，绥城建州地黄连镇将家焉。公之玄孙任广东廉使，讳华发。发之孙名曰智，智第五子一郎者，即宁始祖也。居邑市而创厚业于黄地峡、水门等处。”① 由此可知，谢姓入闽始祖为十六郎，迁居宁化的是其后嗣一郎公。

宁化谢姓尊一郎公为一世祖，一郎公于宋末从建宁迁到宁化县兴善里上坪。谱载：“始祖自建邑宋末迁宁，首定居于宁邑黄地甲之上坪村，后续迁于宁化城郭头街定居。蕃衍至今，传至四郎，生三子曰：七郎、八郎、九郎。七郎故居宁化为主体，且后裔也有分徙在闽、赣两省十四县以及四川、广西等地……八郎谱载入归化（今为明溪县），九郎迁连城。”②一郎公的三个孙子中，唯七郎留在宁化，并在此地繁衍成八大房：

（1）秀聪公房在本县已无传，谱载外迁的地址亦不明。

（2）洄卿公房大部分在100多年前迁到江西永丰县定居，仅有小部分居宁化城关。

（3）文富公房后裔主要居住在宁化河龙乡下伊村，部分迁至宁化城郊乡路足坑、中沙南埔。早期还有不少迁居福建松溪县、建阳县、将乐县、清流县及江西省石城县横江乡庄家村、宁都兴国县古龙岗黄塘、弋阳县葛溪乡谢家村港口等地。

（4）文禄公房后裔主要居住在宁化城关、方田、禾岭下，也有部分散居于本县中沙、泉上、泉下，本省寿宁县荔坂村以及江西吉水县新和乡南田村。

（5）文聪公房后裔主要居住在宁化济村乡昆岗村，部分居住在福州。

（6）文寿公房后裔主要居住在宁化城郊乡瓦庄村的余家庄、狐狸墩、下畲等地，部分居住在城关。

（7）文旻公房后裔主要居住在宁化禾口乡溪背谢家村，部分居住在宁化城关及江西兴国的下石、宁都的小布村。

（8）源卿公房后裔主要居住在宁化城关。

其中文富、文禄、文聪、文寿、文旻是顺卿公的5个儿子。据明弘治壬戌年（1502）所作的族谱旧序记载，在谢姓与张姓争坟地时，顺卿公“倍出祭产”，因此“以五子文富、文禄、文聪、文寿、文旻同于秀聪、洄卿、源卿春秋作八房祭祀”，并把此定为“不易之规”。③ 谢氏在十一修之前的谱中均是八大房。到十一修时，芦卿公房入修，成为九大房。与此同

---

① 河龙谢氏：《谢氏十一修谱》，卷一，《创修族谱旧序》。
② 河龙谢氏：《谢氏十一修谱》，卷首，《宋始祖一郎公位下裔孙分房迁徙居址》。
③ 河龙谢氏：《谢氏十一修谱》，卷一，《明修谱旧序》。

时，文亮公支月台公房亦首次入修。芦卿公房后裔主要居住在宁化济村谢家排、方田乡泗溪坝的谢屋竹圆段，少量居住在城关；月台公房后裔主要居住在宁化方田罗振坑，少数居住在城关。

从谢氏吊线图上可知，迁到河龙的可能是第十世，九世子宣公之子宗庆“明景泰甲戌移居永丰里下伊庄”，九世宁（名子宁）“娶伍氏合葬下伊”，其子宗璘“娶张氏合葬下伊”，宗瓒“娶伊氏葬下伊”，且从后面的谱可知宗庆与宗璘的后裔均葬在下伊。

河龙谢姓与本县的其他房派保持着密切联系。已有的11次修谱活动就是各房联合起来修撰的，第1～11次修谱时间分别为：洪武戊申（1368）、弘治壬戌（1502）、万历辛丑（1601）、康熙丁卯（1687）、雍正己酉（1729）、乾隆甲戌（1754）、乾隆壬寅（1782）、道光丙戌（1826）、同治己巳（1869）、民国三十一年（1942）和1992年。

谢氏的建祠活动也是各房一起进行的。据谱载，万历辛丑（1601）在城南建祠，祀宗顺卿；康熙丙戌（1706）在城东建祠，祀宗洄卿、珂卿、顺卿；康熙壬辰（1712）才建始祖祠，祀始祖一郎公及各房主，始祖祠的右厢房之南室为襄功堂，堂一侧召有僧人住持。这些祠堂的建造、修葺活动以及宗族的祭祀活动，河龙谢姓均有份额。[①] 河龙下伊亦建有一座祠堂，祀九世祖子宣公，为河龙谢氏所共有。

值得注意的是，谢姓谱中有不少关于“继嗣”的记载。尤其是同治年间的《谢氏九修谱》对此有详细的记载。谱载：“继嗣自有定位，疏不间亲，强不夺弱也。书称继子，别所生也。生父名下书以‘第几子某，出继某兄弟为后’，于继父名下则书以‘兄弟某，第几子某为后’，以明为人后者，不私所亲，亦不得没所出也。至孙为继父之裔无庸赘矣。若异姓子为吾宗后者，义当绝之于谱。其前谱所载者，今悉厘正。至吾宗之子出抱异姓，或随母改适，或远徙他乡，或寄迹空门，必详书之，盖祖宗一脉不忍轻弃，亦翼其归本宗也。”从中可看出，择继时不能选取其他姓氏的孩子当继子。《谢氏十一修谱》中的条例载：“按律，养异姓子以乱宗族者，杖六十。故谱内黜抱养特严。”直到十一修以后才不再对继子另眼相看，十一修谱序中云：“本着重今循古，不受旧宗法所束缚，坚持自愿原则对过继、招赘平等相待。”[②] 并且承认了异姓子为本族人的身份，谱载：“前载条例，黜抱异姓特严，数百年来罔敢违背者，合修族谱之力也。迨道光丙

---

① 河龙谢氏：《谢氏十一修谱》，卷三，《祖祠碑记》。

② 河龙谢氏：《谢氏十一修谱》，卷一，《十一修族谱序》。

戌（1826）九修后，逾期已久，继修无人，以致各房各自为政，成例亦因之一歧，其间竟有抱养异姓，迄今生子而生孙者，倘长此以往，世系昭穆亦难保无混淆之虞。是以急倡仍然合修之议。惟对于抱异姓一节不得不大加斟酌，爰集族众议决，合以民国肇造尚联五族为一家，国体既更，法律自易，吾族谱所载抱养异姓之条亦无妨从权更订。凡异姓子修入谱时，与已生子不可不明为区别，定其名曰‘恩继世系’，如已生三子俱殇，又为抱继，则书某公四子恩继子，在内下则书某氏生三子某某某，下又接书恩继某为后，但恩继之下某之上用一圆圈。至恩继之子则归一律矣，吊图下又接书恩继子某，上亦应书明恩继子字样，庶可一目了然。是举也，族众既邀赞同，复告祖灵，筮之得吉旦，揣时度势，万不得已而为之，非敢故违祖训也，后之人原而谅之可耳。”[①]

同治谢氏谱除了规定不能收异姓子外，还对半边继（又称两边继或双承祧）作了具体规定，曰：“立继承祧自有定位，详载前定条例，间有兄弟二人，兄无嗣，弟仅一子者，以长兄论，则义不可不继。以一子论，而势难以出继，虽已生孙数人，又因世代悬隔，爰偕族众议决，得从兼继之条，以弟之子兼继兄嗣，即立一孙于兄名下，承续宗祧。若弟无嗣，兄仅一子，如之。此虽前谱未载，而义妥协，永以为例。”[②] 该谱在《半继规条引》中曰：“查无子立嗣，原为继绝之掌经循例，过房自有一定之规制，例载无子者，许令昭穆相当之侄承继，先尽同服周亲，次及大功、小功、缌麻。如无，始择远房及同姓为嗣，此系叙伦应继之次序也。又例载，继子不得于所后之亲或应继之人平日先有嫌隙，听其告官别立，其或择立贤能及所亲爱者，若于昭穆伦序不失，不许宗族指以次序告理是郎。世族所称择继受继各应听从其便，以顺舆情者也。长房无子，次房亦只有一子者，其承继两房宗祧郎，汉小戴所谓大宗小宗不可绝，是一子而祧两房……”由此可知，择继仅择本宗姓，并遵循由亲及疏、由近（房）至远（房）的原则。同治谱定半边继的规条如下：

一、兄之子继弟，弟之子继兄，生父名下书以第几子某半继某兄弟为后继，父名下书以某兄弟第几子某半继为后。

二、系传兄之子继弟，载某公之子某生、娶、殁、葬详载于生父之下，至若继父之下则载生详上系，娶则载生娶详上系，殁葬则载生娶殁葬

① 河龙谢氏：《谢氏十一修谱》，卷一，《十修条例》。

② 《同治谢氏族谱》，《条例》。

详上系。弟之子继兄则详载于继父之下，生父之下载详上系，系图则生父之下书某，继父之下书继子某。

三、无论出继之时现已完娶，郎出继之后，生父母无力完娶，继父母出赀完娶；生父母与继父母合出赀完娶，长子承生父之后，次子承继父之后，幸而多子则长三子归生父，次四子归继父，如数不均任凭为父母者分发，若仅生一子则仍承双祧。

四、祖尝产轮至生父，准与分，平分。轮至继父亦准与分，平分。不得谓一人而跨收两服。[①]

从中不仅可知族谱对半边继者生、娶、殁、葬以及如何继承生父与继父尝产有详细的规定，而且还规定了对半边继者所生儿子的分配：若仅生一子，仍承两房为半边继；若生二子，长子归生父，次子归继父；若多子，则长三子承生父，次四子归继父；若数目不均，由父母裁定。

此外，族谱中对破坏祖坟，包括卖坟石、掘坟后把坟地卖给他人的给予严厉的处罚。谱载："坟墓以妥先灵，倘丧心害义不肖族孽起卖坟石，挖坟别售以致碑断草丛、遗骸暴露者，无论祖考伯叔、远近亲疏之坟，一经查获，鸣鼓同攻除，通众革削出族外，定即呈送究处。"[②] 对私吞祖上遗留下来的尝产的也是如此，不仅要通众革削出族，而且要送官法办。谱载："尝产之设，原为祖宗祠祭墓祭所需，即修墓、修祠、修谱各举亦得籍资补助，关系綦重，允宜极力保全。倘有不肖子孙吞噬灭祭、图利盗卖者，一经查觉，自当鸣鼓而攻除，通众革削出族外，定即送究处。"[③]

3. *伊姓*

河龙伊姓尊显公为一世祖。显公之父文敏公从河南迁到宁化河龙。谱载："吾祖文敏公……因季时局不靖，率弟文景避乱，自河南陈留县临清乡渡楫过江，沿途流离，直达闽汀宁化永丰里武曲之锡源驿，见其地脉镜灵，山川舒秀，遂卜居焉。生子二：长名崇公，未传；次名显公，字维德，生子五：长曰必豪，次曰必富，三曰必稔，四曰必达，五曰必文……以显公为始祖，建祠宇于上伊村，祠名'伊氏家庙'。"[④] 谱中《太原郡源流记》记载了文敏公迁居宁化的具体时间，载："唐僖宗二年（874），文敏公偕弟文景避乱过江，挈家入闽之宁化武曲锡源驿……生子二：长崇

① 《同治谢氏族谱》，《半继条例》。

② 河龙谢氏：《谢氏十一修谱》，卷一，《条例》。

③ 河龙谢氏：《谢氏十一修谱》，卷一，《条例》。

④ 河龙伊氏：《伊氏十二修族谱》，《谱序》。

公，次显公。后敏公携妣同弟文景复归河南，长子崇公无传，幸得次子显公为宁阳始祖……”显公的五个儿子的居住地如下：必豪公居武曲桥，为管背之始；必富公居上伊；必稔公顺流而南，为下伊始（祖）；必达迁宁化水南街，另修族谱；必文徙陈家坊。必豪第三子崇本又迁本郡上坑；必文长孙景宗迁本里泗洲坑，第三孙景传迁本里圳背。伊氏传至现在已有1 100多年，繁衍了36代。

在河龙各姓氏中，伊姓在此地的历史最为悠久。伊氏的十三修族谱对本族的历史有着较为全面的记载。第1～13次修谱的时间分别为：建文三年（1401）、宣德十年（1435）、万历八年（1580）、崇祯六年（1633）、顺治年间（1644—1661）、雍正元年（1723）、乾隆二十五年（1760）、嘉庆二十四年（1819）、道光二十七年（1847）、光绪三十四年（1908）、民国十二年（1923）、民国三十四年（1945）与1990年。

当地对文敏公长子崇公无嗣有一说法：“形家谓此水南居址左水穿腋，其乏嗣者，左边受风煞之所致也。”后来，显公的五个儿子“恶祖居之亏”，“祀敏公神主于内”。六世盆义郎仕宋有功，死后封为神，但盆义郎无嗣。到天圣五年（1027）公之兄弟庚郎、坚郎将右边大基邀众建庙，祀奉盆义郎，而敏公祠宇则“别柱立户，遂居左焉”。后因各房均立私祠，使此“众祖老祠”始于唐，盛于宋，圮于元，至明嘉靖九年（1530）才得以修整，乾隆甲戌（1754）再次得到修葺。此祠设有尝产作春秋二祭的费用。①

这座祠堂因紧靠伊公庙，可能当地人认为享有神灵的庇护较多，故不少姓氏曾企图将其据为本姓所有，这可从谱中所载谢姓争水南祖庙一案中反映出来。谱载：“乾隆三十四年（1769）缘族伊恒瓒中甲报祠，恶劣谢永贞等心怀妒忌，乾隆三十五年（1770）五月阴挥恶党黉夜放火，意图焚占。幸庙祝扑灭。旋将祠中什物等项搬洗一空。夔龙、荣略等报鸣戚约，不已控县，历邵、洪二主，构讼在案。劣知理亏，旋托师友温荣、夏梦酬先生等劝谕赔还神位什物。祠乃归管，寝息。劣怙恶不悛，又挥棍党碎祠壁瓦，致荣略等复控府……荣略、择远等以五朝祖祠冕遭枉灭，复控制台钟蒙批……由府议详申报。布政司钱详查核覆呈详，查得汀州府宁化县生员伊荣略告谢姓争祠一案。庙傍之屋若果系庙业，从前伊姓改祠，谢姓何无争论？闻风县勘，何又情虚折改？何当两造亲朋处息之时，呈明有伊姓祠屋一所字样？其为伊姓祠业断无疑义。应如该府县所议，庙左祠屋仍归

① 河龙伊氏：《伊氏十三修族谱》，卷一，《下伊水南发源祖祠碑记》。

伊姓祀管。饬令通庙之小门堵塞，但不得于庙前悬立族匾致起争端。”①

文敏公祠是五房公祠，在城的文达公房也有份。此外伊氏在上伊围上还建有两座祠堂，均祀始祖维德公。维德公祠是四房公祠，文达公房无份。此祠倡建于康熙年间。同治丁卯（1867）十月因演戏庆祝伊公尊王千秋，梨园失火使祖祠亦成灰烬，幸而焚毁后得以重建。② 此祠“祭产淡薄，第年春祭不过扫坟祭祀，而办席之需不过粗粝而已，秋祭无以供给”。后来，“族彦经明公者，动水源木本之思，概然自任，愿将己田助入思本堂内，以为始祖春秋祭用。每年谷雨日及八月初一日致祭，年登花甲者及一切文武生，童、贡、监各肃衣冠，致祭饮福”。经明公助有奇尤排、枧坳、上伊石桥头、禾家坊横垅四处产业，可割谷 36 担。其中上伊的 10 担为祠内神灯点火之费，为住祠人耕作；禾家坊的 6 担为思本堂修祠之费。③

伊氏一族定下了敦孝弟、睦宗党、隆学校、褒贞节、剪奸淫、除盗贼、惩赌博、戒荡游、严侵葬、究私卖十条规训，其中有的规训还对违反者作出了处罚规定。值得注意的是，规训中对祖坟与尝产非常重视。其中，“严侵葬”一条曰：“身乃祖脉所遗，坟乃祖骨之宅，必是祖骨久安（之地），庶几孙枝发秀，何堪惊葬，惊动先灵！凡我子孙，毋蹈前非，嗣后敢有窥坟秀丽侵葬者，知情发觉，缉获本犯临坟，立将其骸拖出，吊谱盖名，永不入祠。或有主谋济恶者，查实家法，重责三十，罚银十两，归祠公用。”这则记载反映了当地人对坟地风水的重视以及对祖先的崇拜。“究私卖”一条曰：“祖宗遗下山岗为后嗣世业，子孙后先相继，何得寸土轻售。业经设禁于前，理应申明于后。后嗣倘有不肖，私将祖山，或坟或望寸土盗卖者，责限赎回外，吊谱盖名，断不轻恕。”④

伊氏族谱中的世系图内容比较完整，对止、夭、殇、出家、迁居、出继、半边继、失考等均有记载，在此列表 3－1 作一统计：

---

① 河龙伊氏：《伊氏十三修族谱》，卷一，乾隆三十九年撰，《时福公修下伊祖祠木碑记》。

② 河龙伊氏：《伊氏十三修族谱》，卷一，光绪三十四年撰，《重建太原祖祠硕彦列传序》。

③ 河龙伊氏：《伊氏十一修谱》，卷一，《维德祖太祀产》。

④ 河龙伊氏：《伊氏十一修谱》，卷首，《凡引》。

表3－1　伊氏历代止、夭、殇、出家、出继、出外等统计表

世代	房别	止	夭	殇	出家	出外	迁居外地	半边继	出继	抱出	抱/继子	失考	未详	未入修	男丁数	止、夭、殇占五房男丁总数的百分比（%）
第三世	大房						迁上杭一								3	18.18
	二房	1					迁清流一								4	
	三房														1	
	四房														1	
	五房	1													2	
第四世	大房	2													4	13.33
	二房														4	
	三房														2	
	四房														1	
	五房												2		4	
第五世	大房	1													3	18.18
	二房														1	
	三房	1													4	
	四房														1	
	五房						迁泗洲坑一								2	
第六世	大房	1													5	9.52
	二房						迁招贤沿口一								4	
	三房					1						2			4	
	四房	1										2			6	
	五房						迁官畲一								2	
第七世	大房	1					迁管背一、迁塘头一								4	18.18
	二房														2	
	三房											1			2	
	四房	1		1								1			7	
	五房			1								1			7	

（续上表）

世代	房别	止	夭	殇	出家	出外	迁居外地	半边继	出继	抱出	抱/继子	失考	未详	未入修	男丁数	止、夭、殇占五房男丁总数的百分比（%）
第八世	大房	1													3	
	二房														2	
	三房											1			2	21.43
	四房	2													5	
	五房						迁圳背一								2	
第九世	大房						迁对塘一								3	
	二房	1													3	
	三房											1			2	16.67
	四房			1						1					6	
	五房			1			迁袁州一								4	
第十世	大房	1		1											8	
	二房			2			迁长汀县店头街一								6	
	三房											1			2	33.33
	四房	2		2						3					7	
	五房	1													4	
第十一世	大房	2													5	
	二房			4			迁长汀一								8	
	三房	2													3	36.67
	四房			1								2			7	
	五房	2												3	7	
第十二世	大房	3				1									12	
	二房	1													8	
	三房						迁陂坑一								2	19.23
	四房			1											2	
	五房														2	

（续上表）

世代	房别	止	夭	殇	出家	出外	迁居外地	半边继	出继	抱出	抱/继子	失考	未详	未入修	男丁数	止、夭、殇占五房男丁总数的百分比（%）
第十三世	大房	1	1	1			迁宁都一								12	24.14
	二房	1		2			迁本乡下窠一								11	
	三房						迁上畲一								2	
	四房			1											2	
	五房														2	
第十四世	大房	3					迁泗洲坑一								13	27.27
	二房	2					迁本乡文堂								8	
	三房											1			3	
	四房			1											2	
	五房	3				1									7	
第十五世	大房	3	1												13	16.67
	二房														7	
	三房	1													5	
	四房	1													3	
	五房														8	
第十六世	大房	7													14	20.00
	二房			1											9	
	三房			1											7	
	四房														2	
	五房	1										2	3		18	
第十七世	大房	4	1	1											10	17.46
	二房	2													14	
	三房	1										2			14	
	四房														3	
	五房	1		1										4	22	

（续上表）

世代	房别	止	夭	殇	出家	出外	迁居外地	半边继	出继	抱出	抱/继子	失考	未详	未入修	男丁数	止、夭、殇占五房男丁总数的百分比（%）
第十八世	大房	1		1			迁潮州一、招得里安远司一								10	11.76
	二房	2													20	
	三房	2		1								9			14	
	四房														6	
	五房	1												1	18	
第十九世	大房	3	2												25	15.38
	二房	2													28	
	三房	1		1											16	
	四房	2					迁宁都一			1					24	
	五房	6		1									2		24	
第二十世	大房	6		2											31	16.84
	二房	1													42	
	三房	8		2		1									38	
	四房	8							1						57	
	五房	4		2			迁宁都一						2		28	
第二十一世	大房	5	1	3	1	1									41	22.29
	二房	7		5											98	
	三房	6		3		1						4			52	
	四房	45	1		2	1				1		4	5		119	
	五房			2			迁石城下水里						2		40	
第二十二世	大房	13	5	6		1						10			67	29.68
	二房	32	3	16											191	
	三房	10		3		2						6			83	
	四房	54	1	6	3	6				2					155	
	五房	14		2					1	1			4		60	

（续上表）

世代	房别	止	夭	殇	出家	出外	迁居外地	半边继	出继	抱出	抱/继子	失考	未详	未入修	男丁数	止、夭、殇占五房男丁总数的百分比（%）
第二十三世	大房	13	11	11	2	2						7			99	34.29
	二房	47	20	26	3	2				2		19	4		294	
	三房	26		18		3					/1	7			147	
	四房	66	12	18		1			1			2	33		217	
	五房	18		12	1						/3	22	3	3	112	
第二十四世	大房	20	1		1	2						9			115	30.41
	二房	104	3	46	4	3	迁广信一			1	1/	12	4		437	
	三房	40		13	8	2				1	/1	23	1		223	
	四房	17	6	13	1						/1		46		125	
	五房	42		17	3	7					/4	1			159	
第二十五世	大房	86	11	15	2	12	迁沙县二				1/	3			242	44.06
	二房	207	7	94	5	15			2	1	1/	24	1		650	
	三房	99		38	4	21	迁四川一		2			31	1		330	
	四房	3	1	13									50		83	
	五房	83		26		1					/1	16			245	
第二十六世	大房	119	12	35	1				2			11			324	43.03
	二房	236	4	102		23	迁浙江治州一	2	1	2	2/	32	1		754	
	三房	73	1	44		6	迁界首寨头一		2			9	14	6	329	
	四房	12	1	10									14		49	
	五房	81		17	3		迁永丰县二		4	2		10	16		280	

（续上表）

世代	房别	止	夭	殇	出家	出外	迁居外地	半边继	出继	抱出	抱/继子	失考	未详	未入修	男丁数	止、夭、殇占五房男丁总数的百分比（%）
第二十七世	大房	77	4			3	迁松溪三	1			/4				252	40.26
	二房	270	1	150	6	20	迁四川一、太和县一、松溪一、政和四		6	3					833	
	三房	80	1	25	1				1			26	40		375	
	四房	1	3	10								1	2		28	
	五房	20		63			迁永丰县二		2		/4	10	3		263	
第二十八世	大房	28	6	42		4		1	1	1		9			174	37.67
	二房	165	9	130	6	16	迁省城一、光泽县一		6		/3	6	1	6	749	
	三房	29	1	31		1						7	83		247	
	四房			6		4						4	1		21	
	五房	42		38		7			5		/2	4	3	32	208	
第二十九世	大房	16	3	22		1		4	3		1/3	8			135	39.56
	二房	99	5	104	4	9		9	4	1	2/2	4		1	525	
	三房	27	1	30					2			44	57		222	
	四房			12				1	1				5		23	
	五房	33	1	47	2	3		3	1		/3	3	1	16	106	
第三十世	大房	2	1	10				1	2						59	44.01
	二房	50	1	87		12		18	11		2/3				327	
	三房	18		34		1			6	1			24		135	
	四房			8									9		17	
	五房	4	1	45				5	3		/3	3	22	2	55	

（续上表）

世代	房别	止	夭	殇	出家	出外	迁居外地	半边继	出继	抱出	抱/继子	失考	未详	未入修	男丁数	止、夭、殇占五房男丁总数的百分比（%）
第三十一世	大房	1		6				9			1/1				44	39.60
	二房		8	82		7		14	8		/3				297	
	三房	2		30					5							
	四房															
	五房			10				3	1						10	
第三十二世	大房			12				9	2		/5				24	35.14
	二房			46	21								5		128	
	三房	2		18	1				1				10		70	
	四房															
	五房															
第三十三世	大房															45.45
	二房			19				5	1						35	
	三房			1					1				1		9	
	四房															
	五房															

注：①本表的完成要特别感谢劳格文教授。因调研时间紧促，表中的三、四、五房的数字均由劳格文教授统计并无私提供。

②本表的各项数据均根据民国二十四年（1945）所修的《太原伊氏族谱》（十二修）而得，从世代来看，只统计到第三十三世；从出生年代来看，对十二修谱之后出生的均未作统计。

③本表中的各项内容都是对伊氏一族的男子所作的统计，未统计伊姓所生的女子与娶入的女子。

从表3－1倒数第一、二栏可知伊姓的人口发展情况。伊姓在第一至十五世，人口发展十分缓慢，每代的五房合计男丁数都在40以下，其中只有第十一、十四、十五世在30人（含）以上，其余大多为十多个或二十多个。十五世后，人口增长比较明显，到第十九世男丁数首次突破100。这以后，每一代的男丁数都比上一代增加很多，到第二十四世，男丁数首次达到1 000。第二十四至二十九世，每代的男丁数都在1 000以上。从第三十世开始，男丁数又低于1 000，而且似乎在锐减，这主要是因为修谱时大量男丁尚未出生，而不是出生率迅速下降或战争、瘟疫等使人口大量死亡导致的。

表中的“出外”，从第六世开始出现，一直延续到第三十一世。第六、十二、十四、二十世各1个，第二十一世3个，第二十二世9个，第二十三世8个，第二十四世14个，第二十五世49个，第二十六世29个，第二十七世23个，第二十八世32个，第二十九世13个，第三十世13个，第三十一世7个，共有204个男丁出外。

伊姓“迁居外地”从第三世开始出现，一直延续到第二十八世。迁外省的有：第九世有迁袁州的，第十八世有迁潮州的，第十三、十九、二十世均有迁江西宁都的，第二十一世有迁石城的，第二十四世有迁广信的，第二十六世有迁浙江治州的，第二十六、二十七世均有迁江西永丰的，第二十七世有迁四川的。迁本省外县的有：第三世有迁上杭与清流县的，第十、十一世有迁长汀的，第二十五世有迁沙县的，第二十七世有迁太和、松溪、政和的，第二十八世有迁光泽与省城的。迁本县的有：第五世有迁泗洲坑的，第六世有迁招贤里与官畲的，第七世有迁管背与塘头的，第八世有迁圳背的，第九世有迁对塘的，第二十六世有迁界首窠头的。

表3－1中最引人注目的是止、夭、殇者，它反映了大量的伊姓男子没有留下后代。从第三世至三十三世，每代都有。从表中最后一列可看出，每一代的三项数字之和占该代伊姓男丁数的比例都不小，除第六世仅占9.52%，低于10%之外，其余都在10%以上，50%以下。具体而言，所占比例在10%～20%（含）的有第三、四、五、七、九、十二、十五、十六、十七、十八、十九、二十世；在20%～30%（含）的有第八、十三、十四、二十一、二十二世；在30%～40%（含）的有第十、十一、二十三、二十四、二十八、二十九、三十一、三十二世；在40%～50%（含）的有第二十五、二十六、二十七、三十、三十三世。历代止、夭、殇数的总和为4 568人，每代止、夭、殇数占男丁总数（12 278）的37.20%。这个比例是相当大的，它或许可以反映，在民国以前，人口的增长速度是如此缓慢。

究其原因，除受出生率的影响以及医疗条件差、技术落后或瘟疫外，战争可能也是极为重要的原因。这在伊氏族谱上也有所反映。如“明末世变，草贼蜂起，扰乱乡隅，民苦涂炭”①；又如经明公“艺精技术，起造锅炉，累获厚利，肯堂构广，阡陌一乡称为巨富焉……咸丰寇扰之后，岁歉

① 河龙伊氏：《伊氏十三修谱》，卷一，《积遂公传》。

饥馑，率宗人同志者，敛粟贮柜，计口给食，不计己倍出之”[①]；再如《瑞畴公纪略》所记载的，瑞畴公（兴邦公之孙），“自幼以来历难艰苦，五岁失怙，只因咸丰八年（1858）八月西匪扰乱，随祖父避难，逃走山林三十日，在危家山水口遭寇，邦公被匪伤毙，父即捉去，房屋被焚，可怜诸物尽失，莫给饔餐，无处栖住，幸得母杨孺人年方三秩，贤良能干，寇退，雇工安葬邦公尸骸，而后搭寮以居”[②]。后来，瑞畴年十五即跋涉江河贸易，获利。同治六年（1867）新造房屋启建道场追荐先人功德。而《太原郡重修族谱首士纪》所载的“吾族自丁未修谱，迨至今日，越世已遥……年历六十余载，世则二修之时，其间西匪扰乱数次，户口调残者几多”[③]，更是直接点出了战争导致了人口的锐减。

族谱中有不少对“失考”、“未详”、“未入修”的记载，可能也反映了此问题。失考数具体是：第六世为4个，第七、三十世均为3个，第八、九、十、十四世均为1个，第十一、十六、十七世均为2个，第十八世为9个，第二十一世为8个，第二十二世为16个，第二十三世为57个，第二十四世为45个，第二十五世为74个，第二十六世为62个，第二十七世为37个，第二十八世为30个，第二十九世为59个，共有417个。未详数为：第十六世为3个，第四、十九与二十世均为2个，第二十一世为7个，第二十二世为4个，第二十三世为40个，第二十四世为51个，第二十五世为52个，第二十六与二十七世均为45个，第二十八世为88个，第二十九世为63个，第三十世为55个，第三十二世为15个，第三十三世为1个，共有475个。此外族谱亦有对“未入修”的记载：第十一世为3个；第十七世为4个，第十八世为1个，第二十三世为3个，第二十六世为6个，第二十八世为38个，第二十九世为17个，第三十世为2个，共有74个。

族谱世系图中有对族中子弟“出家”为僧的记载，从第二十一世开始出现，直到第三十二世。第二十一、二十二世各有3个，第二十三、二十八、二十九世各有6个，第二十四世有17个，第二十五世有11个，第二十六世有4个，第二十七世有7个，第三十二世有22个，共有85个。

族谱中还有不少对过继的记载，既有出继的，也有收入继子的。其中还有双承祧，即半边继。在谱系中分别有“抱出”、“出继”、“抱子”、“继子”、“半边继”、“半继子”、“半出继”、“双祧子”等称呼。由表中可

---

① 河龙伊氏：《伊氏十三修谱》，卷一，《太学生族叔经明公行述》。

② 河龙伊氏：《伊氏十三修谱》，卷一，《瑞畴公纪略》。

③ 河龙伊氏：《伊氏十一修谱》，卷首，《太原郡重修族谱首士纪》。

知，伊姓从第九世开始出现过继，一直延续到修此谱时的第三十三世。抱出者第九、十九、二十一、二十五、二十八、二十九、三十世均只有1个，第十、二十二、二十七世均为3个，第二十三、二十四世均为2个，第二十六世有4个，共有24个。出继者第二十、二十二、二十三世均只有1个，第二十五世有4个，第二十六与二十七世均为9个，第二十八世有12个，第二十九世有11个，第三十世有22个，第三十一世有14个，第三十二世有3个，第三十三世有2个，共有89个。抱子者第二十四、三十一世均为1个，第二十五、二十六、三十世均为2个，第二十九世有3个，共11个。继子者第二十三、三十一世均为4个，第二十四世有6个，第二十五世有1个，第二十七世有8个，第二十八、三十二世均为5个，第二十九世有8个，第三十世有6个，共有47个。半边继者第二十六世有2个，第二十七、二十八世各为1个，第二十九世有17个，第三十世有24个，第三十一世有26个，第三十二世有9个，第三十三世有5个，共有85个。五项合计共有256个。

对于那些没有后嗣的家庭，能够择入继子是件举家皆欢的大喜事，一般都要办“继礼”。较有财力者还会助田进祖宗尝产中，以示对族人、祖宗的感恩。如谱中撰于清嘉庆二年（1797）二月的《太学生祥锦择继乐助祀田纪》所载：祥锦“于乾隆丙申（1776）恩拔国学监生，至中年始生长子云瓒，教养业儒，不幸乾隆己巳（1749）身故。娶温氏矢志立节，金石其心，计今坚贞已越一十三载，毫无异志。止望次子云珍生育以继兄祧，原娶张氏坚于子媳，复娶何氏又未生育。殊旧岁丙辰（1796）次子相继又没。而祥锦年八十有一，三媳至此乏嗣……合族因以公议无嗣立继，律有明条，应择服侄云长之次子兴学以续云瓒之祧，而次子云珍两妻愿守，又应继立，亲房难于择选，不已复将从侄廷辉之三子兴骥以续云珍之嗣，此皆合族公议，依律拟立，并无私徇等弊。而祥锦因向族喜曰：‘继嗣承族美举！祖宗亦当尊敬。’自愿将续置土田一处，地名犁咀坵，载谷二十五石，民米二斗；又一处黄家山沙手下车碓坵，载谷一十四石，民米一斗二升，助入始祖显公位下，永为合族祭祀之需”①。又如第二十六世云佛公为“仲端祖太之裔孙，祥京公之家嗣”。他“家业颇厚，则生养口体者，知其无不足之虑矣。所虑者，向伯母傅孺人艰于子息，不惟目前之嗣续无人，亦且日后之祭享奚望，是则可虑也。故于嘉庆戊寅岁（1818）重修家谱讬众以胞弟之子兴乐修为半继，有兹继子而祭享可期也。明矣，又何劳再计

① 河龙伊氏：《伊氏十一修谱》，卷首，《太学生祥锦择继乐助祀田纪》。

乎？然而伯之意别有在也，以享一人之祭不如享多人祇荐之馨香，是以将己手续置之赋田数处，共割谷三十三担正，助入仲端祖太位下，以为己之夫妇蒸尝祭祀之资。及立继与助尝事成后，欣然向众喜曰：‘蒙伯叔襄成美举，虽人之力，而祖之默佑也。’因兴尊祖敬宗之念，又将鹅形田割谷十二担正归祖太位下帮崇祭祀，以答祖佑之惠，以服众人之心。其田任众经管。至于助为己之夫妇尝产者，每逢清明候，将此产出息之钱办祭设席，凡属仲端祖太支下嗣孙，照案单每家一人登堂饮福，永为定例……”①由此记载可知，云佛公择继成功后，前后助入了四十五担谷田作为尝产。

根据族谱所载，半继子娶媳妇的费用往往是生父与养父各出一半，如第三十一世必富房世旭同治十年（1871）生，无传。“合众公议如日公嗣孙，情因万永生有二子，长子世孙，次子世旭出继与万童兄名下为嗣。不幸世孙于光绪二十六年（1900）身故，生父名下无人祭扫，于是满房酌议仍将世旭分还一半与生父名下为嗣，但万童、万永二家已业全无，惟有如日祖太位下尝田，每年轮得五担。今值修谱，无由办理继礼使费，要将尝田五担拆出典卖，而文翰公位下蒸尝不许典卖，若然日后娶妻，万信名下办银一半以全美事，苟成家育子。其蒸尝任旭轮流照管，批字载谱为据。”②

对一些家庭比较殷实的，也有生父与继父各为其娶一媳，生父所娶媳生的孩子仍归生父，继父所娶媳生的孩子归继父。如谱中世系图所载第二十六世云佛后所附的“一子双承帖”曰：“尝闻长子无子，次子不得有子，所以重嫡嗣也，佛考祥经公，妣邱氏生六子云夫、云团、云苏俱殇，佛行长而命舛，娶傅氏生子一而殇，三弟云柏虽娶，未育而殁，惟次弟云章娶伍氏，幸生一子，取名兴乐，今尚襁褓。佛以家业凉薄，难于择继，因商之。云章夫妇遵一子双承之例，兄弟虽分灶仍聚一室，章夫妇亦既甘愿。但愿男兴乐长成各娶一媳，佛所娶生子，即为佛后；章所娶生子，仍为章后，庶情义两尽。考妣在天之灵，应为之佑启也。今敬择吉告祖，通知戚族，因述极概，以附家乘，永垂不朽云。”③

谱中对过继的种种记载，反映了当地人在传统社会中对香火延续，即传宗接代的重视，也即所谓的“不孝有三，无后为大”。只有传下儿子，自己与祖上的坟墓才不致无人祭扫，死后才不会成为孤魂野鬼。而那些膝下无子又没有继子的家庭，常将家中的田助入祭产中，作为祖宗尝田，并

---

① 河龙伊氏：《伊氏十二修谱》，卷首，《云佛助祀田记》。

② 河龙伊氏：《伊氏十二修谱》，卷九，第58页。

③ 河龙伊氏：《伊氏十二修谱》，卷五。

附加条件：要求族人在已死后，祭扫祖坟之时亦祭扫自己的坟墓。如嘉庆二十八年（疑有误，因嘉庆年只有25年）撰的《云瓒妻助祀产纪》所载，云瓒死后，云瓒妻所育殇，“以兴德承继，不幸旋卒，思日后无人祭扫，将田……生为氏养赡之用，殁后将此田租助入元享公位下，以为祭祖之需，但祭元享公之日，氏夫妇之坟一同祭扫”①。又如谱中光绪二十九年（1903）撰的《万合公配德谢入助产》所载：“立议折分尝，伊万合妻谢氏以崇先人祭祀事切，尝业原为祖宗祭典，律不容拆。但氏一脉嗣续对影堪怜，早晚悲思，实出无奈，欲将已业出助，无多寸土，不已恳求伯叔将凤仪祖太所遗祀产六十六担，商议分拆，以崇先人祭醮之需。蒙伯叔怜悯，准氏分拆石桥头二十四担，除本姓定礼、兄弟六担，该田十八担；又一处禾塘里二担，二共谷田二十担。眼仝立字，出助与鼻祖显公名下子孙管业。当日议定，生则为氏养老之需，殁则归众轮房办祭。凡与分亲房伯叔再不得生端阻挡，异说等情，庶先人坟墓不致坵墟，而氏身归九泉目亦瞑矣。立议分拆尝字为照。”② 再如第二十七世兴绳，字继武，仅生一子殇，所生五女均已出嫁，立遗嘱曰：“立遗嘱人兴绳，为命生不展，家业罄空，娶妻乏嗣，孤独孑立，恐日后祭扫无人，爰请伯叔和同商议，将永宁祖太位下尝产，及祥瑞、祥璞伯祖位下尝产轮至绳名下之年，遗与新赠祖太位下嗣孙等代为存积，以作绳殁后每岁春秋祭扫之需。伏望伯叔兄弟念共本同源，大开怜恤，勿嫌烦劳。恐后无凭，立遗嘱字永远存照。”③

族谱对伊姓娶入的女子“改嫁”、“守志”、“出”亦有记载，详见表3－2。

表3－2　伊姓娶入女子改嫁、守志、出统计表

世代	改嫁	守志终身	守志或守节	出
第十四世	1			
第十九世	1			
第二十世	6			
第二十一世	15			
第二十二世	32	3	1	2
第二十三世	67	3		2

① 河龙伊氏：《伊氏十二修谱》，卷一，28号。

② 河龙伊氏：《伊氏十一修谱》，卷首，《思本堂〈万合公配德谢入助产〉》。

③ 河龙伊氏：《伊氏十二修谱》，卷五。

（续上表）

世代	改嫁	守志终身	守志或守节	出
第二十四世	84			
第二十五世	105			
第二十六世	155			
第二十七世	85			
第二十八世	62	1		1
第二十九世	43		1	1
第三十世	20		1	1
第三十一世	12			
第三十二世	2			
总计	690	7	3	7

谱载："夫夭而妇守志者，虽有司表扬，必书'守志终身'四字，亦可以流芳百代。如再醮者有子，则书一改字；若夫在而妇改嫁者，则书一出字……历代有怀内带归不明者，则书一养字，以免宗支混杂。若强书亲生者，通族责罚之……乏嗣而取假子者，是以无奈，恐日后春秋无人祭扫，则书一抱字，以免紊乱。"① 据此可知改嫁、守志与出的含义。由下文可知，伊姓四大房娶入的女子数为 6 065 个，而改嫁者的数目为 690 个，前者只统计了四大房，后者是对伊氏五大房的统计，若把必达公房娶入的女子数亦统计在内，则远不止 6 065 个，由此可估计，改嫁者所占的比例不到 1%。而守志者总计 10 个，出者只有 7 个，可谓凤毛麟角。

值得注意的是，《伊氏十一修谱》所载的十条规训中有褒贞节、剪奸淫两条。褒贞节条曰："凡我族妇，宜凛清操。绮阁梦零，当思终身一醮。前徽可法，宜存万古纲常，毋致势迫污身，勿令贫穷变志，则节贞克全。于当躬斯，褒奖必加于格外。"② 剪奸淫条曰："闺门宜肃，务振清洁之风；伦纪必严，毋染邪淫之秽。古者男不入内室，女不出外堂，谋孽是以无端，家规于焉克正。凡我子侄，务遵训词，心正行庄，毋蹈新台之刺，严内谨外，勿蒙墙茨之机。后嗣敢有悖律乱伦，无论有服无服，或蒸或乱，

① 河龙伊氏：《伊氏十三修谱》，卷一，1990 年。又见于光绪谱。

② 河龙伊氏：《伊氏十一修谱》，卷首，《十条规训》。

事觉闻族，吊谱盖名，永不入祠。”① 尽管伊氏一族提倡本族妇女“终身一醮”，但守志者还是寥若晨星，与之相比，改嫁者却比守志者多数百倍。

伊姓是当地最古老的宗族，它与周围的其他姓氏有许多联系，与之形成了庞大的通婚圈与信仰圈。在此，先对伊姓的婚入姓氏及与伊姓通婚的例数作一统计，并把伊姓的主要婚入姓氏及与伊姓通婚的例数列成表 3－3，以作进一步的分析。

表 3－3　伊姓主要通婚姓氏及通婚次数统计表

世代	张	汪	范	黄	谢	巫	李	杨	何	廖	雷
第一世	1										
第二世		1	1	1							
第三世					1	2	1	1			
第四世									1	1	1
第五世	1			1	1	1	1				1
第六世	1			3						1	
第七世		1		1			1				
第八世	2				1		1				1
第九世							2		1	1	1
第十世				2		1	1				1
第十一世	3				2		1				1
第十二世	1		1							1	
第十三世								1			1
第十四世				1		1	3				1
第十五世	3		1								
第十六世	1		1	6	2		2				1
第十七世	1	1	1	3	1		5				3
第十八世	2		1	3							2
第十九世	2			1	1	1	5	2			4
第二十世	2		2	4	2	3	8	3	1		
第二十一世	9	1		12	3	8	9	4			2

① 河龙伊氏：《伊氏十一修谱》，卷首，《十条规训》。

（续上表）

世代	张	汪	范	黄	谢	巫	李	杨	何	廖	雷
第二十二世	32		4	18	5	2	19	10	2	3	12
第二十三世	46	1	2	30	20	9	39	20	5	6	6
第二十四世	78	5	9	56	23	15	40	20	8	7	14
第二十五世	84	7	11	67	35	21	58	37	6	14	20
第二十六世	79	7	7	72	39	17	70	25	6	18	9
第二十七世	67	3	8	62	40	14	47	29	9	11	11
第二十八世	71	7	9	68	23	4	31	34	8	11	4
第二十九世	59	6	4	37	34	5	30	16	7	10	1
第三十世	29	5	1	19	36	2	18	19	1		2
第三十一世	31	3		11	19	2	11	10			2
第三十二世	10			2	9		3	4			
第三十三世	1						3				
合计	616	48	63	480	297	108	409	235	55	84	101

世代	邱	吴	赖	王	陈	伍	周	温	朱	熊	曾	刘
第四世	1											
第五世		1	1	1								
第六世					1							
第七世	3								1			
第八世							1			1	1	
第九世	1					1						1
第十世	1	1			2	1						1
第十一世	1		2									
第十二世	1		1			1					1	
第十三世	1		2		1			1				1
第十四世				1		1					2	2
第十五世	1		1	1	3			1		1	1	2
第十六世			1			1	1	2			1	
第十七世	2	1	2		1	1	1	2			4	2
第十八世	1	2	1			1	2			1	3	2

（续上表）

世代	邱	吴	赖	王	陈	伍	周	温	朱	熊	曾	刘
第十九世	1	4	2	1			1	1			1	2
第二十世	7	2	4		2	8	3	5			4	2
第二十一世	4	4	2	2	4	6	1	1	1	2	6	2
第二十二世	9	16	12	5	7	7	9	5	3	6	6	7
第二十三世	16	23	13	10	3	21	22	16	3	14	16	17
第二十四世	33	30	24	8	14	22	19	22	9	14	23	25
第二十五世	31	32	44	19	29	24	26	21	17	20	29	31
第二十六世	35	40	33	23	37	29	35	46	16	30	29	29
第二十七世	17	30	34	12	40	19	24	52	5	28	20	30
第二十八世	18	23	28	12	32	21	16	45	3	24	23	37
第二十九世	11	14	23	8	22	14	7	34	2	13	16	39
第三十世	5	12	11	8	12	13	6	31	1	15	9	12
第三十一世	4	8	9	3	3	7		9		12	10	
第三十二世	2	2	1	5	1	4	2	7		4		3
第三十三世			2							1		
合计	206	245	253	119	214	202	176	301	61	186	205	247

世代	傅	罗	叶	夏	易	邹	危	毛	林	黎	余	徐
第九世	1											
第十世		1										
第十一世	1											
第十二世												
第十三世												
第十四世			1									
第十五世	1			1								
第十六世	2				1							
第十七世		1					3					
第十八世	1							1				
第十九世	2	1		1	1			1				
第二十世	2	1		2		1		2	2	3	1	

（续上表）

世代	傅	罗	叶	夏	易	邹	危	毛	林	黎	余	徐
第二十一世	1		1	4	1	1		1		1	2	
第二十二世	2	5		3	1		3			1	1	
第二十三世	1	7	1	3	3	2	3	2	1	3	3	2
第二十四世	5	13	1	4	2	1`	7		3	6	4	4
第二十五世	8	11		12	11		6	10	5	9	7	7
第二十六世	6	4	3	8	10	4	6	10	10	6	3	7
第二十七世	2	15	6	7	9	7	7	2	6	4	2	6
第二十八世	2	8	9	4	5	8	2	6	7	5	5	6
第二十九世		9	15	1	1	6		4	7	6	1	1
第三十世	4	4	3	1	1	2	2	3	2	3	1	1
第三十一世	2	4			3	3		5		1		
第三十二世		2				1		2				
第三十三世								2				
合计	43	86	40	51	49	36	39	51	43	48	30	34

注：①本表只统计了伊氏五房中的必豪、必富、必稔、必文四房的婚入姓氏，因必达公房居住在宁化城关故未作统计。

②本表只列出了通婚次数在30次以上的婚入姓氏。通婚次数在30次以下的姓氏有129姓，它们与伊姓的通婚例数依次数的多少排列如下：江、郑2姓29次；胡姓28次；聂姓27次；钟姓26次；宁姓25次；游姓23次；萧、潘2姓21次；曹姓20次；邓、丁、马3姓19次；冯、官2姓17次；汤姓16次；魏、谌、蓝3姓15次；梁、严、蔡、饶4姓14次；翁、阴2姓13次；沈姓11次；龚、许、董、宋4姓10次；施、詹、彭3姓9次；方、孙、赵、童、虞5姓8次；袁、唐、管、卢、揭、姜、欧阳、崔8姓7次；金、高、柯、应4姓6次；吉、程、孔、杜、郭、凌6姓5次；裴、舒、俞、韩、甘、倪6姓4次；连、真、鲍、华、阮、暨、包、尹、涂、古、姚、滕、章、苏14姓3次；肖、侯、屠、贞、封、陆、鄢、巩、敖、席、万、段、戴、祝、鞠、龙、石17姓2次；钱、堪、庞、殷、蒋、荣、宫、徒、洪、项、迟、瑶、欧、丰、晏、毕、桂、卜、邵、贾、阙、池、齐、盛、薛、新、史、谭、吕、尧、颜、康、任、岳、覃、房36姓1次。

从表3－3可知，伊姓从中娶入女子数最多的是张姓，达616人；其次是黄姓，有480人；李姓居第三，为409人；温姓居第四，为301人；谢姓居第五，为297人；赖姓居第六，为253人；其余杨、邱、吴、陈、伍、曾、刘在200～250人；熊、周、王、雷、巫在100～200人；傅、罗、叶、夏、易、邹、危、毛、林、黎、余、徐、朱、廖、何、范、汪在30～100人。伊姓从中娶入女子数在30人以上的姓氏共有35个，总计达5 461人；娶入女子数小于30人的则有129个姓（详见表3－3下面的注释），从中娶入的女子数共达 847 人。伊姓的婚入姓氏共达 164 个，从中娶入的女子数共有 6 308 人。

伊姓主要婚入姓氏居住的村落分布在河龙乡和相邻的水茜乡、中沙乡、安远乡、江西石城县高田乡，它们与河龙乡政府的距离大多在 40 里的范围内（详见表 3 – 4）。

表 3 – 4　伊姓主要婚入姓氏居住地分布表

姓氏	通婚次数	分布村落	所属乡（镇）	距离河龙乡政府（里）
张	616	河龙村仁尚；永建村地屋场、杨桐坑	河龙	0.5；12
汪	48	永建村村头	河龙	12
范	63	塘地村	水茜	75
黄	480	沙坪村；黄家山；明村明珠	河龙	10；5；20
谢	297	下伊村；大秀村	河龙；江西石城县高田乡	3；10
巫	108	沿溪村巫高岭	水茜	15
李	409	高阳村中宜地、斗口排	河龙	15；10
杨	235	前进村管背	河龙	5
何	55	何屋村何屋	中沙	40
廖	84	廖家坪村廖家坪	中沙	40
雷	101	下沙村下沙	中沙	35
邱	206	下伊；江西石城县（具体村落不详）	河龙；不详	2；50
吴	245	枫坪村枫坪；伍坊村绸路	安远	50；30
赖	253	沿口村	水茜	40
王	119	井坑村王家围	安远	60
陈	214	水茜村陈家	水茜	30
伍	202	永建村杨桐坑、中汪；伍坊村伍坊	河龙；安远	5～10；15
周	176	下伊村磜上	河龙	6
温	301	朱家村朱家庄、铁廖钱；大洋村温家	江西石城县高田乡；河龙	20～30；10
朱	61	下沙村下沙	中沙	35

（续上表）

姓氏	通婚次数	分布村落	所属乡（镇）	距离河龙乡政府（里）
熊	186	上柏村上柏昌	江西石城县高田乡	25
曾	205	高阳村上寮	河龙	20
刘	247	下伊村下伊；楼家村楼家	河龙；中沙	2；30
傅	43	大秀村小秀岭	江西石城县高田乡	15
罗	86	红门村罗家嶂	中沙	20
叶	40	叶坊村叶坊	中沙	35
夏	51	樟荣村樟荣	中沙	40
易	49	沙坪村小岭	河龙	15
邹	36	水茜街上	水茜	35
危	39	中沙村官畲	中沙	30
毛	51	大洋村大洋	河龙	10
林	43	营上村营上	安远	90
黎	48	高阳村黎家	河龙	15
余	30	安远村城脑上；嵩溪	安远；清流县嵩溪镇	40；120
徐	34	儒地村徐家坑	水茜	35

三、河龙的墟市

河龙原名上永丰（武曲），中沙为下永丰，上下永丰合称永丰里。河龙水稻田较多，以种植单季晚稻为主。宋景德元年（1004）河龙大米成为贡米，闻名遐迩。伊宏声的父亲去世前（1993 年 5 月）还对伊宏声说："河龙原先没有墟场，同中沙共一墟场。有时也到安远去赶墟，但路途较远，也不共里，多数是去中沙赶墟。"历史上河龙人常因受中沙人的欺负而不敢去赶墟。传说在清朝乾隆年间的中沙某个墟天，河龙人伊建杰坐在宁化县去建宁县的官路旁的荷林排（因山坡上有很多老荷林树，后来被误叫成老河龙排，沿用至今）等所有去中沙赶墟的人，通知他们不要去中沙赶墟，因会在荷林排开墟，免得受下永丰人的欺负。

根据 70 多岁的周召南口述，开墟有特定的规矩，不能说开就开。首先是选地点，必须在近官路和有水的地方。其次是要挑选能人去取墟胆，没有墟胆不能开墟，开了也不能长久。所谓取墟胆，是指要从周边最繁华、最兴隆的市井里取一个像胆一样大小的石头，埋在开墟的街道中间。但墟胆很难取，因为哪里的墟场都不让人取墟胆。取墟胆的人必须有胆识且武功高强。取墟胆时，一般要派几个武功高强的人去繁华的墟中佯装赶集，目的是寻找合适的墟胆，当找到合适的石头时，便捡起来大喊一声“我某某墟场到此取墟胆”，边喊边疾走而去，越快越好，不能被当地追来的人抓住，否则墟胆就取不来了。

荷林排（老河龙排）开墟的墟胆是居住在砾上的周笠麻和周蓑衣两人到禾口街上取回的。他们武艺高强，轻功很好。墟胆取回来埋在荷林排的街中心，河龙这才得以开墟。每旬逢五、十为墟天，一直沿袭到现在。不仅河龙人会来荷林排赶墟，邻近村寨的江西人也会来赶墟。当时墟场不大，主要交易一些杂货和大米。

民国二十五年（1936），荷林排因水源不足被烧成瓦砾坪，变为废墟。当年时任乡长的伊泽恢决定把墟场迁到上伊村的大成上，但在该地赶墟的时间不长。一是因为大成上地盘小，容纳不下赶墟的人；二是遭到伊远昌的极力反对，他说大成上全部都属伊姓的地基，开了墟场，就会有异姓人来该地居住，会把地基霸去。因此三个月后，他们又在距大成上不远的一片土地上设墟场。该地原有一座伊公庙和配祀的戏台，有两条小河汇集成一条较大的河流，水源充沛，地势平坦，适合开设墟市。该地取河水里有龙之义，故名河龙（即现河龙街上）。墟址选定后，人们纷纷在伊公庙和戏台两侧建商店，规模比在荷林排大得多。新中国成立前，河龙墟场有酒作坊3家；客栈8家；屠店1家，货源来自汀州；布店1家，货源来自江西广昌、南丰，河龙布商到安远进货；烟店3家，收购当地烟叶做成烟丝出售；铁店2家；米店6家，购河龙大米运往汀州外销；饼店1家；药店4家；食杂店2家；首饰店2家；木头店2家；小木店1家；油店2家；缝衣店2家；篾店1家；赌场2家；鸦片馆1家。原来南来北往的商贾和过往行人都在荷林排或站场驿住客栈，而河龙开设墟场后，人们就都绕道来河龙街住店，河龙过往人员自此猛增，有时客店甚至会爆满。后来距街上不远的对堂也开了8家缓急客店。表3－5是河龙上街、下街商店排列表，图3－2是河龙墟场示意图。

表3－5　河龙上街、下街商店排列表

伊万遂酒店	上街	谢炳兴烟店
香秀客店		伊兴秀酒店
赖厚昌食杂店		连城偏沟银店
小巷		杨起根油店
刘宗陶烟店		伍献崖木头店
伊贤书饼店		江西周日发铁店
伊模锦布店		黄金龙小木店
伊宏声药店		游日发篾店
伊添寿住店		
伊官良米店		
江西傅祥凤药店		
	下街	温福秀客店
		伊宝香客店
		江妹妇衣店
伊象春客店		吴丁秀衣店
广东狗佬客店		刘加周铁店
江西谢石生食品店		廖文华药店
谢春福屠店		赖应玉药店
伊定坤烟店		周宝金木匠店
黄日秀酒店		周象贤银店
伍来香客店		伊定华米店
小巷		谢起福米店
伊定根赌店		谢宝珍米店
伊定享赌店		谢永周米店
罗应福鸦片店		伊宝春米店
		罗福秀客店
猪牛棚		田
		榨油坊

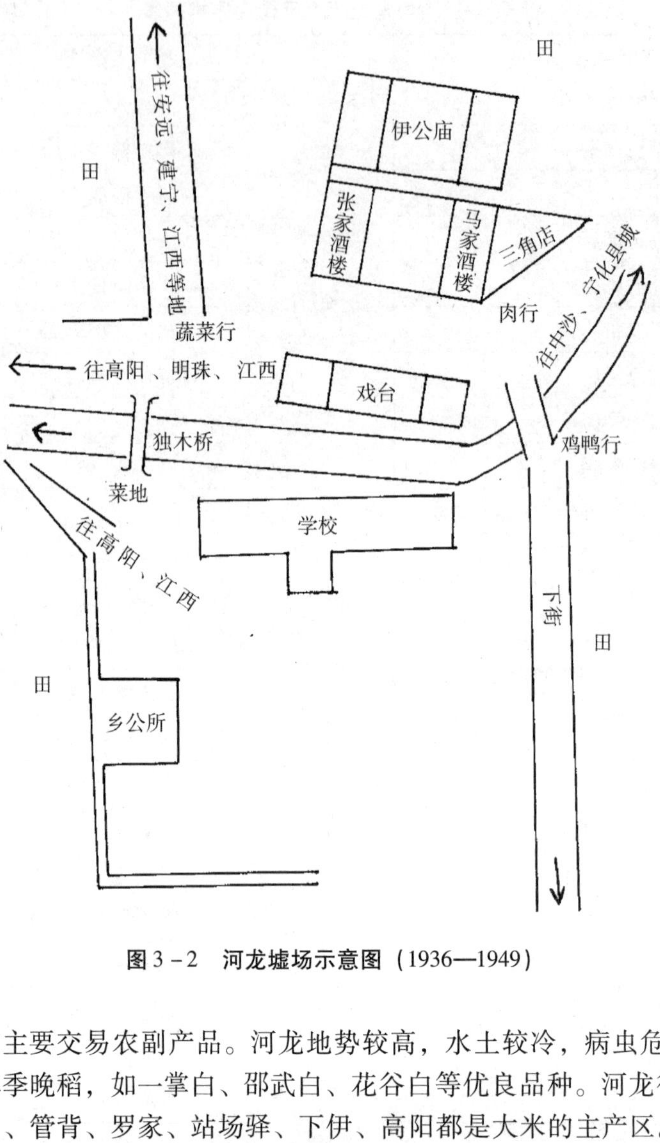

图 3－2　河龙墟场示意图（1936—1949）

墟市主要交易农副产品。河龙地势较高，水土较冷，病虫危害期短，适宜种单季晚稻，如一掌白、邵武白、花谷白等优良品种。河龙街上、上伊、仁尚、管背、罗家、站场驿、下伊、高阳都是大米的主产区。本地稻谷特别饱满，米粒非常大，连谷壳都会挤裂，质量很好，营养丰富。用来煮粥浓稠香甜，用来做饭柔软可口，用来做米粿细腻嫩滑；连皇帝也非常爱吃，因而成为贡米，名声远扬。河龙每年所产大米 315 万斤，十分畅销。各地米贩（特别是宁化县城关米贩）云集河龙籴米。米店和米贩不买稻谷只籴大米，来自外地的米贩一般是墟天前一天来河龙住客店，第二天很早就到米行籴米，如米行籴不到米时就到米店去籴，而后再请人挑到下沙，上船发往汀州粜。帮米贩担米叫“担发米”。因为每家每户都有米粜，所以每家每户都制作了一套加工大米的工具：砻一座，簸箕、米筛各一面。砻用于剥开谷皮，簸箕和米筛用来筛出大米。每家每户都做了一架风车，大米筛出后再经风车一扬，如此留下的就都是粒粒完好无损的大米，即可挑去粜。墟的前一两天就要加工好大米，到墟天再请长工或自己担到墟市米行粜。每个墟天米行里的大米都摆成一排，好像一字长蛇阵。除大米外，还有青菜、猪、狗、鸡、鸭、蛋等农副产品，买这些东西不需要中间人，双方当面交易即可。耕牛是农户的主要耕畜，土地多的一家饲养一头。买卖耕牛需要“牙人”（中间人）介绍，牙人再从中抽成。买卖耕牛不是每个墟都有的，一般农忙前或农忙后较多。

除赶墟外，各村的青壮年和个别体力好的妇女会在农闲时自行组成运输队搞长途运输，担大米或抬大毛猪去长汀出售。他们从河龙出发，沿着河龙—中沙—下沙—宁化城关—七里圳—黄地旮—竹篙岭—药里鉴—罗溪—管前—汀州的路线到长汀。长途跋涉，甚是辛苦。当河龙的大米运到长汀时，即被抢购一空。他们回程时也不空着走，少数帮店担杂货，多数担袋装盐（用若叶包装好的食盐）。每逢墟天自己出售，利润不等。如此往返一次需十来天。途中的竹篙岭是深山老林，岭长而陡，经常有土匪出没。为了不遭土匪抢劫，乡民们都是结伴而行或请保安护送，保安队则向每个行人收保安费，每次收的保安费不等，这是长途运输。另一种是短途运输，乡民们到河龙街上帮米贩担大米到下沙上船，赚点短途运费，当天可以往返。

各家粜大米和出售农副产品的钱从不乱花，省吃俭用。除购买一些生活用品和添置农具外，乡民们一般都把钱积蓄起来用来购买良田和培养子女，一个村共同请一位教书先生教育后代。

四、水南古庙与伊公庙会

（一）水南古庙

水南古庙祭供的是伊姓第五世，名盆义郎，人称“伊公尊王”，因此，水南古庙又称为伊公庙。李世熊所修《宁化县志》对伊公庙的记载曰：“庙在永丰里上（下）伊村。按旧碣，神姓伊名盆，为人豪毅，耿耿有烈士风。宋真宗景德元年（1004），转运使李仕起解梅州银绢，本州委通判胡某赍至本都武曲桥锡源驿，疾故，奉官茔葬。伊公慨然诣县自陈曰：‘解官本为朝廷重务，客死吾土，某现充任保长，亦草莽臣也，愿换牒代解。’县许之。至汴京，适皇太子生，上大悦，以覃恩赐敕一道，骏马一骑，剑一口，出镇柳州。时南蛮不共，公领军夺勇前驱，血战破贼，所向倒戈。事平凯奏。卒于官，以功特赠银青大夫，因庙食至今。”从中可知伊公生前的主要事迹。

伊公的事迹在伊氏族谱与水南庙的碑文中亦有记载。如嘉庆二十四年（1819）的《重建水南庙记》载：“（伊）公于宋真宗景德元年（1004）解粮诣京，适皇太子生，敕赐银青大夫，镇柳州。时南蛮不共，公领军奋勇，事平奏凯。卒于官。后于宋政和二年（1112）因海寇骚扰，公显绩平服，加封洲湖润德尊王。而英灵赫濯，有祷必应，于梓里诸乡素著，所以庙食至今。”碑文中不仅提到了伊公解粮进京之事，而且还提到伊公在宋政和二年（1112）因显圣解除了海寇的骚扰而被朝廷加封为洲湖润德尊王。

据伊氏族谱载，伊公庙建于1027年。五世盆义郎“公葬麻坛岭下，蛇形寅山甲向……仁宗天圣五年（1027）正月二十五日庚郎、坚郎会集谢、赖二姓同至麻坛岭下，请回真身，奉旨装塑金身，在庚郎己地水南建庙，崇祀千秋。公生于宋太宗太平四年（979）己卯岁十月十七日，原配张氏夫人。后于徽宗大观三年（1109）二月初三日在阳坳必豪公之孙梁子家中显圣，阴娶吴氏夫人，同享庙祀至今”①。从这则记载可知，伊公庙建于宋仁宗天圣五年（1027），至今已有900多年的历史。谱中还提到1109年伊公在阳坳的族嗣梁子家中显圣，比碑文中的1112年显圣平服海寇更早。更有意思的是，供在庙中的伊公的配祀竟然不是他的原配夫人张氏，而是“阴娶”的吴夫人。所谓的“阴娶”，指的应该就是冥婚。

当时的庙貌如何，现在已无从可知。但从清嘉庆二十四年（1819）的《重建水南庙记》中可知当时庙中供奉的神明，此碑提到：“下伊水南古庙创建自何朝、何人无所考。中龛祀五通大帝诸神，右龛祀将军诸神，右另一室则祀禅师与本庙土地，其左龛则祀伊公尊神暨夫人吴氏。”由于伊公的灵验，当时到庙里求神许愿的乡民很多，这可以从伊公庙里的一则《水南庙碑记》中得到反映，碑文曰：“宋真宗时，余乡有伊公，以解粮为朝廷简任，莅镇柳州，累建勋于汗马之劳，载在邑乘，彰彰可考。归神后，数显灵于梓里，人叩之辄应。兹建庙于溪之南，与五通例座，奉以千秋血食。自是水旱必叩，疾病必祷，贸易必祈，求愈盛而感愈通，神愈显而泽愈远。远近数十乡皆祀公圣像，余乡乃公之真身，故名之曰‘水南祖庙’。每岁遇公圣诞，远近皆赍香朝谒。”由此可知，清朝时伊公庙的祭祀圈有“数十乡”，每年一到伊公的“圣诞”日，远近的乡民们纷纷前来朝拜。族

① 河龙伊氏：《太原伊氏十三修族谱》，卷一，《世系传·盆义郎》，1990年。

谱的卷末对伊公祖庙的记载亦曰："公生宋太平四年（979）十月十七日，年年依期庆祝，岁岁分班迎赛，历朝相传勿替。"

伊公庙中保存有不少碑文，为我们了解伊公庙的历史提供了不少珍贵的史料。在此，先对这些碑刻中所载的地名、捐款姓氏、捐款人数与捐款金额作一统计，列于表3-6中，再作进一步的分析。

表3-6　伊公庙的捐款姓氏与捐款数目

碑文名称		水南庙碑记（乾隆二年）		各乡乐助碑记（乾隆二十三年）		执事碑记（乾隆三十三年）	
地名	姓氏	捐款人数	捐款数目	捐款人数	捐款数日	捐款人数	捐款数目
本乡	谢	50	9两7钱9分 又200文			67	9钱9分 又24 860文
	阴	3	2两5钱6分				
	赖	7	2两6钱				
	伊	11	3两4钱			1	200文
	周	11	1两7钱1分 又200文				
	伍	3	7钱			3	1 100文
	王	5	1 240文				
	刘	6	1两5分				
	邹	1	1钱				
	邱	1	1钱				
	温	1	5分				
围上	伊	1	3钱				
管背	罗		3钱6分				
	李		1钱				
上伊	伊	63	5两4分				
中宜地	李	25	2两5钱5分	29	5 300文		
葫芦背	伊	1	2(钱或分不详)	9	2 550文		
中坑	杨	1	600文				
磜上	周	3	1 800文				

（续上表）

碑文名称		水南庙碑记（乾隆二年）		各乡乐助碑记（乾隆二十三年）		执事碑记（乾隆三十三年）	
地名	姓氏	捐款人数	捐款数目	捐款人数	捐款数目	捐款人数	捐款数目
禾畲	曾	8	9钱2分				
	黄	1	1钱				
	张	3	2钱2分				
李坑	李、巫	不详	共助8钱3分				
沙坪	熊	1	1两5钱	35	6 100文		
小岭	易	21	1两9钱				
	伊	1	5分				
重源	黄	4	1两1钱2分				
	林		2钱				
章南源	夏	1	共助1两9钱				
	刘	2					
	李	1					
在城	阴	2	4钱				
	黄			1	160文		
	张			1	100文		
	罗			1	200文		
上坑	伊	3	4钱				
	黄	1	2钱				
	周	1	8钱				
石门山	温			2	200文		
中沙	余			1	200文		
吉芦坑	温			28	2 700文		
万扎	李			1	200文		
	熊			1	200文		
	温			1	100文		

（续上表）

碑文名称		水南庙碑记（乾隆二年）		各乡乐助碑记（乾隆二十三年）		执事碑记（乾隆三十三年）	
地名	姓氏	捐款人数	捐款数目	捐款人数	捐款数目	捐款人数	捐款数目
石城百中里双井村儒堂乡	温			53	5 400 文		
小岭	易			31	2 000 文		
对塘	伊					12	4 900 文
	刘					11	1 700 文
	熊					1	300 文
	周					3	800 文
	黄					5	900 文
	李					1	100 文
	赖					9	2 100 文

碑文名称		重建神庙捐题（嘉庆二十三年）		重修水南庙碑		合乡重修碑记	
地名	姓氏	捐款人数	捐款数目（文）	捐款人数	捐款数目（文）	捐款人数	捐款数目（文）
本乡	谢	14	172 095			143	35 610
	刘	8	12 900			29	2 200
	赖	7	7 300			3	1 250
	周	3	1 050			10	2 000
	黄	3	700			4	500
	吴	4	3 150				
	曾	1	1 500				
	伍	1	1 200			3	1 500
	伊	4	3 390			8	1 000
对塘	伊	12	79 730				

（续上表）

碑文名称		重建神庙捐题（嘉庆二十三年）		重修水南庙碑		合乡重修碑记	
地名	姓氏	捐款人数	捐款数目（文）	捐款人数	捐款数目（文）	捐款人数	捐款数目（文）
河龙排	黄	3	10 400				
	温	3	2 500				
	伊	8	12 200				
	谢	3	1 100				
	傅	1	400				
	罗	12	500			8	950
	张	2	500			3	900
	徐	1	200				
兴善里上畲乡	邱	57	17 800			1	200
李坑	巫			17	1 100	1	160
	张			4	400		
	李			6	650	7	800
站场坑	伊			14	1 300		
	罗			5	300		
	伍			2	200		
管背	伍			2	200		
	杨			19	1 480		
	傅			1	50	1	100
	陈			3	250		
汪家地	巫			17	1 450		
	邱			1	100		
中坑	杨			7	700		
	张			2	200		
	伍			1	100		
	梁			1	50		
	温			1	200		

（续上表）

碑文名称		重建神庙捐题（嘉庆二十三年）		重修水南庙碑		合乡重修碑记	
地名	姓氏	捐款人数	捐款数目（文）	捐款人数	捐款数目（文）	捐款人数	捐款数目（文）
禾畲	曾			7	1 000		
重源	黄				350	350	
	夏				200	200	
	林				100	100	
	鲁			3	200	1	160
章南源	夏			35	1 960		
	黄			5	850		
	伊			7	550		
磜上	周			6	650		
不详	宁					4	>515
	毛					2	200
	阴					1	200
	王					3	>515
	邹					1	100
	不详					1	100

注：在《合乡重修碑记》中，对各捐款姓氏未作地域划分，猜测应该是本乡。上表左侧所列的本乡中已有的姓氏列入“本乡”，“本乡”没有的姓氏按在后文出现的先后顺序在后面列出；在前两块碑文中未出现的姓氏则列在表的最后一栏，以地名不详计。此外，宁、王两姓中有的捐款数目因碑文受腐蚀严重而看不清捐款数字，只好用“>”表示。

乾隆二年（1737）的《水南庙碑记》包含几个不同时期的捐款、捐田，一个是雍正十年（1732）的捐款，另一个是乾隆二年（1737）的捐款，还有一部分是乾隆十四年（1749）、嘉庆八年（1803）与嘉庆九年（1804）的捐田。可能是由于当时此庙的重修因资金问题需分几次才修建完。从碑文中的字体来看，从“磜上周子载公、周子良公、周子仲公共壹仟捌佰文”至“嘉庆八年吉炉村”的碑文字体明显与前后文不同，但很难区分哪些是雍正十年（1732）的，哪些是乾隆二年（1737）的，因此，表格中均计为乾隆二年（1737）。由于相邻聚落的姓氏大都是同一宗族，如河龙伊姓分布在上伊、下伊、围上、葫芦背等地，因此分析各姓在伊公庙中捐款的数目时，就可以把不同聚落的同一姓氏的捐款数目合在一起计，由此可看出该姓在伊公庙的修建活动中作用的大小。

在《水南庙碑记》中，若以所捐的银钱多少排名，则捐款最多的是谢姓，50 人捐了 9 两 7 钱 9 分又 200 文，此外还助了 1 株树（作钱 2 000 文）与 4 棵朱柱；第二是伊姓，捐了 9 两 3 钱 9 分又 1 300 文，此外还捐了一根屋梁；居第三的是阴姓，捐了 2 两 9 钱 6 分；居第四的是赖姓，捐了 2 两 6 钱；居第五的是李姓，捐了 2 两 6 钱 5 分，居第六的是周姓，捐了 2 两 5 钱 1 分又 2 000 文，此外还捐了两扇大门；居第七的是易姓，捐了 1 两 9 钱；居第八的是熊姓，捐了 1 两 5 钱；居第九的是黄姓，捐了 1 两 4 钱 2 分；其他姓氏所捐都在 1 两以下。除了上述所捐物，此碑文中还有不少捐物，如管背一罗姓助龙华会谷 23 桶，管背杨、伊二姓助谷 16 桶，刘姓门下有 1 人助了一块桥枋。此碑文中还有一项内容比较引人注目，即石城百中里吉炉村的温姓在乾隆年间与嘉庆年间 3 次向伊公庙助了不少田。吉炉村所在的石城县是个属于江西省管辖且与宁化县相邻的县。吉炉村的温姓不仅向伊公庙助了不少田，在其他碑文中还记载了百（一作“柏”）中里有不少温姓人向伊公庙捐款。石城百中里的温姓，一则可能是从河龙迁到石城的，后来把原乡的信仰带到了石城；二则可能是河龙宗族的主要姻亲，这可以从笔者所统计的伊姓通婚网络中得到证实。据张志渊先生的调查，江西石城有座伊公庙，此庙位于县城西门外的司前西北角，背西向东，旧貌简陋。在传统社会中，此庙每年八月十六至十八日都会举行庙会。①

在《各乡乐助碑记》中，捐钱最多的是温姓，捐了 8 400 文；居第二的是熊姓，捐了 6 300 文；居第三的是李姓，捐了 5 500 文；居第四的是伊姓，捐了 2 550 文；居第五的是易姓，捐了 2 000 文；其余姓氏所捐均在 200 文（含）以下。

在《执事碑记》中，捐钱最多的是谢姓，捐了 9 钱 9 分又 24 860 文，此外还有 4 人捐助旗帜，包括大旗 1 对，门旗 1 对，其他旗 1 对；第二是伊姓，捐了 5 100 文；第三是赖姓，捐了 2 100 文；第四是刘姓，捐了 1 700文；第五是伍姓，捐了 1 100 文；第六是黄姓，捐了 900 文；第七是周姓，捐了 800 文，此外还捐了一根楠木（作价 1 200 文）；其余姓氏所捐

---

① 张志渊：《石城庙会大观》，罗勇、劳格文主编：《赣南地区的庙会与宗族》，香港：国际客家学会、海外华人研究社、法国远东学院，1997 年，第 46 ~ 47 页。

均在 800 文以下。

在《重建神庙捐题》碑中，捐钱最多的是谢姓，捐了 173 195 文，此外还捐了屋柱 1 对，松木 1 段；居第二的是伊姓，捐了 95 320 文；居第三的是邱姓，捐了 17 800 文；居第四的是刘姓，捐了 12 900 文；居第五的是黄姓，捐了 11 100 文；赖、吴、温、曾、伍、周等姓捐的钱也比较多，依次捐了 7 300、3 150、2 500、1 500、1 200、1 050 文；其余傅、罗、张、徐等姓捐的钱均在 500 文（含）以下。

在《重修水南庙碑》中，捐钱最多的是巫姓，捐了 2 550 文；居第二的是杨姓，捐了 2 180 文；居第三的是夏姓，捐了 2 160 文；居第四的是伊姓，捐了 1 850 文，此外还捐了 12 条凳；居第五的是黄姓，捐了 1 200 文；居第六的是曾姓，捐了 1 000 文；李、周两姓各捐了 650 文；张姓捐了 600 文；伍姓捐了 500 文；罗姓捐了 300 文；傅、陈、邱、梁、温、林、鲁各姓捐的钱均在 300 文以下。

在《合乡重修碑记》中，捐钱最多的是谢姓，捐了 35 610 文；居第二的是刘姓，捐了 2 200 文；居第三的是周姓，捐了 2 000 文；居第四的是伍姓，捐了 1 500 文；居第五的是赖姓，捐了 1 250 文，居第六的是伊姓，捐了1 000文；其余邱、李、宁、毛、傅、鲁、巫、阴、罗、王、黄、邹、张等姓捐的钱均在 1 000 文以下。

从表 3－6 还可知，伊公庙内碑文上的捐款者所在地包括本乡（即下伊）、围上、管背、上伊、中宜地、中坑、磜上、禾畲、李坑、沙坪、小岭、重源、章南源、上坑、石门山、对塘、站城坑、汪家地、河龙排、葫芦背、兴善里上畲乡、在城、中沙、吉芦坑、万扎、石城百中里双井村儒堂乡等地。对照下文信仰伊公的 53 个自然村的村名不难发现，这 26 个地名中大部分是五十三乡中的聚落，只有汪家地之后的 9 个地名不在五十三乡内，但河龙排就在上伊附近，应该也在五十三乡内，可能是古今称号不同。葫芦背的捐款者在乾隆二年（1737）《水南庙碑记》的记载中仅有 1 人，是一伊姓的妻子，姓周。在乾隆二十三年（1758）的《各乡乐助碑记》记载中，有 9 个伊姓捐了 2 550 文，可以断定此地可能是在河龙或伊姓迁外形成的聚落。而在城的阴姓捐款者 2 人捐了 4 钱，黄姓 1 人捐了 160 文，罗姓 1 人捐了 200 文，张姓 1 人捐了 100 文；中沙的捐款者余姓仅 1 人捐了 200 文；兴善里上畲乡邱姓 58 人捐了 18 000 文；吉芦坑温姓 28 人捐了2 700文；万扎李姓 1 人捐了 200 文，熊姓 1 人捐了 200 文，温姓 1 人捐了 100 文；石城百中里温姓 53 人捐了 5 400 文。可以猜测，这些不在五十三乡姓氏中的，可能是河龙人的姻亲或是外迁者。

从捐款者的姓氏来看，有 31 个姓氏参与了伊公庙的捐款活动。这 31 个姓包括陈、傅、黄、赖、刘、罗、李、鲁、林、梁、邱、伍、王、温、巫、谢、熊、夏、徐、阴、伊、杨、易、余、周、邹、张、曾、毛、宁、吴。对照上文的伊姓婚入姓氏可看出，参与捐款的 31 个姓，除去伊姓本身外，只有鲁姓不在伊姓的通婚圈内。与伊姓有婚姻关系的 29 个姓中，只有宁、阴、梁三姓与伊姓的通婚次数在 30 次以下；其余的姓氏都是伊姓的主要婚入姓氏，与伊姓的通婚次数在 30 次以上。由此可见，客家村落中的信仰圈与通婚圈不完全一致，但有大部分是重合的。

从碑文可知，历史上水南庙曾数次得到修葺或重建。有的修葺活动只有本村信众参与，有的是十几村信众一起参与。清雍正十年（1732）《水南庙碑记》中提到："（水南古庙）经今约数百年，修葺者至再至三，未为尽敝。春三月，余偕叔鲁一侄殿上偶憩息庙中，值时雨乍降，见其殿宇漏湿，瓦桷篱檐周围无有完者，公像如坐竹林茅茨，飘摇风雨，朝夕不安。因斯庙将敝之时也，吾三人抚今追夕，遂有重葺之思。但鸠工庀材良不易，上用予片语通告同乡，聚群狐之腋修一领之裘。"由此可知，庙曾多次得到重修，最近的一次修葺可能是立此碑的嘉庆十年（1805）。而《合乡重修碑记》中对修庙说得更为详细，提到了几次修庙的时间。此碑文载："修（水南古庙）者代有其人，明嘉佑间修于予祖太，字旻公。万历间修于予族□宣□□，至清康熙三十五年伯苗□偕予会祖朝上□□□修之庙，五十年予祖应□族显儒泛谈□□，乡邻伊水胜等又□而修之。迄今庙貌衰颓，不经风月，又值斯庙当修之候。予子宣祖太嗣孙爰□缘捐赀，□工庀材，□□□之文。因右畔启基□□四植五□，月而工告成。"此记载中提到五次修庙，前四次修葺水南庙的时间为：明嘉佑间（疑有误）、万历年间（1573—1620）、康熙三十五年（1696）、康熙五十年（1711）。前文曾提嘉庆十年（1805）可能是一次重修时间，并且前文所提的乾隆二年（1737）、乾隆二十三年（1758）与乾隆三十三年（1768）的捐款活动可能也是用于修庙。

从碑文可知，嘉庆年间水南庙得以重建。嘉庆二十四年（1819）所刻的《重建水南庙记》载"斯庙也，或则建自宋世乎，顾千秋无不显之，神而奕祀，无不敝之。庙颓毁不堪言矣。岁丙子本乡杰士等合议重建，而各乡共荷神庥者应之。于是自七月为始，迨戊寅五月告竣。又复增置尝田，以崇祀典，以厚捐。是地之灵、人之杰皆由神之灵也"，由此可知这次重建从嘉庆丙子岁（1816）七月开始，到嘉庆戊寅（1818）五月才结束。这次重建的过程可从此碑文对支出项目的记载中反映出来。此次重修的支出项目与金额详见表 3－7。

表 3－7　嘉庆年间重建水南庙开支项目表

序号	支出项目	用钱数目（文）
1	一起议会茶、买簿、择期、借钱纳息，招待首士、匠人、送钱、送柱、送梁等人，重复会茶，催乐助二年，唱戏、帮用、纳粮及结数等费用	63 129
2	乐捐钱不够，用于补底	670
3	拆庙、平基、起师、架马、请神移座、款待地师、竖庙放水、请神归殿、税猪等项	40 317
4	买树料，水手拖树工资，拖树脚钱等	152 080
5	烧砖装窑，担土砖脚钱	164 153
6	木匠工资	124 044
7	泥水工资	86 398
8	石匠工资，凳石脚钱	54?66
9	各匠人使用器具，搭器械，买葫芦顶、遮墙谷笪，刻票	9 290
10	帮力、粗工工资	7 806
11	收树木、砖瓦，往来乐助备饭	3 549
12	漆匠工资，买金朱油漆，起工、完工备席	7??25
13	买田 24 担用价及中笔银	117 300
14	铁料、石灰、纸筋	25 529
15	买石碑、勒字	21 766

注：上表数字中的“?”代表碑文中的缺字，是碑文受腐蚀严重而难以辨别的数字。

细读这些支出项目，不难发现，它几乎囊括了嘉庆二十一年（1816）至嘉庆二十三年（1818）重建水南庙的全过程。

这次建庙，还续买了 24 担谷田。据乾隆二年（1737）的碑文所载，乾隆十四年（1749）、嘉庆八年（1803）、嘉庆九年（1804）均有石城温姓助田，三次助田共有多少不详，但嘉庆八年（1803）与嘉庆九年（1804）所助田光租就 13 桶 1 斗。水南庙是否还有其他庙田，尚待进一步的调查。

值得注意的是，从水南庙的碑文中可看出，一些女子也参与了捐款修建伊公庙的活动。如《重建神庙捐题》碑中的“谢逢森妻周福德壹万文”、“谢伊桂娘壹仟文”、“谢温昭娘壹仟文”、“谢张月娘陆佰文”、“温谢清娘壹仟文”；《重修水南庙碑》中的管背陈门“毛香娘壹佰文、汪秀娘伍拾文”，重源鲁门“罗氏伍拾文”、“张氏伍拾文”，上坑“夏门张氏妙彩壹佰文、汤氏妙彩伍拾文、张氏妙赛叁拾文”；《执事碑记》中的“谢□妻乐助玖钱玖分”、“对塘伊永赖仝妻张氏助贰仟肆佰文”；在《各乡乐助碑记》中，顾李□□“妹游氏，男芳登、芳胜、芳方助壹仟肆佰文”、“易门张氏伍拾文”；在《水南庙碑记》中，上伊“伊门张足娘壹钱”，中宜地“李门苑细娘、李门张凤娘各伍分”，葫芦背“伊门铭文周氏助贰钱”，禾畲“伊瑕娘陆分”；在《合乡重修碑记》中，“谢世□仝妻李□寿壹佰文”，“安远司周门谢氏玉绣壹佰文、寒坑巫门谢氏发秀壹佰陆拾文”，“周门王氏贰佰文”，“桂竹村张君锡仝妻谢氏助钱伍佰文”。由此可知，在碑文中，这些捐款女子的名字前面都加上了其丈夫的姓氏或姓名，有的与丈夫一起参与捐款，有的是自己捐款，有的是带着孩子捐款。这些女子从姓氏看，以张、谢、伊为主，是伊公庙周围居住的主要姓氏。尽管她们中有不少是在外地，但不难猜测，她们大部分是从本地嫁到外地或从外地嫁到此地的女子。另外，从上坑的夏门张氏妙彩、汤氏妙彩、张氏妙赛的名字上判断，她们有可能是已入空门的尼姑。

碑文中出现了不少复姓，如《重建神庙捐题》碑中的“谢李福清壹仟文”、“谢范得仙捌佰贰拾文”、“谢官进秀肆佰文”、“谢赖福祥壹仟陆佰文”；《执事碑记》中的“谢门鲁广万助贰佰文”、“谢门汤清蓝助贰佰文”；《水南庙碑记》中的“中宜地李门张法富伍分”。这些人，笔者怀疑是各姓收的异姓子，前面的姓可能是养父的姓，后一个可能是生父的姓，他们也可能是随母亲改嫁到此地的，这还需要进一步做田野调查来证实。

（二）伊公庙会

伊公庙会由来已久。乡民对伊公的信仰与当地人以种稻卖米为生有关，伊公对河龙米成为贡米，提升河龙米的知名度起着至关重要的作用。据说当年伊公换牒代解银绢上京，交割银绢时，适逢太子诞生，伊公献上带去的河龙大米，皇上吃后，龙颜大悦，令其年年进贡，河龙米是以成为贡米。皇帝视伊盆为福星，命他镇守广西柳州。伊盆在任期间，靖倭安蛮，爱护百姓，屡建战功，深受百姓拥护。

河龙大米成为贡米后，远近闻名，十分畅销，所以河龙各姓氏十分感谢伊公打开了大米的销路，发展了河龙的经济，改善了河龙人民的生活。因此，当地每个姓氏都十分敬重伊盆。

据伊氏谱序转载，政和二年（1112），有一次海贼作乱，鲸波海啸，大举骚扰，百姓受害。当时伊盆虽殁多时，但英灵不散，显圣执戈，奋勇捍御，降服妖贼，使百姓安然无恙。宋徽宗为表彰伊公盆义郎的功绩，追封他为洲湖润德尊王（后人称“伊公尊王”），其妻继配吴氏为显德夫人，并配庙宇奉祭。追封的圣旨如下：

敕封

奉天承运

皇帝诏曰：神武勋猷，貔貅震其声赫；康民显濯，鸿雁赖以安宁。尔原镇广西柳州银青大夫，伊盆生堪重寄，干城抚绥万姓，殁后奋英威，捍御援拔千民。曩值海啸，鲸波江鸣鼍，鼓舳舻蚁聚播地惊惶。尔乃风云振旅勇，憾江滨空，腾戈甲，悬耀旗旌，海鲸惧而遁迹，山魈畏以潜形，妖氛宁靖，厥功匪轻。兹以覃恩封为洲湖润德尊王，厥妻吴氏封为赫灵显德夫人，并配庙祀于戏，助国保民。永膺天家之赐，龙城著绩，庙崇悠久之长。

敕诰

大宋政和二年六月①

河龙各姓知道伊盆显灵保民的事迹并被追封为洲湖润德尊王后，更加崇信他。受封后，由伊、谢、刘等姓在下伊伊氏祠右边建起一座伊公庙，并雕伊盆义郎夫妻神像崇祀，香火不断。传说伊盆遇害时，尸首被丢在染缸里，所以神像是黑白全身。

伊公庙落成，神像开光后，香客络绎不绝。伊公座前的对联写着“金炉不断千年火，玉盏长明万载灯”。香客有的问吉占卜，有的祈求庇佑，有的叩请消灾除病，有的求择良辰，有的贴庚寄娇。娇，当地指小孩多病。为了使小孩不生病或已生病的较快康复，父母把小孩的生辰八字写在一条红签上再用红纸包好，面上写一个“福”字，然后将包好的生辰八字贴在伊公尊王座前，意为把小孩寄托给他帮忙抚养，请求他配合父母共同把小孩抚养成人，这称为“契娇”或“寄娇”。据说种种信仰都很灵验，因此，伊公庙四季香火旺盛，香客不断。

伊公庙每逢拜千佛、拜万佛或打醮时都拥挤不堪。为扩大活动场所，必须重新建一座庙宗。据谢云吐和当地老人说，当时伊公十分显灵。下伊村谢永祯，字用力，绰号“韬用力”，当时即以他为首解决重建伊公庙地

---

① 河龙伊氏：《太原伊氏十三修族谱》，1990 年。

基的问题。其人诡计多端，常作弄人，好谋人财物，又被人送了个“无钉挂帽”的“雅号”，意为他可以无事生非。清乾隆元年（1736），谢永桢邀刘、赖两姓事先共同在门板上种好青菜，一天晚上，他将原下伊的伊氏祖祠拆掉，将事先种在门板上的青菜抬到祠堂基上，买通官府，把伊氏祠堂地基霸去建起一座庙宇（砖木结构）。这时，该地建的既不是伊氏祠堂，也不是伊公庙，该庙内供奉了三种神像：右殿供奉的是将军神像；中殿供奉的是五通五显神像；左殿供奉的才是伊公盆义郎的神像。随后，该庙改名为“水南庙”，即现在的“水南古庙”。然而庙内只有伊公尊王座前香火最旺，殿前挂满还愿的红幡。水南庙成为伊公的总庙，周围村寨为朝拜方便，每个地方都雕伊公夫妇神像，并设坛供奉在村里。

据谢云慈、谢清水、伊启璋回忆，当时供奉伊公神像的村寨有：下伊、何屋、中坑、下傅、上伊、枫溪、李坑、大坪、站场驿、何坑、郑家庄、礤上、仁尚、上寮、上路坑、对塘、高阳、黎家、下官寮、大洋塘、中宜地、上坪、龙上、土楼里、明珠、湖头、龙下、上坑、重源、洋地、焦坑、黄家山、面地、石门山、上谢、鹅嘴坳、樟荣源、板山、高岭、禾畲、圳背、沙坪、排头、管背、伊屋、小岭、归仞、大洋、杨桐坑、杨坑、下汪、坳背等53个自然村，称为“五十三乡”。这五十三乡有跨地区的信仰活动，其中小岭和上坑的神像坛各有一个会降神的童子。所谓降神，是指童子和信仰弟子秉烛焚香请伊公尊王到坛，由降神的童子传话，告知信徒所求的事情。人们或是祈求平安富贵，或是消灾灭病，各人所求不同。由于所求事情都能应验，所以各村信徒都虔诚敬仰伊公，视他为保护神。

人们为纪念伊盆的丰功伟绩，在为其建庙奉祀时，就把伊盆十月十七日的出生日作为庙会会期。清乾隆三十二年（1767），水南庙伊公殿又增制了十八般武器，敕封银青大夫牌、洲湖润德尊王神牌、肃静牌、回避牌、将帅旗、凉伞等全套仪仗。由中宜村、仁尚村赠送两顶八抬雕花油漆轿辇，供伊公、伊婆游村时乘坐。湖头村助给庙内铁钟一口；杨地村助给庙内大鼓一面，供庙会活动撞击用。有些村和个人助田产及财物作为庙会的活动经费。因而每年庙会皆由河龙附近几个自然村中有名望的长者组织青壮年抬伊公、伊婆神像游村，举行“过样”（即庙会）活动。“样”在当地是指很热闹的意思。把庙会称为“过样”，一是抬菩萨很热闹，演戏、摆天官，求大家都吉祥如意；二是各家都有亲戚朋友来做客、看戏，非常热闹；三是当地和周边各姓氏都非常敬仰伊公，视其为保护神，为缅怀他的丰功伟绩，因而每年都过一次样来纪念他。伊公庙会到1949年已流传了

800 多年，可见河龙的过样习俗历时久远。

据乡民回忆，河龙一些村落的具体庙会日期是：荷林排（老河龙排）为十月十一日；站场驿为十月十三日；管背的两个村为十月十四、十五日；黄家山、上坑两村为十月十六日；上伊、鹅嘴坳、沙背、大窠排、仁尚、土楼里、街上等村寨为十月十七日，涉及面广，人口多；下伊和小岭为十月十八日。

抬菩萨游村的规矩是：头天过样的村将伊公、伊婆神像送至半路，当天过样的村到半路接；青壮年按班次轮流抬菩萨，小孩子扛旗帜，吹鼓手奏乐器，组成游行队伍。

十月十七日为上伊村的庙会。这天，上伊村的族长一大早就组织人到半路迎接伊公、伊婆神像，途中要杀猪、宰鸡鸭和请梨园子弟扮八仙迎接，然后途经大窠排、鹅嘴坳、沙背、上伊、仁尚、土楼里、街上，最后回到河龙街的伊公庙。此庙是在下伊伊公庙被改建为水南庙后，以上伊村为首募捐所建的。庙前十多米处建有一戏台，每逢庙会均在上面演戏助祀。伊公、伊婆回到庙后，下午就要开始演大戏，连续演两天。庙会期间，会有很多亲戚朋友来看戏，非常热闹。

十月十八日是下伊和小岭过样。小岭村庄较小，没有抬菩萨，每年只请小剧团来伊公、伊婆座前演两天两夜的木偶戏（包括还愿戏）。而下伊村庄较大，水南庙又是伊公、伊婆的老庙，因此庙会比其他地方热闹。五十三乡均在这一天敲锣打鼓到水南庙点香火，依定好的顺序进行。各乡来点香火的人把水南庙总香炉的香灰撮一点倒在自己的小香炉里，然后再抬回各乡神像前，这叫“迈香火”。迈香火也就是组织人员到某一寺庙朝拜菩萨，当天往返。五十三乡伊公神像坛前拜佛或打醮的时间和次数由各村自行决定，每年打醮或拜佛的时间、次数都不一样。

下伊各姓在十月十八日过样时，一大早，“为首的”班次就到庙前接连不断放土铳，并组织有关人员抬菩萨游村，沿途经水南庙、伊家、刘家、粉屋下、山咀头、小花园、麻地坑、坪水嵊，最后回庙。下午开始演大戏，一般也是两天两夜。各家各户都有亲戚朋友来看大戏。无论是河龙街上还是下伊演戏，都要先摆“天官”，请天官赐福。庙会经费各地不一样，如有公田的则从公田中开支；若没有公田的就分派到每家每户。如果是拜千佛、万佛或打醮就由信徒助捐。助捐剩余的留在庙内点长明灯，由住庙人员保管。

附：

水南庙内的碑记[①]

一、水南庙碑记

神有万年不朽之灵，庙无百年不敝之事。创之者固难为始，修之者众难为继，有共创之而莫或修之。虽榱题壮丽，堂殿森严，而世远年湮，未有不为碎九颓垣者。宋真宗时，余乡有伊公，以解粮为朝廷简任，莅镇柳州，累建勋于汗马之劳，载在邑乘，彰彰可考。归神后，数显灵于梓里，人叩之辄应。兹建庙于溪之南，与五通例座，奉以千秋血食。自是水旱必叩，疾病必祷，贸易必祈，求愈盛而感愈通，神愈显而泽愈远。远近数十乡皆祀公圣像，余乡乃公之真身，故名之曰：“水南祖庙。”每岁遇公圣诞，远近皆赍香朝谒。其余祀田产明碑载之颇悉。其庙建年月则失考矣。经今约数百年，修葺者至再至三，未为尽敝。春三月，余偕叔鲁一侄殿上偶憩息庙中，值时雨乍降，见其殿宇漏湿，瓦桷篱檐周围无有完者，公像如坐竹林茅茨，飘摇风雨，朝夕不安。因斯庙将敝之时也，吾三人抚今追夕，遂有重葺之思。但鸠工庀材良不易，上用予片语通告同乡，聚群狐之腋修一领之裘。庶庙貌将敝而不敝，神灵愈久而不衰，乡人辈春祈秋报，得以申享祀之诚也，云尔。

时皇清雍正拾年仲冬月

谢阴谋、谢点苻、谢克成、谢殷上、谢云池、谢素心　氏书

谨将乐助信人题名于后：

谢贤桂喜助银壹两，谢世邦叁钱，周兴明壹钱，赖厚得壹钱。

管背：罗万鲁助钱叁钱陆分，又助龙华会谷贰拾叁桶。李一惠助壹钱。谢超元助朱柱肆杆。阴舍剑助银壹两肆钱。谢锡衮助银壹两。阴承佑助银壹两。赖仁位助银壹两。谢世得捌钱。伊永胜捌钱。赖厚志捌钱。谢候绪捌钱。伊朗良捌钱。周兴柏助大门贰片。谢朝泰助树壹杆作钱壹仟文。周兴慈助陆钱伍分。伊魁维伍钱。周兴乐贰钱。伍士益壹钱。周明松

---

① 附录的碑文除《水南庙碑记》与《合乡重修碑记》为笔者抄自水南庙内的碑刻外，其余碑文均根据劳格文教授提供的数码照片整理而成。

壹钱。伍士福伍钱。谢显瑛、周明汉、谢恒、周明焕各助肆佰文。谢显儒、谢忠、谢显爵、赖仁远、谢显闻、谢世辉、谢候伦、围上伊朝大以上各助叁钱。谢显奉贰钱伍分。王正海、王正儒、王正富、王正尾、王正凤伍人共助壹仟贰佰肆拾文。谢显行、谢逞、谢显良、刘文储、刘显圣、刘文道、谢世陶、刘文兴、赖仁传、刘文□、谢显德、谢世臣、伊祥郑、谢候钟、周兴文、刘承恕、谢世麒、谢世记、伊祥禄、谢候定、谢候善、赖仁□、伊祥球、谢显崇各助贰钱正。

周正□、谢显行、谢显俶、阴承禄、谢候达、谢世焻各助壹钱陆分。

谢显卫、周正富、周慧琳、谢世谌、谢显傅、谢显佐、谢世瑜、谢世香、谢显葵、谢显廷、谢世会、谢世河、伊祥傅、伊祥远、谢贤逑、谢显旭、谢世祥、谢世蓝、伊英士、伊福寿、赖厚敦、邹兴鉴、赖仁瑞、赖仁阵、伊永忠、伍起三、周兴达、邱选进以上各助壹钱。

谢世恩、谢世衿、刘文寿、温雅荣、谢世烟、谢世焕、谢世讯、谢世盛、谢世副、谢候筹各助伍分。

上伊：伊祥樊助梁壹杆，又助钱伍佰文。

伊永麻、伊永吉、伊永镇、伊永佑、伊魁鼐、伊门张足娘、伊祥简、伊魁秦、伊魁章、伊永臣、伊永炎、伊永昂、伊永龙、伊永露、伊永由、伊永堂、伊永蟾、伊祥御、伊祥呆、伊祥念、伊祥淑、伊祥盖、伊祥代、伊魁星、伊魁书、伊云注、伊云谈、伊云车、伊新足各壹钱。

伊永宁助钱伍佰文，伊祥橐助钱叁佰文。

伊魁长、伊魁道、伊魁香各柒分。

伊永乐、伊永程、伊祥荣、伊祥铭、伊祥喜、伊祥牵、伊祥问、伊祥綦、伊祥凡、伊祥记、伊求葛、伊求虞、伊魁定、伊魁锦、伊祥粼、伊云仲、伊魁旺、伊朝定、伊魁尹、伊魁楼、伊朝时、伊朝佛、伊朝明以上各助伍分。

中宜地：李子隆伍钱。李国韬、李国礼贰钱。李道弘叁钱。李朝举、李国问、李国济、李国聘、李道枢、李道赡各壹钱。李国荐、李国杯、李邦捷、李邦沾、李道法、李道清、李道信、李道洁、李道从、李道持、李廷春、李廷亨、李门苑细娘、李门张法富、李门张凤娘各伍分。

上伊：伊朝会、伊朝开、伊朝景各助贰钱。伊朝赏壹钱。

葫芦背：伊门铭文周氏助贰钱。

中坑：杨杏□助钱陆佰文。

磜上：周子载公、周子良公、周子仲公共壹仟捌佰文。

禾畲：曾士细、曾心盛各贰钱。曾明元、曾贤行、曾祖善、曾祖居、黄兴龙、张钦珏各壹钱。曾明贵、伊塅娘、张时桂、张英□各陆分。

李坑：李巫二姓助钱捌钱叁分。

沙坪：熊彦文助钱壹两伍钱。

小岭：易明宁、易明上各贰钱。易国胜、易国奇、易国秋、易明眷、易明仕、易明老、易明富、易明草、易明稳、易明寿、易明台各壹钱。

易国财、易国廷、易国足、易国成、易明□、易明台、易朝养、易朝盛、伊祥基各贰钱伍分。

重源：黄德昭伍钱。黄赞叁钱贰分。林明远、黄长生各贰钱。黄佩玉壹钱。

章南源：夏贵兴、刘世显、李明宗共助壹两伍钱。刘应兴肆钱。

在城：阴念龙、阴承鼎各助银贰钱。

上坑：伊文发助贰钱。黄兴齐、伊舜吉、黄邦荣各壹钱。

管背：杨、伊二姓助谷拾陆桶。

刘门李一惠助桥枋壹块。

伊应院壹钱。周明汉助捌钱正。

乾隆十四年三月石城百中里吉炉村温和琮及男□甭喜助土田壹处，地名黄公庄，原载于本乡永富坊谢世祯喜助社门口田以作提塍，每年编定胙肉贰斤。

嘉庆八年吉炉村温尔江、雅锦复助黄沙垅光租柒桶，去价玖仟陆佰文，民米壹升肆合，胙肉贰斤，初十日二人素饭。

嘉庆九年吉炉村温尔能助黄沙垅光租陆桶壹斗，去价玖仟壹佰文，民米壹升贰合，胙肉壹斤，初十日二人素饭。

首士伊永胜、谢显英、谢世谋、赖厚志共助银壹两贰钱伍分。

一山谢显□、鲁一氏继完。

匠人张好叁钱，雷上壹钱伍分。

皇清乾隆贰年岁次丁巳仲夏吉旦立

二、各乡乐助碑记

□坪：首士熊铭助伍佰文、熊□玉助叁佰文、熊进□助叁佰文、熊居玉助贰佰文、熊玉光助贰佰文、熊□章助贰佰文、熊门□显助伍佰文、熊彦文助贰佰文、熊□玉助贰佰文、熊重文助贰佰文、熊玉臣助贰佰文、熊□□助贰佰文、熊文杉助贰佰文、熊斯成助贰佰文、熊世孟助贰佰文、熊士□助贰佰文、熊士臣助贰佰文、熊□□助贰佰文、熊聪□助壹佰文、熊

□隆助壹佰文、熊于敬助壹佰文、熊士□助壹佰文、熊世会助壹佰文、熊□□助壹佰文、熊□□助壹佰文、熊□□助壹佰文、熊成章助壹佰文、熊士见助壹佰文、熊世贵助壹佰文、熊□□助壹佰文、熊郢玉助壹佰文、熊象贤助壹佰文、熊珍玉助壹佰文、熊英士助壹佰文、熊玉章助壹佰文。

中宜地：首士李□助叁佰文、李仲贵助贰佰文、李季光助贰佰文、李道□助贰佰文、李德憩助贰佰文、李□助壹佰文、李邦□助贰佰文、李玉□助叁佰文、李邦暑助贰佰文、李季尧助贰佰文、李明瑛助贰佰文、李朝佐助贰佰文、李邦□助贰佰文、李玉杰助壹佰文、李邦厚助壹佰文、李国孔助壹佰文、李廷春助壹佰文、李道洪助壹佰文、李邦□助贰佰文、李□□助壹佰文、李国功助壹佰文、李国标助伍拾文、李成仓助伍拾文、李德□助壹佰文，李□□助壹伯文。妹游氏，男芳登、芳胜、芳方助壹仟肆佰文。

石门山：温忠远助壹佰文、温忠回助壹佰文。

中沙：余永珠助贰佰文。

葫芦背：首士伊□□助壹仟文、伊朝千助壹佰文、伊朝接助壹佰文、伊朝根助伍拾文、伊朝碧助拾文、伊朝志助伍拾文、伊□□助壹仟文、伊朝佰助壹佰文、伊朝光助壹佰文。

在城：黄茂秀助壹佰陆拾文、罗朝耀助贰佰文、张可成助壹佰文。

吉芦坑：首士温和宗助伍佰文、温和葵助壹佰文、温和三助壹佰文、温邦郊助壹佰文、温邦武助壹佰文、温邦君助壹佰文、温和锐助贰佰文、温邦谟助壹佰文、温和运助壹佰文、温邦德助壹佰文、温邦会助壹佰文、温文珣助壹佰文、温和□助壹佰文、温和□助伍拾文、温宁储助伍拾文、温和镠助伍拾文、温和赠助伍拾文、温邦明助伍拾文、温邦□助伍拾文、温和挺助伍拾文、温宁□助拾文、温和绪助伍拾文、温和□助伍拾文、温和明助伍拾文、温和长助伍拾文、温和广助伍拾文、温天明助伍拾文。

万扎：李久仲助贰佰文、熊道龙助贰佰文、温天□助壹佰文。

石城百中里一甲双井村儒堂乡乐助人名列后：

温邦明伍佰文、温□兰肆佰文、温邦娓壹佰文、温和昌壹佰文、温和全壹佰文、温和英壹佰文、温文于壹佰文、温和赛壹佰文、温邦忠壹佰文、温邦圣壹佰文、温邦□壹佰文、温邦□壹伯文、温和□壹佰文、温和崇壹佰文、温邦□壹佰文、温和经壹佰文、温邦务壹佰文、温邦城壹佰文、温和□壹佰文、温文□壹佰文、温和□伍拾文、温和千壹佰文、温和吉壹佰文、温文容壹佰伍拾文、温邦迪伍拾文、温邦态伍拾文、温文贤伍拾文、温和久伍拾文、温和□伍拾文、温和英伍拾文、温和健伍拾文、温和□伍拾文、温永春伍拾文、温文佐伍拾文、温和起伍拾文、温和□伍拾文、温和□伍拾文、温和璋伍拾文、温邦□伍拾文、温文标伍拾文、温和利伍拾文、温和婉伍拾文、温邦明伍拾文、温和钰伍拾文、温和□伍拾文、温和琛伍拾文、温邦□伍拾文、温和福伍拾文、温和美伍拾文、温朝养伍拾文、温明拱伍拾文。

吉炉村：温正村贰佰文。

小岭：易明春贰佰文、易明坤贰佰文、易明三伍拾文、易明□壹佰文、易明道壹佰文、易明仲伍拾文、易明晓伍拾文、易朝捷伍拾文、易明□伍拾文、易朝聪伍拾文、易朝福伍拾文、易明益伍拾文、易明由壹佰文、易明擢伍拾文、易明福养伍拾文、易明和伍拾文、易明□伍拾文、易朝心伍拾文、易朝松伍拾文、易朝许伍拾文、易朝文伍拾文、易明□伍拾文、易明远伍拾文、易门张氏伍拾文、易朝□伍拾文、易明□伍拾文、易朝□伍拾文、易朝□伍拾文、易明□伍拾文。

清乾隆贰拾叁年岁次戊寅孟秋月吉旦重修

三、执事碑记

谢世锡助贰仟文，偕男候裕助叁佰文。谢候绪助贰仟文，谢世昆助大旗壹对，谢候贡助壹仟陆佰文，谢候广助壹仟文，谢世得助壹仟文，谢候晃助捌佰文，谢候嘉助陆佰文，谢世□助陆佰文，谢候应助陆佰文，谢候高助陆佰文，谢候铁助陆佰文，谢候近助陆佰文，谢候棠助陆佰文，谢世寿助伍佰文，谢候友助伍佰文，谢世孟助肆佰文，谢候信助肆佰文，谢逢议助肆佰文，谢候绍助肆佰文，谢候臣助陆佰文，谢候得助肆佰文，谢世□助捌佰文，谢永□助门旗壹对，谢逢晋、谢文、巫可信助旗壹对，谢世蓝助叁佰文，谢候谥助叁佰文，谢候珌助叁佰文，谢逢玉助叁佰文，谢候□助叁佰文，谢候荣助叁佰文，谢逢嘉助叁佰文，谢世玉助贰佰文，谢逢月助贰佰文，谢世乾助贰佰文，谢候□助贰佰文，谢候善助贰佰文，谢候昭助贰佰文，谢起助贰佰文，谢逢熹助贰佰文，谢候□助贰佰文，谢候御助贰佰文，谢世闲助贰佰文，谢候霓助贰佰文，谢候□助叁佰文，谢门鲁广万助贰佰文，谢门汤清蓝助贰佰文，谢世□助肆佰文，谢候福助壹佰文，谢候□助壹佰文，谢逢茂助壹佰文，谢逢□助壹佰文，谢逢锐助壹佰文，谢逢镕助壹佰文，谢世田助壹佰文，谢世宪助壹佰文，谢候尾助壹佰文，谢逢翰助壹佰文，谢逢兴助壹佰文，谢候宇助壹佰陆拾文，谢候珍助壹佰文，谢候□助壹佰文，谢候□助壹佰文，谢□□助壹佰文，谢□□助壹佰文，谢世衿助壹佰文，谢世□助壹佰文，谢候□助壹佰文，伍起□助肆佰文，伍起□助叁佰文，伍□□助叁佰文，伊□□助贰佰文，谢□妻乐助玖钱玖分。

对塘：伊永赖仝妻张氏助贰仟肆佰文，伊永发助伍佰文，伊永彦助伍佰文，伊永行助叁佰文，伊永天助贰佰文，伊永英助贰佰文，伊祥崇助贰佰文，伊云卷助贰佰文，伊祥尾助壹佰文，伊祥吾助壹佰文，伊永秀助壹佰文，伊祥□助壹佰文，刘明高、刘明锰共助肆佰文，刘文道助贰佰文，熊安禄助叁佰文，刘明和助贰佰文，刘明京助壹佰文，刘明□助壹佰文，刘明凰助壹佰文，刘文永助壹佰文，刘明启助壹佰文，刘明工助壹佰文，刘明德助壹佰文，周明佐助楠木壹根，□□助贰佰文，周兴仕助叁佰文，周正权助叁佰文、乾隆三古（拾?）年修庙助料树楠木作银壹仟贰佰文，黄志胜助贰佰文，黄□福助肆佰文，黄仕祥助壹佰文，黄仕禄助壹佰文，黄士吉助壹佰文，李永起助壹佰文，赖厚众助叁佰文，赖厚建助叁佰文，赖仁锡助伍佰文，赖道□助贰佰文，赖□□助贰佰文，赖予逢助壹佰文，赖启光助壹佰文，赖门黄□端助叁佰文，赖门周仕善助壹佰文。

皇清乾隆叁拾叁年拾贰月

四、合乡重修碑记

水南庙古名□□，前临长河，背□□□，绿水潆洄，青山□拱，古木□□而子□怪石巉岩而□立，□□□□庙食于斯，精灵显赫，故凡往来朝谒者纷然□□□□□□□□□而兴□□□□修者代有其人。明嘉佑间修于予祖太，字旻公。万历间修于予族□宣□□，至清康熙三十五年伯苗□偕予会祖朝上□□□修之庙，五十年予祖应□族显儒泛谈□□，乡邻伊永胜等又□而修之。迄今庙貌衰颓，不经风月，又值斯庙当修之候。予子宣祖太嗣孙爰□缘捐赀，□工庀材，□□□之文。因右畔启基□□四植五□，月而工告成。乃以语属于予。予曰："建庙所以崇神也。神无时而不灵，庙有时而或坏，彼夫创造终经□□□□□□断垣颓碑□□□基□□为坵□□整成□野兽伦穴者，所在皆是。"独斯庙屡经颓坏，合□修葺，而重新履其堂，则殿宇森严，登桂□□□□□□若鲁其谷水若□□秀，古木怪石咸若均其胜，美哉奕奕乎。诚予乡之大观也。其足以妥神灵，而泯怨烟者何艰难，功德常昭于今古。焉能□□□修□□□哉者。欧阳文忠公有云：衰不患于不成，而患于易坏。予甚幸斯庙之修整。有人又恐飘摇风雨，顿遭毁坏，造□后之君子时加补葺，无亟殆废，尝得享祀于兹土者，百六□以获福于无，既云。谨将每信众助姓名刻石于后：

谢□□公原助□□□□□右傍地基□大镜壹□，今又助杉树壹拾捌株。

谢文甫公贰仟文，仝妻李□寿壹佰文，偕男候宇伍佰文、候□壹佰文、候丰壹佰文、候善壹佰文，孙逢接壹佰文、孙逢元伍拾文、孙逢寿伍拾文、孙逢月壹佰文。谢超书公壹仟叁佰文、谢惠子公陆佰文、谢世坚壹仟文、谢世瑗壹仟文、谢世□壹仟伍佰文、谢世□陆佰文、谢世□陆佰文、谢世□伍佰文、谢□□陆佰文、谢世□伍佰文、谢□□肆佰文、谢□□贰佰文、丘□□壹佰文、赖□□壹仟文、赖□□贰佰文、周□仕伍佰文、周朝佐伍佰文、伍舜□伍佰文、刘三道伍佰文、伍芳袍伍佰文、伍起三伍佰文、伊永寿壹佰文、伊□维叁佰文、谢朝□贰佰文、谢朝□贰佰文、谢□□贰佰文、谢世□贰佰文、谢世砚伍佰文、谢世禄伍佰文、谢世书伍佰文、谢世□伍佰文、谢世□伍佰文、谢候善伍佰文、谢显叔壹佰文、谢□□伍佰文、谢候衍叁佰文、谢候厚贰佰文、谢候荐伍佰文、谢候经肆佰文、谢世□叁佰文、谢世□叁佰文、谢候近叁佰文、谢候茂叁佰文、谢显佐壹佰文、谢世卫肆佰文、谢世得贰佰文、谢候昌叁佰文、谢世属贰佰文、谢候□叁佰文、谢世法贰佰文、谢世谌贰佰文、谢世蓝贰佰文、谢世绣贰佰文、谢世治贰佰文、谢世明壹佰文、谢世寿伍佰文、谢世健伍佰文、谢候尹贰佰文、谢世尹贰佰文、谢世炜贰佰文、谢世聪贰佰文、谢候偕贰佰文、谢候时贰佰文、谢世沂贰佰文、谢世教贰佰文、谢世斌贰佰文、谢世杰壹佰文、谢世仰壹佰文、谢候宝贰佰文、谢候应贰佰文、谢候□贰佰文、谢逢议贰佰文、谢逢耀贰佰文、谢逢邦壹佰陆拾文、谢逢□壹佰文、谢逢鼎壹佰文、谢逢乾壹佰文、谢世□壹佰文、谢候福壹佰文、谢世煜壹佰文、谢世朗壹佰文、谢世郡壹佰文、谢世琥壹佰文、谢世炘壹佰文、谢世田壹佰文、谢候富壹佰文、谢世望壹佰文、谢候神壹佰文、谢世道壹佰文、谢候胜壹佰文、谢候仁壹佰文、谢候德壹佰文、谢候□壹佰文、谢候资壹佰文、谢候文壹佰文、谢候汤壹佰文、谢世臣伍拾文、谢世烛伍拾文、谢候灏伍拾文、谢候善壹佰文、李永寿贰佰文、宁广盛贰佰文、毛广行壹佰文、毛广元壹佰文、傅福□壹佰文、鲁广万壹佰文、赖兴光伍拾文、安远司周门谢氏玉绣壹佰文、寒坑巫门谢氏发秀壹佰陆拾文、谢逢泰伍拾文、谢显修壹佰文、谢世聘壹佰文、谢达弘壹佰文、谢厚□叁佰文、谢臣邦贰佰文、谢□乐伍佰文、谢兴厚肆佰文、谢朝义肆佰文、谢文□叁佰文、谢候茶壹佰文、谢候建叁佰文、谢达□壹佰文、谢厚进叁佰文、谢厚禄壹佰文、谢兴旦伍佰文、谢兴柏叁佰文、谢□凤叁佰文、谢明和叁佰文、谢达环壹佰文、谢厚乐壹佰文、谢予存壹佰文、谢明林叁佰文、阴奉来贰佰文、谢□洪壹佰文、谢文永贰佰文、谢荣聪壹佰文、谢厚英壹佰文、谢予光壹佰文、谢正凤贰佰文、谢延隽叁佰文、谢云□贰佰文、谢明鉴壹佰文、谢荣围壹佰文、谢厚旺壹佰文、谢予聪壹佰文、谢正和贰佰文、罗卷超贰佰文、谢□郑壹佰文、谢明经壹佰文、伊云佑壹佰文、谢荣旺壹佰文、谢厚如壹佰文、谢厚志壹佰文、谢候老贰佰文、罗若赞贰佰文、谢祥盛壹佰文、谢明凤壹佰文、谢兴存壹佰文、谢荣□壹佰文、谢朝惠壹佰文、谢厚伦伍拾文、谢兴宪贰佰文、周明偕贰佰文、周祥柏壹佰文、周明凰壹佰文、伊兴琬壹佰文、李□□壹佰文、王明走壹佰□□文、周门王氏贰佰文、周祥禄壹佰文、周文武壹佰文、周文星壹佰文。

东坑：宁远春壹佰壹拾文、超□□佰文、□从贰佰文。

谢起元叁佰文、谢永□壹佰文、谢朝明壹佰文、谢起保叁佰文、黄志□贰佰文、黄志铭贰佰文、黄术万伍拾文、□□伍拾文、黄士福贰佰文、黄士禄贰佰文、罗志亮壹佰文、邹兴□壹佰文。

□阳张弘助钱肆佰文，桂竹村张君锡仝妻谢氏助钱伍佰文。

刘显群助壹佰文、刘清□助壹佰文、刘清灿助壹佰文、刘清□助壹佰文、刘清□壹佰文、刘显法伍拾文、刘显□伍拾文、刘清泰壹佰文、刘显演伍拾文、刘□□伍拾文、刘清□伍拾文、刘清□伍拾文、刘清□伍拾文、刘清□伍拾文、刘清□伍拾文、刘清□伍拾文、刘清□伍拾文、刘清□伍拾文、刘清□伍拾文、刘清□伍拾文、刘清□伍拾文、刘清品伍拾文、刘清□伍拾文、刘清□伍拾文、刘显进伍拾文、刘仁望伍拾文、刘清□伍拾文、刘清□伍拾文、□固辉壹佰文、李宗继壹佰文、李宗璞壹佰文、李宗佑壹佰文、李朝建壹佰文、李宗点壹佰文、李宗鉴壹佰文。

五、重建神庙捐题

本乡：谢乔琏公助松树壹杆、谢国栋壹万文、谢佐廷壹万贰仟文、谢候嘉公壹万文、谢逢森妻周福德壹万文、谢黄福壹万文、谢良吉壹万文、刘廷盛壹万文、谢家柱伍仟文、谢□芳拾仟文、谢国柱伍仟文、谢良元拾仟文、谢良义柒仟文、谢良志伍仟文、赖宜标伍仟文、谢逢诠献朱柱壹对、谢逢吉壹仟陆佰文、谢逢璜叁仟文、谢良兴叁仟文、谢良梓贰仟叁佰文、谢候昇壹仟陆佰文、谢候忠壹仟文、谢逢昭壹仟文、谢逢亲壹仟文、谢逢珣壹仟文、谢逢英壹仟文、谢逢汪壹仟文、谢逢腾壹仟文、谢士达壹仟文、谢良寿壹仟文、（谢）伊桂娘壹仟文、（谢）李福清壹仟文、（谢）温昭娘壹仟文、谢良翰壹仟文、谢联芳捌佰肆拾文、谢良乔捌佰肆拾文、谢祖家捌佰柒拾文、谢良魁捌佰文、谢逢炳柒佰伍拾文、（谢）范得仙捌佰贰拾文、谢逢景陆佰文、（谢）张月娘陆佰文、谢良先陆佰文、谢福荣陆佰文、谢□厚伍佰文、谢逢尚伍佰文、谢逢璠伍佰文、谢逢球伍佰文、谢逢彩肆佰肆拾文、谢候根伍佰文、谢候均伍佰文、谢逢达伍佰文、谢逢昌伍佰文、谢良学伍佰文、谢良瑸伍佰文、谢良扶伍佰文、谢良崇伍佰文、谢士蛟伍佰文、谢良韩伍佰文、谢良聘伍佰文、谢良因伍佰文、谢逢荣肆佰文、谢逢贵肆佰文、（谢）官进秀肆佰文、谢逢京陆佰文、谢候谦叁佰文、谢良辉叁佰文、谢逢提叁佰文、谢良让叁佰文、谢良起叁佰文、谢逢大叁佰文、谢逢源叁佰文、谢逢敦叁佰文、谢逢环叁佰文、谢逢赐叁佰文、谢逢车叁佰文、谢逢朝叁佰文、谢逢浩叁佰文、谢逢昌叁佰文、谢逢文叁佰文、谢逢学叁佰文、谢逢连叁佰文、谢良挺叁佰文、谢良柏叁佰文、谢士雄叁佰文、谢士英叁佰文、（谢）刘朝永叁佰文、谢良信叁佰文、谢良能叁佰文、谢良性贰佰文、谢候吉贰佰文、谢候相贰佰文、谢候顺贰佰文、谢候玉贰佰文、谢逢安贰佰文、谢逢坚贰佰文、谢逢玙贰佰文、谢逢怀贰佰文、谢良孚贰佰文、谢良盛贰佰文、谢良福贰佰文、谢士兴贰佰文、谢良千贰佰文、谢候华贰佰文、谢候安贰佰文、谢逢祥贰佰文、谢逢值贰佰文、谢逢倚贰佰文、赖予文叁佰文、周明金叁佰文、黄朝忠叁佰文、伊云候叁佰文、刘朝学贰佰文、刘朝官贰佰文、刘朝翰贰佰文、刘朝香贰佰文、谢逢谱贰佰文、谢良宝贰佰文、谢逢赠贰佰文、谢逢进贰佰文、谢良起贰佰文、谢良侍贰佰文、谢良贵贰佰文、谢润身贰佰文、谢士其贰佰文、赖宜庚贰佰文、赖其发贰佰文、周候玉贰佰文、黄熙玉贰佰文、黄候位贰佰文、谢逢例壹佰陆拾文、吴起发壹佰伍拾文、谢逢禄壹佰叁拾文、谢善晏壹佰文、赖宜均壹佰文、谢逢廷壹佰文、谢候发壹佰文、谢逢佐壹佰文、谢良文壹佰文、谢进才壹佰文、谢逢德捌拾文、谢良添玖拾文、谢福兴柒拾伍文、谢良廷贰佰文。

本乡：赖福祥壹仟陆佰文、黄朝儒贰仟文、曾仲廷壹仟伍佰文、刘廷富壹仟贰佰文、全绍宝壹仟贰佰文、伊兴长壹仟文、伊嘉贵壹仟文、伊嘉谋壹仟文、赖予应壹仟文、周候赞伍佰伍拾文、刘廷作伍佰文、赖宜报伍佰文、黄国延伍佰文、黄国垂伍佰文、刘明谕肆佰文、伊嘉鸣叁佰玖拾文、谢逢顺叁佰文。

对塘：伊云料陆万文、伊祥禄壹万文、伊云辉伍仟文、伊祥状壹仟捌佰文、伊祥报壹仟文、伊云畴陆佰文、伊云掌贰佰伍拾文、伊长毛贰佰捌拾文、伊云务贰佰文、伊云嘉贰佰文、伊云起贰佰文、伊兴奴贰佰文。

河龙排：黄仁先壹万文、温谢清娘壹仟文、温彭寿伍佰文、张忠孝叁佰文、黄良波贰佰文、张候福贰佰文、谢逢顺陆佰文、傅聘叁肆佰文、谢逢永叁佰文、黄良炳贰佰文、夏桂玉贰佰文、伊寿峻壹万文、伊云兴陆佰文、伊云叁叁佰文、谢逢有贰佰文、伊兴良贰佰文、徐思皓贰佰文、温礼堂壹仟文、伊嘉晃伍佰文、罗云祥叁佰文、伊兴连贰佰文、伊起凤贰佰文、伊兴琼贰佰文。

兴善里上畲乡：首士邱廷材、邱有成。

邱姓伊公案内助钱叁仟文、邱福佛壹仟伍佰文、邱荣华壹仟文、邱荣芹壹仟文、邱福辂壹仟文、邱福仕壹仟文、邱荣良伍佰文、邱荣赐伍佰文、邱□绅伍佰文、邱荣芙伍佰文、邱荣典伍佰文、邱荣珍伍佰文、邱福延伍佰文、邱福永伍佰文、邱福候伍佰文、邱寿瓒伍佰文、邱福汀伍佰文、邱福珞伍佰文、邱寿兰叁佰文、邱福恩叁佰文、邱福润叁佰文、邱荣广叁佰文、邱荣储叁佰文、邱福映叁佰文、邱福球贰佰文、邱福诒贰佰文、邱荣瑛贰佰文、邱寿钰贰佰文、邱福威贰佰文、邱福理贰佰文、邱荣敕贰佰文、邱福邦贰佰文、邱寿文贰佰文、邱荣攀贰佰文、邱福广贰佰文、邱福德壹佰文、邱福鳌壹佰文、邱荣操壹佰文、邱寿铃壹佰文、邱荣桃壹佰文、邱荣官壹佰文、邱福陶壹佰文、邱福鸣壹佰文、邱福湘壹佰文、邱福衍壹佰文、邱福绵壹佰文、邱荣瑝壹佰文、邱福良壹佰文、邱福镛壹佰文、邱福茂壹佰文、邱寿蒙壹佰文、邱荣星壹佰文、邱福英壹佰文、邱福锦壹佰文、邱福享壹佰文、邱福潜壹佰文、邱福财壹佰文。

大清嘉庆贰拾叁年戊寅岁仲夏月吉旦

六、重建水南庙记

盖闻人杰地斯灵，神灵人益杰。神之灵者，御灾患、锡祉福也。人之杰者，建庙宇、隆祭祀也。下伊水南古庙创建自何朝、何人无所考。中龛祀五通大帝诸神，右龛祀将军诸神，右另一室则祀禅师与本庙土地，其左龛则祀伊公尊神暨夫人吴氏。公于宋真宗景德元年解粮诣京，适皇太子生，敕赐银青大夫，镇柳州。时南蛮不共，公领军奋勇，事平奏凯。卒于官。后于宋政和二年因海寇骚扰，公显绩平服，加封洲湖润德尊王。而英灵赫濯，有祷必应，于梓里诸乡素著，所以庙食至今。斯庙也，或则建自宋世乎，顾千秋无不显之，神而奕祀，无不敝之。庙颓毁不堪言矣。岁丙子本乡杰士等合议重建，而各乡共荷神庥者应之。于是自七月为始，迨戊寅五月告竣。又复增置尝田，以崇祀典，以厚捐。是地之灵、人之杰皆由神之灵也，赐福宁有。既与予，因题勒诸公乐助于石，并数目出入并镌之。不自揣不文，序其事之巅末于首。里人李成炜盥手拜撰。

总理杰士：谢佐廷、谢良先；督理：谢逢璜、谢良玑、赖宜标；分理诸务：谢国荣、谢国章、伊云料、谢良兴、谢良魁、谢良臣、谢良志、谢彩廷。

一起议会茶、买簿、择期、借钱纳息，款待各乡首士、送钱来人、各样匠人，以及送柱、送梁来人酒饭，重复会茶，催乐助贰年，唱戏、帮用、纳粮及结数诸费，共用去钱陆万叁仟壹佰贰拾玖文，乐助短少补底陆佰柒拾文。

一拆庙、平基、起师、架马、请神移座、款待地师、竖庙放水、请神归殿、税猪诸费，共用去钱肆万零叁佰壹拾柒文。

一大小树料并水手、拖树工资、拖树脚钱，共用去钱壹佰伍拾贰仟零捌拾文。

一烧砖瓦并装窑利市，及买沟及土砖担脚，共用去钱壹佰陆拾肆仟壹佰伍拾叁文。

一木匠工资利市，共用去钱壹佰贰拾肆仟零肆拾肆文。

一泥水工资利市，共用去钱捌万陆仟叁佰玖拾捌文。

一石匠打麻条柱磉并结砌石工利市工资、凳石脚钱，共用去钱伍万肆仟□佰陆拾陆文。

一诸匠使用器具并搭器械对锅还人、买葫芦顶、遮墙谷笪、刻票诸费，共用去钱玖仟贰佰玖拾文。

一庙内帮力、粗工工资，共用去钱柒仟捌佰零陆文。

一收树木、砖瓦，往来乐助备饭，共用去钱叁仟伍佰肆拾玖文。

一漆匠工资利市，并买金朱油漆，以及起工、完工备席，共用去钱柒万□仟□佰贰拾伍文。

一买田贰拾肆担以设常规，正价、中笔共用去钱壹佰壹拾柒仟叁佰文。

一买铁料、石灰、纸筋，共用去钱贰万伍仟伍佰贰拾玖文。

一买石碑、勒字，共用去钱贰万壹仟柒佰陆拾陆文。

大清嘉庆贰拾肆年己卯岁阳春之吉

七、重修水南庙碑

李坑：巫士宗壹佰文、巫士旺壹佰文、巫近□壹佰文、巫近□壹佰文、巫近庆壹佰文、巫士□伍拾文、巫近行伍拾文、巫近盖伍拾文、巫近庆伍拾文、巫近□伍拾文、巫近铁伍拾文、巫士富伍拾文、巫近望伍拾文、巫近汉伍拾文、巫近韬伍拾文、巫士鉴伍拾文、巫士泰伍拾文、张涛柱伍拾文、张□采伍拾文、□□壹佰文、□成昌贰佰文、李玉霖贰佰文、李长新壹佰文、李□良壹佰文、李毓进壹佰文、李□泰壹佰文、李□天伍拾文。

站场坑：伊魁寿贰佰文、伊魁香贰佰文、伊魁□壹佰文、伊魁象壹佰文、伊□长壹佰文、伊魁温壹佰文、伊魁合壹佰文、伊魁楼壹佰文、伊魁道伍拾文、伊□□伍拾文、伊魁□伍拾文、伊□□伍拾文、伊魁星伍拾文、伊朝□伍拾文、罗仕□壹佰文、罗仕华壹佰文、罗□□壹佰文、罗仕□壹佰文、罗登□壹佰文、伍家□壹佰文、伍家月壹佰文。

管背：伍昌林伍拾文、伍昌福伍拾文、杨云券贰佰文、杨云会贰佰文、杨德敬壹佰文、杨德助壹佰文、杨龙吉壹佰文、杨云禹壹佰文、杨云望壹佰文、杨云□壹佰文、杨龙应壹佰文、杨龙象伍拾文、杨德□伍拾文、杨祥贵伍拾文、杨祥宗伍拾文、杨云霜伍拾文、杨云□伍拾文、杨云□叁拾文、杨云杨贰拾文、杨兴起贰拾文、杨德芳龙叁拾文、傅妹伍拾文、陈文启壹佰文、毛香娘壹佰文、汪秀娘伍拾文。

汪家地：巫成乔贰佰文、巫近玄贰佰文、巫士东壹佰文、巫近意壹佰文、巫近□壹佰文、巫可众壹佰文、巫可桃壹佰文、巫可拾壹佰文、巫可石壹佰文、巫可酞壹佰文、巫可趟伍拾文、巫可□伍拾文、巫可耕伍拾文、巫可象伍拾文、巫可牛伍拾文、巫近道伍拾文、巫成盛伍拾文、邱安体壹佰文。

中坑：杨科托壹佰文、杨科庆壹伯文、杨科旭壹佰文、杨□堂壹佰文、杨□享壹佰文、杨秉尧壹佰文、杨秉先壹佰文、张候松壹佰文、张忠龙壹佰文、伍昌京壹佰文、梁超延伍拾文、温□□贰佰文。

禾畲：曾士细贰佰文、曾明贵贰佰文、曾□罗壹佰文、曾上同壹佰文、曾士□壹佰文、曾士云壹佰文、曾兴盛贰佰文。

重源：黄上□贰佰文、夏如南伍拾文、夏辉吉伍拾文、夏富云伍拾文、夏□廷伍拾文、鲁积容伍拾文、鲁积有伍拾文、林绍叁壹佰文、鲁德茂壹佰文、黄茂□伍拾文、罗氏伍拾文、张氏伍拾文。

章南源：夏贵潘壹佰文，夏兴进壹佰文，夏□□壹佰文，夏兴信、夏兴画每（人）伍拾文，夏旺魏、夏旺诉每（人）伍拾文，夏旺宜、夏旺□每（人）伍拾文，夏兴周、夏兴舟每（人）伍拾文，夏旺让伍拾文，夏兴常、夏兴代每（人）伍拾文，夏兴万、夏兴沙每（人）伍拾文，夏兴冬、夏兴□每（人）叁拾文，夏兴超、夏兴禄每（人）叁拾文，夏旺靖叁拾文，夏贵本叁拾文，夏门张氏妙彩壹佰文、汤氏妙彩伍拾文、张氏妙赛叁拾文。

上坑：黄兴正叁佰文、黄邦荣贰佰文、黄邦泰贰佰文、黄邦□壹佰文、黄邦义伍拾文、伊兆贵伍拾文、伊兆□伍拾文、伊志炳壹佰文、伊忠□壹佰文、伊应京壹佰伍拾文、伊应□伍拾文、伊应□伍拾文、伊温忠福□凳拾贰条。

磜上：周童贡壹佰文、周华兴贰佰文、周章袍壹佰文、周章伍壹佰文、周华铨壹佰文、周华显伍拾文。

第二节　宁化县安远乡的历史、经济与民俗信仰①

一、安远的历史、地理概况

安远是宁化县最北端的一个乡，距县城约 100 里，东邻建宁县均口镇，南接本县河龙乡、水茜乡，西与江西省广昌县的塘坊乡及石城县的高田乡毗邻，北与建宁县客坊乡接壤。由于地处闽赣两省交界，地理位置十分重要，是宁化县的北大门，也是宁化民众与建宁、清流、广昌、石城等县民众交流的主要场所及物资集散中心。

安远，原名下土，数百年前就有官府在此地设寨驻军的记载。宋《临汀志》对“宁化县安远寨”的记载为：“在下土。原名下土寨，庆元元年（1195），旨移拨原驻县及福林寺左翼军九十人、将官一员往戍。绍定二年（1229），寨毁于寇，抽回戍军。绍定六年（1233），招捕使陈公韡奏指改‘下土寨’为‘安远寨’，增作土军三百人为额……以上四寨，乃绍定寇后，上司差运干陈诚之同权宰李顺甫躬亲相视形势，以定寨基。”② 由此可见，安远早在庆元元年（1195）就有驻军，绍定六年（1233）改名为安远寨，驻军由 90 人增加到了 300 人。清《宁化县志》亦载：“增士兵三百人，岂非以此地为邑之扼要乎”，其后又载：“元初设寨如故。至正间，寇又毁之。明洪武间，改为巡检司。正统十三年（1448），复毁之。天顺间重建，额设弓兵五十人，后又裁为三十人，盖承平久而赘疣视之。故屡置

---

① 笔者在田野调查过程中得到了安远乡政府干部刘道球先生的许多帮助，在此谨表谢意！

② （宋）胡太初修，赵与沐纂：《营寨》，《临汀志》，福州：福建人民出版社，1990 年，第 110 页。

屡毁，即不谓赘疣得乎？”[1] 历史上安远寨的屡毁屡兴，正说明其地理位置十分重要。

安远在宋朝称为“招化”。[2] 宋元时期安远的村落、民众如何，史未记载。明《宁化县志》载：“招得里领图五，旧名招化。”[3] 后文又载：“招得里，其田腴瘠半，其民多愚戆，其俗农贸相半，其村二十有八。”[4] 可见明朝已有不少民众在此生活。清《宁化县志》载：“其在县之北一百里为招得里，领图者五……为村者七十有一……分成八都。”[5] 到了民国，招得里的村落已由清朝的 71 个增至 120 个。民国《宁化县志》载：“招得里‘为村者百有二十’。”[6] 此时的安远为安远镇，辖安左、安右、赵东、中郑、伍坊等 15 个保。1983 年恢复为乡的建制，称为安远乡，并沿用至今。1984 年安远乡管辖 20 个行政村。1987 年的统计数据显示，全乡共有5 278 户，共 29 938 人。

安远境内重峦叠嶂，与邻县均有高山相阻隔。如牙梳山，为安远乡和江西省广昌县交界的武夷山脉南段，海拔 1 387 米，是宁化县境内第二高的山脉；位于割畲村的牛牯崇，海拔 1 060 米，山麓的坳口是通往广昌县的大道；张天口则坐落于安远乡西南与建宁县的交界处，海拔 1 085 米；此外，还有与广昌县交界的严塘岭和与建宁县交界的紫云山。四周的高山阻碍了安远人与邻境民众的交往，使安远成为一个相对独立的区域。安远乡辖区内亦有不少高山，如讯天峰、朝天寨、笔山、笔架山、灵峰山、何坑寨、金丰峰、陶峰、凤凰山等。[7] 境内的高山又使得村与村成为相对封闭的社区。

安远所在的区域属闽江水系。境内无大江大河，只有一条发源于牛牯崇山麓的溪流，称为安远溪。因受福建嶂与桃丰山的阻隔，使得安远溪自

---

[1] （清）李世熊纂：《宁化县志》，卷七，《民兵志》，福州：福建人民出版社，1989 年，第 427 页。

[2] （清）李世熊纂：《宁化县志》，卷一，《疆界志》，福州：福建人民出版社，1989 年，第 39 页。

[3] （明）张士俊纂：《宁化县志》，卷二，《里图》。

[4] （明）张士俊纂：《宁化县志》，卷二，《村落》。

[5] （清）李世熊纂：《宁化县志》，卷一，《疆界志》，福州：福建人民出版社，1989 年，第 42 页。

[6] 黎景曾、黄宗宪纂：《宁化县志》，卷四，《城市志》，厦门：厦门大学出版社，2009 年，第 13 页。

[7] （清）李世熊纂：《宁化县志》，卷一，《山川志》，福州：福建人民出版社，1989 年，第 18 ~ 19 页。

成水系。三条小支流在安远附近汇流后自东北经永跃村流入建宁县的宁溪，尔后经金溪、富屯溪流入闽江。而宁化县的其他乡镇多半属于汀江水系。据载，新中国成立前宁化县的木材运输全部靠水运，路线有四条：其一，从淮土下横江溪入琴江，经赣江到长江；其二，从东、西溪入翠江，经清流、永安到南平、福州；其三，从安远溪流往顺昌；其四，从治平溪流往长汀。可见，安远溪是宁化木材输出的水路之一。

由于安远的地理位置比较重要，交通自然受到官民的重视。历代县志都有关于县令或乡民组织出资修建安远桥梁的记载，尤其以民国县志的记载最为详细。《宁化县志》载：

（在安远寨的通济桥）明嘉靖十二年（1533）知县莫大德劝募，乡民宁佛保等创建。民国四年（1915）重建石瓮三墩四，宁姓仍造一墩，安远乡民二都造其一；三都造其一；四、五、六、七、八都合造其一。费以万计。①

由通济桥而上十二里曰南桥，明李观澜、飞霞倡建石瓮，上覆瓦屋；清光绪间李犹龙等重建。前七里曰中桥，顺治间建，乾隆十年（1745）修，同治十一年（1872）李道行等倡修下瓮、上梁。中桥一里曰芒东桥，道光六年（1826）圮，寻修复之，咸丰六年（1856）李道行倡建石瓮。又北八十里曰张坊桥，明嘉靖六年（1527）邑民张必璘募众建造；清光绪二年（1876）圮于水，旋建；二年又圮，十二年（1886）张文昭募建石墩瓦屋。②

由此可知，通往建宁官马大道的通济桥是明代知县莫大德劝募，安远乡民宁佛保等创建的。民国期间重修时，全乡 8 个都的民众都出资了。除通济桥之外的 4 座桥均在小路上，其中南桥、中桥、芒东桥的修建或重建者以李姓为主，张坊桥则以张姓为主。明清以来这些桥梁的屡毁屡建从另一方面说明了此地交通对宁化县的意义非同小可。

安远由于地处宁化县北大门，其陆路对宁化县的物资交流与对外交往的作用亦不小。据载，以宁化县城为中心通往邻县的官马大道共有 6 条，其中往北的两条均要经过安远。其中一条出县城西门往北，途经下沙、中

① 黎景曾、黄宗宪纂：《宁化县志》，卷三，《水利志》，厦门：厦门大学出版社，2009 年。

② 黎景曾、黄宗宪纂：《宁化县志》，卷三，《水利志》，厦门：厦门大学出版社，2009 年。

沙、河龙、伍家坊、安远和均口（属建宁管辖），可至建宁县。另一条从安远经营上可达江西省广昌县。[①] 明清时期，这条官马大道的沿途设有下沙铺、沙坪铺、杨家铺、安远铺和石溪铺。如今这两条官马大道早已被修筑成了公路，每天车来车往，把安远以西、以北的各县市与安远以南的各个地方联系在一起。

安远是宁化县的产粮区之一，盛产大米、豆子、菜猪、仔猪、鸡、鸭、蛋等，特产则有辣椒、银杏、魔芋等。

由于安远的土地相对较多，土壤亦相对肥沃，这里早期就吸引了许多外地民众。据《宁化县志》载，居住于安远南桥村的滕姓是唐末从临川迁到此地的；居住在沈坊的万姓是南宋嘉定年间（1208—1224）从南昌迁到此地的；居住在洋坊的王姓是北宋天圣年间（1023—1031）从南昌迁到此地的；居住在杜家的杜姓是南宋德祐元年（1275）从建宁迁到此地的；居住在潘家的潘姓是南宋末从邵武迁到此地的；而居住在邓家的邓姓是明洪武年间（1368—1398）从河南迁到此地的；礤下的彭姓则是嘉靖年间（1522—1566）从乐安迁到此地的；张坊的姜姓是明隆庆元年（1567）从尧州安仁迁到此地的。[②] 这些都是早期迁到安远的民众。在抗日战争时期，这里还迁入了许多从江西、广东等地来的民众。

二、安远的宗族

安远乡政府与墟场均设在安远村。墟场上的老街（指民国以前就已存在的街道）有上街、横街和杨林街，这三条街道上分布着众多的商店，杨林街的一部分以及各街道四周的上周家、下周家、傅家坪、红坡垴、城脑上、老土楼、桥背、下廖等地则住着农户。其中，周姓主要分布在下周家，李姓主要分布在安远司衙门口及李氏祠堂周围。杂姓分布在傅家坪，且以广东人为主。红坡垴、城脑上、桥背、石灰巷等地均分布着杂姓。安远聚落、墟场与庙宇分布如图 3－3 所示：

---

① 刘善群：《宁化县志》，卷十，《交通・陆路交通・古道》，福州：福建人民出版社，1992 年，第 289 页。

② 刘善群：《宁化县志》，卷三，《人口》，福州：福建人民出版社，1992 年，第 135 页。

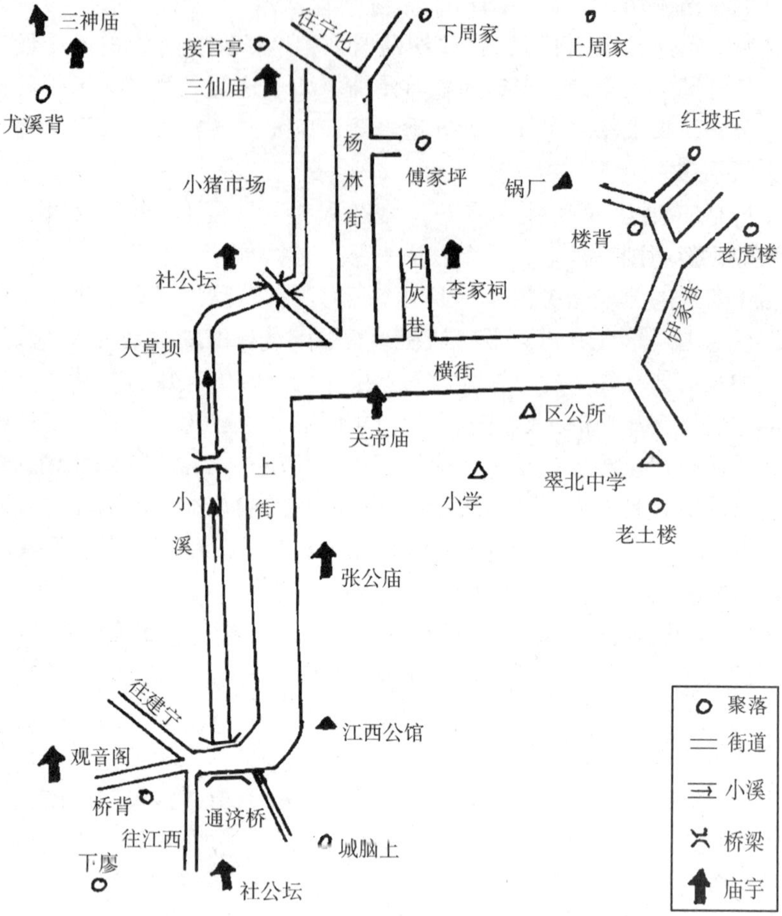

图 3－3　安远聚落、墟场与庙宇分布图

据说，安远是个风水极佳之地。古时有个擅长看风水的罗源秀才经过安远，看到安远景色宜人，风水极好，就在安远住了下来。他在安远察看一番后得出结论，说安远“三社把水口，朝冠不离手”，即安远以后可以出很多当官的人。但三社所指是什么，村民不知道。不少安远的妇女听到后都吓坏了。她们认为男人去当官不好，家中的农活会没人做，连尿桶都会没人挑，于是就去求罗源秀才，看看他有没有办法可以让男人都留在家中。起初，罗源秀才笑安远的女子们傻，不予理会。后来求的人多了，罗源秀才就把下句改成“尿勺不离手”。据说此后在安远，种菜的人特别容易发财。20 世纪 40 年代，多数菜农的成分都被划成了富农。

然而也有不少村民说安远的地形是“垃圾形”。安远溪流经安远木桥边时，在三仙庙边有个弯道，弯道的岸边很容易堆积垃圾、木材等物。垃圾越积越多，到天气干旱之时就容易发生火灾。据说安远小烧三五年，大烧几十年。据村民回忆，1934 年安远大火烧得一幢房子都不剩；1962 年几乎把整个安远都烧掉了，只剩下数十户；20 世纪 70 年代大烧了一次；20 世纪 80 年代烧掉了数十户。所以村民戏称此地地形是“垃圾形”。

由于安远的地理位置处于两省五县交界，且土地较多，所以这里自古以来迁移就频繁，往来做小生意的人也比较多。若是问安远有几姓，几乎没人能回答出来。大多数人的回答都是：百家姓。据说在传统社会里安远的姓氏就是如此。但早期的姓氏不少已经不存在了，如已在安远繁衍了 15 代的李姓到此开基之前，已有伍、陆、伊等姓在此地生活，附近还有宋元时期立的该姓墓碑，而如今在安远居住的廖、伊两姓都是之后从其他地方迁到此地的。安远墟上流传着“杨半垅，周半街”的俗语。据说安远曾有一段时期，杨姓的农田占了安远村的一半，周姓的店铺占了半条街，但曾经田多地广的杨姓已和现在的廖、伊以及陆姓一样，逐渐没落甚至不复存在了。

那么，现在的安远村姓氏构成又是怎样的呢？为对安远的姓氏状况有个大致的了解，在此把田野调查所得的各姓氏的迁出地、迁出时间、迁到安远的一世祖的姓名、一世祖迁出的原因或当时在安远的谋生方式、如今在安远繁衍到第几代，以及现在的人口数等资料先列于表 3－8，再作分析。

表 3－8　安远姓氏概况表

姓氏	迁出地	迁出时间	安远一世祖	迁出原因或谋生方式	繁衍到第几代	现在的人口数
饶	广东梅县	鸦片战争期间	经云	做生意	9	14 户；92 人
胡	江西瑞金	约 90 年前	洪发		4	8 户；60 多人
单	江西南城县	约 100 年前	蔼钟	开药铺	5	2 户；10 人
温	上杭县			做烟丝	4	
卓	广东梅县		方顺	铸锅	6	16 户；100 多人
曾	广东梅县	抗日战争期间	经达	被卖到此地	3	5 户；27 人
廖	广东梅县	1963 年	绍煌	做工	3	1 户；6 人
封	江西南丰县		广福公		11	200 多人
杨	宁化县城			杀猪、杀牛	6	1 户；6 人

（续上表）

姓氏	迁出地	迁出时间	安远一世祖	迁出原因或谋生方式	繁衍到第几代	现在的人口数
周	江西南城县	明末	天祐		15	9 户；56 人
	江西兴国县	明末或清初			约 14	23 人
艾		民国二十二年（1933）	树生	打短工		1 户；14 人
邹	江西俊贤县	民国十八年（1929）	欢荣	修谱、刻印	1	
朱	江西南城县	抗日战争期间	唔仂	手工缝纫	4	5 户；36 人
宁	建宁县	1898 年	春福		5	2 户；14 人
董	增坑村	2001 年				1 户
罗	江西南城县	抗日战争期间	根生	染衣服		4 户；14 人
陈	建宁县高岭村	约 100 年前	仪和	种田	5	26 户；100 多人
	广东潮州市	1969 年				
熊	建宁县	约 200 年前		种田	10	22 户；约 100 人
谢	建宁县客坊乡水屋村		金福	种田	5	3 户
	建宁县客坊乡中谢村			种田	5	50 户
刘	建宁县客坊乡	抗日战争期间	正彬	做长工	4	3 户；15 人
	广东大埔县	抗日战争期间		铸锅、烧木炭	4	20 多户；200 多人
	江西石城木兰乡	1943 年		因躲避土匪到此种田	4	3 户
	建宁县			挑担		
甘	湖南	民国时	金凤	当国民党的兵打了败仗，不敢回家	3	2 户；9 人
凌	湖南	民国时	云志	当国民党的兵打了败仗，不敢回家	2	5 人
花	江西			小时候被卖到此地		
江	广东	新中国成立初		卖米		

（续上表）

姓氏	迁出地	迁出时间	安远一世祖	迁出原因或谋生方式	繁衍到第几代	现在的人口数
张	本乡张坊村					20户
	建宁县	1942年	广生	种田		2户
徐		约70年前			3	已不存在
伍	宁化鱼鳞铺	约500年前	必善	做长工	20	40多户
王	江西于都县					
黄	建宁县	约100年前			5	
	本乡					
练	武平县	约100年前	朝锦		5	10多户
易	江西广昌县	约70年前	绍庆	做篾匠		28人
章	江西南城县	抗日战争期间			3	数户
万	本乡张坊村	新中国成立前			5	3户
赵	江西南丰县		松光		4	3户
吴	本乡丰坪村				5	
雷	本乡芒东桥	民国时				1户
伊	宁化县城	100多年前		种田	5	5户
何	江西南城县	抗日战争期间		理发		1户
	广东	抗日战争期间				1户
柯	建宁县					2户
顾	广东	抗日战争期间		被卖到此地		1户（已迁到县城）
危	江西南城县	抗日战争期间				1户
邓	江西南城县	抗日战争期间				1户（已迁到县城）
李	建宁南乡	明末	高绍	做生意	15	60多户

注：本表可能并未囊括安远村所有农业户口的姓氏。由于安远姓氏众多，人称“百家姓”，没人能准确说出安远的确切姓氏数，笔者在田野调查中只能尽量做到完整。

从表3－8对43姓的统计可知，这些姓氏从其迁出地来看，来自四省：江西、广东、湖南以及福建。其中，从江西迁来的有16姓，分别来自江西南城、广昌、于都、南丰、瑞金、石城、俊贤等地，一世祖的谋生方式有理发、做篾、开药店、染衣服、刻印、修谱、种田等。从广东迁来的有9姓，分别来自广东梅县、大埔、潮州等地，一世祖的谋生方式有卖米、铸锅、烧木炭、做工等，其中有2人是被卖到此地的。从湖南迁来的只有2姓，均是民国时当国民党的兵，因打了败仗不敢回家而定居此地的。来自本省者的迁出地包括建宁、武平、上杭及宁化等地，其中从建宁迁来的各姓一世祖的谋生方式基本上以种田、做长工为主，少数做生意；从上杭迁来的主要做烟丝生意。在田野调查中有报告人提到安远有8省人：福建人、江西人、湖南人、四川人、浙江人、广东人、贵州人、江苏人。但笔者只查到4省，不知是调查不彻底，还是报告人指的是现在安远全乡的民众所致。

这43姓，从原居住地迁到安远的时间大多不长。在明末或清朝初期迁到安远的只有伍、李、周3姓；清朝后期或末期迁至此地的有饶、单、宁、陈、熊、黄、练、伊8姓；民国时迁来的约有20姓，其中大部分集中在抗日战争时期；“抗战”时迁来的有10多姓。从这些姓氏在安远繁衍的世代来看，10代以上的只有封、周、熊、伍、李5姓，其中以伍姓的繁衍代数最多、历史最长，已在安远繁衍了20代；其他姓氏多半在5代以下。从现在的人口数来看，多数姓氏的人口很少，只有1户或数户而已，超过20户的只有封、陈、熊、谢、刘、伍、李7姓。

上述的43姓，大多因人口不多，在安远的时间不长而未修族谱。少数有族谱的则与迁出地的房族合修，族谱仍在迁出地。几乎所有的姓氏都与迁出地保持着极其密切的联系。笔者见到的只有李、周2姓的族谱，他们也是与迁出地的房族合修的。据乡民说，在上述各姓中，历史上李姓最为富有，参加科举人数也最多；居其次的是周姓。族谱资料显示，李姓的上祖确实地位相当显赫，有许多生意人，出过不少科举人物，在安远墟上的各项事务中均起着领导作用。

李姓尊伯阳公为始祖。谱载：“伯阳公讳耳谥聃，母孕八十一年始诞。产时发须俱白，故称‘老子’。为周柱下，史孔圣，偕南宫敬叔往周学礼而师，事之有犹龙之欢，著《道德经》五千言，骑青牛，函谷关，紫气东来，令尹喜从之，唐元宗朝显灵迹于长安，敕封元元。皇帝立九朝、诏天下，李氏咸奉为鼻祖……”① 在民国六年（1917）李氏八修谱以前，安远李氏一直尊伯阳公为一世祖。八修时，修谱者参阅其他姓氏的族谱，把上祖分为远祖与近祖，尊由邵武迁到建宁南乡赤上堡岭腰开基的第九十三世宣仪公为第一世祖，而把宣仪公以上作为始祖源流。谱曰：“安远司高绍公祠八修族谱，宗先生崇贤、仁荣等出旧谱见示，敬阅之，顷始知远尊伯

① 安远李氏：《陇西李氏八修族谱》，卷首，《七修族谱序》，民国六年（1917）。

阳公为一世祖，如祖迄今九十三世，族众咸曰：祖近不祖远，通例也。况各姓宗谱皆有远祖源流、始祖世系之别。若仍一世至千万世与各姓通例不无互异。兹易念宣仪公为一世始祖，断自宣仪公以上为远祖源流。"①

宣仪公从邵武的禾坪迁到了建宁赤上堡，生有三个儿子：舍郎、仕郎与保郎。舍郎有四个儿子：师道、师义、师远、师礼。"师道分居赤下堡、坑源，十七代嗣孙杰吾公者复徙居宁代之安远司；次师义世居岭腰之双井前，其后有迁居江右者，今宁都鸦鹊薮、乌阳坑、状元排，石城濯龙、陈之渡、社背、窖尾，宁化上磜诸处是也；三师远世居岭腰之红头，其后亦有徙居江右者，今宁都上下乡、石城东坑、兴国、雩都诸处是也；四师礼徙居里湖与本堡之刘坑源、杨家坊，宁化之安远司下汪、中沙等处。"② 安远李氏族谱即与舍郎在建宁以及迁居宁都、石城、兴国、于都、宁化等地的嗣孙合修在一起，什郎与保郎的宗谱另修。《始祖列传·宣仪太祖传》把以宣仪公为第一世算起的第二十世杰吾公作为迁居安远者；在《华廷李先生传》中则载："爱吾公与杰吾公同胞所出，原居建宁南乡赤下堡、坑源，距宁化招得里安远司四十里许，兄弟羡其风景，遂徙而家焉。"③《华廷李先生传》说明迁到安远的是爱吾与杰吾两兄弟。实际上，按族谱中的世系图所载，杰吾公之父、第十九世高绍公就迁到了安远。谱载："高绍公，字仪世，入籍宁化，住居安远司。于明万历十五年（1587）丁亥八月初辰时生……妣张氏，葬赤下。生子二：大近、大俊。"④ 可见，高绍公当时已迁到安远，是安远李氏的开基祖。上述二传均提到杰吾或杰吾与爱吾是李氏迁居安远者，大概与高绍公死后仍回建宁下葬有关。谱载："仪世公徙居安远司，殁仍葬建邑南乡野鸭坑，祖山牛形，距安远司四十里许"⑤，当中亦提到高绍公徙居安远，但由于他的墓在建宁，导致了对迁出者说法不一的结果。笔者认为应该是高绍公偕子举家迁居安远，否则各说难有完满解释。该谱在《杰吾李公序》中载："太翁李杰吾，讳大俊，其先绥安南乡坑源人也。幼偕兄爱吾公乔迁宁化之安远司。"⑥ 如果杰吾公年幼时就与兄迁居安远，那么必定由其父带领，否则高绍公不可能让两个幼儿南迁到四十里外的安远。

---

① 安远李氏：《陇西李氏八修族谱》，卷首，《李氏八修谱序》。
② 安远李氏：《陇西李氏八修族谱》，卷首，《始祖列传·宣仪太祖传》，第 2 页。
③ 安远李氏：《陇西李氏八修族谱》，卷二，《华廷李先生传》，第 38 页。
④ 安远李氏：《陇西李氏八修族谱》，卷二，《师道公房世传》。
⑤ 安远李氏：《陇西李氏八修族谱》，卷首，《仪世公暨妣张氏祭产规仪序》。
⑥ 安远李氏：《陇西李氏八修族谱》，卷首，《杰吾李公序》。

高绍公一家迁到安远后，人口发展很快，长子大近有3子9孙；二子大俊有5子19孙。也就是说李氏安远开基后的第三代“国”字辈有8个男丁，第四代“立”字辈有28个男丁。高绍公家迅速分为两房：大房与小房。但是这种高速度没有持续下去，到第五代“为”字辈发展速度就慢下来了，大房第五代有男丁5人，小房有4人。这以后，人口一直缓慢发展，各代男丁数均未超过第四代。大房后来分成3小房：国旺房、国德房、国荣房。大房人口在清朝发展尤慢，清中后期渐少，到光绪年间，整房没落。因此，现安远李氏都是小房大俊的后嗣，分成5房：国春公房、国元公房、国友公房、国经公房、国佛公房，其中国友公房人口相对较多。李氏的人口一直不多，据说20世纪40年代末的户数约为30。现在有60多户，200多人。以开基祖高绍公为第一代算起，今已繁衍了15代。

由于安远村的其他姓氏人口很少，相对而言，李氏的人口算是较多的。李氏在安远的时间在各姓中亦算是较长的。李氏在安远历史中的作用远非其他姓氏可比。在各姓中，数李姓的田最多，科举入仕者最多，且做生意的也最多，这在李氏的族谱中有详细的记载。在传统社会中，经商者多与田多意味着有钱，科举人物多意味着拥有文化资源，入仕者多则意味着有势力。所以，李姓有钱、有势、有文人，自然在安远的各项地方事务中起着领导作用。

高绍公到安远开基后，宗族迅速崛起。谱载其子大俊“常遨游楚、粤、吴、鲁间，以致家业丰盈，延绵至今，子孙繁盛，遂成族”[①]。可见李氏安远第二代就因做生意而家境殷实。大俊三子国友公“生而颖敏，甫就塾课读经书，过目成诵，间讲论孝悌忠信诸格言必沉默听受，塾师特异之……值家计、钱谷、出入诸务繁剧……先生父难于独理，议析箸，考乃辍读携赀本贸易楚、豫间，岁一往返，曲承先生父志也……每清明白露登山祭扫坟茔，诸子侄饮后追述……先是诸伯叔各携赀远地贸易，考每一往返，间辄获倍利，以此考之产视先王父所分授为更丰然……”[②]。由此可知，大俊兄弟均到远地经商，国友公也在分家之后弃学从商，每次都是获数倍利，因此他的财富比其父更多。李氏从第二代起几乎每代都有经营成功的商人。如第二十四世即安远第六代学中“韶年市利江湖，以后每岁市利元，驻间勤勉不息”，“无志功名，乃弃业携赀湖海为陶朱，计岁一往返。辄获巨利，数年累积多金，于是创业兴家，构造大厦”。[③] 第二十六世

---

① 安远李氏：《陇西李氏八修族谱》，卷首，《杰吾李公序》。

② 安远李氏：《陇西李氏八修族谱》，卷二，第40~41页

③ 安远李氏：《陇西李氏八修族谱》，卷二，第127~128页。

名达（字尊三）“少壮时也，武□之游，往返十余载，备尝辛苦，至今犹追述之，以为子孙劝。寻又商于豫楚间，颇称捆载归……厥后家赀渐裕，经营数十载夙兴”①。第二十七世建芳“天资异常，虽未笃志耕读，颇精其理，经营商业，为生活之计，此各安其业也”②。第二十八世太学生际春“弃举业于半途”，“服贾于市廛，则公之谋望甚超，而获利亦甚广也”③。第二十八世崇贤“长兄崇升商东粤”。由此可以看出，历史上李氏族人经商的足迹遍及四川、湖南、河南、山东、浙江、江西、广东等地，为族人赢得了大量的财富。直到今天，李姓在安远做小生意的还有很多。

由于安远自古就是产粮之地，其大米、豆子外销长汀、上杭等地，李氏族人除了做生意赚钱外，也有不少是通过种田积累起家财的。如李氏上祖中的巨富——尊三公家，最初就是靠种田卖米起家的。据谱载，尊三公年轻时家庭比较困难，“少壮时负米养亲，不殚劳瘁”，由于家庭不宽裕，差点连定的亲事也吹了。谱载：“吴孺人为太学生吴遐赵公之爱女也，生长延陵望族，有钟郝遗风，父母珍如珠玉，不轻择配”，许给尊三公后，有人告诉吴氏之母：婿家清淡。母悔之，时有怨言，曰：“何为累我女于贫家日者？”公命予祖售米，适遐赵公入市于稠人中观之。归而喜曰：“婿家有米粜，必不贫，且吾观其气宇轩昂，英姿卓□，可大有为，必非久处人下者，此佳婿也，抑又何求？”④ 可见尊三公在婚前，其家靠种田卖米维持生计，积累了一些财产后才去经商；经商以后才赚大钱，积累了许多家产。第二十七世建洪最初“入不足以敷出”，人恐其“无以为家也”，“公则应之曰：‘君无患焉，惟在后人之克勤克俭否耳。’是公治本于农，务兹稼穑，胼手而勤陇亩，不数年间，其家渐号素封，而公之志犹未足也。乃以家之盛而志愈坚，尤兼勤事园圃，披星戴月，不畏早□□弛，沐雨栉风，独耐寒暑之劳苦。又不数年里，家声丕振，田连阡陌，实朽粟陈，身荣国学，经营宫室尽美尽善，遂为陇西所特出者……”⑤。可见建洪是通过种田、种菜致富兴家成为李氏一族中的“特出者”的。第二十八世崇铿“无甚遗产”，“农业每值三时，必披星戴月，沐雨栉风，手胼足胝，片时

---

① 安远李氏：《陇西李氏八修族谱》，卷二，《尊三公序略》，第189页。

② 安远李氏：《陇西李氏八修族谱》，卷二，第297页。

③ 安远李氏：《陇西李氏八修族谱》，卷二，《际春岳翁行记》，第222页。

④ 安远李氏：《陇西李氏八修族谱》，卷二，《家祖尊三公元配先王母吴孺人传略并赞》，第143页。

⑤ 安远李氏：《陇西李氏八修族谱》，卷二，《李公德贤尊内叔祖纪略》，第203页。

不暇，所经耕耘、收获诸事在在必先"①，后来虽未成大富，但他在民国初安远造通济桥时捐金近百，这说明崇铿通过耕耘达到了小有家产的水平。崇贤"兄弟四人，素称孝友，生平独精于稼穑，佐先祖父创业，富甲一司，自后先生援例为贡士，地方义所当为者……年岁之凶荒则出粜外境通运也……"②。由以上族谱中的数例记载可知，在盛产大米的安远，通过出售余粮来积蓄财富不失为一种有效的方法。

除了上述做生意与种田的人外，李氏族人中还有一些是弃学从医的。如第二十六世名伯，生于道光十八年（1838），"髫龄时家师授以章句之读，无不成诵朗朗，使得置其身诗书典籍之中，则前程当必有可观者，无如家弟寒微，双亲早背，虽有兄弟亦分居鬻矣。因弃儒羽技，遂致力于岐黄，首重伤寒，旁求杂症，按八脉、面辨六经，斯艺已远驾乎时下。虽未获置身儒雅学古人，实幸。而笃志医林，济人利物……屡因症视获效，尝赠额云：'着手回春'。现□宝号辛巴潘司主抱痛风病延视亦效，又书赠一额云：'山中妙术'。自后陆司主、洪司主等于癸未、甲申诸年延请视病，罔不应手取效。二公亦感德不忘，咸彰厥善。一则赠其令先尊先堂冥寿曰：'潜德齐辉'；一则受先生学有根源，题曰：'扁鹊重生'"③。谱中还有其他人的赠语，此不详录。这则引文中记载了名伯弃儒从医，先后给安远司的潘、陆、洪三任司主医好病，三位司主分别赠匾额给他的事迹。一方面，司主是当地的最高行政长官，倘若名伯的医术不高，三位司主定不可能陆续请他看病，病愈后赠他匾额。另一方面，司主的匾额也必然会使名伯的名声大噪，家族的声望大振。又如第二十八世崇经是清末的进士，他"弱冠一试见知，每为宗匠所器重……又素精易数、算学，尤功为士林不能企其奥者"④，却"绝意进取，闭门事著……潜心岐黄术，冀以活人故，其□踵门求医者日常数十起。其重者则延至家诊焉，先生一视同仁，无远迩，率不受值"⑤。其传中又载，"（他）善读内经，视病从不索脉礼，远近之病家咸赖而安，是先生之德及于乡党者遍且厚也"⑥。这些记载均说明进士崇经医术不错，极受病人的信任，而且医德很好，深受当地百姓的爱戴。

---

① 安远李氏：《陇西李氏八修族谱》，卷二，第220页。
② 安远李氏：《陇西李氏八修族谱》，卷二，《大贡士崇贤尊叔翁先生序》。
③ 安远李氏：《陇西李氏八修族谱》，卷二，《元亮先生序》，第178～179页。
④ 安远李氏：《陇西李氏八修族谱》，卷首，《岁进士诵芬宗伯老先生传》。
⑤ 安远李氏：《陇西李氏八修族谱》，卷二，第226页。
⑥ 安远李氏：《陇西李氏八修族谱》，卷首，《岁进士诵芬宗伯老先生传》。

此外，李氏族人中还有屠户。有意思的是，有一屠户有钱不赚，却弃刃从善，为了替神建庙而奔波，死后成“神”。谱载：

窃闻世有谓邱、王、郭三仙者，郭始操屠业，后遇邱仙，遂弃刃抛薄从□学焉。迨乃得升仙界……今以水禄宗伯先生而观之，确信其言不谬也。先生业屠数十载，获利亦夥，几乎终以屠辈之。幸先生德厚，缘逢适天化大间亦弃屠从善，帮故安远镇张公庙与皇楼之建，先生乃挺身而任之，又乐捐金数十两，余凡诸工匠、数欤、出入、收捐诸务，先生乃抛家务，废寝忘餐而从事，始终不辞劳悴，以至善举有成。谁谓非先生之力也哉。先生辞世后，皇楼乩示谓先生已为张公庙（庙）守，是先生虽死也殆。亦上帝嘉先生之善行故，特敕为神于死后乎……①

上述记载的是李氏第二十八世水禄的事迹。谱中把水禄与三仙中的郭仙并举，他因放下屠刀，为建张公庙与玉皇楼日夜奔波，死后玉皇楼乩童说他已成为张公庙的庙守。

由于李姓上祖是到安远做生意而开基此地的，这种移民有别于因人口、土地的压力或战争导致的移民，开基之始就有较好的经济基础。据谱载，大俊开基安远不过数十载，就“家口日繁，惧无以给饔飧，遂服贾楚豫间，贩往必获大利，如是者十余年家日昌炽，与兄爱吾硕伯翁始析产另炊……”，“公开基安远司，创置李家围□楼下香火堂并门首鱼池外学堂”。② 李氏第二代就分家析产，盖了楼房、香火堂与学堂，由此可见家境的厚实。其后嗣得益于安远有利的地理条件，勤劳节俭，农、商、医并举，家境愈来愈阔绰，宗族很快就发展壮大起来。

宗族兴旺的表现之一是文化相对突出。李氏开基安远后兴书重教，随后科举入仕者开始出现，并逐渐增多。上文曾述，李氏开基第二代大俊就在香火堂门首鱼池外建了学堂。大俊之子国友公“就塾课读经书，过目成诵”，后辍学从商，但他“虽处高中而无市心……尤雅重读书”。其子“稍长即延师课读”，却“未能成名”，于是他“复构书斋于苦窠尔，水松石兼□游以适志曰：‘课孙园’”，不久，国友之长孙泰禧就考中了秀才；③ 这以后，科举入仕者越来越多。根据族谱的记载，李氏开基安远后的科举、入仕或获得诰封者分别有以下几位：第二十三世为梅、为禧，第二十四世学

① 安远李氏：《陇西李氏八修族谱》，卷二，《水禄宗伯老先生传》，第221页。

② 安远李氏：《陇西李氏八修族谱》，卷首，《李公杰吾大翁行传》，第18页。

③ 安远李氏：《陇西李氏八修族谱》，卷二，第41页。

耕均为康熙与乾隆年间的秀才；第二十三世为侣，第二十四世学宁，第二十五世勋懋、勋福、勋鄞，第二十七世建洪、建梁，第二十八世崇华均为太学生；第二十三世为梧为正七品，第二十六世名达与第二十九世仁荣为登仕郎；第二十四世学中、学炎，第二十六世名松均为皇恩优老；第二十八世崇文为庠生，崇贤为例贡；第二十九世仁寿为庠生。

从中可知，历史不长，人口不多，在传统社会中户数不超过20的李氏历代都有科第功名者。李氏的科第人物与闽西的一些巨姓大族相比，当然是微不足道的。但在安远村这块姓氏众多，各姓人口均很少，几乎未能形成宗族且经济实力又很弱小的土地上，其地位就显得十分突出了。所以在田野调查中，问及当地各姓的科第人物之时，众姓均回答：李姓的文人最多，几无例外。

即使是从商务农的李氏上祖，很多也是进过私塾受过不少教育的。如上文提到的安远第三代国友公；第二十四世即安远第六代学中“常从师肄业听诵经书，文艺默识心，维听夜诵读，不熟不已”，后弃学从商；第十代际春公“弃举业于半途，胼手而勤畎亩，且负横经，不忘陶□节先生听吟，既耕亦已种时，还读我书之佳句也”[①]；上文提到的第二十六世名伯及第二十八世进士崇经均是弃儒从医者。这些经商务农者一旦拥有了文化知识，在本行业中就容易处于不败之地。

宗族兴旺的表现之二是经济实力雄厚。李氏的经济状况可从族谱对其各项产业的记载了解到。这些记载可能并不完整，但足以反映李氏个人或宗族公有的产业之多，本村的其他姓氏难以与之匹敌。根据财产用途的不同，谱中所载的产业大体可以分成三大类：供家庭平常生活开支所用的产业称为“家产”，其中的田产则称为“膳田”；供本房或族中的读书人用于应考的盘缠，或用于奖励科举考试高中者的产业（多数宗族的这项产业以田产为主），称为“学田”；供本房或族人春秋祭祀祖先开支所需的产业称为“祭产”，其中的田产称为“祭田”。根据各项产业性质的不同，谱中所载产业大致可分为房产与地产，其中房产又可分为住房、店铺、私塾及房基、店基；而地产又可分为田、山、鱼塘、菜园，以及为建造祖宗坟墓所准备的土望。

（1）家产。

八修谱只记载了7个上祖的产业情况，详见表3－9。这个记载并不完整，因八修谱是在民国六年（1917）修的，所以无法从谱中得到民国六年

① 安远李氏：《陇西李氏八修族谱》，卷二，《际春岳翁行记》。

(1917) 以后李氏产业的任何信息。据安远的不少报告人说，20 世纪 50 年代以前，李氏的家业一直是安远众姓中最多的。民国时安远分为左、右两保，左保的保长是李家继，据说在他的家产中，光田产就有 2 000 多担谷田。其田产是祖宗遗下的，李家继的父亲有一兄弟，他俩各自从父辈中继承了 2 000 多担谷田，换句话说，光李家继的祖父就有 4 000 多担谷田。到了 20 世纪 50 年代初，李氏的所有产业均分给了周围的贫苦民众。

表 3－9　李氏各代产业统计表

世代	名字	类别	位置	数量	备注
第二十一世	国友	房	老土楼	3 植	买庄屋
		田	下黄西眉沟下塅上	2 坵；载租谷 10 石	
		房	苦窠（公创造学堂）	1 栋	屋毁基存
		亭基	草坝里	1 所	
小计		房 3 植；学堂 1 栋；亭基 1 所；田载谷 10 石			
第二十三世	为禧	田	均背	1 坵；载谷 10 石	
		塘	楼背	1 口；并塘塍 3 条	
		田	苦窠	1 片；载谷 24 石	
		田	芙蓉塅东坑口	1 坵；载谷 6 石	
		屋塘菜园	围背庄屋、鱼塘及左右菜园	1 栋；1 口；1 坵	
		田	上坪及门首石人背二处	载谷 30 石	
小计		屋 1 栋；塘 2 口；菜园 1 坵；田载谷 70 石			
第二十三世	为德	田	芙蓉塅葫芦坵	2 坵；计谷 34 石	
		田	小门塅墩下	1 坵；计谷 8 石	
小计		田载谷 42 石			
第二十四世	学炳	土望	李坑周家垅背窠	1 框	牛形
		土望	安远司大山里樟树窠中嵊	1 框	虎形
		土望	安远司大山里鸡数窝界畔上	1 框	蛇形
小计		土望 3 框			

（续上表）

世代	名字	类别	位置	数量	备注
第二十六世	名伯	店	本司衙前大街三角店，与太祖众店对门	1栋	卖者为焕文嗣孙
		土望	郑家坑宁姓屋后	1框	
		店	杨林街三角店	1植2间	
		土望	黄路坑蛇嵊	1框	卖者为陆姓
小计		店2处，土望2框			
第二十六世	名达	地基等	下廖（原名土里）村，屋基一所，屋坪一片，出路、渠坪、花台、竹山、后龙及水田一坵，山一嶂，车碓屋基一块，屋前鱼塘一坵（四至俱载明）	计价钱10万文，光绪十一年(1885)新建大屋1栋并左右横屋	卖者为谢姓
		屋基等	营上屋基一所，球坪、出路、四坪、滴水圳坑一体在内	于光绪十四年(1888)新造房屋1栋	卖者为王姓
		田	红坡坵周姓屋门首	2坵；载谷18石	
		田	与上列毗连之田	2坵；载谷12石	
		田	下廖社公边富家坵	1坵；载谷24石	
		田	下廖石墩边牛角坵	1坵；载谷12石	
		田	本司小门塅枯井边黄姓屋塹下	2坵；载谷12石	
		田	祠堂门口及席草田	2坵；载谷28石	与本房名财合买
		田	下廖家陂塹下茶盘坵	1坵；载谷10石	
		田	营下	1坵；载谷18石	
		田	红坡坵及锅寮背	3坵；载谷6石	
小计		新建2大栋房屋；田载谷140石			

（续上表）

世代	名字	类别	位置	数量	备注
第二十八世	崇照	田	营下塅埂下	3 坵；载谷 15 石	并埂上菜园在内
		田	营下塅栗树下	1 坵；载谷 6 石	并埂上菜园在内
		山	李四坑样鹅山	1 嶂	光绪十四年（1888）买自陆姓
		土望	岩前	1 框	买自潘姓
小计		山 1 嶂；土望 1 框；菜园 2 坵；田载谷 21 石			

表 3－9 的统计数据显示，开基安远的李氏第一、二代均无统计数字，可能刚迁到此地，家产正在积累中，或者把不多的劳动所得用在了建房屋、置办生活必需品等方面。到第三代才有土楼、学堂、农田等产业，以后逐渐出现了菜园、鱼塘、土望、店、山等。家产最多的是第二十六世即安远第八代名达，他拥有载谷 140 石的田产；光绪十一年（1885）名达在下廖建了一栋大土楼与左右横屋，光买地基就花了 10 万文；光绪十四年（1888）名达在营上又建了一栋房屋，地基花费多少未见载。由于营上是安远乡设有墟市的一个村，所建两处房屋都在墟市上，所以造价定不菲。值得注意的是，李氏最初的田产并不多，第三代国友只有载租谷 10 石的田，接着很快增多；第四代为禧的田载谷 70 石，为德有 42 石；至第八代名达时有 140 石。民国时一个李姓上祖就有 4 000 多担谷田，定然经过了数代人的积累。开始有店铺记载的是第八代名伯，有两处店：安远司衙前大街三角店与杨林街三角店。但这应该不是最早有店的李氏，因为李氏第二代大俊兄弟均是做生意的，而且谱载名伯名下的安远司三角店写明“与太祖众店对门”，说明上祖就有不少店铺。“太祖”所指可能就是大俊。

关于名达在下廖所建的大土楼，至今还为不少村民所津津乐道，传说：

李氏有一个上祖很有钱。他预备用积蓄在下廖盖一幢安远最大的土楼，于是请了许多能工巧匠到家中。据说这个上祖比较精明，平常的开支总是精打细算，因此用于招待工匠的伙食费也很节省。最初大家彼此不太熟悉，尚能各司其职，不敢抱怨东家。日子一久，彼此之间熟悉了，谈话也就多了。于是背地里不时有人抱怨东家太小气，田多地广，钱粮满仓，却给工匠们吃这么差的饭菜。怨气越积越大，有个歪点子较多的木匠就私下里与泥匠勾结，做了一个小小的木马，让泥匠悄悄放在泥墙之中。不知这木马被施了什么法术，等到大楼盖好之后，楼内天天有人在房间里哭泣。令人毛骨悚然的哭声使李氏的这一祖先不敢入住，他认为这幢土楼可能在风水上犯了什么禁忌，住进去可能会对家族不利。过了几年，安远重建通济桥，他就把这幢土楼给拆了，把所有的条石木料都用于建造桥梁。

但也有村民说，这个李氏上祖精明但不小气，一旦遇到灾荒之年，他就会开仓赈济穷苦人家。自家的米不够了就去买，有时还从江西买米回来赈济穷苦百姓。

这个李氏上祖是不是很精明，以及这幢土楼是不是屋主自己拆的并不重要，重要的是透过这一传说可看到其后隐藏的历史文化内涵，它反映了安远的姓氏矛盾与暗中的争斗。由于李氏开基安远后，宗族很快兴旺起来，经济、文化很快超过当地的其他小姓。其他小姓心中不满，暗中勾结，使用法术去阻止李姓发展的故事反映了这种不满。

上述传说中的李氏上祖，应该指的是李氏安远第八代名达公。因为族谱中对名达产业的记载有这么一项："买下廖谢汉章公信下嗣孙翔禄、仪义、宏声等土楼屋基一所，坐落地名下廖村，原名土里。屋坪一片，出路、渠坪、花台、竹山、后龙及水田一坵，坐落左边菜园二块，溪子背坵田嘴上菜园一坵、山一嶂，车碓屋基一块，屋前鱼塘一坵，后至来龙、前至田路、右至堤塍口、左至溪子为界，计价钱壹佰仟文，于光绪十一年（1885）新造厅廊大屋子一栋，壬丙兼子午向，左右横屋。"[①] 由此可知，这幢位于下廖的大土楼建于光绪十一年（1885），其地基是向谢姓后嗣买的，买地基花掉了10万文钱。由表3-9有关李氏产业的统计以及表3-10有关李氏学田的统计可知，名达公的产业田载谷140石，他置的学田载谷174石，此外上文还提到他在营上墟也买了王姓的地基盖了一幢房，可见他确实家产丰厚。表3-9所列的产业向谁购买族谱中很少提及，只有6项有记载，分别买自陆、谢、王、潘姓以及焕文嗣孙。下文的学田、祭产统计中也有数项记载了卖出者，分别有刘、伊、黄、陈、熊、江姓。李姓产业数量繁多，购买对象当然不止以上的10个姓，为周围的弱小之族所忌恨在所难免。

---

① 安远李氏：《陇西李氏八修族谱》，卷二，《名达公产业》，第190页。

据谱所载，名达公富甲一方，有财有德，名声很大，妇孺皆知。谱载：“（名达）奉养既终，经营益力，日积月累，遂至丰盈果乐。名登仕籍，富甲乡间，轮奂聿新，田园广置，翁之志愿亦既遂矣。尤难及者，翁之名最盛，千里之远，百里之近，议面者咸与交游，闻名者愿见颜色，虽妇人孺子皆能道翁姓氏……”① 谱又记载：同姓异宗者“同贺公之六旬也，里庄合族赠额以荣之；庆七秩也，享期公裔孙赠额以荣之；祝八旬也，赵家源合族赠额以荣之。非德足动人，何令人尊重若是乎”②。族谱对上祖的赞颂虽常常言过其实，但对近祖的记载不至于无中生有。此外，后文还将叙述他在咸丰年间土匪屡犯安远之时与司主一起倡导联甲捉匪，以及后来修筑朝天寨保卫地方民众安全的事迹。根据谱载可判断名达公不是个只有钱财而无理无德之人。

（2）学田。

按族谱所载，有4个李氏上祖置有学田。现把他们的世代、名字及其田的位置、数量等内容列成表3－10：

表3－10　李氏各代学田统计表

世代	名字	类别	位置	数量	备注
第二十一世	国友	田	交郎坑	佃租9石	
		田	下廖官家塅	佃租10石	
		田	芙蓉塅火草岗脚下	佃租6石5斗	
		田	芙蓉塅东坑口	佃租8石5斗	
小计		田载佃租34石			
第二十三世	为梧	田	下廖水屋	3坵；载谷20石	
		田	虎坑	2坵；载谷2石	
小计		田载谷22石			
第二十四世	学炳	田	山郎坑	田租24石	

① 安远李氏：《陇西李氏八修族谱》，卷首，《家祖尊三公元配先王母吴孺人传略并赞》，第46页。

② 安远李氏：《陇西李氏八修族谱》，卷二，第188页。

（续上表）

世代	名字	类别	位置	数量	备注
第二十六世	名达	田	芙蓉塅东坑口	3 坵；载谷 42 石	
		田	下廖石身下及屋背卷桥头	数坵；载谷 36 石	
		田	下廖猪树桥及社前围里	4 坵；载谷 26 石	
		田	剑山下	2 坵；载谷 20 石	
		田	傅家陂脚下	数坵；载谷 50 石	
小计		田载谷 174 石			

从表 3－10 可知，第一个设置学田的是国友公，他置的学田载佃租 34 石，数目虽然不多，但李氏开基安远第三代就设了学田表明该族对科举的重视。这 4 个李氏上祖中设学田最多的是名达，其学田载谷 174 石；其余两个上祖的学田分别载谷 22 石与 24 石。谱上所载学田载谷总数为 254 石。这个数字对人口一直不多的安远李氏来说是相当可观的。李氏一族中的文人数在各姓中遥遥领先，正是有其殷实的经济作保障，以及上祖重视教育的结果。

（3）祭产。

与其他姓氏相比，李氏经济实力的雄厚可从其大量的祭产中反映出来。从第二十至二十八世，安远李氏 9 代人中 22 人有祭产。这些祭产包括山、田、地基（包括园基与屋基）、店、房屋、鱼塘、土望、亭子等。其中数量最多的是祭田，详见表 3－11。

表 3－11　安远李氏各代祭产统计表

世代	名字	类别	位置	数量	备注
第二十世	大俊	田	本司芙蓉塅	1 坵；载谷 18 石	
		田	本处鱼子塘	9 坵；载谷 6 石	
		田	本处刘家坑门口	1 坵；载谷 9 石	
		田	本处山郎坑	1 片；载谷 6 石	
		田	本处营下塅土名禾塘坵	载谷 24 石	
		田	下黄虾蟆嵊、刘家排塅上、交井桥头	4 坵；载谷 24 石 3 桶	
		田	李坑厚树坑	1 坵；载谷 9 石	
		田	四都黄塘	谷租 2 石	
		田	七都横江	谷租 2 石	
		田	岩前石人前	载租 3 石 5 斗	
		山	岩前石人前田墈上	1 片	
小计		山 1 片；田载谷 103 石 5 斗 3 桶			

（续上表）

世代	名字	类别	位置	数量	备注
第二十一世	国旺	田	下廖杨婆坵	载租谷 25 石	
		田	社垣下	载租谷 11 石	
		地基	本司桥背	1 片	每年出税
		园基	廖家坟脑上		每年出税
小计		地基 1 片；园基 1 处；田载谷 36 石			
第二十一世	国友	田	芙蓉墩洪陂	1 坵；载谷 22 石	
		田	桥背	1 坵；载谷 10 石	
		田	江家塘	1 坵；载谷 12 石	
		田	李四坑	1 坵；载谷 9 石	
		田	刘家坑	6 坵；载谷 30 石	
		田	营下墩	1 坵；载谷 20 石	
		田	小门墩城背	1 坵；载谷 18 石	
		田	屠刀坵	3 坵；载谷 33 石	
		田	溪背上沙坵	载谷 12 石	
		田	下廖草鞋坵	载谷 3 石	
		田	三都灵峰山庄	载谷 130 石	
小计		田载谷 299 石			
第二十二世	立昇	山	下廖山场	1 处	父国荣所遗
		山	李四坑	1 片	
		山	接官亭路墈上	1 片	
		山	游家地背黄土坪	1 立	六兄弟共管
		屋	归门右傍房屋	1 植 3 间	
小计		屋 1 植 3 间；山 4 处			
第二十二世	立早	鱼塘	安远司城背	1 坵	与塍均改作土田
		鱼塘	住屋门首右边	1 坵	立星架作房屋
小计		鱼塘 2 坵			

（续上表）

世代	名字	类别	位置	数量	备注
第二十二世	立泗	田	下洪	载租谷23石5斗	
		鱼塘	门首	2坵	包括塘塍菜园屋宇
		山	洋田畲下	1嵊2排	买自刘茂
小计		鱼塘2坵；山1嵊2排；田载谷23石5斗			
第二十二世	立泓	田	刘家排	载租谷6石	
		田	田里坑外	载租谷7石	
小计		田载谷13石			
第二十二世	立海	田	芙蓉墩葫芦坵	载谷26石	
		田	刘家坑口沟背	2坵，载谷16石	
		店屋	安远司衙前街	2栋	
		店屋	新街角店屋	2植4间	
		鱼塘	沟背	1坵	
		山	观音阁背外塘坑	1嶂	
		山	安远司苦窠，小土名打石窠	1嶂	
小计		店屋2处；鱼塘1坵；山2嶂；田载谷42石			
第二十二世	立津	田	芙蓉墩蜀坑坵	载谷28石	
		田	安远司沟背田	1坵；载谷10石	
小计		田载谷38石			
第二十二世	立隆	田	蚊郎坑	4坵；载谷24石	
		田	芙蓉墩东坑口	1坵；计谷30石	
		田	鱼梁坑	2坵；计谷15石	
		田	岩前上墩	2坵；计谷10石	
小计		田载谷79石			

（续上表）

世代	名字	类别	位置	数量	备注
第二十三世	为梧	房	本司桥岭下	3 栋	
		田	李坑墩上	5 坵；计谷 20 石	
		田	李坑路下	1 坵；计谷 3 石	
		田	官路下何家塅	2 坵；计谷 18 石	
		田	李坑水口	1 坵；计谷 2 石	
		田	官路下莲蓬坵	2 坵；计谷 16 石	
		田	官路下坑子里	2 坵；计谷 5 石	
		田	下廖城前垅	3 坵；计谷 10 石	
		田	下廖凉伞坑	6 坵；计谷 4 石	
		田	下廖过圳坵	3 坵；计谷 5 石	
		田	刘家排	1 坵；计谷 6 石	
		田	洋田土楼坑	1 坵；计谷 6 石	蛇形
		土望	猴子窠	1 框	
小计		土望 1 框；房 3 栋；田载谷 95 石			
第二十三世	为伸	田	草坝里	3 坵；载谷 24 石	
		鱼塘	草坝里田壛上	1 坵	
		田	大坑	数坵；载谷 12 石	
		田	江家塘及瑶泥口	载谷 12 石	
		店屋	梅树潭新街店	2 植	收税
小计		店屋 2 植；鱼塘 1 坵；田载谷 48 石			
第二十三世	为复	店屋	义学前街口	1 植 3 间	
		店屋	桥头坊新街中间	2 植 6 间	
小计		店屋 3 植 9 间			
第二十四世	学贤	田	下廖下坑禾塘	载租谷 6 石	
第二十四世	学中	田	芙蓉塅教场坵	1 坵；载谷 30 石	
		土望	腾坊	1 框	象形
		田	刘家坑口禾塘	2 坵；载谷 5 石	
		山	李坑长生		原凤形山
		山	九口龙形山		
小计		山 2 处；土望 1 框；田载谷 35 石			

（续上表）

世代	名字	类别	位置	数量	备注
第二十四世	学庸	田	下黄曹碓背	载租谷 7 石	
		田	八十屋	载租谷 7 石	
		田	枧水坑	载租谷 2 石	
小计		田载谷 16 石			
第二十五世	勋鄞	田	高桥	载租谷 3 石 1 箩	
		田	虾蚣嵊	载租谷 12 石	
小计		田载谷 15 石 1 箩			
第二十五世	勋英	田	溪背营下塅四方坵	计谷 12 石	
		田	鱼子塘	2 坵；计谷 8 石	
小计		田载谷 20 石			
第二十五世	勋壁	田	苦窠同溪子背	1 坵；计谷 18 石	
		田	打石窠脚下	2 坵；载谷 4 石	
		田	塴下	1 坵；载谷 10 石	
		田	与兴学敦公祭田毗连	2 坵；计谷 2 石	
		田	苦窠同尾厂脚下溪子边	4 坵；载谷 12 石	
		鱼塘	枧坑塘（并塘塍在内）	1 坵	卖者为伊姓
		鱼塘	土楼坑（并塘塍在内）	1 坵	卖者为黄姓
小计		鱼塘 2 坵；田载谷 46 石			
第二十六世	名耀	田	狮子岭脚下	1 坵；计谷 20 石	
		田	芙蓉塅杨家坵	计谷 12 石	
		田	芙蓉塅中心	1 坵；计谷 12 石	
		亭子	芙蓉	1 栋	地基原为御信公位下学田
		土望	郑坊水窠	1 框	
小计		亭子 1 栋；土望 1 框；田载谷 44 石			

（续上表）

世代	名字	类别	位置	数量	备注
第二十七世	建洪	田	买本房建文等四兄弟承御信祖太祭田	100担	每4年轮转1次
		田	买本房建全承御信祖太祭田124股中1股	10石	
		地基等	买本房凤标高峰茂如杨家塘又外新屋侧傍店基及寮基又三面塘塍	均为3股中出卖1股	
		地基鱼塘	本房名松外新屋对面寮基一植；傍店基一植；杨家塘鱼塘一坵；三面塘塍在内	俱为3股中出卖1股	
		地基	买本族勋摺妻宁氏杰吾祖太香火堂后毗连间基	4个	
		地基	建仁香火堂后堂间基	1个	
		店屋	杨林街周姓祠堂门首第五植店屋	1栋	卖者为陈长生
		店屋	杨林街坐西向东店屋	1栋	卖者为熊文献
		屋	本房建成标建成槐建英里屋外坪西边行墙及基	1植	
		屋	本房建佩老屋下东边楼屋	1植2间	
		屋基	建荣楼边	1植2间	
		屋基	连宗妻张氏排沙下厅堂地基	1间	
		地基	御信化嗣孙排沙下厅堂地基	1空	
		山	岩前斑竹山杉山	1嶂	
		油茶山	猪笼窠田墈上	1排	卖者为江姓
		土望	新窠岭游家地前	1框	卖者为江姓
		房	老屋西边同口下横屋厨房间	1植	入住嗣孙年纳税银五钱
小计		地基（屋基）7处；店屋2栋；房屋3处各1植；油茶山1排；山1嶂；鱼塘1坵；土望1框；田载谷25担（100担每4年轮转1次，算成每年25担）又10石			

（续上表）

世代	名字	类别	位置	数量	备注
第二十八世	崇华	田	封家山塘坑	载谷 12 石	
		山	豆树窠	1 嶂	
小计		山 1 嶂；田载谷 12 石			

由于表 3－11 中的各项小计均是对个人祭产的总计，为了完整地反映李氏上祖祭产的概况，这里不妨按田、山、店、鱼塘等项对表 3－11 的数据进行总结或分析：

田：祭产中最主要的是田。表中共列有 69 项，总计载租谷 975 石 1 箩又 25 担 3 桶。在 22 个上祖中，祭田最多的是第二十一世国友，其祭田载谷 299 石；居第二的是第二十世大俊，其祭田载谷 103 石 5 斗 3 桶，居第三的是第二十三世为梧，其祭田载谷 95 石。

山：对于山的统计面积单位，族谱中很不统一，有的用“嶂”，有的用“嵊”，有的用“立”，有的用“片”，也有的只写有山坐落于某地。对于这些单位，如何与现在的计量单位折算，笔者无从知晓，只好依照表中不同的单位进行统计。表中的山共有 13 项，包括 4 嶂，3 片，1 嵊 2 排，1 立，1 处，1 排油茶山，还有 2 处山未写明单位。

地基：表中共列有 6 项。其单位同样不统一，有的是个，有的是片，有的是数股中的一股，还有的写着“1 窄”，不知何意。

店屋：表中共有 7 项，有的店屋是整栋，有的店屋只是 1 植。1 植的店屋又有 2 间与 3 间之分，这种店屋一般是近街的一间为店铺，后面的作为生活起居兼仓库使用。以栋为单位的有 4 栋；以植为单位的有 7 植。这些店屋分别位于杨林街、桥头坊新街、义学前街口、梅树潭新街、安远司衙前街和新街角。

鱼塘：表中列有 8 项，共 9 坵。

土望：表中列有 4 项，共 4 框。

房屋：表中共列有 5 项，以栋为单位的有 3 栋；以植为单位的有 4 植。

为了说明李氏 9 代人祭田的辐射范围有多广，在此把祭田地点所属的村落与安远村居民区的距离列成表 3－12。其地名写有“本处”的是指本村，不列入；地名重复的只列 1 次。

表 3-12 安远李氏祭田所属村落与安远村居民区的距离一览表

序号	地名	所属行政村	距离安远（里）	序号	地名	所属行政村	距离安远（里）
1	芙蓉墩	安远	1	18	刘家坑	安远	4
2	山郎坑	安远	2	19	打石寨	安远	3
3	洋田	安远	5	20	岩前	岩泉	5
4	下廖	安远	5	21	桥岭下	安远	1
5	桥背	安远	1	22	李坑	里坑	7
6	楼背	安远	1	23	官路下	里坑	7
7	李四坑	安远	1	24	苦寨	永跃	5
8	营下	营上	20	25	周家垅	里坑	8
9	小门墩	安远	1	26	腾坊	张坊	7
10	灵峰山	灵峰山	30	27	横江	岩泉	8
11	郎坑	江西石城县	—	28	高桥	黄塘	6
12	游家地背	安远	3	29	墈下	永跃	5
13	刘家排	张坊	4	30	狮子岭	安远	7
14	里坑	里坑	7	31	郑坊	永跃	5
15	观音阁	安远	4	32	尤溪背	安远	2
16	祠堂门首	安远	已成农贸市场	33	营上	营上	20
17	剑山下	安远	2				

李氏开基安远不久就开始设祭产，购买祭产的资金一般是本族（房）按男丁数出资。谱载："仪世公徙居安远司，殁仍葬建邑南乡野鸭坑，祖山牛形，距安远司四十里许……为祖宗祭祀久远计，祭产不可不设也。第槐予乏，□余独力难就，邀侄立昆、侄孙泰禧会齐一脉，见丁出赀，置买祭产，约立族规条以垂祀，事之不朽。自芯以往，子孙蕃衍，虽历世久远，收租办祭按籍举行。"① 此序写于雍正二年（1724），仪世公是安远第一代，可见祭产至迟在雍正王朝之时就已设置。

从表 3-12 可看出，李氏祭田大多分布在本乡，分别属于安远、营上、灵峰山、张坊、里坑、岩泉、永跃、黄塘等村。但也有邻县的田产。如郎

① 安远李氏：《陇西李氏八修族谱》，卷首，《仪世公暨妣张氏祭产规仪序》。

坑是江西省石城县的一个村。从距离来看，祭田的辐射范围不超过 30 里，大多在 10 里的范围内。另外还有不少地名，村民们不知道具体位置，如沙路上、屠刀坵、溪坝上、下黄西、鱼梁坑、均背、黄路坑、枧坑、虾蚣嵊、郑家坑、杨家塘等地。这些祭田一般请本族人耕种。

祭田的分布除了与距离相关，还可能与宗族的经济范围和墓地分布等因素有关，尤其是分布较远的祭田。表 3 – 12 中较远的祭田在灵峰山与营上，灵峰山距离安远 30 里，营上距离安远 20 里。从表 3 – 11 可知，国友公在三都灵峰山的祭田有 130 石，李氏在灵峰山设有庄，其祭田是庄田的一部分。据李氏报告人说，灵峰山不仅有国友公之墓，而且还有许多李氏上祖的坟墓。李氏后裔中还有迁居灵峰山的，现尚存 7 户人家。营上则是个有墟市的村落，是李氏上祖开店做生意的地方。上文曾提到名达公光绪十四年（1888）在营上盖了一所房屋，因营上是李氏的重要贸易地，这所房屋很可能是一幢店屋。另据李氏报告人说，李氏一族在营上建有粮仓，在张坊也建有粮仓。表 3 – 12 中很多地名属于里坑村，里坑有李氏第二十三世，即安远第五代为梧公的坟墓。设有粮仓的张坊有李氏第二代大俊之墓，谱载："杰吾夫妇墓在招得里五都腾坊小水坑。"此外，张坊还有李氏安远第一代高绍公之妻张氏太婆之墓、第四代李泰明之墓……可见远距离的祭田较多之地正好是有李氏上祖墓地的地方。

李氏宗族远比其他宗族兴旺的表现之三是具有比较完备的宗族组织，表现在建祠堂与香火堂、修族谱、定家规与严祭祖等方面。

（1）建祠堂与香火堂。

李氏的总祠仍在迁出地建宁均口，且安远第一代高绍公的墓亦在均口，因而每年李氏宗族仍回均口祭祖。但安远仍在安远墟上建有祠堂，该祠为高绍公祠，人称"李家祠堂"。李氏八修族谱的谱局就设在高绍公祠。因族谱上未记载，不知何年所建。20 世纪中期祠堂被建成了供销社。安远李氏早期就有不少香火堂，如第二代大近"开基安远司，创置李家围□楼下香火堂"，第四代立洵"创造李家围生山下香火堂"等。

（2）修族谱。

历史上李氏族谱共修了 8 次，时间分别为：淳化二年（991）、雍正元年（1723）、乾隆三十八年（1773）、嘉庆十六年（1811）、道光十九年（1839）、同治四年（1865）、光绪十六年（1890）和民国六年（1917）。8 次撰修族谱都把建宁开基祖宣仪公之长子舍郎的后代合修在一起。据说，八修谱 4 房共修 17 部，每部 10 本，领谱字号依次为"德、远、流、芳、渊、源、世"。频繁的修谱活动使李氏族人的历史得以较为完整地保存下来。

（3）定家规。

据谱载，李氏制定了12条家规，告诫族人该如何治家。包括：“重伦理以规家”、“重名分以范家”、“豫豢养以兴家”、“严游手以全家”、“敦忍让以和家”、“教诗礼以传家”、“务勤俭以兴家”、“端好恶以齐家”、“肃闺门以宜家”、“谨嫁娶以成家”、“息争讼以保家”和“积阴德以名家”。

（4）严祭祖。

从上文可知，李氏一族购置了大量的祭产用于祭祖，为本族（房）的春秋两祭活动提供了可靠的经济保障。

据李氏报告人说，在传统社会中，李氏一族每年有清明与秋分两次祭祖。清明时主要是扫墓，由于李氏上祖的祭产很多，祭祀所需的鞭炮、纸钱、蜡烛及三牲等祭品均由祭产开支。为了鼓励族中男子参加祭墓，每次祭墓时都给参与者发钱。扫高绍公墓发钱最多时每人发了1个光洋。由于去建宁均口坑源村扫高绍公的墓地路程较远，所以祭墓者需带上纸墨，用草纸把墓碑上的字拓下来，带回安远给管账的看过之后才能拿到钱。为本地的祖宗扫墓一般只能得到1个毫子。

清明祭墓通常需4天，扫本房以上的祖宗需2天，本房的祖宗需1天，自己及兄弟的祖宗需1天。祭扫本房以上的祖墓分成五路走：第一路祭扫陈坊太子庙对面山上与洋田的祖墓；第二路祭扫里坑的祖墓；第三路祭扫岩泉的祖墓；第四路祭扫后溪的祖墓；第五路祭扫建宁均口的祖墓。

据说在乾隆朝时，李氏的人口最多，发展到了30多户。此时族中的男女老少均可去“吃清明”，饭菜丰盛，还可尽情地饮酒。有一次，有个酒量不错的妇女因一时大意在“吃清明”时喝醉了，酒醉之后就变得不拘言行，众目睽睽之下居然在祠堂里小解。族长十分恼怒，说：“女流之辈太下贱，把老祖宗的脸都给丢尽了。”此后，族中女子再也不可以去“吃清明”了，但男子们不论老少均可。

李氏宗族比其他宗族兴盛的表现之四是它在安远地方事务中起着主导作用：其一，有许多上祖参与地方公益事业，捐钱建庙、修路、筑桥等；其二，领导乡民维护了地方的安全。李氏上祖无论是做生意的、当医生的，还是耕农与屠夫，兴家之后都不忘把钱捐给地方公益事业。族谱中有不少这方面的记载。

（1）修路筑桥。

如安远第三代国友“偕同志，募石工，自通济桥北至灵峰岭上下二十余里，锄险辟隘、填壑负石□甃，使崎岖倾窄山路悉成坦途。他如筑邮亭、修桥梁、年荒赈饥，凡济人利物事一无所吝”①。第四代立泗“里之狮子岭崎岖陡峻，行人一望而色沮，孺人（立泗之妻）劝夫一力改砌，费金百余两，遂成坦途”②。第八代名达“至于修桥梁、建庙宇皆慷慨倾囊不少吝，由是近则有功于乡里，远则观光于上国”③。第九代建洪“凡一切应人之便，救人之急以及桥梁道路，公即在皆以为己任”④。第十代崇华“凡一切桥梁道路，公无不捐赀以修砌之”⑤，崇贤“造亭修路指不胜屈，弥望而是……为事最大，为力最难，为赀最巨者如民同乙卯新建安远通济石桥，首议倡捐，指画经纪诸事皆先生之力。先生以令祖尊三公书捐大洋边伍佰元，迄丙辰冬石桥告竣用出大洋边壹仟元有奇，丁巳造桥梁捐出木料瓦又在数佰元……”⑥。

（2）兴义学。

第十代崇贤在安远置产兴建义学一事上起了主导作用。谱载：“安远放帝膏火，虽二尹李君多番提倡，实先生董其事，司出入。□子母陆续置产奏厥成功，永为学校经费。俾后之学者咸德先生焉。”⑦ 此义学在民国之时改为安远第一高等小学，当此小学校长的亦是李氏族人、进士崇经之子鹤龄。谱载：“民国丙辰，县长黎公饬办第五区公立第一高等小学校，委任（鹤龄）为校长。奉命后热心维持，将旧有义学改为校舍，招得第一班学生十余名，循循善诱，诸生如坐春风……”⑧

（3）建庙宇。

在修建安远的三仙庙、观音阁、武圣庙、张公庙以及塑神像等方面，许多李氏上祖或倡导，或捐巨资，充分发挥了他们的作用。第四代立淞“造三仙庙、观音阁，修武圣庙、张公庙，孰非公之鼎力者哉”⑨。第九代建洪“乐善好施，如修观音阁、张公庙、关帝庙，新建三仙庙倡首捐赀，凿凿可据也”⑩。上文提到的第十代水禄放下屠刀，为建张公庙与玉皇楼废

---

① 安远李氏：《陇西李氏八修族谱》，卷二，第42页。

② 安远李氏：《陇西李氏八修族谱》，卷二，第60页。

③ 安远李氏：《陇西李氏八修族谱》，卷二，《尊三公序略》。

④ 安远李氏：《陇西李氏八修族谱》，卷二，《国学生宗建洪公传》，第203页。

⑤ 安远李氏：《陇西李氏八修族谱》，卷二，《际春岳翁行记》，第222页。

⑥ 安远李氏：《陇西李氏八修族谱》，卷二，《清贡生崇贤宗叔暨德配游孺人合序》，第230页。

⑦ 安远李氏：《陇西李氏八修族谱》，卷二，《清贡生崇贤宗叔暨德配游孺人合序》，第229页。

⑧ 安远李氏：《陇西李氏八修族谱》，卷首，《李君鹤龄先生传》。

⑨ 安远李氏：《陇西李氏八修族谱》，卷二，第60页。

⑩ 安远李氏：《陇西李氏八修族谱》，卷二，《国学生宗建洪公传》，第202页。

寝忘食，死后据乩童言成为张公庙庙守。第十代崇华“乐善不倦，如玉皇宝殿、张公神庙为合坊之保障，祸福所攸关，公则倡首募捐鸠工以建之；如观音佛阁乃三坊之水口，为众姓之安危所系，公□董首以重新之，而皆得以塑其神像”①；崇贤“乐善好施，新建张公庙、玉皇宫、观音阁皆先生倡首，捐赀亦巨”②。

（4）保卫地方安全。

表现在倡首联甲与修朝天石寨上。谱载第八代名达“咸丰初载尖刀会匪猖獗，谋为不轨，荼毒人民，咸怀忧惧。公与司主张公讳士模者为莫逆之交，因之同心戮力，倡首联甲，获其党一，送有司治之……戊午寇又至，公率乡兵以御之，岁甲子寇大至……公纠乡民附近者修整朝天石寨，以预为守御计，今其遗迹尚存也，公之靖难安民保卫地方有如此者……”③。

李氏宗族兴旺的表现之五是它拥有一个庞大的宗族活动交往空间。李氏上祖中不少生意人的足迹遍布数省。族谱资料显示，李氏上祖经商的范围包括川、湘、豫、鲁、浙、赣、粤等地。此外，李氏还有一个相对广大的通婚网络。

在此根据族谱中的世系图，把安远李氏第十九至三十世的主要婚入姓氏及通婚次数列成表 3 – 13。由于八修谱是在民国六年（1917）修的，所以民国六年（1917）以后的通婚情况无从统计。

表 3 – 13　安远李氏主要婚入姓氏与通婚次数统计表

世代	张	伊	谢	伍	邓	郑	王	黄	游	刘	傅	吴	周	陈	曾	宁	熊	柯
第十九世	1																	
第二十世		1	1															
第二十一世	1	1	2	1	1	1	1											
第二十二世	3		5	2		2	2	1	1	2	1	2	3	2	2	1		
第二十三世	6	2	1	2		6	8	5	3		2	3	3	4	3	6	2	2
第二十四世	9	4	3	2			17	5		4		5	3	3	7	2	3	

① 安远李氏：《陇西李氏八修族谱》，卷二，《际春岳翁行记》，第 222 页。

② 安远李氏：《陇西李氏八修族谱》，卷二，《清贡生崇贤宗叔暨德配游孺人合序》，第 229 页。

③ 安远李氏：《陇西李氏八修族谱》，卷二，《尊三公序略》，第 188 页。

（续上表）

世代	张	伊	谢	伍	邓	郑	王	黄	游	刘	傅	吴	周	陈	曾	宁	熊	柯
第二十五世	3	2	2	4	2	3	9	4	1	6	7	5	2	6	3	4	1	2
第二十六世	7	2	2	5		2	5	4		2		12		3	3	1	6	1
第二十七世	2		2	1	3	1	4	1		1	1	6		2	4		2	2
第二十八世	5	3	1	2		2	4	2	1	2		9	1	5	2			
第二十九世				5		2	4		1		1	6		4	2	3	1	1
第三十世							2			1	1	1		1	1			
合计	37	15	19	24	6	19	56	22	7	18	13	49	12	30	27	17	15	8

注：本表尚未列入与李姓通婚次数为5次以及5次以下的姓氏。这些姓氏与李姓的通婚次数分别如下：杨、温、管、唐4姓均为5次；雷、邹、丘、潘、罗、杜、封、马8姓均为4次；饶姓为3次；赖、聂、高、徐、廖、谭、胡、冯、余、揭、何、翁、卢、朱、万15姓均为2次；官、欧阳、洪、武、蓝、范、俞、陆、甘、滕、孙、丁、施、林、巫、汪、董、叶、阴、鲁、应、钱、黎、过24姓均为1次。

李氏的婚入姓氏共有70个，娶入的女子数为503个。从表3－13可知，李氏从中娶入的女子数在5个以上的姓氏有18个。在这些姓氏中，李氏从中娶入女子数最多的是王姓，有56个；居第二的是吴姓，为49个；居第三的是张姓，为37个；居第四的是陈姓，为30个。曾、伍、黄与李氏通婚的次数也比较多，李氏从中娶入的女子数为20～30个。而李氏与郑、刘、宁、熊、伊、傅、周、谢的通婚次数也不少，李氏从这些姓氏中娶入的女子数为10～20个。另外，李氏从邓、游、柯3姓中娶入的女子数为5～10个。李氏从杨、温、管、唐、雷等52个姓氏中娶入的女子数则比较少，为1～5个，且其中有24个姓氏仅为1个。

从李氏主要婚入姓氏的居住地与安远村的距离来看，李氏由婚入姓氏构成的通婚圈的半径大约为40里，其主要婚入姓氏几乎都分布在这个范围以内。如李氏从中娶入女子数最多的王姓，居住在距安远村14里的洪围村；居第二的吴姓主要居住在距安远村15里的丰坪村，另外在江西石城县高田乡的瑶岭村也有吴姓的聚落，瑶岭村距安远村50里；居第三的张姓居住在距安远村10里的张坊村；居第四的陈姓居住在距安远村20里的吾家地与距安远村15里的增坑村，其中吾家地属本县水茜乡管辖。其余主要婚入姓氏的居住地与安远村的距离均在40里以内（详见表3－14）。

从这些姓氏的居住地所属的县乡来看，大部分在安远本乡，小部分属外乡外县管辖。属于外乡的村落中，有2个属江西石城县高田乡管辖，有3个属建宁县均口乡管辖；另外，还有3个村落属本县的水茜乡与河龙乡管辖（详见表3－14）。

表3－14　李氏主要婚入姓氏居住地分布表

姓氏	次数	居住地分布的村落	所属县乡	距离安远村（里）
王	56	洪围村	安远乡	14
吴	49	丰坪村；瑶岭村	安远乡；江西石城县高田乡	15；50
张	37	张坊村	安远乡	10
陈	30	吾家地；增坑村	水茜乡；安远乡	20；15
曾	27	灵峰山；龙头村	安远乡；建宁县均口乡	20；20
伍	24	伍坊村；厚溪村	安远乡	20；20
黄	22	红山村；增坑村	安远乡	20；15
谢	19	葛斜村；高田乡	安远乡；江西石城县高田乡	20；30
郑	19	永跃村	安远乡	5
刘	18	井坑村	安远乡	25
宁	17	台田村；洋坑村	建宁县均口乡	30；20
熊	15	洋坑村；尤溪背	建宁县均口乡；安远乡	20；20
伊	15	上伊村；下伊村	河龙乡	40
傅	13	岩前村安家磜；遐福（又称下傅）村	安远乡；水茜乡	10；30
周	12	里坑村；安远村	安远乡	5；本村

李氏是安远产业与文人均最多的姓氏。据报告人说，历史上周姓的店铺、田地与科举人物的数量在安远居第二。但周姓新修的族谱上只有世系吊线图，未对此作任何记载，难以叙述与分析。

周姓分为上周家与下周家两支。两者在同一时期迁到安远，但迁出地不同。

上周家迁自江西兴国县，20世纪40年代只有9人，现在有20多人。上周家有部分后嗣迁到营上，20世纪40年代有18户，近60人，现在只有11户，38人。

下周家迁自江西南昌新丰。尊濂溪公为一世祖。濂溪即宋代理学家周敦颐，谱载，濂溪“讳敦颐，字茂叔，宋封汝南伯。谥元公，封道周公，生宋真宗天禧元年（1017）丁巳八月十五子时”①。安远的开基祖是第二十一世瑞公，据谱载，他从澄江迁到福建汀州宁化小磜。小磜即今天的灵峰山，据说瑞公迁到灵峰山时以放鸭子为生。瑞公的儿子天佑到安远卢茅岗放鸭子，觉得安远的水土不错，就迁到了安远。

据说下周家在清乾隆之时发展一度很盛。今天的傅家坪原名“周家坪”，周姓在那里盖有祠堂与烽火屋（即大土楼），此楼有 4 进，墙壁的厚度有两尺。祠堂的正厅曾挂有乾隆年间的匾，所以该祠堂可能建于乾隆以前。村四周的大柿树下还置有祖宗的祭田，约有 4 担谷。俗语中有“杨半塅，周半街”之说，即杨姓的田占了安远村的一半，周姓的店屋占了杨林街的一半。历史上大土楼里曾住过 300 多口人，分成 5 房，现仅存 3 房。据说在乾隆年间下周家出过不少文人，曾出一举人；有一个上祖所生的 7 个儿子中，6 个是秀才。清代，周家坪边上的一些空地租给了其他迁到此地的姓氏，让他们搭茅屋居住。后来不知因何起了火，下周家的祠堂与土楼均被烧得一干二净。因其旁边建有傅姓的香火厅，于是周家坪的名字就渐渐消失，演变成了“傅家坪”。如今下周家已繁衍了 37 世，即在安远发展到 15 代，人口数为 56。

三、安远的经济

安远的经济可谓农商并重。墟市的繁荣程度一度在宁化县数一数二。集市上交易的商品种类极多，吸引了邻县经营各种商品的商人以及附近的广大民众。安远的农业在宁化也小有名气，该地出产的大米与小猪、菜猪数量多且家喻户晓。

安远墟十分繁荣。墟期逢三、八日。据说，即使不是在墟期也有很多货物出售。如逢八日是墟日，逢七那一天就会有许多外地人为占据墟场的好位置而提前到此地，而墟期后一天，即逢九日，则往往还有好多商贩的货物未售完，他们会留在墟上继续卖东西。逢墟正日的繁荣自不必说，人来人往，把墟场挤得水泄不通。

当地还有墟胆一说，据说整个宁化只有两个墟场有墟胆，其中之一就是安远。对于墟胆是什么，众说纷纭。有人认为墟胆是一种气，有人认为是墟市的声音，并说凡到墟天，在狮子岭就可听到安远墟场上轰轰的墟胆声。其他地方新设墟时，往往要先到安远偷墟胆，希望新开的墟像安远墟

① 周方文：《安远周氏合修家谱》，1990 年。

一样繁荣。偷墟胆其实只是偷墟场中心地上的一块小石头。据说偷墟胆时得好几个人，一个人拿小石头，其他人在后面追，后面的人追赶得越厉害，新墟就越热闹。当地人认为，墟胆被偷后，墟的繁荣会受影响，所以若知道有外地人来此偷墟胆都会阻止，但安远墟的繁荣显然未受此影响。

安远有一句俗语说："先有安远槐树，后有灵峰西竺庵，再有宁化与安远。"在安远张公庙的旁边有棵大槐树，树龄究竟有多长，谁也不知道，据说已有千年的历史。这棵树在1948年3月刮大风、下冰雹时，被连根拔起，令村民奇怪的是，大树旁边的那些密密麻麻的房子，居然一所都没被砸坏。关于这棵槐树，安远有一个传说：

这棵千年槐树后来变成了一个树精，经常化装成商人到河南等地做生意。每逢遇到有人问他住在哪里时，他都说："住在福建省宁化县安远张公庙的后面。"有一年他在河南做夏布生意，刚好有一个安远人也到河南做生意，两人就亲热地攀谈起来，在途中逐渐成了朋友。商人见槐树精经常无缘无故脚痛，行动不便，就问他："何故受伤?"槐树精答道："这是从娘胎里带来的病，已无药可治。"后来安远的商人要回家去，就问槐树精有什么要交代的。槐树精说："在张公庙旁边有一棵槐树，你若看到树根突出，伸到了地面，就用泥土把它埋起来。待我回到家自会给你报酬。"安远的商人回到家中，果然看到槐树的根已伸到了地面，树根上被一些玩耍的小孩用刀砍得伤痕累累，并且给钉上了枚大铁钉，导致常年流着铁锈水。商人把树根埋到了地下。不久，槐树精回到了安远，果真把他所赚的钱分了不少给安远商人。商人惊奇地发现：他那治不好的脚痛已经痊愈了，后来又惊奇地发现：他根本就没有家。这才知道他是千年树精变成的。

这个传说是否真实并不重要，重要的是我们可以透过这个传说了解安远早期的历史、民俗等内容。这则传说不仅说明在安远先民的信仰中存在树木崇拜，更重要的是，它或许可以印证前文所述明《宁化县志》的记载，当时的安远，即招得里，"……其俗农贸相半"，说明安远在数百年前，商业的位置可能就相当突出，当地有一半的人口从事商业。

墟市是进行商品贸易的场所，现把安远街道上的商店、客栈、农户分布状况作一介绍。民国时期，安远有三条街道：上街、横街和杨林街。其中上街与横街分布着卖食品、布匹、百货、药品等的商店，杨林街除了5家客店之外，基本上都是农宅。草坝里有专门的小猪市场，下油坡则是耕牛市场，张公庙前为专门的米豆交易市场。下面先列出民国时期安远三条街道的商店、农宅分布及所属户主的姓名状况，分别如表3-15、表3-16、表3-17所示，再作分析。

表3-15　横街商店、农宅排列表（按从东到西的顺序排列）

序号	性质	店主或户主	街道	店主或户主	性质	序号
1	农宅	李家和	横街		小垅	1
2	农宅	周方盾		饶家福	布店	2
3	农宅	傅夕柏		张光前	布店	3
4	饼店	长老伯		王永寿	药店	4
5	理发店			廖金泰	药店	5
6	百货店	徐葵孙			关帝庙	6
7	石灰堂街			练谓雄	豆腐店	7
8	农宅	谢春保		温□□	农宅	8
9	小饮食店	童水养		伍就汤	药店	9
10	农宅	温教化		章天教	药店	10
11	农宅	李仁森			小学大门	11
12	农宅	李流郎		王任贤	乡长	12
13	客店	李成球		李仁怀	农宅	13
14	农宅	李家盛		万石贵	农宅	14
15	杂货店	曾火明		赵显扬	农宅	15
16	杀猪店	黄长根		吴良潭	农宅	16
17	县参议员	伍秉芳			猪肉市场	17
18	地方官	张善甫			区政府	18
19	农宅	胡启良		伍美周	接骨	19
20	农宅	胡启寿		翁细禄	农宅	20
21	农宅	李春贤				21
22	百货店	熊兴文				22

表 3－16　杨林街商店、农宅排列表（按从北到南的顺序排列）

序号	性质	店主或户主	街道	店主或户主	性质	序号
1	农宅	徐德文	杨林街	廖景华	药店	1
2	农宅	胡会昌		饶权英	农宅	2
3	农宅	谢春贤		傅长姑	杀牛店	3
4	小垅			蔡新发	药店	4
5	客店	陈胡北		饶喜山	烧瓦	5
6	客店	熊长根			溪垅	6
7	客店	温玉骨		廖万端	算命	7
8	理发店	廖德		王贵松	农宅	8
9	理发店	雷树发		曾长灶	豆腐店	9
10	农宅	傅夕康		吴明清	农宅	10
11	小垅			谢辅承	农宅	11
12	农宅	陈显生		傅纪云	农宅	12
13	杀猪店	傅茂德		周方德	农宅	13
14	做篾店	李金亮		谢兆安	农宅	14
15	客店	熊芹香		吴贵连	农宅	15
16					垅子	16
17				伍生辉	客店	17

表 3－17　上街商店、农宅排列表（按从北到南的顺序排列）

序号	性质	店主或户主	街道	店主或户主	性质	序号
1	江西会馆		上街		江西会馆戏台	1
2	农宅	吴有信		杨雨峰	客店	2
3	理发店	何友发		张文保	农宅	3
4	手工店	李佑林		王水金	农宅	4
5	农宅	吴旭明		刘凤生	农宅	5
6	烧瓦	吴有才		李道明	农宅	6
7	鞋店	徐寿元		徐福荣	纸和香菇店	7
8	农宅	谢兆安		罗仁和	杂货店	8
9	农宅	胡长生保		王远林	农宅	9
10	农宅	柯必荣			垅子	10

（续上表）

序号	性质	店主或户主	街道	店主或户主	性质	序号
11	农宅	王贵林	上街	单日华	药店	11
12	杀猪店	张福根		谢彩彩	农宅	12
13	张公庙大路			李金玉	农宅	13
14	农宅	李显华		李成林	农宅	14
15	纸和香菇店	李炳生		陈炳生	农宅	15
16	农宅	伍方友		周立根	布店	16
17	农宅	熊自兴		危裕生	布店	17
18	农宅	王水生		王柏昌	药店	18
19	教书	李超群		刘天长	理发店	19
20	染布	李宜福		徐贵林	百货店	20
21	食杂店	赵秉乾		温荣坤	农宅	21
22	布业	曾石生		吴希仲	教书	22
23	食杂店	王锦保		邱长发	百货店	23
24	布业	邓益元			垅子	24
25	打银店	王汉生		邹欢荣	刻印	25
26	酒店	李玉贤		傅信荣	食杂店	26
27	横街口			温裕兴	酒店	27
28	农宅	李石生		黄兆安	农宅	28
29	药店	邱庆谷		李家顺	农宅	29
30	染布	罗根俚		王汉生	金银店	30
31				萧世炳	豆腐店	31
32				傅清汉	杀猪店	32

表3－15至表3－17显示，民国时三条街道上的商店或住屋户主的姓氏共37个。若将一植店面（住屋）计算成一家，则安远街道上李姓所据的店与屋最多，共有19家；居第二的是王姓，有11家；居第三的是吴姓和傅姓，有7家；居第四的是谢姓，有6家；居第五的是徐、温、伍3姓，均为5家；居第六的是张、胡、熊、廖4姓，均为4家；居第七的是曾、饶、陈、周4姓，均为3家；居第八的是黄、赵、刘、罗、邱5姓，均为2家；其余长、童、练、章、万、翁、雷、蔡、何、柯、杨、单、危、邓、

邹、萧16姓均为1家。

三条街上共有商店64家。这64家商店，按其所属的不同行业计，药店最多，共有9家；客店居第二，共有7家；布业居第三，共有6家；理发店居第四，共有5家；百货店和杀猪店均居第五，共有4家；豆腐店和食杂店均居第六，均有3家；酒店、杂货店、染布、烧瓦、纸和香菇店、教书、金银店均为2家；接骨、饼店、饮食店、杀牛店、算命、做篾店、手工店、鞋店、刻印店均为1家。粗略统计共有24种不同经营方式与内容的商店。

为了使读者更为详细地了解安远墟上各商店与住屋的户主情况，在此按该屋在街道上的排列顺序把各户主的籍贯列为表3－18，以明了墟上居民户的来源。

表3－18　安远墟上的店主或屋主的籍贯一览表

序号	上街		横街		杨林街	
	右边	左边	右边	左边	右边	左边
1			安远		安远	江西
2	建宁县	江西	安远	安远	江西瑞金	安远
3	江西	建宁县	安远	江西	安远	连城县
4	江西	永跃村	宁化县	江西	方坑	江西
5	安远	安远		江西	安远	安远
6	安远	安远	广东		安远	
7	江西	江西		广东	武平县	上杭县
8	安远	连城县	江西	安远	安远	安远
9	江西	永跃村	江西广昌	安远	安远	安远
10	高岭村		连城县	江西	安家礤	丰坪村
11	永跃村	江西	安远			安远
12	江西	安远	安远	洪围村	洋坊村	连城县
13		上杭县	安远	安远	连城县	江西
14	赵东村	安远	安远	安远	安远	黄塘村
15	江西	安远	安远	江西	江西	丰坪村
16	安远	江西	建宁县均口	丰坪村		
17	安远	江西	安远			连城县

（续上表）

序号	上街		横街		杨林街	
	右边	左边	右边	左边	右边	左边
18	永跃村	江西	后溪村			
19	赵东村	江西	张坊村	安远		
20	上杭县	江西	江西广昌	安远		
21	江西	上杭县	江西广昌			
22	建宁县	江西	安远			
23	永跃村	江西				
24	江西					
25	连城县	江西				
26	安远	安家磜				
27		江西				
28	安远	建宁县				
29	广东	安远				
30	江西	连城县				
31		建宁县				
32		连城县				

根据表3－18所列户主的籍贯来统计，户主包括三省人，其中江西的有35个，广东的有3个，福建的有82个，共120个。福建的又来自5个县：建宁县6个，连城县9个，上杭县4个，武平县1个，宁化县62个。若对宁化县的62个按不同的村落进行划分，这62个包括了安远的42个，永跃村的5个，丰坪村的3个，安家磜与赵东村各2个，高岭村、方坑、后溪村、黄塘村、洋坊村、洪围村、张坊村以及宁化县城均为1个。安远的占了总数的35%，江西的占了29.2%。不同籍贯的人往往有不同的经营内容或者谋生方式。如江西人主要经营布店与药店，连城人一般是经营猪与牛，广东梅县、大埔、潮州等地的人主要以挑担为业，而杨林街上的本地人大部分都以耕地为生。

安远墟上交易的主要货物有大米、香菇、纸、布匹、糖、饼、果、日杂、鸡、鸭、兔、小猪、菜猪、牛等。据说，每到墟天都有100多担杂货与几十部装满货物的鸡公车到此交易。

1. 大米

由于安远盛产大米，勤劳的乡民自产的大米根本吃不完，就把一部分余粮挑到墟上卖，几乎每个种田户都有大米出售。农民通常在要买东西时，挑大米到墟上出售，再用卖米得到的钱去买东西。有力气者可挑 8 斗一担，一斗有 18 斤，因而一担有 140 多斤。需要用较多钱时，如要办婚丧嫁娶之事，就会请邻居或亲戚帮忙把米挑到市场上。安远与营上均有米市，买米的顾客既有本地的一些非农业户，也有当地的小商小贩，还有一些专门做米豆生意的大老板。农民若不急于用钱，则会选择价钱较高的卖米时间与地点，尤其是那些小商贩，若连城的价格高，则到连城卖；若长汀的价格较高，则到长汀卖。做小生意者为了安全，一般不单独行走，总是三五成群，乃至 10 多个人一起赶路。也有部分人把米挑到江西卖，据说江西虽然是产粮区，但个别安远人很狡猾，在安远卖的是干米，在快到江西的墟市前一两里的地方，会把米往水中浸泡一下，重量就会增加不少，即使价钱不比安远高，也不会没钱赚。

2. 猪

因粮价远比肉价低，所以在安远乡村几乎每家农户都养猪。当地有句话："种田不离猪，当官不离书。"有的农户单养仔猪，把小猪挑到安远墟上卖；有的单养肉猪；也有的母猪与肉猪都饲养，数目三五头不等。安远的肉猪一般为放养，所以较能走路，出售时可以直接赶到墟上。而同样是宁化县产粮区的水茜、河龙的猪几乎都是圈养，出售时只能两人抬着去卖。长汀、连城人购买肉猪时，只买 100 来斤的，因为超过这个重量，就无法抬到远地去了。做肉猪生意的商贩为了使猪方便走远路，均给猪穿上草鞋。商贩一次最多可赶 10 头猪，需 2～3 人。但赶猪（牛）是件极其辛苦的事情，当地有句民谚说："贩猪赶牛，住山睡坝。"意思是：赶猪牛的人因猪牛难以安置，均住不上旅馆，只好睡在山中与草坝里。一般的旅店都不愿做这种房客的生意，因为随行的牲畜会把房子弄得脏臭不堪，影响生意。安远的肉猪一部分赶到建宁里心与扬口等地卖，另一部分由长汀或连城人到安远购买，然后再把肉猪赶回长汀、连城、永定一带卖，这些地方由于缺粮，肉猪供不应求。

安远的小猪也极有名气，产量相当大。整个宁化县数安远与曹坊两地的仔猪市场最为繁荣。但冠以安远小猪之名的小猪并不限于安远本地饲养，江西塘坊的小猪也会被挑到安远卖。产粮很多的家庭大多养母猪，因为母猪产下小猪后，把小猪饲养到出笼售卖需要两个月的时间。这两个月，猪食都是用米熬成的粥，有的还需加上黄豆粉，消耗的粮食较多。安远的仔猪市场由伍姓人管理，据说一是因为民国时有个伍秉芳，他是县参议员；二是因为做仔猪市场的地是伍氏族人的。伍姓牙人对仔猪的评价决定了它的价格与销路，导致卖仔猪者均不敢轻易得罪伍姓人，有的还刻意与伍姓牙人搞好关系。民国时，仔猪市场上每个墟日成交的仔猪数量约有500头，民国以后曾有2 000～3 000头。到此贩卖小猪的有上杭、连城、明溪及宁化县城人。

3. 牛

本地的耕牛出售量约为每墟100头。因本地农田多，当地农民敬牛若神，不吃牛肉，不敢杀牛，也不允许杀牛。他们认为牛耕地辛苦了一辈子，年老体迈之时再赶去宰杀于心不忍，而连城人最爱吃牛肉，所以来此地购牛者数连城人最多。

4. 木材

安远各村都有木材出产。然而，村民称村庄周围的树为“风景树”，这些树是绝对不能砍的，可能是出于风水方面的原因。安远的木材生意以木板为主，较少做纯木头生意。据说，因安远溪的水流量不够大，木头漂不起来，木板的运输起初是请力气大者抬到安远，再放到安远溪中，漂到距安远25里的龙里寨。溪流很窄，船只通不过，钉好的木板需捞起来，用肩扛10多里路到建宁均口再继续放入水中。这些木板经过建宁与邵武，沿着闽江流到福州。

5. 香菇

安远林木资源丰富，山林面积达33万亩。受交通运输条件的限制，当地漂到福州卖的木材数量很有限，因此，在山高林深的安远，参天大树随处可见。优越的森林与气候条件吸引了不少浙江人到此种香菇。他们到安远后，首先要向山主买山场，然后请工人在冬季砍伐树木，用斧头在树干上砍出一道道约为两厘米深的口子，盖上枝丫，在第二年的冬天或第三年的春天就会长出香菇。把新鲜的香菇放到烤房烘干后，就成了香气怡人的干香菇。安远的香菇大多销往福州与厦门沿海一带。

6. 布匹

安远的布几乎都来自江西。在清末至“抗战”时安远布匹的交易量尤其大，主要有姓余、罗、李等的五六个老板。由于从江西南丰与南城进货路途遥远，所以民国初这些老板在江西会馆创办了振华织布厂，原材料来自南丰与南城，并购买了10多台织布机，招收了30多名女工，且采用木织机与手工制作相结合的方式纺织棉布，同时还开办了染布行。织出的布主要在安远本地销售，生意相当红火。

7. 中药

安远经营药材的都是江西人。药材来自江西，但中药来自漳州，当地有句俗话叫“药不过漳州不灵”。本地的药材经过长汀与连城到漳州，在漳州加工成中药。大的药材老板在长汀，长汀老板从漳州购进中药，然后再把中药卖给宁化县城的老板。而安远的老板则要到宁化城关购进中药回安远卖。

8. 食杂

食杂店主要经营油、盐、酱、醋、糕饼、鞭炮、蜡烛、干果及咸鱼干等海货。

安远农民的收入以米、猪两大项为主，且猪与大米也是安远墟上交易数额最大的两种商品。围绕着安远繁荣的猪牛市场与大量的水稻生产，当地形成了两个与之相关的以手工业为主的村落。一个是安家磜村，专门生产草鞋，既包括人穿的草鞋，也包括猪、牛穿的草鞋。因为当地的肉猪与牛都被贩卖到远地，商贩为避免猪与牛的蹄子因长久走石子路受伤，就给它们穿上草鞋。草鞋易被石子路磨破，在一次贩卖的路途中，得给每头猪或牛准备好几双草鞋。在安远，猪、牛的销量很大，过往的商人也比较多，因而各类草鞋的需求量也很大。另一个是灵峰山村，距安远 30 里路，专门生产竹篾器，包括竹篓、竹火炉、篮子、草席、土箕等，其中土箕的销量最大。土箕是农民们在田地耕作时必备的农具之一，干农活时几乎一天也离不开它。竹篓的销量也很大，它是专门用来装仔猪的。

安远的商品输送方式主要有三种：一般商品用肩挑或用鸡公车运，猪、牛由人赶着走，木材放到水里漂。其中挑担的多数是广东人，这是因为广东人无田无山，若广东来的女子不缠足，也会去挑担，但一般挑短途。当地的女子不挑担，一是因为当地女子大多缠足，二是因为当地人少田多，即使是不缠足也得在家种田。推鸡公车的主要是江西老板，鸡公车每车约载 200 斤货物；赶猪、牛的则是连城人，据说连城人爱吃牛肉，当地的牛远远不够用于消费。在这几种货物的输送方式中，挑担所占的比例最大。挑担者除了广东人外，本地安远村的少数男子也会在冬日农闲时去挑担赚些小钱。但在安远乡中的一些村落，挑担者则相当普遍，据调查，井坑村大约有 50 个青壮年男子长年挑担；里坑与安家磜村有 100 多个挑担者；黄塘、伍坊与岩前等村有 60 ~ 70 个挑担者，但这些挑担者多半是较晚从外地迁到安远生活的。

挑担的路线主要有以下几条：

（1）安远到宁化：大约有 100 里路，来回一趟需 3 天。若以每担 100

斤计，大概可得挑工钱2.5元。中途经过沙坪、中沙，安远到宁化的挑担者往往住在沙坪或中沙。安远到沙坪为50里，安远到中沙则为70里。挑到宁化县的货物大多是药材，从宁化县回安远需经过河龙，挑担者一般会把食盐与其他食品挑回安远。

（2）安远到江西南丰：大约有180里，来回一趟需要一个星期左右，中途经过江家隘与李心。安远到江家隘的路程有70里，而江家隘到李心为60多里。挑去江西的货物主要有明笋、笋干、香菇及其他当地土特产。挑担者把货挑给大老板，只得脚费钱。返程主要挑食盐、柑橘、布匹与药材。

（3）安远到连城：全程约280里。本地人直接挑到连城的不多，大多只挑到宁化县中转。由于宁化治平与曹坊只生产草纸，因而毛边纸要从连城与长汀运来。直到今天，好的毛边纸仍然来自长汀与连城。

（4）安远到江西南城：全程大约280里，来回大约需要8天，途中住宿2个夜晚。途中需经过李心、江家隘、傅坊、南丰，再到南城。所挑的货物与安远到江西南丰之间交易的货物大致相同。

（5）安远到江西广昌。全程大约150里，来回一趟需4天，途中需经过江西塘坊与赤水。挑担者夜里住在塘坊。

张公庙前有米豆交易市场，主要卖粮、油、大豆。由庙里的人当牙人，当地称之为“过斗”。在买卖双方讲好价钱后，牙人给他们过斗，收取1个铜钱的过斗费。充当过斗的人有好几个，一般由当地最穷苦的人担任，他们住在庙中，轮流当过斗。对庙前交易的谷物，当过斗的人可以抽一点，以解决温饱；庙里也要抽一点供举办民俗活动用。这几个过斗的人均由当地的绅士来安排与管理。

除了在墟上开店的老板，安远还有不少小商贩，他们做生意的方式是挑货担走墟场，逢墟期在墟市上摆摊售卖，货物较多的也会请人挑。这些小商贩，有的卖布；有的卖盐；有的卖豆腐；有的卖杂货；有的则在墟上支起锅，做一些油炸食品来卖，或做粽子、糍粑，或煮米粉等。一到墟期，很多大商人把布从江西运到安远，用比一般市价略低的价格批发布匹给这些小商小贩。贩盐、卖杂货等的商贩做生意也是如此。

小商贩常走的墟场有中沙墟、均口墟、河龙墟、营上墟等。中沙墟墟期逢二、七日；建宁均口墟在安远的东边，距安远40里，墟期逢二、七日；河龙墟距安远40里，墟期逢五、十日；营上墟在安远的北边，距安远20里，墟期逢二、七日。从安远到营上墟的小生意人大约有20人，他们都是自己挑一担货到营上出售。

民国时安远司有几个有名的富户：

（1）王启龙，洪围村江上的大地主，有2万多担谷田。他的财富是经三代人的积累达到此数目的。据说王启龙的祖父只有500担谷田，但他很节省，租谷都用于买田。到其父时代，已有2 000多担谷田。街上的赌徒们把钱赌光了，都用家中的田作抵押，向他贷钱，若再输只好用很低的价钱把田卖给他，所以他的田越积越多。而王启龙的儿子王任贤是民国时安远的乡长，也是宁化西门出城（指水茜、河龙、安远这片产粮区）的第一富。但有人说他的财富是经过七代人积累起来的。

（2）张善甫，20世纪40年代的木材商人之一。他的资本比较雄厚，光农田就有1 000多担谷田。此外他还开了钱庄，放高利贷，十分富有。

（3）黄金生，安远右保的保长。他只开了个食杂店，没有文化但嘴巴厉害，能说会道。

（4）李家继，安远左保的保长。他有祖宗传下的2 000多担谷田，据说他的兄弟拥有同样数目的田。

四、安远的民俗信仰

民国以前，安远村有张公庙、关帝庙、三仙庙和观音阁4座寺庙。现在只剩下张公庙，其他3座庙中的神明均改供在张公庙中。

1. 张公庙

张公庙建造时间不详。民国前的张公庙包括庙后面的玉皇楼。上文在叙述李氏上祖乐善好施，不少族人捐了钱修建寺庙时，曾提到一个上祖捐款建造的玉皇楼，所指的就是此楼，此楼主要用于念皇经。1949年以后，庙被改作乡粮站的仓库。1955年，张公神像被悄悄抬到5里外岩前村的弥勒岩保存，1958年张公庙被拆。

现在的张公庙分成前殿与后殿两部分。前殿为张公庙，为荤菩萨；后殿为观音堂，为素菩萨。张公庙的主神坛中间供着张公，右边为张公之妻，左边是关帝。张公与关帝的神像前面各有两尊较小的神像，分别是他们的将领。张公妻的神像前也有两尊较小的神像，右边是她的女儿，左边是她的儿子。主神坛的左边又有一个较小的神坛，中间供着土地神。在土地神前有两尊较大的神像，均是关王将领的旧神像。因为旧神像太重，游神时捧不动，所以只好塑两尊小的供在关帝前面。观音堂同时也是张公庙的大雄宝殿，中间的神坛上供着三宝如来，右边的神坛上供着普陀与禅师公公，左边的神坛上则供着五谷神与伽蓝菩萨。

庙中的张公是指唐朝时的张公瑾，但在20世纪80年代捐钱做庙会时有人听错了，在榜文上写成了“张巡”。后来文化局的人进行民俗调查与登记时，将张巡的名字报了上去，于是，村民只好将错就错。

张公庙有200多担谷田，约为现在的20亩，每年收到的租谷有1 000多斤。此外，庙里还有一些其他收入，如每个墟日，对于庙前米豆市场上交易的大米、豆子、油等，庙里会抽一点，住在庙中的牙人也会将所得上交一部分。这些所得全部用于庙和神像的维护以及庙里举行各项活动。

2. 关帝庙

据说建庙时间比张公庙略迟，此庙所有安远人均有份。关帝庙现已不存在，关王的神像在1992年被移到张公庙。

3. 三仙庙

三仙庙又叫水口庙，供着三仙祖师与五谷神。因庙在水口，所以当地人称三仙祖师为“水口菩萨”，并认为三仙祖师是把关的，可以阻止妖魔鬼怪到安远来作乱。1958年该庙被拆掉。

4. 观音阁

观音阁供着观音，也有把关、避邪的功能。此庙无会期。

5. 社公坛

社公坛位于三仙庙下方。它是用一块石头做成的神坛，上面写着“本坊福主”。村民杀猪时会拿猪头和猪尾作供品去祭拜，希望社公保佑家中的猪快快长大。过年节时则把鸡、鸭等拎到神坛前杀，但若是屠夫杀猪卖则不抬到社公坛前。

6. 江西会馆

江西会馆的面积有数千平方米，里面供着在安远生活的江西籍各姓氏的祖宗牌位，还供着许真君神位。会馆的对面有一个大戏台，每年的冬至日，全安远的江西人都在江西会馆相聚、会餐，同时还请戏班来表演，聚会最短时有3天，最长时有8天。演出的钱按人口摊派。正月游龙灯时江西会馆会拿一条布龙来制作龙灯。

据说安远本地人与江西籍的两个姓氏曾因江西会馆的地基起争执，都说这块地基是自己的。两姓因此打起了官司，但是一直未能和解。江西那姓较有财力，一天内就从江西运来了很多木材，一夜之间建成了一座江西会馆。另一姓见屋已建成，无可挽回，只好罢休。

围绕着上述的神明，一年之中安远有6次大型的民俗活动，包括五月十三日关帝庙演行业戏；七月十五日张公庙打醮；九月二十九日张公庙会；十月拜万佛；五月二十五日三仙庙五谷神生日；一年一次的“念七佛”。此外还有正月十三至十五的演戏与游龙活动。

（1）念七佛。

若当年五谷丰收，张公庙中的经济状况比较好，庙里就会请7个人到庙中“念七佛”。念七佛是指念七天的佛经。念经前，庙里住持会提前去请4个师傅（尼姑或斋公），他们一般来自下横村的西竺庵与永跃村的宝富庵，念完经后得付给他们工钱。参加者还有当地30多个吃斋的阿公与阿婆，他们都是主动参加的，庙里不仅不必付他们工钱，而且他们还会带来大米、面条、食用油等物品。在这7天里，他们每天都要在庙中念保平安的经，从早上5点开始，直到晚上10点才结束。庙里每天除了供应三顿饭，上午、晚上还会各供一道茶。

（2）五月十三日关帝庙演行业戏。

此庙会的主要活动有祭关王、迎送关王与演行业戏等。

庙会“做头的”是安远乡的官员与乡绅，如民国时的伍秉芳、王任贤等人。他们会组织相关活动，决定所需经费的多少、安排抬神像人员、请戏剧团以及鑓堂班子（当地人对古事队的称呼）。举办庙会所需的钱由墟上的12个行业提供。各行业出钱的数目由乡长决定，并由组织者提前征收。12个行业包括油盐、猪肉、佛纸、客栈、酒、药、粮食（主要是米豆）、杂货、布匹、小百货、烟和豆腐。

在庙会举办之前，组织者得提前预请比较有名的京剧团，当地人称为“大班子”，又称“人戏”。在安远村民的记忆中，演戏时间最长的曾达30天，最短也有12天，一共要上演12本戏，一个行业出一本。演戏的地点在草坝里。草坝里曾有一个大戏台，直到1958年才被拆掉，此后没有重建。演戏的时间从五月十二日下午开始，此后每天下午与晚上演戏，一天演一本。

在五月初九或初十，组织者得预先在草坝里的戏台对面搭好一个大茅屋。安远左、右两保的保长得根据用工的需要确定人员数目，然后根据此数目平均分配到各甲，由各甲的甲长抽派人员去砍木头、割茅草，搭好大茅屋。此外，十三日下午抬关帝等神像的人员也由甲长负责指定。

五月十三日，庙会开始。首先是祭关帝，时间是当日早上5—6点，在乡里官员及乡绅的带领下，乡兵们排成两列，抬着大猪，前呼后拥，前往关帝庙，在关帝面前杀大猪祭关帝，并由乡中的文人念祭文，祈求关帝保佑乡民平安。官员、乡绅祭完后，当地百姓才可去祭拜。百姓祭关帝用的供品有鸡、鸭等家禽，祭拜的时间自己决定，但一般是十五至十八日的上午。

十三日下午，民众要把关帝等神像抬到草坝里的大茅屋里受供。在关帝庙里祭拜一番，待锣鼓敲响之后，村民便把关帝请到轿中，队伍开始出发。排在队伍最前面的是写有关帝、张公、观音、五谷神等名称的旗帜；其次是关平与周仓的小神像，各由 1 人捧着；排在第三位的是由 4 人抬着的关帝轿；排第四位的是筵堂班子，由打鼓的、敲锣的、打小钹的、打大钹的、吹喇叭的等 6 人组成；排第五位的是旗帜队，有 70~80 面彩旗，扛旗者既有大人，也有小孩。

与此同时，张公庙的张公与三仙庙中的三仙祖师、五谷神也要抬到路上，聚集后一起抬到大茅屋里。张公一行队伍的顺序是：排在最前面的是张公的两个将领，各由 1 人用手托在身前，他们紧跟在抬关帝队伍的彩旗队后。跟在两个将领神像之后的是张公夫妇的轿子，均是八抬大轿。有趣的是，张公的轿子一定要放在其妻子轿子的后面。据说若放在前面，张公会频频回头去看妻子，使得轿子很重，抬者肩负不起。排在第三的是张公的儿子与女儿的神像，分别由 1 人用手捧着，儿子的像在前，女儿的像在后。排在第四的是筵堂班子，由 4 人组成。排在第五的是旗帜队，约有 40 面彩旗。最后是由乡兵簇拥着的乡长、保长、甲长等人。队伍的后面还跟着一些看热闹的百姓。

关帝等神像被安置在戏台边的大茅屋之后，每天上午，百姓各自去向关帝祭拜祈祷，下午与晚上则观看剧团在戏台上演戏。戏演完后，关帝、张公等的神像就又被送回各自的庙里。

（3）五月二十五日三仙庙五谷神生日。

五谷神的生日过得比较简单，只是请 7~8 个道士念 3 天五谷经，祈求五谷神保佑安远风调雨顺、五谷丰登而已。届时村民们家中都禁荤，每家每户都带上自制的米粿等斋品去祭拜五谷神。

（4）七月十五日张公庙打醮。

由于庙中的产业不少，醮会的资金除了由庙里的和尚化缘而来，其余全部由庙产支出。组织者仍是乡政府的官员。醮会时间为七月十三日至十五日 3 天，但禁荤时间则从十一日开始，直到醮会结束。醮会地点是张公庙的前殿。

醮会之前，组织者要预请好 1 个道士，一般请傅家师傅，经费较多的时候会请明溪瓦子坪聚龙寺的大师傅（和尚）。醮会的最后一天要举行“坐台”压邪，据说法术低的道士只能坐 1 个台，而法术高的和尚可以同时坐几个台。

醮会 3 天以念经为主要内容。醮会的前一天，道士得事先做好表文。第一天早上要先树神旗，迎接各方的神明到醮场。旗的下方有 3 条长长的飘带，据说如果村民们都能按规定吃素，道士在醮会过程中又做得很认真，且各方面都很洁净，神旗上的飘带就会自动打结，这就表明该年安远会很平安。树完神旗后由道士“发表”，向神明传达祈望的内容。早上7点与下午5点，还得“朝神旗”，由道士领头，庙里的人捧着5碗斋菜，包括豆腐、粉条、腐竹等，到神旗下祭供各方来的神佛。中午则做午供。晚上由道士念经。第二、三天的内容与第一天相似，但没有树神旗与“发表”，大体上以道士念经为主。

第三天晚上11点以后，道士要做“蒙山”，当地人称为“坐台”。若当年安远不太吉利，则第二天与第三天晚上都要坐台。坐台之前，要在张公庙里把两张桌子架起来，再在上面的那张桌子上蒙上一床被子，桌上要供三宝如来等神明的神像，神像之前要安放香炉与米粿等供品。坐台时由道士（和尚）在台上念一本经，大约需要两个小时。坐台过后要把神旗推倒。与此同时，庙门口也要摆一张桌子，用于放斋饭，庙门口还得贴上孤魂榜。坐台结束后要给孤魂野鬼施食，并给他们烧衣服、钱财、草纸等物品。

除此醮会外，在传统社会中，安远各地在七月十五日都有过“中元节”的习惯，当地人称为“鬼节”。家家户户都要提前买好很多纸钱，鬼节那天一大早，就把买好的纸钱烧给祖宗，目的是请公太、婆太们到外面多买些聪明的子孙回来，让本房、本族发达兴旺。晚上还得在厅堂再烧一些纸钱，据说有的人还会到三岔路口烧，贿赂无主的孤鬼为自家买子孙。

（5）九月二十九日张公庙会。

九月二十九日是张公的生日。为给张公庆祝生日，安远每年都在此时举行大型的庙会活动，主要内容有12棚古事及张公等神明游街，并且由此形成了大型的物资交流会。庙会的经费一部分由张公庙的庙产支出，另一部分由甲里的各户摊派。组织者为乡里的官员、安远的保长与甲长。

在庙会之前，组织者要做好各方面的准备工作。安远的12个甲长要派人把草坝里戏台对面的大茅屋搭好。庙会的组织者与当地文人则必须提前请好戏班，决定古事的内容，并根据古事的内容做好衣服。古事的内容都是根据古戏文里的内容来做的，如桃园结义、西游记等。但每年古事的内容都不能重复。九月二十八日就得把各棚古事装好，并把所需的各种花扎好。然后把安远的孩子们聚在一起，根据他们的外貌特征，从中挑选适合戏文中角色的孩子。12棚古事需要近30个小孩，每棚的人数为2～3个，这些参加扮古事的小孩都是各户自愿报名参与的。选好角色后，化妆师就给孩子们化妆，并敲锣打鼓送12棚古事到街上游走一圈。此日是安远的墟日，到街上游走旨在告知赴墟的百姓，第二天是张公的生日，请他们第二天来这儿做生意、购物、看热闹、看戏等。

安远的每家每户在此前都会跟各方亲戚联系，落实二十九日会有多少亲戚朋友到本村做客、看戏。二十八日，家家户户都会做油炸糍粑，一来用于第二天做祭拜关公的供果，二来用于招待客人。据说各户都有很多客人，多的有七八桌，少的也有两三桌。

二十九日早上村民们先在张公庙里祭拜一番，然后请张公等神明上轿游街。游街的队伍依次包括：

①两支三边连神铳：一人拿一把，鸣枪开道，作为游街行踪的信号。

②布龙：共9节，由10多个人抬。

③装古事的行队：共12棚，一甲出一棚古事。每棚古事由4个人抬，上面有2~3个化好了妆，固定在架上的小孩。12棚古事的顺序按各棚在戏文中的角色大小来定，而不是按甲的顺序。若有状元、皇帝、将军的角色，其顺序必然是皇帝、状元、将军。

④高跷行队：约有20个人踩高跷，每个踩高跷的人都有2个人在旁边守护，以防摔倒。

⑤张公神像的行队：排在前面的是几十把执牌，包括回避牌、肃静牌等。紧接着依次是张公儿子的神像、张公女儿的神像、张公妻子的神像、张公神像及关帝像。神像后面是80多面彩旗，紧接着是5~6班筵堂班子。

队伍的后面还有许多看热闹的乡民。游街队伍约上午9点从庙里出发，浩浩荡荡的队伍依次沿着杨林街、伊家巷、傅家坪、桥背等地游境，大约在下午按原路返回庙里，接着把各尊神像送回神龛里。

沿途所经之处，家家户户沿街摆好桌子，端上供品，一旦庙会游街队伍到达家门口，就点起鞭炮，家人烧香跪拜，迎接张公菩萨，同时祈求张公保佑家人平安。游街队伍经过杨林街、傅家坪、伊家弄、城脑上和桥背5个地方时，均得停留半个小时至一个小时，让住房不在所经街道上的安远村民在就近的停留点“朝菩萨”。扛轿的、拿执事牌的、装古事的小孩子均可趁着空歇吃点心。

游街队伍一回到庙里，草坝里就开始演大戏。据说只能演京剧，不能演木偶戏，因为在当地乡民的观念中，京剧比较正统，而木偶戏不正统。此后戏班每天下午、晚上都在草坝里演戏。演戏的时间短则10多天，多则30天。戏班子一般在九月二十六日或二十七日到达安远。看戏的不仅有安远各村的村民及亲朋好友，还有不少到安远做买卖的商人。

由于二十八日是安远墟天，所以当日会把古事抬到街上向赴墟的民众做广告。且因安远的张公庙会每年时间固定，所以一般的商人对安远繁荣的交易市场与热闹的张公庙会已经印象深刻，都想趁机大捞一把。因此，庙会吸引了来自将乐、泰宁、建宁、明溪、连城、长汀、上杭以及江西石城、广昌等地的商人，他们带来了各种各样的货物供人们选购。据村民说，参加交易的物资有从龙岩运过来的桂圆、荔枝，从上杭、长汀运过来的干果、糖、食盐，从南丰运来的柑橘，从石城运来的糖，从江西运来的布匹，从长汀、三明、上杭等地运来的胡椒，从安远各乡及邻近地区运来的牛、猪等家禽。庙会前后三天的交易额之大，令人难以置信。据说数额多时光耕牛就有 1 000 多头，小猪也有 1 000 多只，食盐有 300 多担，胡椒有 100 多担，南丰柑橘有 100 多担，糖有近 200 担，百货不计其数，简直让人难以相信这是一个偏远山乡的墟市一个墟日的交易量。庙会期间的墟期不只是九月二十八日一天，而是包括二十七、二十八、二十九日三天。在这三天里，安远从早到晚都是人山人海，货与人把整个安远挤得水泄不通。除了上述各地的商人，还有来自安远周围的民众，他们挑着自家生产的土特产到安远出售，既为以物换钱购置用品，又为到安远看热闹饱眼福，回家后可以为本地人带去许多谈资。

（6）十月拜万佛。

拜万佛没有固定的日子，需在九月底或十月初请算命先生择一吉日，日子选定后，组织者提前张榜告知村民。拜万佛的组织者是安远的保长与各甲的甲长，他们负责请和尚及准备其他事务。经费的来源既有庙里的庙产，也有当地百姓自愿出的钱。拜万佛的祭首有 70 多个，由百姓自愿报名参与，当祭首的条件主要是出大约 70 元钱，用其中的 20 ~ 30 元办一桌素的供菜，其余用于买蜡烛、香、素供品以及 60 把纸金，每把纸金有 60 张。

拜万佛之前要做好各项准备工作。如预请 20 多个和尚；各甲甲长负责组织人员割茅草、砍木头，在草坝里搭好大茅屋；把自愿出钱的村民以甲为单位做成表，这张表要上疏神明，并在拜万佛期间的任一天早上于念经之时烧掉。

从拜万佛的前三天开始，安远就得禁荤，每家每户都得吃素。安远的各条街道上均不准卖猪、牛、鸡、鸭、鱼等，否则一律没收。

拜万佛的第一天要把观音、五谷神、地藏、三宝如来等各尊神明抬到草坝里的大茅屋祭供。抬神的人员由百姓自愿报名担任。由于当地人认为抬神与念经可以比常人得到神明更多的庇佑，因此报名者总是比所需要的人数多。抬神队伍的顺序与五月十三日关帝庙演行业戏的顺序大致相同，唯一不同的是多了 20 多个和尚，他们站在神明的后面、彩旗队的前面。

把神明抬到大茅屋后，首先是安神，然后和尚开始在草坝里念经。20多个和尚分成两排，在供桌前念经；后面有许多皈依弟子及一些斋公、斋婆跟着念，一共念10天。村中的男男女女均到台前上香拜神。每天的内容几乎都大同小异，只是和尚念的经书不同而已。到最后一天下午，每个祭首都要备好一桌斋饭与斋菜，有70多桌，全部摆放在草坝里。每桌都有7碗菜与8碗饭，每桌还派了一个祭首在桌旁烧纸钱。

在最后一晚的11点左右，坐台开始。共有7个台，因此叫“七星台”，总台设在张公庙中，其余分别设在城脑上、三仙庙、楼背、观音阁、桥背和草坝里6个地方，几乎都设在三岔路口。据说在安远的总路口坐了台，各路的小鬼就不能在阴间的路上上下轿，就不会扰乱安远了。总台的台前还有一张桌子，点着7支大蜡烛，安放着神位，并摆放着桂圆、荔枝、饼干、米粿等供品，这些斋果被当地人称为“福果”。总台有4个和尚，其中1个坐台念经，另外3个在旁边吹吹打打。总台旁边总是站着许多围观的民众。其他6个台，每台只有1个和尚，以及1个烧佛纸的村民。据说坐台的时候很脏，也很可怕，乡民认为台中聚集了很多孤魂野鬼，所以尽管安远平常有很多乞丐，且这时有很多吃的东西，但乞丐们还是不愿到台边来。等总台上的和尚把一本经书念完后，就会把台上的福果扔到台边，围观的村民都争先恐后地去捡，想要把它们带回家给小孩子吃。据说小孩子吃了这些福果后，胆子会变得比较大，容易养大。草坝里的每桌斋饭菜旁，祭首们都不停地给孤魂野鬼烧纸钱，一旦总台的经书念完，就把桌子上的每一碗斋饭菜都倒一点到桌子底下，其余的带回家，给自家人吃，据说吃了不容易生病。

相传从明溪瓦子坪聚龙寺来的和尚法术最高。1个和尚的法力就可压3~4个台的邪。聚龙寺离安远约70里。在20世纪40年代里的某一年，组织者从聚龙寺请来了10多个和尚，其中一个是该寺的大师傅，1人可坐5~6个台。据说，那年总台的和尚经书尚未念完，就乌云密布，狂风大作，不一会儿大雨倾盆，台上的蜡烛全被吹熄，只有总台菩萨像底下一个专门用于点火的施斗被和尚用袈裟蒙住，才未被吹熄。桌子上的供品与斋饭菜全被吹到地上。和尚说是村边有一个修炼成精的枫树精到台前作乱，被他用法力消灭了。当时台周围的村民被吓得两腿发抖，不敢说话，有的还钻到了桌子底下。后来有人去看那棵枫树，果然有刀印在树上。据说在此后的几年，这刀印还一直流出血水来。

在传统社会中的安远，十月的坐台并非年年都有，只有当年五谷丰收才会举行。坐台的目的在于保佑安远人人平安、五谷丰登、六畜兴旺。

（7）正月舞龙灯。

舞龙灯从正月初七或初八开始，至正月十五结束。一般舞龙灯开始的前两天及正月十五都在安远街上，其余时间在乡村里。正月十五舞龙灯时，除了安远村的两条布龙轮流游街外，还有本地的花灯、蚌灯、马灯、狮灯以及踩高跷的队伍等参加。

安远的龙灯有两种。一种是布龙，安远有两条：一条是江西会馆出钱制作与组织的布龙；另一条是由安远 12 甲的村民摊钱、甲长们组织的布龙，安远其他乡村的人都称为“张公庙的龙”。布龙大约有 7 节，长约 20 米。另一种是秆龙，是用稻草扎成的龙。秆龙的制作成本很低，因稻草在盛产大米的安远到处都是。秆龙多半是几个要好的朋友趁着正月的闲暇，相邀一起制作的。做好后，他们就在秆龙身上插上线香，扛去游街，或者扛到安远各村去给农家拜年。布龙也会扛去给农家拜年。每户人家都会放鞭炮迎接龙进屋，并给舞龙者一个红包。这些红包钱，舞秆龙者得后由所有舞龙者平分；而舞布龙者得后要交给安远保存放，保里只给舞龙者一些猪肉。这是两种不同的龙，据说秆龙可以保禾苗、保六畜、保村民平安，所以秆龙的地位比布龙高，当布龙与秆龙在路上相遇时，布龙得给秆龙让路。据说秆龙很灵验，逢天旱少雨或田里有虫子，只要把秆龙扛到稻田里一游，天就下雨。

无论是哪一种龙，据说在舞之前都得先拜过村中的福主公王（社公），且到其他村落时，第一个受拜的对象也必须是该村的福主公王。当地人认为村里的社公就是一村之主。在正月十五之前，安远各村的龙都在满乡走村串户，甚至建宁的一些龙也会到安远来。所以在这段时间里，安远处处鞭炮声不断，过年热闹喜庆的气氛一直持续到中元节才结束。

（8）中秋节求扁担神。

安远还有中秋节求扁担神的习俗。每年八月十五晚上，安远附近的 10 多个孩子相邀一起去捡砖头、瓦片，偷柴火与稻草，然后用砖头和瓦片堆成一个宝塔，用柴火把宝塔烧得红红的，其中一个小孩向里面泼烧酒，另一个向里面洒硫黄，使宝塔变得五光十色，然后点上一炷香，求扁担神。两个孩子把扁担插在地上，用力使扁担立在地上，谁也推不动。当天晚上，村中的小孩子们可以任意到田里偷芋子、豆荚等放在火堆里烤着吃，谁也不能责骂他们。

除安远村之外的其他村落还有一些很有意思的民俗，简述如下：

（1）猪是本地农民主要的收入来源。在洪围，每年正月初三，家家户户都会去给水口的社公拜年。除了带上家中的鸡、鸭去祭拜外，村民还会在社公坛前杀一头猪。村民都像比赛谁早到一样，早早就到坛前，有的天尚未亮就去了。据说去得早的可以在杀猪时捉猪头，去迟了只能捉猪尾。而社公对捉猪头者家中的猪会更用心保护。在洪围，社公是村落的福神，当猪生病时，家人会赶紧去求社公保佑。若村民在社公前许过愿，要求福神保佑自家的猪平安、迅速长大的，到杀猪时，就要把猪抬到社公坛前，把猪血喷洒到坛上。

（2）端午节时本是家家户户包粽子，但在洪围，端午节前死了亲人、办过丧事的村民家不能包粽子。据说包了粽子会“很紧”，家里会没钱。通常都是由周围的邻居送一些粽子给这些最近办过丧事的家庭。

五、小结

从上文的叙述与分析可以得知，安远与江西及本省建宁县的关系极其密切。笔者在田野调查中感到安远民俗文化与闽西其他客家县的文化有较大的不同。

1. 从安远居住姓氏的迁出地来看，有许多村民是从江西或建宁迁来的

以安远墟所在地的姓氏来看，在所调查的43个姓氏中，李、柯、黄、张、刘、谢、熊、陈、宁9姓来自建宁，其中刘、谢均有来自建宁不同地方的2支；胡、单、封、周、邹、朱、罗、刘、花、王、易、章、赵、何、危、邓16姓来自江西，其中周姓有来自江西不同地方的2支。也就是说，从建宁与江西迁到安远墟上的姓氏占了总数的近一半。不仅安远墟所在地的姓氏构成如此，安远的其他村落也有不少姓氏是来自江西与建宁的。如洪围的王姓，是安远乡的大姓之一，其开基祖王英甫是从建宁迁到洪围种田的长工，今已在洪围繁衍了26代。又如张坊的报告人说，该村的许多姓氏是在抗日战争时从江西等地迁来的，这些姓氏至今还与原乡保持着十分密切的联系，如在修谱时，多半与迁出地的同宗一起修；在清明祭祖时，会回迁出地祭上祖。上文分析的安远李氏与周氏均是典型的例子。

2. 从安远与江西、建宁的贸易和通婚等情况来看，两地的联系亦很密切

上文分析了安远墟场的经济，从中可知，在商品流通方面，安远至江西广昌与南丰是重要的商品流通路线，大量的商品在江西与安远、安远与建宁之间互通有无。江西来的柑橘、布匹、药材、食盐、仔猪等，建宁来的明笋、笋干及其他土特产都是安远墟上大宗的交易物，也是挑夫们日常挑得最多的商品。江西与建宁也是安远商人贸易的重要场所。

至于安远与江西、建宁的通婚情况，笔者虽然未专门对此进行统计，但在田野调查中听到的例子俯拾皆是。安远与江西、建宁均相邻，各方面

的联系都很密切，互相通婚的自然不少。如从“李氏主要婚入姓氏居住地分布表”（表3－14）中可知，吴、谢两姓有住江西石城县高田乡的，曾、宁、熊3姓有住建宁县均口乡的，从中可知李氏一族从江西与建宁娶入的女子为数不少。

3. 安远与建宁同属闽江水系，两地神明的关系尤其值得注意

笔者虽然未对安远乡各个村落进行全面调查，但在对洪围、后溪、张坊、安远、严池等村的调查中已掌握了不少的材料，足以说明安远与建宁的神明关系同样比较密切。不同地域神明的关系往往反映了这些地方的民众关系，就如客家乡村中不同村落之间神的联盟往往反映了这些村落村民之间的紧密联系。以下以张坊张姓八月二十日到建宁五龙山朝拜张公菩萨、安远的禅师公公和安远人的“求梦”信仰这3个例子来说明这一问题。

（1）张公菩萨的传说。

张坊的张姓有100多户，已在此地繁衍了20多代，分成大、小两房。每年八月二十日，张氏族人要到距张坊30多里的建宁五龙山去朝拜张公菩萨。五龙山的张公菩萨与李公菩萨、徐公菩萨祭供在一起。关于这三个菩萨，当地有这么一个传说：

相传张公、李公、徐公是建宁人，是同母所生的三个兄弟。他们很勤劳，每天不论刮风下雨都到田里干活，中午总是不回家休息，让老母亲送饭给他们吃，一直做到天黑才回家。有一天，老母亲送饭到田里，没看到心爱的儿子，却看到有三头牛在池塘中滚来滚去。母亲又奇怪又着急，就扯着嗓子大声叫着孩子们的名字。才叫没两声，这三头牛就不见了。母亲喊了半天也没找着儿子，只好回到家中等待。一天过去了，儿子没回来。两天、三天过去了，儿子还是没回来。伤心的母亲不知从何处打听孩子们的下落，只好求助于神明。菩萨告诉她：你的儿子们是天上的三个神仙，要到建宁干一件大事，负责开一条大河，把建宁的水引往江西，流入长江。河的路线已经探测好，只等他们变成神牛，在五龙山的水中翻腾一天就可成河了。但是那天母亲去得太早，神牛把河滚成了一个深不见底的池塘，此河终究未能开成。那三个儿子变成的三头牛因被母亲碰见了，不能再回家种田，只好回到天上了。

后人便塑了三个神像供在五龙山上，按其名字分别称为张公菩萨、李公菩萨和徐公菩萨。据说五龙山边至今还有一个深不见底的池塘。

每年八月二十日，张姓宗族每家都会派出 1 人举着牙旗和写有“张”字的三角旗，扛着写有“佛”字的神位牌，抬着瓜锤，带着 5 支古事队，组成一支长长的队伍，到五龙山朝拜张公菩萨，并把三座菩萨抬回村中，轮流放在张姓各房的祠堂或香火厅中祭供，每个厅堂放 2 ~4 天。晚上则在该厅堂中请鼓手唱戏，最长时曾唱了 2 个多月。据说队伍在来回的路上，每逢村庄，总是敲锣打鼓以通知该村的村民，沿途的许多村民都会放鞭炮迎接。

倘若村中不太平，如猪牛得病死掉，或村中有人得了瘟疫，张氏就会请几个道士到村中打 5 ~7 天醮。村中闹旱灾的时候也会去接三位神明下来打醮。

（2）禅师公公信仰。

禅师公公是安远乡香火极盛的一个神明，祭供在严池村的寿山寺中。安远墟上的张公庙也供有一尊，但那是在 1996 年村民到寿山寺跃筶征得禅师公公的同意后才分香火、塑神像供在张公庙的。

严池村在 1949 年以前是个曾姓单姓村。曾姓从江西南丰迁到严池，已发展到第二十四代。供奉禅师公公的寿山寺事实上是曾姓的祠堂。曾姓的开基祖为洪郎，在严池村分成三房，在村里建有一个曾氏祠堂与三个香火堂：福兴祠、寿山祠、禅关祠。这三个香火堂何时首建，谱未载，但建祠经过十分详细。谱载：“自吾始祖由横排徙居严池，其时草创初定。至显忠、显庆、显荣公兄弟三人怀报本反始之思，所以安妥先灵者，因采择基址以建嗣宇。于是得胜地三处，合建一祠则不忍遗其二，各建一祠又非怡怡同气者之本怀也。乃鸠工开辟三祠，并建若鼎峙然，祠成塑佛像而供奉。延僧居守，置田产以赡香火，定例每岁新正，住祠僧置酒置席请合族子孙登祠拜祖，于时少辰咸集（者见）规模之远大，见祖德宗功之宏深，莫不油然与其仁孝之心翕然，敦其本源之爱，且互相劝勉……”① 可见这三个分祠可能是曾氏第二代建的。由于同时察得三处好风水，若只建一祠，其余两处就得遗漏，于是建了三祠，可以占据这三处好风水，得到更多好风水的庇护。这三个祠堂曾氏均置有产业，并派有僧人守祠与照管产业。

从以上的记载可知，祠建好后，曾氏就请了僧人守祠，塑了佛像供奉。但这尊佛像指的是哪尊佛，禅师公公是何时受供于寿山寺的，谱未记载。

---

① 安远严池曾氏：《曾氏族谱》，《曾氏宗祠》，光绪三十四年（1908）修，第 62 页。

乡民传说禅师公公是建宁李家磜人，家中有兄弟二人。其兄长娶了一个特别精明厉害的妻子，叔嫂两人天天吵架，弟弟受不了，于是离家出走，并且发誓再也不回家，如若回家，手断脚断。他走呀走，一直走到了严池村，于是就在严池村做了一名长工。东家是个生意人，常年在外做生意，家中一切均由其妻掌管。东家婆每天都给禅师公公吃没放盐的菜。东家回到家中后，发现他老婆为人如此小气，就训了她一顿，要她从此改过自新。禅师公公死后被菩萨接上天，成了佛，当地人便在严池村给他设了一个神位。后来李家磜的村民要接禅师公公回村，抬到村口时，神像竟无故掉了下来，手脚均跌断了，此后李家磜的人再也不敢抬他回去了。

第二种传说则说一千年前有个叫杨得道的人挑了祖宗的骨灰前往明溪瓦子坪，不料在寿山寺边摔了一跤，骨灰撒了不少，他认为祖宗的意思是叫他在此地开基，于是对曾坑人说，不挑到瓦子坪了，就在此建座庵吧，于是在此建了寿山寺。这个传说明显与族谱中的记载不符，而且破绽百出。但它道出了禅师公公是杨姓，而且说明了禅师公公是由一个杨姓祖宗变成的神明。

第三种传说则认为禅师公公就是叶伏虎，即伏虎禅师，是叶岭人，这种传说的可能性也不小。因为第一种传说与伏虎禅师的事迹有相似之处，且县志所载伏虎禅师是安远乡叶岭人。从神的功能来看，严池村四周的很多村落在干旱无雨之时都会扛禅师公公回村中打醮，伏虎禅师的求雨救旱功能也十分明显。清县志载：

伏虎禅师，招得里叶岭人。父叶千益，母曹氏，诞师之日，天为雨花。髫年克尽孝道，施创佛刹，即今伏虎庵。二亲没，遂葬刹前，乃入郡开元寺为僧，名惠宽。夙慧超尘，不可思议。遍游诸方而返，寓汀州紫地湖三年，一日辞主人去，曰："来年是日，当于高阳桥会我，毋爽也！"主人如期往，不半里望所居，水汹汹腾上，顷刻成潭。州有白额虎为害，午后路绝行人。师入山为虎说法，虎俯伏若受律戒者。州人遂呼为伏虎禅师。时南唐保泰三年也。因长汀平原山有龟峰狮石之胜，众为创庵于此，名曰"普护"，一名调军岭，高峻无水，师于石上卓锡三下，泉涌如注，至今不竭。保泰七年，汀苦旱，州人迎师祷雨，师曰："七日不雨，愿焚吾躯。"及期旱如故，师命积薪坐其上，厝火未燃，雨下倾盆，是岁大有秋。建隆三年九月十三日示灭。历绍兴、乾道、淳熙，以救旱功，累封威

济灵应普惠禅师……①

还有人说禅师公公生前十分爱吃糍粑，而且很爱小孩子，所以成仙后就到了粮食多的安远。安远人每逢他生日都会做很多糍粑，既敬禅师公公，同时也让附近的小孩子都到庙中吃糍粑，让禅师公公保佑他们健康成长。

不管传说如何，也不管禅师公公是否是伏虎禅师，安远的禅师公公是个信徒极多、极广的神明。据说在十月十二日禅师公公生日那天（一说是禅师公公升天的日子），寺中要办100多桌饭菜，要打很多糍粑，光打糍粑的糯米就得用掉500多斤。香客有来自建宁均口乡、肖坊、洋坑村、半寮村、龙头村的；也有来自本县河龙乡、水茜乡的，来自安远乡的则各个村落都有。

禅师公公是个功能极多的神明，天气干旱、禾苗受灾之时，许多村落的村民都会到寿山寺抬禅师公公去打醮求雨。多年不育的妇女则到此求子，还有到此求功名、求财的，应有尽有。乡中许愿应愿的例子不胜枚举。

据笔者在寿山寺的调查，殿中挂有56块许愿应愿后到此还愿的牌匾，还有不少对联。据守寺的人说，以前还清理掉许多老的牌匾，剩下的这些都是在1980年神像重塑之后收到的牌匾。历史上赠予禅师公公的牌匾究竟有多少，无法估算。从这些赠牌匾的姓氏来看，有王、宁、张、李、周、伊、封、徐、陈、范、伍、吴、郑、谢、刘、冯、熊、潘、傅、雷、曾21姓；从地名来看，有来自建宁的，有来自本县河龙乡的，也有本乡各村的。从对禅师公公的称呼来看，有禅师公公、杨老禅师菩萨、禅师大佛、杨公禅师菩萨、杨禅师大佛、禅师大神、杨公得道静古禅师、禅师老公公等不同的称呼，其中称禅师公公的最为常见。此外，悬挂在大殿左边的一口钟上的文字也说明了禅师公公信众的广泛。此钟铸于1962年，捐款者有陈、阴、曾、宁、王、傅、谢、林、黄、李、张、吴、伍、魏、杨、韩、周、肖、郑、伊、邹、柯22姓。

无论是从禅师公公的传说的角度，还是从其信众的角度，均可看出禅师公公是个受闽赣两省边界群众信仰的神明。在建宁县与宁化县交界处信此神者最为密集。

---

① （清）李世熊纂：《宁化县志》，卷四，《人物志》，福州：福建人民出版社，1989年，第319～320页。

（3）安远人的“求梦”信仰。

在距建宁40里处有个叫龙归山的地方，很多人到此山中的三官菩萨面前求梦。据说要有大法，或者是有困难的人才会得梦。得了梦的人不敢轻易说出，怕被人解错。

由于安远靠近江西与建宁等地，文化与民俗上都可能跟与其相邻的地方比较接近，有的民俗文化反而与本宁化县城的相去甚远。如问到婚俗时，当地的老百姓就会回答说，安远的与宁化县的不同，这主要表现在安远人结婚的迎亲时间与宁化、长汀等地不同。在安远，迎娶媳妇进家门都是在白天；只有再嫁者才是晚上出门，而且要在晚上12点以后，当地人称为“做夜嫁”。迎娶者必须在半路接新娘上轿，不能在家门口上轿。据说，再嫁的妇女不能让人碰到，因为她死过丈夫，别人见了也会有晦气。而宁化县其他地方的新娘都是在晚上被迎娶进夫家的。据说在安远，只有伍坊的婚俗与宁化县城的相同。从宁化县的地图上可看出，伍坊是安远最南端的村落。所以不少报告人都说，伍坊是一个分界线，伍坊以南的新娘都是在晚上被娶进夫家的，迎娶时新娘都是坐大轿；以北的都是在白天被娶进夫家的，迎娶时新娘不坐轿。安远的民俗文化与宁化县其他乡镇的不同由此可见一斑。

第三节　长汀县宣成乡的墟场经济与信仰习俗

一、宣成概况

宣成是长汀县南端的一个乡镇。它东邻涂坊镇，南接上杭县官庄乡，西部与羊牯乡接壤，北部与濯田镇相邻。全乡共辖8个行政村：长桥、寨背、中畲、畲心、下畲、溪源、蓝田和泮溪。其中溪源、蓝田、泮溪三村在1980年以前同属一村，称为蓝溪村。清朝时的宣成包括三洲、羊牯、宣成三乡的全部，以及今河田镇南部、涂坊镇西部、濯田镇东南部。宣成乡聚落与庙宇分布图如图3－4所示。

宣成与羊牯乡的关系尤为密切，一直到民国以后，两者仍同属一个乡。民国后期，长汀县设4区，其中第四区辖张屋铺乡、羊牯乡，辖区大体即今宣成乡、羊牯乡。1950年后，长汀县废除保甲制，全县设区；1952年全县辖15区124乡、街，其中宣成区下辖羊牯等乡；1958年宣成区改为“赤男公社”，公社所在地仍然在宣成；1994年，羊牯才成为一个独立的乡。正是历史上这种不可分割的关系，才造就了两乡人十分相近的文化

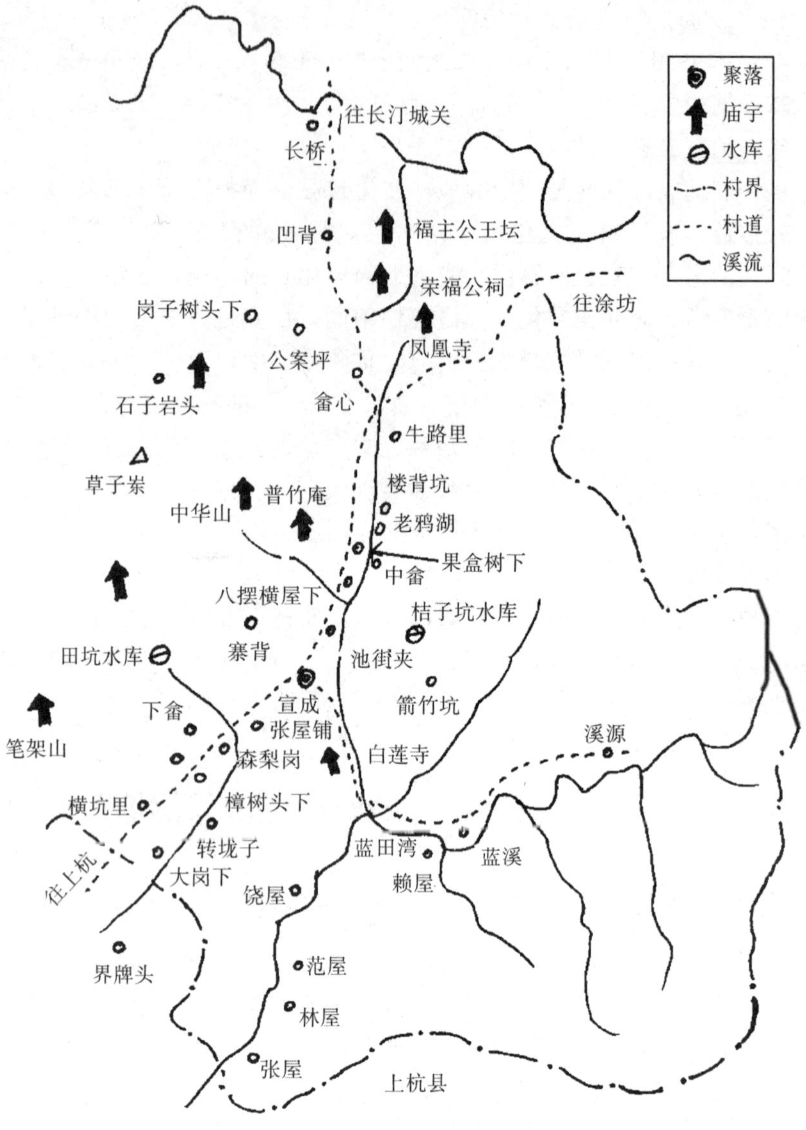

图3－4　宣成乡聚落与庙宇分布图

特质，在经济方式、民间信仰、风俗习惯上莫不如此。长汀县北的民众在谈论羊牯或宣成时，动辄把两者连在一起：“宣成羊牯有五宝……”、“宣成羊牯有三宝……”

宣成多山，几乎所有的村落都处在大大小小的山谷中。这些山谷比羊牯乡的则要开阔得多。从地图上可看出，众多的峡谷若以水域分，则分别属于三条水域。最北的长桥村所辖的各个小自然村所在的山谷均处在一条源自涂坊、流向濯田、汇入汀江的小水域内；西南方的下畲村所辖的聚落均处在南京溪的上游，南京溪在龙角与红石两村之间汇入汀江；蓝田、溪源两村同在蓝溪的两岸，畲心、中畲、寨背三村则处在一条在蓝田湾处汇入蓝田溪的无名小溪旁，蓝溪和无名小溪汇合后依次经过泮溪村、上杭县官庄乡的上濯村，在红石村旁流入汀江。因而，宣成所辖的 8 个行政村，有 6 个处在汀江的同一支流上，另外 2 个分别在汀江的其他小支流上。其中，蓝溪三村与长桥村所辖的各自然村分布均十分分散，山高路窄，地僻一隅，交通不便；其余 4 村均分布在一个大山谷中，地形比较开阔，各自然村鳞次栉比，错落有致。

宣成的 8 个行政村辖有 22 个自然村，2 386 户，11 713 人，乡村劳动力 4 692 个。全乡土地总面积 115 338 亩，其中耕地 5 574.5 亩。竹林总面积 14 455 亩，全乡森林覆盖率 83.3%。在 8 个行政村中，畲心村人口最多，有 2 000 多人；长桥、中畲、下畲、蓝田的人口也不少，均为 1 000 多人；其余 3 村均不到 1 000 人。长桥、畲心的土地资源比较丰富，土地面积、耕地面积、林地面积、水田数目均居前两名。在这几个村落中，溪源的耕地面积小，但林地面积最大，说明其林业资源比较丰富；寨背、泮溪两村的耕地、林地均较少；长桥、寨背两村的旱地较多；畲心、中畲、蓝田与溪源的旱地均不多；而下畲、泮溪的旱地均很少，在 5 亩以下。据报告人说，在 20 世纪 80 年代桔子坑水库与寨背水库未建成以前，宣成的旱地很多。至今乡中还流传着一句顺口溜“上畲下畲，无水煎茶”，缺水之严重由此可见一斑。当时乡人的粮食作物以番薯为主。

宣成各村的人均田地都在半亩左右。20 世纪 80 年代以前乡民由于田地少，加之多数是旱地，口粮很少，常常处于半饥饿状态，生活相当贫苦。20 世纪 80 年代以后，乡民由单一的种植业改为多种经营，种植的农作物品种也比过去丰富了。据乡干部介绍，宣成乡的粮食生产以水稻、番薯、马铃薯为主，经济作物以大豆、花生、油菜等为主。多数家庭因田地少，剩余劳动力多，采取老少留家耕田养猪、青壮年外出打工赚钱的方式来增加经济收入，同时也节省了家中粮食。因此，如今不仅乡民的粮食基本能够满足全家消耗，而且乡民的生活水平也得到很大提高，乡民的人均年纯收入达到2 260元。

二、宣成的宗族

在宣成 8 村中，除畲心是单姓村外，其余都是多姓杂居村。但这些多姓村均有人口较多的大姓，如中畲80%以上为钟姓，寨背80%以上为吴姓，下畲以杨、张两姓为主，蓝田以池、阙两姓为主，泮溪以范、饶两姓为主，溪源以池、陈两姓为主，长桥60%以上为陈姓。

1. 畲心张姓

据说在张姓到达宣成之前，畲心村是个姓氏较杂的村落，共有28个姓。如叶屋岗上居住着叶姓，街上的范饶屋居住着范姓与饶姓，吴角坑头居住着吴姓，江头居住着江姓……姓氏虽多，但人口并不多，每姓都只有数户人。放眼望去，整个村庄尽是竹林、树木，十分荒凉。据说，张姓迁到畲心后，起初人口发展并不快，但在荣福公祠盖好后，人口突然得以迅速发展。此后，众小姓纷纷迁走，使畲心成为一个单姓村落。

畲心张姓是上杭化孙公的后裔，原居毗邻的上杭南阳乡[①]。相传在南阳居住到第十代时，一日，荣福公（又称“小二郎”）到凤凰山下放鸭，鸭子沿山沟走到畲心村。荣福公认为鸭子喜欢到的地方定是风水宝地，有利于人口的繁衍，于是就在畲心搭好茅屋，定居下来。畲心村中只有残缺不全的张姓族谱，但与畲心张姓同宗的涂坊张氏保存了较为完整的《张氏族谱》。谱载：

南宋时华生公游学于闽汀上杭，遂卜而居。娶李氏生九子，曰孝，曰悌，曰忠，曰信，曰礼，曰义，曰廉，曰节，曰元。兄弟各散其处，或迁于广东，或徙于江浙，或贸易于豫章，或游于吴越，悉难详列。惟次曰悌公之后小二郎，复徙于长汀宣成里，地曰畲心，至五世源公游于平原里涂坊，见其山明水秀，遂聚族于斯。绵绵延延传衍十有余代，族盛丁繁。是谱于嘉靖戊戌修辑，迄今七十余载……[②]

此段引文来自万历三十九年（1611）张氏十一世大科为《张氏族谱》所作的序言。序言中的“嘉靖戊戌”即嘉靖十七年（1538），距万历三十九年（1611）七十余载。由此可知，华生公在南宋时入闽，居上杭，畲心开基祖小二郎公为其次子悌公之后。也就是说，按族谱记载推断小二郎大致是在南宋时或至迟于元代已到畲心开基的。

该谱又载：“小二郎荣福为宣成畲心一世祖，荣福、荣兴同为入闽始祖，荣兴定居连城新泉……荣福公裔孙五世源公再徙慈坑，六世祯公复徙

---

① 南阳乡原属长汀县，1958年划属上杭县。

② 《张氏族谱》，《张氏续修宗谱·序》，1991年，涂坊张氏修。

涂坊，浙江遂昌念廿三都张姓乃康熙雍正年间由涂坊北迁浙江。”[①] 引文提到畲心始祖小二郎荣福公与连城开基祖荣兴公同为入闽始祖，这显然与上文所说的华生公为入闽始祖，在上杭娶妻生下九个儿子不符，孰是孰非已难以考证，但引文中提到的宣成张姓与涂坊张姓为同宗则是事实。一直到新中国成立前，两地张姓仍有共同祭祖的习惯。每年的春分日，张姓先在畲心祭扫祖祠与祖墓，次日再往涂坊祭扫，祖宗的蒸尝也要按两天的费用结算。

荣福公迁到畲心后，生有一子大六郎公。大六郎生子弓公，弓公又生一子满公。[②] 张姓迁到畲心之初，人口发展极为缓慢，数代单传。直到第八代，男丁数才渐渐多起来，第八代有 3 个男丁，第九代有 8 个男丁。也就是在此时，张姓分成 3 房：大房即秀公房；二房为珂（一作科）公房；三房为珮公房。其中二房人口最多，约有 300 户，1 200 多人，大致居住在村子中部，即老街到小圳之间；大房与三房的人口数较少，两者之和与二房人口相当。其中，大房约 200 户，800 多人，大致分布在村子的西片，即老街以西的部分；三房约 100 户，400 多人，大致分布在村子的东片，即小圳以东的岗子背、仓下、濯树背等地。

据说，三大房的人口发展一直都不平衡，第三房一直人少势弱。报告人讲述了一个三房子弟——第十八世国有公建“壮修第”的故事：

国有公在凤凰山后的山沟中开了许多纸槽，赚了很多钱。他很想在老街附近盖一幢房子，因为在街道两边盖房是一种身份的象征。长期以来，村中老街两边的房子都是大房与二房的，第三房人口一直处于弱势地位，居住地一直局限于老街对面的山脚下。国有公想借在老街周围盖房提高三房的地位。于是，他想方设法用高价从大房与二房宗亲手中买地。开始时，买的是分布在村子西部不同地方的一小块一小块的零散之地，以免引起大房与二房的注意。然后再以补钱给对方的方式悄悄把这些零散的地方调换到一起。可是，事进行到一半就被大房与二房的人发觉了，无论国有公出多高的价钱，他们都不再把地方换给他。国有公眼看此事半途而废，感到十分苦恼。后来，他的一个朋友给他出了一个主意：先到其他地方盖一幢大房子，让大房与二房的人都以为他不会再在老街上盖房了。国有公

---

① 《张氏族谱》，1991 年，据浙江张氏民国丙寅年（1926）《清河张氏宗谱》二卷录。

② 此说根据张绍灿先生核实祖坟上的墓碑所得。但畲心村张大仁先生保存的一本手抄族谱中有大六郎生二子弓公与满郎公的记载，本书采用前一说。

于是听从此计，在离纸槽较近的凤凰山后盖了一幢大房子，并在村中放话说，不再在村中盖房了。以至于那些原想把地换给他，以此得到一笔钱，却因迫于房中人的压力而拒绝的人后悔不已。过了一些日子，国有公又在村中悄悄换地，那些人看到国有公房子已盖，自己不会受到本房人的指责，都痛快地把地换给了他，得到了一笔钱。地换好后，国有公不惜重金，在老街下面盖了一幢面积很大的极为豪华的住房。门联上书“排闼有山都耦玉，临门无水不怀珠”。三房子弟均认为国有公给他们争了一口气。

张姓在畲心有两座共有的祠堂，一为一世祖荣福公祠，二为七世祖秉纲公祠。其中后者的建筑形式较好，据说为狮形，“文化大革命”前祠堂门口立有4只石狮、7对桅杆。门联上书：“风绍曲江诞我祀，书传金鉴耀予家。”祠堂内挂有“百忍宗风”、“金鉴千秋”牌。另外，大房、二房各有私祠一座，大房的叫立浦公祠，立浦公为十二世祖；二房的叫科□祠，科□公为该房的八世祖。第三房无私祠。

2. 中畲钟姓

在钟姓到中畲开基之时，村中主要住有林、龚、罗、饶等姓。如今罗、饶两姓早已搬迁到别处，但在村中还有“罗屋”、“饶屋场”等地名。龚、林两姓发展到现在，人口已远远少于钟姓；林姓为180人，龚姓才60多人，而钟姓有1 800多人。①

钟姓尊唐朝的钟全慕为始祖。据说上祖从长汀濯田同睦坑村迁到南岭②，然后又辗转迁到中畲。如今中畲的钟姓有两个支派，一支为念一郎派，在中畲约有200人，尊念一郎为一世祖；另一支为念二郎派，在中畲约有1 600人，尊念二郎为一世祖，并尊六世祖泉山公为“开山公”，即中畲开基祖。谱载，开基祖泉山公于“明朝万历年间，在公元1574年迁到中畲开基”③。以泉山公为第一代算起，如今钟姓在中畲已繁衍了17代。在400多年的时间里繁衍了17代，人口的发展速度算是比较快的。

关于钟姓上祖迁移到中畲，逐渐排挤当地原有的宗族，并取而代之成为村中望族的过程，村民们流传着这些故事：

---

① 与上文中的数据不符，上文列出中畲的人口数为1 000多，而此处三姓相加有2 000多人。这是因为上文中的是1998年的统计数据，而此处是笔者2001年田野调查的数据。

② 南岭是上杭县南阳乡的一个村落。

③ 钟有智：《汀州中畲钟氏家谱》，1998年。

（念二郎后裔）泉山公父子与念一郎后裔因南岭地疲山穷，难以维持生计，就挑起家当一起向外迁移。途中念一郎扁担上的绳索断了，地点在中畲老鸦湖背头，于是停下向此地的龚氏子孙借房住。村民中至今还有“担杆索断湖洞”之俗语。泉山公家人则一直走到回龙汀江之畔的青头下才居住下来。因泉山公的庶母是上杭回龙朱子坑的人，所以他们住此地可得到外祖父与娘舅等人的照应。后来朱氏死了，葬在汀江西岸的细坝子里，引起当地大宗族林氏佰十郎公裔孙的愤懑，造成双方的矛盾。加上居住在汀江边，河风较大，泉山公的生母蓝氏不习惯，于是蓝氏提议迁到念一郎梓叔处，于是就迁到了中畲。

泉山公父子到中畲时，最初也是向龚氏借屋居住，同时在村中寻择居所。因村头为罗氏所占，村中又住有饶氏，所以罗、饶两姓占地宽阔，泉山公难以插进村中住，于是就选中箭竹坑（今称桔子坑）墈下建房屋，暂居在箭竹坑。泉山公在箭竹坑生了三个儿子，为佑家人平安，他回到南阳南岭村，把福主公王的香火取回，安奉在箭竹坑门口，取名为“金神大王”。

过了十多年，因时局不好，当地常来土匪，而泉山公又常外出，家人就想到村中人多的地方居住。泉山公之父就提出搬到村中鸭嫲生蛋最多的地方住。此地是他们在村中开垦的一块荒地，旁边有一大块罗姓的菜地。于是泉山公设宴请罗、饶两姓到家中协商，征得了两个大姓的同意与支持。罗姓还把大块菜地赠送给泉山公。万历二十六年（1598）泉山公在村中江南建成一幢一厅两间两厢房的住屋。由于罗家无后，罗氏收泉山公之子为继子，并把村中的一大片罗家菜地交给泉山公耕管。于是泉山公一家的生活逐渐好转，人口逐渐增多。

到七世祖义明公时，家中经济条件较好，义明公生了两个儿子：子敬、子裳，均为邑庠生。义明公专门到江西请了一个姓范的地理先生到家中，勘测中畲地形。范先生在中畲住了三年，最后下结论说：“村中有七个墩，名为七豺过墈，是帮助饶姓的砂手，村中姓氏众多，务必选良机把七个墩挖去六个，留下最后一个安田佰公的神位，逢年过节到神坛前烧香点烛祭拜一番，饶姓自会慢慢败落。”

于是，钟姓一边佃耕罗、饶两姓的田地，一边借开荒之名搬去了村中的六个土墩。不久，饶家房屋居然无故起火被焚毁，家境没落至无屋可居之境，就搬到了上杭千家村（今上杭珊瑚）。子敬公先买了火烧屋场地，后又陆续买下周围的碓寮、粪寮、屎缸、牛栏等杂屋。到第九世敬清公时，又在宣成张屋铺买了两间店面卖百货，成了村中“六子三秀才”之家。

从上述的传说中可以看出钟姓开基祖迁移、发展的过程：从一个后迁的姓氏逐渐成为村中人口较多、家境较殷实的宗族。

上述的传说无疑是念二郎支派的。念一郎支派的人口发展一直很慢，经济也比较落后。根据1998年12月钟有智主编的《汀州中畲钟氏家谱》中的钟姓世系图，可分别统计出念一郎派前十一代的男丁数与念二郎派前八代的男丁数。念一郎派前十一代的男丁数分别为：1、1、2、3、2、1、4、4、4、5、8，人口发展的速度十分缓慢；而念二郎派前八代的男丁数分别为：1、3、2、3、6、14、21、43，可以看出在第六代以前人口的发展也很慢，但在第六代以后，人口得到迅速发展。由此可知，两派人口发展相当不平衡。据报告人说，由于念二郎派人口很多，上祖担心有后裔迁到外地之时，有不肖之徒会冒认，就编了四句打油诗："汀江鼻祖守汀城，三世隐居同睦坑；南岭先人传五代，回龙复转中畲名。"直到现在，两个支派的人口差距还是很大。

念一郎的后裔分成两房：进远房与书远房。进远与书远是十世祖，可见念一郎派到第十世时才分房。两房均住在老鸦湖井下，人口均为100人左右。两房只有一座公祠，为念一郎公祠，位于井下。

念二郎的后裔则分为六大房，其中其化、其九两房迁到了广东，如今在中畲有4房：

（1）其学公房：约有1 500人。主要分布在中畲村下半部分的背头坑、底头屋、老祠堂侧、三百坵、横坵里，以及村上部分的江下陂、西岭下、大家里、水井头和淡口里。该房建造了6座公祠：一为橘子树下的敬清公祠；二为大家里与淡口里的应文公祠，各1座；三为横坵里与新屋子下的进文公祠，各1座；四为牛墩下的雁文公祠。此外还有各小房的私祠：桔子坑门口的祥梦公祠；江下陂的祥萱公祠；八摆横屋下的祥燕公祠；背头坑的祥芝公祠；水井头的祥莲公祠；龚屋旁的祥槐公祠。

（2）其康公房：只有40多人，住在罗家屋与底头屋，没有祠堂。

（3）其书公房：只有20多人，住在箭竹坑门口，其中建有祠堂1座，为其书公祠。

（4）其荣公房：约有50人，住在老祠堂右片，没有祠堂。

此外，念二郎支派的第四房在中畲还有3座公祠：一为泉山公祠，由义明公兄弟明天启四年（1624）在村子江南的罗家菜地上建成；二为清顺治六年（1649）在饶姓的火烧屋场地上建的义明公祠；三为清乾隆十一年（1746）在火烧坪地上建的钟姓宗祠。念二郎支派拥有数十座大大小小的祠堂，而念一郎支派只有1座，反映出钟姓两支派在人口与经济发展上的差距。

众所周知，钟姓是客家地区的畲族，为便于了解钟姓与其他客家宗族的关系，现根据钟姓宗谱，把钟姓从泉山公之子即中畲第二代（从念一郎、念二郎算起为第七世）到第十四代（第十九世）的通婚姓氏与次数统计成表 3－19：

表 3－19 钟姓通婚姓氏与次数统计表

世代	不详	张	龚	黄	林	曹	蓝	范	赖	刘	王	吴	池	杨	陈	涂	阙
第七世	1	1										1					
第八世	1	1	1														
第九世	4		1														
第十世	4		3								1			1			
第十一世	10	1	1		2							1					
第十二世	9	4	2	3	3			2	1	1		1					
第十三世	26	13		2	2	1	1	1	1	2		1	2				
第十四世	30	7	1		3	1	2	2	2	2		5	5				
第十五世	33	15			13	1	6			3	3	6	1	2	2		1
第十六世	55	14			22	1	5	2		2	1	7	6	5	5	1	2
第十七世	36	28	2	1	13	1	6	3	2	6	4	14	11	4	4	6	2
第十八世	26	35	1	3	36	3	5	3	3	7	4	21	22	12	3	9	2
第十九世	20	41	1	6	26	4	13	6	2	3	4	20	22	18	4	2	3
总计	255	160	13	15	120	12	38	19	11	26	17	77	69	42	18	18	10

注：另有与钟氏通婚小于 10 次的 34 个姓氏未列入表中。在这些姓氏中，罗姓与钟姓的通婚次数为 8 次；余、廖、郭、丘 4 姓与钟姓的通婚次数均为 5 次；邓、朱、曾、梁、徐、马、肖 7 姓为 3 次；温、严、冯、石、童、巫、饶、田、戴 9 姓均为 2 次；戴、存、段、钱、俞、李、上官、胡、程、江、许、汪、周 13 姓均为 1 次。

表 3－19 所列的 16 个姓均是与钟姓通婚较频繁的姓氏，它们与钟姓的通婚次数均在 10 次以上，另有与钟姓通婚次数小于 10 次的 34 姓未列入表中。钟姓的通婚姓氏达 50 个姓，这样的通婚网络是比较大的。

表 3－19 中统计的是钟姓第七至十九世的通婚状况，也就是从钟姓中畲开基第二代始至第十四代的通婚状况。各姓与钟姓的通婚次数总和为 1 000 次，次数并不多，这反映了钟姓在新中国成立前人口并不多，这与报告人所提供的数据也比较相符。据说，钟姓在开基之初人口发展很慢，在清朝康熙年间钟姓才 50 多户，260 人。从表中也可看出，从第七至十一

世，即中畲开基第二至六代，钟姓娶入的女子数可谓寥寥无几。到1949年钟姓人口才发展到150多户，700多人；1999年时已发展到1 800多人，可见新中国成立后人口发展之迅速。

值得一提的是，族谱中所载的钟姓第七至十九世娶入女子姓氏不详的情况总计达255次，与钟姓谱中统计的娶入女子姓氏的通婚次数总和1 000之比约为1∶4。也就是说，在每100人中，大约有25个人娶入妻子的姓氏不详。这样的比例是相当高的，反映了钟姓族谱的极不完整。

但这不完整的族谱，仍可基本反映钟姓的通婚网络状况。从表3－19可看出，与钟姓通婚次数最多的是张姓，高达160次，占总次数的16%；居第二位的是林姓，为120次，占总次数的12%；居第三位的是吴姓，为77次，占总次数的7.7%；居第四位的是池姓，为69次，占总次数的6.9%。另外，杨、蓝、刘、范、陈、曹、黄、涂、阙、王、龚、赖姓与钟姓的通婚次数也较多，均在10次以上，50次以下。

仔细分析与钟姓通婚较频繁的姓氏不难发现，这些姓氏都分布在宣成各村以及与之相邻的官庄、羊牯、涂坊等乡镇，与中畲的距离均在35里内。如与钟姓通婚次数最多的张姓，是宣成的第一大姓，主要分布在宣成的畲心、寨背、下畲张屋、长桥窄陂等村落。其中畲心、寨背与中畲均相邻，距离约为2里；下畲张屋与中畲的距离约为5里；长桥窄陂与中畲的距离也才8里。与钟姓通婚次数居第二的林姓，本村有一部分，其余则主要分布在上杭县官庄乡回龙村，回龙距中畲约为16里。与钟姓通婚次数居第三的吴姓也是宣成的大姓之一，主要分布在宣成寨背村、蓝田村以及羊牯罗坑头村。其中寨背为中畲的邻村，蓝田距中畲约为10里，而罗坑头村则为20里。各姓的主要分布地及与中畲的距离详见表3－20。

表3－20　钟姓主要通婚姓氏居住地分布表

姓氏	通婚次数	主要分布地	所属乡（镇）	距离中畲（里）
张	160	畲心；寨背；下畲张屋；长桥窄陂	宣成	2；2；5；8
林	120	中畲楼背坑；回龙	宣成；（上杭）官庄	本村；16
池	69	蓝田；溪源	宣成	10；15
杨	42	下畲	宣成	5
蓝	38	官庄	（上杭）官庄	35
吴	77	寨背；蓝田；罗坑头	宣成；羊牯	2；10；20

（续上表）

姓氏	通婚次数	主要分布地	所属乡（镇）	距离中畲（里）
刘	26	吉坑	羊牯	20
范	19	泮溪；长桥林坑	宣成	15；25
陈	18	蓝田；溪源；长桥高坪、罗坑	宣成	10；15；8；25
曹	12	蓝田东坑；界牌头上流坪	宣成；（上杭）官庄	10；8
黄	15	下畲；蓝田大坑头	宣成	5；5
涂	18	长桥林坑；涂坊	宣成；涂坊	25；37
阙	10	蓝田	宣成	10
王	17	蓝田	宣成	10
龚	13	中畲	宣成	本村
赖	11	蓝田；下畲	宣成	10；5

由此可见，影响钟姓通婚的主要因素是距离，愈是距中畲近的大姓，与钟姓的通婚次数就愈多。张、吴、池、杨及其他与钟姓通婚较多的姓氏，多数是宣成的主要姓氏。第二个因素是交通条件，新中国成立前宣成到回龙、官庄、涂坊等地的路均是上杭至长汀主要通道中的一段，路面较宽，交通较方便，因而钟姓与回龙的林姓、官庄的蓝姓、涂坊的涂姓通婚次数较多，这三姓也是当地的大宗族。

通过对钟姓通婚网络的分析，不难发现钟姓的通婚网络与经济网络几乎是重合的。据报告人说，这是因为在传统社会里，宣成乡民除了赶张屋铺墟场外，还会去其他墟市（比如涂坊墟、羊牯墟、回龙的白石角墟和官庄的蓝屋墟）做生意。

3. 下畲杨姓

下畲杨姓的开基祖为得斌公，为杨姓第八十三世。杨姓尊太一郎为一世祖。在到下畲开基之前，得斌公的上祖曾从宁化石壁迁到连城朋口、庙前等地。据《杨氏族谱》前言载："七十八世一世祖太一郎公（连城开基祖）父母，九一、九二、九三郎公从本省宁化县石壁迁至连城县朋口乡南坑村开基创业。1290 年第七十九世九二、九三郎公又迁至下新泉杨家坊开基创业。1332 年，我祖三世祖第八十一世九郎公又迁至庙前镇芷溪背园开基创业。1369 年四世祖第八十二世永槐公，1379 年五世祖第八十三世得斌公又由芷溪背园迁来长汀宣成乡下畲村，老名张屋铺开基创业，今已一百

○二世孙。”① 可见杨姓上祖是明代从连城庙前迁到下畲开基的，今已在下畲发展了21代。

据报告人说，得斌公在连城以养鸭为生，经常赶着鸭子到处放养。某日他赶着鸭子到了宣成下畲，觉得下畲的地形不错，加上家中不和，就迁到了下畲。到下畲后，有相当一段时期，人口发展很慢。得斌公生了六个儿子，但只有三个儿子在谱中有记载，其余三个不详。根据1994年所编的《杨氏族谱》中的世系图可知，从第二到六代，人口的发展几乎处于停滞不前的状态，第三代的男丁数为3个，第四、五、六代的男丁数均为4个。第七代以后，人口才有缓慢的发展，第七代的男丁数为6个，第八代为8个，第九代为10个。从第十代开始，人口繁衍的速度逐渐加快，第十代的男丁数达到了17个。

下畲杨姓分成3房：

（1）大房：称为琳公房。人口约300人，主要居住在转龙子、路田背、大岗下等地。转龙子里建有文甫公祠，文甫公为杨姓七世祖。

（2）二房：称为进公房。人口约600人，主要居住在荣坑里、杨屋小坑。荣坑里建了文昭公祠，文昭公为杨姓七世祖。

（3）三房：称为瑛公房。人口约400人，主要居住在老街上、杨屋，拥有一座祠堂——瑛公祠。

据说杨姓祖上有不少文人，文甫公祠与文昭公祠前均立有桅杆。在抗日战争中屡建奇功的杨成武将军就是下畲村得斌公的后裔。三房的总祠为“杨氏宗祠”，位于杨屋。三大房有每年春分日一起祭祖的习惯。

为明了杨姓的通婚网络，现根据《杨氏族谱》把杨姓第一至十七世娶入女子的姓氏与次数统计成表3－21：

表3－21　杨姓通婚姓氏与次数统计表

世代	不详	张	蓝	王	林	黄	池	吴	刘	李	曾	罗	陈	曹	钟
第一世															1
第二世		1	1	1											
第三世			1		1										
第四世						1									1
第五世		1					2								

① 杨俊坤、杨增瑞等编：《杨氏族谱》，1994年。

（续上表）

世代	不详	张	蓝	王	林	黄	池	吴	刘	李	曾	罗	陈	曹	钟
第六世		1						2	1						1
第七世			4			1		1							
第八世					1					1	1				1
第九世	1		1	1	1		1			1		1	1		
第十世	2		2		1	1					1		1		1
第十一世		3	3	3	2	1	3		2					2	
第十二世	6	1	2	2				1				1	1	3	
第十三世	5	3	2	1	4	1		6	4		1		3	3	4
第十四世	2	7	3	2	10	1	3	6	2	1	2	1	6	1	5
第十五世	3	8	4	5	15	1	3	14	5	2	1	8	4	1	6
第十六世		42	14	5	33	3	6	11	10	5	8	3	1	3	15
第十七世		12	2	1	9	1	4	6	2	2	1			3	7
总计	19	79	39	21	77	11	22	47	26	12	15	14	17	16	42

注：另有与杨姓通婚次数小于10次的31个姓尚未列入表中。其中，涂姓与杨姓的通婚次数为9次；赖姓为8次；范姓为6次；梁、戴2姓均为5次；何、饶2姓均为4次；龚、石、雷3姓均为3次；丘、谢、阙、程、阳、赵、许、夏、温9姓均为2次；周、胡、余、巫、彭、茶、朱、唐、立、邓、魏、秦12姓均为1次。

表中只列出了14个与杨姓通婚较多的姓氏，另有31个与杨姓通婚次数小于10次的姓未列入表中（详见表3－21表注）。杨姓的通婚网络囊括了45个姓氏，它们与杨姓的通婚总次数达537次。

从表3－21可以看出，与杨姓通婚最频繁的是张姓，通婚次数达79次，约占总次数的14.7%。与杨姓通婚次数居第二位的是林姓，通婚次数达77次，约占总次数的14.3%。居第三位的是吴姓，为47次，约占总次数的8.7%。居第四位的是钟姓，为42次，约占总次数的7.8%。其余蓝、刘、池、王、黄、李、曾、罗、陈、曹与杨姓的通婚次数也较多，均在10次以上，40次以下。

对比杨姓与钟姓的通婚姓氏与次数统计表可知，杨姓主要的通婚姓氏与钟姓的大致相同，因而杨姓主要通婚姓氏的分布地可参照上文钟姓的（详见表3－22）。

表3-22　杨姓主要通婚姓氏居住地分布表

姓氏	次数	居住地分布	所属乡（镇）	距离下畲（里）
钟	42	中畲；蓝田	宣成	5；10
张	79	畲心；寨背；下畲张屋；长桥窄陂	宣成	7；2；本村；10
林	77	中畲楼背坑；回龙	宣成；（上杭）官庄	5；14
吴	47	寨背；蓝田；罗坑头	宣成；羊牯	2；10；22
蓝	39	官庄	（上杭）官庄	32
刘	26	吉坑	羊牯	20
池	22	蓝田；溪源	宣成	10；15
王	21	蓝田	宣成	10
黄	11	下畲；蓝田大坑头	宣成	本村；6
李	12	濯田蓝屋地	濯田	30
曾	15	羊牯村	羊牯	20
罗	14	界牌头上流坪	（上杭）官庄	4
陈	17	溪源；蓝田；长桥罗坑、高坪	宣成	15；10；29；12
曹	16	蓝田东坑；界牌头上流坪	宣成；（上杭）官庄	6；4

把杨姓与钟姓的通婚网络进行对比不难发现，两姓的通婚网络大小相当，钟姓的通婚姓氏为50个，杨姓的为45个。两姓的主要通婚姓氏亦大致相同，与之通婚次数居前三位的姓氏依次为张、林、吴姓。与两姓通婚较多的姓氏均是宣成、羊牯、官庄乡的大宗族。由此可知，影响钟、杨两姓通婚次数多少的因素也是一样的，两姓通婚次数均受距离远近、交通条件好坏的影响。

4. 下畲张姓

下畲张姓是宣成的古老宗族。其居住地张屋是宣成的老墟场——张屋铺的所在地。它与畲心张姓为不同的派系，历史上均无来往。下畲张姓上祖迁自上杭通贤乡，一世祖为紫和公，如今已发展了23代，分成两房：汉云公房与汉兴公房。汉云公房有200多人，汉兴公房有300多人。两房均住在张屋，拥有总祠——紫和公祠。

5. 寨背吴姓

吴姓来自畲心村吴屋坑头，尊祖养公为一世祖。祖养公与羊牯罗坑头村的吴姓开基祖——福珂公是亲兄弟。寨背吴姓已繁衍了24代。其宗族状况见本书“长汀县羊牯乡罗坑头村的民俗信仰”一节，此不赘述。

6. 溪源的主要姓氏

溪源村以陈、池两姓为主。据说其中陈姓是溪源村最古老的宗族，详细历史没有记载。池姓尊福成公为一世祖，迁自连城县莒溪镇。池姓分成两房，已繁衍了21代。在溪源有总祠——福成公祠。

7. 蓝田的主要姓氏

蓝田村有池、曹、阙、吴、陈、赖、钟、林、王、周等姓，其中以池姓人口最多，有600多人；曹、阙两姓分别有200多人，王姓有100多人，其余姓氏的人口数均很少。

蓝田池姓与溪源池姓同宗，开基祖为溪源池姓七世祖映祥、映必两兄弟。曹姓来自上杭通贤，尊世杰为一世祖。世杰是从连城搬到上杭通贤的始祖。在通贤居住到第十三代时，十三世祖茂公到蓝田种田，后来在蓝田成家，成为蓝田开基祖，如今已在蓝田发展到第十一代。阙姓来自上杭通贤。吴姓来自上杭珊瑚。赖、林两姓均来自上杭回龙濯坑村。周姓来自回龙红石村。王姓来自上杭南阳镇。钟姓来自中畲村。这些姓氏新中国成立前均因到蓝田造纸、开发山地等而在此地开基。

8. 泮溪的主要姓氏

泮溪村有范、饶、陈、张、蓝、曹等姓。其中范、饶两姓最早到泮溪，人口也比较多，其余姓氏与蓝田的同宗，均继范、饶姓之后到村中。范姓来自上杭县太拔乡，尊太拔的百五郎为一世祖，到泮溪开基的是第十代子明公，如今已在泮溪繁衍到第十四代，分成了两房：翘文公房与台文公房。范姓在泮溪的总祠称“子明公祠”。饶姓迁自武平中堡寨坑村，据说六世祖饶子明与范姓开基祖子明公为结拜兄弟，曾在畲心住了几年，因时局动荡不安迁到泮溪。饶姓在泮溪繁衍到第十八代，无祠堂。

三、宣成的墟场与经济

宣成的旧墟场称为“张屋铺”。据说最早时的墟称为“张屋店子”，只有一两间店面，设在下畲村张屋。到明朝万历年间（1573—1620），由于宣成的人口渐渐多起来，墟场改在张屋铺老街。老街的格局为“街头一口井，街尾一口塘，中间为店面”。据说这种分布可以去煞气，并且可以在发生火灾时及时灭火。街的西北方还搭有不少架子，供小商贩摆摊煮点心，做小生意用。老街的街道不足2米宽，街长不足200米，店铺总共才20多家。站在街头，整条街一览无余。1938年前的张屋铺老街建筑及主人情况如表3－23所示：

表 3－23　张屋铺老街建筑排列及主人简表（1938 年前）

西			东	
			打铁店	羊牯乡吴如榛
			药店	溪源村池祥珍
			住屋兼做豆腐	寨背村吴某（乳名“山东狗子”）
			油盐店	寨背村吴敏达
			关帝庙	为中畲、寨背、下畲三村所有
住屋	寨背村吴庆奎		豆腐兼酒店	下畲村杨俊标
粉干店	寨背村吴天洪		豆腐兼酒店	
药店	蓝田村阙越凡		豆腐兼酒店	
小巷			药店	江西人租下畲村黄灿昌之屋
文汇店	全宣成共有		住屋	下畲村黄胜金
赌钱店	寨背村吴家和	街道	“义和”店	下畲村黄胜林，经营布匹、百货
药店	中畲村钟贵榕		做衣店	下畲村黄永芳租给外村人
杨氏祠堂	下畲村杨姓		豆腐店	下畲村杨树华
住屋	中畲村钟如鹏		香烛店	
住屋	下畲村杨如汉		药店	中畲村钟姓的蒸尝店，钟如义经营
豆腐店兼客店	赖义钦租涂姓的谷仓		赌钱店	下畲村杨昌铭
			小巷	
			豆腐兼酒店	中畲村钟姓租给下畲村黄福昌
			住屋	中畲村钟兆发
			住屋	下畲村杨国华
			豆腐兼酒店	下畲村杨其华
			打铁店	下畲村杨春华

从表 3－23 可看出，街道上的建筑共有 31 处，其中单纯用作住屋的有 6 处，商店有 23 处，此外东边有间关帝庙，西边有座杨氏祠堂。在 23 家

商店中，经营豆腐生意的最多，共有 8 家；其次为药店，有 5 家；再次为赌钱店与打铁店，均为 2 家；其余粉干店、文汇店、油盐店、百货店、做衣店、香烛店各 1 家。

在建筑所属的村落与姓氏方面，有 5 家属于寨背的吴姓；5 家属于中畲的钟姓（其中一间为钟姓的蒸尝店）；11 家属于下畲的杨姓；4 家属于下畲的黄姓；羊牯的吴姓、溪源的池姓、蓝田的阙姓以及涂坊的涂姓各 1 家。另外，文汇店乃全宣成的文人集会吟诗作对的场所，属全乡文人所有。从中可知，张屋铺墟场的商店主要为周围的寨背、中畲、下畲的大姓所有。尤其是作为墟场所在地的下畲村，属杨姓与黄姓所有的店或住屋占了整条街的一半。

不难发现，宣成乡中人口最多、历史较为古老的大宗族——畲心村的张姓居然一间店面或住屋都没有。究其原因，可能是畲心距张屋铺墟场较远，并且畲心村中有政府所设的公馆（驿站），得益于这个驿站，畲心村中也有一条街道，但只是一条村街而已。这条街道在历史上是否一直作为村街已不可考。据报告人说，长汀到上杭的陆路有 240 里，每 60 里就设有一个公馆，用于接待政府官员和来往旅客。所以距长汀 60 里的三洲，距三洲 60 里的畲心村，以及距畲心村 60 里的千家村（现上杭县珊瑚乡）均设有公馆。或许正因如此，畲心村中亦有一条老街道，街道的路面比张屋铺的宽阔，长度亦比张屋铺的长。1949 年前的畲心村老街的商店、住屋排列情况如表 3 – 24 所示：

表 3 – 24　畲心村老街商店、住屋排列简表（1949 年前）

西		街道	东	
住屋	张克松		豆腐干	张克兆
住屋	张克楷		空店	张“松树头”
药店	张汝铭		厕所	
豆腐店	张汝春		住屋	张念灿
住屋	张汝东		住屋	张念祥
豆腐兼蜡烛、香店	张汝锦		住屋	张汝春
空地			古事俱乐部	张念兆

（续上表）

<table>
<tr><td colspan="2">西</td><td rowspan="9">街道</td><td colspan="2">东</td></tr>
<tr><td>关帝庙</td><td>全村所有</td><td>住屋</td><td rowspan="2">张克茂</td></tr>
<tr><td>住屋</td><td>张贵盛</td><td>空店</td></tr>
<tr><td>住屋</td><td>张念生</td><td>百货</td><td>张念煌</td></tr>
<tr><td>住屋</td><td>张念恩</td><td>住屋</td><td>张克振</td></tr>
<tr><td colspan="2">空地</td><td>住屋</td><td rowspan="2">张湘兰</td></tr>
<tr><td>住屋</td><td>张兴先</td><td>淋蜡烛</td></tr>
<tr><td>废弃的破店</td><td></td><td>京果、百货</td><td rowspan="2">张如棠</td></tr>
<tr><td>打铁店</td><td>张如棠租给一三洲人</td><td>住屋</td></tr>
</table>

从表 3－24 可知，在大约 30 间建筑中，只有 8 间开张，分别经营豆腐、药品、京果、百货、宗教用品、铁具等商品。另有 2 间空店，1 间废弃的破店。值得注意的是，畲心村老街上有一间古事俱乐部，据说是宣成乡中吹、拉、弹、唱等的艺人聚会、自演自唱的场所，与张屋铺老街文人集会的文汇店遥相呼应。无论是张屋铺的老街还是畲心村的老街都有一个关帝庙，这显然与村民的观念有关，村民认为关帝可以保佑人们财源广进。

民国时期（大约是在 1938 年），因人口的发展，张屋铺老街狭小的市场已难以容纳众多的乡民，难以适应发展的需要，所以宣成乡成立了“建新街筹备委员会”，把距张屋铺老街 2 里路的良田开辟成“福耀市场”（今村民称为“张屋铺新街”）。据报告人说，这些良田均是朱子会的。朱子会由宣成的秀才、监生等文人组成，成员加入时交纳一定的会费即可。会费主要用来放高利贷，利息所得用于购买田地。据说朱子会组会时，长桥村文人不愿出钱，因而朱子会中无长桥村人。朱子会发展到民国时，已在各地拥有许多田地，开辟为福耀市场的良田即由其会田调换而成。欲在新街上建店面的店主除了向建新街筹备委员会交钱外，还得给朱子会交纳一些钱。据报告人回忆，买店者或为原张屋铺老街的店主，或为朱子会的成员。新街的店面均为 6 米宽，深度则由店主视自己的经济能力而定。张屋铺新街商店及店主情况如表 3－25 所示：

表 3-25　张屋铺新街商店排列及店主简表

西			东	
京果店兼旅店	中畲村钟玉书			
小食店	畲心村张克明			
住屋	畲心村张如梁			
油盐小百货	中畲村钟美珍		收土纸、米	畲心村张姓蒸尝店；张永隆经营
锅、蜡烛	张作舟出租给一张姓经营		住屋	寨背村吴庚达
裁缝店	畲心村张维进		住屋	寨背村吴永东
裁缝店	寨背村吴日槐		住屋	寨背村吴启丰
瓷器店	中畲村钟善贞		药店	蓝田曹家奎租给一江西人
副食百货				
药店	泮溪村范和甫		豆腐水酒店	下畲村杨步云
收土纸	畲心村张姓二房蒸尝店	街道	米豆店	下畲村杨步清
布匹百货	畲心村张作舟		油盐店	下畲村杨如松
豆腐水酒店	畲心村张恩龙		百货	下畲村黄义和
蜡烛、香，百货	寨背村吴家宣		豆腐水酒店	寨背村吴姓蒸尝店
豆腐水酒店	寨背村吴有福		土纸	蓝田村池鑫珍6兄弟的蒸尝店，其中海元堂为一江西人所租
			“海元堂”（药店）	
副食百货	寨背村吴姓的蒸尝店		豆腐水酒店	中畲村钟姓蒸尝店，租给一龚姓经营
住屋	寨背村吴贵达		布匹百货	畲心村张启芳
豆腐水酒店	寨背村吴洪胜		赌场	寨背村吴家和
豆腐水酒店	中畲村钟志书		赌场	
豆腐水酒店	中畲村钟达永		住屋	下畲村杨能福
住屋	三洲乡的周文才		豆腐水酒店	下畲村吴敏达

新街的建筑共有39间，东边有18间，西边有21间，其中7间是单纯的住屋。新街与老街相比，街道更阔，店面更大，经营的品种也更多。从

表3－25可看出，有9间是经营豆腐水酒的小食店；5间经营副食百货；2间经营布匹百货；3间经营土纸；3间经营药品；2间做裁缝；2间做赌场；其他几家商店经营京果、瓷器、宗教用品等。

从建筑所属的村落姓氏来看，中畲的钟姓有7间（其中1间为蒸尝店）；畲心张姓有9间（其中2间为蒸尝店）；寨背吴姓有12间店面或住屋（其中2间为蒸尝店）；下畲杨姓有4间店面或住屋，黄姓有1间，吴姓有1间；蓝田村曹姓有1间，池姓有2间；泮溪范姓有1间；另外1间住屋为三洲乡的周文才所有。周文才因民国时期在此当兵，故买了店面作为房屋。将新街与老街店主所属的村落进行对比，不难发现新街一改老街由寨背、中畲、下畲三村大姓把持的局面，其他村落的大姓如畲心的张姓，蓝田的曹姓、池姓以及泮溪的范姓成为新入主墟场的姓氏。由此可见，乡村的墟场主要由四周的大姓把持。对于传统社会的乡村而言，墟市是当地商品交换的主要场所，掌握了墟市无异于控制了乡村的经济。

张屋铺墟期为逢一、六日。由于宣成土地贫瘠，水资源匮乏，没有任何矿产，因而出产的物品极少。墟场上交易的商品也很少，交易最多的两大宗物品为土纸与米粉。土纸主要产于长桥与蓝溪。每到墟天，回龙纸行的老板都会到张屋铺墟市的架子下收购土纸。收购米粉的则是吴天洪的粉干店，他专门帮买卖双方过秤。过秤的工钱为“上秤一把，下秤一把”，一把粉的重量大约为老秤的4两、新秤的2.5两。据说吴天洪每个墟天称粉丁所抽的粉有1～2箩筐。卖粉干的主要是水口人，而买粉干的主要是上杭人，少数本地人也买来自己食用。墟天收购的土纸与粉干由老板雇人挑到回龙，再用船经上杭运到广东沿海一带，甚至出口到南洋。

张屋铺墟场上交易的其他物品都是少量的，仅用于满足当地的生活需要，但这些物品有一部分经宣成流通到其他地方。这些货物的流通方向主要有两个：

（1）由北向南：因米豆等农产品主要产于宣成以北的宁化、清流两县以及长汀县河田镇，因而宣成各个豆腐店所需的豆子以及乡民们缺粮时购买的大米均由北而下，运到水口后，再挑到宣成。尽管宣成距上杭回龙这一重要的货物集散地只有15里，但是到水口有30里，再加上从水口到回龙的水运航道比较艰险，货物运到回龙后，价格要比水口的贵不少，生意人为多赚一些，都到水口去进货。挑回的货物一部分供本地民众消费，另一部分则挑到上杭回龙。此外，南山、涂坊所产的茶叶、金橘子、毛边纸，水口产的薯粉、粉干亦经宣成挑到回龙，与米豆一起经上杭销售到广东沿海一带。

（2）由南向北：乡民所需的盐主要产于沿海；布匹来自广州等地；煤油（俗称“洋油”）、火柴（俗称“洋火”）属舶来品，这些货物均从广东沿海通过汀江运到上杭回龙，再从回龙挑到宣成。涂坊、南山等乡镇的亦经宣成挑达乡中。另外有相当一部分货物经宣成挑到水口，再运到长汀，在长汀分散到长汀县以北的各乡镇以及宁化、清流等地。

由于宣成乡十分贫困，新中国成立前不论男女均有许多靠当挑工谋生。宣成乡民挑的主要是上述两个流通方向的货物，即把豆子、大米、粉干等从水口挑到宣成，再挑到回龙；把土纸从长桥、蓝溪挑到回龙；煤油、布匹、火柴、盐等则由回龙挑到宣成，再到水口；金橘子、茶叶等多半由南山、涂坊木乡人经宣成挑到回龙。挑工的工钱视路程的远近与货物的轻重而定。以宣成到回龙的15里路而言，每挑1斗米（豆）为1个毫子，一般男挑6斗，女挑4斗；每挑1袋盐为2个毫子，1袋盐为30斤，一般男挑3～4袋，女挑2袋；每挑1箱煤油为2个毫子，1箱煤油约30斤，一般男挑3～4箱，女挑2箱；土纸每20刀为1头，1头约10斤，一般男挑8～10头，女挑5～6头。付钱的方式一般在货物挑达指定地点后由买方支付。

宣成挑担的人多，需要挑的货物却有限，因此每到张屋铺的墟期前一天，不少挑担者就到蓝田、长桥等地的纸槽去“等纸”，把纸槽的纸挑回张屋铺，第二天待纸行的老板过秤后再挑到回龙。墟期前一天去“等纸”所走的路程是没有工钱的，只是挑担者为了保证第二天能够挑到货物赚到工钱而已。

综上所述，无论是张屋铺的老街、新街，还是畲心村的村街，街道均很短，店面均很少，街上经营的货物品种亦很单一，与长汀县其他墟市的街道相比规模显然小得多。这与宣成位于长汀的最南端，地处与上杭县交界处，为长汀县的“南大门”这一重要地理位置显然不太相符。究其原因，大概有三点：

（1）宣成乡地形封闭，物产不丰，资源匮乏，人民生活困苦，没有形成活跃的商品市场的良好自然条件。

（2）汀江流经羊牯乡进入上杭县境内，羊牯是整个长汀县的出水口；宣成乡内只有小溪、小河，无法利用水运进行货物运输。羊牯具有比宣成优越得多的交通条件。也就是说，宣成不具备形成汀杭边界货物集散地的交通条件。

（3）距宣成15里路的上杭回龙，汀江流到此地后形成一个平坦的河谷平原，江面开阔，设有3个渡口供商人上下货物、停靠船只。渡口的两边均是商店，为“白石角墟”所在地。它是一个十分繁荣的货物集散地，长汀、上杭、武平三县交界处的物品均在此集散。

因此我们就不难理解张屋铺的街道为何如此狭小，商品为何如此单一，经济又为何如此凋敝了。

四、宣成的寺庙与醮会

宣成乡民信仰的神明众多，其中有的神明原供在外地的寺庙中，如定光古佛来自武平梁野山，后来在濯田重塑，当地人称为“长龙岩菩萨”；石仙祖师原在濯田北山嶂，后来，乡民们为避免每次打醮都要去长龙岩与北山嶂赶香火与扛塑像，就在本地的寺庙中塑像供奉。多数神明供于本乡寺庙中。这些寺庙，既有数村共有的，又有一村独建的。与此对应，乡民举行的醮会既有数村联合的，又有一村组织的。

（一）宣成的寺庙

1. 锦屏寺

锦屏寺位于寨背村西部的半山坡上，寨背坑水库的左边。寺的建筑坐西向东。据说新中国成立前的寺庙很小，仅供有三大祖师①、五谷神和四座菩萨像。今天所见的寺庙是1993年重建的，下殿供着弥勒佛、韦驮。主殿中间的神坛分为三层，最上层供着三宝如来，中层供着伽蓝祖师、观音、地藏王，下层供着三人祖师。主殿的右神坛上供有五谷神以及写有“显应石仙大德祖师香座位”的神牌。左边神坛上供着三爷古佛，右边的墙壁上挂着一面香旗，香旗上端横向写着“北山嶂”三字，中间纵向依序写着“石仙祖师香位”、“寨背村合乡”、“一九九八年八月立”三排字，香旗的下端系有近10个小铃铛。这面香旗是寨背村民八月初九到北山嶂朝拜石仙祖师时用的。锦屏寺的旁边有一小神坛，供着石仙祖师的神牌。神坛两边有对联：“仙恩天广大，宫殿日精华。”因缺乏史料记载，锦屏寺建造的年代及历史状况已不可考。

锦屏寺中有几块碑刻，分别记载了1992年众姓重建锦屏寺、1993年建下厅、1996年重塑五尊佛像以及1999年建厨房捐款的情况，共有20个姓参与了这几次重建锦屏寺的捐款活动。据笔者统计，1992年的捐款，共有15个姓氏参与，其中吴姓捐款数额最大，有3 000多元；张姓居第二，有200多元；其余姓氏的捐款数额均不到100元。从捐款人数来看，也是

---

① 三大祖师指观音菩萨、定光古佛与伏虎禅师。

吴、张两姓较多，吴姓有100多人，张姓在10人以上，其余姓氏均在10人以下。其他三次的捐款活动也是如此，吴姓的捐款人数与捐款数额均占第一，张姓居第二，但无论捐款人数还是数额，张姓与吴姓相比均要逊色得多。参与捐款的20个姓中，除吴姓是寨背村的外，其余均是外村的，说明锦屏寺的信仰圈已由寨背村扩展到周围的几个村落。

2. 龙安宫

龙安宫位于锦屏寺下的山谷中，供有三大仙师、土地神、判官等神明。它是寨背村的寺庙。

3. 凤凰寺

凤凰寺位于畲心村东北的凤凰山上，从宣成到涂坊、南山镇的公路上方。凤凰寺的山门坐北朝南，门上一联曰："凤山古迹真仙境，凰地奇峰是蓬莱。"正对山门的是弥勒佛。凤凰寺的主体建筑坐西向东，寺门上的对联写着："石佛云游常自在，仙人风度继如来。"踏进寺门便可看见韦驮像。大殿中央的神坛上供着三宝如来，前面文殊、伏虎、观音、定光、普贤等菩萨排成一列。大殿的左神坛上供着关帝与吉祥哥哥，右神坛上供着地藏王。主神坛前的供桌中央供有一神牌，写着"凤凰山显应石仙大德祖师香座位"。

大殿之北有一小殿，中间供着一尊大的五谷神，左边为土地神，右边为一尊小的五谷神像。小五谷神经常被周围的村民抬去打醮。

凤凰寺的历史始于何时已不可考。在20世纪50年代末公路开通之前，凤凰寺位于路的下方。据说1958年村民在寺的上方开路时还看见数块古老的石碑，开路时石碑被凿成了碎片。今天在寺的废墟上仍可看到一小块古碑文，碑上的字已模糊不清。

凤凰寺是周围数乡的灵山圣地，信仰者极多。这可以从凤凰寺历次的捐款姓氏中反映出来。根据对凤凰寺内碑刻的统计，1987—1999年，村民进行了6次修建、扩建或塑佛像的活动，共有张、刘、涂、吴、陈、池、赖、钟、廖、范等38个姓参与。历次捐款都是张姓参与者最多，捐款数额最大。如在1987年建中厅的活动中，共有20多个姓参与，其中张姓285人共捐5 548元；居第二的刘姓105人共捐1 306元。在1990年建横屋的捐款中，张姓75人共捐650元；居第二的刘姓36人共捐191元。在1991年扩建路基的捐款中，张姓125人共捐814元；居第二的刘姓20人共捐100元，其余9姓的捐款数额均不到50元。在1992年重塑五尊佛像的捐款中，共有18个姓参与，其中张姓46人共捐515元；居第二的吴姓12人共捐180元；居第三的刘姓16人共捐115元，其余各姓的捐款数额均不到

100 元。在 1998 年建右横屋的捐款中，共有 26 姓参与，其中张姓 104 人共捐8 262元；居第二的涂姓 47 人共捐 1 052 元。在 1999 年重修凤凰寺的捐款中，仍是张姓居第一，81 人共捐 6 483 元。

从捐款人数与数额可看出，畲心张姓是历次修建活动的主导者，每次捐款人数与数额均占总数的绝大部分，周围的吴、钟等大姓的捐款数额也不少。另外，值得一提的是，涂坊镇涂、刘、卢、马等姓氏也参与了这些修建活动，其中涂、刘两姓的捐款数额在多次活动中仅次于张姓。由此可知，凤凰寺的信仰范围包括宣成与涂坊两乡镇。据报告人说，新中国成立前连涂坊迳口村打禾苗醮时都要到凤凰寺中抬五谷神。

凤凰寺的信仰范围如此之广，得益于山顶的凤凰石及旁边的石仙祖师坛。石仙祖师坛位于凤凰寺的北边，与新建的凤凰寺连成一体。坛中供有一块十分古老的小石头，貌似古代穿长袍、留长须的长者。坛上写有一联："石仙坛前纳百福，祖师殿上集千祥。"坛的上方是一块大岩石，名为"凤凰石"。据说石仙祖师的历史与凤凰石一样古老，在畲心村开始有人居住时就已存在了，一直是个十分灵验的神明。石仙的古老与灵验，吸引了周围众多的信徒。新中国成立前，凤凰山周围的河甫、涂坊、赖坊、迳口、卢屋、马屋、蓝溪、畲心、中畲、下畲、长桥等地的村民都会到此朝拜凤凰山。名为朝拜凤凰山，实为朝拜石仙祖师。他们或求签跌筶，或祈福祛灾，或求嗣祈财，都十分灵验。据说村民们连猪、牛、鸡、鸭等家禽、家畜病了也到山上石仙祖师坛前烧几炷香，带些香灰回家给它们吃，吃后即可治愈。因此，凤凰寺的信徒众多，可以说是村民对石仙祖师崇拜的历史传承的结果。

4. 仙师庙

仙师庙位于畲心村宫圳上，供着三大仙师。

5. 中华山寺

中华山寺位于中畲村的西部，在中华山的山顶上，从村部到寺中约有一小时的路程。据说中华山寺在数百年前就已存在，新中国成立前一直供着三大祖师与石仙祖师。1996 年寺庙重修时新塑了许多佛像。

中华山寺的大门坐南朝北，大门上书："脉接左慈黄老显赫，局朝丹水女娲称浪。"正厅则坐西朝东，厅两侧的墙上有一联："石德巍峨众士咸来顿首，仙械（界）灵通顽石亦会点头。"正厅主神坛的墙上有玉皇大帝及其随从的画像，画像两侧写着："五显神通万民载德，仙恩浩荡黎庶蒙麻（霖）。"主神坛上第一排供着重修之前供奉的三大祖师，第二排为阿弥陀佛，第三排为新塑的三大祖师，第四排为观音及其两侍从，第五排为三宝如来。左边的小神坛上供着地藏王，右边的神坛上则供着五谷神、神农大帝和吉祥菩萨。正对大门的下厅右墙角处供着弥勒佛，旁边为王师公。据说王师公是中华山寺早期的守寺者。

据报告人说，中华山是宣成的名山。从景色来看，确实比其他村落的山脉美丽，但其山中寺庙所供神明的信仰圈远比凤凰寺的小。根据寺庙中碑刻记载的历次捐款情况来看，其捐款姓氏与捐款数额均远远少于凤凰寺。凤凰寺的捐款姓氏高达 38 个，而中华山寺的只有 22 个；从人数上看，凤凰寺的 6 次捐款人数均在 100 人以上，捐款数额最多的一次为13 216元，居第二的为 10 772 元，居第三的为 8 448 元，其余 3 次均在 1 000 元以上。而在中华山寺的 5 次捐款中，只有 2 次的捐款人数在百人以上，捐款数额在千元以上；其余 3 次的捐款人数均不到 50 人，捐款数额均不到 500 元。凤凰寺的信仰范围比中华山寺的信仰范围大得多的原因大概有两点：第一，得益于历史悠久且灵验异常的石仙祖师；第二，得益于地处宣成与涂坊交界这一优越的地理位置。

据笔者对中华山寺捐款的统计，钟姓在 5 次捐款活动中，无论捐款数额还是捐款人数均排在第一位。在 1986 年建下厅的捐款中，钟姓 178 人共捐 1 896 元，另外曹、张、林、吴、池、王、杨等姓的捐款也比较多，均在 100 元以上，其余各姓的捐款人数都不到 10 人，捐款数额不到 100 元。在 1987 年的捐款中，钟姓 41 人共捐 355 元，其余 4 姓的捐款数额均为 20 元。在 1992 年的捐款中，钟姓 36 人共捐 465 元，其余 2 姓分别为 10 元与 20 元。在 1994 年的捐款中，钟姓 41 人共捐 308 元，其余 4 姓均在 20 元以下。在 1996 年的捐款中，钟姓 221 人共捐 6 365 元，曹、张、龚、林、王、杨、黄姓的捐款也较多，均在 100 元以上。从中可知，钟姓是中华山寺历次捐款修建活动的主导者，说明中华山寺的祭祀范围主要在中畲村内。

相传中华山寺的石仙祖师很灵验。很久以前的某一天，回龙的龙角村内有户人家发生火灾，村民想尽了各种方法灭火，可怎么也扑不灭，这时家中一人想起请菩萨相助，于是烧香叩拜请中华山寺的石仙祖师帮忙灭火。结果晴朗的天空居然下起了大雨，火很快熄灭了，村民们感到十分惊奇。这以后，每年九月十九日，龙角村村民都会到中华山寺朝拜石仙祖师，并扛祖师香旗、取祖师香火回村中打石仙祖师醮。

6. 南山寺

南山寺位于中畲村。据说南山寺是个大寺庙，庙中供有很多神明，但因庙在很早以前就倒塌了，所以村民在新中国成立前只见过墙基，具体情况无从知晓。

7. 中畲五谷仙庵

五谷仙庵位于南山寺旁，规模极小。庵中供着五谷大仙。现在因庵已倒塌，所以把五谷仙放于中华山寺供奉。

8. 中畲三大仙师庙

三大仙师庙位于中畲宫子夹里。原为一小庙，1958 年开公路时被毁坏。后来把三大仙师的香火移到了社下，设了一神坛供奉。

9. 回山堂

回山堂位于下畲村张屋，宣成到长汀县城的公路右下方。庵的建筑面积只有 10 多平方米。主神坛上供着三大祖师，左边为五谷神，右边为三大仙师。三大仙师旁边为下畲村的福主公王——蛇岳灵王，右脚踩着一条蛇，据说蛇岳灵王的主要职能是收邪毛与妖怪。该庵在“文化大革命”期间被毁，1983 年得以重建。

10. 笔架山

笔架山位于下畲村的西南方。新中国成立前山上只有一个石仙祖师坛。下畲村民传说：笔架山、中华山、凤凰山、北山嶂的石仙祖师是四姐妹，四姐妹经常外出考察民情，异常灵验。又有人说笔架山、中华山、凤凰山的石仙祖师是三姐妹。众所周知，石仙祖师是男的，但在宣成，却听到许多报告人都说上述几座山头的石仙祖师是姐妹。这也许跟上文所提到的宣成可能是畲族先民的居住地有关，因为畲族中普遍存在女性崇拜。

今天所见的笔架山的庵乃 1995 年所建。庵中间的神坛上供着三宝如来及“古迹石仙祖师香位”神牌，左边神坛供着地藏王。庵门上写有一联：“峰危路转各方信士尽来朝，金光灿烂无边佛法常显应。”庵外有一古旧的神坛，写有“古迹石仙祖师”的字样，坛上亦有一联：“作通乡保障，为众姓卫街”，从中可看出石仙祖师的职能与村民对其寄予的厚望。

11. 白莲寺

白莲寺位于宣成到蓝溪三村公路的右侧，距宣成 5 里。白莲寺旧称“白莲堂”，寺的建筑格局坐西向东。大雄宝殿建于 1987 年，南边横屋建于 1994 年。大雄宝殿前的下厅中供有韦驮与弥勒佛。大殿中间的神坛上第一排供三大祖师，第二排供千手观音，第三排供伏虎、文殊、普贤和定光。左边的神坛上供着伽蓝菩萨，右边的神坛上供着地藏王。大殿之右又有一小殿，里面供着五谷神与土地神。

根据 1987 年重建白莲寺与 1994 年重建白莲寺横屋的捐款记载，有 20 个姓参与捐款，主要捐款姓氏是范、林、池、曹等，均是蓝田、泮溪、溪源三村的主姓。因此，以前的白莲寺应该是蓝溪村所属的寺庙。

12. 溪源村仙师庙

仙师庙位于村头的寨子埂上，里面供着三大仙师、五谷神和观音菩萨。

13. 蓝田村仙师宫

仙师宫位于蓝田村水口的公路旁，里面供着三大仙师。

14. 泮溪村猪鼻岩

猪鼻岩位于张屋附近，因岩石的形状如猪的鼻子而得名。里面供着定光、伏虎与博罗祖师，博罗祖师居于中间。

15. 泮溪村回头庵

回头庵位于张屋附近，庵中供有五谷神。

16. 莲花寺

莲花寺位于长桥村上罗角。根据寺中一块民国时所立的《福善堂乐助田碑》记载：莲花寺原称“福善堂”，可能建于民国时，从碑上助田的姓氏看，涂坊的涂姓与长桥的林姓一起参与了捐款。可见建寺之时，该寺的信仰范围就是宣成与涂坊交界地带。新中国成立后仍有涂坊人在此守寺。“土改”之时，寺属的 30 多担谷田也被涂坊人分去。

今天所见的莲花寺为 1998 年扩建而成。大殿中间的神坛上供着三宝如来与三大祖师。三宝如来的右边为伽蓝菩萨，左边为五谷神与地藏王。右边的神坛上供着地母娘娘，地母娘娘坐在一条游于水波之中的鱼身上；左边的神坛上供有千手观音。大殿的右侧又有一小殿，里面供着三大仙师。

宣成乡民信仰的神明远远不止上述寺庙中所祭供的，还有许多神明供于神坛之中，几乎每个自然村都有。村民对其中多数神明的来历已说不清楚。如蓝田村内就有不下 5 座神坛：位于白莲寺旁边的把界大王坛；位于蓝田村和泮溪村交界处的日月光古侯王；位于东坑口蓝田溪边和大坑头的三将公王坛；位于洱里蓝田溪边的五通五显大帝坛；位于白莲寺的蛇岳灵王坛。这 5 座神坛中供奉的神，除五通五显灵官大帝村民尚可说出是清末一池姓人士从江西带回蓝田设的以外，其余神明均记不清于何年何月开始供奉。又如畲心村有 4 座神坛：石子岗头的石固、石猛公王坛；凹上的福主公王坛；仓下的三将公王坛；凤凰寺北边的石仙祖师坛。这 4 座神坛的神明，最为灵验的是石仙祖师，而最值得人们去探究的可能是石固、石猛公王坛，因为它在吴姓未迁走前供的是“打狗大王”。

石固、石猛公王坛位于畲心村的西北部，即石子山脚下的石子岗头。据村民说，新中国成立前这里有两块巨石与许多小石头，石间有供村民插香用的小石洞。旁边有棵巨大的古树，三人伸开手臂围抱尚有余；另有一棵直径与脸盆大小相当的野梨子树。羊牯乡罗坑头村的《吴氏族谱》载：吴姓的福主公王——打狗大王即源于此地，谱上称之为“石子岗头凉伞树下”。据报告人说，在新中国成立前，石子岗头公王坛边的石径是上杭官庄、回龙等地与宣成乡民通向汀州府城的必经之地。

对于从何时起供打狗大王的神坛变成了石固、石猛公王坛，村民均说不清。据报告人说，畲心村张姓的荣福公祠建成后，原住畲心石子岗头的罗坑头吴姓就住不下去了，搬到了羊牯乡，同时把打狗大王的香火也带到了罗坑头。所以，石固、石猛公王坛出现的时间应该是在荣福公祠建成之后。但因张姓未保存完整的族谱，所以无从知晓荣福公祠始建于何时。

（二）宣成的醮会

宣成各村围绕着上述的寺庙与神坛，每年都有数次醮会。现把这些醮会所属的村落、名称、参与者、打醮的时间、醮会主神、主神来自何寺庙等列成表3－26：

表3－26 宣成各醮会概况统计表

所属村落	醮会名称	参与者	醮会时间	醮会主神	主神所出	打醮经费	备注
寨背村	新年醮	全村	正月十二至十四	三大祖师	锦屏寺	村民平摊	
寨背村	古佛醮	全村	正月十四至十五	三爷古佛	武平县梁野山	村民平摊	
寨背村	保苗醮	全村	四月的某一天	五谷神	锦屏寺	村民平摊	
寨背村	朝山醮	全村	八月初九	石仙祖师	北山嶂	村民平摊	在村中各醮事中，它最为隆重
寨背村	公王醮	全村	十月的某一天	把界福主公王	回龙坛	村民平摊	
畲心村	三大祖师醮	6村	正月十六至十八	三大祖师	角明西山寺	详见下文	6村联合进行
畲心村	公王醮	全村	正月二十三	福主公王	福主公王坛	村民平摊	新中国成立后不再进行

（续上表）

所属村落	醮会名称	参与者	醮会时间	醮会主神	主神所出	打醮经费	备注
畲心村	保苗醮	全村	四月的某一天	五谷神与三大仙师	凤凰寺仙师庙	村民平摊	
畲心村	长龙岩菩萨醮	全村	六月二十九日	定光古佛	长龙岩	村民平摊	48村按次序轮流
畲心村	石仙祖师醮	全村	七月二十九日	石仙祖师	石仙祖师坛	村民平摊	
畲心村	朝山醮	全村	九月十九日	石仙祖师	北山嶂	村民平摊	
畲心村	石仙祖师生日	宣成乡	十月初九	石仙祖师	凤凰寺	凤凰寺的功德钱	
畲心村	石仙祖师醮	全村	十月十五日	石仙祖师	凤凰寺	全村平摊	
中畲村	新年醮	钟姓	正月的某一天	石仙祖师	中华山寺	按片中人口平摊	
中畲村	三大祖师醮	6村	正月十六至十八	三大祖师	角明西山寺	详见下文	6村联合进行
中畲村	保苗醮	钟姓	四月的某一天	五谷神	中华山寺	按片中人口平摊	
中畲村	长龙岩菩萨醮	钟姓	六月三十日（六月小为七月初一）	定光古佛	长龙岩	按片中人口平摊	48村按次序轮流
中畲村	长龙岩菩萨醮	龚屋	七月初三（六月小为七月初四）	定光古佛	长龙岩	龚姓按人口平摊	48村按次序轮流
中畲村	石仙祖师醮	钟姓	八月初一	石仙祖师	中华山寺	按片中人口平摊	
中畲村	保安醮	全村	十月十五日	福主公王与三大仙师	福主公王坛；仙师庙	全村平摊	

（续上表）

所属村落	醮会名称	参与者	醮会时间	醮会主神	主神所出	打醮经费	备注
下畲村	新年醮	杨、黄、赖、钟4姓	正月初五、初六	石仙祖师	笔架山	4姓按人口平摊	张姓的新年醮在初七、初八进行
下畲村	三大祖师醮	6村	正月十六至十八	三大祖师	角明西山寺	详见下文	6村联合进行
下畲村	保苗醮	杨、黄、赖、钟4姓	四月初九、初十	五谷神	回山堂	按人口平摊	张姓的在十一、十二日举行
下畲村	长龙岩菩萨醮	张屋	七月初一（六月小为七月初二）	定光古佛	长龙岩	按人口平摊	48村按次序轮流
下畲村	长龙岩菩萨醮	杨屋	七月初二（六月小为七月初三）	定光古佛	长龙岩	按人口平摊	48村按次序轮流
下畲村	石仙祖师醮	杨、黄、赖、钟4姓	八月初一	石仙祖师	笔架山	按人口平摊	张姓在同一天独自进行
溪源村	新年醮	全村	止月初四	二大仙师、观音	仙师庙	按人口平摊	
溪源村	三大祖师醮	6村	正月十六至十八	三大祖师	角明西山寺	详见下文	
溪源村	保苗醮	全村	五月初二、初三	五谷神、三大仙师	仙师庙	全村平摊	
溪源村	冬醮	全村	十月十九日	石仙祖师	北山嶂（或中华山、凤凰山）	全村平摊	
蓝田村	新年醮	池、阙2姓	正月初五、初六	三大仙师	仙师宫	按人口平摊	曹姓在初九、初十进行
蓝田村	三大祖师醮	6村	正月十六至十八	三大祖师	角明西山寺	详见下文	6村联合进行

（续上表）

所属村落	醮会名称	参与者	醮会时间	醮会主神	主神所出	打醮经费	备注
蓝田村	公王醮	全村	正月二十三	三将公王	三将公王坛	按人口平摊	
蓝田村	保苗醮	全村	四月的某一天	五谷神与观音	白莲寺	按人口平摊	
蓝田村	保苗醮	池、陈2姓	八月十二日	三大仙师	仙师宫	按人口平摊	
蓝田村	平安醮	池、陈2姓	八月十三日	三大祖师	白莲寺	按人口平摊	
蓝田村	朝山醮	阙、赖、吴、陈4姓	九月十九日	石仙祖师	北山嶂	按人口平摊	
泮溪村	三大祖师醮	6村	正月十六至十八	三大祖师	角明西山寺	详见下文	6村联合进行
泮溪村	新年醮	全村	正月二十	定光古佛、伏虎禅师、博罗祖师	猪鼻岩	按人口平摊	
泮溪村	保苗醮	全村	四月十一日	五谷神	回头庵	按人口平摊	
泮溪村	朝山醮	全村	九月十九日	石仙祖师	北山嶂	按人口平摊	
长桥村	新年醮	林坑	正月的某一天	三大祖师	角明西山寺	按人口平摊	
长桥村	保苗醮	罗坑、林坑、高坪、廖屋、窄陂	四月的某一天	五谷神、定光古佛、伏虎禅师	莲花寺	按人口平摊	5自然村各择吉日分别举行
长桥村	长龙岩菩萨醮	高坪	六月二十九日	定光古佛	长龙岩	按人口平摊	48村按次序轮流

（续上表）

所属村落	醮会名称	参与者	醮会时间	醮会主神	主神所出	打醮经费	备注
长桥村	长龙岩菩萨醮	罗坑	七月初四（六月小为七月初五）	定光古佛	长龙岩	按人口平摊	48村按次序轮流
长桥村	长龙岩菩萨醮	林坑	七月初五（六月小为七月初六）	定光古佛	长龙岩	按人口平摊	48村按次序轮流
长桥村	三大仙师醮	罗坑	六月初六	三大仙师	莲花寺	按人口平摊	
长桥村	朝山醮	林坑	八月十九日	石仙祖师	北山嶂	按人口平摊	

注：畲心村十月初九的石仙祖师生日应该是庙会，但既然村民们均称之为“醮会”，而本文所反映的是宣成的民间信仰习俗，所以仍遵村民所称，归入醮会之列。

表3－26共列出了宣成各村的48场醮会，其中寨背村5场；畲心村8场；中畲村7场；下畲村6场；溪源村4场；蓝田村7场；泮溪村4场；长桥村7场。在这48场醮会中，有21场醮会的参与者仅为一个行政村中的一部分村民（或为一个姓氏，或为数个姓氏，或为一个自然村）；有20场醮会的参与者为一个行政村的村民；而三大祖师醮是由6个行政村共同参加的；规模最大的醮会是长龙岩菩萨醮，由河田、涂坊、宣成等乡的48个村落按先后次序轮流进行。从醮会的参与者可以看出醮会具有非常明显的层次性。从参与者的宗族状况来看，或许可以分成两个层次：

（1）单个宗族的醮会：如中畲村钟姓组织的新年醮、保苗醮、长龙岩菩萨醮和石仙祖师醮。另外，由于畲心村是单姓村，该村组织的所有醮会均可看作是单个宗族举行的。

（2）两个或多个宗族共同组织的醮会：从表3－26可看出下畲村杨、黄、赖、钟4姓组织的保苗醮、新年醮与石仙祖师醮；蓝田村池、阙2姓组织的新年醮，池、陈2姓组织的保苗醮与平安醮，阙、赖、吴、陈4姓组织的朝山醮均属此类。事实上，因宣成除畲心村外都是多姓杂居村，所以除上述所列的单个宗族的醮会外，其余都可算作两个或多个宗族共同组织的醮会。

从地域即参与者所属的村落来看，由小到大或许可以将醮会分成四类：

（1）由一个自然村组织的醮会：如中畲龚屋，下畲张屋、杨屋，长桥高坪、林坑和罗坑组织的长龙岩菩萨醮；长桥林坑组织的新年醮与朝山醮；长桥罗坑、林坑、高坪、窄陂、廖屋各自举行的保苗醮均属此类。

（2）由一个行政村（通常包含了多个自然村）组织的醮会：表3-26中所列的参与者为“全村”的醮会均属此类。

（3）由多个行政村组织的醮会：如宣成畲心、中畲、下畲、溪源、蓝田、泮溪6村共同组织参与的正月十六至十八的三大祖师醮。

（4）由多个乡镇参与的醮会：如河田、涂坊、宣成等乡共同参与，按次序进行的长龙岩菩萨醮，共有48个村落打此醮。

从醮会的名称来看，有7场是新年醮，有9场是保苗醮，有5场是要到北山嶂取石仙祖师香火的朝山醮，有8场是长龙岩菩萨醮，有6场是三大祖师醮。由此可知，新年醮、三大祖师醮、保苗醮、长龙岩菩萨醮和朝山醮是宣成多数村落醮会的共同内容。

从醮会的主神来看，有13场是以石仙祖师为主神的醮会，有9场是以三大祖师为主神的醮会，有10场是以定光古佛为主神（其中包括定光古佛为数座主神之一者）的醮会，有12场是以五谷神、三大仙师为主神（包括各自为主神与一起为主神）的醮会，另外有4场是以村中的公王为主神的。从中可以看出，石仙祖师、三大祖师、三大仙师、五谷神与村落的福主公王是最受宣成各村村民信奉的神明，它们常被放在各村大小醮场的中间位置。

从醮场所设的地点来看，大致有两种：一种设在醮会的福首（俗称“做头的”）家中；另一种设在村中大姓的祠堂中。如畲心村四月保苗醮的醮场设在福首家中，其余7场均设在张姓荣福公祠中。

这些醮会的经费除凤凰寺的石仙祖师生日由寺庙的功德钱提供外，其余多数按参与村落的人口多少平均分摊。但在中畲村钟姓组织的各醮事中，又稍微有些区别。据报告人说，由于村中醮事太多，村民为节约开支，省去一些麻烦，把钟姓按居住地与人口划分为4片，大致为黄金堂为2片，水井堂和下街为1片，楼背坑与龚屋为1片。每片各自推举一个负责人，每年择定一个吉日由各负责人代表每片抽签决定一年由钟姓组织的4场醮事的顺序，一片一年负责一场醮事。组织醮事的经费亦由该片按人口均摊，其他片不必出钱，届时到福首家烧香即可。

醮会的组织者一般由村民通过抓阄的方式决定。在每次醮会前一个月左右，由负责该醮事的片的负责人按所需的人数写好福首、香首、理事、帮工等的阄。阄中注明福首、香首、理事以及扛菩萨、放铳、煮饭等的具体分工。在寨背村，还有一个管理村中各项事务的“公王会”。公王会由村中年岁较大、有一定办事能力，并在村中有一定声望的人组成。公王会每月初一按轮流做东的方式，在公王会的某一成员家中相聚，杀鸡打酒办宴席，研究处理村中上个月的“大事件”，并商议组织本月中的大事，醮会亦囊括其中。村民称公王会的成员为“公王老大”，认为老大是公王的弟弟，可以借公王的名义处理村中事务。在每场醮会前，公王会都会组织村民到锦屏寺中抓阄决定醮会的组织者。据说，公王会的成员每人还负责一小片村民，在每场醮会前向片中的村民收取醮事经费。

多数醮会有扛菩萨游村的习俗。游村的路线一般是固定的，由醮场出发，经过村中的一些主要道路，再回到醮场中。以2000年畲心村的保苗醮为例，因醮会福首的家在宫圳上，所以扛五谷神游境的队伍从宫圳上出发，依次经过石子岗头、凹坵里、福主公王坛、三将公王坛、东山下、仙师庙，再回到宫圳上。沿途家家户户摆起香案，端上供品，燃香点烛恭迎五谷神。

在各醮会中，长龙岩菩萨醮是规模最大的一个。长龙岩菩萨就是定光古佛，其庙在河田镇马坑长龙岩。据说，长汀过去因医疗条件极差，许多人患痢疾以致丧命。某一年，有个村子把长龙岩的定光菩萨抬到村中游境，祈求祛灾禳福，结果村中再也没有发生痢疾。于是长龙岩菩萨的声名不胫而走，远近的村落都纷纷效法，把它抬去祛灾，宣成畲心、中畲、下畲等村的村民也不例外。但绝大多数村民都只知道长龙岩菩萨很灵验，却不知道长龙岩菩萨就是定光古佛。

每年的六、七月份，河田、南山、涂坊、宣成等48个村的村民依序抬长龙岩菩萨出来巡游。巡游队伍六月初一从河田长龙岩出发，经河田、南山、涂坊、宣成乡的各个村落，历时48天，再回到长龙岩。长龙岩菩萨游至涂坊、宣成乡各村的具体时间如表3－27所示：

表3－27　长龙岩菩萨游至涂坊、宣成乡各村的具体时间

乡镇	村落名	游神时间	乡镇	村落名	游神时间
涂坊	岭下	六月初一	涂坊	赖坊	六月二十一至二十二日
涂坊	罗屋岗	六月初二至初四	涂坊	华坊	六月二十三日
涂坊	太坪	六月初五	涂坊	马屋	六月二十四日
涂坊	大甫岗	六月初六	涂坊	迳口	六月二十五日
涂坊	蒋坑	六月初七	宣成	长桥高坪	六月二十八日

（续上表）

乡镇	村落名	游神时间	乡镇	村落名	游神时间
涂坊	东坑屋	六月初八	宣成	畲心	六月二十九日
涂坊	元坑	六月初九	宣成	中畲钟姓	六月三十日（若六月小推后一天，即为七月初一，以下的村落同）
涂坊	洋坑	六月初十	宣成	下畲张屋	七月初一或初二
涂坊	河甫	六月十一日	宣成	下畲杨屋	七月初二或初三
涂坊	吴坑	六月十二日	宣成	中畲龚屋	七月初三或初四
涂坊	蕊坑	六月十三日	宣成	长桥罗坑	七月初四或初五
涂坊	涂坊	六月十四至十八日	宣成	长桥林坑	七月初五或初六
涂坊	腾头	六月十九至二十日			

长龙岩菩萨到宣成的时间为六月二十八日，七月初五或初六游完长桥林坑后，接着到涂坊的丘坑。48 村中的其他 20 多个村巡游时间不详。游完各村后返回长龙岩。据说因洋坑是定光古佛的外婆家，长龙岩菩萨返程经过洋坑时要在村中停留 2 天。在宣成乡中，寨背、溪源、蓝田、泮溪等村均不参与游长龙岩菩萨的活动的原因，今已很难考证。

据说这 48 个村迎长龙岩菩萨的顺序是自古流传下来的。村民常说“长龙岩菩萨是 48 乡都有份的”，此“乡”跟现在行政区划上的“乡”的意义不同，大致相当于现在的一个村（有时可能只是现在的一个自然村）。其轮祭活动一般是一个村一天。每天清晨，扛菩萨的队伍由头天祭供长龙岩菩萨的村落送出村，当天供菩萨的村落则敲锣打鼓、铳炮齐鸣，到半路上等菩萨。扛菩萨的队伍后面常常跟着许多手中持香、边跪拜边祈祷的村民。长龙岩菩萨抬回村中后，放在福首家中或村里的祠堂中，然后古事队、道士到醮场做法事。不少村落还有演木偶戏等娱乐活动。

五、正月十六 4 村迎游三大祖师

宣成正月扛三大祖师游 4 村是该乡中参与者最多、组织最烦琐、花费最多的一次游神活动。参与者为畲心、中畲、下畲、蓝溪（即现在的蓝田、溪源、泮溪）4 个村落的男女老少，组织准备工作要在头一年十一月开始，一直到醮会前。每个村落都要推举出若干负责人，各村村民除了分摊扛三大祖师的费用外，还得做白粿、买鞭炮敬神（据说买鞭炮多者花费达六千元），招待大批来客。每个村庄为此花费不下万元。扛公王的队伍远看如一条长龙，近看则龙灯飞舞，龙船摇荡，热闹非凡。

据报告人说，寨背村最初也一起参与扛三大祖师的活动。后来，吴姓子弟中出了一个“精明人”，为了本宗族的繁盛，悄悄地把吴姓一上祖——吴必公的名字塞进了祖师塑像的肚子里。直到数年后的一天，一个吴姓子弟掩藏不住心中的喜悦，得意地对他姓人说，宣成乡民“年年正月起来扛个吴必公”，年年替吴姓人打醮，此事才被泄露了出去。这导致寨背吴姓被另外4个村的村民踢出祭祀圈。又有一说曰：某年吴姓为了争当“头家”杀了他村的一个竞争者，引起公愤，因此被排除在外。传说是真是假已不可考，但这或许可以解释为什么吴姓在宣成的历史比中畲的钟姓与蓝溪的众多姓氏均较久远，却不参加这一规模盛大的游神活动。据说长桥村的各姓氏因大多数到宣成较迟，所以也不参与这一活动。

扛三大祖师的队伍中包括扛四圣公王、田公祖师与魁星圣人的队伍。所谓四圣公王指的是畲心、中畲、下畲、蓝溪四村的福主公王。其中，畲心的称为虎伽大王，中畲的称为金神大王，下畲的称为蛇岳灵王，蓝溪的称为紧哪啰王。据说这些公王均是十分古老的神明，其中虎伽大王为道教的神仙之一，而紧哪啰王应是紧那罗王。紧那罗是佛教天神“天龙八部”之一，意为“音乐天”、“歌神”。

这些公王历史上有很长一段时间供在中畲黄金堂边的角明西山寺中。据说清咸丰年间（1851—1861），西山寺失火，烧得片瓦不留，因此寺貌如何已无从得知。在这次大火中，下畲村杨姓有个叫维恒的，冒着被火烧死的危险，奋不顾身跳进火海救出三大祖师的塑像与四圣公王的神牌，并把它们置于家中天天祭供。后来4村村民经过商议，决定一起做三顶轿子供放神明。根据下畲村《杨氏族谱》的记载：杨维恒是杨氏六世祖，杨姓如今在下畲发展到第二十一代，因而杨维恒大约生活在距今375年前。由此可知，火烧西山寺的时间大约是在17世纪早期。

三顶轿子分别为田公祖师轿（因田公祖师侧坐在一头牛身上，所以多数村民把它称为“牛王菩萨轿”）、四圣公王轿和三大祖师轿。三轿均在“文化大革命”中被毁。今天所见的轿据说是根据以前的模样仿造的，精雕细刻，古色古香。田公祖师轿的上方为塔状，上层供着魁星圣人，神像上方写着“虔诚”二字，左右两边分别写着：“万丈神光腾紫极，一支文笔点青云。”下层供着田公祖师，其神龛上亦有一联，横联为“诚则灵”，左右联为：“香腾宝鼎时添福，灯结朱花日进祥。”四圣公王轿为太师椅状，轿中供有一神牌，从这神牌上的字可看出，上面供着四圣公王及杨维恒夫妇。神牌两边有两副对联，分别为“迎佛驾风调雨顺，叩神恩国泰民安”；“四圣临门迎瑞气，公王显赫降祯祥”。三大祖师轿中供有三大祖师及两个侍从，共5尊小塑像。塑像前有一牌子写着“当今皇帝万岁”。据说三大祖师曾救过驾，被皇帝敕封为佛，为谢皇恩在轿上写上这些字。轿上亦有两副对联，横联为“佛光普照”，一联为“春日融和万物咸沾德泽，圣朝治泰士民共荷仁恩”；另一联为“佛法常临照天下，无边得福济人民”。据说田公祖师可保佑农民禾苗大熟、无虫无病、无旱无涝；四圣公王可庇佑村民及其六畜耕牛等财产的安全；而三大祖师则可消灾纳福，保佑人民安居乐业。

负责组织正月迎游三大祖师的福首由4村轮流担任，以一年为期，按畲心—蓝溪—下畲—中畲的顺序轮流担任。福首亦称“头家”、“做头的”。轮到做头、供三大祖师的村落要在十一月初一以跌筶的方式选出福首，跌胜筶选福首时，大家必须先点香拜请三大祖师到现场，以确保选出的福首符合祖师意愿。跌到阴筶的先排除，阳筶多者为胜。新中国成立前，去跌福首的必须是儿女健全、妻子尚在，且结婚的对象是明媒正娶的黄花闺女，岁数在60岁以上的“有福气者”；去跌福首的同时还得具备虔诚信佛、有一定号召力等条件。4村选福首的地点都是固定的，畲心的在荣福公祠，中畲的在钟氏泉山公祠，下畲的在回山堂，蓝溪的在白莲寺。由于三大祖师轿、四圣公王轿、田公祖师轿及相应的旗帜、香案、刀斧，以及其他还愿所需的物品很多，家中厅堂狭小的家庭一般不敢去当福首。提前选出福首，是便于其家打扫、整修厅堂以祭供三大祖师等神明，避免届时措手不及，因厅堂太小或不够洁净造成对神明不恭。

福首选定后，要放一串长长的鞭炮，并放铳庆贺。三朝之后，新福首要准备两个红袋子，分别写上“四圣公王”、“三大祖师”，并带上铳和供品，手捧檀香炉到当年供三大祖师的福首家“赶”香火，路上还要不断放鞭炮和铳开道，且要把在前任福首家装的两袋香灰带回家放在厅堂正中。此后要天天点烛烧香，对着香灰祭拜三大祖师。

村民称当年供奉三大祖师的“头家”为“福首”，称往年的为“老福首”，称新当选的下一年供奉祖师的为“新福首”，并且尊称福首为“福首公”，认为当选为福首的人，必定是家中积德很多，常做善事者，否则不可能被菩萨选中当福首。福首不但要负责祭供三轿中的神明，而且要管理相应的财产。每天清晨4点多就得起床到水井边挑水，供奉菩萨的水必须是当天第一桶从水井中舀出的水，以防他人的水桶中沾有猪油污染了供奉的水，对祖师不敬。因而每天福首取完水后都要在井上插根燃香告诉村民：敬供祖师的水已取，可放心在井中打水了。福首挑井水回家时，只能用一只肩膀挑到家。这是因为供奉祖师的水必须是前面那只桶装的水，后面那只桶的水在挑水人的臀部后面，被村民称为“打屁水”，一概不用。福首把水挑回家后紧接着煮水泡茶、煮饭，在清晨5：30左右上早供，上完供放鞭炮或铳。中午则要在11：30左右上午供。福首还得每天接待各方来朝拜的信徒，尤其是每月初一或十五，香客极多。据说在新中国成立前，因用于供祖师的香油钱及招待香客的费用不少，当福首得亏钱。所以新中国成立后，福首所在的村部一般会给福首补贴钱、粮食、茶叶、菜油、香烟等物，再加上香客烧香许愿送的油米等，当福首的年收入有数千元，包赚不亏。

新当选的福首在醮事中要装扮成古代新郎官貌，身穿长袍，脚蹬靴子，头戴礼帽。帽上插着金花、银花，长袍上攀挂红布。新福首挂两条，本次的福首挂一条，以示区别。

到了十二月，由于供三大祖师的村落要打“出佛醮”，新一任供奉三大祖师的村落要打“入佛醮”，两村要举行“交案”仪式，新、旧供奉三大祖师的村落要从办事能力较强的村民中推选出总理1人，副总理2人，会计1人，出纳1人，负责到每家每户收打醮平摊的钱，并管理醮事中的财务，总理可以连选连任。

在每年的正月初一至初五，福首、总理等人得召集全村人一起抓阄。畲心与中畲人口较多，一般一户一个男丁去抓阄，蓝溪三村人口较少，除老幼外的所有男丁都要去抓。阄上写明在扛三大祖师活动中的具体分工，如扛三大祖师轿、扛田公祖师轿、扛四圣公王轿、举祖师凉伞、举公王凉伞、持祖师手执炉、持公王手执炉、放铳、放鞭炮、端祖师香盆、端公王香盆、（举）黄旗（打）锣、提敕封牌、抬祖师供桌、抬公王供桌、举大旗、迎龙灯等。据2000年正月畲心村中红榜公布的各执事班鸿名统计，打“出佛醮”的畲心村有400多人参加了扛三大祖师的游境队伍。这仅仅是必不可少的人员，到正月十六游境时，队伍中加上扛旗帜的儿童、烧香的信徒与观看的乡民，队伍之壮观可想而知。

据说，在清朝角明西山寺尚存时，正月十三“出佛醮”开始之前，要先把写有“角明西山寺三大祖师座位”之字的神牌与祖师的香案接到福首家中起醮，到正月十五那天再从西山寺“出佛”，把三大祖师等神明迎到福首家中。寺庙被烧之后，这些程序或省略，或改在福首家进行。正月十三在福首家“洗佛”及做其他准备工作，把三大祖师、田公祖师、四圣公王的轿以及供桌等悉数抬出，置于清水中洗净，晾干之后放到门前的坪里用油漆重刷一遍。香首等人负责用竹榼装满谷子，把洗好的神明像和四圣公王牌位置于谷子上，并抬回厅堂中祭供。

正月十四在福首家“起醮”。也有不少村民认为这天是单独打福首醮，又称“谢恩醮”，感谢三大祖师赐予他供奉神明一年的机会，让他们沐浴了佛之恩典。起醮时，需请2个道士到家中念经做法事，并请古事队奏乐。醮事的程序包括请神、做早朝、做午朝、上供、送神等。这天，村民均自发到福首家中烧香拜祖师。

正月十五由供三大祖师的村落打“出佛醮”。醮事的过程与其他醮大致相同，不同的是出佛醮的上供必须是上大供，得请2个礼生到场，1个当主持，1个当主供，同时还要10多个人当陪供，跪于菩萨供桌前，由陪供把一碟碟的苹果、雪梨等水果，梅干、烤橄榄、葡萄干等干果，花生、饼干、糖以及自家炒的素菜等食物传到主供手中，再放到供桌上。据说上大供的菜果多时有上百碟。上大供时，鼓乐齐鸣，礼生用洪亮的声音报供品名，道士在一旁抑扬顿挫地念经，群众在香烟袅袅的醮场中围观，气氛十分热闹。

正月十五，即将“入佛”供放三大祖师的村落要派人挑装满了谷子的竹槛到出佛的村落挑风灯。供于三大祖师前的风灯有三条灯芯，四圣公王的有四条灯芯。在返回的途中，放公王风灯的竹槛一定要放在人的前面，祖师的风灯放于后面，这顺序自始至终不可改变。

正月十五晚“出佛醮”完成后，要举行“出佛”的仪式。首先放三声铳，此时鞭炮声大作，鼓乐齐鸣，福首把三大祖师、田公祖师、魁星圣人、四圣公王的神牌一一端起，恭恭敬敬地放到各自的轿中。等候正月十六清晨“起佛”，开始扛三大祖师游境。“出佛”、“起佛”的具体时间均要请地理先生择定。

扛三大祖师游境的人员分成数班：扛田公祖师轿班、扛四圣公王轿班、扛三大祖师轿班、举祖师与公王凉伞班、防三大祖师班（因三大祖师上重下轻，扛者换肩膀时容易倒转，要派人扶住，预防倒下）、龙灯队、举公王祖师手执炉班、放铳班、举掌扇班、扛黄旗锣班、端香盆班、提敕封牌班、扛十八般武器班、举旗帜班和抬供桌班。

扛三大祖师游境是宣成乡民们组织的规模最大的民俗信仰活动，准备的时间也最长。出佛、入佛的村落均要打醮，而且要把参加者的名单用红榜公布于众。把参加扛三大祖师、魁星圣人、田公祖师及举凉伞的，迎龙灯的，拿手执炉的，放铳的，端香盆的，提敕封牌的，扛十八般武器与旗帜的，抬祖师供桌等的人员按照劳动强度的不同排成数量不等的班次，重量愈重的，排的班次愈多，班与班之间相隔的时间愈短。在班次上，有分成13、12、8、6班不等的，也有不分班的，如扛旗的。在每班轮换的时间上，有隔2小时轮换的，有隔4小时轮换的，有隔6小时轮换的，有隔24小时轮换的，也有隔36小时轮换的，甚至有自始至终均无换班的。根据2000年畲心村的执事名册，班次最多、轮班时间最短的是扛三大祖师、魁星圣人、田公祖师轿的，均分成13班，每班隔2小时轮换一次；时间较长的是拿十八般武器的，要36小时轮换一次；时间最长的则是举大旗的，得从十五日始一直扛到十八日交案为止（详见附录）。扛三大祖师游境的人员共计400多人，100多个班。各班人员均由8个负责人管理，尤其是到每个班即将轮换时，负责人要察看下一班人员是否到场，否则要到处找寻，必要时找人替代。从村民对班次的排列与组织上可以看出扛三大祖师的队伍组织得多么井然有序。

扛三大祖师游境的队伍按下面的顺序排列：

（1）开锣大旗：包括2面黄色大旗，1面写“国泰民安”，1面写“风调雨顺”。扛旗者2人，其中1人拿大铜锣，敲锣开道，每次敲19响。此为游境队伍的先锋。

（2）扛旗队：旗帜均镶青边或白边，中间写有“帅”字，共有1 000多面红旗。因各村人手均不够，视村中参与者的多少决定举几十至上百面，其余的派人用箩筐挑。举旗者白天为小孩，晚上由家长替换。

（3）香案桌：共有8张，每张由2个人抬。其中3张桌上放信徒还愿时捐送的大钟；1张放挂满金元宝的摇钱树；1张放一条“一帆风顺”船；1张放4把宝伞，包括回山堂、白莲堂各1把，南山寺2把，据说南山寺是畲心与中畲共建的，所以要双份；1张放12个铺了层红纸的小碟，碟中分别用芝麻、谷子、黄豆、萝卜菜籽、白菜籽等排列成“贺元宵庆祝祖师公王万万岁”12字，1碟1字；最后1张放24对油蜡烛，包括回山堂、白莲堂各6对，南山寺12对。队伍将三大祖师扛到入案村落座后，宝伞与油蜡烛要送到所属寺庙中烧掉。

（4）田公祖师轿：4人抬。

（5）四圣公王仪仗队：包括插香者2人、端公王香盆者1人、持公王手执炉者1人、举公王凉伞者1人、抬四圣公王轿者4人，共9人。

（6）木制牌与武器等：包括写有“肃”、“静”、“国泰民安”、“风调雨顺”的4个木牌，树雕武拳头2个、文掌2个、官刀2把、画戟2把、瓜锤2把、龙头拐杖2根、掌扇2把。这些均是木制品，每把2米多长。每人举1把，共需18人。

（7）三大祖师仪仗队：其仪仗队与四圣公王的大致相同。不同的是，三大祖师轿前还有1个提敕封牌的职位，共需10人。据报告人说，历史上三大祖师曾被皇帝敕封为“佛”，因而，村民又称三大祖师为“三佛祖师”。三大祖师像前亦写有“当今皇帝万岁”的字样。

（8）古事队：有2队。分别为打出佛醮与入佛醮的村落所请。在扛三大祖师的队伍游完畲心村后，到大路上时，古事队改为在队伍前面行走，与龙灯队、龙船队一起迎三大祖师。每先行1~2里路后，再返回轿前，在田公祖师、四圣公王、三大祖师轿前各舞3圈。此时队伍会停下来，接受9条龙灯与2条龙船的拜祖师礼。9条龙灯分别属于下畲、中畲、畲心；2条龙船分别属于中畲与畲心；蓝溪既无龙灯，也无龙船。古事队、龙灯队、龙船队来回飞舞，穿梭往复迎接三大祖师。

三大祖师游境的路线从打出佛醮的村落开始，沿着新中国成立前的大道前进，小路均不走。队伍一直游到交案处，把轿及所有物什交给下一轮供佛的村落。交案之后，扛轿、举旗、抬供桌等的人员均换成供佛村的，一直到正月十八中午三大祖师等神明入案为止。

以2000年的游境活动为例，队伍步出畲心村福首家所在地岗子树头下，经过饶屋岗、凹上，在福主公王坛前停留2小时左右，让村民摆供品，在三大祖师面前烧香、跪拜、祈福，人称“摆果盒”。游境全程有4个摆果盒点，畲心村的在福主公王坛前；中畲村的在果盒树下，又称“八摆横屋下”；蓝溪三村的在池街夹；下畲村的在森梨岗。粿是用大米粉油炸成的，呈圆形。据报告人说，祭供公王的“粿”是用自古流传下来的手艺做的，必须由村中的男子做，手艺代代相传。中畲摆果盒处供放了三叠粿，用了近60斤大米。每叠粿的底部都是一个大果盘，果盘上的米粿层层叠起，堆成2米多高的塔状果盒。果盒的外层用竹皮、竹篾捆绑住。高高的果盒立于村民摆的层层供品之间，颇有一种鹤立鸡群的感觉。扛三大祖师的队伍在畲心的福主公王坛前摆完果盒后，沿着对门岭上、荣福公祠堂背头、老街道、牛路里的路线走，到达宣成到长汀的公路上后，再沿公路走到中畲村。

由于扛三大祖师的队伍只走大路，不走小道，因而不能游到每家每户门口。住得距大路较远的村民一般选在可看见祖师队伍且距家门最近的时候接佛。家家户户一大早起来就在大门口摆好供桌，放好素菜、糖、水果等供品，摆好香案，并插上鲜花或塑料花，把一箩筐一箩筐的鞭炮搬到大门口。当看到扛祖师的队伍走近时，主人便把一捆捆鞭炮拆开，缠在事先准备好的竹竿上，并把它们一一倚在大门上或围墙上，多者有上百根竹竿。主妇忙着燃烛烧香，把点好的香分给小辈们。待三大祖师轿到大门口一停下，锣钹之声响起之时，主妇率家人跪于门口，向三大祖师行三跪九叩之礼；男主人急忙点燃鞭炮。鞭炮放多久，扛三大祖师的队伍就要抬着神像站多久，直到鞭炮放完才能起步。村民们普遍认为，把三大祖师留在门口愈久，家中愈吉利。因而，有的家庭甚至不惜花数千元买鞭炮燃放以留住三大祖师；同时也向村民炫耀自家的富足，不可小觑。如此一来，扛三大祖师的队伍迟迟不能动身，使村与村之间的交案时间拖延很久。后来，各村的总理、理事们对此做出了规定：三大祖师在每家门口停留的时间不能超过半小时，超过者队伍不再等待。在畲心村的游境时间为一天；沿着大路从中畲游到宣成新街道、老街道到下畲的时间为一天；从在池街夹进行畲心与蓝溪交案到蓝溪入案时间为一天。游境时间不得超过三天三夜。此后，买鞭炮多的家庭就将数串甚至上十串鞭炮同时燃放，“噼噼啪啪”的爆竹声震耳欲聋，方圆一里之内硝烟弥漫，形成以门口燃放处为圆点的大烟圈，圈内既看不见人影，亦听不清人声。鞭炮一户接一户地放，以至于整个村庄都笼罩在浓烟之下。

扛三大祖师的队伍大约在十七日凌晨 1 点游完畲心村，到达畲心与中畲的交界处，走上到中畲的公路。此时，2 支古事队、9 条龙灯、2 条龙船均走在祖师队伍的前面，彩旗飘飘，人声鼎沸，乐曲声声，人们情绪激昂，场面十分壮观。队伍大约早晨 6 点到达中畲果盒树下，在此停留约 2 小时，让村民摆供品、烧香。扛祖师的队伍大约 8 点开始继续沿公路前进，经过八摆横屋下、水井头、泉山公祠、下街子到达池街夹。池街夹是蓝溪村民摆果盒的地点，因此，在这儿也要停 2 小时。然后经过宣成的新街、老街到达下畲村的森梨岗，下畲村民也会摆果盒。扛三大祖师的队伍到此处后，若是轮到下畲村民当新福首打入佛醮，则直接扛菩萨进村游境，直到新福首家给三大祖师等神明安座；否则，按原路返回。2000 年正月因轮到畲心与蓝溪交接佛案，扛三大祖师的队伍必须回到池街夹举行交案仪式，在返回的路上，各农家、商店依旧燃放鞭炮迎祖师，到池街夹时已是正月十八凌晨 2 点多。

到了池街夹，扛祖师的队伍停留下来，在司仪的指挥下，依序排好三大祖师轿、四圣公王轿、田公祖师轿，以及案桌等。仪仗队人员放下肩上、手中物站立一边。鞭炮声响起后，福首点烛燃香一一拜过三大祖师、四圣公王、田公祖师。新福首接着行三跪九叩之礼。畲心村与蓝溪村的两位司仪在供桌前以一问一答的形式，清点神明所属的财产。如畲心村的司仪大声问：“三大祖师名下凉伞一把，有否?”蓝溪村的司仪则大声回答：“有。”把有关三大祖师及其他神明所属的物品一一清点后，移交给蓝溪村。在冬日漆黑、寂静的深夜里，唯有此处烛光闪亮，香烟萦绕，尤其是两位司仪的声音一高一低，错落有致；周围的乡民安安静静，表情肃穆，使人不能不为其虔诚所感动。财物清点完，“交案”仪式即宣告结束。在南山寺尚存之时，各村的交案地点均在寺中，寺毁后，便改在池街夹交案。如今蓝溪与畲心人交案时为节省路程与时间，改在樟树头下交案。交案结束后，福首摘下帽子，取下红布，脱下长袍，与终于卸下重负的畲心村扛祖师人员一起在新福首的带领下回到新福首家“落佛”。

蓝溪因为人口较少，扛祖师的班次分成泮溪、溪源、蓝田三班。路程亦分成三段：第一段为池街夹到白莲寺；第二段为白莲寺到蓝田村；第三段为蓝田村到溪源村。各班负责哪一段路程要在头一年十二月上旬通过抓阄决定。2000 年的顺序为泮溪班负责第一段，大约从正月十八凌晨 3 点多扛到 6 点多；溪源班负责第二段，大约从 6 点多扛到 9 点多；蓝田班负责第三段，大约在 11 点多到达溪源尾福首家门口。扛旗帜人员则无换班。三大祖师游蓝溪的路线均是沿着蓝田溪前进，因蓝田、溪源在同一方向，泮溪处在蓝田湾往蓝田溪下游的另一个方向，福首家若在溪源尾，则游境队伍不到泮溪；福首家若在泮溪，则队伍不到蓝田与溪源尾。

扛祖师的队伍到了溪源福首家门口，要等候吉时“入案”。入案亦称“入佛”、“落佛”，入案的吉时同样必须请地理先生择定。2000 年的入案时间为十八日下午 3 点，因天公不作美，一直下大雨，恐龙灯等被淋毁，临时改在十九日上午 11 点多。入佛之前，福首家要割一只大公鸡，并把鸡血淋洒到从大门口铺到厅堂中央的草纸上，再把带有血花的纸烧掉。不能把鸡血淋到地板上，流干了血的公鸡也要扔到别处。据说割鸡的目的在于清洁醮场，除去煞气。因四圣公王吃荤，其余菩萨吃斋，所以割鸡时要把三大祖师轿的帘子放下来，遮住三大祖师的眼。在抬轿进厅时，要把四圣公王先抬进去，再依次抬三大祖师、田公祖师及其香案桌、旗帜等物。

将祖师等神明抬进厅中安放好后，要举行“上大供”的仪式。在司仪的指示下，三声铳响，鼓乐齐鸣，福首、香首各就各位。福首挂红戴帽当主供，站在上厅祖师供桌前，向祖师三跪九叩，陪供的 4 人站在下厅供桌前，一起持香跪下。道士在一旁口念表文，请祖师保佑全村村民。总理站在上、下厅之间放有许多供品的桌子旁，在乐声中把一盘盘的香蕉、苹果、甘蔗、糖、橘子、梨、桂圆、粉丝、金针菜、木耳、香菇、腐竹、油豆腐等素菜素果依次递到副总理、陪供手中，再由另一边的副总理递给主供，由主供端到祖师等神明的供桌上。上完供品后，主供、陪供等再次向祖师行三跪九叩之礼。至此正月十八的入佛宣告结束。

正月十九，新入案的溪源尾要打入佛醮。入佛醮的过程大致为：

（1）正月十八 11 点入案后，给神明安座。

（2）晚上 8 点多“做洁坛”，洁净醮场。2 个道士在醮场念经祈福，村民称之为“做香花”。

（3）选正月十九清晨的某一吉时，一般选在5—6点作“发表”，请远方，包括东、南、西、北、中五方的一切神明到场，并把附近庵场、神坛中的所有神明请到醮场中享受供品、香火。

（4）正月十九早上 7 点多做早朝，由道士读榜文，公布出钱打醮者的姓名，请神明庇佑他们。上午道士念经，信徒们自由地去烧香。

（5）上午 11 点左右上供，12 点左右做午朝。

（6）下午 6 点多开坛秉烛上香，再一次请东、南、西、北、中五方的神明到场。道士在此时拿出“符章”，把符章发给每家每户。村民或把它贴在门上，或贴在猪圈上，或带在身上，据说可以驱邪保平安。道士接着跌胜筶，问菩萨这场醮是否打得吉利。若是阳筶则为吉利，若是阴筶则为不吉利。跌到阴筶要择吉日打醮，道士要打剑刀，赶鬼神。

（7）晚上进行完醮的仪式，要把四方的孤魂野鬼请到醮场施以饭食，名曰“度孤”。然后送神，把所有的神明送回庵中，入佛醮即告结束。

正月十九的“入佛”，许多村民称为“做三朝”，即三大祖师离开前任福首家的第三天。这一天，入佛醮的醮场中云集了四乡的民众，从宣成到溪源尾的路上来往的信徒络绎不绝。信徒中既有来自宣成各村的，也有来自涂坊、（上杭县）官庄等外乡的。他们中既有走路的，也有骑摩托、坐车的，包车前往的多数是月子会的信徒。

扛三大祖师的 4 个村落每村均有几个月子会。月子会由 12 人组成，成员之间一般年纪相仿，平常关系较融洽，男女不拘。月子会有祖师会、观音会、公王会。观音会的祭拜时间一般为每月逢九日，其中十九日最多；公王会与祖师会的祭拜时间一般在每月逢初一或十五日。各会每月定期由“做头的”办供品，所有成员一起到供三大祖师处烧香敬神。公王会办的供品是荤的；观音会与祖师会的是素的。敬神之后会员们回到该月头家的家中办席。决定“做头的”顺序的时间在每年的十二月，会员们最后一次聚餐结束后通过抓阄的方式决定。

由于正月十六扛的三大祖师与四乡公王寨背村村民均无份，所以寨背不少月子会不前往供神的福首家，而是到锦屏寺中拜菩萨。笔者在锦屏寺曾发现一张 2001 年正月十九贴于墙上的观音会名单，名单上有 28 个会员的名字与办会的日期。从会员的姓氏来看，除了阙、张姓各 1 名，刘姓 2

名外，其余24名全是吴姓。从会员的性别来看，除阙姓与刘姓的会员是女性之外，其余全是男性。吴姓与张姓均是寨背村的姓氏，因此可以断定名单上的会员们是寨背村民。从办会时间所属的月份来看，正月只有1次；二、三、六、七、八、九、十二月均有2次；而五、十、十一月均有3次；四月有4次。因2001年为闰四月，若是在其他年份，办会次数也是2次。因此，倘若剔除闰四月这一特殊情况，不难看出决定每个月办会次数的因素主要是农事繁忙与否，以及是否遇上大的宗教民俗节庆活动。正月与十二月正遇过年，年是当地最大的节庆，十二月村民们忙于置办年货，正月忙于探亲访友，因而办会的次数最少。二、三月一般是春季的耕种时间；六、七月是“双抢”季节，农民既要收早稻，又要种晚稻；八月是农民收单季稻与种地瓜的季节；而九月则是冬收之季，这几个月份均农事繁忙，因而办会的次数较少。五、十、十一月相对而言是农闲时节，因而不难理解为何这三个月办会的次数最多。

扛三大祖师期间，4村村民均要封斋。封斋时间从正月十一开始，打入佛醮的村落要在正月十九醮事完成后才可开斋，其他村落在本村迎完三大祖师后就可吃荤了。发展到后期，封斋的不仅有4村，连宣成墟上、寨背村中也不敢卖肉了。据说，1994年，乡政府的工作人员受不了一周内天天吃素，就派了司机到涂坊乡买猪肉。过了三个月，开车的司机轧死了人，村民认为这是祖师显应，此后连乡政府也不敢触犯禁忌了。据说就连对祖师不恭也会遭到报应。某年打醮时，涂坊一涂姓村民从村中经过，说：“三大祖师的像只有我的脚趾头那么大，怎么可能那么灵”，说完没走几步，就把脚趾踢成两半。事后他赶快到祖师前谢罪，脚很快就好了。村民中还有许多关于在封斋期开斋吃荤以致家中不吉利，出现病灾遭到报应的例子，这使村民对三大祖师的异常灵验更加坚信不疑。

在4村扛三大祖师游境活动进行的同时，福首家中还有船灯、龙灯表演以及演电影等娱乐活动供乡民观赏。

附：

畲心村正月十六出佛执事名册

正月十六恭迎三大祖师、四圣公王执事排班开列：

		1	2	3	4
扛祖师	一班	锦华	念金	奎华	凤敏
	二班	思常	凤承	子进	炳先
	三班	思桥	灿祥	作承	学然
	四班	子金	子灿	子升	绍卓
	五班	绍标	茂华	演昌	锦祥
	六班	格元	思桥	凤有	学武
	七班	选昌	思正	德盛	凤英
	八班	汝荣	汝富	月光	念招
	九班	思思	国华	有元	汝湟
	十班	福华	思彬	养然	顺元
	十一班	思先	建峰	铭忻	思碧
	十二班	汝良	松元	思水	念南
	十三班	子华	汝河	三水子	玉华

每班两个小时轮流，时间照推，周而复始，至交案为止。

扛魁星圣人、田公祖师排班开列：

	1	2	3	4
一班	三长	思田	子兴	金元
二班	永祥	思基	思荣	汝昌
三班	光元	思问	灿汝	善华
四班	思杨	土金生	念考	德金
五班	天华	念辉	念仁	思茂
六班	天仁	呈祥	凤昌	春仁
七班	全坤	华坤	德茂	汝珍
八班	标然	绍培	绍河	松然

九班	绍元	子柞	汝祥	念宽
十班	子王	汝升	福然	汝东
十一班	子东	凤仪	子万	念浩
十二班	念文	子坤	念新	子汉
十三班	子亮	永元	春石	汝涛

田公祖师每班两个小时轮流。

扛祖师凉伞：1 福昌　2 汝然　3 灿良　4 思汀　5 禄元　6 汝贵

扛公王凉伞：1 遴祥　2 锦元　3 张鸣　4 绍洪　5 水然　6 子秋

扛凉伞每班四个小时换班。

扛四圣公王排班开列：

	1	2	3	4
一班	道坤	绍浩	旭元	张勇
二班	长柞	良华	子旺	汝忠
三班	耀祥	淦中	维元	绍炳
四班	长文	马元	河清	禄茂
五班	社然	在华	如鸣	绍腾
六班	绍有	新元	东清	桂华
七班	绍水	石桂	汝发	双仁
八班	念钤	思英	思忻	张盛
九班	绍周	绍柏	水元	汝华
十班	炳昌	达仁	天水	九满
十一班	念或	思坤	同元	炳祥
十二班	上彪	汝建	长富	忻元
十三班	建华	新华	绍尧	思全

扛四圣公王每班两个小时轮流。

防祖师轿：一班　力先　　二班　念宗　　三班　世昌　　四班　瑞仁

防祖师轿每班六个小时轮流。

担槛：如安

迎龙灯：

一队　绍球　潘然　永然　绍承　绍光　水德　锦昌　绍长　东然　生长　绍龙

二队　碧元　思来　思明　思祥　奎元　亮元　思培　思琳　来金生

三队　清星　清明　凤来　发仁　通仁　凤岐　凤森　凤祥　凤波

祖师前迎手执炉：1 泉华　2 子铃　3 念梁　4 德华　5 子春　6 绍武　7 思恒　8 汉元

迎手执炉每班六个小时轮流。

公王前迎手执炉：1 如泉　2 凤振　3 子煌　4 念桥　5 光辉　6 天远　7 作贤　8 蛟清

迎手执炉每班六个小时轮流。

放铳者鸿名：堂祥　汝富　金然　贞元　社元　子福　启然　上然

掌扇：1 子顺　2 如成　3 思春　4 宝元　5 凤发　6 瑞元　7 思通　8 汝银　9 光灿　10 汝石　11 子炳　12 子松

每班四个小时轮流。

黄旗锣：1 念钦　2 汝来　3 汝春　4 科元　5 德仁　6 学元　7 思才　8 思发　9 凤烟　10 来然　11 子良　12 子贵

每班四个小时轮流。

祖师御前香盆排班开列：

一班　绍然　椿彪　　二班　思荣　德春　　三班　选仁　仲仁

四班　清华　思养　　五班　甫仁　凤嵩　　六班　兴林　思淡

公王坛前香盆开列：

一班　子席　思汀　　二班　福元　蔡清　　三班　汝凤　善茂

四班　慈和　汝长　　五班　焕然　子发　　六班　荣清　利华

每班四个小时轮流。

提敕封牌排班开列：

一班　思彪　子忠　　二班　念才　百昌　　三班　天华　党仁

四班　凤长　万先　　五班　作忻　思森　　六班　成华　德坤

每班四个小时轮流。

执事芳名开列：

龙头：	一班	加元	思炳	二班	兴华	子荣
风调雨顺：	一班	志东		二班	子鑫	
国泰民安：	一班	友元		二班	子球	
越斧：	一班	凤春	洪清	二班	绍明	子龙
画戟：	一班	凤标	茂元	二班	水长	清然
肃静牌：	一班	佳然	子文	二班	星然	思远
武拳：	一班	明清	南然	二班	长桂	子英
官刀：	一班	善元	子建	二班	长发	党成
瓜锤：	一班	子麟	子强	二班	绍林	星元
文掌：	一班	松文	绍发	二班	绍华	辉祥

每班三十六个小时换班。

迎大旗鸿名：火然　绍美　林子　绍文　子营　子庭　顺昌　子能　念选　子梅　汝文　张平　桃华　子良　桥水　洪昌　宝昌　兴昌　森昌　绍桃　林元　思水　思科　利元　绍元　省元　积元　善然　仁然　绍东　绍玉　子琼　奎昌　思标　石华　凤忻　汝明　耀元　李华

迎大旗无换班。

抬祖师供桌每班二十四个小时（十六日6点起至十七日6点止）：

长青　绍福　松长　金成　先宝　子伟　营昌　汉昌　子明　子庆　杵昌　绍汤　如玉　桃华　绍贵　煌然

抬公王供桌每班二十四个小时（十七日6点起至十八日6点止）：

郁昌　新然　茂元　嵩元　念珍　子郊　财元　标元　桃元　雪仁　清仁　清梅　长茂　明光　念洪　汝书　子生　瑞元　长然

（十八日6点起至十八日交案止）：

子先　子成　汉仁　钦然　桥然　田田　洪元　东华　煜华　海华

文然　瑞元　良元　长然

总理：清桂

管执事班：念林　寿华　梅然　柏然　森林　汝有　念祥　思南

第四章　闽西客家族群与民俗信仰

第一节　上杭县中都镇古坊村的民间信仰

一、古坊村概况

中都镇位于上杭县的南端，旧属“来苏里”，素有上杭“鱼米之乡”之称。它东与本县庐丰、稔田乡接界，西与武平县象洞乡、广东梅县松源镇和蕉岭县北礤乡毗邻，南与永定县洪山乡接壤，北与本县城郊、湖洋乡相邻。镇内有一条汇集全境之水的溪流，自西北向东南流入汀江，古时当地文人因其有九个大弯，美其名曰“九曲”。古坊村就在九曲水的下游，九曲水在数公里外与汀江相交汇。

古坊旧时俗称“古荒”，处于一个典型的山间盆地内，四周群山环抱，山上丛林茂密，常有虎、狼、獐等野兽出没。笔者调查时，多次听老人们说，大约在1948年，村中还常有豹、虎来吃牛、羊、狗等牲畜，住在绕兰阁的赖培芳的公太（当地人对曾祖的称呼）曾用神铳打死过豹子。在传统时代，村中仅有一条从绕兰阁至宫前街的林中小径通向外村，外地人在宫前街上看见这条小路，多半会止步不前，以为自己已到大山前。哪知幽深的小径尽头，还有一个古老的村落。

古坊村不仅山明水秀，而且民风淳朴。它是个畲汉杂居村，据1996年村委会统计，现有人口1 184人，包括钟、张、赖、吴、叶5姓，其中钟姓580人，张姓396人，赖姓150人，吴姓34人，叶姓24人，钟、张两姓占总人口的82.4%。新中国成立前，复兴村丰坑的邱姓也属于古坊村，现有人口110人，丰坑离古坊有十多里路。村中众姓关系较融洽，在村民的记忆中，从未有过大的争斗。

清朝时，在古坊一里路外有条宫前街，街两旁有五金店、药行、布行等商店，民国《上杭县志》载：“宫前，有集场；今废。”村民因其店皆设于路两边而称其为“宫前街”。宫前街废后，集场便设在今中都镇政府所在地，距古坊约 5 里路，每逢农历初二、初七为墟期。由于墟场开阔，地处闽粤交界，加之中都的农林产品比较丰富，吸引了城郊、庐丰乡及武平象洞、永定洪山、广东松源、北礤等地的民众前来赶集。古坊村民除赴中都墟外，以上几个地方的墟亦常涉足，商贩们一年四季几乎都在这些墟间奔忙。图 4－1 是古坊村聚落与庙宇分布图。

村民大多靠种植水稻、饲养家禽、养殖淡水鱼为生。近十多年来，经济从单一向多元发展，村民不仅从事种植与养殖生产，还在外地从事商业、建筑、运输等行业，部分村民到福建、广东沿海一带赚钱，使村民的生活水平有了显著提高。

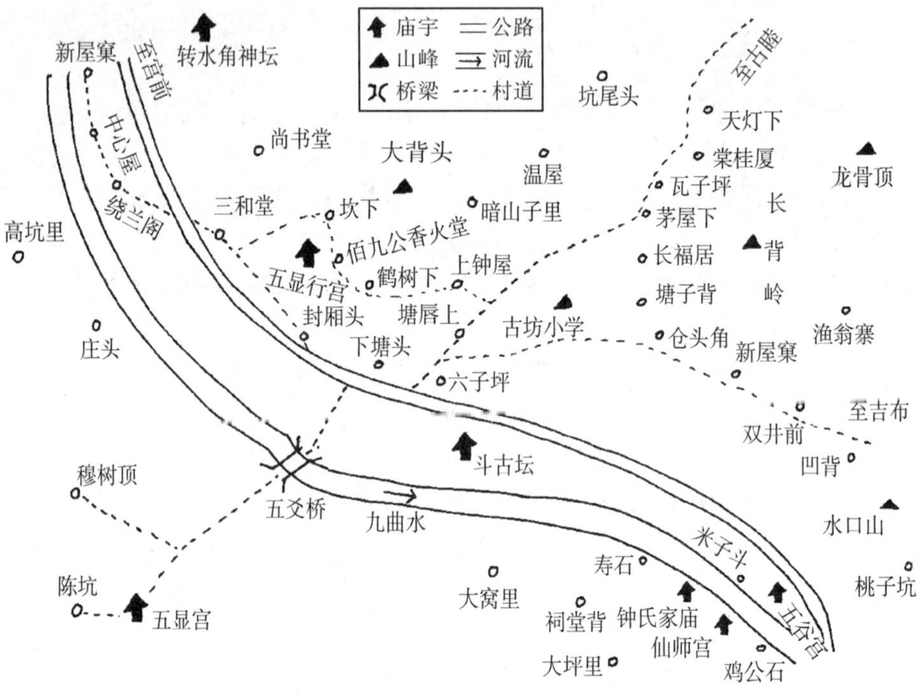

图 4－1　古坊村聚落与庙宇分布图

二、姓氏来源

古坊是个多姓交错杂居的村落，自古流传着：“未有钟张，先有叶杨”这么一句话，就叶氏居住于古坊村头而言，此话有可信之处。杨姓居住在今吉布，已无后裔，但留存“杨屋下”的地名。另外，村中还有“温屋”、“刘屋”、“王屋”、“高坑里”等地名。据对村中五显宫内的碑刻（见附录）所列的捐钱姓氏及人次的统计，可证实古坊村确实居住过温、刘、王3姓。高姓在碑刻中虽无记载，但古坊村世代相传的“高拐贼的故事”（见后文）反映出高姓是古坊村的早期姓氏。

由五显宫内的碑文可知，清朝时村中居民的姓氏比现在更多，除现存的钟、张、赖、吴、叶5姓及已分到复兴村丰坑的邱姓外，还有温、王、刘、蓝、傅、何、李7姓。其中蓝、傅、何、李4姓只在乾隆二十一年（1756）的碑刻上有载，以后便无影踪了。并且捐钱的人次与数量均很少，傅姓与何姓只有2人，蓝姓11人，李姓1人。对这4姓，村中居民无任何印象。温、刘、王、高、杨等古坊村的姓氏，现代或搬迁，或灭绝，已无从可考。

现存的5姓中，到底孰先孰后到达村中？由于年代久远，只能根据族谱记载与口述传说来推测。据报告人说，叶姓是5姓中最早到达古坊的，吴氏最迟。据族谱记载，张姓于1381年到达古坊，钟姓则于1386年到达。那么，赖姓是何时到达村中的呢？笔者认为应该早于钟、张两姓。从后代繁衍的代数来看，赖姓已发展到28代，钟姓为25代，张姓为24代；从居住区看，赖姓住在古坊村的村口，距宫前街仅一里之遥。旧时古坊是个蛮荒之地，先民到此开基时，必然森林原始、沼泽密布，因而赖姓占据了离邻村近的村口位置。钟、张两姓的先民后来到达村中，只好深入村子中部。村子中部开阔的盆地当时可能还是沼泽，湿气重，村民在山洪暴发时极易受害，所以他们便住到高处。钟姓开基祖先住在渔翁寨，后迁到上钟屋；张姓开基祖先住于茅屋下，都是离宫前街较远的山上。因此，赖姓应该先于钟、张两姓到达古坊。

据报告人说，古坊赖姓来自永定。上祖源出四川郡，今永定县有以朝美公为始祖的赖姓大宗祠，建于明崇祯十二年（1640）庚子岁。其族谱云：“朝美公生九子：念一、二、三、四、五、六、七、八、九郎，念四郎子孙居来苏里中都宫前水口牛栏隔（即绕兰阁）。”赖姓报告人进一步说，古坊赖姓乃明崇祯十三年（1640）到古坊开基，这显然是不可信的。明崇祯十三年为1640年，距今才374年，而赖姓已繁衍到第二十八代，短短的300多年，怎么可能繁衍出28代人，平均一代才十几年？五显宫内的《续捐振英社文课碑》上有赖顺祥之名，从赖氏族谱上查得：赖顺祥为第十九世，该石碑立于道光十三年（1833），以25年为一代计，则赖姓一世祖大约生活在14世纪50年代，为元朝末期，比钟、张两姓到达古坊的时间要早几十年。在传统社会中，赖姓的经济、文化发展水平不如钟、张两姓，因而其后裔居住地不像钟、张两姓那样从祖居屋向四周辐射，仍分布在绕兰阁附近。

据《张氏族谱》载："考古坊张氏，源出苏州，宋南渡后迁居江西，复迁宁化石壁，而旋移上杭，卜居是乡实自显卿公始。"张氏源出苏州，为显卿公的后代，上杭的其他张姓大部分是化孙公的后代，两者同姓不同支。张氏以显卿公为一世祖，显卿公于洪武初年（1368）由宁化石壁进入上杭，生有二子：长子文贵迁漳州；次子德生为古坊开基祖。德生公于洪武十四年（1381）迁到古坊，开始了在古坊开拓繁衍的历史。五显宫内一块立于乾隆二十一年（1756）的石碑——《重建五显宫助银石碑》上刻有张如龙、张波龙、张耀龙、张达上等名字，从族谱世系表中查得前三者属第十四世，后者为第十五世，说明当时张氏至少已发展到第十五世，仍以25年为一代计，张氏一世祖约生活在明初，因而德生公于1381年迁居古坊是比较可信的。

张氏在古坊经过几代人的艰苦奋斗，人口逐渐增多，财富日益增加。据对张氏族谱世系图中男丁数的统计，张氏到第五世时，男丁数已由1个增加到20个，第六世又增加到35个。第五至第六世人口的发展使得分家析产成为必然。《张氏族谱》世系中分为镇公、成公、荣公、辉公、祥公、子信公、福宣公、福贵公8大支系，子信公支系到第十三世止，除子信公为三世祖外，其余全是五世祖，说明张氏是在第五、第六世时分支的。

随着宗族的发展，科举入仕者也逐渐出现。张氏第八世出现了第一个文人，为福贵公支系中的八世祖岳，郡庠生。第九世出现了举人张恩，据乾隆《上杭县志·选举志》载："张恩，字子荣，来苏里之古坊人，万历丙子举于乡，授青州司理……考满以同知吉安郡屯军。"谱载他"所在皆有政声，专以爱民为重，凡民间一稼一穑无不殚尽心力，故民间有以公作先农祀者……公卒后，乡人以其事迹，及任所士民以其政绩，请准入祀名宦、乡贤二祠"。但由于张恩从小"随祖父移居武平桃里乡，至公转觅第于杭城文庙下畔"，并不住在古坊村，所以他的中举任官并没使古坊张氏的状况得到太大的改变。

张氏第十一世时宗族开始走向繁荣，福宣公支系出现了小有资产的聚五公。聚五公靠经商与行医积累财富，并从始祖开基地茅屋下迁到仓头建祠宇，造土楼。其曾孙炳如公把家产扩大，不仅"置良田千亩"，而且"创屋宇于双井前，轮然奂然"，到其第十五世裔孙心友公时已成为"都中巨富"。这以后，其家产日增，文人渐多。到第十六世，单太学生就有9人。其他支系亦约在第十一世起走向繁荣，并在第十四世左右达到鼎盛的。如福贵公支系十四世祖如龙公"以贸成家业"，成公支系第十六世出了名举人乾三。心友、如龙、乾三都生于乾隆时期，可见张氏大概是在康乾时期走向兴盛的。如今张氏已发展到24代，居住区已由茅屋下扩展到封厢头、鹤树下、仓头角、双井前、瓦子坪、棠桂厦、大坪里、穆树顶、桃子坑等地。

钟姓是上杭的畲族。据钟姓报告人说，古坊钟姓是从长汀迁来的，开基祖为千七郎公。千七郎公于洪武十八年（1385）“自汀州沿汀江至上都大肚石对面滩，再顺水至新峰滩（新丰滩），而后循山龙脉至来苏里古坊上钟屋定居，至今已在古坊生活了611个春秋”。上文提到的《重建五显宫助银石碑》上载有钟子礼、钟亦礼、钟清彦、钟有伦等名字，从族谱上查得他们都是十六世祖，仍以25年为一代计，往上溯钟姓一世祖约生活于14世纪中后期，因而，千七郎公于1385年到达古坊开基是可信的。

据族谱记载，千七郎公妣饶氏九娘，生子道立（三九郎公）。三九郎公妣吴氏十一娘，生5子：百八、百九、百十、百十一、百十二。百八郎公妣陈氏，生1子：球，后裔居古坊；百九郎妣赖氏，生4子：念一、念二、念三、念四，其后裔分别居古坊陈坑、瑞香荷山里、南阳双溪田下钟屋、太拔乡丘辉、茶地乡犬夑等处；百十郎妣吴氏，生子十四郎，后裔在中都古坊；百十一郎妣白氏，生子五四郎，后裔迁杭城、白砂等处；百十二郎公后裔居广东程乡、松源、莆田、安溪等地。由此可知，今古坊钟氏乃百八郎、百九郎、百十郎的后代。

从钟氏三世起人口逐渐发展，但由于一直处于不稳定的状态，从三世到八世，几乎代代都有人迁移，而且迁徙地较零乱，无规律可言。不像张氏，迁徙人的世系及移居地都比较集中。这可能跟畲族的传统生活方式有关。畲族在历史上曾长期处于“刀耕火种”的原始经济形态中，在当地居数年后，因土壤肥力下降，人口繁衍较快，而采集所得的食物又有限，所以迫使他们又迁移到另一处居住。

古坊钟姓源出长汀，但何时到达长汀已不可考。上杭人常说：“还无汀州府，先有钟姓人。”汀州府是唐时设立的，因而，可能在唐以前，钟姓就已在汀州居住，所以他们常被客家学研究者称为“先于客家先民到达的客家聚落原住民”。在钟姓到达古坊前，他们与客家先民至少一起生活了六七百年，数百年同处一州，休戚与共，经济、文化、生活等方面必然互相影响，因而，钟氏在迁入古坊之前就已开始走上汉化道路了。钟氏从一世祖千七郎公开始，便与汉族通婚，后裔娶的妻子多数是当地客家人，这使得他们无时无刻不受到汉族的影响，加之古坊离宫前街集场只有一里之遥，通过墟市与外界交往十分便利。到达古坊后，钟氏的汉化进程进一步加快了。乾隆《上杭县志》中有与钟氏有关的义合寺的记载：

（义合寺位于）县南中部，唐光化间创建，为通都讲约之所。历宋、元、明，屡经修造，国朝乾隆十九年，中都众姓重捐修立碑存寺。明天顺间，里人钟文智施田300秤，今存寺田二百七十秤。国朝康熙二十三年，钟裔邑生用志、琳，举人尚志等恐致湮废，呈明知县蒋廷铨立碑于寺，其米本寺户内民米一石五斗四升九合，僧玉如户内民米三斗八升零，税米二斗三升零。①

以上资料说明，钟氏到钟文智一代时，家道已相当殷实，才有可能为义合寺捐田300秤。义合寺是"通都讲约之所"，钟氏为其捐田也说明当时他们已有一定经济实力。钟文智为五世祖，明天顺年间为1457—1464年，钟氏于1386年达古坊，要在短短的100年内从"蛮僚"汉化到这程度显然是不可能的。这也说明钟氏在迁入古坊前早已走上汉化的道路，随着与汉族交往的密切，汉化程度亦日益加深。

钟氏何时造祠堂，修祖坟，史未记载。但《丘辉钟氏族谱》说："从前千七郎公（即玕公）、道立公（即三九郎公）、百九公因路途远隔，失落三代，丘辉未曾过去祭扫，至乾隆廿七年壬午岁，因来苏复修建祠堂，于是始与来苏合祠祭扫三代。"其中"复修建祠堂"一句暗示钟氏很早以前就已造了祠堂，并已修葺过，到乾隆二十七年（1762）时，不仅重修而且可能还拓建了一部分，如古坊1995年重修的钟氏家庙"和敬堂"，其规模很大，而且可以明显地看出大门及左边横屋与祠堂主体分属两个时代所建，可能就是乾隆时修造而留传至今的面貌。首次兴建祠堂应远早于乾隆二十七年（1762）。据钟氏家庙立于光绪元年（1875）的《修坟碑记》曰：

二世祖三九郎公太坟墓，吾族丁粮、科甲所自出也。家声肇自鄞江，业泽绵于苏里。年湮日久，明堂渐即崩弛；雨剥风摧，灯柱未免废损。合族踊跃捐资，规制依原修复。柱高一丈四尺有奇，套系周围六角。棱棱彩耀，伫看凤起蛟腾，朵朵花生。预卜文经武纬，丁粮鼎盛，科甲蝉联，良有以也。是为记。

碑记清楚地说明三九郎公坟到光绪元年（1875）时因长年累月受风吹

① （清）赵成编纂：《上杭县志》，乾隆十八年（1753）木刻本。

雨打，破损得不成样子，只好重修。柱高一丈四尺多（约5米），足见该坟墓的规模。建造如此大规模的坟墓会在何时呢？笔者认为可能在明末。因为钟姓在明万历年间出了举人应明公，此时宗族经济与文化已发展到一定程度。

钟、张都是今古坊的大姓，他们同是明初到古坊开基。经过明朝200多年的发展，到清前期，钟姓人口已明显超过了张姓。表现之一为科举人才超过张姓。钟氏“清康熙中尚志、润皆举于乡”，加上明举人应明公，共有3名举人；张姓只在乾隆时出了1名举人乾三（明万历年间中举的张恩已随祖父迁到武平县）。表现之二是钟姓的经济实力与人数皆超过张姓。五显宫内的碑刻有3块是关于钟姓施田的记载，而张姓1块也没有。有5块碑刻是关于各姓捐钱的记载，五次捐钱数都是钟姓多于张姓，前三次为张姓的3倍多。钟姓历次捐钱人数亦超过张姓，乾隆二十一年（1756）约是张氏的4倍，嘉庆三年（1798）约是张氏的5倍（详见表4-1）。由此可知，到清前期，钟姓科举入仕，捐资建庙，在村中的影响已超过汉族大姓。发展到今天，钟姓已由始祖居住的上钟屋拓展到尚书堂、三和堂、坎下、暗山子里、塘唇上、下塘头、六子坪、坑尾头、凹背、渔翁寨、陈坑、大坪里等处，后裔分布的范围比其他姓更大。

村民都认为：村中各姓自古以来和睦相处，从未有过大的纷争，然而，笔者调查时却不止一次地听到两个有关姓氏纷争的传说。一个是叶五郎公作法的故事：

相传钟、张两姓到古坊开基不久，叶姓先祖五郎公对村中其他姓氏人口繁衍较快极为不满，便去外地学法术。数年后，学成归家，在路过村口赖姓居住地——绕兰阁时，看见背后的石背巅，便起了歹念，想移走石背巅，把这块地盘据为己有，同时还可试试自己的法力。于是，他举起马鞭，一边走一边用鞭打山，嘴里还念念有词，使得石背巅的土、石纷纷沿着九曲水流下。叶五郎公走到钟氏家庙前遇见一孕妇正在洗衣服，他怕被人识破，便佯装成一农夫，上前问孕妇：“是否看见一群小猪沿路而下？”孕妇回答说：“没见着小猪，倒是看见许多大石头沿溪滚滚而下。”话刚说完，那些石头竟停在“坝石头”不走了。叶五郎公只好自认晦气。他认为这是天意，不可违背，不能跟那些大姓争斗，遂不再作法。古坊村今仍存在马鞭缝与坝石头的地名。

另一个是高拐贼的故事：

绕兰阁斜对面有一条山沟叫高坑里，据说旧时住有一高姓人家。高家有个儿子自小十分顽皮，个儿小，瘸着腿，长成人后竟以偷盗为业，人称“高拐贼”。高拐贼功夫十分高强，能够飞檐走壁。他凭着一身好功夫，在乡里横行霸道，古坊村中无论谁娶新娘，他都要强占新娘初夜。村中众姓十分气愤，便联名上告官府，但官府屡次兴兵，高拐贼都已闻风而逃。最后，官府没办法，只好探得消息后半夜出击，在深夜团团包围高家，冲进去搜查，但是，前前后后、里里外外地搜了个遍，仍不见其踪影，官兵只好无功而返。原来，高拐贼个儿小，功夫又好，官兵一来，他无处可躲，看见偌大的厅堂墙壁上挂着的“笣篮”（当地客家人用于晒食物的一种篾制品，圆形，中间稍凹，有边缘，直径约 1 米），计上心头，便钻进笣篮底下，攀附在墙壁上。官兵冲进大厅时，看见空荡荡的高墙上挂着的笣篮，谁也没在意，高拐贼就这样一次又一次躲过了官兵。后来，高拐贼年老而死，终没留下后代，村民们认为他作恶多端，罪有应得。

这两则传说从某种程度上反映出村中各姓可能由于人口发展，在拓展居住地，开辟荒地、山林，水源的利用等方面产生利害冲突，从而出现姓氏争斗。即使是同宗族之间也存在矛盾甚至仇恨，例如，住在陈坑的钟姓是佰九公的后裔，陈坑离古坊仅 2 里多路，本属古坊村，但陈坑人对外人说及居住地时，不说自己是古坊人，而说是陈坑人，他们到古坊称为“出古坊”，古坊人到陈坑亦称“入陈坑”，界限分明。而离古坊村五六里路远的吉布与古坊则没有这种截然分明的界限。此外，不少报告人均提及，五显宫的五显公王陈坑人一度没份，而该公王在古坊村是个跨宗族的神明，各姓都以“公王的子孙”自居。为何唯独陈坑钟姓没份？这些疑问虽已无人能解，但可以反映出陈坑钟氏与古坊其他钟氏之间可能发生过较大的矛盾。

当然，历史上的争斗已过去。村中各姓在数百年的共同创业、共谋发展中逐渐形成今日友好相处、交错杂居的局面，把昔日的荒山野岭建成了一个美丽的村庄。

三、民间信仰

在古坊村中，错落有致地分布着大大小小的神庙、神坛、伯公树、受崇祀的石头等，构成了村民多层次、多样化的民间信仰。

（一）神明崇拜

1. 五显宫

五显宫位于陈坑到古坊的出口处，坐北朝南，门前有一条小渠自西南向东北流入九曲水。宫的建筑分上、下两厅及左边厢房。上厅面积较大，供着众神；下厅连着大门，与上厅之间有天井相隔；厢房供“宫佬”居住饮食用。

五显宫内的主神为五显公王，当地人又称华光大帝。他长着三只眼睛，第三只眼睛在天庭上，右手拿着金印（一说是宝珠）。关于五显公王，村民中流传着一句话：“华光华光，独脚魔王，面生三眼，头小三叉，杀妖怪，斩蛇毛，金刀打落地，邪鬼去无踪。”村民都认为他法力无边。五显公王前站着两员大将：右边为顺风耳，左边为千里眼。与之相隔半米远处有一神牌，上书“玉封五显灵官帝聪明二将神位”。以上三座神及神牌都放在上厅正中的主神坛上。主神坛的左右两边又分设了一个小神坛，右边供着土地神，左边供着魁星。

五显宫大门的横联上写着“神光普照”，左右联上写着“到此乡俨然仙境，入斯寺也是人间”。下厅厅柱上的横联与大门同，左右联为“帝德巍峨垂万古，神光普照佑全坊”。上厅主神坛的左右两边柱联云：“殿阙庆重光五显灵官施德泽，神州歌盛世民康物阜祝丰年。”从这些对联可看出，五显公王是全村村民的庇护神。

五显宫建于明朝，不仅村中老人众口相传，而且五显宫墙壁上一块最古老的石碑刻着“崇祯拾壹年戊寅（1638）秋九月吉旦”立，可为证。

五显宫所包含的丰富内容远非今天的我们所能想象。宫内至今还留存9块不同年代的碑刻，从中反映出许多人们早已遗忘的五显宫历史：第一，9块碑刻中，有4块是关于施田的记载，其余5块则是众姓乐捐的碑刻。乐捐的姓氏有张、钟、赖、叶、吴、邱、温、蓝、傅、何、王、李、刘共13姓，说明五显宫是个跨宗族的庙宇，其信仰范围已由古坊村辐射到邻近村落。第二，钟氏在五显宫的历史上起着举足轻重的作用。兹把碑刻所载众姓历次捐钱人次与捐钱数目列表如下：

表4－1　五显宫捐款姓氏、捐款人次与捐款数目统计表

姓氏	捐钱数目 \ 碑刻名称 \ 立碑时间	乾隆二十一年	乾隆四十三年	嘉庆三年	道光十三年	光绪二十年
		重建五显宫助银石碑	众助银建文会碑	重修五显宫乐捐银碑	续捐振英社文课碑	重修五显宫题捐芳名碑
张	人次	56	11	22	2	25
	捐钱数目	40.916	44	52.5	55	50.1
钟	人次	218	31	100	6	42
	捐钱数目	134.666	169	164.7	61	64.1
赖	人次	27	8	13	6	10
	捐钱数目	31.85	50	38	40	17.5
吴	人次	8	3	11	2	10
	捐钱数目	15.6	13	12.5	15	13
叶	人次	14		4		6
	捐钱数目	6.925		2.5		6
邱	人次	52		20		28
	捐钱数目	23.534		13.6		34.6
温	人次	8		1		
	捐钱数目	1.51		1		
蓝	人次	1				
	捐钱数目	0.1				
傅	人次	2				
	捐钱数目	0.314				
何	人次	2				
	捐钱数目	0.4				
王	人次	1				
	捐钱数目	0.3		1		
李	人次	1				
	捐钱数目	0.3				
刘	人次	9		1		
	捐钱数目	2.202		0.5		

注：前三块碑刻的捐钱单位为两，后两块碑刻的捐钱单位为元。

从表4－1中可知，在历次捐款中，钟姓始终居于第一位，尤其是在前三次中，捐钱数目远远超过其他姓氏；并且，从附录的碑刻上可看到，在乾隆二十一年（1756）的重建五显宫活动中，6个“缘首”都是钟氏。这说明乾隆时期，正是钟氏族人兴旺、科举鼎盛之时。

碑刻上有承光会、集亨会、龙华会、五堡醮尝等神明会的名称，说明除今天人们所能回忆起的五显宫落马会、琼花会、转宫会、开光会、暖寿会及季福会外，村中还有不少祭祀神明的组织。《众助银建文会碑》与《续捐振英社文课碑》清楚地说明：建文会的目的是“奖励士子而激励其气”，会资来源为众姓“各出所余”。该文会有月课，顾名思义，每月文人士子都聚集在一起，切磋学业。在两块碑刻中，前块为首建文会，后块为文会续捐钱款，从中还可窥测文会的发展。振英社的名称可能是随着文会的发展而出现的。据钟氏家庙内的《乐捐碑记》载“始祖千七郎公入邑学培英祠”，振英社与培英祠，均与培养人才有关。据钟友忻等老先生回忆：在清朝末年，古坊仍有文人组织，每月集中一次，同时邀请本乡有名气的文人一块吟诗作画、写文章。这可能是五显宫内所载文会传承下来的遗风。

五显宫内的碑记反映了该宫的历史发展概况：五显宫大约建于明朝后期，乾隆二十一年（1756）重建，嘉庆三年（1798）修葺，光绪二十年（1894）再修。20世纪90年代又修葺了一次，大约每100年修一次。乾隆二十一年（1756）立的《重建五显宫助银石碑》载：“龙华会内钟烈佐、钟燕川、钟亦度、张世达、钟赋善、张联永、钟亦章、钟赋良、钟俊彦、钟口彦、钟赋仁、钟清彦、钟仁秀、钟永存、钟永口、钟永生各家姓妇合助银叁两正。”碑刻中还提到“傅门何氏”助银一钱五分二厘。这反映出在早期重建五显宫时，村中不少妇女参与了捐资活动。由于受传统观念的影响，她们的名字都未刻上碑刻，而以其夫、子之名代替，或仅刻上姓氏。

五显宫的神明会有很多，村民能回忆起来的有以下几个：

（1）扛公王会。扛公王会在元宵节前后举行，此会包括落马会、琼花会、转宫会等，为五显宫最重大的神明会，其盛况将在后文详述。

（2）季福会。季福会一年至少有三次活动：春季祈福、秋季还福、夏季既祈福又还福。春天是播种季节，村民们祈求公王保佑风调雨顺、五谷丰登、六畜兴旺。夏季为“双抢”季节，既要收割上季的水稻，又要为下季播种插秧，因此，村民们既要感谢五显公王庇佑村民获得丰收，又要为下一季的收成祈愿。秋季获得丰收后再次拜谢公王。遇到年景不好，如天旱地涝、瘟疫横行之时，村民们便抬出公王游遍全村，称为“驱邪”，祈望灵验的五显公王把村里每个角落的肮脏、邪恶之鬼全部逐出村外。天旱求雨，地涝祈晴。老人们说，这一招着实很灵，并举出例证：20世纪40年代的一个初秋，一个多月来滴雨未下，而禾苗正在含苞涨浆之时，雨水不足将导致颗粒无收。眼看一季的辛劳就要付诸东流，村民们便抬出公王巡游全村，才巡一半就狂风顿起，浓云密布，大雨顷刻哗哗而下，村民们都在倾盆大雨中朝五显公王疯狂地跪拜、叩头……

（3）开光会。开光会于六月二十日在宫中举行，由当年的公王头召集人处理宫中的蒸尝田、募捐的钱粮及其他器物，安排宫里的香、油、蜡烛及“宫佬”的生活费用，并清理上半年的支出，预算下半年的经费开支。新中国成立前宫里的最后一任“宫佬”为邱大模，下都乡黄坑村人。

（4）暖寿会。该会在九月二十八日举行，为五显公王的诞辰。九月二十七日晚上，宫里整夜燃灯奏乐，村民们在鼓乐声、鞭炮声中给公王叩头拜寿，夜里12点左右村民们给鼓手队及其他办事人员煮夜宵。二十八日一整天，五显公王接受村民的祭供、祝寿。一般村民的祭品有长寿面、米酒、糖果、“寿桃饼”；富裕之家用“三牲”（鱼、鸡、猪）祭供。晚上，由新会、老会在宫中办酒席。老会是历史上延续下来的，由公王头、保长、甲长及其他显贵组成的组织；新会是后来兴起的，由家中有财富的人组成，每会大约有10人。

（5）醮会。五显宫的打醮活动一般5～8年一次，但打醮状况已无人知晓，老人们只是从祖辈的口述中知道有此会。

五显宫的各个神明会1949年仍举行过，而新中国成立后一直未再举行。破“四旧”之时，神像被摧毁，庙宇被推倒，一直到20世纪90年代才由村里的一群老婆婆四处募捐得1万多元，修复了庙宇，重雕了神像，五显宫才得以恢复。

五显公王在古坊村祭供的众神中有着至高无上的地位。很多村民对五显公王的灵验度都深信不疑，他们列举了大量的例证予以说明，这里不妨列出一二：清代，某年正月十五扛公王之夜，下塘头钟举人家夜深人静之时进了小偷。按村俗，在扛公王的这几天时间里，村民均夜不闭户。小偷选中了两件宝物藏于怀中，按来时的路线走出大院，可是转来转去，怎么也找不着打开的大门，不论走到哪里都是一堵墙挡住去路。小偷转了几个小时，头昏脑涨，疲惫万分，遂把所窃宝物放归原处，即刻便找到了大门逃离。村民们说这是五显公王显灵的结果。另外一次，新中国成立前扛公王时，凹背的某一钟姓人家因历年接公王都由他家出祭神的公鸡而口出怨言，说每年都要他家杀鸡……第二年扛公王的前几个小时，他家要杀鸡时，准备好的鸡却不翼而飞，怎么找也找不着，只好由其他人家杀祭鸡。可是待公王从他家门口经过后，鸡又出现在院子里。村里人认为这是由于钟氏的话冒犯了公王，公王拒绝他的祭品所致。破“四旧”时期，古坊小学校长邱某领着乡亲们把各个寺庙的神像推倒，劈成小块，叫乡亲们挑回家中当柴火烧。一个月后，邱某的儿子就被火烧死了，村里人认为这是公王对邱某的惩罚。即使到了今天，老婆婆们仍在叹服五显公王的灵验。许多到宫里求签问卦者，一问即灵，一说即现，无论是婚姻、事业、升学、财运及出门的祸福，只要到五显公王前一问，均会预示出接近事实的签。某年正月，有个张氏青年去求签，签上说他近期有破财之灾，可他并未放在心上。不久，他到龙岩去打工，不到 10 天，身上的 2 000 元不翼而飞，使他后悔不已。上述的只不过是凑巧发生的偶然事件，但这种凑巧发生的事件积累到一定程度、一定数量时，人们对公王的灵验就会越来越信服。

2. 仙师宫

仙师宫在古坊老居民区到大坪里的入口处，与钟氏家庙——和敬堂相毗邻，并与水口山的五谷宫隔溪相对。据说在 20 世纪 60 年代以前，仙师宫为两层楼，上层供着天后娘娘，下层供着三大仙师、土地公公，楼房的右边为魁星楼，左边平房为“宫佬”的住处与客房。

今日所见的仙师宫乃于 1990 年开始陆续重建的，资金靠守宫 19 年的何招娣（人称“何仙姑”）四处募捐所得。据统计，5 年来，她共筹得资金近 2 万元。重修仙师宫的工程于 1995 年底完工，遂形成今日仙师宫全貌。它是泥墙筑成的平房，坐南朝北，迎着九曲水的来势。大门进去是一天井，正对着供仙师的大厅。大厅左边为两个房间的横屋；右边为一个房间，与天井旁的小厅连成一片。小厅里供着地藏王。大厅正面墙壁上有一神牌，黑底金字，上书“天后圣母座位”。神牌的上方用红纸写着“有求必应”。神牌底下为主神坛，供着三大仙师。据何仙姑说，中间右手拿着神鞭，左手放于膝上的是张仙师；左边右手持宝剑，左手拿茶杯的是其儿子王仙师；右边右手拿牛角，左手拿鞭炮的是其女婿幸仙师，每个仙师面前都放着一圆镜，人称“照妖镜”，它们的作用是照着村子的四周，使邪妖鬼怪不敢靠近古坊村半步。主神坛的后半部分有一小台阶，上面供着左手拿勒令牌，貌如少年的神，何仙姑称其为“吉祥哥哥”，他的专职是带领村中的儿童去念书，并掌管放牧牛羊、饲养家畜等事项。主神坛的两边各有一个小神坛，左边供着魁星，他踩在龟背上，驼着背，腿一长一短，左手拿墨砚，右手拿毛笔；右边供着龙神，有着长长的白胡须，怀抱金元宝。

仙师宫的历史已无从可考，村民们只记得农历六月初六是张仙师的诞辰。据说，仙师宫从未有过神明会，村民们只是在农历每月初一、十五日，到宫中烧香祭拜一番，并在茶余饭后的闲聊中偶尔侃侃有关仙师宫的三个美丽传说：

（1）“米子斗”的传说。米子斗位于仙师宫左边的岩石丛中，所在岩面约10米宽，表面光滑，呈斜坡状，米子斗就在此巨岩伸向九曲水的边缘，因其形状如农民量米的斗，所以俗称“米子斗”。

相传仙师宫初建成时，守宫的两个“宫佬”的生活所需与香客的供饭之粮全靠米子斗供给。每天清晨，宫佬一起床，就拿器皿到岩边取米，米子斗里所出的米刚好够当天宫佬及香客吃，有多少人，它就出多少米，年年月月，从不间断。后来，有一任宫佬起了贪念，希望米子斗流出的米多一些，可以让他偷偷拿去卖了作其他用途，于是他悄悄地把米子斗凿大了许多。从此以后，米子斗再也不出米了，唯留下米子斗的遗迹与引人深思的传说。

（2）鸡公石的传说。鸡公石在米子斗所在巨岩的上面，呈圆形，略有角，约1米多高。村民们说，在很久以前，当九曲水涨起来，涨到鸡公石的底端时，鸡公石就会随着溪水的流淌而转动，当溪水水面退下时，其转动也就停止了。此时，鸡公石的“头”指向本镇的哪一个村庄，哪一个村庄便会被吃穷，而鸡“尾巴”所指向的村庄会很快走向富裕，因鸡把财富拉给了该村。老人们还说，以前流行这么一句话：“吃在岁溪，拉在古坊。”因此，古坊村便出了不少举人和秀才。

（3）“魁星”的故事。在当地人的心目中，魁星是个“文才”，他知识广博，文笔优美。魁星三次到京城应试，考分均得第一。但他从未中过状元，也未排上名次，更未获得一官半职。这一切只因他长得奇丑无比，眼似铜铃，眼球凸出，驼着背，双腿长短不齐，且细如手臂，走起路来，一瘸一拐，跛得十分厉害。历次考后面试，皇帝均以其貌丑，把他排除在金榜之外。

魁星第三次考得第一后去拜见皇上，问皇上选人才是凭其外貌还是学识。皇上说：“两者都要参考。”魁星便跟皇上据理力争，认为皇上把他从金榜上刷下来是不公平的。皇上听后便发怒了：“选你入朝，岂不让外人笑朕泱泱大国无人了？”魁星听后，感到活在世上再也没有希望与乐趣可言，就一头栽进了东海，但求以死解脱。不料他被一千年老龟驮出了海面，成为一佛。原来，天上的玉皇大帝素闻魁星有奇才，却屡因貌丑而应试不中，一气之下寻了短见，便命老龟救出魁星，并封其为“佛”，专管天下文人。今天在很多客家乡村仍能听到“魁星老佛点文官”的故事。

3. 五谷宫

五谷宫在水口山脚下，与仙师宫隔水相望。在古坊至中都万亩林场的公路未开辟之时，只有一条两边茅草、灌木丛生的小径。小径旁边的五谷宫不过是一个小小的神坛而已，里面立有一块写着“先农五谷大帝之神位”的神牌。神坛旁有一座亭子，专供路人歇息与避雨。旧时，亭子两旁的柱上写有一副对联，为九十多岁的赖时桢先生所录，作者为清末秀才张琴南。该对联为：“十里溪山宜放牧，一亭风雨话耕耘。”破“四旧”时，神坛被毁，亭子也因年代久远，经不起风吹雨打而倒塌了。前几年，“何仙姑”重建仙师宫时，把五谷神坛改建成了五谷宫，约 4 米宽，3 米高，里面供着一尊 2 尺高的五谷神，其披肩与裙子都呈绿色树叶状花纹，头发在顶上扎成两个角，像极了封建时代的丫鬟，当地村民都说五谷宫供祭的是一位女神。该宫无神明会，去烧香的人也不多。

4. 天后宫

天后宫离古坊村中心约有 8 里路，在九曲水与汀江的交汇处，新丰滩渡旁。该宫分为上下两厅，分别供着天后娘娘与十八罗汉，厅的两边为横屋，住着宫佬及过往商客。天后宫的最后一任宫佬为邱选光。他与妻子、贤娣住在宫中，照看天后宫，并向在新丰滩的过往船只收费。

天后宫的成毁与新丰滩的兴衰关系密切。关于新丰滩，民国《上杭县志》有这么一则简略的记载：“新丰滩渡——在中都水口，旅潮福纲捐银三百元交在城雷福庆号生放，经雷纪臣手置在城打石巷口店业，坐北，面对土巷。”在南宋以前，汀州的盐来自福州，沿闽江溯流至南剑州，再转为陆运到汀州，由于路途遥远，关卡繁多，所以盐价十分昂贵。南宋后，改道从潮州沿韩江、汀江运盐，直抵长汀，把原来的水陆联运全部改为水运，由此汀州航道逐步被开发利用起来。新丰滩地处汀江的下游，上游连城、长汀及上杭其他地方的船只无不经过新丰滩，加上中都的粮、茶、竹、纸等货物也多数都要通过这里运往外面，使得新丰滩十分热闹。商民的船只越来越多，但汀江航道的险要又使他们经常处于不安全的状态中，人们感到有必要在此设一座妈祖庙，让妈祖保佑他们航程顺利，生意兴隆。这座天后宫究竟建于何时，已不可考。查遍文献，皆无记载，加上宫址已被密林掩没，已很难追溯其历史面貌。

天后宫建成后，来往商人每次经过新丰滩，必下船进宫烧香祈愿，寻求天后的庇佑。一旦有朝一日发家致富，他们总不忘回到宫中还愿，捐钱捐物，感谢天后。新中国成立前，天后宫信徒众多，香火旺盛，购置了四块蒸尝田，据说可收谷5 000斤左右，商人、信徒捐的钱物更是多不胜数，因而天后宫极其富裕。许多过往船只在此停歇时，商人、民工都要在宫中吃饭，即使不出饭钱，管庙人也不在意。到20世纪50—60年代，汀州各县相继开公路，使汀江的航运地位迅速下降，尤其是60年代中都到上杭的公路开通，使新丰滩的“出口港”地位彻底丧失，天后宫繁华热闹的景象变成了过往烟云。到破“四旧”时期，天后宫厄运难逃，宫被摧毁，神像被劈成小块当柴烧，建宫的潮州花砖被偷得七零八落。前些年，村中妇女到该地砍柴时仍可看见宫的遗址以及巨大的捐献碑。但当笔者前往调查时，唯见茂密的丛林，昔日宫庙已了无踪影。据说，天后宫以前每年都有一次神明会及神诞日，但具体情况已无人能忆。

5. 观音厅

观音厅位于封厢头与下塘头之间。据住在下塘头的钟才荣老先生回忆，观音厅里供有20多座观音像和18座罗汉像。以往，中都乡的各个村落打醮时都要到古坊观音厅里请观音。这显然与古坊是整个中都的出水口有关。五显宫内一块立于光绪二十年（1894）的《重修五显宫题捐芳名碑》里有“五堡醮尝捐银叁两壹钱”的记载，所说的五堡醮可能就是与观音厅相关的整个中都人的醮会组织。有关观音厅的成毁时间与历史发展已无从查考。

（二）神坛

1. 转水角神坛

转水角神坛位于宫前村到古坊村的交界处，九曲水岸上，旁边有一棵大樟树。据说供的是狩猎大王神位。

2. 斗古亭神坛

斗古亭神坛位于村中心，在今称为“斗古田”的稻田上。坛前有一大坪，长着七棵巨大的樟树，樟树下设有石凳。盛夏及农闲时这里是令人心旷神怡的休憩场所。坛的左右两边各有一头石狮，里面供着为全村人所共同信仰的斗古大王。每年年初一，村民们去祭拜的第一个神明便是斗古大王。据说它也是狩猎大王。

相传斗古坛下面藏了很多宝物，也有人说是在樟树下，离斗古坛七步远的地方。但长久以来，由于对斗古大王的敬畏，没有人对这笔财宝起独占的欲望。据钟才荣老先生回忆：20世纪30年代，他当时才七八岁，每天凌晨都要把牛牵到山坡上吃草。某天凌晨，因为月光皎洁，他误以为天快亮了，便牵牛出门。不一会，天渐渐变黑了，这时他远远地看见斗古坛旁边的一丛荆棘里有一团亮光闪呀闪，他想起了古坛藏有宝物的传说，便走了过去，扒开荆棘，用棍子在亮光处使劲地挖。挖到一尺多深的地方，碰到一个硬东西，原来是块大木炭。他把木炭一扔，心想：啥破玩意儿，害我白辛苦一场。此后，他把这件事淡忘了。破“四旧”时期，樟树旁的荆棘丛与樟树下的土地被一些财迷心窍的人刨得稀巴烂，后来就被开辟成了一块稻田。“大跃进”时期，樟树全被砍去炼钢铁当柴烧，尔后的一场山洪把神坛冲毁了，石狮也被冲进了九曲水中，斗古坛全毁了。

3. 神下神坛

神下神坛位于古坊到万亩林场的公路下面，地名叫神下的九曲水旁。旁边有两株大松树，祭供的是狩猎大王。相传是吉布人设立的。

4. 伯公坛

伯公坛位于到丰坑、陈坑、大坪里的三路交叉处。以往，经过的路人无不停下叩拜，今只有少数人会去烧香。

在上述的 4 座神坛中，有 3 座祭供的是狩猎大王，这在别的村落中可能较少见。笔者认为，这种现象也许与下面两点有关：第一，古坊村旧时的环境十分荒凉，周围都是原始森林，常有虎、豹、狼、獐等出没，为了保护村民的人身、财产安全，村中出现了一些比较专职的猎户。至今，古坊村仍有 10 户左右的家庭经常手持神铳去打猎，有些神铳甚至是祖传的。第二，古坊钟姓本是畲族。狩猎在畲民生活中占有突出地位，狩猎神是畲民的主要信仰之一。在现有的约 10 个猎户中，钟姓占了 6 户。另外，也有不少人说，钟氏家庙左侧的大“寿石”，以往有村民把它当成狩猎大王的神坛来祭拜。在古坊村中，狩猎大王的信仰地位十分突出，可以说是畲、汉民族文化、习俗相互影响的结果。

在原始的经济形态中，狩猎本是人们获取食物的手段之一。在那种条件下，猎人时刻面临着被毒蛇猛兽伤害的危险，每次进山，都有可能一去不复返，因此当时盛行崇拜狩猎神。据赖作富先生回忆：以往的猎人进山，要随身带两根蜡烛、三支香。到了进山的路口，要在狩猎大王神前烧香、叩拜、祈祷；打猎归来，出山口时，若有捕获猎物，必须放在神坛前祭谢狩猎神。即使一无所获，也要拜谢他的保佑，使自己得以平安归来。遇到猎人打了虎、豹等大猎物时，不仅上述程序不能免，还得回家另备“三牲”祭供狩猎神。

（三）石头、伯公树崇拜

1. “米子斗”石与鸡公石

前文已述。因其形状特殊，加上受其传说的影响，仙师宫的信徒们祭供三大仙师时会连米子斗石一块祭拜。

2. 寿石

位于钟氏家庙和敬堂旁，传闻有村民把它当作狩猎大王神坛拜祭。该石平坦开阔，石面光滑，可容纳十几个人一起坐。旁边曾有两棵大榕树，树根交错，枝叶繁茂。幽幽的古木，巨大的岩石，气派的祖庙，加上淙淙流淌的九曲水，构成清雅的环境，为古坊一景。“大跃进”时期，榕树、寿石皆被毁。

3. 伯公树

村民除把上述斗古坛边的樟树与寿石旁的榕树当作伯公树外，还把分布于各处田塅的巨大古木都称为伯公树。这种伯公树是人们敬畏的树神，不能轻易去损害它。传闻 20 世纪 70—80 年代，村里有一割松脂的青年看见“松树头下”（地名）那棵巨大的伯公松树，心想这么高大的树，出的松脂一定很多，所以便用刀在树上割了几道口子。几天后，他在山上割松脂时不小心摔了一跤，刀子捅着了肚子，村民都说是树神动怒了。这种伯公树，村民会不时拿香烛前去祭拜，但从未用过祭品。村中曾有数十棵伯公树，今天仍存在的已寥寥无几。

四、正月十五扛公王

在古坊村民的神明崇拜中，五显公王有着至高无上的地位，村民们为其举办的祭祀活动也最多。其中，每年正月十五开始的扛公王是规模最大的一次活动。它的组织最严密，历时最长，是一种跨宗族的集游神、庆祝、祈愿为一体的祭祀活动。在扛公王活动中，各个分散、不同的宗族集结在一起，形成和谐、团结的祭祀组织。根据张如球老先生回忆，古坊村民按照地域与自愿相结合的原则，分成四甲：

首甲：包括坑尾头、温屋、棠桂厦的钟、温、张 3 姓；

二甲：包括瓦子坪、茅屋下、长福居、仓头角、王屋角、双井前等地的张、王、刘 3 姓；

三甲：包括上钟屋、塘唇上、鹤树下、下塘头、暗山子里、坎下、庄头等地的钟、张、叶 3 姓；

尾甲：包括尚书堂、绕兰阁、渔翁寨、凹背、吉布等地的钟、赖、吴 3 姓。

村中四甲，每甲都有公田、纲会。各甲每年都用公田租谷在固定的日子办会，分别称为首甲纲会、二甲纲会、三甲纲会、尾甲纲会。二甲的纲会在每年的正月十八，其余的不详。各甲办会时，都得先把办会的各种食品抬到五显宫中祭供公王，然后才能抬回家办酒席。以往，各甲居民都以“公王的子孙”相称，而不称“××公的后代”，这种称呼使得众姓备感亲切。

笔者调查时，曾听到不少人说，以往村中居民分为六甲，且每甲至少包括2个姓氏。这种说法是可信的。因为，根据五显宫中立于乾隆二十一年（1756）的碑记所载，其囊括的姓氏达13姓，其中包括丰坑的邱姓。丰坑离古坊有10多里，旧时与古坊同属于“第六十八堡”，根据地域与自愿相结合的原则，可能单独为一甲。而陈坑自然村的钟姓因与古坊素来不和，加上离古坊较远，也有可能单独为一甲。这种六甲的概念应该是早期扛公王时的分法，到后来，出于姓氏的灭绝、搬迁及其他原因，村民们分成四甲。

据村民相传，公王会以往丰坑邱姓是没份的，只是到了近代，由于五显宫的神像年代久远，需要重雕，而重雕公王所用的樟木是从丰坑砍来的，所以，丰坑邱姓就以“公王的娘家”的身份入了公王会。村民进一步说：“扛公王进丰坑时，公王轿很轻，轿夫们可以扛着一路小跑，而返回古坊时，公王轿沉重得几乎让人迈不开脚步。因为公王回娘家，心情轻松愉快，而离开丰坑时，依依不舍，不忍离去。”这个传说显然有违背事实之处。因为据五显宫中的碑刻记载，早期丰坑邱姓是有份的。至于以后，公王不再巡游到丰坑，可能是丰坑不再与古坊同属一堡，且丰坑离古坊太远的缘故。对陈坑钟姓被排除在外的原因，有村民说：“这是由于陈坑人不愿出公王的蒸尝田，想凭武力强行进入公工会。”这究竟是真是假，已无法查实。

扛公王的准备工作在一个月前就得开始。首先，要选出公王头、总理、值理等领导班子成员。公王头由四甲轮流担任，即今年若从一甲选出，明年便由二甲推选，依此类推。公王头一般由家中有财富、声望，本人有办事能力者担任，若遇扛公王的经费不足时，各项开支的超出部分都要由公王头支付。总理由四甲甲长推选，然后由总理指定值理的人选。选出公王头、总理、值理后，由他们协商决定各自负责的事项。分工明确后，便准备建造公王行宫，拟定汉剧团、鼓手队、彩旗队的人选。各队人马的名单均在腊月二十五日公布，入选者均感到无限荣耀。名单公布后就把各种器皿、旗帜、乐器分发到个人，由他们各自保管一段时间。

正月初十左右，总理开始催促预定的建筑行家建五显行宫，其位置在坎下。行宫坐东朝西，主体部分为一大厅，人称“公王厅”，用于供放五显宫里的五尊神像及神牌。公王厅两边各有两个小客厅，厅里家具精美，四壁挂有长幅书画，并置有琴、棋、书、笔、墨等物，装饰得高雅气派，据说它是专为接待达官贵人所用。公王厅正对着行宫大门，门上书“五显行宫”，右书“灯月交辉元夜景”，左书“神人共落太平天”。行宫大门前是由竹木搭成的大戏台及古事厂，用于上演戏剧。

到正月十五，各队人员要沐浴净身，穿戴整齐，清早六点多在五显宫前集合。七点整一切准备就绪，长长的神铳发出三声巨响，扛公王正式开始了。浩浩荡荡的队伍依下列次序排列：

鼓乐队排在第一位。由十多个人组成，其中铜锣四面，唢呐、小鼓、二胡、京胡、扬琴等乐器各一。

彩旗队排在第二位。首先是一面大旗，人们称之为大帅旗，旗杆比大碗口还粗，有七八米长，旗面极大，上面绣有飞龙的图案。每年都得选本村中身体最强壮、力气最大者任旗手。即便如此，当队伍行进途中遇到大风时，旗手得把旗面捆住，否则一旦旗帜迎风飘扬，便无法把持，容易旗翻人仰。二帅旗、三帅旗紧跟在大帅旗后，旗杆稍比大帅旗短小，旗面亦窄些。二帅旗、三帅旗后面接着近百面小旗帜，有蜈蚣旗、三角旗、四方旗等，由村中少年任旗手。

扛公王队排在第三位。队伍依次是香案、令印、吊炉，前两者由一个人端，后者由两个人扛。吊炉用蒙着红布的铜盘托住，里面烧着檀香。后面跟着千里眼与顺风耳，分别坐于小轿中，由两个人扛。接着是一队鼓手，吹吹打打，使后面的神牌与五显公王轿显得特别引人注目。放神牌的轿子称为“龙亭”，由两个人扛。五显公王轿称为“大轿”，比一般的轿子高且宽，装饰得更为华丽，轿上披有一块老虎皮，由四个人扛。公王队的最后是由两个人扛着的土地神轿与魁星轿。

队伍的最后是分成四甲的居民代表队，每甲代表队的前面都有一帮鼓手在吹吹打打。各甲得按首甲、二甲、三甲、尾甲的次序排列，不得违例。

队伍步出宫门后的第一个程序是扛着公王轿巡游全村。据老人回忆，祖祖辈辈流传有“三十六接”之说，即全村分成 36 个点，在每个点上，公王轿都要停下，接受村民的顶礼膜拜与祭供食品。当公王轿一停下，锣鼓队就停止奏乐，该点上的村民就立即点燃长长的鞭炮，在鞭炮声中烧香、叩头、祈祷，待公王轿一起，奏乐声即又响起。村民们把在点上叩拜、祭供公王称为“接菩萨”，相应地把 36 个点称为“三十六接”。通过调查与核实，过去公王出巡的路线及村民接公王的点按如下顺序行进：下塘头→六子坪→塘唇上→鹤树下钟屋→鹤树下张屋→佰九公香火堂→坎下→暗山子里→三和堂→庄头→绕兰阁→中心屋→赖姓新屋窠→尚书堂→坑尾头→兰庆屋→天灯下→渔翁寨→棠桂厦→瓦子坪→茅屋下→长福居→仓头角→张姓新屋窠→双井前→凹背→封厢头，共 27 个点。“三十六接”应该包括丰坑、吉布、陈坑，但这三个自然村的居民对接公王一事已没印象，无法深入调查。

值得一提的是，最初，扛公王的第一接并不是下塘头，而是庄头，因庄头叶姓是古坊最早的居民。后来由于下塘头的钟姓家里出了举人，举人家来往的客人很多，且多半是达官显贵，钟氏便提出，下塘头改为第一接，这样以免公王到他家门口时，供品已被客人们品尝了，对公王造成不敬。该举人名叫钟润，在清康熙年间中举，《上杭县志·选举志》有载。

公王出巡全村的最后一接为封厢头，在此停留的时间最长。在此地停留称为“落马”，至今，封厢头门口的一片田仍称为“落马丘”。落马丘到五显行宫约有 300 米的距离，其作用类似于今天田径赛中的跑道。若遇上下雨天，这段路得撒上几十担谷壳，以免行人滑倒。在此段路，扛公王的队伍必须在震天的锣鼓声中，使出全力，以冲刺的速度奔进五显行宫。这就要求轿夫的步伐必须协调，才能快速前进。于是，公王轿的轿夫从 4 个增加到 8 个，一旦有人体力不支，跟不上步伐，旁边的替补立即顶上。此时，全村各点的接公王都已结束，村中居民及来自四面八方的客人都聚集在一起，使得在这个行程中，观众拥挤不堪，他们都以目睹公王队行进的热烈紧张为快，把扛公王活动推向了最高潮。

五显公王等神灵被安置进行宫后，戏台上便开始演出汉剧，以示庆祝。当地人称汉剧为“大戏”，以区别于一般的木偶戏。据说，在行宫前的戏台上只能上演大戏。新中国成立前的某一年，由于没请到汉剧团，戏台上改为演木偶戏。结果，这一年村中灾祸迭出，鸡犬不宁。村民们遂认定，在戏台上上演木偶戏不正统，冒犯了公王，以至于遭到惩罚，此后再也不敢演木偶戏了。

戏台下的男女观众界限分明，素有“男有男行，女有女行”之分。女行在与戏台同一水平线的岸上，男行则在今称为“戏台丘”的岸下田地里，他们之间用一根粗大的绳子相隔，任何人不得逾越这条界限。有一次演出，本乡饶坊村一邱姓小商贩到此卖糖串，不知是不明规矩，还是因为想赚女子的钱而明知故犯，他挑着糖担儿窜进了女行，被村里的执勤人员发现，给揪到公王头面前。公王头下令狠狠地打其30大板，邱氏被打得皮开肉绽，之后又被关进牛棚，关了三天三夜才放他回家。邱氏回家后没几天就一命呜呼了。从此，再没人敢逾界半步。

若扛公王的经费充足，公王头便派人请几个剧团，把大戏台分成两半，两个剧团在戏台上同时演出。演出时间从正月十五下午开始，通宵达旦，直到正月十九才结束。即使经费不足，演出时间最短也不能少于2天。台上锣鼓声声，台下人声鼎沸，这番热闹的景象使许多人终生难忘。

到正月十七，不论旁边的戏台是否仍然灯火通明，鼓乐阵阵，五显公王及其他神明都要在村民的护送下返回五显宫。护送队伍与仪仗队的顺序与出宫时相同。护送公王回宫后，公王头便派人牵来上一年村中养得最肥壮的一头猪，在宫里宰杀后祭供给公王及其他神明，接着设丰盛筵席款待外乡来的达官显贵及当地的豪门望族。正月十七公王回五显宫被称为“转宫会”；而正月十五则被称为“落马会”；正月十六因多半明月皎洁，加上五显行宫前热闹非凡，所以被称为“琼花会”。公王回宫后，扛公王活动便基本结束了，但汉剧演出等庆祝活动往往仍在进行。

扛公王期间，村中家家户户均人来客往，村民及亲戚朋友都会到村中一览扛公王与做大戏的盛况。据老人们回忆，当时家里的客人很多，在家吃饭歇息的来了一批又一批，几乎不间断，其中很多客人，主人压根儿不认识。那些有钱有势家庭的客人更是多得不计其数。尽管村中外人很多，治安却很好，在十五、十六、十七日3天时间里，家家门户大开，夜不闭户，却从未失窃，村民们都认为这是五显公王庇佑的结果。

古坊村通过扛公王活动，把村中分散的不同宗族联系在一起，既加强了宗族之间的合作交流，增强了山乡村民的凝聚力，又促进了村中众姓的对外交往与联系。

附：

一、五显宫内碑记

1. 助田碑记

本里竹山背信士邱司□仝妻刘氏、萧氏，刘氏男丘可标、可栋、可柱、可禄、可材、可桂，用价银玖两买到本地陈坑田税□肆秤，送入五显老爷御前烧香，永远定规，祈保子孙昌盛者。

崇祯拾壹年戊寅岁秋九月吉旦

2. 施田碑记

本坊信士钟文生同妻丘氏□（以下约60字均被粉刷）

康熙三十四年岁次□□夏月吉旦立

3. 重建五显宫助银石碑

屏山钟□讳元王嗣光上拾两正；赖伟英捌两正；张如龙陆两；

钟美章、钟子光、赖斌英、钟亦佐、赖朝英、钟秀章、钟万侵各助银伍两正；

张宏召、钟毓上、赖替臣、钟朝佐、钟万明、吴宁标各助银肆两；

钟文勤、邱可训、钟鹏举、钟宁武、钟自伟、张仁言、张木霖、钟烈佐、张德言、钟膺成、赖彦英、钟赋良、张乾山各助银叁两；

邱亦政、吴亦光、吴亦亮各助银贰两伍钱；

钟革元、钟子亮、钟山秀、叶日开、叶凤茂、钟昆瑞、钟永宁、钟永生各助银贰两；

钟鸿章、吴亦俊、钟旭元、吴亦旺、吴亦升、吴亦亨各助银壹两陆钱；

钟圣光、赖次贤、邱辉远、邱美远各助银壹两伍钱；

钟子申助银壹两叁钱；

钟比□、钟文凤、钟子厚、钟廷上、钟志顺、钟辑光、钟有光、钟容光、张文□、赖建英、钟有乾、钟成秀、钟元美、钟廷瞻、张溢霖、张波龙、钟克琼、钟风山、叶日洪、叶凤王、钟兆凤、钟荣元、钟能敬、钟全□、钟兆贞、钟达山、刘远卿、张崇言、张申言、张诏言、张耀龙、邱化远、邱联远、张寿材、张□达、钟集兴，以上各助银壹两；

邱茂远助银捌钱；邱源远助银柒钱；

钟赋书、钟金替、钟万田、邱兆兴、邱兆宁、邱兆弘各助银陆钱；

钟万祥、张敏上、张友达、张广达、张自达、钟腾光、钟启良、钟安□、赖叔贤、邱兆浪、邱思昆、邱有万、钟全仁、钟严革、张自郁、张自秀、钟碧伟、刘济候各助银伍钱；

钟子廷、钟光廷、钟大振、邱兆达、钟恒光各助银肆钱；

钟犬顺、张乾上、刘亦存、邱瞻秀、邱兆坤、钟门联、邱兆□各助银叁钱伍；

钟明辉、钟万扬、钟觐章、钟子真、钟伦元、钟王英、赖辉□、邱光盛、赖成尚、邱光兴、赖盛英、钟连上、邱德辉、钟□山、钟□辉、王显山、李腾辉、钟澄彦、钟汉彦各助银叁钱；

钟集耀、张达上、钟赋仁、赖文聪、赖文腾、赖文扬、钟兆槐、钟廷秀、温日彩、温兆庆、温兆秀、张自康、叶桂山、钟亦邸、钟奋秀、钟育上、钟华上、钟联甲、邱兆春各助银贰钱伍分；

钟原德、钟元亮、张建上、张□上、钟其厚、钟廷□、钟应上、钟冲上、钟□文、钟□□、钟□□、钟奎英、钟汉英、钟子相、钟育元、钟育□、钟□亮、钟乃武、钟有能、赖文智、赖文贤、赖□□、赖兆□、赖世能、赖址雄、赖原松、何由贞、何思义、邱门□、张昌□、张展宸、张廷显、赖替贤、邱国乡、张宝岳、吴亦元、邱廷连、邱兆贞、邱甲伦、邱佐仁、邱德□、邱德林、邱亦化、邱有崇、邱圣达、邱思连、邱德样、邱熊连、钟成德，以上各助银贰钱；

钟秀□助银贰钱贰分；钟子拔、钟棋山、张志达各助银壹钱伍分；

钟华章、钟弘林、钟弘严、钟弘亮、钟弘振、钟□章、钟文浪、钟皇献、钟祥瑞、钟奏周、钟子秀、钟子兰、钟华兆、叶攀秀、张庚生、张自华、张兆连、钟凤林、钟佩璋、钟亦元、钟亦山、钟潘辉、钟开文、钟兆庆、钟兆喜、温闽贵、温富财、温日恒、傅门何氏、温日华、温兆奎、傅良益、张宁宸、张门腾、张文秀、张汉标、钟华腾、刘朝卿、钟子慎、钟秀英、张杨春、钟兆龙、邱德中、邱隆生、钟秀行、钟森伟、钟兆示各助银壹钱伍分贰厘；

钟亦辉、钟亦发、钟亦存、钟亦芳、钟元华、钟敏上、钟迪上、钟恒上、钟□山、钟镍山、钟猷达、钟圣达、钟可秀、钟贵元、钟荣柱、钟鼎甲、钟廷英、钟安吉、钟万寿、钟乃宽、钟乃鼎、钟振宗、钟辛妹、钟东品、张兆□、张光永、钟启鸣、钟启祥、钟文□、钟文云、钟德佐、钟玉盛、钟发玉、叶万崇、叶桂茂、叶达茂、叶生阳、叶上茂、赖文献、赖文秸、赖阿元、赖福元、赖凤英、钟子礼、钟高瑶、钟昌瑶、钟岐瑶、钟大兆、钟玉林、钟有曲、钟潘山、钟振辉、钟有□、钟有伦、钟学山、钟光□、钟太来、钟有太、钟秀岱、钟子玉、钟万□、钟万顺、钟秀杨、钟子绍、钟康养、钟逐碧、温有贵、张汉宸、张荣宸、张成应、张演谋、张□标、钟天锡、钟茂贵、刘弘□、刘亦康、刘来康、刘亦谋、钟□耀、钟上章、张乔松、张芳升、张元富、张□言、邱甲贵、邱亦养、邱巢德、邱巢章、邱光照、邱南梦、邱廷德、邱廷荣、邱秀玉、张应坤、张福元、张自甜、邱德学、邱已来、邱亦先、邱郁远、邱天应、蓝松生、张宗应、钟富纶、钟□□、邱有贤、钟益凤、钟启凤、钟显廷、钟□□，以上各助银壹钱；

龙华会内钟烈佐、钟燕川、钟亦度、张世达、钟赋善、张联永、钟亦章、钟赋良、钟俊彦、钟□彦、钟赋仁、钟清彦、钟仁秀、钟永存、钟永□、钟永生各家族妇合助银叁两正。

缘首：钟赋善、钟亦礼、钟恒龄、钟华彦、钟永葵

乾隆二十一年岁次丙子冬月众姓同立

4. 施田碑记

本坊信士钟应康同妻郑氏，偕男用志、尚志，媳邱氏、赖氏，于天启年间将到本乡仙师宫背细溪陇里田税拾秤，原载民米捌升，送入五显大帝御前烧香点灯之资，祈保子孙昌盛、富贵绵远。

乾隆二十一年仲秋月两大房嗣孙仝立

5. 众助银建文会碑

文□之盛衰，亦视人之振作之者，何如？且□作之道者有二：自□□□□□□□□□□□□□□□□□□□□□□□□□□□朝廷考课外，一在父师之提诲，一在乡人士之设法而激励之。连年来中都人文之盛，甲于一邑，固明父师之教养有方，要亦各乡文会之设者，以设励而兴起之也。我乡绂涌之士不乏其人，而独未尝有此盛举，岂谓有志者不难自为进修，亟无籍于激励与，抑或诸父老久怀美意而未有倡之者？兴夫行一专而培植一乡之人才，虽有锱铢之费，当非乡人士之所惜也。各出所余，以襄美举，今正其时矣。聚裘可以成美举，唯望志在作人者加之意焉。

钟千七公壹佰两；赖文祚公贰拾两；赖常曲公拾陆两；

张沐霖公、钟亦佐公、张鸿宸公各拾贰两；吴宁标拾两；

钟王页公、钟存贺公、钟亦敏公、钟朝佐公各伍两；张馨永公、钟赋良公各肆两；

张德生公、钟扬溪公、赖斌英公、赖君英、赖圣兆、张联永各助叁两；

赖福荣公、张子智公、钟和□公、钟南山公、钟屏山公、张稔天公、钟子光公、钟目伟公、赖替臣公、钟鼎五各助贰两；

吴得良公、钟荣彩公、钟南波公、钟元伟公、钟广太公、张布也公、张南也公、赖叔贤公、张如龙公、张波龙公、张濯龙公、钟亦庆、钟昆瑞、钟福山、钟潘辉、钟赋端、钟逊由公、钟宁武公、钟乃武公、钟乃候公、钟枝上公、钟联甲、张友达、吴云朝、钟□凤、钟显昌、钟桂昌各助壹两；

一买本都大古塘波心里田税壹拾贰秤伍分，大古塘凹下田税捌秤伍分，

共载民米壹斗陆升捌合，上季早租湿谷贰拾贰斛壹斗贰升，下季冬租湿谷壹拾壹斛陆升。一买本部陈坑乡古田坑田税伍秤，载民米肆升，上季早租湿谷伍斛，下季冬租湿谷叁斛正。共用价银并中见礼、印契收米入五显户，共银贰佰柒拾肆两肆钱。

乾隆四十三年戊戌岁仲秋月吉旦立

6. 重修五显宫乐捐银碑

钟承昌公贰拾两；张德生公拾伍两；钟士远公拾贰两；赖文祥公壹拾两；

钟亦佐公、钟辑言公、赖替臣公、赖伟英公、赖斌英公、吴宁标公、钟赋端、张瑞贤、钟华腾、钟显昌、钟有泰、张德功、钟贡书，以上各伍两；

钟得山、钟□□、钟鸿玉、钟承发各肆两；

钟南山公、钟兆恒公、钟长龄公、钟圣兆公、张绍玉公、张联韶、张乐贤、钟有辉、赖上华各叁两；

承光会、集亨会各叁两；

张文远公、张沐霖公、张永嘉公、钟文光公、钟亦庆公、钟华源、赖□奎、邱老会、钟潘辉、钟清彦、钟永□、张乔恩、张乔清、赖上彩各贰两；

钟亦敏、钟瑞山各壹两伍钱；钟以显公、吴云周各壹两贰钱；

钟元伟公、钟村上公、钟乔上公、钟膺成公、钟子厚公、钟鹏华公、钟华彦公、钟超予公、钟超辉公、钟□荣公、张文言公、张德言公、张文庆公、张自远公、张梦鹤公、叶□和公、赖村贤公、赖仲奎公、吴华朗公、温洪彦公、邱辉远公、邱英远公、邱强远公、邱升朗公、钟王英、钟文廷、钟□彦、钟永兰、钟廷瑶、钟朝华、钟昌华、钟瑞辉、钟亮华、钟瑞丰、钟永珍、钟克□、钟隆喜、钟方泰、钟昌山、钟子嵩、钟华山、钟永光、叶献周、张文英、赖上济、赖琪辉、赖现芳、赖贵芳、吴克英、邱美远、邱春元、邱思安、邱思伦、王显山公各壹两；

邱□□公、邱德仁公、邱超同公、吴云锡公、吴云汉公各柒钱；

吴克振、吴克清、吴诸□、吴云华各六钱；钟守仁公、钟兰兆公各伍佰文；

钟元亮公、钟元美公、钟秀玉公、钟子盛公、钟昆瑞公、钟峦瑶公、钟万杨公、钟振奎公、钟兆英公、钟南杨公、叶日洪公、叶子和公、邱兆琼公、张镇贤、张乾福、张乾寿、张国琳、钟华亮、钟奎廷、钟汉廷、钟必荣、钟秀支、钟顺桢、钟永华、钟兆嵩、钟圣传、钟清贵、钟清华、钟清万、钟亚三、钟瑶三、钟丹书、钟龙□、钟昌□、钟瑞元、钟□□公、钟兆登公、钟□□公、钟□珍公、钟□□公、钟□□公、钟兆华公、钟赠华、钟馨彩、钟柏彩、钟振昌、钟松发、钟献华、吴云财、邱梦熊、邱思茂、邱荣春、邱泰应、邱德辉、邱还昌、邱思□、邱思圣、刘兆恒、钟□坚、钟□全、邱德□、张振□，以上各助银伍钱。

嘉庆三年岁次戊午冬月吉旦众姓立

7. 助田碑记

信士钟渊龙将到本宫门首田税贰秤，载民米壹升陆合，送入五显大帝御前香灯烧茶，祈保永远昌盛。粮米亦伟户永纳。

嘉庆三年岁次戊午冬月吉旦立

8. 续捐振英社文课碑

文风之隆替，民俗之盛衰系之；则欲挽民俗，必扶文风可知。然欲扶文风，其必激励士气更可知。激励之法不一，其上莫如有贤父兄之栽培，而其次则藉乎乡人士之奖劝。吾乡先辈文课之设，所以奖劝士子而激励其气也。盖是课也，酌岁入之赀息，为月课之会文。操觚染翰者尽良朋，摘瑜指瑕者皆名宿。且也，甲乙分而进取必奋，难疑释而砥砺弥殷，乃观摩之志方长。而供亿之赀难继，不为之增其产而裕其财，则莫为之后，虽盛弗传矣。是岁春，乡中诸公谋所以增裕者，而徵序予余。余曰：美哉斯举！诚得诸公式廓之，则出息厚而课文多。况吾乡士多单寒，得藉有贤父兄之栽培者良少，苛此奖劝激励之术而又不继焉，则欲有以成材也实难。今诸公怀奖劝激励之至意，举文会而拓大之，其有功于士子焉！何如？将见文风其由是益隆乎，文风隆而民俗其有不盛哉！爰书斯言以为乐育者劝。

张炳如公伍拾元；钟甘壹公贰拾壹元；钟士远公贰拾元；

吴云周公、赖汉子公、赖联昌公各拾元；

赖文祥公、钟朝佐公、钟承存公、钟乔上公、张翼华公、赖振辉公、吴克琼公、钟灿瑶公、赖顺豫公、赖顺华公各伍元；

以上题捐佛边均置田业。详载册簿。

倡捐：钟昌裕、吴仲琳、钟永超、张瑞云、赖顺祥

总理：钟启兆

道光十三年岁次癸巳季冬月吉旦立

9. 重修五显宫题捐芳名碑

重修五显宫题捐芳名开后：

张德生公捐伍元；钟文智公、张希曾公各捐肆元；钟建科公捐叁元；

赖兆科公、赖发兴公、伬永兴公、吴荣宗公、赖福崇公、张翼龙、张辛育、钟天宠、邱鹏万、叶鼎承各捐贰元伍；

钟祥魁、邱金超各捐壹元伍；张仲烈公、邱应禄公各捐壹元壹；

张春源公、张有源公、张咸宣公、张鉴华公、张步朝公、张彩云公、张宗远、张庆春、张茂兰、钟涓发、钟佰八公、吴科良公、钟文山公、钟南山公、钟屏山公、钟成宗公、赖魁兴公、叶子贤公、邱法弹公、钟庆观公、钟科发公、叶茂富公、钟贵源、赖曰铭、钟新和、钟受琪、钟玉书各捐壹元；

钟长云、钟元辉、钟东发、吴翰芳、吴西福、吴盛昌、吴始全、邱大扬、邱启龙、邱永春、邱观升、邱如康、邱如龙、邱庆升、邱□升、邱文兴、邱焯超、邱鼎超、邱政春、邱大招、邱锦章、邱万春、赖禧兆各壹元陆分；

张振南公、张思吾公、张国琼公、张森兆公、张步升公、张和九公、张步亮、张承微、张永隆、张秀春、钟恢和公、钟登贵公、钟长庆公、钟源昌公、钟春庆公、钟来发公、吴翰荣、钟美魁、赖日贤、赖日昂、赖永兴、钟长恩、钟庆良、钟庆赠公、钟凤贵、钟凰贵、钟予文、钟传亮、赖才盛、钟振祥、钟竹贤、钟□德、钟成辉、钟晋达、钟永嘉、钟仕超、钟品超、钟新华、邱森开、邱如柱、邱应常、邱应瑞、邱应玉、邱戊生、邱大材、邱德满、邱安仁、钟万朝、吴始兴、吴鹤承、吴承昌、叶森汉、叶炳林、叶桂林，以上各捐伍分；

五堡醮尝捐银叁两壹钱，集福季捐银壹两壹钱；

陈利贵造。

劝捐：钟金禄、钟天龙、张应鸣、邱鹏万、钟庆□、邱大扬、钟凤贵、赖汉庭、叶天茂、钟开华

经理：张辛育、张继传、钟贵源

倡捐：张翼龙、张尔禄

光绪二十年甲午岁冬月吉旦立

二、钟姓总祠“和敬堂”内碑记

1. 乐捐碑记

始祖千七郎公入邑学培英祠享祀，嗣裔乐捐襄成，名字开列：

祠会内：子光公、文云公、玉赦公、自卫公、亦佐公、朝佐公、有光公、昆端公、赋良、赋豪公、万川公、兆云公、万若公、昌球公、兆文公、凤珍公、华源公、旭元公、卫文公、显荣公，以上二十名共捐助银叁拾柒两；

潘辉、桂昌、贤芳各捌两；

文智公、元明公、亦度公、礼山公、有伦、有泰、秀□公、枝上公、乾阳公、启泰、锦春各伍两；

永昌公叁两；禄公捌钱；闻响公陆钱；乐五公、□臣公、明亮公各伍钱；

□臣公叁钱；永茂公、念田公、尚荣公、达先公、亦佐公、赋端公各贰钱；

广生公、仕宝公、南山公、屏山公、和□公、敏行公、声扬公、达畜公、子光公、山英公、亦敏公、赋良、亦珍公、清秀、自敏公、枝上公、宁武公、永□、联甲、□成公、化腾、显昌各壹钱。

乾隆五十三年岁次戊申孟夏月中浣之吉众立

2. 美举合记碑

始祖千七郎公于嘉庆十年汀郡捐造府学并文昌宫入题名，第及本邑百获堂题名。二十四年本邑又捐修文成公祠题名。众嗣裔前后捐资襄成美举，名次列后：

文智公、志明公、禄公务前拾两后拾两；士远公前捌两后捌两；

亦佐公前捌两后贰两；赋端公前捌两后壹两；

佰八公前伍两后陆两；尚华公前伍两后肆两；

渊龙前伍两后贰两；佰捌公后伍两；

辑光公前伍两；念二公、朝佐公、恩龄公各前肆两；

永夔公前肆两后肆两；子光公、鼎伍公各前肆两后贰两；

振奎公前贰两后壹两；和四公前叁两后肆两；

屏山公、南山公前叁两后叁两；

尚荣公、挺育公、辑言公、亨公、陵宗公各前叁两后贰两；

广生公、存贸公、有泰公各前叁两；仕明公前叁两伍钱后贰两；

念四公前贰两后叁两；原明公、亦敏公前贰两后贰两；

宽公、亦度公各前贰两后壹两；玉山公前贰两；奕珍公后贰两；

圣兆公前壹两后贰两；元伟公前壹两后壹两；

碧伟公、敏行公、宏□公、德卿公、文廷公、枝上公、起凤公、华源公、绍繇公各前壹两后壹两；

乃武公、华腾公、膺成公、瑞山公、桂昌公、贵春、良性各前壹两；

宗文公、尚堂公、上九公、右曾公、兆恒公、崇武公、秀春公、占春公、口美公、祥凤公、国盛公、乾仁、鼎秀、灿琳、灿瑶各后壹两。

嘉庆二十五年庚辰岁十一月谷旦众立

3. 修坟碑记

二世祖三九郎公太坟墓，吾族丁粮、科甲所自出也。家声肇自鄞江，世泽绵于苏里。年湮日久，明堂渐即崩弛；雨剥风摧，灯柱未免废损。合族踊跃捐资，规制依原修复。柱高一丈四尺有奇，套系周围六角。棱棱彩耀，伫看凤起蛟腾，朵朵花生。预卜文经武纬，丁粮鼎盛，科甲蝉联，良有以也。是为记。捐边芳名列后：

文智公贰拾元；云山公、禄公各玖元；闻响公伍元；建科公、春连公各肆元；

立先公、增兴各叁元；玉传公、玉洪公、金声公、南波公各贰元；

建宁公、志宁公各壹元伍角；

维卿公、玉美公、维贵公、枝上公、元明公、万寿公、万龄公、锡臣公、燕发公、文章公、碧瑞公、鼎宗公、彩升公、开扬各壹元；

维周公、铭庆公、永生公、金福公各伍角；襄臣公肆角；福庆公、长庆公各贰角。

董理：章廷

值理：源盛、振亨、邦嘉、有禄

光绪元年岁次乙亥季秋月吉旦立

4. 重修宗祠乐捐芳名石碑

今将重修宗祠众嗣裔捐助芳名列后：

文智公、文绶公、志明公、金声公、达先公、赓臣公、士达公、廿一公各拾元；

景良公、永茂公、尚华公、亦佐公、渊龙公、永度公各伍元；

禄公肆元；

世瑛公、宽公、亦度公、金禄公、景濂公、玉洪公（因石碑左边残缺，以下姓名不详）各叁元；

佰八公、瑗公、广泽公、云山公、屏山公、南山公、翠峰公、葆泰公、亦敏公、圣兆公、金福公、襄臣公、衍高公、声铿公、兰秀公、元明公、鸣俊公、念四公、襄公、文公、万郎公、永昌公（以下姓名因石碑残缺不详）各贰元；

起余公、元文公、碧伟公、自伟公、枝上公、玉山公、灿秀公、灿球公、自上公、万寿公、象先公、灿焕公、玉圆公、南波公、荣彩公、维美公、华凤公、原明公、国盛公、起凤公、占春公、崇瑶公［以下姓名缺失，且捐钱数目不详，原碑写“以上各（后缺）”，疑为1元］；

文廷公、清卫公、佩宁公、清裕公、桂生公、宗又公、秀攀公、遇吾公、兆嵩公、朝彦公、德吾公、见寰公、亦珍公、兆文公、兆麟公、兆相公、兆德公、鼎秀公、万茂公、绍繇公（以下姓名缺失，捐钱数亦不详，疑为0.5元）。

第二节　长汀县羊牯乡罗坑头村的民俗信仰

一、社会历史概况

罗坑头村是长汀县羊牯乡所辖的一个行政村。羊牯乡位于长汀县的最南端，距县治所在地70公里。它东与本县宣成乡相接，东南与上杭县官庄乡相邻，西与武平县接壤，北与本县濯田镇为邻。汀江自西北向东南从羊牯乡蜿蜒流淌，经羊牯乡，在龙角村到达上杭县境内。

由于羊牯乡远离府、县治所在地，加之域内层峦叠嶂，山高水险，交通不便，历代府、县志对其记载甚少，尤其是明以前的文献资料十分稀少。即使是在1997年的《福建地图册·长汀县》一图中，羊牯乡在地图上标出的地名仍是寥若晨星。1999年，当不少其他乡镇都实现村村通水泥路的时候，整个羊牯乡仍只有乡政府所在地有一条不到200米的水泥路，从繁华的都市走进这片静谧的土地，恍如进入了世外桃源。

清朝时，羊牯乡属“宣成里”管辖，据乾隆《长汀县志》载：“宣成里统图四，计村五十七：三洲、邱坊、李坊、林坊、马坑、郭礤巷、石桥头、大潭、小潭、潘屋、横冈头、车田尾、东坑、伯公岭、桐子坝、陈坑、巫坊、车田寨、湖洋背、余婆圳、杨坊、平岭、水口、陈屋村、南安墟、羊牯卵、拔头、周家地、余家地、羊角溪、米筛角、礤下、露潭、磁坑、中华洞、黄家营、员当、官畲、刘坑、连胡、梅子坝、蓝屋地、邱坑、罗坑头、畲心、上畲、中畲、寨背、笮河陂、半迳、溪源尾、蓝田坑、高坪、林坑、罗坑、龚屋、萧铿。”[①] 其中，李坊、马坑、郭礤巷、石桥头、大潭、小潭、潘屋、横冈头、陈坑、湖洋背、余婆圳、礤下等地属今河田镇管辖；三洲、邱坊、东坑、林坊、桐子坝属三洲乡管辖；车田尾、巫坊、车田寨、平岭、水口、陈屋村、南安墟、羊角溪、露潭、员当、刘坑、连胡、梅子坝、蓝屋地、邱坑属濯田乡管辖；磁坑、中华洞、黄家营属涂坊镇管辖；官畲、羊牯卵、拔头、周家地、余家地、罗坑头属今羊牯乡；而畲心、中畲、上畲、寨背、笮河陂、半迳、溪源尾、蓝田坑、高坪、林坑、罗坑、龚屋等则属宣成乡管辖。由此可见，清乾隆时期的宣成里囊括了今三洲乡、羊牯乡、宣成乡全部以及河田镇南部、涂坊镇西部、濯田镇东南部。

从上面的记载可知，清朝县志中的羊牯乡只有六个村，而现在的羊牯乡则有十个行政村，包括对畔、白头（即拔头）、罗坑头、吉坑、百坪、百丈、余家地、周家地、官坑（即官畲、大坑头）、羊牯村。这仅是政府的划分而已，由于羊牯乡交通不便，山脉纵横交错，汀江把其分成东北、西南两片，因而民间自有其合理的划分。历史上，当地民众把羊牯区域称为“八、五十三乡”，即羊牯乡共有 13 个乡村，其中 8 个乡（即八乡）在汀江的西南方，另外 5 个乡（即五乡）位于汀江的东北方。一般认为八乡历史较早，五乡的历史较迟。这个划分始于何时已不可考，但最迟在清朝已出现。[②] 据知情人说，由于羊牯乡远离官府所在地，村民中出现纠纷时，若族人处理不了，就按其所在地，分别由八乡或五乡的头人聚在一起商量解决。八乡的民众建有共同的庵，称为“八乡庵”，又称“崇福庵”。崇福庵位于今余家地村，庵址已不存，历史面貌如何已不可考。五乡的民众也有共同的庵，称为“五乡庵”，又称“禅林庵”，至今在民众的生活中占一席之地。十三乡有共同的庙宇，即羊牯乡政府旁的天后宫，它既是供神之地，又是传统社会中各村头人处理公共事务的场所。

---

① （清）《长汀县志》，卷五，《疆城志》，1942 年。

② 据《吴氏族谱》载，五乡的禅林庵建于清朝。

为了对新中国成立前羊牯乡“八、五十三乡”的区划有个大致的了解，笔者访谈了羊牯乡政府干部王志生先生，得知八乡指百坪、百丈、余家地、周家地、官畲、羊牯、梧坊、大坑头，分别距八乡庵13、23、0、5、12、15、5、5里，依次距乡政府25、35、15、10、15、0、20、30里。五乡包括对畔、白头、罗坑头、涂坑背、吉坑，分别距五乡庵15、5、5、5、5里，距乡政府2、10、15、15、15里。由此可知，八乡中的各个村落与八乡庵的距离比与现乡政府的距离要短得多，五乡也不例外。从羊牯乡地图（图4－2）可知，八乡庵所处的余家地和五乡庵所处的高屋大致为该片的中心地带，具有得天独厚的地理位置，因此成为民众举行神明活动的中心。

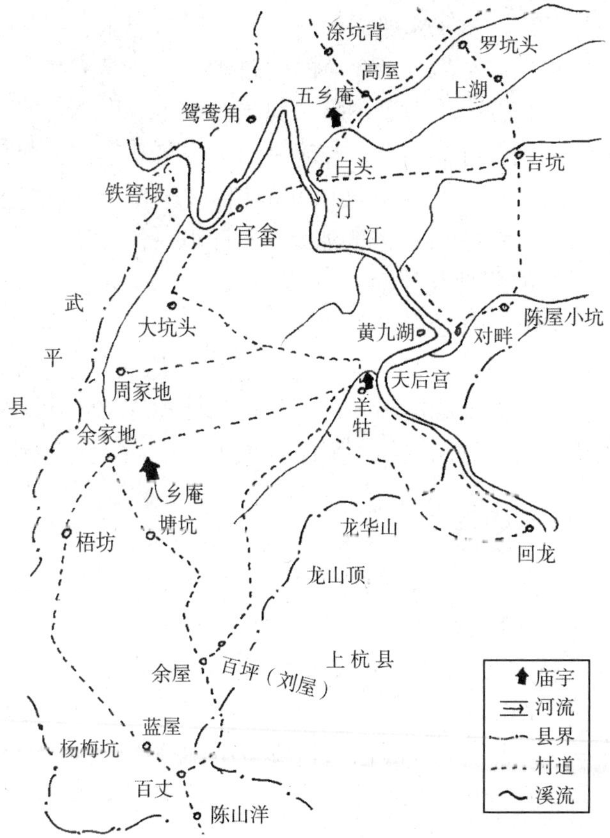

图4－2　羊牯八乡、五乡及庙宇分布图

羊牯乡主要生活着曹、蓝、吴、刘、钟、林、周、余、陈、李、邱、廖、曾、赖、邹、张、梁等十多个姓。据报告人说，人口最多的是曹姓，有2 200多人；其次是蓝姓，约有1 800人。这两姓分布的地域也比较广。其他姓氏中吴姓约有1 500人，刘姓约有1 000人，钟姓约有900人，周姓约有700人，余姓约有500人，陈姓约有300人，廖姓约有200人，李姓有100多人，邱姓有100多人。全乡共有2 000多户，约10 400人。

新中国成立前羊牯乡已设有墟，墟期为农历逢三、八，墟场设在今乡政府所在地。由于羊牯乡的地域不广，人口不多，境内多高山，除武平小澜、桃地的外乡民众会到此地赴墟外，涂坊、宣成等地的货物多半挑到上杭县回龙滩旁的白石角墟上集散，因而羊牯乡的墟场很小。据报告人回忆，新中国成立前只有8家小商店，包括百货店、米店各一，缝衣店、药店、豆腐水酒店各二。村民主要靠种田、砍松树与杉木、撑船、造纸等为生。如今，竹木被砍光之后，乡政府的财政收入主要是靠税收。乡干部带领村民大力发展种植业，以摆脱贫困，走上小康之路。

由于羊牯乡地处长汀县南端，与武平、上杭相邻，因而村民的语言与武平、上杭的相近，而与长汀县城以北的相去较远。在风俗上也是如此。或许，正因为这一南北差距，北部的长汀人喜用一种戏谑性的语言来形容羊牯、宣成人所处的环境与生活，曰："宣成羊牯有五宝，街头看得街尾到，芦头割得耳朵到，膝盖碰得下额到，地瓜吃到WO（即哭），厕所像碉堡。"又有人曰："宣成羊牯有二宝，丑妻瘦田烂棉袄。"这两句话虽有戏谑的成分，却十分形象地描绘出宣成、羊牯的地理环境：山高、田瘦、路窄、墟小，而且生动地刻画出新中国成立前此地人民凄苦的生活状况。

二、罗坑头村的吴氏宗族

罗坑头村位于羊牯乡的东北部，距羊牯乡政府约15里。其东面在石子岩头与宣成乡畲心村毗邻，在马峰与寨背村交界，南接吉坑村，西临白头村，北与濯田镇蓝屋地接壤。全村面积为2.2万多亩，其中耕地面积为700多亩，其余都是山地。村中有一条无名小溪自东北向西南流入汀江。全村有1 100多人，均姓吴。村民居住在沿小溪分布的各个小村落中，分别是高屋、上湖、伯公凹、宫坎下、圆坑下、塅上、岗下、岗上、鱼子湖（参见图4－3）。

据载，吴氏上祖在搬到罗坑头村之前，曾在南京、长汀濯田等地居住过。根据吴氏乾隆五十四年（1789）的抄录本所载："渤海堂上始高祖吴讳列公、配妣彭氏彭太婆，原居南京无锡县瓦子坪。宋时恩守福建汀洲（州）

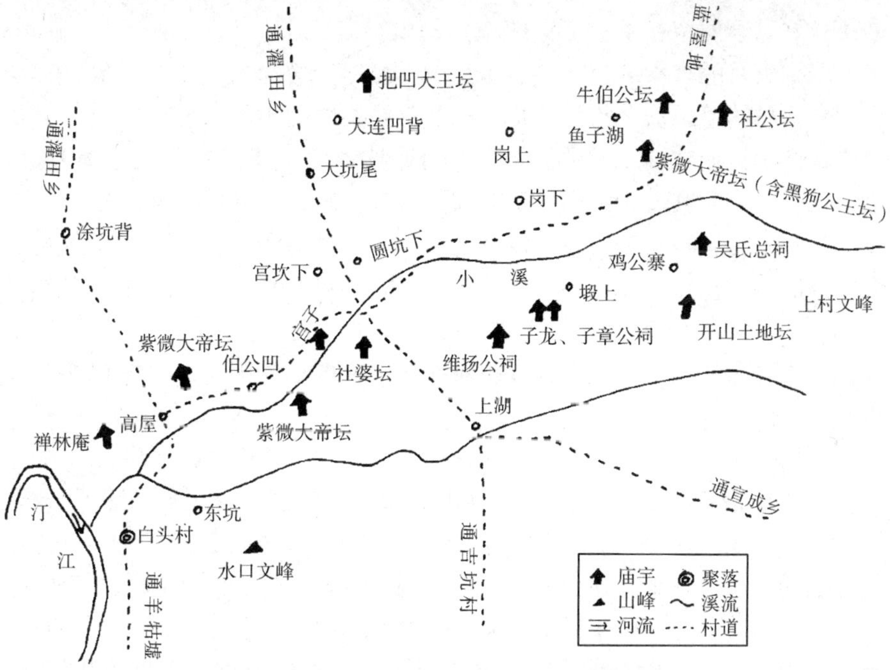

图 4－3　罗坑头村聚落、庙宇与神坛分布图

之堂太守，受恩不想回乡归南京，后居于濯田，系长汀宣成里安宁乡。后彭太婆随男迁居上杭永定，其万历庚子岁奉旨开永定县。彭太婆嗣三房：长吉甫，次云甫，三宽甫。在濯田（安宁乡）七代后到宣成，一代迁罗坑。”这一段记载实在令人难以相信。彭太婆既是宋时居住于南京，后迁到汀洲（州）的，怎么可能“随男迁居上杭永定”，又在“万历庚子岁奉旨开永定县”？这段记载虽然有部分失实，但其中说及上祖在濯田七代后到宣成，在宣成生活了一代后迁到罗坑头村这部分内容却是比较可信的，与村民口述的历史大体相符。

据报告人说，罗坑头村的地形为船形，村尾的鱼子湖为船头所在地。相传由于这块船形地为风水宝地，故当时生活在这里的吴氏宗族比较富裕，令涂坊人十分嫉妒。涂坊人就想出铺一条长长的石砌小径当作纤绳，把罗坑头村的风水宝地载到涂坊。但小石径铺到宣成乡畲心村时，罗坑头村的武举人吴维杨（一作威扬）[1] 阻止了涂坊人的这一工程，纤绳在畲心断了，好风水便留在了罗坑头村。

罗坑头村的聚落多分布在小溪两岸，村落的边缘都是高山，从羊牯乡到罗坑头村的路，从白头村开始一直沿着峡谷中的小溪弯弯曲曲地延伸到村中，由于长期被雨水冲刷，没人修补，这条黄土飞扬的山路千沟万壑，当拖拉机从上面驶过时，颠得车里的人五脏六腑都在翻腾，交通条件相当差。村中小路有好几条：一条经鱼子湖向东北通往濯田蓝屋地；一条经上湖向东南通往宣成乡，可到上杭，也可达吉坑村；一条经大坑通往濯田镇；另有一条从高屋经涂坑背的小路也可到达濯田镇。尽管村中阡陌纵横，但或许因羊牯乡的地理位置相对偏僻，村内相当闭塞，村民观念十分古朴。

罗坑头村吴姓尊一郎公为一世祖，一郎公生二子：长福珂（一作福科）公，次祖养公。一郎公及其妻子最初住在宣成乡畲心村的石子岭脚下，其居住地的花台地基现今仍存，前几年还有人亲眼看见。他们在畲心村住了几十年，后来，因住屋旁边的穴地被张姓占去，破了风水，房屋不能再住。此时，福珂公正在罗坑头村一方姓人家中当长工，征得主人的同意后，于今吴氏祠堂所在地搭个茅棚暂住下来，成为罗坑头村的开基祖，而其弟祖养公则到宣成寨背村开基。

谱载：始祖福珂公于明朝初期到罗坑头村开基。如今，吴氏在罗坑头村已繁衍到第二十五代，从罗坑头村迁到外地的福珂公裔孙繁衍得较快的则已到第三十代。明朝于 1368 年建立，若以 25 年为一代计，罗坑头村吴氏的历史约有 625 年，两者相加为 1993 年，因而福珂公于明初迁到罗坑头村是可信的。

福珂公初到罗坑头村时，村中有不少姓氏，如上村林屋有林姓居住、方屋有方姓居住、龚屋有龚姓居住、下村黄屋有黄姓居住，此外还有蓝、王、钟姓等，共有十多个姓氏。据说，由于福珂公建的茅棚所在地是“饱虎守肉形”，他一住下，其他姓的人丁就逐渐少了，并相继从罗坑头村迁出，使罗坑头村成为单姓村落。清朝初年，村中仍有外姓的田，有外姓人到村中收租谷。

福珂公到罗坑头村开基后，起初吴姓的人口发展十分缓慢，查阅吴氏族谱中的前十一世世系图可知，吴氏尊一郎公为一世祖，二世福珂公以下

① 吴威扬，在乾隆《汀洲府志》、民国《长汀县志》及罗坑头村“登科”牌楼均有记载。

的三、四、五世均为单丁，直到六世起人丁才逐渐增加。五世敏公生3子，其中孟政失详，季月迁居武平孔下，仲宽留居村中。七世有3个男丁，八世有4个男丁，其中舜琢的后裔迁居宣成乡蓝田村。九世有5个男丁，十世有8个男丁，其中子安迁居上杭县官庄乡，子荣迁濯田园当村。十一世有12个男丁，人口得到了一定的发展。

吴氏大约在第十代时开始分房，如今住在罗坑头村的主要是子文公、子章公、子龙公的后代。其中子文公的后代主要居住在高屋、东坑与上村，高屋与东坑约有190人，上村约有100人；子章公、子龙公的后代居住在下村，子章公的后代约有700人，子龙公的后代有100多人；另外，吴氏第四代有迁到武平县永平乡孔下村的，有2 000多人（包括后又迁居羊牯畔垄背的）；十三代希胜公移居濯田蓝屋地。吴氏1995年所修的族谱便是上述几地合修而成的。

相传福珂公到罗坑头村开基时，住在茅棚中，生活十分节俭，他靠在村子里见缝插针般地四处开垦荒地，生活才逐渐好转。随着人丁的增加，吴氏拓荒的范围也进一步扩大。除了耕种原来的土地外，还到村外的石子岩、山枣树坑、上湖寨、馒头坑等地开垦了大量荒地，至今遗迹尚存。另外，吴氏还在沿溪的山上栽种竹木，并在溪边挖湖塘造纸，发展造纸业。据说，规模最大时有纸槽60所，每5天可生产土纸300余片，挑到纸行加工后，可远销东南亚。经过数代人的积累，吴氏不仅人丁增加，财富也得到了一定的积累。

在明末清初，经过约第十代人的积累，吴氏家族的经济逐渐好转，在当地的宗族中也有了一定的影响与威望。首先，表现在吴氏总祠的建造上。“祖祠建于明朝初期年间①，在上村鱼子湖，坐南朝北……饱虎守肉形。祠堂全是木料制造，过去有100根屋柱落地。”② 如果没有一定的经济基础，号称“百柱落地”、具有一定规模的祖祠是难以建成的。祠堂左边的墙上还贴有一张字迹模糊难辨的“高中捷报”，曰“吴府老爷吴印万承蒙钦命提督学院奏岁试取中贡元□□□学正堂”。该捷报是何时所贴已不可考，但猜测应是清朝。其次，族中弟子还捐出地基建造禅林庵，并捐出7担谷田给庵中作点油灯资金，谱曰：“清朝初期，福科公裔孙把东坑里门口的地基献出建造禅林庵（五乡庵），后来裔孙吴璇玉又将其在庵旁边的七担粮田献给该庵里作为点灯油资金等使用。”据载，当时各乡群众对此

---

① 疑为抄录者笔误，福珂公于明初迁到罗坑头村搭茅棚住，显然不可能建总祠，应为清初。

② 《吴氏族谱》，《始祖祠堂简记》手抄本，第4～5页。

义举高度赞扬。① 吴氏宗族以自己的实力赢得了其他宗族的认可。

清朝前期，吴氏宗族的经济得以增强，其裔孙在“白头赖屋购买大片地基，于清朝嘉庆六年（1801）租给白头赖可振、时胜、永兰等耕管，以及自己建筑双层大楼和店房等”，并在下村建了子章、子龙公祠，两祠均在下村塅上，仅隔一条小巷，因此又称“鸳鸯祠”、“下村祠”。子文公的后裔则在高屋建了子文公祠，为高屋、东坑、上村子文公的后裔共有。子龙公祠的下面还有维星公祠，维星公为吴氏十四世，学名（威扬）维扬，是清朝乾隆年间的举人。其祠堂的石大门上书“登科”两字，上、下款文字为：“太子少保、兵部尚书、（兵部）右侍郎兼都察院右副都御史、巡抚福建地方等处提督军务、纪录二次陈大受，为丁卯科第四名举人吴威扬立，乾隆十八年（1753）岁次癸酉年□月穀旦。”门上有一副对联道：“治平称最流芳远，遗香积庆长。”祠堂正厅两边有两块古老的匾额，上面写着：“系衍延陵羡，世袭著缨，赫名标太史；芳流汀水看，才堪辉煌，事业建清时。”

清乾隆年间，吴威扬中举为官之后，吴氏宗族不仅人丁兴旺、生活富裕，而且人才辈出。据村中看过老谱的报告人说，“乾隆年间”吴姓有太学生、贡生、监生、邑庠生等60余人，凡学位较高者都在总祠立匾，也有当时省、县送来的捷报、喜报，贴于祠内两旁。然而，由于“文革”时祠堂、族谱均被毁，具体名字已失详，无从可考。并且由于当时的监生均是买来的，数目有多少已无从可知。吴威扬当官后，热心于公益事业，为了使族人便于就读，他在村中捐资建了学堂，使吴氏子孙有了舒适的学习场所。相传这学堂一直办到了鸦片战争时期，对吴氏文风的兴起显然起到了不可估量的作用。

据村中老人回忆，吴氏上祖为鼓励族中弟子求学成才，曾设立蒸尝，规定蒸尝的一部分用于祭祀开支，另一部分用于鼓励族中弟子上学或应考。凡成绩优秀者给予奖励；远行他乡读书者给予资助；参加应试者亦给予资助。这些举措不仅推动了族中弟子通过科举考试走上仕途、光宗耀祖的行为，同时也提高了吴氏宗族在当地的地位。

据报告人说，吴氏在清朝的人口约为1 000。发展到现在，已有25代，村中的人口为1 100多，与清朝时相去不远。吴氏宗族虽然人口不多，但其通婚圈却几乎遍及整个羊牯乡，并且涉及相邻的宣成乡、濯田镇、上杭县官庄乡、武平县桃溪镇。为对吴氏宗族的通婚网络有清楚的了解，我们

① 《吴氏族谱》，《始祖祠堂简记》，手抄本，第3页。

不妨对吴氏第一至第二十世娶入女子的姓氏依次进行统计，列成表4－2：

表4－2　吴氏前二十世主要通婚姓氏、例次表

世代	姓氏														
	蓝	刘	钟	林	曾	陈	谢	李	廖	王	曹	张	丘	赖	黄
第一世	1														
第二世	1														
第三世	1														
第四世		1													
第五世															
第六世															
第七世			1												
第八世				1	1			1	1	1					1
第九世				1											
第十世	5			1	1			1							
第十一世	2		1	1							1	1			
第十二世	1										1				
第十三世	2	1		2	1			1				1	1	1	
第十四世	2	2		1					2	1		2		2	1
第十五世	4	4		2			1					3	1	2	1
第十六世	2	2	1			7				1	1			3	
第十七世	7	3	3			2	4		4	2	2	1	3	2	2
第十八世	15	21	2	3	1	3	13	1	1	2	8	2	1	3	
第十九世	18	24	1	6	3	7	17	3	2	2	5	5	5	11	3
第二十世	22	18	3	8	7	7	15	1	2	1	12	13	5	3	2
总计	83	76	12	26	14	26	50	8	12	10	30	28	16	27	10

从表4－2中可看出，与吴氏通婚最频繁的姓氏是蓝姓，共有83例；刘姓次之，达76例；谢姓第三，达50例；曹姓第四，为30例；林、陈、张、赖皆为20多例；钟、曾、李、廖、王、丘、黄七姓均为10～20例；另外，还有一些少于10例的姓氏未列入表中，其中涂、戴、池、傅、邓、周、严、朱、范、罗、余、杨、梁、郭、叶、黎16姓与吴氏通婚的例次为

2～9例；而石、彭、郑、许、辛、段、邹、修、俞九姓都为1例。吴氏的通婚例次共有499例，总例次很少，但通婚姓氏多达40姓。

另外，族谱中还有一些娶入女子的姓氏未载，谱上写着“失详”的情况。其中第五世、第六世无记载；第七世与第八世均有1例写着“失详”；第九世、第十世各有2例不详；第十一世有11例；第十二世、第十三世各有5例；第十四世有11例；第十五世有18例；第十六世有23例；第十七世有28例；第十八世、第十九世各有4例，大约共有115例为“失详”。[①]而吴氏娶入女子的总数才499例，两者的比例为23%，即每六个人中，至少有一个男丁所娶女子的姓氏失载，这样的比例是相当高的，尤其在第十四至第十八世，失载的例数最多，这反映出当时的社会环境动荡不安。吴氏是明初到罗坑头村开基的，因而第十四世至第十八世大约在18世纪至19世纪初。

从表4－2中还可看出吴氏第一至第二十世的人丁发展情况。从第一至第七世，与吴氏通婚的姓氏只有1姓，吴氏所娶的女子数只有1例，反映出第七世以前吴氏的人丁发展几乎处于停滞状态。从第七至第十二世，与吴氏通婚的姓氏仍然不多，但与第七世之前相比有所增加，反映出吴氏的人口得到了缓慢的发展。从第十三世起，与吴氏通婚的姓氏有较明显的增加，娶入的女子数也有所增加。尤其是从第十七世起，增加的姓氏数量与娶入女子的例数都十分明显。这表明吴氏发展到18世纪末，其人丁数增多，人口繁衍的速度加快。

从与吴氏通婚比较频繁的15姓的分布地看，蓝姓主要分布在濯田乡长蓝村、武平县桃溪镇小澜村以及本乡的白头、梧坊、羊牯村。其中长蓝村为罗坑头村邻村，与罗坑头村只有5里路的距离，其余几村距离罗坑头村15～20里。刘姓主要居住在本乡吉坑村，与罗坑头村相邻，相距7里；谢姓主要居住在上塘与濯田镇美溪村羊角溪，距罗坑头村约11～12里。而曹姓则广泛分布在羊牯乡的官斜、大坑头、羊牯、龙山下、曹屋、对畔等处，与罗坑头村的距离均在10～25里之间。张姓居住在濯田镇长蓝村长岗下、宣成乡畲心村以及本乡的官斜村，前两者距离罗坑头村10里，后者约15里。赖姓居住在本乡白头村溪背与塘坑，前者距罗坑头村5里，后者距其15里。陈姓居住在距罗坑头村15里的对畔村陈屋小坑。林姓的分布地则在距罗坑头村25里的上杭县官庄乡的回龙、红石两村。从上述姓氏的分布地可看出，与吴氏通婚例数较多的姓氏几乎都分布在羊牯本乡以及与罗

① 其中五代只有一个男丁，以一例计；六代有三个男丁，以三例计。

坑头村相邻的濯田镇蓝屋地与美溪村、宣成乡畲心村，还有与罗坑头村相距不远的武平县桃溪镇小澜村，上杭县官庄乡回龙、红石等地，这些村落几乎都分布在距罗坑头村不到25里的范围内。[①]（参见表4－3）

表4－3　吴氏主要通婚姓氏分布表

姓氏	例次	主要分布地	所属乡	距离罗坑（里）
蓝	83	长蓝村蓝屋地；白头、梧坊、羊牯；小澜	濯田镇；羊牯乡；武平桃溪镇	5；15～20；20
刘	76	吉坑	羊牯乡	7
谢	50	上塘；美溪村羊角溪	濯田镇	11～12
林	26	回龙、红石	上杭官庄乡	25
曹	30	官斜、大坑头、羊牯、龙山下、曹屋、对畔	羊牯乡	10；15；25；15；10
陈	26	对畔村陈屋小坑	羊牯乡	15
赖	27	白头村溪背、塘坑	羊牯乡	5；15
张	28	长蓝村长岗下；畲心；官斜	濯田镇；宣成乡；羊牯乡	10；10；15
曾	14	对畔、官畲村曾屋	羊牯乡	15；10
廖	12	白头村涂坑背	羊牯乡	5
钟	12	杨梅坑、余家地、百丈	羊牯乡	40；20
黄	10	美西、水口、露潭、回龙	上杭官庄乡	15；30；28；25
王	10	濯田村；桃溪村，龙角村	濯田镇；武平桃溪镇；宣成乡	12；20；25
李	8	官畲铁窑墩	羊牯乡	10
丘	16	羊牯村	羊牯乡	12

由此可看出，影响罗坑头村吴氏通婚的主要因素是距离。结合上文可知，与吴氏通婚最频繁的蓝、刘两姓均是羊牯乡的大姓，而居第三的谢姓和第四的林姓虽属外乡，但其与罗坑头村相距均不超过25里，其余钟、陈、廖等也是羊牯乡人口较多的姓氏，他们与罗坑头村的距离均不超过40

① 以上各距离均以新中国成立前的小路计。

里，可以靠步行在一天内轻松往返。影响吴氏通婚频繁与否的第二个因素是交通条件。从罗坑头村所处的位置以及与外村相通的道路状况可知，村中东北向的小路可通向濯田镇蓝屋地；从村中经大坑背的小路以及从高屋经涂坑背的小路均可通达濯田镇美溪村；而从上湖始向东南延伸的小路则可通向宣成乡与上杭县回龙、红石等地，所以，在外乡的众多村落中，罗坑头村吴氏只与上述几村的宗族通婚较频繁。另外，从上湖开始向南延伸的小路可通向吉坑村，西南方的小路则可通向白头村。这两村均与罗坑头村相邻，因而，吴氏与吉坑村刘氏的通婚例次高居第二，与白头村的蓝、赖、廖等姓亦频频联姻。

吴氏的通婚网络与其经济圈大体一致。村民经常赶的墟市也是与之有婚姻关系的濯田墟、宣成张屋铺墟、上杭官庄乡白石角墟、武平桃溪墟以及羊牯墟。

三、罗坑头村的民俗信仰

罗坑头村中弥漫着一种神秘的色彩，村子的周围、各自然村的水口均建了公王神坛把守。公王的种类繁多，其中紫微大帝的地位特别突出，全村有 4 处供其神位。最为外村人津津乐道的则是黑狗公王，它的灵验曾吸引着四乡的男女悄悄去祭拜。村中的庵庙主要有两座，一为水口的宫子，祭拜者仅为村中的吴氏家族；二为禅林庵，即五乡庵，为本乡位于汀江东北部的 5 个村落所祭供。另外，位于羊牯墟边的天后宫则是包括罗坑头村在内的十三乡人共同祭拜的庙宇。

（一）神坛

罗坑头村的公王坛有如下几座：

（1）社公坛：位于上村鱼子湖的小溪边，祭供着社公。

（2）社婆坛：位于罗坑头村口宫子的下面，临小溪而设。对这个神坛所供神明，村民争议颇多，不少人认为是社婆，但也有人认为是社公。

（3）牛伯公坛：位于上村鱼子湖圳坑头门口的竹林下面，神坛由数块石头垒成，坐西北朝东南。据报告人说，该坛的历史很早，设于清朝。它的作用是保佑村中耕牛的平安。村民买牛回家后要去坛前烧香，以免牛走失；在母牛生产之前也要去烧香，祈佑牛生产顺利；生下小牛后的第三天（俗称“三朝”）还得去祭拜牛伯公，感谢他的庇佑。

（4）开山土地坛：位于上村鸡公寨旁的大松树下，神坛坐南朝北。村民对其历史的记忆不深，都说是上祖传下来的，是否与吴氏始祖福珂公及其子孙们当初在罗坑头村立足之时四处开垦荒地有关，尚未考证。

（5）摆凹大王[①]：位于大连凹背的山凹中，神坛坐东南朝西北。据村民说，以往百丈、百坪等整个羊牯乡的村民以及上杭回龙等地的村民到长汀县城时都要从此路经过，由于来往的行人很多，吴氏上祖在此设摆凹大王作把界用，保佑村中民众及财产的安全。

（6）紫微公王坛：村中共有3处紫微大帝神坛，一处位于上村鱼子湖吴氏总祠的对面，坐北朝南。据报告人说，紫微大帝是封神演义中的神祇，它是周武王的大儿子，本要继承王位的，后被商纣王所杀，周武王即位后把他封为紫微大帝。《吴氏族谱·吴氏原由》曰："吴，古国也，周泰伯所居。周武王更纣而有天下，大封宗亲功臣，觅周章于句吴，封以国，首创吴姓于公元前1065年。"因而，村中老人都认为，由于紫微大帝生前对吴氏始祖有功，所以，吴氏世代都要祭供他的大恩大德。吴氏每迁到一处，都会在其居住地旁设神坛，以保佑吴氏子弟。祠堂对面的紫微大帝坛便是福珂公从宣成迁到罗坑头村时带来的"随来香火"。另一处设在高屋，乃吴氏子文公后裔迁到高屋时所设，坐西朝东，由数块石头垒成。坛周围绿树成荫，坛前小桥流水，坛旁立一木牌，写有公王坛前上灯轮流鸿名，有志凤、马二、选荣、志钦等16个名字，每天1名，轮流到公王前烧香，以使其香火不断。从中可以表明吴氏对紫微大帝的信仰仍十分虔诚。第三处设在东坑里，为吴氏第十九世贵松公迁到此地开基时所设。

据村民说，因为紫微大帝与吴氏有血缘关系，所以他特别重视吴姓，十分保佑吴姓。至今村民盖房子时还会在正厅设紫微、火麒麟、玄武、文曲、武曲等九个星宿之名，其中紫微处于正中间，保佑住屋的安宁。新中国成立前，村民在每年十月二十七日会专门举行一次醮会，给紫微大帝过生日。新中国成立后不再举行。

（7）黑狗公王坛：黑狗公王与鱼子湖的紫微大帝共处一坛，位于紫微大帝坛的下面，设在用石头砌成的紫微大帝神坛坛基的中央，该坛基呈半圆形，初看上去根本无神坛之貌。据说，黑狗公王也是吴氏开基时带来的香火，有族谱记载为据，谱曰："始祖忽科公，后改福科公，婆蓝二娘，到汀洲（州）长汀宣成十五都罗冈头开基，造屋丁山癸向以虎形，原有香火福主公王祝神言曰：'漳洲（州）府龙岩县石子岗头凉伞树下各带随来香火打狗大王、麻公三圣、金花小姨、银花小娘。'"无论是族谱记载还是村民在坛前许愿时道士念的词均是"打狗大王"，但乡民都称其为黑狗公

① 应为把凹大王。因当地的客家人说话时，"摆"、"把"两字的音十分相似。

王，为何会出现这种变化已很难考证。

族谱记载中的“龙岩县石子岗头凉伞树下”，据初步考证，为吴氏的迁出地——宣成乡畲心村石子冈头。罗坑头村的几个报告人一致认为是该地；笔者在畲心村做田野调查时，曾听当地报告人说：以前石子冈头有一棵巨大的柏树，树干有数人牵手合抱那么粗，树下有一个神坛，由数块石头垒成，张氏的祖宗们不知神坛供的是哪个神明，就把它改成了黑狗公王坛。这个神坛所在地的道路，乃当时上杭人、宣成人到长汀县城的主要通道之一。

据说，黑狗公王是紫微大帝招收的一员大将，村民认为，紫微大帝手下有许多将领，较重要的有二十四位。其中，麻公一郎、麻公二郎、麻公三郎三兄弟俗称“麻公三圣”，为紫微大帝在德化县招收的三个土著将领。黑狗公王是他招收的第四位将领，与“麻公三圣”一起成为紫微大帝最得力的助手。

村民还认为：黑狗公王是村中最为灵验的公王，他有求必应，无所不能。当地有一则黑狗公王与涂赖二公斗法的传说，虽然几个报告人均说不完整，但从中可以看出黑狗公王的法力无边。传说曰：

涂坊有涂姓与河甫村的吴姓发生纠纷，两姓打起了群架。由于势力相当，难分胜负，两姓纷纷向外地寻求援助，请同姓宗亲一起来参加争斗，结果仍不分上下。于是涂姓请福主涂赖二公，吴姓则请到了黑狗公王，双方摆阵斗法，以决雌雄。初期，涂赖二公化装成两个小商贩，把附近街道上的草鞋都买到手中，然后施加法力，把草鞋变成人，使阵地上一天到晚人流不息，吴姓看到这阵势不免心虚，就败下阵来。吴姓在思考争斗失利的原因时，想到黑狗公王的旗帜没有张开，法力无法施展。于是，吴姓展开旗帜，摆下鹞婆①阵，以对付涂姓摆下的长蛇阵。因鹞婆吃蛇，黑狗公王很快就把长蛇阵摧毁了，吴姓最终战胜了涂姓。

新中国成立前的老百姓由于生活贫困，不如意的事情非常多，因而到黑狗公王前许愿的次数也多。许愿时，必须准备一定的物品，除备香、纸、蜡烛等一般用品外，还得准备其他专用物品。对此，村民的一本手抄本有清楚的记载，曰：“叩许门前枫树下紫微大帝来许愿者，务要细毛地羊壹康，红花壹只，座纹银叁钱，香烛纸炮、斋蔬果供等仪，后谢礼面

① 客家人把老鹰称为“鹞婆”。

说，落花边或贰叁拾元。”由此可见，许愿时须准备小狗一只、公鸡一只、纹银三钱，以及斋品素果等。从引文中可知，以前许愿，罗坑头村村民认为是在向紫微大帝许愿，但在外村传得沸沸扬扬的却是在向黑狗公王许愿，造成这种情况的原因是吴氏认为承认在黑狗公王前祈愿有碍面子，还是外村人的讹传，已难以考证。

有的村民许愿时，会请当地道士把事由写于表中，向神明申述事由并代为请神。烧香叩拜过紫微大帝与黑狗公王后，由道士烧香请神，其时主要念以下内容：

伏以，焚香拜请，香烟焚起，神之万里，香气沉沉，必有降临。拜请漳州府龙岩县石子岗头凉伞树下各随带香火打狗大王，拜请封北界青衣大帝禅师紫微菩萨，中界银衣大德禅师紫微菩萨，下界黑衣大德禅师紫微菩萨，拜请泉州府德化县陈田麻竹天府大深坑祀奉麻公一郎、麻公二郎、麻公三郎、巫公四郎、打官符铁七郎、沉官符铁八郎、左道千里眼林使者、右道顺风耳唐使者，迎赦书，打赦书，打人魂魄大将军、沉人魂魄大神王，拜请青旗神将、赤旗神将、白旗神将、黑旗神将、黄旗神将、游牢游狱神将、开枷锁神将、六六三十六员神将。拜请州了师、县了师、和合大仙师、劝善大禅师、迷魂童子、变化小娘、随乡行土地庙阁七娘、打簿判官，记上簿书，随来香火，信士×××家堂上，有家门宰，虚空过往，表鉴神仙。

今据福建省长汀县×里×乡，居住信士××名，缘由××事，于×年×月×日在门前枫树下紫微大帝，众位诸神坛前叩许细毛地羊壹康、三牲等物，座纹银，伏乞众位菩萨、众位诸神记上簿书，后日赛还良愿，不忘恩光。自叩许之后，保佑一几，保伏一周，伏望众位诸神菩萨并及麻公诸神等，众位大显神通，有求必应，及××低头伏地，哑口无言，不敢动作生非，回心转意，待至事完之日，心许心还，口许口还，不敢忘恩负义，随即拘束，法不轻容。

把愿望向神明传达后，要把奏疏烧掉，以确保许愿内容让神明知道。如果日后应愿，许愿者需带所许物品亲自到坛前还愿，以示感谢。

如果村民与他人结怨，想诅咒仇人，除像许愿人一样要烧香、请神外，还得念咒语。诅咒者必须在坛前跪念三遍：“紫微大帝大显神通，带集兵马千千万万，人手执七星驱邪剑，驱邪灭鬼永无踪，红旗焰焰驱邪鬼，伏开枷锁救良民，急急如律令，（敕）。”然后念麻公咒：“麻公麻公，大显神通，有求必应，无愿不从。一公学法斩百鬼，二公学法斩蛟龙，三公学法传天下。不怕牢狱万重重，念枷枷自脱，念锁锁自开，千年冤家自消散，万年口舌自消磨，太上老君急急如律令。（敕）。”念完后，再念杨太伯公咒：“（敕）封（敕）封，（敕）封上界土地，下界杨大伯公，坐南朝北，把断西东，有罪之人，天兵奉送。齐休齐休，猛烈诸侯，上朝北斗，下临九川，牙剑戟，爪如金钩，逢邪立斩，过鬼擒收。除斩百鬼，断绝无踪。急急如律令，（敕）。”① 念咒的时间为夜里或凌晨清静之时，免得被人看见，同时必须备上三牲等供品，不能空手而去，空口念咒。

这种习俗是在封建社会中形成的，由于当时羊牯山高水深，地僻一隅，又远离县城，使得朝廷的治理鞭长莫及，乡民产生纠纷之后很难通过王朝法治，借官方的审判来解决，只好转而向神明诉求，通过“神判”来作一了断。这种在神明前咒骂，向神明倾诉惩恶扶善的方式效果如何已很难查考。新中国成立后，随着新中国乡村制度的健全、治理的深入，这种习俗已逐渐消失。

此外，笔者认为，吴氏祭供黑狗公王，可能还跟当时客家人的先祖迁到此地，与当地的土著——畲族的冲突或融合有关。吴姓开基祖福珂公的妻子名为蓝二娘，其本人应该就是畲族后裔。根据笔者的调查，吴氏开基祖福珂公的迁出地——宣成畲心一带曾是畲族的居所之一。证明如下：第一，这可以从当地的“畲心、中畲、下畲”等地名得到反映；第二，吴氏族谱所载石子岗头凉伞树下曾供黑狗公王，而狗是畲族的图腾，如果这是汉族人居住的地方，供狗为村落的福主公王不免让人觉得不可理解；第三，畲心村中有座凤凰山，凤凰山上有一块形如凤凰头的岩石，旁边供着石仙祖师，据畲心村的几位报告人说，远在张姓迁到之前，这块石头就受到祭供与朝拜，在畲族的传说中，凤凰山是他们的发源地；第四，可以从紫微大帝收服黑狗公王为大将的传说以及黑狗公王与涂赖二公斗法的传说诠读出客家先民与畲族进行斗争的内容。从中不难看出，羊牯乡、宣成乡处处留存着畲族生活过的痕迹。

（二）庵庙

罗坑头村不仅有众多神坛，供着名目繁多的神明，村中还有两座与吴氏关系十分密切的庵庙。一座为下村村口的宫子，另一座为高屋的五乡

---

① 这些许愿、诅咒时所说的话，是 1987 年一吴氏根据回忆所写，与新中国成立前的内容相去甚远，已无从可考。

庵——禅林庵。另外，为“八、五十三乡”共有的天后宫也与吴氏宗族有关。

1. 宫子

宫子位于下村村口的一个小山包上，周围有十几棵大树。宫子两边的门柱上写着：“义结梅山，捍患御灾，千古威灵不没；神归灌口，降祥赐福，万年俎豆犹馨。”据说，对联中的“梅山”指的是三明地区的大田县梅山镇，而“灌口”所指的，有说是漳平，有说是连城，究竟所指何地已无法考证。宫子里面的神龛柱子上也有一副对联，横批为“威镇乡关”，左右联为“显神灵威赐百福，佑圣恩惠降千祥”。神龛里面供着灵显、仁佑公王，左边为灵显公王，他左手持剑，右手按于膝上；右边为仁佑公王，他右手拿着铁锤，左手按于膝上，黑色的胡须，眼睛平视前方，头顶一块红布。

据报告人说，灵显、仁佑为结义兄弟，灵显为兄，仁佑为弟。他们曾一起到梅山去学法术，两人学成后的法术均很高明，为老百姓排忧解难，深受百姓的爱戴。村民认为灵显、仁佑的主要职能为保佑村民及其六畜的平安。每逢农历初一与十五，均有许多村民到宫子中烧香祭拜。

2. 禅林庵

禅林庵位于高屋自然村，坐西朝东。对此庵的历史，报告人已记不清楚了，幸而吴氏的族谱中有涉及禅林庵的内容。谱中提到了清朝初期福珂公后裔把东坑里门口的地基献出来建造禅林庵一事。由此可知，禅林庵可能建于清初。当时的庵貌如何已不可知，今天所见的禅林庵乃 1985 年重建的，包括一个较大的中殿、左右两个小偏殿与一间横屋。

禅林庵中供了许多神像，一进中殿，就可看见门边供着的弥勒佛与韦驮天神像，中殿的神台上供着八座神像，三宝居中，三宝的前面为定光古佛、伏虎禅师与观音菩萨，三宝的右侧是地藏王。右边的神台上供着神农氏。神台前面的供桌上又有四尊神像，它们分别是三爷古佛、顶水祖师、观音菩萨与五谷神。左偏殿上供着蛇岳菩萨与土地神。蛇岳菩萨的嘴里伸出红红的舌头，据村民说，它的职能是司大众发誓。村民要发誓时都到蛇岳菩萨面前进行，让它证明自己所说的属实，不然甘受神的处罚。右偏殿内供着十三太保夫妇俩，右边的横屋中则供着妈祖。

顶水祖师实际上指的是石仙祖师，来源于濯田镇东南部仙人嶂。关于顶水祖师的由来，村里有一个传说：“相传古时濯田有一个渔夫，他天天到汀江捕鱼。他的捕鱼工具十分简单，仅用一个竹篓子。有一天，他又到江中捕鱼，鱼没捕到，却捞到一块大石头。他一声不响把它放回江中。可是第二天来捕鱼时，竹篓子里捞起的还是那块石头。一连数天皆是如此。渔夫便认定这块石头是有灵性的，于是将它带回家中祭供起来。不久，村里的一个百姓起童时说出，要渔夫挑个担，一边为石头菩萨，另一边用一桶水‘顶’（替），以使其平衡，好将菩萨挑到高山上，在系桶的绳子断处为其建庙。渔夫遵言把担子挑起来，挑到绳子断处（即今仙人嶂的庵庙所在地）时，为其建成庵。”从此，顶水祖师的名字就渐渐传开了。据说，这块石头菩萨很灵验，因此建庵后香火日盛。后来，有个江西人慕名而来，居然把石头菩萨偷到江西去祭供了。当地人只好雕塑了一尊木的雕像供在庙中。仙人嶂离罗坑头村10里远，每年的八月十九日，罗坑头村吴氏会与宣成、涂坊、回龙等乡的村民一起到仙人嶂“朝菩萨”。

上文提到，禅林庵为五乡庵，为五乡人共有。由于庙在破“四旧”时已被毁，庙中的古老石碑也荡然无存，因此对以往五乡庵的情况已无从了解。但庵中存有数块碑刻，表明1985年与1986年重修此庵时，仍为五乡人共同出资重建，各村的捐资情况详载于碑刻中。现对碑刻进行整理，按姓氏统计出各姓三次修建或重建中所捐财物的情况。1985年，蓝、赖、吴、杨、陈、廖、曾、曹、钟、朱10个姓氏参与了重建五乡禅林庵的捐款，共有446人捐了3 128元。其中，吴姓158人捐了909元，不论捐款人次还是捐款数目均居第一；蓝姓100人捐了886元，位居第二；杨姓43人捐了166元，位居第三。其余赖、陈、廖3姓均捐了100多元，曾、曹、钟、朱四姓的捐款数均在100元以下。在1985年兴建禅林庵横屋的捐款项中，有刘、蓝、赖等9姓参与，共有128人捐了337元。其中，吴姓60人捐了196元，捐款人次居第一，捐款数目居第二；刘姓49人捐了644元，捐款数目最多，捐款人次居第二；其余7姓的捐款数目与捐款人次均较少，分别为数元至数十元不等。在1986年的捐款活动中，有12姓参加，共148人次捐了5 600元。其中，吴姓58人捐了2 860元，捐款人次与捐款数均居第一；刘姓32人捐了1 240元，捐款人次与捐款数均居第二；蓝姓25人捐了830元，捐款人次与捐款数均居第三；陈姓16人捐了330元，捐款人次与捐款数均居第四；其余8姓的捐款人次均在10人以下，捐款数目均在100元以下。在以上所述的三次捐款中，吴姓的捐款人次均居第一；捐款数目在第一次与第三次中居第一，在第二次中居第二。吴姓三次捐款的数目占各姓捐款总数的比例依次为29%、58%、51%，结合前文所述的吴姓上祖捐田建庵与捐钱用作庵中油、香的开支可知，吴姓在五乡庵的兴建、修复历史中起着不可替代的作用。从中亦可推断出吴姓在五乡的宗族事务中必然居于领导地位。从这些姓氏所属的村落来看，三次捐款之和在

50元以上的有刘、蓝、赖、吴、杨、陈、廖、曾、曹9个姓氏，他们都是传统社会时居住在“五乡”的主要姓氏。

3. 天后宫

据报告人说，天后宫最初建在今河中心的水流处，是长汀县城中的几个有钱人共同出资兴建的。他们认为，羊牯乡是长汀县境内汀江的总水口，在此建天后宫可保住好风水，并保佑他们的财产日增、永不流失。在一百多年前的一天，汀江突发大水，把天后宫冲走了，原有的庙址也被水淹没了，成了河流。据说因长汀的水口把持不住，富人们的财产纷纷流失，长汀城中18个富商接二连三地没落了，尤其是当时拥有百万家财的胡百万更是败得一干二净。另外一些尚未败落的富人担心若不重建天后宫，自己的家财也会很快破败流失，于是便筹资帮助羊牯人在今址上重建了天后宫。

羊牯天后宫的历史有多长，既无文献，又乏口碑，难以考证。据说破“四旧”毁宫之时，宫中尚存石碑数块，而今已踪迹全无。但几位报告人都说，天后宫自古以来就属“八、五十三乡”所共有。据笔者对1994年重修天后宫与1997年重塑天后宫偶像的捐款活动的统计，捐款者几乎都来自羊牯十三乡。今天所见的天后宫乃1997年由全乡人捐资重修。

（三）醮会与庙会

罗坑头村每年举行四次醮会，包括正月十五日的“新年醮”、四月的“保苗醮”、八月十九日的“朝山醮”以及十月十五日的“三官大帝醮”。其中，正月与十月的醮会在吴氏总祠中举行，四月与八月的醮会则轮流在下村子章、子龙公祠堂中进行。新中国成立前村中还有十月二十七日的“紫微大帝醮”，旨在给紫微大帝过生日，后因其与十月十五日接近，就把两场醮会并在十月十六日。几年之后，村民通过跌筶征得紫微大帝的同意，把两场醮会并在十月十五日，于是紫微大帝醮就渐渐被村民淡忘了，只记住了三官大帝醮。另外，十月十九日于禅林庵中由五乡人组织的“保安醮”和三月二十三日在羊牯天后宫由十三乡人组织的天后庙会吴氏也会参加。因而，吴姓村民每年都要组织或参加六次醮会或庙会。

村民每次举行的醮会都有28名组织者，俗称“做头的”、“头家”，其中包括一名祈首，负责扛旗帜；一名顿首，专门负责端香炉及打醮时在菩萨面前陪香；26名醮首，他们为醮会各项具体事务的负责人。每次醮会的组织者均由抓阄产生，其中正月十五日选的是四月、八月、十月三次醮会的头家，十月十五日则选正月十五日的头家，阄中写明了各户的具体分工，如头家、帮工等，村中每户人在一年中都能轮到一次做头。新中国成立前，醮会的经费来源主要为村中的尝田，用于支付道士及古事队的工资、置办斋饭、购买“割花”的公鸡或肥猪，以及其他杂费。新中国成立后，由于尝田收归集体所有，后来又分田到户，尝田取消，醮会的费用改由村民按人口数分摊，数目为五角到二元不等。收的钱不够时要由头家凑齐，若有剩余的则留到下一次醮会时用。

村中4场醮会的道士都请自本村，现任的道士叫吴文威，52岁，法号为“法坛”，堂号为“庆善堂”，已在村中从道十多年了。据他回忆，其爷爷的道术学自宣成乡下畲村一杨姓道士，然后一代代传下来。如今，吴威文与其侄子均为道士，其侄子经常被外村人请去醮场主坛。吴氏家族为各次醮会准备了13幅神图，包括十殿阎君等。据报告人说，这图乃祖宗一代代传下来的，在新中国成立前后，图被虫子蛀烂了，他们就请了宣成乡寨背村的一吴氏梓叔按老图的样子重画了13幅。这些神图是整个家族的共同财产，由历次负责打醮的头家保存。每次醮会结束后，传给下一任头家保管。

另外，罗坑头村打醮时也曾出现过棚的组织，其中正月十五日与十月十五日的醮会在总祠进行，不分棚。而四月与八月的醮会全村会分成三棚，其中高东（即高屋与东坑）为一棚；罗坑头村上村与下村分成两棚。棚的历史有多长，以及为何只有两次醮会分棚，已难以考查清楚。由于笔者到罗坑头村调查时，正巧遇上其打三官大帝醮，于是下文以三官大帝醮为代表详述其醮会的过程。因各次醮会大同小异，其他醮会则简单叙述。

1. 十月十五日的“三官大帝醮”

三官大帝请自武平桃溪镇小澜村的黄狮宫，离罗坑头村约30里。据说黄狮宫中的三官大帝，整个羊牯乡的八五十三乡都有份，各村打醮时都得到那里接香火。

醮前半个月，头家要预请好鼓事队。醮前一周内，要通知本村的道士，并把吴氏总祠打扫干净，准备好醮时要招待的饭菜等。而村民也要购买面条、粉干、香菇等物品，以备醮时吃素用。到了十月十三、十四日那两天，家家户户忙着磨米粉，做各种各样素的油炸食品，甜的、咸的、圆的、扁的、长的、短的都有，并炸好油豆腐，用于敬神和待客。在醮期的3天中，十四、十五两日全村都得吃素，到了十六日，村中每家每户都要杀鸡宰鸭割猪肉，让全家食用，称为“开斋”。

十四日下午，道士与头家要到祠堂中把神图挂起来，中间挂3幅，两边的墙壁各挂4幅，另外两幅即“馒头菩萨妙藏王”与“孤神图”得十五日上午挂到墙壁的两边。据说这是因为这两幅图主要用于十五日晚上度孤施食。神图挂好后，道士在每幅图下都得放一个小香炉。在醮事中，道士每做一场法事，都要向它们烧香作揖。插香还有固定的顺序，先插中间3幅，其次是左边的，最后才是右边的，而且，左右两边都得按由外到内的顺序插香。

十四日晚上九点左右，道士、鼓事队、头家在祠堂中会合之后，鼓乐大作，道士念经“作法坛”，这样做是为了清扫醮场，驱除邪鬼恶魔，迎接众位神祇的到来。

新中国成立前，在十四日晚上10点左右，去迎接三官大帝的队伍开始出发，从罗坑头村到黄狮宫约30里，要走3个多小时，凌晨1点多才能到达。迎接三官大帝的队伍包括：扛神铳“三枝连”的放铳者、扛番旗的祈首、端香炉的顿首、放鞭炮者、4个旗手、挑供品与斋果者、5个鼓事队人员。其中前面3项人员的顺序是固定的，后面几项人员的顺序可随意。迎三官大帝队伍中除了有三官大帝的神幡外，还有另外4面旗帜，其中有两面为白布镶大红边的“三角旗”，分别写着“国泰民安”、“风调雨顺”几个字；其余两面为“四角黄旗”，分别写着“肃静”、“迴避”。队伍要到天亮时才能赶回村中，经过禅林庵时，要顺道接出庵中的三爷古佛、神农皇帝。据说，三爷古佛来自梁野山，新中国成立后，为了“省事”、“图清闲”，村民把迎接三官大帝的各类物品带上，坐着拖拉机到小澜村迎接，时间一般在下午2点，6点左右即可回到村中。

迎三官大帝的队伍一到村口，就必须放铳和鞭炮通知村民：菩萨到了，准备迎接。村民称迎三官为“菩萨游境”，迎三官大帝的队伍在高屋到吴氏总祠沿小溪铺就的道路，依次经过下列地方：高屋—伯公凹—宫下—鸡公寨脚下—坝竹头—鱼子湖—吴氏总祠。队伍从村中经过时，每户村民都要在门口设好供桌，摆好供品、香炉，朝菩萨烧香、跪拜，鸣喜炮，游行队伍此时稍作停留，待喜炮放完再继续前行。

队伍到达祠堂后，把菩萨放到供桌上，然后给它安座，俗称“落佛”。安神位置一般是固定的，三官大帝是这次醮会的主神，放在靠里面最高的那张供桌上，堂前摆有一个大的檀香炉与十样斋品；其余的神明均安置在前面的供桌上，中央放着一个神位，上面写着“本境紫微大帝福主公王、灵贤（显）仁佑、杨大伯公、合乡福主、众佐神祇仝座位”，左边为神农大帝像，右边为三爷古佛像。左右两边还立着一块木牌，其中一块木牌写着“前传后度今古法派宗师、醮信当生本命元辰星君位”，另一块写着“灵宝启教五师三省真君、天曹泰皇万福诸祥真君位”。

菩萨放下后，由道士“请师”，请“天神天师、玉皇大帝、三官大帝、福主公王、禅林庵中的菩萨以及村中的各个公王”均到醮堂，然后烧香念经。

十五日早上6点左右，在鼓事队的奏乐声中，道士“发表”，请三官大帝及禅林庵、羊牯天后宫的各位神明、仙人嶂的石仙祖师、村中的各位公王，然后念三官经。到7点多，开始进行“做早朝”、“树幡竹”。鼓乐声再次响起，给各位神座上香后，道士念“疏文”（有的地方也叫黄表，因用黄色的纸书写）。疏文的内容就是祠堂墙壁上贴的红榜所写的内容，其中有罗坑头村出了打醮经费的各个家庭成员的名字，将其念给诸神听，请神明庇佑他们。到了晚上完醮后，要把疏文烧掉。“早朝”后，要在祠堂门口竖一根有12个竹节（代表12个月）的毛竹，闰年则需留13个竹节的毛竹。

中午12点做“做午朝”，头家把斋果、包着糯米的馒头、水果等供品献给诸神，然后由道士念“红榜”，念完后贴在祠堂门口的墙壁上，“红榜”在晚上完醮后也应烧掉。

到了下午4点左右，要举行“放水灯”，由十月十四日接三官大帝的人参加。水灯由红色的纸折贴成，形状如船。道士念完经后，鼓事队、祈首、顿首及几个头家带上香纸，吹吹打打地走向下村宫子边的水口，把点燃的水灯放入水中，让它随水流走。然后把馒头洒向东南西北四个方向，施给孤神吃。新中国成立前，放水灯时四周会有许多村民围着，待水灯一放完，村民就涌上去抢馒头，把它拿回去喂猪，据说猪吃了后会长得很快。在放水灯的水口至吴氏总祠的路上，要插水灯竹。水灯竹是用一根晒干的竹子上端夹着浸过煤油的草纸做成的，一般插12根，代表12个月，若逢上闰年则需插13根。插水灯竹时，需要3个人：1人插，1人点火，1人烧纸钱给孤神用。放水灯之意在于延引孤神、恶鬼到醮场边的幡竹下面享用晚上的施食，让他们不要到村中作恶，以保佑众生平安。回到醮场后，再次给三官大帝“安座”。

傍晚6点左右，进行“做晚朝”，内容仍是点烛、烧香、念经，再次请众神到醮场。晚朝过后，由道士、祈首等3人表演“走天王”。到了晚上9点多，道士要“出符章”，在乐声中再次念村民的名字，给每家印一张符表。据说，此符贴在家中或在出远门时带在身上均可驱邪，保佑家人平安无事。接着，请天神出天宫临醮场。

到了晚上11点多，要到祠堂外面“倒幡竹”。把准备好的酒、粥、馒头以及各类菜摆到坪里的桌上，请孤神、恶鬼等到醮场受施领斋。“倒幡竹”时，要先将草纸排好，然后在幡竹下杀一只公鸡，把鸡血滴洒在草纸上，俗称“打花”。然后把幡竹拔起，推向水流去的方向，并把榜文、疏文、花纸均烧掉，桌上的酒、饭、馒头等全部倒掉。接着，道士、祈首等回到祠堂里进行“送神”，把诸位神祇送回受供之地。

十六日早上开始，全村开斋。头家派出 7 个代表分别带上 1 只鸡，到灵显、仁佑公王、紫微大帝坛、把凹大王、开山土地、水口的社公、鱼子湖的社公、牛伯公以及祠堂的祖宗牌前分别杀 1 只鸡“打花”，以示谢恩。然后把这些鸡带回给 28 位头家及道士、古事队开斋用。村民们则自己杀鸡宰鸭开斋。早饭后，把醮场的 13 幅神图取下，移给下场醮会的祈首或顿首保管。同时，计算收支情况，若有余钱则全部移交给下场醮事的头家，反之则由本次头家分摊不足的部分。

村民通过十月份的三官大帝醮感谢众位神明的庇佑，获得了一年的好收成，希望神明继续保佑村民的平安以及村中六畜的安宁。

2. 正月十五日的“新年醮”

醮期为正月十四、十五、十六日 3 天。其中十五日为正日。醮场设在吴氏总祠，打醮的主神为五谷真仙，其次是观音菩萨和三爷古佛。村民通过建“新年醮”来保佑大家一年平安顺利、五谷丰登、六畜兴旺、财源广进。

据说，最初新年醮的五谷真仙来自江西省的仁寿峰。每年打醮，村民都要派出接菩萨的队伍去赶香火。但笔者对此说颇为怀疑，因为与羊牯乡相邻的长汀县宣成乡、上杭县回龙村等地的五谷仙均来自明溪县林畲村，并且在当地的客家话中，“林畲”与“仁寿”的发音颇为相似，很可能因罗坑头村地僻一隅，“林畲”两字代代相袭，年深日久，被村民传为“仁寿”。如今村民打醮已不再到远方赶五谷仙的香火，而是在正月十四日下午，写好神牌放在祠堂中，由道士摆好香案，拜请“仁寿峰”的五谷真仙降临醮场。

正月十五日凌晨 3 ~ 4 点，祈首、顿首及头家扛香旗、端香炉到禅林庵接观音菩萨、三爷古佛和五谷真仙到祠堂。路经伯公凹时，要放铳通知村民菩萨到了，以便村民在门前设好香案迎接菩萨。到了村口的宫子，要把灵显、仁佑菩萨一起接到醮场。菩萨游境的路线以及把菩萨接到醮场后的打醮过程与十月十五日的三官大帝醮基本相似，大致有做法坛、发表、早朝、树幡、午朝、放水灯、晚朝、出符、施食、倒幡、送神、开斋、谢神等程序。

3. 四月的“保苗醮”

该醮的日子不固定，一般请村中稍通地理的老先生选出四月份的一个对五谷吉利的日子，然后通知村民。据说，在新中国成立前有一段时间醮场设在头家家中的厅堂上，后来由于各户的厅堂大小不一，不少人的厅堂容纳不下道士与古事队，于是村民经过商议后，征得菩萨的同意，把醮场设在子章公或子龙公祠堂中。

打醮时，仍在正日的前一天下午挂神图、请神；晚上到禅林庵接五谷真仙、定光、伏虎、观音、三爷古佛，并沿道接灵显、仁佑二君，然后开始扛菩萨游境。由于醮场的地点与正月的新年醮和十月的三官大帝醮不同，前者在村中，后者在村尾，故路线也不太一致。打保苗醮大致沿伯公凹—宫子—宫坝下—塅上—鸡公寨脚下—坝竹头—鱼子湖走，在鱼子湖接紫微大帝、黑狗公王等神明，然后沿来时之路返回到塅上的子章公或子龙公祠堂中。

打醮的过程与前两者相似，故不赘述。村民通过打保苗醮来祈保风调雨顺，无虫、涝、旱灾，田中五谷能够获得丰收。

4. 八月十九日的“朝山醮”

所谓“朝山醮”，乃当地人的称呼，指到濯田乡长丰村的仙人嶂朝拜石仙祖师，赶香火回到村中打石仙祖师醮。据传，石仙祖师成仙后住在仙人嶂上，由于有求必应，异常灵验，其声名远播，被一江西人偷回到江西受供。此后，每逢八月十九日与九月初一这两天会回仙人嶂探望祖地，因而四周村落的村民在这两天打石仙祖师醮的特别多，尤其是在八月十九日，羊牯十三乡几乎都在此时打“朝山醮”。

据说，在罗坑头村的4场醮中，八月十九日的最为隆重。因此时正处农闲，四乡均在打醮，处处鞭炮声不断，而十月十五日往往还在冬收，每逢粮食未收完之时，打醮的往往只有头家，其余村民均在田中忙碌，无暇顾及。

仙人嶂距罗坑头村约15里（以新中国成立前的小路路程计算），走路约需两个小时。新中国成立前打醮时，村民都是在八月十八日晚上出发到仙人嶂朝拜，朝拜队伍由古事队、道士及20多个头家组成。天亮时分赶好香火后返回罗坑头村。新中国成立后，村民开拖拉机去迎接石仙祖师，返回时在禅林庵接观音菩萨、伏虎禅师、五谷真仙、三爷古佛，并在宫子里接灵显、仁佑二君一起到醮场。

新中国成立前，罗坑头村的朝山醮曾在上、下两村分开进行，上村在九月初一，下村在八月十九日。由于户数很少，打醮的开支较大，造成很大的浪费，于是上、下村合二为一，在八月十九日共同建醮。

“朝山醮”在村中的打醮过程与上述同。

5. 五乡庵十月十九日的“保安醮”

罗坑头村村民把该醮称为“满堂诸佛醮”，意为该醮没有主神，禅林庵中的所有神明都是村民醮会中朝拜的对象，醮期为十月十八、十九、二十日3天，十九日为正日。

该醮的组织者为各村推举的头家，一般小自然村推举1个或2个，大自然村推举3个，一共需26至28个。这些头家醮前在禅林庵中通过抓阄决定在醮会中的具体分工。各村的头家负责收本村在这次醮会中分摊的经费。经费按人数计算分摊，一般为每人5角钱左右。

与罗坑头村的四次醮会相比，五乡庵中的“保安醮”不必到其他庵庙中接神明或赶香火，也没有扛菩萨游境，只是由道士、头家在庵中念经做法事。但在醮场中的程序与其他醮大体相同。

6. 天后宫三月二十三日八五十三乡的“醮会”

这次醮会的组织者也是由村民推举产生。每个自然村均选出有威望、办事能力强并且虔诚信仰天后的老者当头家，小自然村推举1名，大自然村2名，一共约20名。这些头家一经产生，除非自愿退出或者死去，一般不轻易更换。头家中设有固定的总理负责管理钱，其余头家负责请鼓事队、道士，采购物品，到各户筹钱等。

打醮的经费来自各村村民自愿捐出的钱，而不按户或人丁分摊。由于出了钱的村民可以全家上醮中的黄表与红榜，道士亦会将他们的名字传告天后及其他神明。在村民的观念中，这样就可以得到天后等神祇的庇佑，因而，除非是身无分文，一般家庭或多或少都会挤出一些钱，以免家中不宁。打醮经费的另一来源是羊牯墟上一些商贩的捐款，他们希望天后保佑他们生意兴隆。

由于新中国成立前几乎每个乡都有古事队与道士，天后宫打醮时他们均有工资，为免起争端，头家规定古事队与道士由五乡、八乡按年轮流，而五乡、八乡又各自按村轮流。

三月二十二日下午，由头家清扫天后宫，并把鼓事队七八人、道士两人请到宫中，整理“写钱”的名单、道士念的黄表、张贴的红榜等。晚上，头家带着准备好的圆粄、煎粿、素菜、饼果等到天后像前烧香、上供，随后由道士念经起醮，请以天后为主的各方神明。

三月二十三日早上要做早朝、树幡竹，上午为“出符章”。头家负责帮忙裁草纸，道士用专门的符章印子印符，印的符章数为打醮捐钱的户数，一户一张。印好后，道士在天后面前念经祈祷，然后杀一只公鸡，把血洒在符章上。据说这样，符章就具有了神的威力，可以驱邪、保平安。

完醮时，由头家把符章分发到各自收了钱的村民家中。

中午的上午供，下午三点半开始的放水灯，晚上的上晚朝、施食、倒幡竹、送神与上述罗坑头村的醮会相同。倒幡竹时，还得杀一只大猪，把猪血洒在草纸上，名为“打花”。

三月二十四日，各位头家聚集在一起算账，算出收支的数目。

由于羊牯墟期逢三、八，三月二十三日正好是羊牯墟日，因而“八、五十三乡”的村民几乎都会赶到羊牯墟上，既可赴墟，又可到天后宫参加打醮，祈求天后保佑家中人人平安、六畜兴旺。热闹的醮会、墟期吸引了不少宣成、上杭回龙、武平北部桃溪的小商小贩们来此地做生意，使原本就喧闹的小小的羊牯墟场更加拥挤不堪。

第三节　将乐县大桃村的民俗与庙会活动[①]

大桃村与和平村都是古镛镇管辖的村落，和平村在县城的东北方，大桃村则在县城的西南方，两者相距20多里。和平村是个主要由长汀移民的后裔组成的村落，而大桃村的村民绝大多数都是将乐人，在民俗方面，大桃村有着比和平村更丰富的内容。

一、村落历史与地理概况

本节所述的大桃村的范围，包括今桃村、洋坊、山门3个行政村。1990年以前，这3个村均属桃村管辖。据县志记载，桃村包括白莲塘、大坑、磜上、磜下、塘坑、上洋坊、下洋坊、洋汾庵、勘头、林墩、卢厝、竹林干、溪口、山门、钟厝、曾厝、大布、范厝、松岭干共19个自然村。这19个自然村，在桃村分成3个行政村之后，白莲塘、勘头、林墩、卢厝、钟厝、竹林干、溪口、范厝、曾厝、松岭干10个自然村属桃村管辖；大坑、磜上、磜下、塘坑、上洋坊、下洋坊、洋汾庵7个自然村属洋坊村管辖；山门与大布两个自然村属山门村管辖。[②] 桃村与县城相距约15里，

---

① 笔者在大桃村的田野调查过程中得到将乐县古镛镇政府的肖兴旺先生、山门村主任沙家生先生及其爱人张秀兰女士、洋坊村主任白炳火先生、桃村村支书周华先生的许多帮助，在此深表感谢！

② 这里的自然村，仅与行政村相对而言，其中可能还有不少小地方。如山门自然村包括陶厝、卢厝、江厝、王厝、杨厝、新厝等地；大布自然村包括祖屋、林广坪、余历坪、徐历地等地。

洋坊与县城相距25里，山门与县城相距约30里。在上述的各自然村中，大坑距县城最远，有50多里。为把尚未分成3村前的桃村与分后的区别开来，一般把前者称为“大桃村”。大桃村的聚落与庙宇分布图见图4－4。

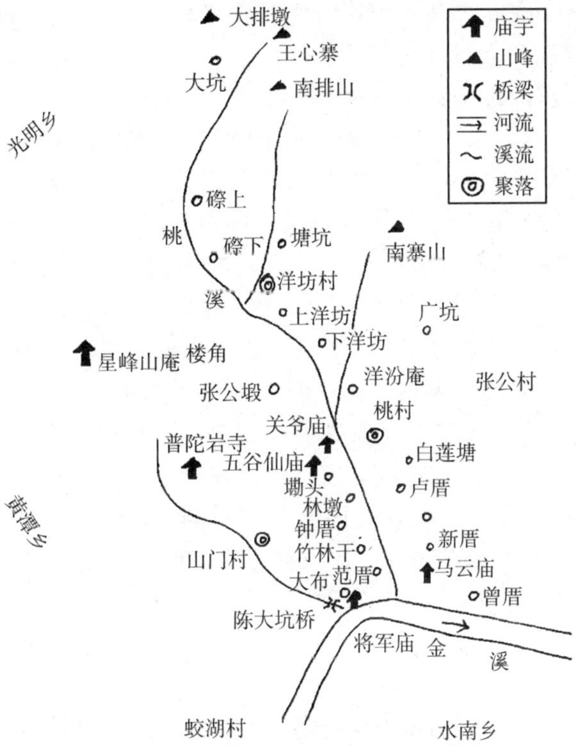

图4－4　大桃村聚落与庙宇分布图

大桃村古时称为“桃源”。相传那时候在桃源境内溪的两岸种了许多桃树，因而该溪名为“桃溪”，该地名为“桃源都”。县志云：“桃溪在桃源都，水源自桃源漈，与白莲院前水合，十五里至大溪。先是两岸皆种桃，值桃盛开而溪水涨，亦佳景也。今八景中‘桃溪春涨’徒虚名耳。”① 从中可知，“桃溪”、“桃源都”的得名确实与两岸所种的桃花有关。引文中还提到，“桃溪春涨”是将乐有名的八大风景之一，但是到乾隆时期，已徒有虚名了。历史上，曾有不少文人作过关于这一佳景的诗篇。如任正

① （清）李永锡修：《将乐县志》，卷二，《山川志·溪》，乾隆三十一年（1766）。

作的“桃溪两岸桃花吐，碧水连天春欲暮。不知夜雨多少深，阻却渔郎觅仙路”①。林鸿的诗对桃源都的美景有比较详细的描述：“桃源春二日，花雨落晨昏。谷口流新玉，矶头没旧痕。平桥回岸断，远浦怒涛翻。汹涌鸣湍石，弥漫出峡门。诈疑云萝泽，恍讶武陵源。羡彼垂论者，寥寥远世喧。”② 从诗中描绘的景象可看出古代桃源都是个风景宜人的地方。但今天的桃溪两岸，连桃花的影子也找不到了。

清代桃源都的范围比现在大桃村的范围略小。乾隆《将乐县志》云：“桃源都图：辖村七，距城15里，溪口、林墩、墈头、杨坊（今名洋坊）、塘坑、磜上、磜下、大坑、张坊塅（今名张公塅）、乾滩、大布；蛟湖都图：辖村七，距城30里，蛟湖、覆源、孙坊、黄厝排、坊坑、陈大坑、山门。”③ 引文中的“张坊塅”位于洋汾庵的西南边，现已成为一片农田；“乾滩”在曾厝的旁边；“陈大坑”在山门的南边，早已无人居住，现属山门管辖。从这则记载中可知，清朝时，山门及附近的林地、田地属蛟湖都管辖，不在桃源都的范围内，明代时，桃源都的范围则与今大桃村相当。万历《将乐县志》云：“县南桃源都图：溪口、林墩、墈头、烂田坪、杨坊、塘坑、磜上、磜下、大坑、楼角、杉坑、恩坑、皆上、大布，距城15里；蛟源都图：蛟湖、茯原、孙坊、黄厝排、坊坑、西溪峰，距城20里。”④ 引文中的“烂田坪”位于上洋坊与下洋坊之间；“楼角”位于下洋坊的对面，中间有桃溪相隔；“杉坑”在“楼角”附近；“恩坑”位于山门到星峰山的路上；“皆上”则在大布附近。引文中的地名没有山门与陈大坑，大概是因为当时还未有村民住在山门与陈大坑，而是住在山门附近的恩坑之故。与桃源都相邻的蛟源都中不包括陈大坑与山门，附近的恩坑却属桃源都管辖，说明陈大坑与山门的所在地也属桃源都。因而，明代桃源都的范围与今天的大桃村相当。

古代桃源都的交通比较方便，不像现在的环境相对封闭。陆路有两条要道：一条县际古道为“将乐至归上（驿道）：南出县城，经桃源、蛟湖、永康、南胜、将安、白莲、大里、铁岭、龙湖、兴善抵达清流县归上（今明溪县），全程60公里”；另一条乡村古道为“从城关至黄潭：出县城西门，越珍珠岭，经桃村、洋坊、新岭、泰村、祖教、西湖至黄潭，全程20

---

① （清）李敏纂：《将乐县志》，卷十三，《词翰志·题咏》，弘治十八年（1505）修。

② （清）李敏纂：《将乐县志》，卷十三，《词翰志·题咏》，弘治十八年（1505）修。

③ （清）李永锡修：《将乐县志》，卷一，《疆城志·图》，乾隆三十一年（1766）。

④ （清）黄元美纂：《将乐县志》，卷二，《建置志·隅都》，万历十四年（1586）修。

公里”。这条乡村古道也是古将乐县城西南方向到泰宁的必经之路。据说，在新岭未开辟之前，这条路经桃村、大布、陈大坑、毛窠、黄潭到泰宁，由于在大布与陈大坑之间的这一段路拐弯很多，曾有一个秀才骑着马从陈大坑经过，转弯时转晕了头，从马上滚下来摔死了。于是县衙决定改道，从上洋坊、下洋坊之间的新岭经过，再经泰村、黄潭到泰宁。至今村民中仍流传着路人在新岭开辟之后，从此地经过时所说的感想：“不怕新岭高上天，只怕大布三个弯。”

村落的南边是金溪，一年四季航运繁忙。此外，从洋坊、桃村中间流淌而过的桃溪也对村民的生活有一定的帮助，比如，村民可以利用其汛期运送木材。但新中国成立后开辟的县城到明溪、泰宁的公路都不从桃溪经过。随着公路的开辟，汽车得到广泛使用，从此水运退出了桃村的运输史。于是大桃村就成为相对偏僻与寂静的山村。

古代的桃源都不仅交通方便，而且铁场、砖瓦场分布其间。弘治《将乐县志》载：“（将乐）铁场三处：石牌场在龙安都，今废。上铁场、桃源铁场俱在桃源都，今废。砖瓦窑 36 座……23 座在桃源都，见在 3 座。”引文中提到将乐县的 3 处铁场，有两处在桃源都；36 座砖窑，有 23 座在桃源都，可见明朝时期的铁、砖瓦多数产自此地。

大桃村的四周均是阻碍村民与外部交流的河流、高山。南边隔金溪与水南乡相望；西南与蛟湖村被笔架山相隔；西边与黄潭乡相隔的是以星峰山为主体的连绵群山；北部与光明乡之间则有大牌墩、王心寨、南排山等山脉相隔；东部有南寨山等山脉与古镛镇张公村相隔。村落的内部也是山岭重重，多数自然村之间受山岭所阻隔，相距有一段路。若沿可通车的道路走，山门到大坑的距离最远，有 40 多里路。各个自然村分布得很分散，被人戏称为像“牛屎”般分布的村庄，这里一堆那里一堆的。桃村与洋坊处在一条狭长的大峡谷中，桃溪从峡谷中间蜿蜒流过，至溪口汇入金溪，两村的各个小聚落分布在桃溪的两岸。由于山脉纵横，大峡谷中又有小峡谷，每个小峡谷中都住山重水复着几户村民，所以，从溪口沿桃溪往上游走，每到一个自然村都有“山重水复疑无路，柳暗花明又一村”的感觉。大布刚好处在金溪边上，溪口坐落着刚建不久的范厝水电站，山门与大布仅一山相隔，走小路约有 4 里，走大路则有十多里。

大桃村有将乐胜景“桃溪春涨”，另有一小瀑布也可算是将乐一景。这条瀑布称为“桃源漈”，位于礤上与礤下的交界处，县志云：“桃源漈在桃源都，飞瀑悬崖，倾注而下，如白练焉。”这条瀑布高十多米，水自瀑布底蜿蜒流去，如一条长长的飘舞着的白丝巾。瀑布的半壁与低端均有一个洞，据说是两个深潭。关于桃源漈，当地有一个神话传说：

相传，半壁上的石洞中，古时住着一个白蛇精，长得十分漂亮。她每天站在瀑布上面的溪水旁，一旦有男子从这里经过，就叫他背她过溪，然后趁机把这男子给吃了。村中的阳公庙旁住着一个姓林的道士，他经常到外村去做法事。每做完一场法事，他都会带些果品与肉回家，每次走到这条溪旁，白蛇精就向他要吃的。次数多了，道士感到十分不耐烦，下决心要铲除她。这样，既可保住自己的食物，又可以为众人除去祸害。过了不久，道士觉得时机成熟了，就拿起自己的法器——牛角，走到瀑布边，对着白蛇精住的洞吹了起来，吹第一声，白蛇精从洞中出来，现出了原形；吹第二声，白蛇精滚到了瀑布底端；吹第三声，白蛇精嵌进底下的岩石中，再也动弹不得了。至今，还可以看见瀑布中间与底端石头上的两个小深潭。

另外，在桃源漈下的磜下自然村中，还流传着“十八个男孩成了十八个罗汉”的故事，反映出村民古朴的风水观念：

不知是在哪个朝代，磜下东北的山腰上长了一条粗大的藤，一直延伸到西边的山头上，远远看去，像一座绿色的天桥。据说这条藤是个很好的征兆，可以庇佑村中的18个男孩都成为朝廷命官。不久，一个不怀好意的先生来到村里，每晚都趁大家熟睡的时候去锯藤，但每次都只剩下一丁点没锯断天就亮了。天一亮，藤又生长如故。这个先生不甘心，就花钱买了一只狗，把狗拎到藤边杀了祭藤，当天晚上藤就被锯断了。后来，村中的18个男孩都没成为朝廷命官，个个都出家当了和尚，成了18个罗汉。

在村民的印象中，上代祖先中一直流传着桃溪两岸是风水宝地的传说。村中有不少风水好的地方，有的地方埋藏着不少财宝。如大桃村与黄潭乡泰村交界处的星峰山，村民说：“头顶星峰山，脚踏洋汾桥（一说为‘头大星峰山，二大洋汾桥’），谁能葬得住，世代穿龙袍。”关于财宝埋藏的地点，村中流传着一则谜语：“过桥不过圳，过坑不过桥；谁能挖得到，买掉桃村坑。”据说曾有人在勘头的桥中挖到许多金银财宝。而洋汾庵对面的张坊塅（张公塅），村民更认为它是风水宝地，传说曰：

不知是在哪个朝代，有一个财运亨通的农夫在张公塅犁田时，碰到了泥土下面埋藏着的金棺材。他打开一看，里面装满了珠宝。农夫顿起私心，想把它全部据为己有。于是，他停止了犁田，对其他农夫说："我肚子饿了，要回家吃点饭再回来。"为防止金棺材被其他农夫看见，财宝被拿出平分，他一声不响地把牛鞭插在了棺材旁边，想等其他人离开后再来取财宝。不料，待他饭后返回田中一看，整块地都长满了密密麻麻的牛鞭大小的竹子。

但也正是这块风水宝地，由于发音的缘故，断了桃源都的美好"前程"。村民说：

宋代，由于桃溪两岸桃花盛开，风景优美，被府衙看中，欲在这里建一条街道，作为县治所在地。衙门首先请了一个地理先生来看地形。地理先生看后，建议在塅田一侧开一条水圳，这样既可灌溉外面的几百亩农田，又有利于这里的风水。于是，衙门组织了许多民工挖掘水圳。令人奇怪的是，水圳白天挖掘开后，到晚上却自动合拢了，挖了几天，均是如此。(今天村民中还流传着"张公塅一座山，永远也挖不开"的俗语。)民工们不愿再白花力气，就去请教地理先生。地理先生教他们，每挖一段圳，都在圳里面撒上狗血。果然，这样做后，圳就不再合拢了。圳挖好后，朝廷派了一位将军下来调查。将军初到此处，不知身在何处，就向一个正在耕田的农夫问地名。农夫答曰："张公塅头。"将军听成"包公断头"，以为包公已经来了，要斩断他的头，就在一块石头旁边拔剑自刎了。当然，将军自刎之后，街道也就做不成了。

历史上的大桃村，由于风景秀丽，并且曾为冶铁、做砖瓦之地，村中肯定居住着百姓，但这些百姓的状况已经无从可考了。今天，这里居住的是众多以耕田为业的小姓氏，他们分别居住在大坑、磜上、磜下、塘坑、上洋坊、下洋坊、洋汾庵、白莲堂、墈头、林墩、钟厝、新厝、竹林干、范厝、溪口、曾厝、大布、山门等地。

二、宗族概况

大桃村的姓氏众多，有江、卢、沙、邱、钟、杨、黄、谢、曾、陈、廖、余、萧、周、刘、包、白、张、吴、梁、汤、傅、范、邹、何、彭、宋、叶、蓝共29姓。人口最多的是钟姓，有216人；其次是陈姓，有215人；多数姓氏不到100人，各姓人口总计才2 000多人。其中，山门村有109户，约500人；洋坊村有137户，近600人；桃村有206户，900多人。大桃村山多地少，3 个村落的山林面积总计 55 025 亩，耕地面积 4 210 亩，人均耕田面积大约两亩，人均收入 2 000 多元。

为便于了解大桃村各姓氏的状况，根据调查资料，把山门、洋坊、桃村各姓的人口、一世祖、在该村繁衍的代数、迁出地、一世祖初到大桃村时的谋生手段迁出缘由以及现在主要居住的地方等项列成表 4 –4、表 4 –5、表 4 –6。表中空格处为“不详”。

表 4 –4　山门村各姓氏状况调查表

姓氏	人口	一世祖	繁衍代数	迁出地	一世祖谋生手段	迁出缘由	现居住地分布
江	66	连太公	10	泰宁开善镇	做工	入赘卢家	山门江厝
卢	47	念钦	12	顺昌大干乡	种田		山门卢厝
沙	89		10	南京	种田	长江人多田少谋生难	山门陶厝
邱	28	换仁	5	长汀	在恩坑种桐	父母双亡随姑姑嫁到山门	山门王厝
钟	3	接宗	4	上杭	种田		山门杨厝
杨	14			本县南口乡	种田		山门杨厝
黄	10	矮子	5	上杭	种桐		山门新厝
谢	15	贤君	4	本县黄潭乡			山门新厝
曾	5		3	本县	种田	入赘黄家	山门新厝
陈	215	显昌	34	本县龙池都			大布

表 4 –5　洋坊村各姓氏状况调查表

姓氏	人口	一世祖	繁衍代数	迁出地	一世祖谋生手段	迁出缘由	现居住地分布
廖	112	根祥	6	本县黄潭乡	种田	到大坑种田	磜下、大坑、下洋坊
杨	108	根根	6	本县黄潭乡	租田种	弟兄多，不好攒食	磜下、上洋坊、下洋坊
余	93		8	本县光明乡	种田	在光明无法维持生活	磜下、磜上、上洋坊、下洋坊
黄	40	河礼	7	上杭南阳	开荒种田		磜下、下洋坊

（续上表）

姓氏	人口	一世祖	繁衍代数	迁出地	一世祖谋生手段	迁出缘由	现居住地分布
萧	35	胜增	14	本县黄潭泰村	种田		磜上、下洋坊
钟	28		3	本县光明乡	种田	到杨家入赘	上洋坊
周	21	启盛	4	浙江庆元	种香菇		磜下
刘	10	真晶	6	浙江温州	做木工	到黄家入赘	磜下、上洋坊、塘坑
包	16	诚樟	6	浙江	种田		下洋坊
谢	12		3	本县黄潭乡			磜上
白	15	悟将	4	本县光明乡	种田	在洋坊有田，为耕田方便	上洋坊
张	9	裕庭	2	周宁县	在将乐做工		上洋坊
邹	10		4	本县光明乡		到余家入赘	上洋坊
吴	9	福生	3	浙江	种田	到萧家入赘	上洋坊
梁	8		5	本县光明乡			上洋坊、下洋坊
傅	6		2	江西	做木工	到杨家入赘	磜下

表 4－6　桃村各姓氏状况调查表

姓氏	人口	一世祖	繁衍代数	迁出地	一世祖谋生手段	迁出缘由	现居住地分布
钟	188		14	本县黄潭	种田养鸭		钟厝、溪口
范	122		7	本县黄潭	种田		范厝、竹林干
何	18	老三	4	本县水南	种田		卢厝
卢	16	启进	7	本县莫源	种田		卢厝
彭	16	金树	2	莆田	种田	上山下乡	溪口
曾	60		6	城关	租种田		曾厝、新村
宋	78	生详	4	本县水南	榨油厂工人	外出做工	墈头
周	30		6	浙江庆元	种香菇	外出谋生	墈头
吴	87	友昌	6	浙江庆元	种香菇		墈头
廖	80	根祥	6	本县黄潭	种田	到大坑种田	范厝

（续上表）

姓氏	人口	一世祖	繁衍代数	迁出地	一世祖谋生手段	迁出缘由	现居住地分布
黄	24						墈头、新村
梁	25	怀清	3	本县光明	种田		溪口
余	46		3	本县城关			溪口
叶	43	家养	7	浙江庆元	种香菇	外出谋生	范厝、墈头
蓝	24	治灯	3	长汀河田	砖瓦厂师傅	外出谋生	溪口、新村
杨	67	仲根	6	本县光明	开荒种田		墈头
萧	17	水举	3	本县光明	种田	入赘梁家	墈头

从山门村各姓氏状况调查表可知，该村有江、卢、沙、邱、钟、杨、黄、谢、曾、陈10姓。其中陈姓人口最多，有215人；沙姓其次，有89人；钟、曾两姓人口最少，均不到10人；其余姓氏的人口均在10～70人之间。在姓氏的迁出地方面，有4姓来自本县；2姓来自上杭；其余4姓分别来自泰宁、顺昌、长汀、南京。在众姓中，历史最长的是大布陈姓，已繁衍到34代；其次是卢姓，繁衍到12代；江、沙两姓居第三，均繁衍到10代；其余姓氏均在5代以下。这些姓氏的一世祖初到山门时，有的以种田为生；有的以种桐为生；有的则以做工为生。在居住地的分布上，除了陈姓住在大布外，其余姓氏分布在山门江厝、卢厝、陶厝、杨厝、新厝等地。

从洋坊村各姓氏状况调查表可知，该村有廖、杨、余、黄、萧、钟、周、刘、包、谢、白、张、邹、吴、梁、傅16姓，其中廖、杨姓的人口比较多，均超过了100人；其余姓氏中，大多数的人口都不超过20人。在这16姓中，萧姓的历史最长，在洋坊中繁衍到14代，有近400年的历史；余姓居第二，发展到8代，有两百多年的历史；黄姓居第三，发展到7代；廖、杨、刘、包4姓均繁衍到6代；其余9姓均在5代以下。从各姓的迁出地看，有9姓分别来自本县的黄潭、光明乡；4姓来自浙江省；其余3姓，一个来自上杭县，一个来自周宁县，另一个来自江西省。这16姓中，有5个姓氏是因入赘来到洋坊的，之后一部分子女随母姓，另一部分随父姓而再现该姓的。这些姓氏的一世祖初到洋坊时，多数以种田为生，少数以种香菇、做工等为业。在居住地的分布上，数余姓的分布最广，涉及磜上、磜下、上洋坊、下洋坊、塘坑5个自然村；廖、杨、刘3姓均分布在两个自然村的范围内；黄、萧、梁3姓均分布在2个自然村的范围内；其余姓氏均集中居住在 1 个自然村内。

从桃村各姓氏状况调查表可知，桃村有钟、范、何、卢、彭、曾、周、宋、吴、廖、黄、梁、余、叶、蓝、杨、萧17 姓，除了钟、范姓的人口超过 100 人以外，其余各姓均在 90 人以下。这 17 姓中，数钟姓在桃村的历史最长，繁衍到了 14 代，有近 400 年的历史；范、卢、叶姓在桃村繁衍到 7 代，约有 200 年的历史；曾、周、吴、廖、杨 5 姓均繁衍到 6 代；其余姓氏则在 4 代以下，在当地的历史不超过 100 年。从各姓的迁出地看，有 11 姓分别来自本县的黄潭、光明、水南、城关等地；3 姓来自浙江庆元，一世祖均以种香菇为生；1 姓来自长汀，因到村中当砖瓦师傅而迁到此地；1 姓来自上杭南阳，与来自本县的多数姓氏一样，一世祖在桃村以种田为生。这些姓氏在居住地的分布上，除钟、范、曾、黄、叶、蓝 6 姓扩展到了两个自然村的范围外，其余姓氏均集中居住在 1 个自然村内。

通过以上的分析可知，大桃村多数姓氏的历史都不长。在 29 姓中，陈姓是最古老的宗族，已发展到了 34 代，有 1 000 年左右的历史；山门的江、卢、沙姓，洋坊的萧姓与桃村的钟姓发展到了 10 代以上；其余的姓氏多数在 6 代以下，才 100 多年的历史。上文曾述，明朝时期的铁场、砖瓦场多数分布在此地，因而当时此地一定住着一些人，倘若发展到现在，至少有 360 年的历史。然而现在居住在大桃村的多数姓氏都不到 300 年的历史，显然他们都是后来的居民。这还可以从当地人的口中得到证实。如山门的卢姓报告人说，在卢、沙等姓到来之前，山门中生活着王、李、张、汪、林、陶等姓。其中林、陶 2 姓最早到达这里，前者占据了山林，后者占据了农田；其他 4 姓都是稍后来到这里给林、陶 2 姓做工的。在该报告人小的时候，山门附近还有李厝、张厝、汪厝、王厝等地名，如今均被辟成了菜地。这些历史不长的小宗族，到大桃村之后的谋生方式可以分成下面几种类型：

第一种为种田。种田者占了 29 姓中的绝大多数。其中，种田的姓氏大多数来自本县，甚至是与大桃村邻近的乡村。从外县中迁来的姓氏多数到深山中开荒耕作。据报告人说，洋坊、桃村的村民几乎都是租种廖、刘 2 姓大地主的田，而山门的村民则租种陶姓地主的田。洋坊、桃村的农田都分布在桃溪的两岸，清朝时期，是将乐县城关的一座大寺庙——含云寺的寺田。这可以从乾隆《将乐县志》中载的“白莲塘庵：原含云寺谷庄，康熙四十八年（1709）僧宏开鼎建静室”① 可知两村的村民起初种的是含云

① （清）李永锡修：《将乐县志》，卷四，《寺观志》，乾隆三十一年（1766）。

寺的寺田，到民国前后才租种地主的田地。他们种的一直是水田，新中国成立前均种单季稻，四月种，九月收，到新中国成立后才改种双季稻。山门村民除了种单季稻外，还大量种姜，三月栽，八月开始收，直到十一月份，所收的姜均挑到城里卖。据说，生姜是山门的传统经济作物，在生姜价格好的时候，多者一年可收入万元以上，少者也可收入两三千元。直到前几年，由于姜苗发生“大疫”，几乎全部枯死，山门才结束了种姜的历史。大布的陈姓宗族因历史绵长，自古以来都是种本族的田地。

第二种为种菇。大桃村每村都有来自浙江的姓氏。他们初到此地时，均以种香菇为生。他们先买下当地人的一片山林，把较大的树木砍下来，用斧头把每根木头表皮都砍成一道道的裂缝，称为“做花”。用小树枝、树叶把这些木头盖起来。到第三年的时候，把木头上的树枝树叶掀掉，这年冬天就会长出香菇。把摘下来的香菇用木炭烤干后，便成了香喷喷的干香菇。据说，浙江人做的干香菇香气四溢，只要挑着一担干香菇从村里走过，全村都能闻到浓浓的香味。由于当时将乐树林茂密，山上的红菇很多，种的香菇较少，所以，香菇的价格比红菇的贵很多，因而吸引了不少浙江人。浙江人初到此地时，均在深山中搭茅草棚居住。新中国成立后分田到户，他们才从深山中搬到村中建房居住下来。至今，大桃村仍有数户村民以种田兼种香菇为生。

第三种为做工。大桃村部分姓氏初到此地时，以做工为生。他们有的是在将乐县城关做临时工，有的当砖瓦师，有的做木匠。在上面所述的几种谋生方式中，做工者占的比例比较小。

另外，还有一种谋生方式值得一提，即砍柴、运木头。当地人把利用溪流运木头称为“放羊”。将乐县由于森林资源丰富，许多人以“放羊”为生。山门、大布也有部分村民以砍柴卖柴、“放羊”为生。而桃村、洋坊因大峡谷两边的树木很少，在村民的记忆中，极少人以此为生。山门、大布的村民卖柴，有的用肩膀挑到城中；有的通过“放羊”，让木头沿陈大坑边的溪或者桃溪流到金溪边，再把它们钉成木排漂到城关。“放羊”有两种方式，一种是“小溪放羊，亦称‘单漂’，是本县农村传统的集材形式。境内 20 多条小溪可常年‘放羊’（有的要筑坝堵水），小部分亦可赶洪放羊，但要在4—5 月的洪水和8—9 月的白露水季节进行”；另一种是“大河赶羊，指大批木材不经捆扎、钉排，直接放入金溪流送的做法”①。

---

① 陈建年:《排运兴盛话当年》,《将乐文史资料》（第 8 辑），1989 年，第 51 ~ 52 页。

山门、大布的村民运木材，在陈大坑边的溪与桃溪中采取“小溪放羊”的形式，在金溪中有时要钉成木排，有时直接采取“大河赶羊”的形式。新中国成立后，随着公路开通，车辆增多，运材方式改为车辆运输，“放羊”已消失。但这种谋生手段仍有遗存，部分村民在农闲时（主要在冬收之后）到山上砍柴，挑回家后劈成一小块一小块，然后用绳子一一绑成小捆，堆在房前屋后晾干，再运到城里卖。

在大桃村的众多姓氏中，住在山门村大布的陈姓历史最长，并且保存了光绪十四年（1888）修的6本族谱。这套族谱共9本，其中3本在“文革”时期被搜走、烧毁。为对当地的宗族发展状况有所了解，现以大布陈姓为例进行叙述。

据报告人说，陈姓上祖在唐朝时期入闽，起初在永安居住，后来才搬到将乐。谱载：

我祖于汉时有平公，为开国元勋。太邱长宝公一门，贤达至上，通星象，为太史。所占历晋、隋、唐、宋，簪缨显，文章、政绩史昭。垂自雍公仲子野公，于唐开元间入闽，家于南剑州之沙杨。至八世孙兵部尚书文余公生九子，俱达，时人有“一门双理学，九子十登科”之称。公第四子世则公赠朝议大夫，其元孙选公崇祀乡贤，当日由古镛州龙池都迁居将邑。傅至显昌公迁大布乡，生三子：长怀公居蛟湖，别谱；次子真公由岁贡生拜饶州通判；三兴公居孔头。我真公世居大布，特尊公为始迁祖。[①]

从中可知，陈姓的入闽始祖为野公，最初住在“南剑州（南平）之沙杨”，到选公时由古镛州（将乐）龙池迁到将乐城中，到显昌公时又迁到大布。由于显昌公的三个儿子中，一个住在将乐蛟湖，一个住在将乐孔头，只有真公一支世代住在大布，因而大布陈姓尊真公为始迁祖。

该序文中没有记载陈姓的哪一位祖先从“沙杨”迁到将乐“龙池都”；而且对选公从“龙池都”迁到“将邑”的时间也未说明。若以唐开元年间入闽的野公为第一世算，则选公为第十二世。以30年为一世计，十二世即360年，而唐开元在713年建号，两者相加为1073年，因而选公迁居“将邑”的时间约在北宋后期。另外，族谱中的《选公行述》说选公“遭宋中叶世乱隐世耕樵”。所以，他在北宋时迁到“将邑”应当无误。查族谱中的远祖世系得知，显昌公为选公之子，因而真公为选公之孙。据报告人

① 《贡川陈氏族谱》，卷首，《序》，光绪十四年（1888）重修本。

说，陈姓上祖在将乐城中只住了几十年，倘若这是真实的，那么显昌公到大布的时间应该是在两宋之交。

相传，陈姓祖宗跟着一位姓刘的将军南征北战到了将乐，攻下县城时与刘将军一起留守此地。后来，部下要拥护刘将军在将乐称王，刘将军不愿背“叛逆”之名，就在部下三呼“万岁”时自刎而死。后来，当地的百姓把刘将军奉为神明，并给他建了将军庙。刘将军死后，陈姓上祖隐姓埋名到乡间生活。其子孙见大布位于金溪边上，山清水秀，交通方便，就迁到了此地。由于刘将军是陈姓上祖的上司，陈氏宗族也给他建了庙，塑了像，经常去祭拜他。直到今天，陈姓宗族还保留着为纪念刘将军而举行的“正月十四扛刘将军游村”的习俗。

传说中的陈氏祖宗与刘将军的名字，报告人均不清楚。查《将乐县志》后，推测刘将军应该是刘琼。县志载：

> 刘琼，五代时期闽王王审知的部将。南唐进军时，刘琼奉命守镛州。后他不肯随王审知降南唐，又不愿自立为王。其部下要拥戴他为王，并叩头口呼“万岁”时，刘自刎而死。县人在县城五马山第三峰脚刘琼墓旁建祠祭祀。宋大观三年（1109），该祠改为威宁庙，明成化年间改为忠臣祠。后县城北门、水南四班巷、将溪岩上等地建有将军庙，祭祀刘琼。①

这则记载的情节与陈姓的传说大体相符。后唐的建立是在923年，倘若陈姓上祖跟随的“姓刘的将军”指的是刘琼，那么陈姓迁到龙池都的时间应该是在此时。这位陈姓上祖，查族谱后，在《遗像》中发现有一幅“世卿公御寇全城”图，该图题曰：“两川城困戟重重，望断援兵势转凶。儒将壮西大神发，运筹分遣保全镛。”② 这图中题诗的背景可能是指陈世卿抵挡南唐军，守将乐城一事。再查族谱的远祖世系图，得知陈世卿为自野公算起的第十世。野公生活在唐开元年间，十世以30年计，陈世卿大约生活在1013年，即北宋前期。后唐的建立是在923年，两者相差90年，似乎不太可信。倘若十世祖陈世卿“御寇”无疑，那么十二世祖选公“遭宋中叶世乱隐居耕樵”便不太可信，因为后唐建立距宋中叶有100多年，100多年发展两代人是不可信的。

陈姓迁到大布以后，人口繁衍的速度很慢。根据族谱世系图的记载，

---

① 将乐县地方志编纂委员会编：《将乐县志》，卷三十四，《民俗宗教·民间神祇·人物神》，北京：方志出版社，1998年，第884页。

② 《贡川陈氏族谱》，《遗像·世卿公御寇全城》，光绪十四年（1888）重修本。

显昌公迁到大布后，前六代迁居他乡的较多。显昌公生了三个儿子，两个迁到别处，只有真公留居大布。真公有一子三孙，三个孙子中，敬公不详；政公的后代迁居大虞；杨公留在大布。杨公只生一子，名景耀。景耀生二子：长子献绚迁居隆安都；次子献初留居大布。献初又生两子：长子世复不详，留下次子世楚。在第七世之前，每一世留在大布的均只有一个男丁，人口发展十分缓慢。第七世以后，人口逐渐增加，但仍很缓慢。第八世的男丁数是三个，第九世六个，第十世八个。结合族谱中第十世以后的世系表可知，陈姓自宋代迁到大布后，人口的发展一直很缓慢。今天，大布陈姓宗族才 215 人，分别住在余厝坪、祖屋、徐厝地、林广坪、下亭子等地。

大布陈姓人口发展缓慢还可从其通婚的例次反映出来（详见表 4－7）。从大布陈姓主要通婚姓氏、例数统计表中可看出，陈氏在第二十二世以前，每世娶入的女子数都在 3 个以下，其中第十二世仅为 1 例，甚至出现 0 例，当然，这也可能是族谱失载所致。从第二十三世开始，陈姓娶入的女子数才开始增加。第二十三世以后，几乎每世都是 10 例以上，其中第二十九世最多，娶入了 19 例。

表中显示，陈姓娶入女子的姓氏有 12 姓，包括杨、廖、萧、范、张、王、余、黄、季、钟、伍、汤姓。另外有 34 姓尚未列入表中，其中林、梁、董、徐、蒋、罗、喻、朱、熊、郑、谢、何 12 姓与陈姓通婚的例次在 2～4 例之间；而赵、洪、傅、陶、翟、沙、潘、俞、曾、施、陆、沈、黎、袁、饶、刁、万、卢、冯、胡、邱、吕 22 姓与陈姓通婚的例次只有 1 例。与陈姓通婚的姓氏达 46 姓。

表 4－7　大布陈姓主要通婚姓氏、例次统计表

世代	姓氏											
	杨	张	王	廖	余	萧	李	黄	范	伍	汤	钟
一												
二	1			1								
三												
四	1	1										
五		1										
六			1									
七												
八			1									

（续上表）

世代	姓氏											
	杨	张	王	廖	余	萧	李	黄	范	伍	汤	钟
九												
十				1								
十一												
十二				1								
十三					1							
十四												
十五												
十六	1	1				1						
十七					1							
十八		1										
十九												
二十	2											
二十一			1			1						
二十二			1	1			1					
二十三					2	1		1	1	1	1	
二十四	3		2		1		1			1		1
二十五		1				1	2	2				
二十六	3			3		2		1	1	2		
二十七	2	3	1	2		1		1	1		3	
二十八	3			1	1	1				1		3
二十九	6			2	1	2	1		2		1	2
三十	4				1				2			1
合计	26	8	7	12	8	10	5	5	7	5	5	7

陈姓与之通婚的46姓中，与杨姓联姻的例次最多，达26例，占陈姓娶入女子总数的16%；廖姓居第二，达12例；萧姓居第三，有10例；其余王、范、张、余、黄、李、伍、汤、钟9姓与陈姓通婚的例次也相对较多，均在4～8例。细分析与陈姓通婚的例次较多的13姓，不难发现，这些姓氏多分布在山门、溪口、勘头、礤下、上洋坊、下洋坊、大坑等地，

个别来自水南、南口、城关等乡。前者在大桃村的范围内，在未分成三村之前属本村；后者均是与古镛镇相邻的乡镇，与大布的距离不超过 30 里（参见表 4－8）。因此，影响大布陈姓通婚的最大因素是距离，与之通婚例次较多的姓氏主要在村或者相邻的地方。事实上，在大桃村，不仅大布陈姓，山门、洋坊、桃村的各个姓氏均主要在大桃村内寻找对象，现在仍然如此。笔者在尚未着手调查大桃村之前，就曾听其他村落的村民说，大桃村的人，姓与姓之间几乎都是亲家，血缘早已混同在一起了。

表 4－8　陈姓主要通婚姓氏分布表

姓氏	通婚例数	主要分布地	属乡（镇）	距离大布（里）
杨	26	山门、桃村、墈头、礤下、上洋坊、下洋坊	古镛镇	5～30
廖	13	桃村、大坑、墈头、溪口	古镛镇	5～35
萧	10	城关	古镛镇	20
王	7	城关、水南	古镛镇、水南乡	20
范	7	溪口、墈头	古镛镇	5～12
张	6	桃村	古镛镇	5
黄	5	南口	古镛镇	30
李	5	桃村、墈头	古镛镇	12
伍	5	苦竹、南口	城关、南口乡	20～30
汤	6	桃村、墈头、温坊	古镛镇、南口乡	5～30

陈姓通婚的例次虽少，但囊括了 46 姓，这样的通婚圈算是比较大的。然而，46 姓所涉及的地域范围却不广，这主要是由大桃村的历史状况与环境特征所决定的。历史上，洋坊、桃村的田曾是含云寺的寺田，租种寺田的是许多姓氏不同的佃农；过去山门村也是一个众小姓聚居的村落，因而，陈姓的通婚姓氏比较多。从二村的环境看，它处于群山环抱中，北、西、东三面均是高山，南面则是大河金溪。高山、大河成为一道道天然的屏障，阻碍大桃村村民与外村人的交往。加上大桃村与将乐县城的距离比其与邻近乡镇墟市的距离更近，交通也比较方便，因而，自古以来，村民的大多数买卖都在城中进行，很少到其他乡镇墟市，从而导致大桃村众多以耕田为业的村民的婚姻大事多数是在本村内部解决。

三、庙宇与神明

大桃村不仅姓氏比较杂，寺庙也比较多。据《将乐县志》记载，乾隆时，村中有12座寺庙。具体如下：

普陀岩庵：明建，国朝乾隆二十九年（1764）僧其艳鼎建。

三坑庵：国朝康熙三十三年（1694）僧起缘建，乾隆二十年（1755）僧德林鼎建。

桃溪庵：国朝雍正二年（1724）僧普闻创建。

白莲堂庵：原含云寺谷庄，康熙四十八年（1709）僧宏开鼎建静室。

广坑庵：国朝僧东林重建。

福宁庵：原名焙上庵。

云林庵：一名杨溢新庵，康熙初僧鼎章建。

扬坑庵、土楼阁庵、梁山庵：康熙二十五年（1686）僧鼎奇鼎建。

坳头庵：磜下岩庵——一名东华岩。

以上十二庵俱位于桃源都。①

上述各庵除梁山庵不知坐落在哪里外，村民对其余的都有印象。在1964年破“四旧”的时候，这些庵全部被毁，只有普陀岩庵得以重建。

在这12座庵庙中，土楼阁庵、磜下岩庵、焙上庵、恩坑庵的遗址，村民都曾看见过。对其中最富的两座庵，即白莲堂庵与洋汾庵（云林庵），村民的印象比较深。村中流传着这么一句话：“穿鞋穿袜白莲堂，喝酒吃肉洋汾庵。”据说洋汾庵中的香炉是用金子做的，上面写着“内漆里，外漆里，黄金在七里”。后来，这个金香炉被一个收破烂的收购走了。白莲堂庵分为大殿、小殿、厨房、住室几部分。大殿、小殿中供着很多菩萨，除大殿的主神坛上供着三宝如来、厨房中供着灶君外，其余菩萨的名字村民均记不清了。洋汾庵则分成上、下两殿，庵坐北朝南，里面供的是释迦牟尼等佛。除了新中国成立前曾有一个过路的和尚住过两年外，一直未曾有僧尼住在里面。洋汾庵在新中国成立前就已倒塌，后来吴姓在遗址上盖了住房，庵的遗迹便荡然无存了。除上述6座庵外，其他6座村民曾听上代提起过，但具体情况已不可考。

以上12座庵，多数对村民的生活影响不大，村民经常去烧香、拜佛的

---

① （清）李永锡修：《将乐县志》，卷四，《寺观志》，乾隆三十一年（1766）。

是下文叙述的几座庵庙。

1. 山门庙

该庙位于山门村的南边，山门到陈大坑的大路上方。庙坐东朝西，有十多平方米宽。原庙建在距此十多米处，“四清”时被毁。今天所见的庙乃 1995 年重建，里面供着 5 尊神像。其中，主神坛上供着 4 尊，中间两尊为杨公菩萨，据村民说，一尊为文，一尊为武。旁边两尊较矮小的神像为其侍从。右边的小神坛上供着五谷仙。

2. 普陀岩寺

普陀岩寺位于陡峭的普陀岩上，四周古木参天，空谷幽林，十分静谧。从山门村沿着村民上山砍柴的小路走到普陀岩，约需 40 分钟。寺的山门坐北朝南，大殿则坐东朝西。大殿的两边各有一个小偏殿，一个坐南朝北，一个坐北朝南。大殿比小殿高几层台阶。一踏进寺门便可以看见小殿里面供着弥勒佛与韦驮。大殿的两侧为二十四诸天；中间的神坛上供着三宝、观音大士、文殊菩萨、普贤菩萨等；右边神坛供着三太祖师；左边神坛供着地藏王。右边的小偏殿中供着三官大帝，左边的供着五谷仙与土地神。

前文已述，普陀岩庵为明朝时所建，但它当时的状况如何已无从可考。现在的寺庙是 1986 年村民根据“四清”前的寺庙重修的。下殿上面的梁上写着“1986 年兴建，桃村乡各乡全体村民主建”。从梁上所书的信士芳名来看，参与者涉及黄、陈、范、吴、叶、钟、赵、杨、廖、江、李、丘、沙、卢、赖、包、余、刘、萧 19 姓。这些姓氏显然是大桃村的。据报告人说，该寺一直为三村所共有，但信仰者并不止三个村的村民，每逢普陀岩的观音菩萨六月十九日过生日时，顺昌、沙县等地的人都会来进香。

由于庵的四周均是参天古木，庵中很潮湿。并且庵建在峭壁上，可耕种的菜地很少。因此，远离村庄的守庵者往往耐不住清苦孤寂的生活，绝大多数住上一两个月就离开了，如今已无人守庵。

3. 星峰山庵

沿着普陀岩寺前的古道，继续往西北方的山顶走，大约经过 25 分钟的路程就可到达星峰山庵中。庵的山门坐南朝北，主殿则坐西朝东。寺门边的下殿供着弥勒佛，大殿的主神坛上供着两座齐天大圣像，大的那尊端坐在可当轿抬的大椅子上，头戴宝冠，身着黄袍，为 1995 年大殿建成后新塑的；小的是在“四清”运动要把庵拆毁时，被光明村一村民藏到家中，1997 年庵的下殿重建后送回来的。大小两尊神像的脸都很像猴子。据说，左边的神坛上供的是麒麟菩萨、文班、武烈，旁边的一尊小神像为五谷仙。右边的神坛上供着地藏王。大圣像下面的地板上还立着两尊武将相貌的神像，为大圣的手下部将。大殿的左边有一个偏殿，前面供着韦驮，中间的神坛上供着三宝和观音。这些神像，除了小的齐天大圣像是原庙供奉的外，其余均是1995年重建星峰山庵以后陆续雕的。

庵下面的柱子上面写着两副对联，一副为“义摧抛却猴王在，忠促服从师傅心”，另一副为“腾云大圣驱邪法，保驾唐僧取圣经”，道出了村民供奉齐天大圣的缘由。下殿的梁上则刻了许多参加此次重建的总理、副理、泥匠、木匠等的姓名，包括陈、江、邱、萧、赖、蓝、钟、余、叶、杨、吴、廖12姓。其中一根梁上还写着“山门、桃村、洋坊全体人民主建”几字，从中可知，它跟普陀岩庵一样，为三村共有。

星峰山庵创建于何时已不可考，但始建的起因却许多人都有所耳闻。据报告人说，在建庙前的一个晚上，有个村民做了一个梦。他梦见孙悟空对他说，桃村是他以前住过的地方，希望这个村民出面帮他修一个庵，庵址已选好，让村民到星峰山顶上去找。第二天，这个村民登上了星峰山顶，果然找到了一块瓦片，瓦片上写着“齐天大圣”四个字。于是，他四处募捐，在山顶上为齐天大圣建了一座小庙。最初，到庙中烧香的信士很少。后来，在庙的一侧长出一棵茶树，凡得头痛、肚痛、腰酸等病的人到山上祈求齐天大圣，吃过这茶叶后都病愈了。村民遂认为这棵茶树得到齐天大圣的法力，是大圣显灵的功效。于是，信奉大圣的人愈来愈多，连附近光明乡、黄潭乡的人都会来朝拜。

星峰山的海拔较高，有800多米。由于山高风急，庵顶部的瓦常被吹走，村民就通过“跌筶”的方式问齐天大圣是否愿意把庵改建在下面的一座小山峰上，得到了齐天大圣的同意，于是把庵改建在现址上。至今在山顶上仍可看见老庵的遗址，有两堵残垣与一堆断瓦，中间立着齐天大圣的神坛。守庵的斋公每天都会到山顶的神坛前进香。

4. 将军庙

将军庙位于大布下亭子边。据说，庙的历史已经很长了，在陈姓上祖迁到大布后不久就兴建了。现在的庙是1992年重建的，有三间房。中间一间是主殿，神坛的中间供奉着刘将军。刘将军的神像高2米，身穿红袍，头戴盔甲，脚蹬朝靴，黑色长髯，目视前方，右手持剑，端坐在大轿上。刘将军的左边供着天后与“夫人嫲”，右边供着鲁班祖师与五谷仙。将军像的前面还放着一把约2米长的剑。左边的房间为观音堂，供着观音，旁边还贴有一纸，写着“本庵伽蓝、土地护法蛇岳尊王”等字。主殿的左右墙壁上写有一副对联，曰“威灵显圣千载旺，庇佑合村永安宁”，可知大布陈姓已把刘将军当成了村落的保护神。

上文曾述，陈姓迁到将乐的一个上祖是刘将军的部下。刘将军死后，陈姓子孙给他建了一个庙，把他当作祖宗一样供奉起来。按住房的前后顺序轮流，每天一户负责到庙中烧香祭拜。每逢过年或过节时杀了家禽家畜，村民都会拿去祭拜刘将军。大年三十上午，家家户户都会把准备做年夜饭的鸡、鸭、鱼等拿去祭祀，据说这有追念祖宗之意。正月初一早饭后，村民则带上香、纸、蜡烛、鞭炮等到将军庙，给他“拜年”。每年的正月十四日，还会举行抬刘将军游村的活动。

据报告人说，鲁班祖师专门负责保佑村民盖房顺利。村民建房子时，在动工之前要备三荤三素到庙中祭拜鲁班祖师，请他保佑建房顺利。“大人嫲”是指陈、林、李或者其他神明，村民均不清楚。据说，夫人嫲的职责是保佑村中女子生育顺利。家中若有孕妇，在产前要到庙中进香；孩子出生后三天还得带上鱼、肉等祭供“夫人嫲”，以感谢她的庇佑。

5. 马云庙

马云庙位于溪口的桃溪桥旁，庙门坐南朝北，门前有许多大樟树。庙中立有一神牌，上端刻画着两条龙，中间托着一颗宝珠。神牌上写着“本堡民主白马尊王之神座位”。神牌的两旁写有一副对联：“神光普照在，有求必应灵。”庙左右两侧的墙壁上也有一联：“当年护国拥群民，名垂万代；今日尊王归庙宇，祀享春秋。”庙的大门上还写着：“桃村溪口口念口德求康乐，庙宇至尊王赦王恩佑黎民。”

据说，白马大王在桃村有史以来就受到村民的祭奉，村中至今仍流传着白马大王与另外两个大王的故事：

从前，桃村有三个大王，分别把住了桃村的三个大弯。一个大王占据了大布，把庙建在进大布的大路转弯处，人称“紫马大王”；一个占据了溪口，把庙建在溪口的桃溪桥旁，人称“白马大王”；另一个把庙建在曾厝旁边的山谷中，人称“搞屎大王”。搞屎大王的原名，人们都忘记了。但其名称的由来，人们却记得比较清楚。有一天，一个幼儿在庙中拉了堆大便，并蹲在旁边玩了起来，这时，有个行人从庙前经过，问他：庙中的菩萨叫什么名字？小孩连头也未抬就告诉他说：“搞屎大王。”于是，这个名字就传开了。

三个大王中，数搞屎大王的法术最低。百姓也很少去祭拜他，以致他常常吃了上顿没下顿。他忍受不了饥饿的煎熬，就去向白马大王与紫马大王取经。他们告诉搞屎大王，只要设法让附近的村民生病就可以了，病人自然会带上贡品到庙里烧香，以求康复。搞屎大王听后，觉得这方法可行，就在庙中施起了法术。但因其功力不深，没把村民害病，倒把几个走在路上要到村中讨饭的乞丐弄病了。乞丐病得很严重，又无处可去，就睡到庙中，把大、小便都拉在庙里。搞屎大王没吃到贡品，反倒吸了一肚子臭气，十分气恼，就去找白马大王与紫马大王“算账”。由于功力较浅，仇没报成，却断送了自己的性命。

后来，一个姓邱的天主教徒骑着马到了桃村，经过紫马大王庙前时，紫马大王把他的马拉回了头，不让他进村。这个教徒就把“圣水”泼到了紫马大王身上，紫马大王立刻消失得无影无踪。这样，桃村只剩下白马大王驻守在桃村西桥旁的马云庙中。桃村溪口的村民见白马大王长期为他们把守水口，庇佑村民，就把他当作杨公供奉起来。

这则故事除了说明了溪口村民供奉白马大王的缘由，还反映了古代的桃源由于庵庙林立，不同庵庙、不同宗教派别之间或为争地盘，或为比法力，彼此之间争斗不休。据说，白马大王是个很灵验的菩萨，村中还流传着白马大王显灵的故事：

以前，大桃村有一个放排工，以放木排为生。某一年，遇到金溪发大水，洪水久久未退。放排工一个月未挣到钱，家里已经断粮好几天了，他就想冒险放排。邻居劝他：“洪水把村中几个放排工的木头都冲走了，你若去放，木头肯定也会被水冲走。”放排工听了这话很生气，认为邻居此话是不好的征兆，就跑到白马大王庙里，请求白马大王庇佑，让洪水退下去。他还许愿说：如能退下洪水，他把木头送到福州后会买大蜡烛、大鞭炮感谢白马大王。放排工许过愿后，洪水果然很快就退了。他如愿以偿，村民们都认为这是白马大王显灵的结果。

6. 五谷仙庙

该庙位于塘头的桥边，坐北朝南。神坛上供着五谷真仙，左边为麒麟将军，右边为陈公爷。相传，陈公爷是一个由泉水桶变成的菩萨。每到闹旱灾时，村民就到陈公爷座前烧香祈愿。村里还有在二月十五日到二月二十一日抬陈公爷的习俗。由于五谷仙庙在“四清”运动中被毁掉后没再重建，庙的具体情况已无从可考。

7. 关爷庙

该庙位于塘头五谷仙庙的隔壁，供的是关帝。关爷庙也是在“四清”

时期被毁的，具体情况不详。

村民除了信仰上述的五谷神、土地神、弥勒佛、韦驮、二十四诸天、三宝如来、观音、文殊、普贤、三太祖师、三官大帝、齐天大圣、麒麟菩萨、刘将军、天后、夫人嫲、鲁班祖师、白马大王、关帝、陈公爷等神明，并建有寺庙祭供他们外，村中还有许多大小不一的阳公庙，几乎每个自然村都有。有的阳公庙外观是小庙宇，但大多数仅仅是个神坛。除了上述的山门庙、马云庙外，村中还有8座庙或神坛供的是杨公。下面把这8座阳公庙、神坛所在的位置、外观、信仰范围、神牌所书等项列成表4－9：

表4－9　大桃村阳公庙状况调查表

名称	位置	外观	信仰范围	神牌所书
阳公坛	山门村尾	神坛	山门自然村各姓	本堡民主杨公感应尊神香位
阳公庙	大布沙场附近	小庙	大布陈姓	本堡民主感应尊王座香位
阳公庙	磜下自然村村口	神坛	磜下自然村各姓	××玉帝民主尊王神座位
阳公庙	磜上自然村村口	神坛	磜上自然村各姓	本堡民主尊王香位
阳公庙	上洋坊自然村村口	神坛	上洋坊自然村各姓	本堡民主尊王香位
阳公庙	下洋坊自然村村口	神坛	下洋坊自然村各姓	民主本堡乡里感应尊神位
阳公庙	塅头到钟厝的路上	小庙	塅头自然村各姓	通天五帝大圣尊位
阳公庙	卢厝自然村村口	神坛	卢厝、钟厝各姓	本堡民主杨公感应尊神香位

表4－9中的各座阳公庙、神坛，对杨公的称呼不一，有的称“民主杨公”，有的称“民主尊王”，有的称“通天五帝大圣”；杨公的写法也不一。但它们有不少共同点，例如，都设在自然村村口，庙门或神坛的正面都对着居住地；庙周围的环境都比较幽静，种了不少树木或者竹林；神牌上书写的字除了表中所列的外，两边还有“左文”、“右武”或者“左昭”、“右穆”几个字；各庙的祭拜者几乎都是本自然村的村民。另外，村民们都认为杨公是福主公王，可以保佑村中人民安康，六畜兴旺，还可以保护村庄的风水。

上述的阳公庙与神坛，数下洋坊的阳公坛最古老，该神坛的右边写着“大清嘉庆八年岁次癸亥冬月吉旦立”，左边写着“云林村后裔×××抽出己资重新鼎建”，从中可知，这座神坛是清嘉庆八年（1803）重建的。其余大多数都是20世纪80年代中期重建的。

大桃村的各座庵庙与神明具有十分明显的层次性，有的为三村所有；有的为两村所有；有的为一个自然村甚至是一户宗族所有。同时其信仰圈也有大小之分。具体而言，星峰山庵、普陀岩寺的各种神明是山门、桃村、洋坊三村人所共同信奉的，其信仰圈扩展到了附近的黄潭乡、光明乡等地；五谷仙庙与关爷庙的神明为洋坊、桃村两村人所信奉；山门庙为山门自然村人所供奉，其他各个自然村村口的阳公庙也只是该村村民的保护神；大布将军庙中的刘将军则只有大布陈姓信奉。

此外，大桃村还祭祀着一种被称为“花山婆”的恶神。据说，“花山婆”在尚未成为恶神之前是个心肠恶毒的农家妇女。她没有生育过孩子，因而似乎特别喜欢别人的小孩。她经常用手抚摸小孩，连晚上睡梦中也发出一声声有关小孩的呓语。奇怪的是，凡是被她抚摸过的或者是抱过的小孩无不生病的。邻人十分吃惊，就悄悄观察她的言行。在一个夜深人静的晚上，他听到这个妇女口中的呓语居然全都是对小孩的诅咒。于是，邻人明白了这妇女只是假装喜欢孩子，实际上则是借抚摸小孩之际加害于他们，邻人悄悄地把这件事告诉了其他村民。此后，村民们见到她就退避三分，再也不敢让她靠近孩子了。妇人死后，村民们仿其相貌做了一个木雕像，为管制这个妇人，还做了一个男子貌的木头人，作为其丈夫，村民们称他俩为“花山公”、“花山婆”。此后，村中若有孩童身体不适，其家人就会请南摩仙到家中作法赶“花山婆”，然后鞭打其木像。据说，“花山婆”被赶出家门后，小孩的病很快就好了。

四、民俗信仰活动

大桃村的神明活动很丰富，有山门、洋坊、桃村共同参与的七月份扛齐天大圣；洋坊、桃村组织的五月二十五日抬五谷仙与二月十五日至二月二十一日抬陈公爷；山门自然村的正月十二日抬杨公及五月二十五日抬五谷仙；大布陈姓的正月十四日扛刘将军与“送船”和五月二十五日游五谷仙；以及溪口自然村春季举行的“做春祈”。这些神明活动，新中国成立后一度停止，1985年以后，只有大布陈姓的扛刘将军活动以及溪口“做春祈”得到恢复。下文叙述的几乎都是新中国成立前进行的神明活动。

1. 山门正月十二日扛杨公

山门村民认为：杨公是村落的守护神，可以守住水口，阻挡邪气的入侵，不让好风水流失；可以保佑村中众姓平安、六畜兴旺。因而，每逢年节，村民都会把家禽家畜拿到阳公坛前宰杀，煮熟后与其他食物一起拿去祭供一番。每年正月十二日，村民都会通过扛杨公游村来祈保村中清吉，驱除邪气，保佑村民一年顺利。

村中设有杨公会，专门负责山门庙与阳公坛的修理、购买香烛、挑选正月十二日扛杨公的两个头家等。扛杨公游村活动的各项资金均来自杨公会的会田。会田包括富裕村民的捐赠以及家中出现灾厄的村民为求杨公替他消灾解厄而捐赠的田地。据说，会田均租给村民耕种，共有 4 担租谷。种会田的村民在八月谷子收成后直接把租谷交给杨公会。杨公会由十多个人组成。入会会员一般必须是家中有田、信奉杨公的人。

头一年的冬天，杨公会成员会视村中各户的收成状况，选收成好的两个家庭当正月十二日扛杨公的两个头家。由于头家得在正月十二日早上、中午请全体村民吃饭，一个头家负责一餐，倘若粮食不足就难以应付了。正月十二日一整天，全村人都得吃斋。

正月十一日上午，头家要到南口或蛟湖请南摩仙，鼓手队则来自本村。鼓手队参加村中的所有活动都是无偿的，组织者只包其伙食，不付其工钱。十一日晚上，要在阳公庙中“起醮”，村民称为“做法事”。起醮时，由鼓手队弹奏，南摩仙念经，为村民祈福。

十二日早上，南摩仙要指引头家在庙前竖起一根大火把，用于晚上延引孤魂野鬼。这根大火把由劈开的大竹里面塞许多松光组成。上午，村民自愿带上饼、糖等斋果到庙中烧香，祭拜杨公。到了上午 11 点左右，由南摩仙“做午朝”，给杨公上贡品。

午饭后，大约 1 点钟，扛杨公的队伍开始游村。队伍的顺序是：由村中五个小男孩举着旗帜排在最前面；由 8 个人组成的鼓手队排在第二；排在第三的是一文一武两尊杨公，由村民端在胸前；南摩仙跟在队伍后面一起游境。队伍走出庙门，沿着山门庙—陶厝—卢厝—江厝—王厝—杨厝—新村—阳公庙的路线游村。村民一早就在家门口设好香案，点起香与蜡烛，当杨公从家门口经过时，村民便朝杨公祭拜一番，然后放一串鞭炮。当鞭炮放完后，扛杨公的队伍就动身到下一户。每年杨公游村的时间约需 1 小时，在下午 2 点左右就能回到庙中。

正月十二日下午仍然由南摩仙念经。晚上 8 点左右，南摩仙命人点燃大火把，把村子四周的孤魂野鬼都引到庙中。然后由南摩仙在醮台前念经压邪，保佑村民的平安，并给鬼魂施食。施食之后，杨公醮宣告结束。

正月十三日上午，杨公会要做好两个重 20 多斤的大馒头，敲着锣，打着鼓，把它们送到五月二十五日组织扛五谷仙的两个头家家中。这两个头家均得做点心招待杨公会的会员与鼓手队们，表示接受。

山门正月十二日的扛杨公活动不请戏班演戏，到村中做客的亲戚也很少。届时，全体村民都聚在头家家中吃饭。这是一年之中唯一一个全体村民欢聚一堂的日子。

2. 大布正月十四日扛刘将军与送船

大布陈姓是大桃村最古老的宗族。由于迁到将乐的始祖是刘将军的部下，陈姓自古以来就有祭祀刘将军的习惯，陈姓宗族把他当作自己的祖宗看待。每年正月十四日，陈姓村民都会通过扛刘将军来赶瘟神，把瘟鬼、邪气装到船上载走，以保佑村民平安吉祥。

据报告人说，新中国成立前大布扛刘将军、送瘟神的经费来源于村中的祭田。祭田共有十多担谷子。新中国成立后，祭田收归集体所有，扛刘将军的活动也就停止了。1985 年恢复醮事活动后，经费由村民分摊，一般每人交 2 元钱即可。

正月初六日，大布家家户户都要派一个代表到将军庙中抽签。第一轮抽出香首、福首、总理、副理共 4 人。第二轮抽出打糍粑、做白粿、砍柴、煮饭、买菜、放铳、扛刘将军、做瘟船、打扫卫生等人，大约需要 50 人。

正月十三日，由总理催促做瘟船的人提前把船做好。村民用大竹做船架，船架周围用纸糊起来，做成 2 米多长、1 尺多高的纸船。船的两侧绑着几根可以用手抓或者用肩扛的木把，像蜈蚣脚一样。船的里面是两个瘟神，用竹篾做骨架，用彩纸做皮，两个瘟神分别立在船头与船尾，他们龇牙咧嘴，面目可憎。船做好后就放在将军庙前。

十三日下午，从蛟湖预请好的南摩仙来到村中。晚上 12 点，由村中的鼓手队弹奏，南摩仙念《金刚经》。凌晨时分，在将军庙前竖一根 8 米多高的火把，并在旁边堆好松明与柴火，为晚上给鬼魂施食做好准备。

十四日早上 8 点开始扛刘将军游村。走在队伍最前面的是彩旗队，由 4 个小孩各扛一面彩旗；第二是 6 个南摩仙，有的拿锣，有的拿灯笼；第三为扛将军剑的村民；第四是由 9 个人组成的鼓手队；第五为 4 个人扛的刘将军轿；第六为两个放铳者；队伍后面还跟着一些喜欢看热闹的村民。游村队伍从将军庙出发，沿着金溪旁边的古道，然后依次到达观音亭、余厝坪、大布祖屋、林广坪、下亭子，再回到将军庙。新中国成立后因建范厝水电站，古道被毁，路线改为：将军庙—林广坪—大布祖屋—观音亭—余厝坪—徐厝地—下亭子—将军庙。

村中每个家庭都在家门口设好香案，摆上五色果、糕饼等斋品，待队伍一到家门口，户主就点燃鞭炮迎接，在鞭炮声中烧香叩拜刘将军。然后队伍会把将军轿停在该户的大门口，打着灯笼的南摩仙进入大门，持锣的南摩仙则“当、当、当”地敲着锣跟在后面，从厅堂、房间、厨房、猪圈一一巡视过去，名为“赶瘟神”。南摩仙巡视完成后，户主再点燃一串鞭炮送队伍到下一户。由于大布人口比较少，扛刘将军的全程只需要两个多小时。

队伍回到将军庙之后，6 个南摩仙就戴上法帽，穿上道袍，有的拿香，有的举旗帜，有的拿铜铃，有的敲木鱼，他们在将军像前转来转去，意为给将军上供，然后“发表”，向将军申达村中各户的人名，祈求将军保佑他们诸事顺利。下午仍然由南摩仙念经。

十四日晚上 10 点左右开始“送瘟船”。船由 4 个人扛，前后各 2 个。村中租有一匹马，把刘将军绑在马上，跟着送船队伍当驱瘟之神。队伍按照下列顺序排列：敲锣者、打鼓者各 1 人，4 人扛瘟船，绑在马上的刘将军，南摩仙 6 人，敲锣者 5 人。队伍从将军庙出发，仍然沿着上午扛刘将军的路线走。每到一家，船都要到厅中转一圈，祈求把瘟鬼装上船。在厅中转时，得尽量避免让船碰到房屋，以免船“触礁”翻倒，使得瘟鬼逃逸，以后又到户主家作乱。扛瘟船装瘟鬼的过程大约也需要 2 个小时。

把家家户户的瘟鬼赶上船之后，满载瘟鬼的瘟船就被扛到阳公庙前，立即点燃烧掉。同时南摩仙与刘将军回到将军庙中。南摩仙接着念经，为村民做功德。念完经后，点起火把与火堆，延引孤魂野鬼到此接受施食。大约十五日凌晨 1 点左右，整场醮事结束。

正月十五日早上，村民得把所烧的瘟船、火把、火堆的灰烬以及施给鬼魂吃的食物装起来，全部倒进金溪中，让他们随水流走。村民通过扛刘将军、赶瘟鬼、送瘟船这些活动，祈求把瘟鬼、邪气带走，把平安、吉祥留在村中。

新中国成立后，扛刘将军与送瘟船等活动一度停止。1985 年恢复了扛刘将军游村，但不再进行赶瘟鬼、送瘟船等活动了。

3. 洋坊、桃村二月抬陈公爷

据报告人说，陈公爷是个由泉水桶变成的菩萨。村民通过二月十五日至二月二十一日抬陈公爷游村来祈保洋坊、桃村一年都不闹旱灾，作物能获得好收成。

二月份抬陈公爷时，两村所辖各自然村按地域分成 6 个班：

第一班：大坑、磜上、磜下；

第二班：塘坑；

第三班：上洋坊、下洋坊；

第四班：嫐头、洋汾庵；

第五班：钟厝、林墩、卢厝、白莲塘；

第六班：溪口、竹林干、范厝、曾厝、松林干。

这6个班在抬陈公爷游村前得推举出一个头家。头家负责安排本班扛陈公爷、扛牌、扛武器的人选。每班扛陈公爷的经费都是按户分摊的。由于各班均有自己的鼓手队，南摩仙也是来自本村的，并且头家不必请村民吃饭，因而各班均花费不多。按摊派收取的经费主要用于做祭祀陈公爷的供品与招待鼓手队、南摩仙、扛陈公爷等人员吃饭。

二月十五日上午，第一班派出扛陈公爷者、鼓手队到嫐头五谷仙庙中接陈公爷。扛陈公爷的队伍顺序为：最前面的是扛木牌者，包括绿木牌、红木牌各1个；走在第二位的是扛武器者，扛有大斧1把、大锤1把、关刀4把；排在第三位的是5～7人组成的鼓手队；排在第四位的是南摩仙；队伍的最后面为两个人抬的陈公爷轿。队伍到庙中后，得先烧香拜过陈公爷，再把他抱到轿上。队伍出庙门后，鼓手队一路吹吹打打，把陈公爷抬到本班家中。

在第一班中，陈公爷自古就是放在磜下的，因大坑与磜上路途较远，且都是山间小路，若要抬陈公爷入村，行走十分不便。这两个自然村的村民在陈公爷轿到达磜下之后，再到二头家家中烧香。二月十五日陈公爷放在磜下。十六日下午，第二班　　塘坑的村民到磜卜接陈公爷。依此类推，上洋坊与下洋坊在二月十七日，嫐头、洋汾庵在二月十八日，钟厝、林墩、卢厝、白莲塘在二月十九日，溪口、竹林干、范厝、曾厝、松林干在二月二十日到上一班头家家中去接陈公爷。陈公爷在每班二头家家中供放一天。这天上午，家家户户都要在家做白粿，然后自由地去祭拜陈公爷。

二月二十一日下午，陈公爷被扛回五谷仙庙，由南摩仙在庙中念经，祈求陈公爷保佑全村风调雨顺，尤其祈求他保佑村民免受旱灾之苦。据说，念完经后，醮事活动即告结束。

洋坊、桃村二月抬陈公爷的过程比较随意，没有严格的规章。选择头家也没有身份、财产等限制，且可以连选连任。村民去烧香与否也是自愿的，去烧香的村民甚至可以不带贡品、鞭炮，只要燃香跪拜一番即可。这一天，村中不禁止吃荤。当然，由于当时的生活水平有限，这天村民家中尽管有客人，招待的食品多半还是白粿与素菜。

洋坊、桃村信奉陈公爷、扛陈公爷的习俗与其独特的自然环境和村民的谋生手段有关。两村处在一个峡谷中，山谷中的农田除了一部分有山泉灌溉外，其余均靠桃溪中的水来浇灌。桃溪的源头来自大坑南排山的泉水。倘若天旱，泉水变细甚至断流，村民农田里的稻谷可能就会颗粒无收。倘若受洪灾，因两村的居住地、农田均分布在桃溪两岸的山谷中，海拔相对较高，所以危害不大。上文曾述，两村村民的上祖都是靠租种寺庙或者大地主的田为生，农田收成的好坏直接关系到农民的生死存亡，而灌溉水的充足与否又对农业收成有极大的影响。由泉水桶变成的陈公爷，可以保佑农田不受旱灾威胁，在村民的生产生活中自然占有十分重要的地位。

4. 洋坊、桃村五月二十五日迎五谷仙

五谷仙是山门、洋坊、桃村共同信奉的神明。山门、大布两个自然村在五月二十五日也有迎五谷仙的习俗。因这两个自然村的人口很少，规模亦很小，为避免重复，本文只叙述洋坊、桃村迎五谷仙的活动。

与迎陈公爷一样，两村村民按照地域分成上文所述的6个班。在每年农历十二月择吉日，各班均派一名代表到五谷仙庵中抽签，以决定第二年组织迎五谷仙的班别。每个班都是6年轮到一次做头家，但是没有固定的顺序。十二月抽签时，已经在该轮做过头家的班不必到庵中抽签。选择出头家的班别后，该班再在村中抽签，一家派一个代表参加，选出总理、副理各1人，以及扛五谷、举旗帜、做白粿等的具体人员。

新中国成立前，溪山到墈头有两条鹅卵石铺就的1米多宽的古道，一条在桃溪的东岸，一条在西岸。墈头到礤下也是这种路，但礤下到大坑则是泥土小径。由于路窄草高，在扛五谷仙的前一个星期，各自然村的村民都会自觉地把村中的道路清理干净，并把分摊的钱款交到头家手中。没钱的可以用大米替代。

五月二十四日，抽到做白粿的男子汇集到头家家中，在老者的指导下做白粿与饼子，每个重达1斤。所做的白粿一部分用于祭供五谷仙；一部分放在庙中供村民二十五日吃早饭与晚饭时用；另一部分让村民带回家中。二十五日，不论老人还是小孩均可到五谷仙庙里烧香、吃饭。上午去的可以拿一个白粿，晚上去的可以分到两个饼。如果饼和白粿不够发，负责人会给没分到的人发粿饼票。头家会迅速派人回家做，村民可以凭票到他家领取。做粿饼者均由男子担任，据说若由女子做，村中会很不吉利。

二十四日晚，来自村中的南摩仙与鼓手队在五谷仙庙念经、起醮。二十五日早上8点左右，扛五谷仙的队伍开始游村。队伍按照下列顺序排列：5面彩旗排在最前面；其次是鼓手队，每班1人，共有6队；接着是五谷仙的香旗与五谷仙轿，轿由4个人扛。南摩仙不参加游村。队伍步出庙门，先沿着嘞头到溪口的桃溪东岸古道行走，再从溪口沿岸古道回到嘞头，然后沿着古道到磜下。整个行程依次经过嘞头—林墩—钟厝—竹林干—范厝—溪口—曾厝—卢厝—松林干—白莲塘—洋汾庵—下洋坊—上洋坊—塘坑—磜下。队伍到达磜下以后，不再到磜上与大坑。这两个自然村的村民均在磜下迎五谷仙。扛五谷仙的队伍在2点多时到达磜下，在磜下吃过午饭后再按原路返回庙中。

扛五谷仙的队伍每到一个自然村都会放慢脚步，缓缓地从村前经过。队伍不必停在各家各户门口。只有到达磜下时，扛五谷仙的队伍才能停下来。沿途村民只要看到五谷仙轿，就可以朝他祭拜、烧香。这样，五谷仙从早上8点左右出庙，下午5点左右就可以回到庙中。

晚上，五谷仙庙不做法事。只要有空村民均可以到庙中吃斋饭，拿两个饼。二十六日早上，村中的几个南摩仙在庙中念经，向五谷仙传达村民的愿望，希望他保佑全村风调雨顺、五谷丰登，念完经后醮事即告结束。

洋坊、桃村乃至山门、大布的村民五月二十五日扛五谷仙游村时都不用到明溪林畲村“分香火”。只有当村中的禾苗发生大瘟疫或水涝旱灾时，才会举着香旗，端着香炉，让南摩仙带他们到林畲进香、分香火，请林畲的五谷真仙回来救治瘟疫、消除灾害，保证禾苗获得好收成。

5. 山门、洋坊、桃村七月迎齐天大圣

齐天大圣是山门、洋坊、桃村人共同信奉的神祇。据报告人说，信仰他的并不止这三个村的村民，南口乡的蛟湖、余布、新坊村，黄潭乡的肖坊、孔头村，以及光明乡的一些村民也会到星峰山庵烧香。但七月扛齐天大圣的只有大桃村。

扛齐天大圣的组织者按地域轮流。大桃村的各自然村分成8个班，一班为大坑、磜上、磜下；二班为塘坑；三班为上洋坊、下洋坊；四班为嘞头、洋汾庵；五班为钟厝、林墩、白莲塘、庐厝；六班为溪口、竹林干、范厝、松岭干、曾厝；七班为大布；八班为山门。每年的头家按磜下、塘坑、洋坊、嘞头、钟厝、溪口、大布、山门8个自然村的顺序轮流，每个班都是八年轮一次。这8个自然村，均是该班中人口分布最集中的。

七月扛齐天大圣没有固定的日子。在每年的六月二十日，由该年做头家的那班村民预先择定扛大圣游村的吉日，再到星峰山庵以跌筶的方式问大圣是否同意在他们择好的吉日里下山。如果是阴筶，就表示大圣不同意。那么，村民只得另择吉日，再到星峰山庵跌筶，直到大圣同意为止。这一吉日虽然不固定，但必须是在七月份，不能提前或推后。扛齐天大圣的经费由当头家的班按人口分摊，有钱者出钱，没钱者用大米代替。头家由村民推举产生，人称“总理”。总理负责安排村民抓阄，以此来决定扛齐天大圣轿、抬香案、抬乩童者坐的刀轿等人选。每班均有旗帜队与鼓手队，共有8队。

在醮会的前几天，总理得预先请好七八个尼姑，以便在醮会前一天在庙中念经。村中的帮手要把大米、青菜、香菇、红菇、豆腐等食物，以及蜡烛、香火等物品，提前一天挑到星峰山庵，为醮期村民到此烧香、用餐做准备。

扛大圣游村的前一天为起醮。帮手在这几天里准备了许多饭菜，用来请扛齐天大圣者以及各班举旗手、鼓手队，请来念经的尼姑们，以及一些到庵中凑热闹的村民在庵堂中吃饭。饭后，尼姑在庵中念经，为这场醮事起醮。据说，三村扛齐天大圣时一直都是请尼姑的，而不请南摩仙。

正日凌晨2点多，在三声铳响之后，尼姑们在大圣供桌前烧香、念经，把齐天大圣请到轿中坐下，队伍开始出发。扛大圣的队伍由放铳者，做头家那班的旗帜队、鼓手队、刀轿、香案、大圣轿，非当头家那班的旗帜队、鼓手队组成。其中，大圣香案桌由两个人扛着，大圣轿与刀轿分别由四个人扛。刀轿的座位、靠背、扶手上均插满了尖刀，乩童者身穿短裤，光着上身，手中拿着一个大“绣球”坐在轿内。这个绣球的球心是用木头做的，球的四周钉着密密麻麻的铁钉，这些铁钉均磨得十分锋利。据说，乩童者坐在尖刀上，背后也靠着尖刀，身体会不时地发痒。于是，他就用那满是尖铁钉的“绣球”拼命地打在自己身上。令人吃惊的是，打过之后他身上一点伤痕也没有。队伍步出庙门，依次经过磜下—塘坑—上洋坊—下洋坊—洋汾庵—塝头—林墩—白莲塘—钟厝—卢厝—松岭干—竹林干—范厝—溪口—曾厝—将乐县城—人布—山门竹林干，再回到星峰山庵。磜上与大坑因只有小路相通，不论扛齐天大圣还是五谷仙、陈公爷，都不到该村。

每当扛齐天大圣的队伍即将进入一个自然村时，都要放铳三声，通知该村村民：大圣到了。然后在村中停留十多分钟，让扛大圣的人喝茶歇息。村民会预先把供桌放到门口，摆上果、饼、糖等贡品，并点上蜡烛，燃起香，一见扛大圣的队伍走过来，就朝着大圣轿的方向祭拜，祈求大圣保佑自己全家平安。据说，若有想生儿子或者其他愿望的村民，也可以向大圣提出自己的诉求，希冀能得到大圣的保佑。扛大圣的队伍到了溪口以后，要到将乐城中走一圈，村民会在县城的北门搭一个大棚，大棚里面设有放齐天大圣的供桌，地板上用许多木炭铺成一个周长约二三十米的圆圈。扛大圣的队伍一到城里，总理就派人把煤油泼到木炭上，点燃煤油，烧红木炭后，扛大圣轿、刀轿、香案者先在一个盆里浸一下脚，走完木炭铺就的路后，扛着大圣的队伍就会停下来。最后，乩童坐在大棚中央，解答总理提出的问题。此时四周围了许多来自四面八方的群众观看，把大棚围得水泄不通。村民认为：乩童乃大圣的肉体凡身，因而他对各类提问的回答，包括灾难的预测等均很灵验。

乩童预测完成后，扛齐天大圣的队伍起身返回，2～3 点到达大布。扛大圣轿、刀轿、鼓手、旗帜的队伍人员以及尾随观看的人都停在大布，各择熟悉的家庭吃午饭。据大布村民说，每年扛齐天大圣的日子是他们来客最多的时候，来客中认识与不认识的人都有，以至每家都得准备好几桌饭菜。午饭后，扛大圣的队伍到山门停留片刻，然后抄小路返回星峰山庵。在途中，天就完全黑了，村民便拿出准备好的照明工具，把大圣扛回庵中，然后径直下山回家。

大圣的灵验使其声名远扬。在七月十五日齐天大圣过生日的时候，星峰山周围十多个村落的村民都会去烧香，此时会由当年扛大圣做头家的人负责请七八个南摩仙到庵中念一天经，当地人称为“拜千佛”。庵四周的群众来烧香时都会捐钱。此钱用于当天的各项支出以及修庙，维持庙中和尚、尼姑的生活。一些村民家中有人生重病，或久婚不孕想生儿子的，烧香时会购买许多饼干到庵中，分发给四方香客。庵中有专人负责把捐香者的姓名做成表，并在晚上放“焰口”、点松火前把表烧掉。七月十五日晚上由南摩仙作法、施食。由于新中国成立后齐天大圣的生日、醮事均停止，其他情况无从得知。

6. 溪口做春祈

大桃村中几乎每个自然村都供奉了杨公，并且有做春祈（一说做春期）的习俗。其中只有溪口自然村今天还保留着此习俗。

溪口做春祈的头家由村民推举德高望重、有号召力的人来担任。春祈的日子不固定，由头家择春季的一个吉日举行。如 1998 年在二月十二日举行，1999 年却在四月十四日。做春祈经费来自到马云庙烧香者捐献的钱。

在做春祈的前一天，头家要派人买好花生、饼干、糖、水果等，混合后装在一个个小塑料袋里，称作“齐果”，届时分发给捐钱的香客，让他们带给家人吃。同时，头家还要预先请好五六个南摩仙，并选好打糍粑、做饭菜的人员。南摩仙一般请自漠源乡，若没请到，就改请大桃村本村的，鼓手队均来自本村。

新中国成立后恢复醮事活动，由于其他自然村都不再做春祈，以致溪口做春祈时许多外村人都来烧香捐钱。如 1999 年四月十四日做春祈时，涉及廖、杨、邱、叶、余、蓝、陆、黄、吴、张、沙、龚、钟、萧、魏、罗、范、曾、俞、彭、刘、熊、陈、李、江、庐等 26 姓，171 人共捐了 2 196 元（马云庙红榜上的捐款总数为 2 190 元，疑为村民统计有误）。上述的 26 姓固然大大超过了以范姓为主的溪口村的范围，但大致为大桃村范围内的姓氏。这些姓氏中，余、钟、范、蓝姓捐钱较多，依次捐了 285、235、216、200 元，捐钱人数依次为 19、16、20、10 人。其余姓氏的捐钱数目均在 200 元以下，并且大多数才捐几十元。

做春祈时，由南摩仙在马云庙中设“保安道场”，在庙中念一天经，为村中众姓祈福保平安。此时，村民自由到庙中烧香、捐钱，烧完香后到头家家中吃斋饭。外村人则到庙中烧香，在庙里吃糍粑。在做春祈的日子里，全村人都得吃斋，第二天才开斋。

7. 过完冬

大桃村人在冬收结束后，即把稻谷、地瓜、豆子、芋头等作物都收回后，为庆贺丰收，并庆贺这一年繁忙劳累的日子结束了，有做白粿、打糍粑，买猪肉、鱼肉，杀鸡宰鸭，遍邀亲朋到家中做客饮酒的习惯，俗称“过完冬”。

大桃村各自然村过完冬的日子大多数都不相同。上洋坊、下洋坊、大布过完冬的日子是在十月十五日。坳头、洋汾庵是在十月十六日，庐厝、溪口、竹林干等地是在十月十八日，山门是在十一月初一日，大坑则是在十二月初一日。山门与大坑的农田因海拔较高，都处于山沟里，四周林木荫蔽，阳光不足，气温较低，因此冬收比较迟，再加上田多路远，因而粮食入仓较费时间，过完冬的日子自然比其他自然村迟。而磜上、磜下的村民则因田多劳力少，冬收完后的日子不固定，因此他们随便选日子过完冬，有的家庭在十月底，有的在十一月初，有的会拖到十二月底。

过完冬的前一天，家家户户都要把数十斤糯米与“大禾米”放到水中浸泡，晚上把它磨成米浆，然后把米浆中的水挤压干。第二天早上，主妇们忙于把米粉做成白粿，圆的白粿里包咸的馅，扁的白粿里包甜的豆沙馅。小伙们忙着舂糍粑，家长们则到城关采购，回家后村民们个个杀鸡宰鸭，招待来客。客人多的家庭有四五桌，少的也有一桌。客人回家时，主人还不忘赠送他一袋白粿与糍粑，让其家人共贺丰收，分享他们的胜利果实。大桃村的不少自然村，一年中过完冬这天来的客人最多，热闹的气氛不亚于节日。

五、小结

大桃村与本县的客家移民村——和平村相比，在地理环境、聚落分布、民居建筑、宗族、经济方式、语言、民间信仰及其他习俗上均有一些相似之处，但又存在着较大的差别。具体分析如下：

1. 地理环境

大桃村与和平村均位于金溪的西岸，均属古镛镇管辖。但和平村处在龙池溪汇入金溪形成的河谷冲积平原上，居住地与农田的地势十分平坦，而大桃村的各个自然村均隐藏在一个个小山谷中，境内层峦叠嶂，地势高低不平。

在交通方面，和平村与大桃村古代的交通比较方便，和平村是东出县城到顺昌驿道的第一站，大桃村则是南出县城往明溪县驿道的必经之路。但新中国成立后，两村出现了明显的差距。和平村随着将乐县城区向郊区的扩展，旁边的路建成了新华街，村子周围建了许多工厂。大桃村由于新中国成立后修建的从将乐县到明溪县、泰宁县的公路均不从村中经过，只能靠柴三机与摩托车运输，村落附近除了范厝水电站之外，一家工厂也没有，成为一个远离城市喧嚣的寂静山乡。

2. 聚落分布

两村的聚落分布存在着明显的不同，和平村人的居住地分布十分集中，几乎都在现今村委所在地，房屋之间只相隔着一条条小巷。直到20世纪90年代后，一场大水把金溪旁的房屋冲塌，才使部分村民迁到2里外的和平新村。大桃村的聚落区自古以来就十分分散，自明朝以来，它一直包括了十多个自然村，分别处在一个个小山谷中，最远的竟相距40多里。

3. 宗族

和平村与大桃村都是多姓杂居的村落，和平村包括26个姓氏；大桃村有29个姓氏。两村多数的姓氏历史都不长，人口也不多。和平村人主要是由长汀迁来的客家宗族组成的，历史最长的才繁衍到十几代；大桃村是个主要由将乐县本地宗族构成的聚落，最老的宗族已在本村繁衍到30多代。

在村民的通婚方面，两村的通婚网络均较大（大桃村以大布陈姓为代表）。和平村的通婚姓氏有58个；大桃村的大布陈姓有47个。影响两村人通婚例次的最主要因素都是距离，两村人从本村外姓中娶入的女子均很多。但和平村人还有两个大布陈氏不具有的联姻地：一个为长汀老家；另一个是四川农村。

4. 经济方式

新中国成立前，和平村与大桃村的村民均以务农为生，但其传统经济方式也有所区别。和平村的农田大多是旱地，不能种水稻，因而村民以种甘蔗、制糖为生，其村落曾被称为“蔗厂下”。大桃村人以种寺庙或者地主的田地为生，种的农作物主要为水稻；山门村民以种生姜为主。另外，大桃村有人以砍柴放排为业，而和平村没有放排的。现在，和平村依靠近县城的地理优势，把农田改作菜田，成为将乐县的菜篮子基地之一。而大桃村的农民仍然以种植水稻为主。

5. 民居建筑

和平村与大桃村的民居均有三种，反映了其经济条件的变化。和平村早期的住房是茅草棚；然后逐渐出现了土木结构的瓦房，瓦房的外墙用泥巴搭成，里墙用木板或泥巴做隔墙；到了20世纪70年代以后才出现砖混结构的房屋。大桃村的早期住房既有茅草棚，也有木板房；后来出现砖木结构的住房，其外墙的下半部分用砖头砌成，上半部分与隔墙用木板拼成；20世纪80年代以后才出现砖混结构的房屋。因而，两村的建筑在中期就有所不同，和平村的是土木结构，墙用泥巴搭成；大桃村的为砖木结构，墙用砖砌成。显然，从长汀迁到和平村的客家人把老家的搭墙技术也带到了将乐县。

6. 语言

在语言上，大桃村与和平村中都存在着两种语言，即将乐话与客家话。但大桃村中绝大多数村民都讲将乐话，只有个别人会讲客家话，客家话在村内与村外都极少被使用。和平村则几乎人人都是两种语言同时使用，在村里均讲客家话，而在村外与将乐人交流时讲将乐话。另外，从两村的语言中可听出，和平村人讲的客家话中已渗透了少数将乐话的词汇，大桃村人讲的将乐话中有相当一部分词汇的发音近似客家话。

7. 民间信仰

两村人均信奉多个神明，但其信仰的主神不同。大桃村人最信奉齐天大圣，而和平村民最崇拜定光古佛。大桃村的各座寺庙与各项神明活动均有明显的层次性，而和平村都是全村人共同信奉、参与。大桃村有“赶瘟神”这一将乐本地的习俗，而和平村没有。

另外，在组织神明活动时，和平村人在新中国成立前请的是道士（和平村人把当地的南摩仙称为道士），新中国成立后改为请和尚在醮场中做法事；大桃村的多数神明活动都是请南摩仙来主持。在组织者的产生上，和平村要通过抽勾（即抓阄）来选出“五人领导小组”，大桃村则由村民推举产生头家，一般只需2人。并且和平村的醮事活动较为繁闹，花费也较大；大桃村的比较简单，过程比较自由，花费比较小。

8. 其他习俗

两村均有用擂茶来招待客人的习俗，尤其是在做红白喜事要招待大批客人之时，必须做擂茶，连不认识的人也可以去喝。但两村喝擂茶之俗仍有所差别，和平村民多数是在招待客人时才做，平常很少做给自家人喝；而大桃村人平时常做擂茶供自家人饮用，就像喝白开水那样普遍。并且，大桃村人有冬收之后做白粿、揗糍粑待客，即“过完冬”之习俗，而和平村无此习俗。

结　语

一

本书结合了官方史志、户籍本以及田野调查时收集到的族谱、碑记、口头传说等资料对闽西与闽西北的民俗信仰进行了分析探讨，与福建其他地方一样，其民间信仰具有传承性与变异性、地域族群性与村落宗族性、多神混杂性与多元包容性等特点。[①] 在乡民的信仰构成中，既有风雨雷电、石头、土地、泉水等自然物崇拜，又有树木、动物等动植物崇拜，也有历史上的文人武士、名儒乡贤等人物与祖先崇拜，还包括佛、道、巫、释教神明在内的信仰。在一些村落的寺庙宫观中，佛、道、巫等不同宗教的神祇往往同供于一个庵庙中，甚至在同一神龛中供奉。

闽西与闽西北的民间信仰的地域族群性是比较明显的，如同样是定光、观音与伏虎三位神明，在宁化一带被称为“三大老佛”或“三大古佛”，而在长汀一带则被称为“三大祖师”，从“佛”与“祖师”的称呼中可见两地历史上可能受不同教派的影响。在将乐一带，无论是客家还是非客家村落，各自然村的土地神均称为“阳公”，而在长汀、武平、上杭等地，则大多称为“伯公”、“大王”。在本书调查的各个点中（详见表1），民众的信仰具有非常明显的层次性，这与刘大可教授在武平县北部的研究结果非常相似，[②] 无论是建造的寺庙、供奉的神明还是举行的民俗信仰活动均是如此。

---

① 刘大可：《传统与变迁：福建民众的信仰世界》，北京：社会科学文献出版社，2010 年，第 127 页。

② 刘大可教授把武北的寺庙与神坛分为四个层次：武北“六十四乡”共同所有、相邻数村联合建造、全村共同修建、一个宗族或一个聚落所有（刘大可：《传统与变迁：福建民众的信仰世界》，北京：社会科学文献出版社，2010 年，第 133 ~ 136 页）。

表1　本书各调查点的主要庙宇、神明与庙会概况

调查地点	村中主庙			全乡主庙			跨域信仰圈
	庙名	主神	庙会时间	庙名	主神	庙会时间	
宁化杨边	香火堂	三大古佛	正月初六、九月十三“过漾”	双忠庙	张巡、许远	七月双忠庙庙会	到江西数县朝大华菩萨；到长汀县朝小华
宁化安远	张公庙	张公	九月二十九	关帝庙（已不存）	关帝	五月十三	
宁化河龙				水南古庙	伊公	十月十七	
上杭田背	云霄阁	三大仙师、三夫人、观音、天后、北帝祖师、五谷等	正月祈神、七月二十四靖戍侯王生日	雷坛寺	北帝祖师	秋收之后进行打醮	
上杭回龙	龙山寺	定光	正月二十三、十一月	天后宫	天后	正月初九、八月中旬	龙山顶上的广修寺为上杭、长汀等县民众所信奉的寺庙
上杭红石				水井寺	定光、观音等	正月	与回龙同
上杭龙角				同上	同上	同上	与回龙同
上杭古坊	五显宫	华光大帝	十月十五	观音厅（已不存）	观音	不详	
长汀罗坑头	禅林庵	三大祖师	十月十九保安醮	天后宫	天后	三月二十三	汀杭交界处的广修寺为两县交界处的民众所信奉

（续上表）

调查地点	村中主庙			全乡主庙			跨域信仰圈
	庙名	主神	庙会时间	庙名	主神	庙会时间	
长汀寨背	锦屏寺	三大祖师、五谷神等	正月新年醮、四月保苗醮	与中畲同			长龙岩菩萨醮不仅包括宣成各村，还包括河田、涂坊等乡的村落，共有48个村落打此醮。长汀各乡村民众在传统社会打保苗醮前大多会到清流林畲去朝五谷神，并分五谷神的香火
长汀畲心	凤凰寺	石仙祖师、三大祖师、五谷等	四月保苗醮、九月十九石仙祖师醮等	与中畲同			
长汀中畲	中华山	三大祖师、石仙等	正月新年醮、四月保苗醮	角明西山寺	三大祖师、四圣公王等	正月十六至十八三太祖师醮	
长汀下畲	回山堂	三大祖师、五谷等	四月保苗醮	与中畲同			
长汀蓝溪	白莲寺	三大祖师、五谷等	四月保苗醮、八月平安醮	与中畲同			
长汀溪源	仙师庙	三大仙师、五谷等	正月新醮、五月保苗醮	与中畲同			
长汀蓝田	仙师宫	三大仙师、五谷	正月新年醮	与中畲同			
长汀泮溪	回头庵	五谷神	四月保苗醮	与中畲同			
长汀长桥	莲花寺	三大祖师、三大仙师等	四月保苗醮、六月三大仙师醮	与中畲同			
将乐和平	阳公庙	杨公	正月十五	古佛堂	定光古佛	正月初九、八月中旬、九月初六至初八	
将乐三门	山门庙	杨公	正月新年醮、五月保苗醮	普陀岩寺	三宝、观音、五谷等	不详	
	星峰山庵	齐天大圣	七月庙会				
将乐桃村	五谷仙庙	五谷、陈公爷等	五月保苗醮、二月陈公爷庙会	与三门同			
将乐大布	将军庙	刘将军、天后、五谷	正月游刘将军	与三门同			

从表1中所列寺庙供奉的神明来看，供奉比较多的是观音、五谷、天后、三大祖师（三大古佛）等。从举行的庙会与醮会来看，最普遍的是正月举行的新年醮与四五月份举行的保苗醮。从表中可知，村庙与乡庙在各调查点中几乎都存在，但跨乡、跨县的庙宇与神明崇拜活动则并非每个乡、每个村落都有参与。

闽西与闽西北的神明信仰具有非常明显的层次性。表中仅列出全村及全乡性的寺庙与神明活动，未列出宗族性的或一个自然村的信仰。在本书调查的区域中，自然村或宗族性的信仰最普遍的是土地神信仰，在回龙、龙角村各姓的聚居点与将乐三门、桃溪与洋坊村，几乎每个自然村村口都有土地神坛。跨乡、县的信仰比较普遍的是闽西的五谷神崇拜，众多乡村在传统社会时打保苗醮前会到清流林畲去朝五谷神，并分五谷神的香火。其次是定光古佛崇拜，长汀的许多乡村都称其为长龙岩菩萨。长汀、上杭等地的乡村在打古佛醮时会到武平梁野山迎请定光佛回村。在宁化西部的几个乡镇，人们每年都会到江西县的几个庙宇中朝大华菩萨，或者到长汀县的数座寺庙宫观中朝小华菩萨。这些都是跨域信仰的典型例子。

在长汀县宣成乡，这种层次性表现得特别明显。宣成乡中存在着多种信仰，佛、儒、道并存。乡中大大小小的寺庙有十多座。各村围绕着上述寺庙中的各个神明，村中每年都有数次醮会。根据笔者的田野调查，全乡共有47次神明不尽相同、规模大小不等的醮会。从参与者的宗族状况而言，可以分成两个层次. ①单个宗族的醮会：如中畲村钟姓组织的新年醮、保苗醮、长龙岩菩萨醮、石仙祖师醮等；②两个或多个宗族共同组织的醮会：如下畲村杨、黄、赖、钟4姓组织的保苗醮与石仙祖师醮；蓝田村池、阙两姓组织的新年醮；池、陈两姓组织的保苗醮与平安醮；阙、赖、吴、陈4姓组织的朝山醮等均属此类。

从地域即参与者所属的村落而言，由小到大可以分成四个层次：①由一个自然村组织的醮会：如中畲村龚屋，下畲村张屋、杨屋，长桥村高坪、林坑、罗坑组织的长龙岩菩萨醮；长桥村林坑组织的新年醮与朝山醮；长桥村罗坑、林坑、高坪、窄陂、廖屋各自举行的保苗醮等；②由一个行政村（通常包含了多个自然村）组织的醮会：表3－35中所列的参与者为“全村”的醮会均属此类；③多个行政村组织的醮会：如宣成畲心、中畲、下畲、溪源、蓝田、泮溪6村共同组织参与的正月十六至十八日的三大祖师醮；④多个乡镇参与的醮会：如河田、涂坊、宣成等乡镇共同参与，按次序进行的长龙岩菩萨醮，共有48个村落打此醮。由此可见，醮会参与者所涉及的范围大小并不相同，最小的是一个自然村，其次是一个行政村，再次是数个行政村，也有的是全乡乃至数乡，最大的则是由跨县的民众共同参与的醮会。

闽西、闽西北乡村的庵庙在日常生活中是非常静寂的，很多庙宇在非朔望日（初一、十五）时可能人迹罕至，门可罗雀，连香客的影子也没有。但每到醮会与庙会游神的日子，则呈现出完全不同的景象，此时，鞭炮声此起彼伏，破败的庵庙被布置一新，布满灰尘的神像也被涮洗干净，甚至重新涂上一层铜粉，久未点香燃烛的神台上挤满了供品，神台下堆满了刚点燃一会儿就被熄灭、被拔掉的线香与蜡烛。庵庙内人声鼎沸，拥挤不堪。特别是在庙会与醮会的高潮阶段，或在演神明戏之时，平时安静的村落显示出一种狂欢的状态。村民的家中宾客满堂，亲朋们相聚一起，通过组织参与醮会与庙会，加强了民众之间的联系。各种大小不同的醮会给予了信仰圈内的人们许多增进了解、消除成见的机会，从而在一定程度上减少了矛盾与纷争，加强了区域内群体的团结。

二

在闽西、闽西北的神明信仰中，最让笔者感兴趣的是祖神与区域神的关系。在有的宗族祠堂或香火厅中，神明与祖先可以共同供奉。如杨边村杨姓的一个香火堂中就供奉着定光、观音、伏虎三大老佛的神像，有族人认为老佛定光与二佛伏虎是他们的祖先——胜二郎与仍郎；也有族人认为老佛与观音是他们的祖先——用蕃公夫妇，把佛教中的神明当成了本族的祖先。而河龙的伊公本是伊姓的祖先，由于他对国家与百姓的贡献受到朝廷的封赏，死后成为各姓祭供的神，后来逐渐演变为河龙五十三乡（自然村）信奉的神明，该信仰还传到长汀与江西石城。在闽西四保地区，邹公也身兼祖先和神明的身份，当地所有的邹氏宗族都认定邹公是他们的祖先，至迟元明时就被当时的村落供奉成为四保最重要的地方神。[①] 所以，在闽西民众的信仰生活中，一些神明与祖先的身份是可以互换的。

宁化河龙的伊公信仰是一个典型的祖神变区域神的例子。伊公本是伊氏第五世，名盆义郎，死后受到乡民的供奉，被称为“伊公尊王”。伊公生前因忠勇，征服了南蛮，被朝廷封为“银青大夫”。死后因“显灵”解除了海寇的骚扰而被朝廷加封为“洲湖润德尊王”。据谱载，伊公庙首次建庙是在天圣五年（1027），由伊姓发起，邀同谢、赖两姓合建的。由于

① 刘永华：《道传传统、士大夫文化与地方社会：宋明以来闽西四保邹公崇拜研究》，《历史研究》2007年第3期，第72页。

庙建在水之南，又称为水南庙。此庙已有900多年的历史。伊公是伊姓的先祖，首建伊公庙时的地基也是伊姓的，庙的左边还有伊姓的老祠堂——“敏公祠”①。因此伊公信仰具有祖先神的一些特点。

随着伊公信仰的发展，伊公的信仰逐渐向汀州府延伸，据（宋）《临汀志》的记载，汀州府城的南边有座洲湖润德尊王庙。此庙“在长汀县南富文坊。莫详封爵创始之由。长老相传，汉末人以忠义死节此地，出为灵响，郡人为立小庙。忽一日山洪骤涨，庙流而下，止于南山之麓，后枕石屏，前瞰麻潭。后坊民欲移归故址，举莫能胜，始悟神安灵于此”。② 从中可知，伊公，即洲湖润德尊王信仰传到长汀后，周围的民众虽然说不出伊公被封爵的原因，但伊公信仰的核心所在，即他的忠勇是百姓祭供他的主要原因，这一最重要的特质却仍然保存。

伊公信仰除了向长汀延伸，还向江西扩散。据张志渊的调查，江西石城有座伊公庙，此庙位于县城西门外，背西向东，旧貌简陋。在传统社会中，此庙每年农历八月十六至十八日都会举行庙会。庙会的主要内容有“寿洗”、“做木偶戏”、“放焰火”三个项目。③ 据笔者的调查，伊公信仰传到石城可能是宗族的外迁或姻亲关系的牵引所致。

伊公信仰向外县、外省伸延的同时，在本地也向庙的周边扩大。建庙之初，伊公信仰以伊、谢、赖为主，到清朝时，已囊括了河龙的数十个姓氏。据庙中碑文所载，修建水南庙的捐款姓氏包括陈、傅、黄、赖、刘、罗、李等30姓。与此同时，从水南庙碑记所载“数十乡皆祀公圣像，余乡乃公之真身”这句中可知，伊公的祭祀圈已扩大到数十个聚落。田野调查发现，伊公庙囊括的“五十三乡”祭祀圈均是河龙管辖下的自然村，包括下伊、何屋、中坑、下傅、上伊、枫溪等。

详细分析伊公信仰圈不断扩大的原因，除了受姻亲关系的影响外，主要包括以下几点：

（1）官方的推动。伊公生前本是朝廷官员，死后因功被封为“银青大夫”，后又因“显灵”平服海寇而被封为“洲湖润德尊王”。朝廷的封赠表明了官方的肯定，使伊公庙有别于一般的民间庙宇，而成为一座正统化

---

① 《太原伊氏族谱》，13修，卷一，《下伊水南发源祖祠碑记》；卷末，水南祖庙图，1990年。

② （宋）胡太初修，赵与沐纂：《临汀志》，福州：福建人民出版社，1990年，第63页。

③ 张志渊：《石城庙会大观》，罗勇、劳格文主编：《赣南地区的庙会与宗族》，香港：国际客家学会、海外华人研究社、法国远东学院，1997年，第46～47页。

的庙宇。在地僻一隅的河龙，伊公可以视作朝廷与国家的象征。伊公生前与死后都因有功于国而受到皇帝的封赠，这不仅使地方社会的建庙设祭合法化，而且无形中使其信仰圈进一步扩大。

（2）物资交流的促进。宋朝时伊公信仰传向长汀，这显然跟河龙与长汀的物资交流有关。河龙乡民世代以种稻、养猪为生。当地所产的稻米是“贡米”，年产量约315万斤。由于米质好，各地米贩云集河龙。乡民一到墟日，就把米担到墟场上卖。商贩们收购后，主要把米运往汀州府城，在长汀销售或运往梅州、汕头等地。除了在墟上卖，青壮年还会在农闲时自行组成运输队，担大米或抬大毛猪去长汀出售，返城则买一些杂货或袋装盐。因此，长汀与河龙有着极为密切的经济联系，长汀城中洲湖润德尊王庙的出现应该与此相关。

（3）伊公的“灵验”。伊公的“灵验”是百姓信仰他的根本原因。伊公在建庙后曾数次“显灵”，如“显圣”阴娶、“显灵”平服海寇等。在田野调查中亦屡屡从乡民中听到他“灵验”的故事，这些“显灵”故事极有利于伊公信仰的传播。另外，从神明功能的增多也可看出伊公的“灵验”。百姓最初供奉他的目的在于保护地方的安定。随着伊公信仰的地方化，其功能显著增加，如《水南庙碑记》载曰：“自是水旱必叩，疾病必祷，贸易必祈。”从中可知伊公有御灾、除病、护商的功能。田野调查显示，有不少乡民还会到伊公庙中问吉占卜、祈求好运、求择良辰与贴庚寄娇①，乡民的这些行为表明伊公明显带有婚姻神与生育神的功能。伊公的灵验及保佑功能的增加使其信徒越来越多，信仰圈也一步步扩大。

（4）宗族迁移的播散。伊公信仰的扩大也与宗族的迁移有关。客家人在迁移时，常把迁出地的神明信仰移植到迁入地中，离迁出地远的，还会在迁入地设坛建庙祭拜；而离迁出地近的，通常还会回庙祭拜。以伊姓为例，在迁外县的伊姓中，第十世、第十一世有迁长汀者；在迁本宁化县的伊姓中，第二世有迁管背、上伊、下伊者；第三世有迁上坑、泗洲坑、圳背者；第七世有迁管背与塘头者；第八世有迁圳背者；第九世有迁对塘者。外迁的伊姓中有很多都是建庙祭神活动的参与者，对照上文所述的伊公祭祀圈所涵盖的“五十三”乡可知，上伊、下伊、管背、上坑、对塘、圳背都在此祭祀圈内。因此，伊公信仰圈明显随着伊姓宗族的居住地向四周与外地迁移而扩展。

---

① “娇”在当地是指小孩多病。为了使小孩不生病或已生病的较快康复，村民们通常把小孩的生辰八字写在一条红签上，再用写有福字的红纸包好，然后将它贴在伊公尊王座前，称为“契娇”或“寄娇”。

（5）抚慰百姓焦虑心理的需要。百姓的焦虑在不同的时代有不同的内容。在战乱之时，百姓特别希望能有和平安定的社会环境。伊公信仰的出现显然与乡民的这种愿望有关。明清之际，闽西地区的匪患和动乱仍然相当频繁，有的是邻省盗贼的侵袭，有的则是境内作乱。据考证，从明正统到崇祯时期208年的时间里，差不多每两年就有一次变乱。① 伊姓族谱中也有不少有关战乱的记载，如“明末世变，草贼蜂起，扰乱乡隅，民苦涂炭”。② 又如经明公“咸丰寇扰之后，岁歉饥馑，率宗人同志者敛粟贮柜，计口给食”；③ 再如“（族谱）二修之时，其间西匪扰乱者数次，户口调残者几多”。④ 饱受战乱之苦的乡民们对动荡环境的惧怕与焦虑促成了伊公信仰的出现与扩展。在和平时期，由于生活的无常，乡民们仍然要面对许多压力，从而产生了许多不同的焦虑心理。而功能渐渐增多的伊公信仰则正好可以满足乡民减缓各种压力的需要。著名的美国民俗学者阿兰·邓迪斯曾说过：“人们的焦虑、痛苦等等情绪，都会在民俗当中得到表达，民俗为我们提供了一扇理解人的窗口。”⑤ 乡民们祭拜伊公的习俗正是他们焦虑心理的表达，他们通过祈求伊公使自己焦虑的心理得以平静，压力得以减缓。

因此，伊公信仰扩大的过程就是它与当地社会的环境、经济、民众心理及其民俗文化相结合的过程。在此过程中，伊公逐渐成为一个适合当地社会，广为当地民众所接受的神明，从一个祖先神演变为能御敌除寇的助战之神，并逐渐成为一个既可御灾、除病、护商，又可问吉占卜、祈求好运、求择良辰与贴庚寄娇，能够满足当地乡民各种需要的地地道道的区域保护神。

刘永华教授也曾注意到闽西客家地区祖神与地方神的关系，他对连城四保的邹公信仰作了非常详尽的调查，并对邹公信仰的身份转换过程与变化原因进行过精辟的论述。据他的研究，在闽西四保地区，邹公身兼祖先和神明的身份，当地所有的邹氏宗族都认定邹公是他们的祖先。同时邹公

---

① 傅衣凌：《明末清初闽赣毗邻地区经济与佃农风潮》，《明清社会经济史论文集》，北京：人民出版社，1982年，第338~339页。

② 《太原伊氏族谱》，13修，卷一，《积遂公传》，1990年。

③ 《太原伊氏族谱》，13修，卷一，《太学生族叔经明公行述》，1990年。

④ 《太原伊氏族谱》，11修，卷首，《太原郡重修族谱首士纪》，光绪三十四年（1908）。

⑤ 杨利慧等：《阿兰·邓迪斯：精神分析学说的执着追随者和民俗学领地的坚定捍卫者——美国民俗学者系列访谈之二》，《民俗研究》2003年第3期，第55页。

又是四保地区最重要的地方神，至迟元明以来就为当地村落所供奉，受到四保大多数宗族人的崇祀。文献资料多认定邹公是南宋状元邹应龙，实际这一说法在明代后期邹氏地方精英开始有意识进行收族活动后才出现，与汀州流传的一系列斗法传说有关。这些传说透露出邹公不是状元，而是位神通广大的法师。邹公从法师到状元的身份转换过程，不应简单归结为士大夫文化取代地方文化的过程，而应视为道教、士大夫与地方社会几种文化传统相互合成的结果。①

三

闽西墟市上的民间信仰呈现出非常多样的面貌，墟市的位置、规模、社会历史、宗族构成、周边村落的民间信仰状况等均会对其产生影响。在此，笔者先把闽西部分墟市的墟期、街道、寺庙宫观与庙会、醮会等统计成表2，再作进一步分析。

表2 闽西部分墟市的墟期、街道、寺庙宫观与庙会、醮会统计表

墟市	隶属	墟期	街道/商店数目	庵庙宫观数目	主要神明	庙会与醮会
安远	宁化	三、八	3/61	4（张公庙、关帝庙等）	张公、关帝、观音等	五月关帝庙会、七月张公庙醮会、九月张公庙会
禾口	宁化	四、九	3/120	5（双忠庙、观音庙等）	华光大帝、张巡、许远、观音、三仙等	七月双忠庙庙会、九月水口庙庙会
河龙	宁化	五、十	3/42	1（伊公庙）	伊公	十月伊公庙会
凤山	宁化	一、六	1/19	1（五通庙）	华光福主	正月华光醮
中山	武平	三、六、九	3城/不详	40（东平王庙、关帝庙、天后宫、五谷庙等）	张巡、真武祖师、观音、定光、天后、关帝、五谷等	花灯戏庙会、关帝庙会、祈福庙会、完福庙会、保苗醮、祈雨醮、保安醮
濯田	长汀	二、六	5/72	13（五通庙、天后宫等）	霸王、五通五显、关帝、观音、定光、妈祖、五谷等	正月游霸王、二月花朝节游神、四月五通庙会、七月天后醮

① 刘永华：《道教传统、士大夫文化与地方社会：宋明以来闽西四保邹公崇拜研究》，《历史研究》2007年第3期，第72页。

（续上表）

墟市	隶属	墟期	街道/商店数目	庵庙宫观数目	主要神明	庙会与醮会
馆前	长汀	三、八	2/40	1（祖师庙，1875年庙毁后改建为天后宫）	三大祖师、天后	三月妈祖庙会、九月三大祖师醮会
羊牯	长汀	三、八	1/8	1（天后宫）	天后	三月二十三天后生日打醮
张屋铺	长汀	一、六	1/23	3（关帝庙、回山堂等）	三大祖师、三大仙师、五谷、关帝等	新年醮、保苗醮、石仙祖师醮、三大祖师醮、长龙岩菩萨醮

资料来源：

罗华荣：《石壁传统社会调查》，杨彦杰主编：《宁化县的宗族、经济与民俗》，香港：国际客家学会等，2005年；

杨彦杰：《濯田宗族、经济与庙会》，杨彦杰主编：《长汀县的宗族、经济与民俗》，香港：国际客家学会等，2002年；

张春荣：《馆前镇汀东村传统社会调查》，杨彦杰主编：《长汀县的宗族、经济与民俗》，香港：国际客家学会等，2002年；

钟德胜：《武平县中山镇庙会胜概》，杨彦杰主编：《汀州府的宗族庙会与经济》，香港：国际客家学会等，1998年；

赖仰恩：《淮土乡凤山村传统社会调查》，杨彦杰主编：《宁化县的宗族、经济与民俗》，香港：国际客家学会等，2005年。

从表2可以看出，同样是乡镇墟市所在地，其民间信仰的构成却千差万别，丰富程度也相距甚远。最丰富的是中山镇，一平方公里的土地上就有40多座寺庙，数十位神明，有难以计数的各种神明会；其次是濯田墟，有13座庙宇。无论是寺庙还是相关的神明活动都有各种层次，有的为商人所有，有的属于当地某个宗族所有，有的为全村所有，还有的为整个区域所有。最简单的是宁化河龙墟与长汀羊牯墟的神明信仰，前者只有一座伊公庙，后者只有一座天后宫，两个墟场的神明活动次数都很少。墟场庙宇供奉的主要神明亦差别很大，禾口和凤山墟场均以华光大帝为主神，安远以张公、关帝为主神，濯田的主神为霸王，河龙的主神为伊公，馆前的主神为三太祖师和天后，羊牯的主神也是天后。即使是同一尊神明，在不同的墟场，其功能也可能完全不同。如关帝，在中山关帝庙是乞丐的活动场所，在其他地方却是庇护商人的财神爷。

那么，是什么因素左右着墟场民众的神明信仰与神明活动呢？笔者认为，主要有以下几个因素：

第一，墟市规模大小的影响。一般来说，墟市的规模越大，其货物交易量越大，寺庙与神明越多，相关的神明活动也越多。墟上的商店绝大部分是周边民众开的，并且墟场周围的民众容易利用近墟的有利位置赚钱，如摆摊做生意、做雇工、种菜等。规模较大的墟市商店较多，货物交易量较大，为村民提供的赚钱机会也比较多。货物交易量越大，商贩们的获利也就越多，他们对修建寺庙与举行神明活动就会积极捐资参与，以获得神明的保佑。而在一些穷乡僻壤，处于饥寒交迫中的民众是难以有余钱屡屡建庙奉神与频繁举行神明活动的。笔者在闽西乡村调查时就听到不少地方的百姓说“打一次醮，过一次劫”。长汀四都的乡民亦说：“唔怕年唔怕节，就怕一个四月八。”因为举行四月八日菩萨庙会时，家家户户都要请很多客人，花费极大。

第二，墟市宗族构成的影响。墟市的宗族构成越复杂，来自不同地区的宗姓越多，墟市上的民间信仰内容就越丰富。寺庙与神明最多的中山墟，其所在地的宗族最复杂，墟场周围的三个行政村共有105个姓氏，这些姓氏的祖籍分别在江西、浙江、安徽、山东、四川与福建等省。寺庙与神明数量居第二的濯田墟，墟场民众的构成也相当复杂，墟场周围住有十多个姓氏，在墟上开店的生意人既有来自广东、江西等外省的，也有来自本省外县如武平、上杭、连城的，还有来自本县外乡如三洲、河田、涂坊的，这些外地人在濯田开的店占了总数的一半。濯田的寺庙中，有两座就是上杭籍与连城籍的商人建的，分别命名为“上杭庙”与“连城庙”。在宗族构成复杂的中山与濯田，神明活动也较多，涉及各种层次，如宗族性、村落性与区域性等。而在只有一座主要寺庙的河龙墟场，墟场附近的主要姓氏只有伊、谢、张3姓。全乡只有十多个姓氏的羊牯墟场也仅有一座主要寺庙天后宫。墟场只有一座五通庙的宁化凤山墟，在墟上开店的都是本地的大姓。

第三，墟市位置的影响。墟市位置对墟场民间信仰的影响主要表现在神明的构成上。位于码头或者可以通航的河流边的墟场一般都建有天后宫，或者在寺庙中供有天后的神像。商品交易量极小的羊牯墟场，位于汀江边上，是整个长汀县的水口，仅有的一座寺庙就是天后宫。每逢墟天有墟船200多艘的濯田以及曾因是渡口货物中转站而一度设墟的回龙，其航运比较发达，也建有天后宫。在墟场边没有可通航河流的安远、凤山、宣成等地均未供天后神像。

第四，货物流向的影响。货物流向与商人的活动密切相关，因此货物流向的影响或许可视为商人活动的影响。安远墟场的中药与布均来自江西，江西南城、广昌等地的大米也有挑到安远再经宁化县城到长汀的，而南城与广昌的食盐与百货也多半来自安远，安远与南城、广昌之间的货物交流十分频繁。在安远，江西人建有江西会馆，在会馆中供有江西人普遍信仰的许真君，每年冬至日，整个安远的江西人都会在会馆聚餐，并演戏酬神。在宁化凤山墟，因凤山与江西交界，凤山与江西有不少货物都通过挑夫互通有无，因此当地的寺庙中供有杨筠松。杨筠松是江西兴国县人，是有名的地理大师。在濯田墟场，濯田与四都乡的经济、人员往来均很密切，因此，濯田的沙篱寺中供有四都归龙山的罗公祖师。①

第五，墟市周边乡村信仰构成的影响。墟场与周边的乡村共处于一个文化圈中，其信仰构成与周边乡村的信仰有许多共同之处，一些深受周边乡村崇拜的灵验之神往往也受到墟场民众的顶礼膜拜。如在长汀张屋铺，最受墟场民众崇拜的三大祖师来自本县的赤峰嶂，供在福首的家中，墟场上未供奉三大祖师。墟实上，由于三大祖师信仰在长汀十分普遍，因此，长汀的许多乡村在游神打醮之前都会先到赤峰嶂去朝三大祖师。在宣成，每年规模最大的神明活动就是正月的迎游三大祖师，墟场所在地以村的身份参与到六村迎游三大祖师中。如果我们把张屋铺墟场所在地的下畲村与周围的中畲、畲心等村的神明活动进行对比，就会发现：它与周边乡村的神明活动几乎趋于一致，都由新年醮、三大祖师醮、长龙岩菩萨醮、保苗醮与石仙祖师醮等组成。规模越小，商品经济越不发达的小墟市，其民间信仰的构成与神明活动的组织与周边的乡村越是趋同。

第六，墟市的双重性影响。墟市具有明显的两重性：亦农亦商，农商并重。在居民的构成上，主要由商人与农民组成；在墟市的空间结构上，既有商业区，也有农业区。即使是在墟上开店的坐商，他的身份也可能是双重的。许多小商人都是在墟天做生意，其他时间或去进货或去田地劳作。这种双重性反映在墟市的民间信仰构成上，既有商人所信仰的神明，如关帝、五通五显与天后，也有农人所信仰的五谷神与其他区域神。在神明活动的组织上，墟市上的神明活动虽说有纯粹商人出资与参与，但绝大部分都是农商共与、农商共娱的。除了专门由商人举办的妈祖庙会外，商人参与墟场神明活动最明显的部分是大部分墟市都在庙会期间上演由不同行业商人出资演出的“行业戏”。

第七，墟场大姓的作用与影响。强宗大族对墟场民间信仰的影响是不言而喻的。墟场上寺庙的建立多半是由强宗大族中的精英所倡导，神明活动的组织者也大多由他们担任。墟场所供神明，有的就是由强宗大族的祖

---

① 杨彦杰：《濯田的宗族、经济与庙会》，杨彦杰主编：《长汀县的宗族、经济与民俗》，香港：国际客家学会、海外华人资料研究中心、法国远东学院，2002年，第568页。

宗神逐渐演变成当地的地方神，这与强宗大族的影响是分不开的。比如在河龙，深受当地53个聚落崇拜的伊公尊王原是当地历史最为久远、人口最多的伊姓第五世祖。在举行神明活动时，强宗大族通常拥有不少特权，在凤山墟五通庙中的华光菩萨周围几个村落都有份，却只有人口较多的孙姓可以抬此庙中的华光菩萨出来打醮，其他姓氏只能抬供奉在祠堂中的华光菩萨出来。但孙姓在正月十三日下午得等人口最多的王姓在五通庙的迎神活动结束后才能把华光菩萨送回到五通庙中，并且正月十二日闹故事时游村队伍得绕到王姓的居住地“参拜大姓”。在游神队伍的排列上，强宗大族的神明往往排在游神队伍的前面。如濯田正月十五抬霸王时，在正月十三至十五日连续三个晚上上庙、下庙与巷头林氏三个庙的“满堂菩萨”一起游街时，琅琊王氏的上庙霸王走在最前面；只有太原王氏的下庙霸王在正月十五日白天打醮时可以单独抬出来巡游，这显示出人口最多的两支王氏在濯田拥有的特殊地位。

当然，墟场所在地的民间信仰往往是其中几种因素综合作用的结果，并非只受一种因素的影响。

在传统社会里，由于交通不便，宗族、村落、乡镇之间的交流较少。因此，传统社会中的墟场在墟期与非墟期的面貌是完全不同的。非墟期的墟场安静如一般的村庄。但一到墟天，墟场上就车水马龙，集结了周围村庄的许多商贩、乡民，还有许多外来的商人，各种物资在这里流动，本地与外地的大量信息在这里传播，拥挤不堪的墟场上，叫卖声、吆喝声、讨价还价声甚至要把戏等声音糅杂在一起，呈现出一片嘈杂、喧闹的景象。

四

闽西是目前学界所称的“客家大本营”之一，但在漫长的历史长河中，它曾是畲族的主要聚居地。随着客家先民的南迁，许多盘、蓝、雷、钟等姓的畲族民众向东、向北迁移，使闽粤赣边逐渐成为客家人的聚居地。但在今天的闽西、赣南与粤东地区，仍然生活着一些畲族，包括已被官方承认的上杭县恢复了畲族民族成分的蓝、雷、钟姓，以及长汀、武平、永定等县未恢复畲族民族成分的畲姓。据历史学家傅衣凌先生的考证，畲族中除了盘、蓝、雷、钟4大姓外，还包括陈、黄、李、吴、谢、刘、邱、罗、晏、许、张、余、袁、聂、辜、章、何等姓氏，[1] 不过在近

① 傅衣凌：《福建畲族考》，《傅衣凌治史五十年文编》，北京：中华书局，2007年，第169～178页。

代，傅先生考证的这些畲姓在闽西无论是自称还是他称都已认同自己是汉族。大本营内客家人的不少生产、生活习俗都受到畲族的影响，从中可以看出畲族曾经与之长期共同生产、生活过的历史痕迹。

如闽西留存的神犬崇拜传说与习俗，是畲、客两族群长期杂居留下的历史痕迹之一。田野调查资料显示，闽西的神犬崇拜现象在长汀、武平、清流等县比较多见，如长汀县南部流传着紫微大帝收服黑狗公王、黑狗公王与涂赖二公斗法的传说；清流县萧氏宗族中流传着黄狗大将军救战争中的萧瑀的传说，该宗族每年都要祭黄狗大将军并吃狗粥；武平县北部流传着黑狗公王的故事等。这些神犬传说大多与当地姓氏的祖先有关，其历史久远，内容多姿多彩。

在长汀县羊牯乡罗坑头村供奉的众多神明中，最为周围乡村民津津乐道的是黑狗公王，它的灵验吸引着四乡的男女悄悄去坛前祭拜。村民认为，黑狗公王是村中最为灵验的公王，他有求必应，无所不能。当地还有一则黑狗公王与涂赖二公斗法的传说，虽然几个报告人均说得不是很完整，但从中可以看出黑狗公王的法力之大。传说曰：

涂坊的涂姓与河铺村的吴姓发生纠纷，两姓打起了群架。由于势力相当，难分胜负，两姓纷纷向外地寻求援助，请同姓宗亲一起来参加争斗，结果仍不分上下。于是涂姓请福主涂赖二公，吴姓则请到了黑狗公王，双方摆阵斗法，以决雌雄。初期，涂赖二公化装成两个小商贩，把附近街道上的草鞋都买到手中，然后施加法力，把草鞋变成了人，使阵地上一天到晚人流不息，吴姓看到这阵势很心虚，就败下阵来。吴姓在思考争斗失利的原因时，想到黑狗公王的旗帜没有张开，法力无法施展。于是，吴姓展开旗帜，摆下鹞婆（客家人称老鹰为“鹞婆”）阵，以对付涂姓摆下的长蛇阵。因鹞婆吃蛇，黑狗公王很快就把长蛇阵摧毁了，吴姓最终战胜了涂姓。

狗是畲族的图腾，吴氏为何祭供黑狗公王？按照前人的考证，福建的不少吴姓是畲族。[①] 罗坑头村的吴姓宗族亦有可能是畲族，因此在其宗族中盛行着黑狗公王信仰。若该村的吴氏为客家人，则应该跟其上祖迁到此地，与当地畲族的交往融合有关。吴姓开基祖福珂公的妻子名为蓝二娘，

① 傅衣凌：《福建畲族考》，《傅衣凌治史五十年文编》，北京：中华书局，2007年，第171～172页。

为闽西畲家女，因此村中吴姓即使不是畲族，也与畲族有密切关系。根据笔者的调查，吴氏开基祖福珂公的迁出地——宣成畲心一带曾是畲族的聚居地之一。

在清流县南端的东山村，有上千年历史的萧氏一族留存着关于二世祖萧瑀与黄狗大将军的传说：

萧瑀8岁随父萧归到东里山背社下定居，从小勤学好问，聪明出众，因为帮朝廷剿杀了当地的“独立王”，立下大功而被知府重用。高祖李渊定京后，萧瑀青云直上，进入京城。由于萧瑀能文能武，治政有方，深得高祖、太宗的亲宠，被封为宋国公，累拜左仆射，官至御史大夫。萧瑀68岁从朝廷告老还乡。夫人官氏诰赠贤德一品夫人。萧瑀去世于唐太宗贞观二十二年（648），后被追封为“精忠护国威烈圣”。

萧瑀有个与众不同的嗜好——特别喜欢养狗，不管是赴宴还是出征，他身边总是带着一条大黄狗。一次，萧瑀应朝廷召遣，出兵讨伐番兵时不幸驻营被纵火。他奋不顾身，坚守阵地，指挥作战。可是，大火非常凶猛，整个营地都成了火海，士兵们全都殉于火中，萧瑀也昏倒在地，此时只有这条黄狗紧跟在萧瑀身边。临危之际，黄狗灵机一动，迅速冲到附近的水坑里，沾满一身水，用湿润的身躯在萧瑀身边滚来滚去，就这样沾了又滚，滚了又沾，才把主人身边的烈火扑灭。天黑下来了，黄狗咬着主人的脚，摇晃着叫主人起来。这时，萧瑀处于半昏迷状态，忽觉身边有动静，以为是敌人近身，于是，用脚猛力一踢，只听“嗷”的一声，黄狗被踢出一丈多远，七窍流血不动了。萧瑀听到一声惨叫，翻身一看，哎呀！心爱的黄狗已经直挺挺地躺在血泊中了，他抱起湿淋淋的黄狗，眼泪直流。看到自己昏倒的地方湿湿的一片，这才明白，原来是心爱的黄狗救了自己的生命。事后，他把黄狗埋葬在一个山坡上，写了一副挽联：“千秋与狗同分功劳，万代与狗同享甘苦”，以纪念黄狗的救命之恩。萧瑀回朝后，就把这事奏明皇上，皇上听了深受感动，加封这条黄狗为“黄狗大将军”。随后，萧瑀便令族人在家乡东山的后龙山上竖碑纪念。从此，东山人就有了扫“黄狗大将军”墓、祭“黄狗大将军”神（石犬）和吃狗粥的传统习俗。[①]

---

① 童金根：《清流县东山萧氏的宗族传说及其庙会》，杨彦杰主编：《闽西的城乡庙会与村落文化》，香港：国际客家学会、海外华人资料研究社、法国远东学院，1998年，第210～212页。

族人为了纪念萧瑀，在村水口建有萧公庙。庙门前檐走廊的右侧雕有石犬一头，此石犬即黄狗大将军。凡来萧公庙进香朝拜者都会去拜此石犬。萧公庙建成后，东山萧氏每年正月初五至十六日都会举行一次萧瑀寿诞庙会。庙会活动的内容有：祭瑀公、祭祖祠宗祠、祭门楼、祭石犬、萧瑀夫妇出巡、"吃狗粥"、游龙灯。庙会之日，迁居到清流长灌、长汀萧屋岭、宁化、连城以及省外、海外的萧氏后裔均会派人前来参加祭祖，祭完萧瑀后要祭黄狗大将军。祭黄狗大将军需杀雄鸡一只，将鸡血洒于黄狗大将军周身，然后往庙门口高高一丢，预一年之吉凶。为祭祀黄狗大将军，村民还得特制一种"狗丸"（为米粿丸）。祭祀时，每家每户都会拿自家制作的狗丸来供奉，供奉之后将各自的狗丸带回家。此外还有吃狗粥的习俗。狗粥与日常的粥饭有别，要加油、盐、姜及各种香料。上乘的狗粥还添加了少许糯米、枣子、花生米、红菇与瘦肉等配料，味道鲜美。狗粥由福首家负责制作，既是祭神的供品，又是参加庙会者的点心。[①]

据刘大可教授的调查，闽西武平县也有神犬崇拜的传说以及相关民俗。他在著述中详细介绍了跟踪调查该传说的过程：

（武平北部）在神明信仰方面，最让人们津津乐道的还是关于"狗"的故事。而众多有关狗的故事传说中，又当数"黑狗公王"的故事最为有趣。在近六年的田野调查中，我们不断寻找黑狗公王的"行踪"。这里，我们不妨先简要回顾一下跟踪它的经过：第一次听到黑狗公王的故事是在1996年正月，杨彦杰先生和我在大禾村水口一座观音庙调查时，听从湘湖村嫁到大禾村的刘凤秀女士讲述的。第二天，我们在大禾坝调查时又有报告人说在贡厦也有黑狗公王，于是我们当即骑自行车赶往贡厦，向时年78岁的蓝龙兆先生请教，蓝龙兆先生说以前在贡厦村的风隔有座黑狗公王神位，是贡厦村的蓝立进公从长汀腊口带回来的，但自从供奉黑狗公王后，贡厦村就不太吉利，后来又送回去了。第二年，我到湘湖村调查时再一次听到有关黑狗公王的故事，不同的是这次的故事更为详细，还见到了当年供奉的神位，以及被赶至刘坊坳后的神位——一块饱受湘湖村人往返小澜墟路过时洒下小便的石头，这块被称为"屙尿公王"的石头在故事传说中是一块青石。在此后的调查中，我还分别在中湍、帽村等地听到黑狗公王

① 童金根：《清流县东山萧氏的宗族传说及其庙会》，杨彦杰主编：《闽西的城乡庙会与村落文化》，香港：国际客家学会、海外华人资料研究社、法国远东学院，1998年，第220～221页。

的故事。①

从中可看出，武北不少村落都有黑狗公王的传说。在武北各村中，中湍蓝氏宗族中流传的这一传说比较完整：

据说，黑狗公王原来位于牛皮湍。有一次发大水，被大水冲到中湍入水口来了，恰好被一些村民打捞起来，人们问它从哪里来，它回答说它是牛皮湍的黑狗公王，很灵验的，如果能把它供奉起来，就可以保佑全村。村民们问它需要什么供品，它说每年要一对童男童女。村民们认为不合算，就把它重新扔到水里。到了村中，黑狗公王又被人捞起来，这次它降低了要求，说不要童男童女，只要一对大猪大羊就可以了。村民们仍然接受不了，又把它扔下去。到了湍下，黑狗公王第三次被人捞起，这时它再次降低要求，说每年只要“虾公煎蛋禾串粄”就可以了。这次村民们认为这个条件可以接受，就对它说：“如果我们在水口倒插一棵枫树，它会活的话，就说明你确实灵验，那时才供奉你。”于是村民就把黑狗公王安放在湍下水口，并在旁边倒插了一棵枫树。果然，几天后这棵枫树就活了。从此，村民们就把它供奉了起来。②

该村的蓝氏与上杭县已恢复畲族民族成分的蓝姓是同一宗族，因此又被学界称为“未被官方承认的畲族”。而在武平北部永平乡的帽村这个客家村落中，这个传说同样在流传。③

无论是在闽西畲族还是客家人中流传的关于狗的传说、祭拜狗的民俗，其最早的起源应该是苗、瑶、畲的盘瓠崇拜。在苗、瑶、畲族中，存在着许多关于盘瓠信仰的民俗。④ 而对盘瓠崇拜的记载，早在东汉的文献中就已出现，如《风俗通义》对此就有简洁而完整的记载。⑤ 晋代的《搜

① 刘大可：《闽西武北的村落文化》，香港：国际客家学会、海外华人资料研究中心、法国远东学院，2002 年，第 16～17 页。

② 刘大可：《闽西武北的村落文化》，香港：国际客家学会、海外华人资料研究中心、法国远东学院，2002 年，第140～141 页。

③ 杨彦杰：《永平帽村的方氏宗族》，《闽西客家宗族社会研究》，香港：国际客家学会、海外华人资料研究中心、法国远东学院，1996 年，第 109 页。

④ 万建中：《传说记忆与族群认同——以盘瓠传说为考察对象》，《广西民族学院学报》（哲学社会科学版）2004 年第 1 期，第 141 页。

⑤ （东汉）应劭：《风俗通义》。

神记》中，这个故事记载得较为详细，不妨引于下：

高辛氏，有老妇人居于王宫，得耳疾历时。医为挑治，出顶虫，大如茧。妇人去后，置于瓠篱，覆之以盘。俄尔顶虫乃化为犬，其文五色，因名“盘瓠”，遂畜之。时戎吴强盛，数侵边境。遣将征讨，不能擒胜。乃募天下有能得戎吴将军首者，赐以千金，封邑万户。又赐以少女。后盘瓠衔得一头，将造王阙。王诊视之，即是戎吴。为之奈何？群臣皆曰：“盘瓠是畜，不可官秩，又不可妻。虽有功，无施也。”少女闻之，启王曰：“大王既以我许天下矣。盘瓠衔首而来，为国除害，此天命使然，岂狗之智力哉。王者言重，伯者重信，不可以女子微躯，而负明约于天下，国之祸也。”王惧而从之。令少女从盘瓠。盘瓠将女上南山，草木茂盛，无人行迹。于是女解去衣裳，为仆鉴之结，着独力之衣，随盘瓠升入山谷，止于石室之中。王悲思之。遣往视觅，天辄风雨，岭表云晦，往者莫至。盖经三年，产六男六女。盘瓠死后，自相配偶，因为夫妇。织绩木皮，染以草实，好五色衣服，裁制皆有尾形。后母归，以语王，王遣使迎诸男女，天不复雨。衣服褊裢，言语侏偶，饮食蹲踞，好山恶都。王顺其意，赐以名山广泽，号曰“蛮夷”。蛮夷者，外痴内黠，安土重旧，以其受异气于天命，故待以不常之律。田作贾贩，无关繻符传祖税之赋；有邑君长，皆赐印绶；冠用獭皮，取其游食于水，今即梁、汉、巴、蜀、武陵、长沙、庐江郡夷是也。用掺杂鱼肉，叩槽而号，以祭盘瓠，其俗至今。故世称“赤髀横裙，盘瓠子孙”。①

畲族的著名史诗《高皇歌》的情节与人物即与此类似，叙述了本民族的起源。如今在闽西畲族与客家人中流传的种种关于神犬的传说，故事母题或多或少都跟古代的盘瓠传说有相似之处。畲族视盘瓠为自己的祖神，至今闽西的一些畲族族谱上还有神犬的图像。据说在新中国成立前新年祭祖时畲族人还会祭拜它，为了防止被外姓人看到，祭祖时会把祠堂门关起来，因此，外姓人都说他们祭祖时神神秘秘的。

在闽西客家地区中，被畲族视为祖神的“神犬”的传说与相关习俗不仅在本族中存在，在客家宗族与村落中也广泛存在。有意思的是，在这些村落中，神犬崇拜与村落中的客家与非客家宗族的祖先息息相关。罗坑头村的黑狗公王是吴姓上祖信仰的紫微大帝收服的一个土著将领，在吴姓与

① （晋）干宝撰：《搜神记》，汪绍楹校注本，北京：中华书局，1979 年。

其他姓氏发生争斗时施展法力，助吴姓得胜。而黄狗大将军则是萧氏上祖萧瑀的一条爱犬，在萧瑀作战遇难的危难关头，为救主人而丧生，后来被皇帝封为“黄狗大将军”。在闽西流传的种种神犬传说有着丰富的历史文化意义，因为神明的争斗往往反映的是不同姓氏与宗族乃至不同族群间的矛盾与斗争，闽西有关神犬的传说故事是客家先民与畲族包括民间信仰的民俗文化相接触、碰撞、斗争的写照。唐宋以来，有关客家先民与闽西畲族发生矛盾，进而演化成两个族群争战的历史事件在地方志中有不少记载，在前人的著述中也频繁出现。

闽西广泛存在的“神犬”崇拜及相关习俗是当地人对客家与畲族两者族群关系的一种历史记忆。随着客家先民的不断迁入，闽西的畲族逐渐接受了汉族先进的生产方式，改变了其刀耕火种的生产方式，也渐渐改变了“自相匹偶，不与乡人通”的族内婚状况。清代《汀州府志》所载的《猺民纪略》与民国《长汀县志》中《畲客》的记载清楚地呈现出这一改变。《猺民纪略》曰：

汀东南百余里。有猺民焉……其男子不巾帽。短衫阔袖。椎髻跣足。黎面青睛。长身猿臂。声哑哑如鸟。乡人呼其曰“畲客”。妇人不笄。饰结草珠，若璎珞蒙髻上。明眸皓齿。白皙经霜日不改。析薪荷畚。履层崖如平地，以盘、蓝、篓为姓，三族自相匹偶。不与乡人通……其性愿悫，其风朴陋。大率畏葸而多惧，望见衣冠人至其家，辄惊窜。入市贸布易丝，率俯首不敢睥睨，亦有老死不入城郭者。噫嘻，是殆所谓山野自足，与世无求，与人无争者欤……①

民国《长汀县志》“畲客”既记载了清代的的上述内容，还对民国畲民的改变作了如下记载：

当时或皆然。今则男子衣帽发辫如乡人。男女时为人佣工婢妾，未必皆三族自相匹偶，不与乡人通。其有田产者，亦必输粮而给官差，此以觇圣朝治化之隆。虽峒猺亦无异于乡里中编氓也。②

---

① （清）曾日瑛：《汀州府志》，卷四十一，《艺文三》，北京：方志出版社，2004年，第876页。

② 黄恺元：《长汀县志》，卷三十，《杂录》，1941年，长汀县博物馆1983年重刊本。

从中可看出，闽西畲族男女的服装曾经异于汉人，他们看到穿戴整齐的汉人到家时会受惊逃避，到集市去做买卖时连头也不敢抬起来，甚至还有终老到死不入城的。可是后来也从不交田税到向官府交粮税，成为“在编之民”，而且逐渐与乡人通婚。随着畲族、客家人接触增多，两个族群的文化互相碰撞，发生文化采借与涵化，以至于在现当代，不仅畲族祭拜黑狗公王，客家人也祭拜黑狗公王，还祭拜黄狗大将军，并从中衍生出许多与狗相关的民俗，比畲族祭拜神犬还盛行。为何在盘、蓝、雷、钟等畲族居住的村落中较少见到有神犬崇拜的习俗，反而在原本没有神犬崇拜的闽西客家人中屡见不鲜？这是一个值得进一步调查与分析的论题。

通过本书的调查与研究可以发现，闽西客家与畲族的民俗与信仰已难分彼此，这与畲客杂居，长期生产、生活在一起，互相通婚，文化发生涵化有关。事实上，根据笔者近几年在闽西的调查，当地一些畲族与客家在相当长的一段时间里已经没有族群的边界，已完全融合在一起了,[①] 因此很难从饮食、节庆、信仰等文化层面去辨别孰为畲族，孰为客家。

① 拙作：《试论族群认同的多样性——以闽西畲客族群关系的历史演变为重点分析》，即将刊出。

田野调查主要报告人[①]

1. 杨立金，男，72 岁，宁化县石壁镇杨边村村民
2. 杨立优，男，62 岁，宁化县石壁镇杨边村村民
3. 杨洪印，男，79 岁，宁化县石壁镇杨边村村民
4. 杨猷铭，男，55 岁，宁化县石壁镇杨边村村民
5. 杨洪祥，男，78 岁，宁化县石壁镇杨边村退休老师
6. 张海军，男，28 岁，石壁客家祖地管委会副主任
7. 刘致龙，男，56 岁，上杭县中都乡田背村退休村干部
8. 林国祥，男，68 岁，上杭县官庄乡回龙村村民
9. 石德煊，男，76 岁，上杭县官庄乡红石村村民
10. 蓝美田，男，71 岁，上杭县官庄乡树人村村民
11. 蓝秋琴，女，42 岁，上杭县官庄乡回龙村村民
12. 王兴发，男，65 岁，宁化县安远乡退休老师
13. 李风鸣，男，64 岁，宁化县安远乡商人
14. 周方德，男，83 岁，宁化县安远乡退休乡干部
15. 宁良荣，男，85 岁，宁化县安远乡安远村村民
16. 周荣光，男，70 岁，宁化县安远乡安远村村民
17. 陈远祥，男，69 岁，宁化县安远乡安远村村民
18. 饶圣钦，男，65 岁，宁化县安远乡老师
19. 李玉贤，男，72 岁，宁化县安远乡商人
20. 李文彬，男，66 岁，宁化县安远乡安远村村民
21. 陈安生，男，72 岁，宁化县安远乡安远村村民
22. 李家盛，男，72 岁，宁化县安远乡安远村村民
23. 伍开明，男，65 岁，宁化县安远乡安远村村民
24. 张汝有，男，69 岁，长汀县宣成乡畲心村村民
25. 张广昌，男，67 岁，长汀县宣成乡畲心村村民
26. 张伯然，男，67 岁，长汀县宣成乡畲心村村民

---

① 报告人的年龄均为笔者做田野调查时的年龄。

27. 张作永，男，58 岁，长汀县宣成乡畲心村村民
28. 张大仁，男，80 岁，长汀县宣成乡畲心村村民
29. 张桂清，男，61 岁，长汀县宣成乡畲心村干部
30. 张绍灿，男，56 岁，长汀县宣成乡畲心村退休干部
31. 钟有智，男，67 岁，长汀县宣成乡中畲村村民
32. 钟永模，男，73 岁，长汀县宣成乡中畲村退休干部
33. 吴永珍，男，75 岁，长汀县宣成乡寨背村退休干部
34. 吴家庆，男，83 岁，长汀县宣成乡寨背村村民
35. 吴永香，男，67 岁，长汀县宣成乡寨背村锦屏寺守寺者
36. 杨俊贤，男，73 岁，长汀县宣成乡下畲村村民
37. 杨昌生，男，80 岁，长汀县宣成乡下畲村村民
38. 张大妹，女，79 岁，长汀县宣成乡下畲村村民
39. 张文发，男，43 岁，长汀县宣成乡下畲村村民
40. 黄胜如，男，71 岁，长汀县宣成乡下畲村村民
41. 何玉珍，女，77 岁，长汀县宣成乡下畲村村民
42. 黄桥光，男，80 岁，长汀县宣成乡下畲村村民
43. 池拔珍，男，76 岁，长汀县宣成乡溪源村村民
44. 池庭生，男，53 岁，长汀县宣成乡溪源村村民
45. 池作炳，男，78 岁，长汀县宣成乡蓝田村村民
46. 阙占丰，男，51 岁，长汀县宣成乡蓝田村村支书
47. 曹步秋，男，59 岁，长汀县宣成乡蓝田村教师
48. 阙占铭，男，55 岁，长汀县宣成乡蓝田村村民
49. 范维栋，男，65 岁，长汀县宣成乡泮溪村村民
50. 饶永桢，男，59 岁，长汀县宣成乡泮溪村教师
51. 涂治佳，男，65 岁，长汀县宣成乡长桥村村民
52. 释慈生，男，67 岁，长汀县宣成乡莲花寺住持
53. 释定法，女，60 岁，长汀县宣成乡白莲寺住持
54. 谢金荣，男，17 岁，长汀县宣成乡道士
55. 张凤先，男，37 岁，长汀县宣成乡道士
56. 钟友忻，男，88 岁，上杭县中都镇古坊村退休中医师
57. 张友能，男，74 岁，上杭县中都镇古坊村退休中学教师
58. 赖作富，男，62 岁，上杭县中都镇古坊村村民
59. 钟炳枢，男，70 岁，上杭县中都镇古坊村村民
60. 钟寿棋，男，68 岁，上杭县中都镇古坊村村民
61. 钟达雄，男，67 岁，上杭县中都镇古坊村退休中学教师
62. 钟才荣，男，68 岁，上杭县中都镇古坊村村民

63. 钟树华，男，73 岁，上杭县中都镇古坊村村民
64. 钟增昌，男，63 岁，上杭县中都镇古坊村村民
65. 张顺娥，女，67 岁，上杭县中都镇古坊村村民
66. 张胜才，男，62 岁，上杭县中都镇古坊村退休小学教师
67. 何招娣，女，63 岁，上杭县中都镇古坊村村民
68. 吴如鼎，男，56 岁，长汀县羊牯乡罗坑头村村民
69. 吴威文，男，52 岁，长汀县羊牯乡罗坑头村道士
70. 吴镜春，男，77 岁，长汀县羊牯乡罗坑头村退休村支书
71. 吴如吉，男，90 岁，长汀县羊牯乡罗坑头村退休村支书
72. 吴先彬，男，不详，长汀县羊牯乡罗坑头村村民
73. 吴九河，男，73 岁，长汀县羊牯乡罗坑头村退休老师
74. 王志生，男，52 岁，长汀县羊牯乡乡干部
75. 曹汉芳，男，63 岁，长汀县羊牯乡大坑头村村民
76. 陈　紫，男，74 岁，长汀县羊牯乡退休乡书记
77. 曹加良，男，40 岁，长汀县羊牯乡关坑村退休村支书
78. 陈德荣，男，70 岁，将乐县古镛镇山门村村民
79. 陈世忠，男，64 岁，将乐县古镛镇山门村村民
80. 沙美生，男，61 岁，将乐县古镛镇山门村村干部
81. 卢土祥，男，78 岁，将乐县古镛镇山门村村民
82. 邱流明，男，62 岁，将乐县古镛镇山门村村民
83. 江永清，男，66 岁，将乐县古镛镇山门村村民
84. 杨合顺，男，60 岁，将乐县古镛镇山门村村民
85. 余正根，男，84 岁，将乐县古镛镇洋坊村村民
86. 吴金秋，男，72 岁，将乐县古镛镇洋坊村村民
87. 白天根，男，75 岁，将乐县古镛镇洋坊村村民
88. 钟金荣，男，69 岁，将乐县古镛镇洋坊村村民
89. 黄发寿，男，66 岁，将乐县古镛镇洋坊村村民
90. 吴金娥，女，70 岁，将乐县古镛镇桃村村民
91. 杨金根，男，66 岁，将乐县古镛镇桃村村民
92. 范王应，男，80 岁，将乐县古镛镇桃村村民
93. 卢仙水，男，83 岁，将乐县古镛镇桃村村民
94. 曾辉贤，男，67 岁，将乐县古镛镇桃村退休村支书

参考文献

一、方志资料类

1. （宋）乐史撰：《太平寰宇记》，北京：中华书局，1985年。

2. （宋）胡太初修，赵与沐纂：《临汀志》，福州：福建人民出版社，1990年。

3. （明）黄仲昭修纂：《八闽通志》，福州：福建人民出版社，1990年。

4. （明）何乔远编纂：《闽书》，福州：福建人民出版社，1990年。

5. （清）杨澜编纂：《临汀汇考》，木刻本。

6. （清）王廷抡：《临汀考言》，北京：北京出版社，2000年。

7. （清）曾日瑛修，李绂纂：《汀州府志》，北京：方志出版社，2004年。

8. （清）陈朝曦修：乾隆《长汀县志》。

9. （清）《长汀县志》，光绪五年（1879）修。

10. 黄恺元纂：《长汀县志》，1941年，长汀县博物馆1983年重刊本。

11. （清）赵良生纂，武平县志编纂委员会整理：《武平县志》，1986年。

12. （清）蒋廷铨编纂：《上杭县志》，康熙二十六年（1687）木刻本。

13. （清）赵成编纂：《上杭县志》，乾隆十八年（1753）木刻本。

14. （清）顾人骥编纂：《上杭县志》，乾隆二十五年（1760）木刻本。

15. （清）郭应阶等编纂：《上杭县志》，同治三年（1864）木刻本。

16. 丘复总纂：《上杭县志》，民国二十七年（1938）修，上杭县地方志编纂委员会2004年点校本。

17. 范书声主编：《上杭县志》，福州：福建人民出版社，1993年。

18. （清）李永锡修：《将乐县志》，乾隆三十一年（1766）。

19. （明）李敏纂：《将乐县志》，弘治十八年（1505）修。

20. （明）黄元美纂：《将乐县志》，万历十四年（1586）修。
21. 将乐县地方志编纂委员会编：《将乐县志》，北京：方志出版社，1998 年。
22. （明）张士俊纂：《宁化县志》，1635 年木刻本复印本。
23. （清）李世熊纂：《宁化县志》，1684 年，同治八年（1869）重刊本。
24. 黎景曾纂：《宁化县志》，1926 年木刻本。
25. 刘善群：《宁化县志》，福州：福建人民出版社，1992 年。
26. 宁化县志编纂委员会编：《宁化方志通讯》（第三期），1985 年。
27. 政协将乐县委员会文史资料编辑组编：《将乐文史资料》（第 7 辑），1989 年。
28. 政协将乐县委员会文史资料编辑组编：《将乐文史资料》（第 8 辑），1989 年。
29. 官庄畲族乡统计站：《上杭县官庄畲族乡统计年鉴》，1998 年。
30. 官庄乡计生办：《回龙村户籍本》。
31. 官庄乡计生办：《红石村户籍本》。
32. 官庄乡计生办：《龙角村户籍本》。
33. 上杭县中都乡田背村志编纂组编：《田背村志》，1990 年手刻印本。

二、族谱与地方文献类

1. 刘致龙、刘科芬等：《刘氏家谱》，1990 年手刻印本。
2. 田背刘氏：《朝辅公分阄本》，1776 年手写本。
3. 田背刘氏：《守愚堂分阄本》，1933 年手写本。
4. 杨氏杨氏：《杨氏重修族谱》，1990 年木刻本。
5. 杨立利、杨立金：《杨氏族谱》，1997 年油印本。
6. 罗坑头吴氏：《渤海吴氏家谱》，1995 年。
7. 罗坑头吴氏：《吴氏家谱》，天运庚午仲夏月手写本。
8. 《咒语 · 许愿》，1989 年。
9. 长邑（长汀）嗣裔：《袁氏合族本》，和平村。
10. 古坊赖氏：《古坊赖姓族谱》，1985 年手写本。
11. 张书良等修：《张显卿公家谱》，光绪三年（1877）修。
12. 张如球等修：《古坊张氏家谱》，1995 年重修本。
13. 《颖川郡上杭钟氏族谱》（共六册），1995 年合修本。

14. 涂坊张氏：《张氏族谱》，1991 年修。
15. 钟有智主编：《汀州中畲钟氏家谱》，1998 年。
16. 杨俊坤、杨增瑞等编：《杨氏族谱》，1994 年。
17. 将乐大布陈氏：《贡川陈氏族谱》，光绪十四年（1888）重修本。
18. 回龙林氏：《回龙林氏族谱》，1996 年手写本复印 12 开本。
19. 回龙林氏：《回龙林氏族谱》，1996 年铅印本 16 开本。
20. 周方文：《安远周氏合修家谱》，1990 年。
21. 安远李氏：《陇西李氏八修族谱》，1917 年。
22. 安远严池曾氏：《曾氏族谱》，1897 年。
23. 河龙伊氏：《太原伊氏族谱》，11 修，光绪三十四年（1908）。
24. 河龙伊氏：《太原伊氏族谱》，12 修，民国三十四年（1945）。
25. 河龙伊氏：《太原伊氏族谱》，13 修，1990 年。
26. 河龙谢氏：《谢氏族谱》，同治己巳重修。
27. 河龙谢氏：《谢氏重修族谱》，11 修，1992 年。

三、著作类

1. （东汉）应劭：《风俗通义》。

2. （晋）干宝撰：《搜神记》，汪绍楹校注本，北京：中华书局，1979 年。

3. 蒋炳钊：《畲族史稿》，厦门：厦门大学出版社，1988 年。

4. 朱洪、姜永兴：《广东畲族研究》，广州：广东人民出版社，1991 年。

5. 谢重光：《客家源流新探》，福州：福建教育出版社，1995 年。

6. 谢重光：《畲族与客家福佬关系史略》，福州：福建人民出版社，2002 年。

7. 谢重光：《闽台客家社会与文化》，福州：福建人民出版社，2003 年。

8. 孔永松、李小平：《客家宗族社会》，福州：福建教育出版社，1995 年。

9. 陈支平：《福建族谱》，福州：福建人民出版社，1998 年。

10. 陈支平：《近 500 年来福建的家族社会与文化》，上海：上海三联书店，1991 年。

11. 费孝通：《江村经济》，南京：江苏人民出版社，1986 年。

12. 杜赞奇著，王福明译：《文化、权力与国家——1900—1942 年的华北农村》，南京：江苏人民出版社，1996 年。

13. 黄宗智：《华北的小农经济与社会变迁》，北京：中华书局，1986 年。

14. ［日］赖川昌久著，钱杭译：《族谱：华南汉族的宗族·风水·移居》，上海：上海书店出版社，1999 年。

15. ［日］田仲一成著，钱杭、任余白译：《中国的宗族与戏剧》，上海：上海古籍出版社，1992 年。

16. 林耀华：《金翼：中国家族制度的社会学研究》，北京：生活·读书·新知三联书店，1989 年。

17. 林国平、彭文宇：《福建民间信仰》，福州：福建人民出版社，1993 年。

18. 林国平：《闽台民间信仰源流》，福州：福建人民出版社，2003 年。

19. 汪毅夫：《客家民间信仰》，福州：福建教育出版社，1995 年。

20. 刘大可：《传统与变迁：福建民众的信仰世界》，北京：社会科学文献出版社，2010 年。

21. 刘大可：《中心与边缘：客家民众的生活世界》，北京：社会科学文献出版社，2012 年。

22. 徐晓望：《妈祖信仰史研究》，福州：福建教育出版社，2007 年。

23. 徐晓望：《福建民间信仰源流》，福州：福建教育出版社，1993 年。

24. 郑振满、陈春声：《民间信仰与社会空间》，福州：福建人民出版社，2003 年。

25. ［日］酒井忠夫等：《民间信仰与社会生活》，上海：上海人民出版社，2011 年。

26. 赵世瑜：《狂欢与日常——明清以来的庙会与民间社会》，北京：生活·读书·新知三联书店，2002 年。

27. 肖文评：《白堠乡的故事：地域史脉络下的乡村社会建构》，北京：生活·读书·新知三联书店，2011 年。

28. 杨彦杰：《闽西客家宗族社会研究》，香港：国际客家学会、海外华人研究社、法国远东学院，1996 年。

29. 刘大可：《闽西武北的村落文化》，香港：国际客家学会、海外华人资料研究中心、法国远东学院，2002 年。

30. 杨彦杰主编：《闽西北的民俗宗教与社会》，香港：国际客家学会、海外华人资料研究中心、法国远东学院、岭南大学族群与海外华人经济研究部，2000 年。

31. 杨彦杰主编：《闽西的城乡庙会与村落文化》，香港：国际客家学会、海外华人研究社、法国远东学院，1997 年。

32. 杨彦杰主编：《汀州府的宗族庙会与经济》，香港：国际客家学会、海外华人研究社、法国远东学院，1998 年。

33. 杨彦杰主编：《长汀县的宗族、经济与民俗》，香港：国际客家学会、海外华人资料研究中心、法国远东学院，2002 年。

34. 杨彦杰主编：《宁化县的宗族、经济与民俗》，香港：国际客家学会、海外华人资料研究中心、法国远东学院，2005 年。

35. 罗勇、劳格文主编：《赣南地区的庙会与宗族》，香港：国际客家学会、海外华人研究社、法国远东学院，1997 年。

36. 房学嘉主编：《梅州地区的庙会与宗族》，香港：国际客家学会、海外华人研究社、法国远东学院，1996 年。

37. 房学嘉：《客家民俗》，广州：华南理工大学出版社，2006 年。

38. ［美］威廉·古德著，魏章玲译：《家庭》，北京：社会科学文献出版社，1987 年。

39. 郑振满：《明清福建家族组织与社会变迁》，长沙：湖南教育出版社，1992 年。

40. 何国强：《围屋里的宗族社会：广东客家族群生计模式研究》，南宁：广西民族出版社，2002 年。

41. 马先富：《客家祖地经济史论》，福州：福建教育出版社，2000 年。

42. 龙登高：《中国传统市场发展史》，北京：人民出版社，1997 年。

43. 郭义山、张龙泉主编：《闽西掌故》，福州：福建人民出版社，2002 年。

44. 俞如先：《美丽闽西：客家生态与环境建设》，福州：海峡出版发行集团、海峡文艺出版社，2014 年。

45. 张恩庭、刘善群、张仁藩：《石壁之光》，厦门：厦门大学出版社，1993 年。

46. 刘善群：《客家礼俗》，福州：福建教育出版社，1995 年。

47. 刘义章编：《客家宗族与民间文化》，香港：香港亚太研究海外华人研究社，1996 年。

48. 王沪宁：《当代中国村落家族文化》，上海：上海人民出版社，

1991 年。

49. 王铭铭：《村落视野中的文化与权力》，北京：生活·读书·新知三联书店，1997 年。

50. 陈吉元：《当代中国的村庄经济与村落文化》，太原：山西经济出版社，1996 年。

51. 雷家宏：《中国古代的乡里生活》，北京：商务印书馆国际有限公司，1997 年。

52. 钱杭、承载：《十七世纪江南社会生活》，杭州：浙江人民出版社，1996 年。

53. 周祝伟等：《浙江宗族村落社会研究》，北京：方志出版社，2001 年。

54. 何星亮：《中国自然神与自然崇拜》，上海：上海三联书店，1992 年。

55. 杨庆堃：《中国社会中的宗教》，上海：上海人民出版社，2007 年。

56. 李国泰：《梅州客家“香花”研究》，广州：花城出版社，2005 年。

四、论文类

1. 傅衣凌：《明末清初闽赣毗邻地区经济与佃农风潮》，《明清社会经济史论文集》，北京：人民出版社，1982 年。

2. 傅衣凌：《福建畲族考》，《傅衣凌治史五十年文编》，北京：中华书局，2007 年。

3. 谢重光：《宋代湘赣闽粤边区的社会变迁与民族新格局》，《宁德师专学报》（哲学社会科学版）2012 年第 2 期。

4. 杨利慧等：《阿兰·邓迪斯：精神分析学说的执着追随者和民俗学领地的坚定捍卫者——美国民俗学者系列访谈之二》，《民俗研究》2003 年第 3 期。

5. 王铭铭：《村落姓氏与权力——威海资料偶得》，《民俗研究》1991 年第 1 期。

6. 刘永华：《传统中国的市场与社会结构》，《中国经济史究》1993 年第 4 期。

7. 刘永华：《道教传统、士大夫文化与地方社会：宋明以来闽西四保邹公崇拜研究》，《历史研究》2007 年第 3 期。

8. 刘永华：《墟市、宗族与地方政治——以明代至民国时期闽西四保为中心》，《中国社会科学》2004 年第 6 期。

9. 刘永华：《道教传统、士大夫文化与地方社会：宋明以来闽西四保邹公崇拜研究》，《历史研究》2007 年第 3 期。

10. 刘正刚：《汀江流域与韩江三角洲的经济发展》，《中国经济史研究》1995 年第 2 期。

11. 龚关：《近代华北集市的发展》，《近代史研究》2001 年第 1 期。

12. 王庆成：《晚清华北的集市和集市圈》，《近代史研究》2004 年第 4 期。

13. 谢庐明：《赣南的农村墟市与近代社会变迁》，《中国社会经济史研究》2001 年第 1 期。

14. 万建中：《传说记忆与族群认同——以盘瓠传说为考察对象》，《广西民族学院学报》（哲学社会科学版）2004 年第 1 期。

15. 邹文清：《抚碑慰乡思——读龙华寺〈福田永种〉碑》，载清澈湖的博客，http：//blog. sina. com. cn/u/2759308874。

16. 钟晋兰：《论民间信仰的正统化与地方化——以宁化河龙的伊公信仰为分析对象》，《福建论坛》（人文社会科学版）2005 年第 5 期。

17. 钟晋兰：《乡镇墟市与民间信仰的历史人类学研究——以清末民国的闽西为中心》，福建师范大学硕士学位论文，2007 年。

18. 钟晋兰：《闽西的神犬崇拜及历史文化意义》，《学术评论》2014 年第 2 期。

19. 钟晋兰：《“接珠”“回佛”与妇女生活——以福建省宁化县石壁镇为中心的初步探讨》，谭伟伦主编：《中国地方宗教仪式论集》（“宗教与中国社会研究丛书”第 14 辑），香港：香港中文大学出版社，2011 年。

20. 钟晋兰：《客家妇女的“点佛”仪式：以宁化县淮土乡孙坑村的调查为例》，《民族宗教研究》2012 年第 2 辑。

后　记

本书是笔者十多年来在闽西客家地区从事田野调查研究取得的成果基础上修改而成的。

1997 年，即我毕业分配到福建省社会科学院从事客家研究工作的第二年，我开始参加法国远东学院劳格文先生主持的“中国农业社会结构与原动力研究”项目。该项目的前期以赣南、闽西、粤东客家地区为主，其中闽西部分由杨彦杰先生负责。由于我刚出大学校门，虽然学过田野调查方法，却没有丝毫的田野经验，为方便调查，我的田野研究第一站选择了老家所在地——上杭县。1997—1999 年，我分别在上杭县南部中都镇的古坊、田背村，县北部官庄乡的回龙（包括回龙、红石、龙角三村）村作了比较详细的田野调查。1999 年，按照劳格文、杨彦杰先生的设计与安排，我到将乐县古镛镇和平村、大桃村调研，作客家与非客家族群的比较研究。同年秋天，我与劳格文、杨彦杰先生到长汀、连城等地调研一个月，随后因项目的需要受指派到长汀县南端的羊牯乡罗坑头村、宣成乡作选点调查。2001—2004 年，我又多次与劳格文、杨彦杰先生到宁化县调研，最后选择安远、石壁杨边村与河龙乡作为田野调查地点。

以上田野调查的相关研究成果分别载：①《汀州府的宗族庙会与经济》（劳格文、杨彦杰主编，香港：国际客家学会等，1998 年）；②《闽西北的民俗宗教与社会》（劳格文、杨彦杰主编，香港：国际客家学会等，2000 年）；③《长汀县的宗族、经济与民俗》（劳格文、杨彦杰主编，香港：国际客家学会等，2002 年）；④《宁化县的宗族、经济与民俗》（劳格文、杨彦杰主编，香港：国际客家学会等，2005 年）；⑤台湾“中央研究院”民族学研究所《民族学研究所资料汇编》2000 年第 16 期；⑥嘉应学院客家研究院《客家研究辑刊》2013 年第 1 期。

2007 年，由于家庭的需要，我调到嘉应学院客家研究院工作。尽管工作单位在广东，但我对闽西客家地区的关注从未中断过。随后参加的境外项目——“中国东南部的地方宗教仪式”以及近两年主持的广东省教育厅人文社科重点研究基地重大项目——“文献与田野中的客家妇女研究”均以闽西客家地区为重点调查研究的区域之一，收集到不少珍贵的民间文献，观察了当地的许多民俗宗教仪式，并访谈了大量中老年妇女。

本书得以完成，首先要特别感谢劳格文、杨彦杰两位先生在田野调查、资料整理和研究报告写作与修改的全过程中对我的悉心指导！两位老师渊博的学识、纯熟的田野研究方法以及永不疲倦的工作热情永远是我学习的榜样！其次，在福建师范大学读硕士期间，我得到恩师林国平教授与福建省委党校的谢重光、刘大可等教授的诸多指导，愚钝的我不仅受到历史学的熏陶与训练，还领悟到学术的真谛与工作、生活的态度！在他们的影响下，我从一个害怕到乡村，看到字迹模糊的碑刻与破旧的族谱就头疼的学生，成长为极其享受独步田野，享受远离城市喧嚣的孤寂与浪漫，享受发现新材料的快乐的研究人员。非常感谢诸位老师一直以来对后进的提携与鼓励！

本书的写作得到了福建上杭、将乐、长汀、宁化、连城等县方志办、档案局、博物馆、政协文史委，宁化客家祖地管委会，以及田野调查地点所在的乡政府与村委会等机构以及当地乡民的大力协助，非常感谢他们给予我查阅资料的诸多便利，提供给我许多调查线索，甚至提供交通、食宿、生活方面的帮助。此外，要特别感谢曾经给予我很多帮助的被采访者（这些被采访者的名字，一部分已列于本书中；另一部分或因本人不愿留名，或因笔者的疏忽未及时记录而无法一一列于书中），因为我的造访，他们或放下手中的农活与家务，或把需要照顾的小孩委托他人照顾……这些报告人大多年事已高，却耐心地回答我一个接一个的问题，在严寒与酷暑中有时一坐就是两三个小时。如果没有他们的鼎力协助，本书根本无法完成。

本书除了得到劳格文先生主编的“客家传统社会丛书”相关项目、刘大可教授主持的国家社科基金项目的研究经费支持之外，还要感谢福建社会科学院提供的宽松的科研时间与研究经费！感谢我在福建社会科学院工作期间的严正院长与杨华基书记，历史研究所的徐晓望所长与罗肇全、许维勤、麻健敏等研究员，以及院里的好姐妹张燕清、叶世明、黄春花、黄洁琼等研究员和周越美老师等的关心与支持！我仍然记得刚进院之时，领导对我们这批新研究人员的教育：做科研，要耐得住清贫，耐得住寂寞，要做好坐10年冷板凳的准备……非常感谢福建社会科学院这个大集体对我的关爱，让我这11年的冷板凳坐得很温暖，充满了美好的回忆！

本书能够出版，要特别感谢我现在的任职单位——嘉应学院的党政领导丘小宏书记、校长兼客家研究院院长邱国锋教授，感谢领导们对客家研究的重视，让我拥有良好的工作条件，并获得研究、出版经费支持。同时，也非常感谢嘉应学院客家研究院的各位同仁——房学嘉教授、肖文评副院长、宋德剑副院长和夏远鸣、周云水、冷剑波、罗鑫、凌苑梅等老师的理解、照顾与帮助，让我有宽松的时间去做田野调查，撰写报告与修改书稿。

本书能够出版，还要感谢刘大可、肖文评教授与中山大学的何国强教授，他们对本书的修改提出了许多让我深受启发的宝贵意见。同时，还要感谢仑岩市博物馆的邹文清先生为本书所做的大量校正工作，感谢暨南大学出版社的社长徐义雄先生、编务主任李艺女士，他们为本书做了许多统筹协调工作，尤其感谢总编史小军先生与责任编辑林冬丽女士、王莎莎女士和梁嘉韵女士，他们提供的修改意见体现出令人钦佩的专业能力。

最后，衷心感谢我挚爱的父母、哥嫂、丈夫与年幼的女儿，感谢他们给我温润无声的爱！他们永远是我努力与进步的动力，是我最强大的靠山！

钟晋兰

2014 年 7 月 2 日于嘉园